한국교육의 사회적 풍경

교육사회학의 주요 쟁점

| 손준종 저 |

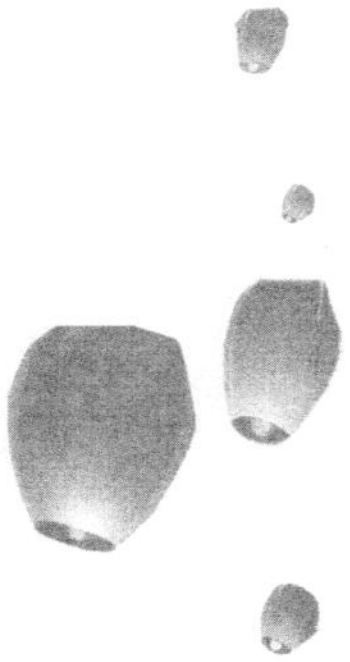

SOCIAL LANDSCAPES OF KOREAN EDUCATION

Issues in the Sociology of Education

학지사

프롤로그

풍경(風景)이란 어떤 정황이나 상태를 말한다. 그리고 풍경을 주제로 그린 그림은 풍경화(風景畵)라고 한다. 대개 풍경화라고 하면 평화롭고 아름다운 이미지로 다가오지만, 때로 풍경은 거칠고 을씨년스럽다. 풍경은 늘 거기에 한결같은 모습으로 고독하게 있는 것처럼 보이지만, 사실은 모질고 거센 세파(世波)의 한가운데에 있다. 풍경은 다양한 곳에서 다양한 세기로 부는 바람 속에 있으며, 풍경이라는 단어가 바람과 경치로 구성된 것처럼, 바람이 없는 경치는 죽은 것이다. 이런 점에서 풍경은 우리가 살아 있음을 확인하는 좋은 소재다.

우리나라는 근대교육을 도입하고 비교적 짧은 기간에 양적 · 질적으로 급속한 압축 성장을 경험하였다. 근대적 교육제도는 서구의 것을 모방하였으며, 교육적 삶의 풍경이 낯설고 어색한 서구식으로 구성되었다. 한국 근대교육의 성장은 후발 국가로서 우수한 인력을 양성하여 부국강병을 달성하고자 하는 국가의 의도와 학교교육을 통해 출세할 수 있다는 사적 욕망이 결합한 결과였다. 국가발전을 위한 국가의 통제와 성공의 유일한 통로라는 개인들의 믿음이 한국교육을 지배하였다. 지금까지 교육을 둘러싼 국가와 개인의 욕망은 한국의 교육풍경을 좌우하는 두 축이었다.

한국의 교육풍경에는 매우 이질적인 것들이 뒤엉켜 있으며 그것을 잘 그려 내기가 쉽지 않다. 이 책은 그동안 연구라는 이름으로 행하였던 한국의 교육풍경을 담은 풍경화를 모은 것이다. 풍경화들은 지난 십여 년에 걸쳐 여러 지면에 발표된 것들이다. 호기심이 많아서 그런지 아니면 무엇 하나에 진득하게 몰두하는 능력이 부족해서인지 풍경화의 대상과 주제가 무척 다양하다. 이것저것을 하나로 묶는 작업을 하면서 그동안의 학문적 관심의 궤적을 돌아볼 수 있었다.

먼저 제1부에서는 한국교육의 역사적 풍경을 그리고자 하였다. 학력, 학생생활기록,

신체검사 등과 같이 일상에서 마주하는 교육적 실천의 기원과 그 성격을 살폈다. 교육공간에서 지금 마주하는 많은 것은 '오래된 것들의 현재화'다. 오늘날 학생생활기록부는 1930년대에 시작된 내신제로부터 기인한 것이며, 학생들의 몸과 정신 관리 또한 신체검사에 그 역사적 연원을 두고 있다. 흥미로운 것은 그것들을 정당화하는 논리도 큰 변화가 없다는 점이다. 제2부에서는 주로 교육정책을 그렸는데, 고등학교 다양화, 평생학습, 반값 등록금과 같이 교육정책에 대한 풍경화다. 또한 고위 공직자의 인사청문회에서 거의 빠지지 않고 나오는 위장전입 문제에서 출발한 교육을 위한 공간 전략을 다루기도 했다. 이들을 통해 교육정책의 겉모습뿐만 아니라 쉽게 드러나지 않는 뒷모습을 그리고자 하였다. 제3부에서는 교육심성의 풍경을 다루었다. 교육적 삶에서 그 영향력을 더해 가고 있는 수(數)의 문제, 학생에 대한 의학적 처방의 확대를 다룬 의료화, 그리고 감정노동 등과 같이 우리의 교육적 심성(mentality)에 영향을 미치는 것들을 살펴보았다. 마지막으로 제4부에서는 오늘날 사회변화의 주된 두 세력인 지구화와 신자유주의가 교육에 미치는 영향을 탐색하였다.

교육은 교육학자들의 탐구 영역으로 간주되는 경향이 있다. 흔히 다른 분야를 쉽게 건드리지 않는 것을 학문 세계의 질서로 간주하며, 학문 영역 사이의 분업을 당연한 것으로 받아들인다. 그러나 자본주의 사회의 교육은 정치, 경제, 사회 등과 분리되어 존재하는 것이 아니라 긴밀하게 연결되어서 서로 영향을 주고받는 '총체성'으로 다루어져야 한다. 따라서 앞으로는 여러 가지 것들이 어우러져 하나의 풍경을 구성하는 것처럼 교육풍경을 그려 내는 일도 다양한 것들의 복잡성에 주목할 필요가 있다.

이 책에서 다루고 있는 주제와 내용은 중립적이지 않다. 교육이 사회적 구성물인 것처럼, 이 책의 주제와 관점 또한 저자에 의해 의도적으로 구성된 것이다. 다양한 주제의 풍경화들이 하나의 화첩으로 묶일 수 있었던 것은, 그것들이 모두 지금의 한국교육을 그리고 있다는 믿음 때문이었다. 그중에는 낡은 풍경화도 있고 비교적 때가 덜 낀 풍경화도 있지만, 예외 없이 당시 사회의 교육풍경을 그린 것들이다. 교육이 사회성과 역사성을 갖는다는 점에서, 적어도 당시에는 성찰할 필요가 있는 중요한 주제들이었다고 생각한다. 물론 지금의 눈으로 보면 다소 낯설고 사소하며 어설픈 것도 있지만, 그것 모두는 현재의 교육과 분리될 수 없다. 흑백영화를 보면서 스크린 저 너머의 사회를 읽는 것은 매우 재미있다. 마찬가지로 이러한 작업은 당시 교육풍경을 살펴보고, 그 시대적 의미를 이해할 수 있도록 한다는 장점이 있다. '현재의 역사'에 관심이 있었던 푸코(Foucault)의 지적처럼 이 풍경화들이 한국교육의 계보학적 연구를 위한 아카이브

(archive)로 이용될 수 있기를 기대한다.

풍경화를 한 권의 책으로 모으면서 중복되거나 불필요하다고 판단되는 부분은 삭제하였다. 또한 일부 문장이나 자구를 수정하였고, 각주를 활용하여 내용을 보충하기도 하였다. 제목이나 소제목도 읽기 편하게 바꾸었다. 그러나 원래 글의 기본 논지에 변화가 있는 것은 아니다. 다소 시차가 있기는 하지만, 풍경화의 구도를 전적으로 바꿀 정도의 큰 문제를 발견하지 못하였다. 한국 사회를 '헬(hell)' 조선이라 부르는 이들이 있다. 헬(hell)이라는 표현이 지옥(地獄)보다 그 의미가 순화되어 들리지만, 삶이 지옥이라는 것이다. 이 책에 실린 여러 풍경화가 지옥과 같은 이 척박한 현실을 변화시키는 데 작은 도움이 될 수 있기를 간절히 빌어 본다.

한국의 교육풍경을 그릴 수 있도록 정신적 · 물질적 여유를 제공해 준 모든 분께 감사드린다. 누군가의 희생이 없었다면 이러한 작업은 가능하지 않았을 것이다. 삶이라는 것이 다른 사람의 헌신 없이 가능하지 않다는 것을 잘 알기에 내가 모르는 이들을 포함하여 모든 분께 다시 한 번 감사의 마음을 전한다. 가까이에서 함께 공부한 학생들에게 감사한다. 그들은 나의 사고실험을 기꺼이 들어 주었으며, 늘 많은 생각을 말해 주었다. 특히 대학원에서 나와 학문적으로 인연을 맺은 다락방의 벗들에게 고마움을 전한다. 수고한 그들의 이름을 여기에 굳이 쓰지 않아도 그들은 너그럽게 이해할 것으로 믿는다. 그들과의 만남은 학문적으로뿐만 아니라 인간적으로도 행운이라고 생각한다. 그들과의 학문적 동행(同行)이 앞으로도 아름답기를 기대한다. 이 책의 출판이 가능하도록 힘써 주신 김진환 사장님과 한승희 부장님 그리고 편집을 맡아 주신 황미나 선생님께 감사드린다. 마지막으로 사랑하는 가족들에게 고마움을 전하고 싶다.

2017년 3월

손준종

일러두기

① 인용 시 국내 번역본이 있는 경우에는 원래 책의 출판연도 대신에 번역본의 출판연도와 쪽수를 제시하였다.

② 외국인 인명은 우리말로 바꾸어 표기하였으며, 괄호 안에 원어로 인명을 밝혔다.

③ 독자의 이해를 돕기 위하여 괄호 안에 한자를 덧붙였다.

④ 처음 원고에 일부 수정과 첨삭을 했으며, 각 장의 출처는 다음과 같다.

제1장 「한국교육의 의미와 한계」. 고려대학교 교육사회학연구회 편. 『통합사회의 한국교육』. 경기: 교육과학사. 2014.

제2장 「일제 식민지 시기 학력 담론의 출현과 분화」. 『한국교육학연구』, 9(1), 2003.

제3장 「내신제 도입의 사회적 성격에 관한 연구: 1930년대를 중심으로」. 『교육사회학연구』, 16(3), 2006.

제4장 「근대교육에서 국가의 몸 관리와 통제 양식 연구」. 『한국교육학연구』, 16(1), 2010.

제5장 「한국 고등학교의 수평적 계층화에 관한 이해와 비판」. 『교육사회학연구』, 20(4), 2010.

제6장 「교육과 공간전략으로서 '탈'한국: 특징과 영향」. 『한국교육학연구』, 14(2), 2008.

제7장 「학습장치와 학습하는 인간의 탄생: 통치테크놀로지로서 평생학습」. 『교육사회학연구』, 25(3), 2015.

제8장 「반값 등록금 정책의 정치학: 그 성격과 교육적 의미 탐색」. 『교육정치학연구』, 20(3), 2013.

제9장 「교육정책과 수의 지배: 신자유주의적 통치 양식으로서 수량화 비판」. 『교육사회학연구』, 22(1), 2012.

제10장 「전국교직원노동조합의 교사 정체성 담론 연구」. 『한국교육학연구』, 21(1), 2015.

제11장 「초등학교 교사의 감정노동 연구」. 『한국교육학연구』, 17(3), 2011.

제12장 「지구화와 국가교육의 재고」. 『교육사회학연구』, 18(3), 2008.

제13장 「교육적 삶의 의료화: ADHD를 중심으로」. 『교육과학연구』, 19, 2014.

제14장 「신자유주의와 한국대학」. 강치원 편. 『세계화와 한국교육의 미래』. 서울: 백의. 2000.

에필로그 「교육사회학의 위기와 과제」. 미간행 원고, 2014.

차례

제4부 사회변화와 교육풍경

제 1 부

한국교육의 역사적 풍경

제1장

모더니티와 한국교육

모든 권력을 상상에게로(L' imagination au pouvoir)
– 1968년 5월 프랑스 파리 학생들의 구호

1. 불편함과 어색함

'불편함'과 '어색함', 이것은 한국교육에 대해 내가 자주 느끼는 감정들이다. 이러한 불편함과 어색함은 한국교육의 정당성과 정체성 위기와 관련이 있다. 주지하는 바와 같이 한국의 근대교육은 '식민지'라는 불편하고 비정상적인 상황에서 시작되었다. 대부분의 주변부 국가들처럼 한국교육도 내적 동인보다는 서구에 기원을 둔 계몽합리성이라는 외적 요인으로부터 더 많은 영향을 받으며 지금과 같은 교육의 모양새를 갖추게 되었다.

근대 초기의 한국교육은 성격이 서로 다른 두 헤게모니의 영향을 강하게 받았다. 그 하나는 조선을 무력으로 침탈하여 강제로 식민지로 삼은 일본식 근대성이었고, 다른 하나는 미국 등지에서 파송된 기독교 선교사들에 의한 서구식 근대성이었다. 일제에 의한 교육근대화는 조선인을 강제로 일본의 이류 국민으로 동화시키는 한편, 식민통치 이데올로기를 정당화하고 그것을 내면화하는 수단이었다. 이에 비해 선교사들에 의한 교육근대화는 조선인을 기독교로 개종시키는 한편, 서구의 합리성과 이성의 우위를 정당화하는 방편이었다.

교육근대화를 둘러싸고 두 헤게모니는 통제와 자유, 집단과 개인, 동양과 서양 등과 같은 긴장과 갈등을 보이기도 하였지만, 한국교육을 서구의 계몽합리성에 따라 변화시키고자 했다는 점에서는 공통적이었다. 그 결과 근대교육을 받을수록 '한국적인 것'을 부정하고 비판하는 태도를 내면화하였고, 밖으로부터 유입되어 새롭게 '우리 것'의 자리를 차지한 서구중심의 교육질서를 자연스럽게 받아들이는 자기모순이 심화되었다. 예를 들어, 일제와 선교사들에 의해 운영되던 근대학교에서 한국의 전통적 가치는 허례허식, 미신, 이기적, 패거리 등으로 분류되어 비판의 대상이 되었다. 전통적인 조상숭배는 죽은 자에 대한 '예(禮)'가 아니라 미개(未開)한 조선인에 의한 '어리석은 일'로 폄훼되었다. 서구중심주의는 '식민지' 오리엔탈리즘으로 무장한 일제에 의해 한 번 더 굴절되어 우리에게 다가왔다. 일제는 '새로운 것=서양=미래' '낡은 것=조선=과거'와 같은 근대적 가치의 위계구조를 당연한 것으로 받아들이도록 강요하였다. 이처럼 한국의 근대교육은 서구 기준에 따라 우리 교육을 재구성하는 것이었으며, 특히 서구화와 식민주의가 절묘하게 결합되었다.

그러나 서구중심주의로 인한 한국교육의 정체성 혼돈과 위기가 '전적으로' 외부 요인 때문이라는 주장은 타당하지 않다. 서구의 계몽합리성에 따라 재구성된 근대교육의 세례를 받은 한국의 토착 지식인들은 서구의 교육제도와 실천을 보편적 이상으로 가정하고 그것에 따라 한국교육을 재편하고자 하였다. 그들은 우리 전통을 지키기보다는 서구의 것을 모방하고 받아들이는 데 더 많은 관심과 노력을 기울였다. 서구의 계몽합리성을 보편적인 것으로 가정함으로써 한국의 전통은 보편적인 것으로부터 빗나간 것으로 간주되었다. 그 결과 우리 고유의 교육경험, 교육실천, 교육언어, 교육관점은 순식간에 사라지고, 교육내용, 교육제도의 조직과 운영 원리에서 교육현상을 설명하는 논리에 이르기까지 교육의 많은 부분이 서구의 지배 아래 놓이게 되었다. 한국교육은 '서구보다 더 서구적인' 모습으로 변화된 것이다. 이런 점에서 한국의 교육근대화는 '자기부정'과 '자기분열'의 과정이었으며, 이것이 바로 불편함과 어색함의 원인이라고 할 수 있다.

서양에서 나고 자란 푸코(Foucault)가 중국의 백과사전에 실린 항목의 분류체계를 보면서 느꼈던 이상함과 어색함은 어떻게 보면 당연한 것이었다. 왜냐하면 사물을 분류하고 배치하며 각각에 의미를 부여하는 것은 어떤 보편적 원리에 입각하는 것이 아니라 시간적 · 공간적으로 제한되는 사회적 구성물이기 때문이다. 실제로 개별 사회는 문화와 사고 그리고 행동의 기반이 되는 나름의 심층질서를 가지고 있으며, 이것에 따라 사물의 세계를 독특하게 분류하고 구획한다. 이런 점에서 오랜 역사성을 지닌 자신들의 교육질서를 비판하고 대신에 일상적 삶과 유리된 서구의 교육질서를 보편적 원리로 받아들인

한국의 근대교육에 대해 어색함과 불편함을 느끼는 것은 당연하다고 할 수 있다. 이와 같은 불편함과 어색함은 다음과 같이 구체적으로 나타난다.

한국교육은 지독히도 '비정상성의 정상성'을 보이고 있다. 정상적이지 않은 것들이 정상의 자리를 차지하고 있는 어긋남의 상태에 있다. '교육적이지 않은 것'이 교육이라는 이름으로 정당화되고 있으며, 정상의 자리를 기웃거리고 탐내는 또 다른 비정상이 팽배하다. 한국교육은 무엇이 교육의 본질이고 정상적 기능인가를 둘러싸고 혼돈 상태에 있다. 이와 같은 비정상적인 것의 정상화라는 내적 모순은 루카치(Lukács)의 지적처럼 내 안에서도 발견할 수 있으며 쉼 없이 지속적으로 일어난다. 그는 "사회적 · 정치적 안목에 내재하던 모순성이 내적 사유의 결정적 특징이 되었고 나아가 '내적으로 모순된 이론 혼융(amalgam in der theorie)'을 초래한다."(Lukács, 1999)라고 말한다. 이러한 내적 모순은 불편함이나 어색함의 원인이 되며, 나아가 소외와 아노미의 일상화를 초래한다. 교육도 예외는 아니다. 학교는 비자발적 취학자로 넘쳐 나고, 강요된 학습이 진정한 학습으로 포장되어 행해지고 있다. 학교구성원들이 자발적으로 동의한 규범과 가치에 따른 지배가 사라지고, 대신에 강요된 규칙에의 순응과 통제가 일상적으로 강조된다. 경제적 가치는 교육적 가치와 이상을 그늘로 밀어 넣고 그것을 보이지 않게 만든다. 그런데 이렇게 내 안과 밖에서 경험하는 지독한 내적 모순은 갑자기 생겨난 것이 아니라 사회성과 역사성을 갖기 때문에 쉽게 해소되지 않는다.

한편, 한국교육은 '비동시성의 동시성'을 보이기도 한다. 전통과 서구 교육가치의 혼재, 교육목적의 부조화와 비틀림, 교육을 통한 개인적 욕망의 해소와 사회적 덕성의 구현, 학벌과 학연을 중시하는 연고주의와 공동체 의식, 권위적 국가주의 교육과 교육적 자유에 대한 요구, 교육 좌파의 척결과 다원적 가치 인정의 욕구 등이 공존하고 있다. 교육적으로 불협화음의 원인이 되는 이러한 '비동시성의 동시성'은 교육이념이나 가치뿐만 아니라 실제적인 교육경험 때문에 발생한다.

여기에서는 지금까지 당연하게 생각하고 친숙함마저 느끼는 근대교육의 의미와 한계를 성찰하고자 한다. 물론 이러한 종류의 글은 많이 축적되어 있으며 그렇게 새로운 것도 아니다. 한국교육의 대안을 모색하는 노력은 유행처럼 번지다 지속되지 못하고 무기력하게 기존의 체제로 되돌아가고 마는 경우가 많았다. 그럼에도 불구하고 근대교육의 틀과 관행을 비판적으로 성찰하고 그 대안을 모색하는 일은 여전히 중요하다.

2. 불안한 근대성

우리 시대를 지배하고 있는 새로운 질서는 서구의 근대성과 밀접한 관련이 있다. 서구에서 근대는 전근대와의 단절을 의미한다는 점에서 이단(異端)의 역사다. 근대성(modernity)이란 '새로운 실천과 제도적 형식, 새로운 생활양식, 그리고 새로운 형태의 불안의 역사적으로 예기치 않은 아말감'으로 '새로운 사회질서'의 출현을 개념화한 것이라고 할 수 있다(Taylor, 2010). 오랫동안 근대성이 유럽에서 먼저 자생적으로 시작되었으며, 유럽 이외의 지역에서는 나중에 파생적으로 진행되었다는 유럽 중심주의가 팽배하였다. 즉, 서구의 근대성을 보편적인 것으로 가정하는 단일 근대성 관점이 지배적이었다. 유럽 이외 지역에서 근대성은 존재하지 않았거나 아니면 고려할 가치가 없다는 일종의 '잃어버린 근대성(lost modernities)'은 유럽 중심주의의 핵심이었다(Woodside, 2012). 그러나 근래 들어 서구의 경험과 전개 과정에만 의존하는 단일 근대성을 대신하여 다중 근대성이나 대안적 근대성 관점이 점차 확산되고 있다. 근대성을 유럽 중심의 단일하고 보편적인 현상으로만 바라보는 것은 문제가 있으며, 대신에 다중 또는 중층 혹은 혼종의 근대성으로 바라보아야 한다는 주장이 점차 확산되고 있다(Turner, 2004). 그럼에도 불구하고 서구에 기원을 둔 계몽, 합리성, 과학기술, 진보 등과 같은 근대성 담론들은 여전히 우리의 삶을 강력히 지배하고 있으며, 그러한 지배는 우리로 하여금 불편하고 어색한 타자의 경험과 이론에 더욱더 의존하게 만들고 있다.

서구에서의 근대성은 세속적, 물질적, 합리적, 개인주의적 사상을 중시하는 계몽 전통과 밀접한 관련이 있는데, 그것은 개인, 사회, 자연을 이성 중심으로 연결하려는 일련의 시도였다. 근대는 어떤 점에서 예전과는 다른 새로운 신화가 창조되는 시기였다. 근대성에 바탕을 두고 새롭게 출현한 신화는 합리성에 근거한 과학적 성격을 띠었다. 앞선 시대의 많은 사회적 실천을 몽매한 인간에 의한 미신 혹은 비합리적인 것으로 규정하는 대신에 근대는 계몽된 인간에 의한 이성적, 과학적, 합리적 사고에 따른 사회적 실천을 강조하였다. 삶을 지배하는 논리도 신화, 미신, 비합리성에서 이상, 과학, 합리성으로 바뀌었다. 중세 이후 유럽을 지배하던 정치, 경제, 사회 질서의 붕괴를 의미하는 '탈'주술화의 시대가 열린 것이다(Turner, 2004).

근대는 물리적 삶의 조건에도 심대한 영향을 미쳤다. 근대 이전의 사람들은 대부분 물리적 이동의 어려움 때문에 무지한 채로 자신이 태어난 곳에 갇혀 지내다 세상을 떠나는 운명적 삶을 살았다. 그들은 토지를 소유한 양반이나 영주에 귀속되어 농촌에서 살았으며 만성적 질병과 영양 부족 때문에 늘 불안한 삶을 살아야 했다. 근대과학과 산업혁명은 운명적 삶을 사는 이들에게 억눌린 삶과 생존의 불안으로부터 벗어나도록 하는 희망의 등불이었다. 땅과 귀족에게 얽매인 운명적 삶이 아니라 교육을 통해 자유를 얻고 사회적으로 성공할 수 있는 기회를 가지게 되었다(Hobsbawm, 2001). 개인의 능력에 따른 신분상승의 시대가 열렸고 합리적 중간계급이 출현하였으며 계급들 사이의 문화적 · 관습적 차이가 줄어들기 시작하였다. 이제 개인은 합리적 판단과 자율적 사고 능력을 갖추는 것이 다른 무엇보다 중요하게 되었다. 사회제도도 합리성에 따라 제도화되었는데, 사적인 것과 공적인 것의 형식적 분리, 국민국가와 세계체제의 출현, 사유재산권과 자본주의 경제 질서의 팽창, 학교교육과 같은 대규모 행정적이고 관료적인 사회조직과 규율 체제의 확장 등이 일어났다. 해방의 근대성 시대가 열린 것이다.

이처럼 근대성은 한편으로는 해방의 가능성을 가지고 있었지만, 다른 한편으로는 우리를 규제와 통제의 대상으로 전락시킬 위험성을 내재하고 있었다. 근대는 '가장 유망한 것'과 '가장 불길한 것'이 혼재되어 있었으며, '기회'와 '위험'의 요소를 모두 안고 있었다. 월러스틴(Wallerstein, 2000)은 이렇게 모순되는 두 개의 근대성을 '기술의 근대성'과 '해방의 근대성'으로 구분하였다. 기술의 근대성이 물질적 근대에 주목하고, 자연에 대한 인간 승리, 물질적 부, 기술진보를 강조하는 반면에, 해방의 근대성은 인간성과 민주주의와 같은 이데올로기에 주목한다. 앞의 근대성이 기술과 지배의 가능성을 강조하는 반면에 나중의 근대성은 인간과 자유를 강조한다는 점에서 이들 두 근대성은 모순을 내재하고 있으며 불안한 동거 상태에 있었다. 예컨대, 근대성이 이성적 사고 능력을 갖춘 계몽된 개인의 탄생을 가능하게 하였지만, 이는 동시에 그러한 능력이 부족하거나 결여된 개인에 대한 또 다른 지배의 계기로 작용할 수 있었다. 때문에 근대성은 자유와 해방뿐만 아니라 지배와 억압의 가능성을 동시에 내재하고 있었으며, 근대교육은 이렇게 서로 모순되는 두 개의 근대성을 그대로 반영하고 있었다.

3. '계몽주의 기획'으로서 근대교육

이러한 불안한 근대성은 근대교육에서도 그대로 발견된다. 근대교육은 해방, 자유 그리고 발전과 같은 새로운 사회적 계약에 근거하고 있었다(Dale & Robertson, 2009). 개인,

자유, 자율 그리고 합리성은 근대교육을 지탱하는 핵심이었다. 인간에 외재하는 조건들이 인간에 미치는 영향을 최소화하고 제거함으로써 인간의 자유를 극대화해야 한다는 자유주의는 근대교육의 틀을 짜는 데 있어서 많은 영향을 미쳤다.

자유, 이성, 진보 등을 강조하는 계몽주의는 근대교육의 이념적 기반이었다. 앞서 지적한 바와 같이 계몽은 이성과 자율성을 중시하였으며, 교육이란 이성을 통해 밝혀질 수 있는 진리를 향한 제도적 노력이었다. 따라서 교육은 무지한 인간을 계몽시키고, 다양한 억압으로부터 해방될 수 있도록 능력과 권한을 부여하며 이를 통하여 세상을 바꾸도록 하는 사회적 실천이었다. '계몽된 인간'은 교육을 통해 형성될 근대적 인간상이었으며, 무지몽매한 상태로부터 해방된 인간이나 세상의 이치를 깨달은 이성적 인간은 바로 교육받은 인간을 지칭하였다. 계몽은 교육과 같은 의미로 이해되었다. 근대교육은 보편성에 대한 믿음, 과학적 이상이나 합리적 의사소통을 통한 지식의 발견과 구성을 강조하였으며, 지식은 권력으로부터 독립되어 있으며 오직 보편적 이성이라는 '강요되지 않은 힘'에 의해서만 발견될 수 있는 것으로 생각하였다(Wagner, 2012). 근대학교는 개인의 자아실현과 억눌린 사람들의 해방을 가능하게 하는 전략적 공간이었으며, 대량교육이 가능한 규모가 큰 학교나 가르치는 일을 전문적으로 담당하는 직업교사 등은 예전과는 확연히 구별되는 이러한 새로운 교육질서를 실현하기 위한 것들이었다.

근대교육의 주된 특징 중의 하나는 '교육의 학교화'였다. 근대교육은 교육이 가능한 곳과 그렇지 않은 곳이라는 새로운 경계를 만들어 냈다. 학교는 전적으로 교육이 가능한 곳으로 간주되었고, 자연스럽게 교육적 실천을 독점하게 되었다. 학생은 학교에 다니는 아동을 지칭하는 획득된 제도적 신분이었다. 반면에 공순이와 공돌이는 교육제도로부터 배제된 타자를 의미하였다. 그들은 학교가 아니라 공장이라는 제도에 속한 아동들이었다. 학교가 가르치고 배우는 곳이라면 공장은 생산을 위해 노동하는 곳이었다. 학교와 공장이라는 새로운 근대적 공간이 출현한 것이다. 사회적으로 분리된 공간들은 독자성을 강조하기 위해 다른 공간과 구별되는 명확한 경계를 설정하고 엄격한 규칙을 만들었다. 뿐만 아니라 규칙에 따라 구성원들의 행위를 규제하였고, 구성원들은 그러한 규칙에 따르는 것이 도덕적으로 바람직하다고 생각하였다. 이들 사회적 공간은 서로 다른 기능에도 불구하고 위계적으로 인식되기도 하였다. 예를 들어, 교도소나 정신병원과 같은 공간은 사람들이 가능하면 그곳에 편입되기 원하지 않는 부정적인 곳이었다. 이에 비해 근대학교는 많은 사람이 적극적으로 포함되기 희망하는 곳이었다.

근대교육은 국가와 분리될 수 없었다. 국가는 가장 주된 교육 공급자였으며, 교육을

'국가화'하였다. 근대에 들어 국가 권력이 일상적 삶의 구석구석까지 미치게 되었으며, 국가는 국민을 적극적으로 관리하고 통제하고자 하였다. 국가는 교육을 국가사업으로 간주하고 국가의 정치적 · 경제적 필요에 따라 동원하였다. 근대교육은 학생들에게 국가 정체성과 사회적 규범 그리고 정치적 이데올로기를 내면화시키고자 하였다. 그럼에도 불구하고 학교는 모든 정치적 이념과 활동으로부터 독립된 '탈정치화된 공간'으로 간주되었다.

이와 함께 근대교육은 국가적으로 필요한 인력을 양성하고 분류하며 그들을 적재적소에 공급하는 기능을 하였다. 또한 근대교육은 표준화된 인간을 양성하고 공급하는 중요한 사회적 실천이었다. 학생들은 표준화된 교육과정으로 교육을 받았으며, 시험과 같은 절차에 따라 다양하게 분류되었고, 나아가 직업세계로 배치되었다. 학교는 학생들을 표준화하였고, 졸업장과 같은 교육자격을 부여하였다. 이러한 새로운 방법과 절차 그리고 형식의 등장은 새로운 교육질서의 출현을 의미하였다. 특히 교육의 표준화와 형식화는 학생을 교환이 가능한 존재로 변화시켰다. 따라서 학교에서 정한 모습으로 표준화된다는 것은 물질적 이득은 물론이고 사회적으로 바람직한 것으로 여겨졌다. 더구나 근대교육을 경험하였다는 것을 나타내는 교육자격을 취업에 필요한 요건인 직업자격과 연계시키면서 근대교육은 급속히 확장되었다. 특히 학교는 표준화된 학생을 양성하고 그들에게 사회적으로 교환이 가능한 형식적 자격을 부여하는 기능을 독점하였다. 그리고 그 과정에서 사람들은 사회적으로 성공하고 부를 축적하기 위해서는 학교에서 능력을 발휘하는 것이 중요하다고 생각하게 되었다. 이와 같이 근대교육은 능력주의와 같은 새로운 사회적 규칙을 낳았으며, 나아가 지배와 피지배, 다수와 소수, 독점과 배제, 자본과 노동의 구분을 정당화하는 역할을 담당하게 되었다. 학교와 학생 수가 증가하는 물리적 팽창과 함께 근대교육의 사회적 영향력도 점점 확대되었다.

그러나 근대교육에 비판적인 사람들은 근대교육이 지닌 억압과 차별의 가능성에 더욱 주목하였다. 그들은 근대교육의 해방 가능성을 뒷받침하였던 자유주의와 계몽주의의 역사적 기능이 약화되었으며, 오히려 계몽주의 기획이 근거하고 있는 계몽이라는 것이 보편성을 강조하면 할수록 타자에 대한 억압과 배제를 정당화하는 기제로 작용할 수 있다고 염려하였다. 비판론자들은 계몽주의가 계몽된 합리적 · 자율적 · 이성적 주체의 생산을 근대교육의 주요 목적으로 설정하고, 무지한 사람을 계몽시킨다는 이유로 개인들의 삶에 개입한다고 비판한다. 그들은 교육받은 계몽된 사람에 의해 교육받지 못한 타자가 지배받는 것이 교육이라는 이름으로 정당화되는 역설적 상황에 주목하였다. 해방 가능성의 이면에는 타자에 대한 지배와 종속을 강화하는 억압의 가능성이 내재되어 있다는 것이다. 국가에 의한 의무교육에 상반된 태도는 이러한 모순을 잘 드러낸다. 근대교육을 선도하였던 영국에서는 노동자 계급을 포함하여 모든 아이를 '미래의 보다 현명하고 나은 영국인'으로 만들기 위해 보편적인 의무교육을 실시하였다. 의무교육 지지자들은 교육이 가난한 아이들에게 자유를 가져다줄 희망의 불꽃이라고 생각하였다. 그러나 노동자 계급으로 교육을 확대하려는 움직임에 대한 저항도 만만치 않았다. 반대론자들은 가난한 아이들이 교육을 받음으로써 자신의 운명을 기꺼이 받아들이고 복종과 종속을 내면화하기보다는, 오히려 자신의 운명을 경멸하고 사회에 저항하도록 만들 것이라고 생각하였다. 그들은 근대교육의 해방 가능성을 두려워하였으며, 이러한 두려움을 없애기 위하여 교육 내용과 방법을 조작하여 아동을 통제하고 그들을 계속해서 종속된 상태에 머무르게 하고자 하였다(Deacon & Parker, 1995).

이와 같이 근대교육은 자아실현에 대한 열망을 충족시킴으로써 개인에게 자유와 해방을 가져다주었지만 동시에 자신보다 상대적으로 무지하고 무력한 타자에 대한 억압과 지배를 정당화할 가능성이 농후하였다. 실제로 교육을 통한 자율성의 신장과 자아실현은 결과적으로 불평등을 만들어 내고 다른 사람에 대한 지배를 확대하는 불편한 결과를 초래하였다. 더구나 교육 불평등의 심화, 교육소외와 학생자살의 증가, 교육적 차별과 종속의 강화, 그리고 천박한 자본주의적 속물로의 추락 등으로 인하여, 근대교육의 이념적 기초인 계몽은 돌이킬 수 없을 정도로 그 이상(理想)이 심각하게 손상을 입게 되었다.

근대교육은 개별화된 모든 주체의 몸과 정신을 통제하고 지배하였다. 학교가 보편성에 기초하여 그 정당성을 담보하기 때문에, 학교에서 성공적으로 교육받은 인간은 정상으로 간주되었지만, 학교에 적응하지 못하거나 교육적으로 실패하는 학생은 정상적이지 못한 학생으로 여겨졌다. 근대에 출현한 심리학, 경제학, 발달이론 등의 인간과학은 학생들의 다양성보다는 통일성, 단일성 그리고 동질성에 주목하였으며, 학생들을 정상적인 사람과 그렇지 못한 사람으로 구분하는 데 영향을 미쳤다(Peim, 2001). 정규분포곡선의 등장으로 학생들은 성적, 성격, 지능, 태도 등이 평균을 중심으로 일정한 비율에 따라 좌우로 분포되어 있는 것으로 여기게 되었으며, 일정한 기준을 넘어선 학생들은 정상으로 분류되었다. 그러나 분포도의 왼쪽 끝에 위치한 학생들은 정상 범위를 벗어난 특수아동으로 취급되었다. 따라서 그들의 '다름'은 '정상 혹은 규범으로부터 벗어났다는 것'과 '능력이 모자란 것'이라는 의미로 받아들여졌다. 그런 의미에서 근대교육은 교사와 학생이 각자의 개별성과 차이를 드러내고 존중하기보다는 그것들을 포기할 것을 요구하는 경향이 있었다. 계몽의 이름으로 교사와 학생을 비롯한 교육적 주체들의 정체성과 가치를 억압하였던 것이다. 왜냐하면 근대교육은 바로 학생들을 정상적으로 만드는 교육적 실천이었으며, 학교는 학생들을 규범에 순치된 '정상' 인간으로 만드는 곳이었기 때문이다. 그 속에서 학생들은 외부로부터 강요가 아니라 자발적 선택에 따라 규범을 받아들이고 내면화하였다.

교육을 개혁하고자 하거나 교육에 냉소적인 태도는 성격은 다르지만 근대교육의 정당성을 묻는다는 점에서 동일하다. 오늘날 우리가 목도하고 있는 교육위기는 근대교육을 비판적으로 재구성할 필요가 있음을 암시한다. 그람시(Gramsci)에 따르면 위기는 옛것이 기능을 다하여 사라지고, 새로운 것이 아직 나타나지 않은 공백기에 나타난다. 대중이 예전에 믿었던 것을 더 이상 믿지 않으며, 전통적 이데올로기로부터 멀어지는, 그러나 아직 새로운 것이 출현하지 않은 공백기에 다양한 혼란과 갈등이 발생한다는 것이다. 이런 점에서 교육위기는 사람들이 기대하는 것과 다른 어긋남을 교육적 실천에서 발견하게 되었다는 것을 의미한다. 지배적인 교육 규칙이 유효성을 다하고 대신에 새로운 규칙이 출현하고 나아가 새로운 교육제도가 출현할 조짐이라고 할 수 있다. 이러한 어긋남은 근대교육의 틀과 관행에 대한 비판적 성찰을 통해 인식할 수 있다.

기존 제도의 죽음과 새로운 제도의 탄생은 자연 생태계에서 흔히 발견할 수 있는 현상이다. 교육제도가 위기라는 말은 비교적 안정적으로 반복되어 유지되던 교육적 실천이나 규칙들의 의미가 약화되거나 적실성을 상실한 경우를 말한다. 그러나 근대교육을 지배하고 있는 계몽합리성의 틀에 머무르면 지금의 교육제도를 문제가 없는 규범적 상태로 가정하고, 위기를 단지 계몽으로부터의 일탈로 간주할 가능성이 있다. 관성(慣性)처럼 기존 방식이나 규칙에 길들여지면 새로운 교육제도의 출현을 모색하는 것은 어렵다. 개인도 자신의 습관화된 행동이나 사고방식을 적극적으로 바꾸는 것을 주저한다. 그런데 교육제도의 변혁 과정은 누구에게나 잘 보이지 않으며, 이 과정에서 일부 지식인들은 자신들의 지위의 부침과 관련하여 상황을 바라보는 경향이 있기 때문에 기존 질서를 옹호할 가능성이 크다. 때로 그들에 의해 주도되는 교육개혁은 교육제도의 변혁이나 새로운 제도의 출현과는 거리가 있으며, 오히려 기존 체제를 공고히 한다. 따라서 근대교육의 대안을 찾기 위해서는 전제적 계몽에 구속당한 대중의 상상력을 복원하는 것이 필수적이다.

4. 근대교육의 대안을 상상하라

많은 문제와 다양한 비판에도 불구하고 근대교육은 우리 삶에 긍정적인 차원에서 상당한 영향을 미쳤다. 교육은 예전에 경험할 수 없었던 것들을 가능하게 하였다. 무지몽매한 사람들이 교육을 통해 글을 읽고 세상을 나름의 방식으로 바라볼 수 있게 된 것은 행복이었다. 교육은 외부의 강요가 아니라 자신의 내면과의 성찰과 대화를 통해 자기완성에 이르는 일련의 과정이었다. 우리 대부분은 근대교육제도에 자연스럽게 편입되었으며, 학교를 통해 도덕적 질서와 규칙을 내면화하였다. 지금도 근대교육은 확고한 교육적 실천과 안정된 규칙 그리고 운영 원리를 바탕으로 성장과 분화를 지속하고 있다.

그러나 교육제도는 변함없이 고정되어 있는 어떤 것이 아니라 시대적 특성을 반영하면서 늘 변화한다. 교육제도는 인간을 구속하고 특정한 모습의 만들기도 하지만, 인간에 의해 생성되기도, 변형되기도 한다. 인간은 사회제도를 변화시킬 가능성을 가지고 있는 동시에 그것에 의해 구속되는 이중성을 특징으로 한다. 이런 점에서 교육제도는 인간의 의지와 관계없이 어느 날 갑자기 생겨난 것이 아니라 인간의 창조적 활동에 의해 새롭게 구성되는 역사적 산물이다. 근대교육도 이러한 인간의 창조와 상상의 산물이었다. 따라서 교육위기는 근대교육이 새로운 교육질서를 모색하는 변환 과정에 있음을 의미한다.

근래에 들어 한국교육은 경제적 합리성과 시장주의 이데올로기의 영향을 더욱 강하게 받고 있다. 교육은 성장, 취업, 부, 소유 등을 강조하는 경제적 합리성에 따라 재편되고 있으며, 나아가 전 지구적 자본의 재배치 과정에 기여하도록 요구받고 있다. 경제적 합리성과 도구적 합리성으로 무장한 지식인과 정책담당자들은 거센 경쟁에서 살아남기 위해서 인간이 더욱 자본화되어야 한다고 주장한다. 그들은 근대교육의 자유와 해방의 가능성을 억압하였던 돈, 취업, 성장, 발전, 기술 등이 여전히 교육의 중심이 되어야 한다고 주장한다. 이러한 '전제적 계몽(專制的 啓蒙, despotic enlightenment)'에 갇힌 근대교육의 대안을 모색하는 것이 곧 교육위기를 극복하는 길이다.

한편, 지구화 시대의 교육은 근대적 상상력으로 이해하기 어려운 또 다른 지점이다. 지구화는 국가를 중심으로 작동되던 권력의 작용에 변화를 초래하고 있다. 전 지구적 권력은 국가의 경계를 넘어 그 영향을 미치고 있으며, 이러한 영향은 개별 국가의 교육적 가치와 교육적 실천의 변화를 요구하고 있다. 이들은 '교육적인 것'을 이미 주어진 어떤 것으로 가정하고, 그것에 따라 사람과 제도 그리고 교육적 실천을 규정하고자 한다. 개별 국가는 국가경쟁력을 위해 서구의 계몽합리성에 기반을 둔 '모종'의 전 지구적 교육질서를 이상화하고 그것에 자신들의 교육질서를 수렴시키고자 한다. 국제학업성취도평가(PISA)와 같이 서구에서 생산된 교육적 규칙과 실천들이 다른 세계로 확산되면서 교육질서가 더욱 동질화되는 현상은 그 예다. 이러한 태도가 바로 전제적 계몽이다. 전제적 계몽은 일차원적이고 일면적인 것을 강조한다. 그러나 다양성과 차이를 강조하는 지구화 시대에 지배적 단일 규범을 내면화하고 그것에 동화시키려는 교육은 불가피하게 갈등을 낳을 수밖에 없다. 이런 점에서 한국교육을 단순히 비판하는 것을 넘어 새로운 대안을 적극 모색할 필요가 있다.

근대교육이 인간으로 하여금 수치심마저 빼앗아 가는 속물의 본산이며, 교육이라는 이름으로 부끄러움을 모르는 속물을 길러 내고 있다는 성찰은 근대교육의 대안을 보다 적극적으로 상상하도록 요구한다. 교육적 실천과 관련된 집합적 환상과 위선은 우리 교육의 가장 심각한 문제 중의 하나다. 교육의 내적 논리에 따라 자기완성을 위한 교육을 하고 있다는 환상과 위선이 팽배하다. 계몽합리성에 기초하여 교육을 제대로 하고 있으며 또한 받고 있다는 일종의 허위의식에 빠져 있다. 집합적 위선은 경제적 합리성에 지배되고 있는 일그러진 교육을 숨기거나 당연한 것으로 간주하도록 한다. 이뿐만 아니라 교육이라는 것이 자기완성을 위한 지난한 과정이고 그것은 보편적 원칙에 입각한다는 생각은 교육이 다양한 이해관계로부터 자유로운 중립적 활동이라는 환상을 심어 준다. 나아가 이렇게 집합적 위선의 비교육적인 실천을 교육적으로 정당한 것으로 받아들이도록 한다. 교육은 그 자체로 정당성을 가지고 있는 것처럼 간주되지만, '교육적 가치가 부재'하는 교육적 실천은 오히려 교육을 비정상의 상태로 내몰게 된다. 따라서 근대교육에 만연한 집합적 위선과 환상을 벗기는 일은 우리 교육에 대한 비판적 성찰을 통해서 가능하다. 우리가 마주할 새로운 교육질서는 우리의 의지와 무관하게 완성된 형태로 밖으로부터 주어지는 것이 아니라, 우리의 의지에 따라 수선하고 다듬으면서 만들어져야 한다.

1968년 5월 프랑스 학생운동의 슬로건은 '모든 권력을 상상에게로(L'imagination au pouvoir)'였다. 상상은 어찌할 수 없다는 무기력함과 답답함으로부터의 탈출을 가능하게 하고, 결정론적이고 회의적 태도를 극복하게 하는 힘이다. 찰스 테일러(C. Taylor)는 사회적 상상을 "사람들이 자신의 사회적 실존에 대해 상상하는 방식, 사람들이 다른 이들과 서로 조화를 이루어 가는 방식, 사람들 사이에서 일이 돌아가는 방식, 통상 충족되곤 하는 기대들, 그리고 그러한 기대들의 아래에 놓인 심층의 규범적 개념과 이미지들"(Taylor, 2010)로 정의하고 있다. 이러한 '사회적 상상'의 중요성을 체계화한 이는 카스토

리아디스(Castoriadis)다. 그는 결정론과 합리성에 따라 세상을 이해하는 방식에 회의적이었으며, 대신에 이미지와 환상과 같이 비합리적 요인들이 중요한 역할을 한다는 점을 강조하였다(Tucker, 2005). 사회는 이성이나 합리성으로 포착되기 어려운 복잡성을 가지고 있기 때문에 개인과 사회가 합리적으로 조화를 이루고 있다는 환상을 버리고 대신에 비합리적 요인들에 주목하고자 하였다. 그는 상상을 개인의 심리적 차원에서 접근하는 것이 아니라 사회적 존재로서 자신의 삶과 역사를 변증법적으로 바라보고 성찰하는 것으로 이해하였다. 이뿐만 아니라 상상을 기존의 사회적 구속을 받는 것이 아니라 그러한 제약을 넘어서 새로운 사회를 창조하는 힘으로 바라보았다.

상상은 소수의 이론가들에 의해 전유되어 있는 이론과 달리 평범한 대중이 공유하는 것이다. 상상은 일반인의 사고와 지식 그리고 삶의 경험에 주목한다. 상상력과 비전을 가진 일반 대중의 사회적 상상은 공통의 실천을 가능하게 하고 정당성에 대한 감각을 공유하도록 하는 공통의 이해다. 이런 점에서 상상은 자신의 실존적 조건에 대한 인식을 의미한다. 무엇을 상상한다는 것은 '살아 있다는 것'을 확인하는 것이다. 상상은 기존 제도의 존재 의미와 그 기능에 생각과 판단 그리고 느낌 등이 어울려 만들어진 복합적인 것이다. 사람들은 아무 생각도 없이 그저 제도에 얽매어 살아가지 않는다. 그들은 '세상일이 어떻게 돌아가는지에 대한 감각을 가지고 있으며, 세상이 어떻게 돌아가야 좋은지'에 대한 예민한 감수성을 가지고 있다(Taylor, 2010).

따라서 '상상'은 헛된 꿈이나 특정한 사람의 자의적 판단이 아니라 사회를 비판하고 나아가 새로운 세상을 설계하도록 하는 삶에 대한 총체적 인식의 결과다(Gaonkar, 2002). 상상이 새로운 실천으로 구체화되기 위해서는 매우 오랜 시간이 필요하기 때문에 상상을 공유하는 우리 모두는 교육을 변혁시키는 거대한 역사적 과정에 참여하고 있는 셈이다. 이런 점에서 상상은 계몽합리성에 지배되어 있는 근대교육의 한계를 넘어서 대안을 모색하는 데 있어 중요한 역할을 담당하게 된다. 그리고 그 힘은 바로 대중의 상상에서 나온다. 그러므로 한국교육의 대안을 '상상하라'!

제2장

국가자본으로서 학력의 출현과 분화

제군이 배우는 학문은 흔히 졸업증서 획득 행동으로 기울어지며,
제군의 이상은 개인주의적 향락 위에 기반을 두고 있지 않은가.
남의 불행을 내가 상관할 필요가 있으랴.
나만 공부 잘하여 나만 잘되면 그만이라는 낡은 문자 그대로의 '입신양명'을
제군의 머리에 채우고 있지는 않은가.
– 견지동인(1925)

일반적으로 사용하는 '학력'이라는 말은 추가적 설명을 덧붙이지 않는다면, 혼동하기 십상인 두 가지 의미로 사용된다. 학업성취능력을 의미하는 학력(學力)과 교육이수경험을 의미하는 학력(學歷)이 그것이다. 전자를 '~을 실제로 할 수 있는' 실질적 능력으로서의 학력으로, 후자를 '~의 교육을 마쳤음을 나타내는' 자격인 상징적 자격으로서의 학력으로 구분한다. 또한 전자를 실력(實力)으로, 후자를 학(교)력(學校歷)으로 바꾸어 사용하기도 한다.

이론상 두 가지 학력은 동일한 것으로 간주되지만 현실은 사뭇 다르다. 예컨대, 고등학교를 졸업한 사람이 기본 수셈도 하지 못하고 제대로 글을 읽지 못한다고 비판하거나, '실력 있는 사람이 우대받는 사회' 혹은 "실력은 있지만 졸업장이 없어서 취직하지 못하고 있다."라는 말들을 자주 접하곤 하는데, 이러한 얘기들은 두 종류의 학력이 어긋나 있음을 지적하는 것들이다. 대체로 사람들은 전자의 실질적 학력이 후자의 상징적 학력보다 중요하다고 생각하며 그것이 현실세계를 작동하는 원리이기를 바라지만, 이러한 기대와 달리 여러 가지 이유로 후자가 강조되고 있으며, 이러한 경우를 학력사회(學歷社會)라 부른다.[1] 학력사회는 '개인이 도달할 수 있는 사회적 지위가 학력(學歷)에 따라 규정되는 정도가 높은 사회'를 말하는 것으로 근대 이후에 출현하였다.

동서양을 막론하고 학교교육과 사회적 지위가 밀접한 관계를 맺게 된 것은 근대사회에서의 일이다. 그것은 출생에 의한 출세의 시대가 막을 내리고 재능에 따른 출세의 시대가 열리면서 교육이 재능을 기르고 보증하는 역할을 담당하면서 나타난 현상이었다(Hobsbawm, 2001). 물론 교육이 전적으로 또는 최상층의 사회계층까지 이르게 하는 것은 물론 아니었지만, 과거의 정적이고 폐쇄적인 신분사회를 고려할 때 교육에 의한 출세가 가능하게 된 것은 대단한 변화였다.

한국에서 근대교육의 헤게모니가 출현하고 확립된 것, 다시 말해 학력주의가 내면화되고 일상적 삶의 공간으로 침투되기 시작한 시기는 1920년대 중 · 후반으로 추정된다. 근대교육의 도입 초기에 팽배하였던 학교교육에 대한 거부와 회의적 시각이 1920년대에 들어서면서 변화되기 시작하였다. 그것을 알 수 있는 대표적인 현상 중 하나는 사회적으로 붐을 이루었던 교육열(教育熱) 현상이다. 당시 조선 전역에서는 교육열이 거세게 일어났는데, 그것은 지식인들에 의해 주창된 국가적 및 개인적 실력 양성론 때문이었다는 민족주의적 해석이 주류를 이루고 있으며, 여기에 개인들이 출세를 위한 통로로 교육을 간주함으로써 크게 발흥했다는 행위자 중심 해석이 더해지고 있다.

그러나 교육열은 앎에 대한 순수한 요구와 동경 그리고 국권 회복을 위해 실력을 기르는 일만을 의미하지는 않는다. 그것만으로 절박한 삶의 무게에 짓눌려 있던 수많은 대중이 학교교육에 적극 참여하게 되었다고 보는 것은 현실적인 해석이라고 보기 어렵다. 또한 일제의 식민정책이나 교육제도 등을 고려함 없이 개인의 출세를 위한 교육요구가 전적으로 교육팽창을 가져왔다는 주장 또한 적실성이 크지 않다. 그런데 지금까지 근대교육에 대한 논의는 주로 실력 양성론에 입각하여 이루어졌으며, 대신에 개별적 교육행위자들의 교육의식은 크게 주목받지 못하였다. 이런 점에서 개인이 근대교육의 사회적 효과를 인식하고 그것을 내면화는 과정과 그에 따른 결과를 체계적으로 분석할 필요가 있다고 본다.

여기서는 근대적 학력 담론의 출현과 그 성격 변화를 살펴본다. 구체적으로 1920~1930년대를 중심으로 근대교육의 전개 과정에서 사회적으로 나타난 학력 담론의 성격

---

❶ 국내에서 발간된 『교육학대사전』(서울대학교 교육연구소 편찬)에는 후자의 학력과 관련된 항목(예: 학력, 학력사회, 학력주의, 교육자격 등)이 없다. 일본에서 발간된 사전에는 학력을 '학업에 관한 개인의 경력'으로 정의하고, 구체적으로 중졸, 고졸, 대졸 등과 같이 교육단계의 다름에 따른 종적 분화와 동일한 교육단계에서 학교의 종류나 위신들의 차이에 기초한 횡적 분화의 2차원으로 구분하고, 후자를 '학교력(學校歷)'이라 부르고 있다(日本教育社會學會 編, 1986: 81-82).

변화를 분석한다. 근대교육은 출생에 의하지 않고 재능에 따라 출세가 가능한 능력주의와 졸업한 학교력(學校歷)에 따라 사회적 지위가 결정되는 학력주의를 동시에 수반하였다. 근대교육의 초기에 두 종류의 학력, 즉 '실질적 학력'과 '상징적 학력'은 분리된 둘이 아니라 하나였다. 따라서 학교에서 실력을 기르는 것이 중요하였고, 졸업증서로 대변되는 학력은 부차적인 것이었다. 그러나 이러한 상황은 곧 역전되어 학교교육의 상징적 학력이 실질적 능력을 대신하여 개인의 능력과 자질을 증명하는 기능을 담당하게 되었고, 그 결과 서로 다른 두 개의 학력으로 분리되었을 것으로 사료된다. 이러한 변화를 강창동(2002: 316)은 "교육열이 제도화의 가면을 쓴 학력욕망으로 대치" 된 것이라 말한다. 여기에서는 1920~1930년대 일간지와 잡지 기사를 중심으로 이러한 학력의 분화를 살펴보고자 한다.

1. 근대교육의 학교화와 학력 담론의 출현

1) 근대교육의 학교화

한국의 근대교육은 '학교화(學校化, schooled)'와 밀접한 관련이 있다. 근대교육은 전통적인 교육공간이었던 서당(書堂)과 전혀 다른 학교를 중심으로 전개되었다. 근대교육의 학교화는 '노는 곳'과 '공부하는 곳'이라는 공간의 분리를 통해 지식의 생산과 유통을 독점하였고, 사회적으로 자격을 증명하는 기능을 담당하게 되었다.

근대교육은 산업의 진흥과 함께 실력 양성과 국권 회복을 위하여 필수적인 것으로 간주되었다. 특히, 실력 양성은 개인 차원보다는 국가 수준에서 강조되었다. 즉, "교육이 국가와 민족의 부강을 가져오는 근본적인 힘"(이광수, 1922: 20)이라는 주장처럼 보다 많은 국민이 근대적 지식을 익히고 민력(民力)을 키우면 궁극적으로 국권회복이 가능해질 것이라는 '국가적' '공공적' 실력 양성론이 팽배하였다. 근대교육은 국권회복이라는 국가적 대의를 구실로 적극 보급되었고, 대중의 교육 참여를 장려하였다.

그러나 불평등한 신분사회에서 애국심에만 호소하여 개인들의 교육 참여를 유도하는 것은 분명한 한계가 있었다. 개인들이 생업을 미루고 학교에 다닐 필요를 갖는 것이 중요하였다. 능력주의의 등장은 개인들로 하여금 교육에 관심을 갖도록 하는 중요한 동인이었다. 공공적 실력 양성론은 사회진화론과 능력주의를 만나면서 다른 성격을 보이게 되었다. 당시 신문과 잡지에서는 '실력'과 '경쟁' 담론을 지속적으로 소개하였으며, 개인적으로나 국가적으로 경쟁을 통하여 실력을 기르는 것이 자연스러운 것이며 생존을 위해 필수적이라는 것을 강조하였다. 이 과정에서 경제적으로 합리적인 존재로서 개인들은 학교가 입신출세를 보장하는 '사적' 실력 양성을 위해서도 중요하다는 생각을 하게 되었으며, 이러한 생각들이 학교를 통한 학력취득과 경쟁의 중요한 계기가 되었다. 예컨대, 1900년대 초 경쟁과 진화 그리고 능력에 따른 신분 결정에 관한 글들이 다수 발견되었는데,[2] 그중에서도 변정숙의 다음 글은 매우 직설적이다.

> 이 세상은 아는 자와 강한 자의 무대다. 그러므로 지혜가 있는 사람은 항상 권세를 잡고, 어리석은 사람은 항상 구박을 받으며, 힘 있는 사람은 항상 무리한 일을 행하고, 힘없는 사람은 항상 억울한 일을 당하니 실로 이 세계는 어리석은 자나 힘없는 자의 것은 아니라 하겠다(변정숙, 1908).

실력을 길러 성공하는 것이 곧 평등을 의미한다는 실력주의가 계속 확산되었다. 『동아일보』의 1920년 6월 26일자 사설 「평등의 원리, 실력 양성」은 실력이 중요하며, 그러한 실력은 교육을 통해 가능하다는 사회적 인식을 잘 표현하고 있다.

> 평등은 요구만으로 얻어지지 않고, 실력에 기초해서 획득해야 하는 것이니, 이 시대가 아니면 혁명이 일어나지 못하는 까닭이며, 지금의 시대가 아니면 혁명이 성공하지 못하는 이유다. …… 오직 사실상의 사회적 평등은 서로가 마땅히 경의를 표할 만큼의 실력을 보전하여 간직하지 않으면 도저히 실현하기 어렵다. 실력은 우선 지식, 도덕, 신체를 포함한 인격의 발달이니 이를 촉진하는 방법으로 교육을 진흥해야 한다. 다음으로 (실력은) 물질적, 정신적은 물론이고 생활의 풍부함이니 이를 촉진하는 방법으로 산업을 발달시켜야 한다(동아일보, 1920. 6. 26.).

당시 이러한 생각은 사회적으로 상당히 퍼져 있었다. 동경 유학생 박춘파는 "개인으로는 누구든지 실력주의며 강력주의입니다. 세상이 다 떠든 대로 오직 나는 실력뿐이

---

[2] 『공립신보』의 다음 글은 경쟁 담론이 얼마나 광범위하게 확산되었는지를 짐작할 수 있다. "소든지 말이든지 양이든지 한 필씩 따로 두고 먹이면 결단코 살이 찌지 않는 증거가 있으니, 살찌게 하려면 종류를 같이 모아 먹여야 경쟁심이 생겨 먹는 것이 속히 살찐다더라."(공립신보, 1908. 11. 11.)

다."(박춘파, 1921: 82)라고 실력을 강조하는 당시 상황을 비장하게 전하고 있다. 이를 아소우 마고토(麻生 誠, 1970: 58-60)는 '지적 다위니즘(Darwinism)'으로 표현하고 있다. 당시 일본에서도 우수한 지능과 강인한 성격 그리고 건강을 갖추고 있는 사람만이 학교에서 살아남을 수 있다는 '교육도태(教育淘汰)' 사상이 강조되었으며, 이러한 경쟁에서 살아남은 사람들의 능력을 차별적으로 보상하는 것이 전혀 문제될 것이 없다는 분위기였다.[3]

개인이 지닌 지식과 지혜가 성공을 위한 무기가 된다는 인식의 확산은 근대교육이 능력에 기초하여 개인들의 출세를 가능하게 하는 통로로서의 역할을 담당할 것이라는 입신출세주의(立身出世主義)를 내면화하는 계기가 되었다. 전통적 신분제도가 무너지고 '재능에 따른 출세'의 가능성이 커짐으로써, 개인들은 출세를 위하여 학교교육에 대한 열망을 키우게 되었다. 이 과정에서 근대교육의 학교화가 자연스럽게 진행되었다. 학교는 정해진 절차와 규칙에 따라 규격화된 실력을 생산해 냈으며, 학생들의 등급 혹은 품질을 증명하는 졸업장 발급을 기초로 사회적 분류 기능을 담당하게 되었다. 바야흐로 개인의 실력이 사회적 불평등을 정당화하는 것으로 간주되었으며, 그러한 실력은 학교교육을 통하여 길러질 수 있다고 생각하게 되었다. 이는 실력에 기초하여 근대학교가 사회적 신분을 결정하는 기능을 본격적으로 담당하게 되었음을 의미하는 것이다.

한편, 학교를 통한 능력 검증이 결정적으로 중요한 의미를 갖게 된 것은 '경쟁형' 관료임용제도의 도입 때문이었다. 홉스봄(Hobsbawm, 2001: 366)은 "교육은 개인주의적인 경쟁과 '재능에 의한 출세'의, 출생과 연고에 대한 실력의 승리를 상징했다. 그것은 어떤 의미에선 돈벌이 사업만큼이나 효과적인 상징이었으며, 그것은 경쟁시험이라는 장치를 통해 이루어졌다."라고 지적한다. 전통적인 취사(取士) 방법이었던 과거제도가 폐지되고, 학교에서 배운 내용을 기초로 실시되는 경쟁시험을 기반으로 하는 새로운 관리임용제도의 도입은 근대교육의 사회적 효용 가치를 공식적으로 확인하는 것이었다. 학교교육은 곧 실력을 의미하는 것으로 받아들여졌으며, 학교가 생산하는 표준화된 졸업증서는 사회적 규범의 성격을 지니게 되었다. 이는 양사(養士)와 취사가 분리되지 않고 동일한 것, 즉 '교육=학력(學力)=학력(學歷)=취업자격'이 등질적인 것임을 가정하는 것이

[3] 일본에서는 1902년 『성공』이라는 입신출세를 주제로 하는 잡지가 창간되어 사회적 출세의 욕구를 자극하고 있었다. 조선에서도 잡지와 신문을 살펴보면 1920년대에 성공에 관한 기사가 다수 발견되고 있다. 이는 대략 이때에 근대교육이 개인적 차원의 입신출세를 강하게 표방하고 있었음을 짐작하게 하는 근거이기도 하다.

었다. 1920년대 신문 사설은 이러한 등식 관계를 잘 대변하고 있다.

> 세상과 이론에 있어 여하간의 사실은 '실력의 경쟁'이므로 배운 자는 배우지 않은 자를 망하게 하고, 아는 자는 알지 못하는 자를 사라지게 한다(동아일보, 1922. 1. 5.).

당시에 경쟁사회는 거스를 수 없는 시대적 흐름으로 인식되는 경향이 있었지만, 그것이 초래할 폐해와 부작용에 대한 두려움 또한 적지 않았다. "역사적 인물은 모두 위인이며 상부 계급을 점령하는 인물은 모든 성공한 인물이며 현 사회의 제도에 부당한 인물은 모두 낙오자, 실패자에 불과한 가련하고 불쌍한 자다. 세상의 대세인 넘치는 자본주의, 권세주의에 편승하여 비굴 아니면 오만, 정복이 아니면 노예의 참담한 현상을 주출(做出; 인용자 주: 없는 사실을 꾸며서 만들어 냄)하는구나."(동아일보, 1922. 10. 6.)라는 지적처럼 능력이나 경쟁을 강조하는 것이 패자를 만들어 내는 냉혹한 게임이 될 것을 염려하였다.

2) 학교를 통한 실력의 표준화와 학력의 출현

그렇다면 학교교육은 어떤 방식으로 개인의 실력을 증명하였는가? 학교교육을 통하여 형성한 실력을 나타내는 방법에는 성적이나 품행을 기록한 학적부와 졸업증서가 있었다.[4] 그중에서도 특정 학교를 졸업했다는 표시인 졸업증서는 학력(學歷)을 나타내는 대표적인 상징이었다. 졸업증서는 학기 말에 소정의 졸업시험을 실시하여 합격한 사람들에게 학교장이 수여하는 것으로, 학교에 의해 공인된 규격화된 능력을 의미한다. 즉, 졸업장은 학교에서 규정한 교육과정을 포함하여 제반 절차를 무사히 마친 사람에게 수여되는데, 그것은 개인의 능력과 업적의 정도 그리고 생활태도를 표준화시킨 것으로 학생 개개인에 대한 사회적 품질 증명서였다.

---

[4] 조선에서 근대적 학력을 나타내는 상징인 졸업증서 수여 규정은 1895년경에 설립된 각종 학교 관련 법령에서 발견된다. 학력(學歷)을 의미하는 졸업증서와는 다르지만 학력(學力)의 성격이 강한 학업이력서(學業履歷書)를 입학 서류로 요구하였다. 1890년대 중반 한성사범학교와 성균관에 입학하고자 하는 사람은 입학원서와 함께 학업이력서를 제출하도록 하였다. 학업이력서에는 이름, 생년월일, 국문, 경전(經傳), 본국역사지지 등에 관한 이력을 적도록 되어 있었는데, 이는 입학지원자의 교육받은 학교력(學校歷)보다는 학업 수준을 확인하는 성격이 강했다고 볼 수 있다. 일본은 1872년 공포된 학제에 따라 근대적 학교제도가 마련되면서 졸업증서가 출현하였다. 새 학제의 제158장은 학과졸업증서에 관한 조항으로 소학, 중학, 대학 등의 학과 졸업장 서식을 규정하고 있다.

이처럼 근대교육의 도입 초기에 두 종류의 학력은 동일한 것으로 간주되었다. 학교는 실력을 기르는 곳이었으며, 특정 학교를 이수했다는 표시인 졸업증서는 실력을 나타내는 대표적인 증표였다. 그리고 졸업장과 개인의 실질적 능력이 다르지 않다고 생각했기 때문에, 졸업장을 교원이나 관직으로의 취업 자격으로 대체하는 것은 그다지 문제가 되지 않았다.❺

일본에서도 마찬가지였다. 1879년 「교육령」 제34조에 따르면 공립사범학교 졸업생에게 시험을 실시한 후에 '졸업증서'를 수여하였으며, 이 졸업증서를 지닌 사람은 소학교 교원자격이 있다고 정하였다. 즉, '입학 → 교과과정 이수 → 졸업시험 → 졸업증서'와 같은 체계적인 학교교육 과정을 거쳐 교원자격이 발급되었으며, 이를 통해 학력자격과 직업자격이 동일한 것으로 간주되었음을 알 수 있다. 따라서 졸업장은 학력(學力)뿐만 아니라 개인이 획득한 지위에 귀속적 성격을 부여한 새로운 신분증명서였던 것이다(麻生 誠, 1970: 60). 학교는 규격화된 졸업장을 발급함으로써 푸코(Foucault)의 지적처럼 자연스럽게 학생과 학교를 비교하고 서열화하며 차별하는 기능을 점차적으로 담당하게 되었다. 근대학교는 위계적 학력자격으로서 졸업장을 부여하는 기능을 담당함으로써 경쟁의 핵심 공간이 되었으며, 그 결과 교육수요의 팽창과 학력(學歷) 담론 출현의 계기로 작용하였다.❻

그러나 모든 학교의 졸업이 사회적으로 동일한 평가를 받는 것은 아니며, 실제적 혹은 상징적으로 학교 간 또는 학교급 간 위계적 차이는 엄연히 존재하였다. 따라서 졸업장은 개인의 능력을 증명하는 것이기도 하였지만 동시에 출신 학교의 사회적 평판과 같은 교육기관의 품질을 나타내는 것이었다. 관공립학교와 사립학교와 같이 설립별(기관/주체)에 따라, 보통학교와 고등보통학교와 같이 학교급에 따라 졸업장의 사회적 가치가 다르게 인식되었다. 보통학교를 졸업한 학생들은 가능하다면 '관립' 경성고등보통학교와 평양고등보통학교에 진학하기를 원하였다. '관립' 고등보통학교는 관직으로 진출하는 과정에서 차별적으로 혜택을 받았으며, 상급학교 진학이나 출세를 위해 중요한 곳으로 간주되었다. 이러한 현상은 기본적으로 관립의 고등보통학교가 절대적으로 부족한 데 기

❺ 당시에는 실력과 능력을 동일한 의미로 사용한 것으로 보인다. 이 글에서도 두 용어를 구별하지 않고 함께 사용한다.

❻ 일본은 조선에 비하여 비교적 일찍 근대적 교육제도를 수용하였으며, 근대적 학력 개념 또한 일찍 출현했다. 天野郁夫(1992)는 일본의 경우 1880년대 말[대략 메이지(明治) 20년 전후]에 근대적 학력 개념이 형성되었고, 1890년대 말 이후 학력이 대중의 의식으로 규범화되기 시작하였다고 주장한다.

인하기도 하였지만, 그것 못지않게 '관공립'학교 졸업생에게 관직으로의 진출 과정에서 부여하는 특혜 역시 주된 원인이었다.

이러한 현상은 일본도 마찬가지였다. 관학 중심주의는 일본의 오랜 전통이었다. 일본에서 관학은 주로 상위직의 인력을, 사학은 주로 하위직의 인력 양성을 담당하는 이원구조를 지니고 있었다. 물론 일부 사학에도 관학에 준하는 각종 특권이 부여되었으나, 사학의 존재는 거의 무시되었으며 단지 관학을 보충하는 기능만을 담당하는 부차적인 교육기관으로 간주되었다(天野郁夫, 1992: 80-84). 「문관시험보견습규칙(文官試驗補見習規則)」[7]과 같이 특권을 매개로 한 관료 충원과 관공립학교의 결합은 관공립학교 출신이 정치와 경제계의 상위직을 독점하는 결과를 낳았다(中山 務, 1978: 110-112). 이처럼 '특혜'와 '특권'이 모든 학교에 동일하게 주어진 것이 아니라 관립학교를 중심으로 이루어졌다.

일본에 비해 조선의 상황은 더욱 복잡했다. 주로 일본인을 대상으로 하였던 관공립학교와 달리 당시 조선에서 사립학교는 일제에 대한 저항의 공간이자 가로막힌 교육열의 출구였으며, 사회적 출세를 위해 필요한 실력을 쌓는 다층적 의미의 공간이었다.[8] 그러나 조선인의 손으로 조선인을 위하여 설립되었던 많은 사립학교는 민족주의적 장점에도 불구하고 여러 가지 면에서 열악한 상태에 있었다. 때문에 학생과 학부모들은 명분과 실리 사이에서 학교 선택에 어려움을 느끼고 있었다.

> 초등학교, 즉 보통학교에 입학시킬 자질(子姪)을 가지신 이들의 첫 번째 고민은 공립으로 보낼까, 사립으로 보낼까 하는 문제입니다. 나는 여기에 대해 각기 일장일단이 있다고 봅니다. 첫째, 설비, 제반 규모, 교수방법 등에 있어서는 평균하여 공립보통학교가 낫다고 할 것입니다. 이것은 누구나 다 긍정하는 사실일 것이나 그 반대로 조선적 정서와 감정을 훈육하는 데 있어서는 사립학교에 조금 더 나은 지점이 있다고 봅니다(김창제, 1931: 46-47).

---

[7] 1887년에 제정된 이 규칙에서는 학교 졸업만으로 고등문관시험을 면제받았던 제국대학 출신자와 고등문관시험 합격자를 우선적으로 시보로 임명하는 것을 규정하고 있다. 이에 비하여 사립대학 출신자와 무학력자는 보통문관시험 합격을 거쳐 견습으로 임용되었으며, 궁극적으로 중급실무관료가 되도록 하였다(中山 務, 1978: 110).

[8] 일제는 사립학교를 탄압하는 정책을 추진하였는데, 1908년에 제정된 「사립학교령」에 따라 1910년까지 학부의 인가를 받은 사립학교를 살펴보면, 각종 학교가 1,402개교, 종교계 학교가 823개교, 보통학교, 고등학교, 실업학교가 25개교로 총 2,250개교였다. 사립학교령으로 절반 이상의 학교가 인가를 얻지 못하여 문을 닫은 것으로 추정된다(古川宣子, 1996: 71).

학교선택은 학교졸업이 입신출세와 밀접한 관계를 맺게 되면서 중요하게 되었다. 사회적 출세가 실력보다는 학교졸업장에 의해 결정되면서, 더욱 평판이 좋은 학교 졸업장을 취득하기 위한 진학경쟁은 가속도가 붙었다. 뿐만 아니라 출신 학교를 중심으로 동창회와 학우회가 결성되었고, 이들 모임이 단순한 친목도모를 벗어나 사회적으로 영향력을 행사하는 일종의 지위집단(status group)으로 그 성격이 변화하면서, 학교 졸업장은 새로운 성격을 지니게 되었다.[9] 바로 학벌(學閥)이 그것이다. 김기전(1921)은 학벌(學閥)을 종교벌(宗教閥), 반벌(班閥), 지방벌(地方閥)과 함께 한국의 대표적인 당쟁심으로 비판하고 있다. 그는 당시의 학벌을 구학파와 신학파, 유학파와 비유학파, 일본 유학파와 미국 유학파 등으로 구분하고 있다.

> 학벌로는 종래의 유학을 공부한 구학파와 지금 신학을 공부한 신학파가 있으며 신학파에는 외국유학파와 그렇지 않은 파가 있는 듯하며, 외국유학파에는 또 미국계와 일본계가 있는데 꼭 그렇다고 말할 수는 없으나 미국계는 대부 기독교회를 기반으로 하고 일본계는 일반사회를 기반으로 하여 그 사상과 상태를 스스로 구분하며, 서로를 싫어하는 경향이 없지 않다(김기전, 1921: 11).

학벌의 영향력은 고정된 것이 아니라 사회변화에 따라 변화한다. 예컨대, 1930년대에 들어서 점차 구학파의 영향력이 축소되고, 주로 일본과 미국에 유학 다녀온 신학파를 중심으로 지배적인 학벌을 형성하게 되었다.

> 대체 조선에는 학벌이 두 개가 있다. 하나는 와세다(早稻田), 게이오(慶應), 메이지(明治) 하는 일본계 유학생이요, 다른 한편은 미국을 주로 한 구미계 유학생들이다. 그 실력의 여하와 귀국 후 사회에 나와서 활약하는 여부는 다른 기회에 언급할 것인데, 어쨌든 미국 유학생의 대다수를 점령함이 이 연희전문인데 그러기에 오늘까지 300여 명 졸업생 중 아메리카(亞米利加) 출신이 거지 반, 반수 이상은 차지할 것이다(작자미상, 1932: 24).

사회적으로도 시간이 지남에 따라 실력 못지않게 학교력이나 학벌이라는 용어의 일상

[9] 1920년 4월 1일부터 1925년 12월 31일까지의 『동아일보』 기사를 인터넷을 통해 검색한 결과 '동창회' 관련 기사는 모두 264건이었다. 동창회가 관립과 사립, 보통학교와 중학교 및 고등보통학교 등에 관계없이 매우 광범위하게 조직되어 운영되고 있음을 짐작할 수 있다.

적인 사용이 상대적으로 다소 늘어났다. 1930년대 한 잡지의 인물 소개란에서는 학벌이 일반적으로 사용되었음을 알 수 있다. 도지사를 소개한 「삼천리」에서는 경북도지사 김서규를 평하면서 "…… 빈민구제, 농촌문제 연구에 백발을 재촉하는 씨의 이 방면 행정 고심은 넉넉히 엿볼 수 있으니 학벌 매명(賣名)의 신진 소장 지사에 뒤짐이 무엇일까?"라고 함으로써 당시에 이미 학벌이 매명의 수단으로 활용되고 있었음을 미루어 짐작할 수 있다. 충북도지사 남궁 영을 소개하는 글에서는 "…… 학벌 간판으로서 전도가 유망하다 하니 충북의 빈민의 구제와 교육문제 등 씨의 금후 수완을 기대하는 것이다."(心耕生, 1933: 63-64)라고 적고 있다. 이처럼 학교력은 개인을 소개하고 평가하는 데 있어서 중요한 기준으로 사용되기 시작하였으며, 점차적으로 규격화된 학력에 의한 인간 차별이 가능하게 되었다.

2. 학력 담론의 분화와 학력의 신분화

1) 실력주의 비판

1920년대 중반 이후 학교교육의 목표는 입신양명과 출세라는 세속적인 동기를 강하게 띠게 되었으며, 지식을 통한 사회 개조와 변혁의 욕구가 현실사회에서는 입신과 출세를 위한 수단으로 그 성격이 변화되었다(김경일, 2001: 89). 국가적 · 공공적 실력 양성론에 가려져 있던 사적 실력 양성론이 전면으로 부상하게 된 것이다. 이러한 현상은 다양한 요인들이 중첩적으로 작용하여 초래된 것이기는 하였지만, 무엇보다도 대중이 근대교육의 사회적 효용성을 구체적으로 인식하게 되면서 나타난 것이라고 볼 수 있다.

근대교육의 초기에는 학생들을 학교로 불러 모으는 것이 쉽지 않았다. 학교를 세우면 학생들이 금방이라도 모집될 것으로 생각했지만, 현실은 그렇지 못했다. 부모들은 '자식교육에 필요한 돈이 없다.' '학교에 보내면 살림살이에 보탤 일손이 부족하다.' '신학문을 배우면 난봉(難捧)나기 쉽다.' '배우고 싶어도 배울 곳이 없다.' 그리고 '편지를 읽고 이름이나마 쓸 수 있기 때문에 굳이 교육이 필요 없다.'는 등의 이유를 들어 자식교육에 소극적이었다. 이와 같은 이유와 함께 부모들은 자식들이 학교교육을 받으면 실질적으로 어떤 이득을 얻을 수 있는지를 확신하지 못하였다. 학교교육에 대한 이러한 유보적 태도는 1920년대를 기점으로 급변하게 되며, 조선 전역에서 상당한 정도의 교육열이 일어나게 되었다.

이러한 교육열 팽창의 배경 중 하나는 출세에 대한 강한 바람이었다. 타고난 신분은 물론이고 가진 재산도 없는 사람들은 학교에서의 실력발휘를 통해 신분상승이 가능할 것이라는 꿈을 꾸었던 것이다. 이들은 '근대=학교=실력'과 '전통=서당=허학'이라는 이분법적 태도를 지니고 있었다. 그러나 학교에서 익힌 근대 지식을 통하여 식민지로 전락한 조국의 운명을 개척할 뿐만 아니라, 학력이 신분제의 타파 이후 새로운 사회적 출세를 모색하는 개인에게 보다 높은 지위를 가져다줄 것이라는 '막연한' 기대는 현실과 상당한 거리가 있었다. 더구나 학교가 늘어나고 학생이 증가하면서 근대학교 졸업의 사회적 효용 가치가 줄어들었고, 학교 졸업생을 수용하기에 턱없이 부족한 노동시장으로 다수의 교육받은 실업자가 등장하게 되었다.

이는 근대교육을 낙관적으로 바라보고 있었던 사람들에게는 이해하기 어려운 상황이었으며, 결과적으로 근대교육을 새로운 눈으로 바라보는 계기가 되었다. 실제로 1920년대 이후 근대교육의 팽창으로 근대교육을 경험한 사람들의 특권적 지위가 약화되기 시작하면서, 근대교육과 실력 양성의 관계는 비판의 대상이 되었으며, 비판의 핵심 내용은 능력주의에 대한 것이었다. 당시의 실력주의에 대한 비판은 크게 세 가지로 구분된다.

첫째는 계급론에 입각한 학교교육 비판이었다. 앞에서도 지적한 바와 같이 능력주의는 사회진화론 및 경쟁담론과 함께 식민시기 조선사회를 지배하였던 핵심 논리였다. 그러나 1920년대 이후 사회주의 관점을 중심으로 실력주의에 대한 비판적 논의가 자주 발견되었으며, 그 주된 내용은 사회적 성공이 실력이나 재능보다는 사회적 출신에 따라 좌우된다는 것이었다. 팔봉산인(1924: 17-18)은 실력에 기초한 근대교육이 지배계급에 의한 피지배계급의 착취 전술이며 지배계급의 입신 전략이자 무산자들을 지배계급에게 복종하도록 교화시키는 것에 불과하다고 비판한다.

> 교육은 특권이고, 민중은 제외되어 버렸다. 학문매매업자(學文賣買業者)는 금일의 사회조직 안에서 자기의 지위와 생명과 재산을 유지하기 위해서 부르주아에게 끊일 새 없는 아유(阿諛; 인용자 주: 남의 마음에 들려고 비위를 맞추면서 알랑거림)로써 그네들의 비호를 얻고 있다. …… 특권계급자로서의 인격양성이 그 목표이며, 따라서 특권계급자로서 사회조직의 상부구조로서 표면에서 하부구조를 착취할 수단에 대한 연구에 종사하게 된다. 여기에서 무산자의 눈물과 피와 땀이 흐르는 것이다(팔봉산인, 1924: 17-18).

이러한 비판은 실력주의에 근거한 교육기회의 평등이나 자유경쟁에 의한 출세 가능성에 대한 비판으로 이어진다. 1920년대 중반 이후, 선각자들의 주장처럼 과연 근대교육이 사회적 불평등을 상쇄할 수 있는 희망의 공간인가에 대한 회의적 시각이 다수 출현하였으며, 그것은 주로 "누가 근대교육의 수혜자인가?" 하는 문제와 관련되어 있었다. 그것은 근대교육이 사회적 성공에 영향을 미치는가의 여부에 관한 것이 아니라, 사회적 성공에 이르게 하는 근대적 학력을 획득하는 기회의 불평등을 비판하는 것이었다. 예를 들어, 이청우(1926)는 계급적 관점에서 학력 획득의 불평등을 비판하면서 실력에 기초한 교육기회 평등은 허구에 불과함을 주장한다.

> 흔히 사회의 지도자로 자처하는 교육가들은 말하기를 현대의 정치와 법률은 기회균등과 만인평등의 정신에 기인하여 제정되었다고 한다. 능력만 있으면 타인과 자유로이 경쟁하여 백만장자도 될 수 있으며 상당한 지위도 얻을 수 있다고 한다. 그러나 빈궁에 속박되어 경쟁할 자유도 기회도 엿볼 수 없는 빈자에게, 이것은 무엇을 의미하는 것이 되는가. 기회균등과 만인평등이라는 정신은, 결국 소작농민과 노동자의 자제로 하여금, 특권계급의 행복과 지위를 흔들지 못하게 하고, 특권계급의 이윤을 공급하는 데에 충실한 종이 되게 하는, 사탕발림에 불과한 것이 되지 않는가(이청우, 1926: 13).

결국, 농민과 노동자처럼 무산계층은 근대교육과 지식인들이 선전한 재능에 따른 출세 가능성과 관계없이 식민지 지배를 위해 필요한 충직한 노동력의 공급원에 불과하다는 것이었다. 식민지 당국과 지배계급은 노동자, 농민계층이 사회적으로 불안을 야기하지 않도록 하는 일에 남다른 관심을 보였으며, 이러한 의식의 재생산을 위하여 그들을 적극적인 교화의 대상으로 취급하였다. 이와 같은 실력주의에 대한 비판과 냉소적 시각은 근대교육이 배출하는 '실력'을 갖춘 교육받은 사람이란 오직 유산계급의 자제에 불과하며, 그 실력이라는 것도 체제순응의 결과물에 불과하다고 생각하였다.

> 사람들을 현재의 사회조직과 제도에 잘 맞도록 표준화시키는 것에 불과하며, 그런 식으로 표준화가 잘 된 사람이 사회조직의 상위를 차지하고 그들을 인생에서 성공한 사람이라고 평가하는 것이기 때문에 잘못되었다(동아일보, 1922. 10. 6.).

그럼에도 불구하고 실력주의를 기초로 하는 학력의식은 일반인에게 더욱 깊숙이 내면화되었으며, 졸업장이 실력과 동일한 것으로 간주됨으로써 사회적 출세과정에서 누가 선택되고 누가 배제될 가능성이 많은가 등과 같은 구조적 문제를 은폐하는 기능을 담당하였다.

둘째는 근대교육의 질에 대한 비판이었다. 1920년대 이후 진행된 근대학교와 학생인구의 증가는 다양한 문제를 낳았다. 무엇보다도 급격히 증가한 학생을 위한 교육시설이 미비하였으며, 졸업한 학생들의 사회적 출구 또한 충분하지 못하였다. 교육현실은 학생들의 기대와는 너무나 거리가 있었으며, 그것은 맹휴(盟休)의 형태로 표출되었다. 당시의 학생 맹휴는 식민지 교육에 대한 비판의 성격이 강하였지만, 그 구체적인 원인은 학교교육의 부실에 있었다. 1921년에서 1928년 사이에 발생한 맹휴의 원인을 살펴보면, 총 802건 중에서 교사배척이 434건(54.1%)으로 가장 많았으며, 다음으로 학교시설 미비가 232건(28.9%)으로 많은 비중을 차지하고 있었다(제은숙, 1993: 87-91). 교사의 자질 문제는 많은 학생과 학부모의 주된 불만거리였으며 학생동맹휴업의 중요한 원인이었다. 보통학교를 마친 사람을 교사로 채용하는 교육적 부조리 현상은 결과적으로 '학교=실력'이라는 등식을 무너뜨리는 계기로 작용하였다.

마지막으로 근대교육의 쓸모, 즉 유용성에 대한 비판도 제기되었다. 그것은 도대체 학교에서 무엇을 배우고, 그것이 실제로 어떻게 사용되는가 하는 문제였다. 학교가 기대와는 달리 실생활과 그다지 관계없는 것을 가르치고 있다는 비판, 즉 '교육을 통해 한 가지라도 유용한 기술'을 배우기 원하는 사람들의 바람과 달리 학교는 그렇지 못하다는 생각을 가지게 되었다. 실제적 능력과 관계없는 '허학(虛學)', 즉 실력과 관계없이 관직으로의 진출만을 모색하는 곳에 불과하다는 생각을 가지게 되었다.

> 보통학교만 졸업하면 나도 위정자, 고등보통학교를 졸업하면 고등위정자를 바라는 터이니 향학심의 근본동력이 관존사상 그것이 아니겠는가? …… 아직까지도 전문학교 정도 졸업자가 문과가 이과보다 많고 문과 중에서도 법과, 정치경제과가 78%를 점령하는 사실은 과거의 위정자 양성을 위주로 한 여풍이 우리 생활의식에는 암암히 남아 있음을 증명하는 바가 아닌가? (조재호, 1925: 41).

보통학교만 졸업해도 농사를 싫어하여 "학교를 졸업하고 농사를 하다니! 원."(조재호, 1925)이라는 지적은 학교교육에 대한 냉소적 시각을 엿보게 한다. 뿐만 아니라 계봉우(1908: 17)의 지적처럼 근대학교에서 교육된 학생들은 '법률, 경제, 일어, 산술을 익혀 크게는 각부의 주사나 판사, 작게는 통역이나 순검이 되고자 할 뿐'이었다. 그들의 주된 관심은 실력이나 교육의 질, 교육의 쓸모보다는 출세에 있었으며, 이러한 모순된 태도는 학교교육의 경험이 곧 출세를 의미하는 것처럼 인식하는 사회 분위기를 반영한 것이었다. 1920년대 중반에 들어서면서 이미 교육이수 경험은 신분의 의미를 갖는 '교육이데올로기'로 대중에게 내면화되고 있음을 알 수 있다.

더욱 심각한 것은 유용한 직업적 기술을 익혔다고 할지라도, 자본주의 경제의 미성숙과 저발전으로 교육받은 사람들이 직업적 기회를 얻는 것이 불가능했다는 점이다. 김형준(1932)은 학교교육을 노동시장에서의 취업기회와 관련지어, 단지 학력을 획득하는 것이 중요한 것이 아니라 획득한 학력을 활용하는 데 있어서 다양한 불평등이 존재한다는 지적을 하고 있다.

> 오늘날 모든 학교는 인테리겐차란 상품을 제조하는 공장이다. 그리하여 학교란 공장에서 제조된 인테리겐차란 상품은 자본사회의 상승기에 있어서 사회적으로 잘 수용되었던 것이다. 그러나 인테리겐차도 한 개의 상품이라는 점에서 금일의 다른 모든 상품과 한가지라 그 무정부적 생산과잉으로 인하여 수용시장이 결핍한 현재 상황에 있어 일대공황을 당하고 있다. …… 전문 정도 이상의 학교를 졸업한 인테리겐차란 상품이 그 수용시장의 부족으로 대부분이 실업예비군을 형성하고 있는 듯싶다(김형준, 1932: 52-55).

만성적인 실업과 새로운 일자리의 부족 그리고 취업 공간으로서 조선경제에 대한 일제의 억압 등은 곧 교육받은 조선인의 진로를 가로막는 장애물이었다. 따라서 이러한 장애를 극복하는 것은 동일한 직종일지라도 상대적으로 교육수준을 높이는 것이었으며, 이는 곧 경제적으로 여유 없는 계층의 교육적 열망을 잠재우는 숨겨진 기능을 담당하였다.

그럼에도 불구하고 교육열에 따른 근대교육 팽창 이후, 해마다 중등 이상 학교의 졸업자들이 넘쳐 났으며, 이들은 '문화예비군'으로 불리었다(박영춘, 1933: 11). 그렇지만 이들 문화예비군들은 상당한 교육비를 부담할 능력이 있는 비교적 부유한 집안 출신들이었을 가능성이 높다. 비록 일자리는 구하지 못하였지만, 많은 사람이 보통학교도 다니기 어려운 현실에서 상급학교를 다녔다거나 특히 외국에 유학하였다는 사실은 신분을 드러내는 이데올로기 기능을 하는 것이었다.

2) 실력과 학력의 분리와 학력 이데올로기

1920년대 중반부터 학교가 실력 양성과 거리가 멀다는 비판과 학교를 통해 기른 실력의 성격에 대한 회의는 학력 담론에 질적 변화를 초래하였다. 김진목(1923. 12. 31.)은 아무리 실력이 있어도 제도화된 자격을 갖추지 못하다면 아무도 인정해 주지 않는 현실, 즉 실력에 대한 학력 우위의 교육상황을 '변태적'이라 규정하고 다음과 같이 비판하였다.

> 무릇 제도는 사회의 추세를 따름이 원칙이다. 그러므로 교육에 관한 제도도 이 추세에서 자유롭지 못하다. 금일 사회생존의 무기는 곧 지식이다. …… 그러면 그 지식 유무의 판단은 어떻게 할까. 그 실질 자체를 표준화함은 힘든 일이므로 부득이 일정한 표준 아래 어떠한 형식을 취하게 되었다. 보통지식은 고사하고 그 이상의 지식을 판단함에는 중학을 거쳐 상급학교에서 공부하지 않으면 비록 치국평천하의 기술을 가졌다 하더라도 세인이 아니 제도가 이를 허가하지 않는다. 즉, 다시 말하면 인물평가의 표준이 졸업한 학교 여하에 의하여 결정되게 된다(김진목, 1923. 12. 31.).

신문과 잡지에서는 학교교육이 점점 실력보다는 오로지 상업적 자유경쟁과 금본위사상 그리고 사회진화론에 기초하여 졸업증서만을 획득하기 위한 것으로 성격이 바뀌어 가고 있다는 비판이 많았다(견지동인, 1925; 박달성, 1923; 이청우, 1926; 장응진, 1923). 학력은 실력에 대신하여 점점 사회적 지위를 결정하는 기준으로 활용되었다. 1928년 5월 5일자 『중외일보』에서는 교수채용과정에서 '학교벌주의(學校閥主義)'가 문제임을 비판하고 있다.

> 조선의 고등보통학교나 전문 정도 이상 학교에서 교수를 채용하는 표준은 학식이 아니라 학교력(學校歷)이다. 학식과 학교력은 다르다. 학식에 의한 채용이라 함은 채용되는 자의 지혜의 다과와 심천을 표준으로 한다는 것이다. 환언하면 될 수 있는 대로 지식이 많고, 갖춘 사람을 교수로 채용하자 하는 주장인바 이러한 주의는 대체로 찬성할 수밖에 없다. …… 이와 같이 하고 많은 지식을 얻은 자에게 학교 문을 열어 줌은 사회적 공정으로 보아도 찬성하여야 한다. 그러나 학교벌에 의한 교수채용이라 함은 채용되는 자의 지식심천을 표준으로 함이 아니라 그 어느 학교를 졸업하였는가 하는 학교의 간판을 보고 채용하는 지극히 불공평한 채용법이다(중외일보, 1928. 5. 5.).

이 사설에서는 학식을 '지혜의 다과와 심천'으로 학교력을 '어느 학교를 졸업하였는가 하는 학교의 간판'으로 구분하고 있다. 이제껏 같은 의미로 인식되고 있던 실력과 졸업장이 다른 성질의 것이라고 생각하게 된 것이다. 나아가 직업이 학식보다는 학력자격에 따라 결정되는 작금의 현실을 불공평한 것으로 바라보고 있으며, 이러한 현상은 근대교육이 학교화되기 시작한 때부터 예견된 일이었다.

학교 졸업장이 사회적으로 실력보다 더 중요한 것으로 간주되면서 다양한 부정적 현상도 나타났다. 졸업장 매매 현상도 그중 하나다. 일본에서는 1925년에 일본 경도제국대학 문학부 졸업증서를 위조하여 1매에 1,500원에 매매한 사건이 발생하기도 하였다(동아일보, 1925. 3. 28.). 또한 1924년에는 졸업장 매매 사건으로 우츠노미야(宮都宮) 시의 시타노마치(下野町) 학교가 폐교되기도 하였다(동아일보, 1924. 10. 1.). 당시 신문에서는 이와 같은 졸업증서의 위조가 교육의 직업화와 상품화에 그 원인이 있음을 예리하게 지적하고 있다(동아일보, 1924. 11. 3.). 김진목(1923. 12. 31.)은 "학교와 학생의 관계는 지나간 어떤 시기에 존재하는 사제(師弟)의 관계가 아니라 신용(信用) 있는 졸업증서를 얻기 위한 하나의 수단이니 소위 고보는 여기에 도달하는 증서를 얻고자 함이다. 요컨대 학교에 입학하는 것은 졸업증서를 매수(買受)하기 위하여 하는 일종 상행위라 말할 수 있다."라고 지적한다. 박달성(1923)도 근대교육이 처음의 기대와 다르게 점점 도구화되는 현실을 비판하고 있다.

> 학교는 상품제조소로 되고 교육자는 기사(技師)나 공장(工匠)이 되고 피교육자는 상품으로 자처하게 된 것이 금일의 교육상태가 아닙니까? 그리하여 학교에서는 어떻게 하면 우리 회사 물품이 잘 팔릴까? 교육자는 어떻게 가르치면 수용(需用)의 도(途)에 이익이 되게 될까? 피교육자는 어떻게 배우면 고가로 잘 팔려 갈까? 이것이 현대의 교육이 아닙니까? (박달성, 1923: 22-26)

이러한 비판처럼 학력 담론은 질적으로 확연히 다른 두 개로 분리되었으며, 실질적 학력에 대한 상징적 학력 담론의 우위가 확립되었다. 그러나 학교력 담론 또한 이중적 성격을 띠었다. 그 하나는 여전히 학교력은 차별적 신분으로서 그 수단적 가치를 공고히 하고 있었으며, 다른 하나는 경제침체 및 산업구조의 미발달로 고학력 실업자가 양산됨으로써 학력의 상대적 가치가 저하되었다. 이러한 이중적 구조는 학력이 곧 사회적 신분의 중요한 결정요인으로 인식되어 많은 사람들에게 교육적 열망을 키우는 동인이 되기도 하였지만, 다른 한편으로는 사회적 신분이 학력을 결정하는 데 상당한 영향을 미친다는 것을 발견함으로써 학력에 대한 비판과 냉소적 시각을 갖게 되는 원인이 되기도 하였다. 그럼에도 불구하고 근대교육의 경험을 의미하는 학력은 차별적 신분을 나타내는 것이었으며, 교육받지 못한 대다수 사람들에게는 여전히 선망의 대상이었다.

3) 학력의 사회적 신분화

근대교육이 모든 사람에게 동등한 기회의 공간은 아니었다. 비록 교육에 참여하는 것이 사업을 통하여 성공하는 것보다 사회적으로 높지 않은 계급 출신에게 더욱 유리한 출세의 공간이기는 하였지만, 그렇다고 해서 교육받을 기회가 모든 사람에게 해당되는 것이 아니었다.

> 사업을 한다든가 교육을 받는 일 그 어느 것도 누구에게나 열려 있는 탄탄대로는 아니었다. 관습과 전통의 구속에서 충분히 해방되어 '우리 같은 사람들'에게는 그러한 일들이 허용된다고 믿고 있는 사람들, 다시 말해 개인주의적 사회에서 어떻게 처신해야 하는가를 알고 있고, 혹은 또 '출세하는 것'을 바람직한 일로 받아들이게 된 그러한 사람들 사이에서조차 그러했다(Hobsbawm, 2001: 365).

'우리 같은 사람들'은 주로 양반, 부자, 남성일 가능성이 컸다. 이는 당연하였다. 교육은 어느 정도의 지적 능력뿐만 아니라 경제적 능력을 필요로 하였으며, 사회적으로 효과가 더욱 큰 학력을 취득하기 위해서 더욱 그러하였다. 산업혁명 당시 유럽과 마찬가지로 조선의 많은 농민과 노동자도 근대교육에 참여하는 것이 보다 유망한 미래를 위하여 좋은 선택임에 틀림없지만, 현실적인 삶의 무게는 그러한 기대를 충족시키기에는 턱없이 비참하였다. '노동자들의 생활이 너무나 어려워 매일 쓰레기통에 버린 음식물을 주워서 겨우 연명하는 터로 죽지 못하여 사는 처지'(조선일보, 1931. 11. 5.)에 있었던 당시에 근대교육의 기회는 대단히 제한적일 수밖에 없었을 것으로 짐작된다.

사람들은 성공과 출세를 위해 더 많은 학교교육을 받는 것이 필요하다는 것을 잘 알지만, 막대한 학비를 부담할 능력이 없기 때문에 자발적으로 상급학교 교육기회를 포기하는 '사악한 효과(perverse effect)'를 경험하게 된다. 무엇보다도 경제적 궁핍이 근대교육에 대한 참여를 어렵게 하는 중요한 요인이었다. "밥을 먹어야 학교에 가고, 옷을 입어야 학교에 가고, 학용품이 있어야 학교에 가고, 또 수업료를 내어야 학교에 갈 수 있는 고로 자력이 부족한 사람의 대다수는 자연히 통학을 계속하지 못하고 중도에서 퇴학하였다." (조선일보, 1926. 3. 19.)

그러나 초등교육을 '운' 좋게 받았다 할지라도, 추가적으로 계속해서 상급학교를 다닌다는 것은 별개의 문제였다. 교육의 사회적 효과가 더욱 크고 확실한 상급학교로 진학하기 위해서는 살던 곳을 떠나 객지로 유학을 가야 했다. 그러나 대부분의 학교가 행정 소재지에 위치하였고, 특히 상급학교의 경우 도시 지역에 우선적으로 설치되었기 때문에 상당한 유학비용을 부담할 수 있는 일부 계층을 제외하고는 상급교육의 접근 기회조차 누리기 어려웠다. 주요섭은 고등교육의 경제적 가치에 대해 다음과 같이 적고 있다.

> 부모 또는 나 자신의 경제능력을 살펴야 하겠습니다. 앞으로 10여 년간 매월 오십환(五六十圓)의 학비를 댈 능력이 있으면 고등교육 방면으로 나가도 좋을 것이나 그렇게 할 경제적 기초가 없는 사람이면 진작 실업학교로 가는 것이 득책(得策)일 것입니다. 혹 고학으로 고등교육을 받는 이가 있으나 그것을 그리 찬성할 수는 없습니다. 첫째, 조선처럼 가난하고 노동임금이 싼 곳에서 과연 그 기막힌 대가를 주고라도 고등교육을 받는 것이 필요할까? 그 의문이고……. (주요섭, 1931: 53)

더구나 자식을 학교에 보낸 부모들도 수업료, 학교건축비 기부, 각종 교육비 부담 그리고 자녀들의 노동력을 이용하지 못하는 손해 등과 같이 희생과 인고를 필요로 하였다. 견지동인(堅志同人, 1925: 60-61)은 "오늘날 조선 형편에 전문교는 물론이요, 중학교를 다니는 데에도 경제적으로 특권을 가진 계급의 자녀제질(子女弟姪)이 아니면 그 중학을 받을 수 없는 것이다. 한 사람의 1개월 드는 학비를 보내는 그 가정은 부명(富名)을 갖지 않고서는 어려운 일이다."라고 보았다.

근대학교에의 접근기회가 경제적 자본에 의해 영향을 더욱 강력하게 받음으로써 학력은 새로운 기능을 담당하게 되었는데, 바로 자본 축적 기능이었다. 이는 피에르 부르디외(Bourdieu)가 제시한 문화적 자본으로서 학력 개념과 유사하다. 부르디외는 인간은 상징적 혹은 경제적 이익을 극대화하기 위한 수단으로 자본을 축적하는 것을 목적으로 행동한다고 보았다. 부르디외(1995: 37)는 상속보다는 개인이 교육을 통하여 획득한 문화적 자본을 학력자본으로 분류하고, 구체적으로 형식적인 학교교육을 이수한 연한으로 판단하였다. 그는 학력자본과 아버지의 직업으로 평가되는 출신계급이 매우 밀접하게 관련되어 있다고 주장하면서, 높은 문화적 자본을 지닌 부모는 사회적 성공과 출세를 위하여 가능한 한 특권적인 교육을 자녀에게 제공하고자 노력하며, 때문에 어떤 학교를 다닐 것이냐 하는 것이 매우 중요한 관심거리일 수밖에 없다고 보았다. 때문에 학력의 사회적 가치가 상대적으로 높은 학교는 주로 부유한 계층 출신의 자녀가 상당한 비중을 차지하고 있었다.

한마디로 '금벌(金閥)과 학벌(學閥)이 단단히 악수하고 있는 현상'(조선일보, 1926. 5. 8.)을 도처에서 발견하게 된 것이다. 비록 학력을 획득하는 과정에서 어느 정도 실력을 통한 경쟁이 작용하였다고 할지라도, 졸업한 후 사회적 지위를 획득하는 과정은 학벌을 매개로 하는 경우가 비일비재하였다. 때문에 근대교육은 실력이나 학력이나 관계없이 사회적 불평등을 대물림하는 것 이상도 이하도 아니라는 비관적인 주장들이 끊이지 않았다.

3. 국가자본으로서 상징적 학력의 공고화

근대교육의 전개과정에서 나타난 학력 담론의 성격 변화를 구체적으로 개념화하는 일은 간단치 않다. 특히 학력(學力)과 학력(學歷) 담론의 형성과 분리 과정을 발견하는 일은 더욱 그러하다. 근대교육의 학교화는 근대적 지식의 생산과 유통 체제를 지배함으로써 이전 사회의 사회적 신분 결정기제였던 출생을 대신하여 개인의 능력에 기초하여 실력을 기르고, 그러한 실력을 증명하는 상징적 학력인 졸업증서를 발급하는 기능을 담당하였다. 물론 서당이나 야학 등의 교육기관이 존재하였으나, 1920년대 초반부터 근대학교는 일반 대중에게 사회적 출세를 위한 중요한 교육공간으로 자리를 잡기 시작하였다. 다른 사회적 공간에 비하여 근대학교에 다닌다는 사실만으로도 능력 있는 사람으로 간주되었다. 이처럼 근대교육의 학교화 초기에 실력(實力)과 학력(學歷)은 서로 다른 것이 아니라 동일한 것으로 받아들여졌으며, 이는 근대학교에 대한 긍정적 기대를 반영하는 것이었다.

학력이 실력과 학력이라는 두 개의 학력 담론으로 분화되기 시작한 것은 1920년대 중반이었다. 학력 담론의 분화는 근대교육의 주된 배경이었던 능력주의에 대한 비판, 근대교육의 유용성에 대한 회의적 태도 그리고 교육기회의 불평등에 대한 계급론적 비판과 밀접한 관련이 있었다. 특히 근대교육의 이념적 기초였던 능력주의에 대한 비판은 근대학교를 통해 길러지는 실력에 대한 회의적 태도를 가지게 하였으며, 이는 실력 담론에 대한 비판으로 이어졌다.

이와 같은 학력의 분화는 상징적 학력으로서 졸업증서의 보편적 활용을 통하여 더욱 강화되었다. 학생의 실력을 표준화한 졸업증서가 취직과 진학에서 상대적으로 중요한 역할을 담당하게 되었는데, 이는 동일한 의미를 가진 것으로 여겨졌던 실력과 학력의 관계가 변화하게 되었음을 의미하는 것이었다. 학교교육의 상징적 학력이 실질적 능력을 대신하여 개인의 능력과 자질을 증명하는 기능을 담당하게 되었으며, 근대학교는 실력보다는 학력 취득의 수단적 공간으로 변화되었다.

상징적 학력은 사회적 불평등을 확인하고 나아가 불평등의 확대 재생산을 위한 부정적 기능을 담당하였으며, 1930년대 들어서 사회적 신분화와 자본 축적의 기능을 더욱 강화하였다. 즉, 상징적 학력의 실질적 학력에 대한 우위가 공고해짐으로써 학력 이데올로기가 사회적으로 확산된 것이다. 그 결과 근대교육이 내세웠던 실력은 학교력으로, 쓸모는 허학으로, 그리고 모든 이에게 성공의 기회는 제한된 소수에게만 교육기회를 제공하는 부정적 모습으로 변질되게 되었다. 이는 학교에 의해 생산되는 규격화된 학력을 기초로 하는 학력 신분제 출현의 서막을 의미하는 것이었다.

제3장

'내신제'의 출현: 교육적 일상의 기록과 평가

학과 시험에 편중하는 것을 고쳐서 신체, 인물, 학력 등을
초등학교장의 소견(所見)에 기초하여 통일적인 관점에서 종합 판정하여
황국신민 연성교육을 신장하는 것에 유감이 없도록 할 것을 기대한다.
– 조선교육회(1940)

대학입시를 치르게 될 고등학생들이 '내신(內申)'을 강조하는 방향으로 개편된 새로운 입시제도를 비판하는 대규모 촛불 집회를 열었다(한국일보, 2005. 5. 7.). 촛불 집회에 참석한 고등학생들은 선발 과정에서 내신을 중시하는 것이 중등교육을 정상화하기보다는 학생들 간에 경쟁을 강화시켜 교육의 비인간화를 더욱 심화시킬 것이라고 주장한다. 이러한 학생들의 비판에도 불구하고 입시정책의 큰 흐름은 내신을 강화하는 방향인 것 같다. 2008학년도 대학입시안을 살펴보면 학생부의 성적을 반영하는 비율이 전년도에 비해 전반적으로 높아졌음을 알 수 있다. 교육부는 교육정상화란 하급학교의 교육이 상급학교의 입학을 위한 수단적 성격을 극복하는 것이어야 한다고 주장하고, 그렇게 하기 위하여 내신에 의한 선발을 강화하는 것이 보다 바람직한 선택이라는 점을 누차 강조하고 있다.

사전적 의미로 내신은 '남이 모르게 비밀히 상신하거나 보고하는 것'을 말한다. 특별히 교육 공간에서의 내신은 '하급학교의 교장이 학생들의 성적, 성격, 신체 등에 관한 종합적인 정보를 정리하여 상급학교에 제출하는 것'을 의미한다. 오늘날 학생들의 성적, 성격, 신체 등을 포함하여 학교에서의 교육적 경험 전반을 종합하여 공식적으로 기록한 문서를 '학교생활기록부'라고 말하는데, 내신제는 학교생활기록부에 기재된 '학생기록

(student record)'을 점수 혹은 지표로 바꾸어 입시선발에 활용하는 것을 말한다.

입학전형방법으로서 '내신(제)'이라는 용어는 구(舊)「교육법」의 폐지와 함께 법조문에서 사라지고 새로운 용어로 대체되었다. 대학입학에 관한 방법을 규정한 구「교육법 시행령」제71조 ①항에서는 "대학의 입학은 학력고사와 출신고등학교장의 내신 성적을 병합한 전형에 의한다. 다만, 대학의 장은 면접고사·실기고사·신체검사를 병과할 수 있다."라고 하여 구체적으로 내신(성적)이라는 용어를 사용하였다. 그러나 새롭게 제정된「고등교육법 시행령」제35조 ①항에서는 "대학의 장은 입학자를 선발하기 위하여 고등학교 **학교생활기록부의 기록**, 대학수학능력시험의 성적, 대학별고사(논술 등 필답고사, 면접·구술고사, 신체검사, 실기·실험고사 및 교직적성·인성검사를 말한다)의 성적과 자기소개서 등 교과 성적 외의 자료 등을 입학전형자료로 활용할 수 있다."라고 하여 '내신 성적'이라는 용어에 대신하여 '학교생활기록부의 기록'이 사용되고 있다(강조는 인용자).

그렇다면 내신이 언제, 무엇 때문에 입시에 사용되게 되었을까? 여기에서 관심을 두고 있는 것은 학생기록이 내신제라는 이름으로 상급학교 입시를 위한 수단으로 활용되게 된 역사적 및 사회적 맥락을 발견하는 일이다. 지금까지 알려진 바에 따르면 내신이 '초등학교 교장의 소견(所見)'이라는 이름으로 입시에서 공식적으로 사용되기 시작한 것은 일제강점기인 1927년 이후이며, 특히 1939년에 단행된 중등학교 입학선발 방법 개편으로 모든 중등학교에서 내신제를 도입하게 되었다. 1930년대는 입시문제가 본격적인 사회적 관심사로 대두되었던 중요한 시기다. 형식적인 학교제도에 몸담고 있는 학생들은 물론이고 교육적 열망을 지니고 있는 모든 사람이 교육제도를 중심으로 하는 학력경쟁에 편입되는 계기가 되었다. 넘치는 진학 수요를 통제하기 위하여 '능력과 학력(學力)에 의한 선발'을 채택하였으나 높은 교육열은 "입시지옥에서 자녀들의 고통을 덜어 주자!"(조선중앙일보, 1936. 2. 1.)라는 주장처럼 입시를 사회적으로 심각한 문제의 하나로 등장하게 만드는 계기가 되었다.

따라서 여기에서는 1930년대를 중심으로 중등학교 입학전형방법으로서 내신제도의 출현과 도입 그리고 그 적용을 둘러싼 사회적 성격을 분석하고자 한다. 이를 위하여 먼저, 학생기록과 관련된 학적부의 의미와 학생기록이 내신제라는 이름으로 입시에 사용되게 된 사회적 배경을 각각 살펴보고, 이어 내신제의 도입이 학생기록의 형식과 내용에 미친 영향 및 내신제 실행을 둘러싸고 전개된 갈등을 분석하고자 한다. 연구방법으로는 1930년대 말과 1940년대 초반의 내신제 등의 입시와 관련된 각종 문헌을 분석한다. 구체적으로 조선총독부 학무국의 통첩, 법령 그리고 조선교육회에서 발행한『조선교육(朝鮮

教育)』을 비롯한 각종 잡지, 학적부 관련 발간물, 입시정책 및 입시 관련 단행본, 신문 및 잡지 내용 등을 분석한다.

1. 학생생활기록의 제도화: 근대적 학적부의 등장

학생에 대하여 기록하는 것은 학교의 일상적 활동 중의 하나다. 학생 규모를 파악하고, 이들을 관리 · 이해하기 위해서는 학생의 신상을 기록하는 것이 필요하며, 이러한 것들을 기록한 학적부(學籍簿)는 학교의 호적부라고 할 수 있다. 조선시대의 학교들, 즉 성균관, 사학(四學), 서원 등에도 유생들의 명부가 있었으며, 이들 명부는 청금록(靑衿錄) 혹은 청금유안(靑衿儒案)이라는 이름으로 불리었는데, 이는 유생들이 청색 옷을 입었기 때문에 붙여진 것이었다. 청금록에는 학적부와 유사하게 유생들의 이름과 자(字), 호(號), 본관, 유명한 조상 그리고 진사와 참봉 등과 같은 직책이 기록되어 있었다.

학적부라는 용어는 근대교육의 산물이라고 할 수 있다. 근대학교의 학적부에 관한 최초의 법률적 근거는 1908년 8월 26일 칙령 제62호로 공포된 「사립학교령」 제7조 1항에 '학적부 및 출석부'를 학교가 비치해야 한다는 조항으로 사료된다. 1908년 「사립학교령」이 공포된 다음 해인 1909(융희3)년 7월 5일 「실업학교령 시행규칙」(학부령 제1호)을 비롯하여 각급 「학교시행규칙」이 공포되었는데, 이들 시행규칙에 예전에 없었던 학적부 관련 조항이 일제히 나타났다. 그 예로 「보통학교령 시행규칙」의 제4조에는 보통학교가 비치해야 하는 다양한 표부(表簿)의 종류가 다음과 같이 규정되어 있었다.

> 제4조 보통학교(普通學校)에는 좌(左)의 표부(表簿)를 비치(備置)함이 가함
> 일 일과표, 교수세목
> 이 직원의 명부, 이력서, 출근부
> 삼 학도의 학적부, 출석부, 출석독촉부, 성적고사표
> 사 회계에 관흔 장부, 교구의 목록
> 오 기타 학교에셔 교수, 관리, 훈련상 필요로 인(認)한 표부

학적부를 비롯하여 학교에서 작성하고 관리해야 하는 다양한 서류철의 출현은 일본으로부터 적지 않은 영향을 받았다. 일본에서 학적부와 관련된 법률 조항이 처음으로

나타난 것은 1900(명치 33)년 8월 21일 「문부성령」 제14호로 개정, 공포된 「소학교령 시행규칙」으로 이 시행규칙의 제89조에는 "시정촌(市町村)립 소학교는 제10호 표의 양식에 의거하여 학년 초에 입학한 아동의 학적부를 편제해야 한다."라고 규정되어 있었다(中谷千藏, 1943). 일본식 학적부 규정은 1905년의 을사늑약(乙巳勒約)으로 시데하라 히로시(幣原坦)가 학부의 학정참여관으로 부임하여 조선의 교육에 직접적으로 간섭하기 시작하면서 도입되었을 것으로 추정된다. 그는 조선을 식민지화하기 위한 식민교육의 방향을 담은 「한국교육개량안」을 발표하였다. 「한국교육개량안」은 일제가 한국을 장차 보호국으로서 만반의 시설개량을 하기에 적당한 교육을 실시할 것을 주요 목적으로 하기 위한 것이었다(幣原 坦, 1905). 일본인에 의해 일본의 교육을 모델로 조선의 교육을 식민지화하기 위한 것으로, 소학교를 보통학교로 변경하는 등 학교제도를 바꾸고 일본어를 교과목에 편성하는 등 교육과정과 학교운영 등을 일제의 지배에 적합한 형태로 손질하였다(오성철, 2000). 주별 교과과정 교수 시간표, 졸업증서 양식, 학년 및 학기에 관한 규정 등을 새롭게 법령 안에 포함시켰는데, 학적부 관련 조항의 신설도 이러한 한국교육개량사업의 일환이었다.

학적부는 교육 전반에 관한 기초 자료를 확보하고 이를 근거로 학교를 감독하며, 나아가 학생 개개인을 국가적 자산으로 관리하기 위한 학생에 관한 기록철의 일종이었다. 학교는 학생을 관리하기 위하여 다양한 방식의 학생기록이 필요하였다.[1] 1910년 학부가 펴낸 『보통교육학』에 따르면 보통학교의 경우 다음과 같은 학생기록 관련 서류를 구비하여야만 했다. 먼저, 학적부로 학교는 학생의 입학과 출석 및 퇴학 등을 관리하기 위하여 '일정한 양식으로 학년의 초에 학적부를 편제하고 입학한 학도의 성명 및 요항(要項)을 기입'하여야 했다. 다음으로 출석부인데, 학교는 학생들의 출석 및 결석을 확실히 하기 위해 '재적 학도의 출석부를 작성하고 매일 기입' 하도록 하고 있다. 이뿐만 아니라 학생이 이유 없이 3일 이상 결석하는 경우에 그 사유를 조사하여 출석을 독려하기 위하여 출석독촉부(出席督促簿)를 작성하도록 하였다(學部, 1910: 150).

또한 학생들의 성적관리를 위하여 성적조사부와 조행사정부(操行査定簿)가 필요하였다. 담임교원은 학생들의 평상시 성적을 기록해 두었다가 월말, 학기말, 학년말에 각각

[1] 일본에서 1880년대에 출판된 『학교관리법』에는 소학교가 비치하여야 하는 장부의 종류를 학사 연보 취조에 관한 표부류, 교원의 출근부, 학생의 출석부, 시험채점부, 학생의 개인 성적부, 학생 품평표, 학자(學資) 출납부, 학생의 입학 및 퇴학부, 학생의 학적부, 공문철부, 학교연역지, 도서기계목록, 회의록, 수용품(需用品) 지출부, 교직원 이력부, 학생 상벌록, 시험문제록 등 17가지를 제시하고 있다.

학생들의 성적조사부를 작성했으며, 학생의 평소 조행(操行)을 관찰하여 조행사정부에 기입하여야 했다. 그리고 학기말과 학년말에 학생의 성적을 종합한 성적일람표를 작성하여 학교장에게 제출하도록 하였다.[2] 학생기록은 내용에 따라 학적부, 출석부, 출석독촉부, 조행사정부, 성적조사부, 성적일람표 등과 같이 다양한 형태로 존재하였지만, 그 중에서도 학적부가 가장 중요한 위치를 차지하고 있었다.

그렇다면 학적부에는 학생에 관한 어떤 내용들을 기록하였는가? 학부가 1908년 공포한 『사립학교령 해설서』에 따르면 학적부에는 학생에 관한 기본 정보, 예를 들어 이름, 출신, 나이, 부모의 이름과 직업, 거주지, 보증인 등과 같은 신상에 관한 정보와 학생의 학년별 학업성적에 관한 내용을 기록하도록 되어 있었다. 학업성적의 경우 교과목 석차, 총점, 석차 등을 자세하게 기록하도록 했다.

학적부 양식은 1900년 일본에서 공포된 「소학교령 시행규칙」 제89조에 규정된 학적부 표준 양식과 매우 유사하였다. 일본의 표준화된 학적부 양식에는 (학생과 보호자의) 인적사항, 학업성적, 출석 및 결석 사항 그리고 신체상황의 네 부분으로 구성되어 있었다. 이 양식의 특징은 학적부에 학업성적과 신체상황을 반드시 기입하도록 하여 학업성적표와 신체검사표를 학적부로 통합하였다는 점이었다. 학적부에 학업성적에 관한 내용을 기록하기 시작한 것은 시험에 의해 진급과 졸업을 결정하던 제도를 폐지하고, 대신에 평소에 실시하는 시험 성적을 근거로 진급과 졸업을 결정하도록 규정한 「소학교령 시행규칙」의 개정 때문이었다. 따라서 학교는 학생의 진급 및 졸업 여부를 판단하기 위한 근거자료로 평소의 학업성적을 학적부에 의무적으로 기록하게 되었다.

그러나 도입 초기 조선에서 학적부 양식은 표준화되지 못하였다. 앞서 지적한 바와 같이 초기의 학적부는 학교가 교육당국에 학교 관련 통계를 보고하는 데 필요한 정보를 제공하는 기능과 학생의 입학과 진급 그리고 졸업을 판정하는 데 사용되는 등 학생 관리와 이해를 위한 것이었으므로, 학교에 따라 필요한 정보를 얻기 위하여 양식을 변형한 다양한 학적부 양식이 사용되었을 것으로 짐작된다. 한 예로, 1929년 경성사범학교 부속 보통학교의 입학지원서에는 크게 아동에 관한 사항과 보호자에 관한 사항으로 구분하여 기록하도록 되어 있었다. 아동에 관한 사항에서는 이름, 생년월일, 원적, 현주소, 신분, 호주와의 관계, 입학 전의 교육, 가족상황 등을, 보호자에 관한 사항에는 이름,

[2] 성적은 평점을 기록하였으며, 조행(操行)은 갑을병의 평어를 사용하였다. 성적과 조행이 우수한 학생은 갑, 보통인 학생은 을, 그리고 불량한 학생은 병으로 표기하도록 하였다(學部, 1910: 151-152).

원적, 현주소, 신분, 호주와의 관계, 아동과의 관계, 종교, 직업(근무 장소와 직업의 내용을 구체적으로 기입), 자산 등을 기록해야 하였다. 그러나 1931년 평양사범학교의 입학지원서는 아동은 이름, 본적, 현주소, 족칭(族稱)을, 보호자는 이름, 본적, 현주소, 족칭 그리고 직업을 기입하도록 하였는데, 경성사범학교에 비해 양식이 비교적 간단하였다(평양사범학교학칙 제9조).

한편, 미국에서도 1900년대 초반 들어 학생기록에 대한 관심이 상당하였는데, 그 이유는 학생을 정확히 이해하기 위하여 학생의 가정배경, 신체조건, 적성 그리고 성격 등에 관한 내용을 기록하는 것이 중요하다고 생각했기 때문이었다. 그러나 점차 학생기록은 학생 관리와 이해라는 일차적 기능에 더하여 다른 학교로의 전학이나 상급학교 진학을 위한 자료로 활용되기 시작하였다. 그중에서도 상급학교는 좋은 학생을 선발하기 위하여 학생에 대한 정확하고 자세한 정보를 필요로 하였으며, 학생기록이 그러한 역할을 충분히 할 것으로 기대하였다(Traxler, 1939: 47-48).

미국에서 1930년대 초반 고등학교 교장과 전문가를 대상으로 실시한 한 조사에 따르면 교육자들은 학생기록이 진로 및 진학지도(98%), 개인차를 고려한 교실에서의 교수방법 개선(70%), 연구(67%), 교육 당국에서 요구하는 각종 보고서 작성(59%) 그리고 학생들의 활동에 동기 부여(45%) 등의 방식으로 활용될 수 있을 것으로 생각하였다(Johnson, 1933: 122). 따라서 학적부 양식이 그 쓰임새에 따라 매우 다양하였는데, 교육자들은 다양한 항목이 학생기록에 포함되어야 한다고 주장하였으며, 그중에서 중요도에 따라 10가지만 제시하면 학생 이름, 학생의 생년월일, 지능 지수, 입학 당시 나이, 표준학력고사 점수, 출신학교, 결석일수, 정신연령, 성, 학기별 각 교과 이수, 성격 평정, 국적, 인종(피부색), 학교입학 날짜 등이었다. 이와 같이 1900년대 초반 이후 학생이 급속히 증가하고, 이들이 국가의 자산으로 중시되면서 표준화되고 객관적인 학생기록은 학생에 대한 과학적 관리 방법으로 주목받았다. 특히 심리학의 영향을 받은 과학적 측정방법의 발달은 학생을 세분화된 영역에 따라 기록하는 것을 가능하게 하는 원인으로 작용하였다.

2. 학생생활기록의 입시수단화: 내신제 도입의 사회적 배경

1) 내신제 도입의 경과: '준칙'에서 의무적 내신제로

일반적으로 내신제는 입학선발 과정에서 학과목에 기초한 '지필'시험에 대신하여 학생의 학교생활기록을 입시에 활용하는 것을 말한다. 내신은 '초등학교 교장의 소견표(所見表)'라는 이름으로 처음 등장하였다. 하급학교의 학적부가 상급학교 입학을 위한 입시 자료로 사용되기 시작하였다는 것은 '입학-졸업-진학'이라는 일련의 과정이 서로 연계된 교육제도의 수직적 분화를 기초로 이루어지기 시작하였다는 것을 의미한다. 또한 이를 위해서는 교육제도의 계열성과 함께 진학 수요가 교육공급을 초과하는 상황이 전개되어 효과적으로 입학자를 선발하는 것이 사회적으로 중요한 관심사로 등장하여야 한다.

조선의 경우 학교를 학생의 연령과 교육수준에 따라 수직적으로 배열하여 연결하고, 시험에 따라 진학과 졸업을 결정하며, 하급단계 학교 졸업을 상급학교 입학을 위한 필수 자격 요건으로 간주하는 것을 골자로 하는 교육제도의 계층화는 1906년 일련의 「학교령(學校令)」 공포로 교육자격이 제도화된 것과 맥을 같이한다.[3] 「학교령」과 「학교령 시행규칙」을 통하여 고등학교, 고등여학교, 실업학교 등의 중등학교에 입학할 수 있는 자격을 보통학교 졸업자 또는 이와 동등한 학력을 가진 자로 규정함으로써 보통학교 '졸업'과 중등학교 '입학'을 체계적으로 연결하기 시작한 것이다.

이러한 제도적 정비와 함께 1920년대 이후 교육열과 진학열이 급속히 팽창하면서 보통학교와 중등학교에 입학하는 것이 매우 어려웠다. 조선인에 대한 교육공급을 통제한 일제의 식민지 전략으로 인해 교육수요에 비해 절대적으로 부족한 교육기관은 입학난을 심화시켰으며, 입학난의 심화는 자연스럽게 입시선발 방법에 대한 사회적 관심을 촉발하게 되었다. 이렇게 볼 때 학적부 등과 같은 학생기록이 입시에 본격적으로 사용되기 시작한 것은 교육제도의 체계화 및 교육수요의 팽창 등과 같은 조건이 갖추어지고 난 1920년대 중반 이후라고 추정할 수 있다.

---

❸ 갑오개혁 이후 관공립과 사립의 소학교, 중학교, 사범학교 등이 출현하여 교육제도가 계층적으로 꼴을 갖추게 되지만 입시를 중심으로 학교 간 연계성을 갖게 된 것은 1906년 이후로 보는 것이 타당하다.

그렇다면 학생기록의 입시수단화를 의미하는 내신제도는 언제, 어떠한 연유로 도입되었는가? 일제강점기 조선의 교육정책은 학무국이 자율성을 가지고 추진한 것이라고 보기 어려운 점이 많다. 조선의 상황을 고려하여 일부 수정을 가하기도 하였지만 정책의 근간은 일본 문부성의 것을 그대로 채택하는 수준이었다. 따라서 조선에서 학생기록의 입시수단화와 내신제 출현에 관한 논의는 당시 일본에서의 정책 변화를 참조하여 살펴보는 것이 필수적이다.

일본의 경우 내신이 입시에서 등장하게 된 것은 1927년과 1939년 두 차례에 걸쳐 단행된 중등학교 입학자 선발 방법의 변화 때문이었다. 두 차례 단행된 입시제도 개선의 핵심은 학과시험을 폐지하고 대신에 '초등학교 교장의 소견표'를 중심으로 입학생을 선발하는 것이었다. 내신과 관련된 두 차례 개선안은 그 성격에 있어서 두드러진 차이가 있었는데, 먼저 1927년의 개선안은 모든 중등학교가 반드시 채택해야 하는 것이 아니라 하나의 '임의적' 기준, 즉 '준칙(準則)' 수준이었다. 따라서 새로운 입시안은 강제성과 실효성이 낮았으며, 중등학교 입시에 미치는 영향도 그렇게 크지 않았다. 반면에 1939년 입시제도는 전국의 모든 학교가 '의무적'으로 준수해야 하는 강제적인 것이었다. 모든 중등학교는 입학선발에서 학과시험(교과에 근거하여 지필로 치러지는 시문)을 완전히 배제하고 대신에 소학교 교장의 보고, 즉 내신서와 중등학교의 인물고사 그리고 신체검사만으로 학생을 선발해야 했다. 종전과 달리, 내신이 주변적이고 보조적인 선발방법이 아니라 그 핵심으로 등장한 것이었다. 그리고 조선총독부에서는 이와 같은 일본 문부성의 입시 개선안을 참고로 당시 조선의 실정을 고려하여 내신제를 근간으로 하는 새로운 입시 제도를 마련하였던 것이다.

'내신'이 입시와 관련하여 논란의 대상이 된 것은 1927년의 '학과시험폐지안' 때문이었다. 1927년에 일본 문부상으로 취임한 미즈노 겐타로(水野練太郎)는 같은 해 9월 7일에 '내신제일주의'에 입각한 중등학교 입학시험제도 개정안 요강을 발표하였으며, 11월 22일에는 중등학교 입학과 관련하여 학과목 지필시험의 법률적 근거가 되었던 "제1학년 입학지원자의 수가 입학시킬 수 있는 인원을 초과할 경우에는 시험에 의하여 입학자를 선발할 수 있다."라는 「중학교령 시행규칙」 제43조 2항을 삭제하여 학과시험에 의한 입시선발을 폐지하였다. 대신에 "각 학년 과정의 수료 또는 모든 학과의 졸업을 인정하기 위해 평소 학업성적을 고사하여 그것을 정할 수 있다."라는 제47조를 신설하였다. 다시 말해, 중학교 입시에서 학과시험을 폐지하고 내신(초등학교 교장의 소견)과 인물고사 그리고 신체검사를 종합하여 학생을 선발하도록 하였다. '시험'이라는 용어를 '검정'으로, '입학시험'을 '입학고사'로 바꾸어 사용하였다.

새로운 입시제도에 따르면 중등학교 입학자 선발을 위해 지원자 출신 소학교 교장은 지원학생의 소학교에서의 최종 2개 학년 졸업성적, 신체 상황, 특성 그리고 기타 필요한 사항(상급학교 진학에 관한 진학 여부, 성격의 적부, 소학교 졸업 후 학력 또는 경력 및 성적 등)을 상세하게 조사하여 지원하는 중등학교 교장에게 직접 그 의견을 보고해야 했으며, 중등학교에서는 이 보고에 기초하여 일차적으로 선발해야 했다. 중등학교 교장의 요구가 있을 경우에 초등학교 교장은 필요한 조사서를 제출하도록 하기는 하였지만, 초등학교 교장이 제출하는 내신을 입학자 판정의 가장 중요한 위치에 두었다(문부성, 1941: 66-67).

이와 같이 초등학교 교장이 학생의 진학 여부를 종합적으로 판단하여 중학교 교장에게 소견서를 제출하고, 중등학교에서는 이 소견서에 의거하여 입학자를 결정하였다. 소학교 교장이 보고한 사항에 기초하여 모집 정원 수 이상 적당한 지원자 수를 선발하고 이들을 대상으로 중등학교가 주관하는 입시를 치르도록 하였다. 중등학교에서 주관하여 실시하는 입시도 학과시험이 아니라 인물고사(상식, 소행, 성행 등의 고사)와 신체검사였으며, 인물고사의 경우 주로 평이한 구답시문(口答試問) 방법을 활용하도록 하였다. 지원자가 입학정원을 초과하고 지원자의 입학성적이 동일하여 입학자의 순서를 결정하기 어려운 경우에는 추첨을 통하여 입학자를 결정하도록 하였다. 또한 도시의 경우 학교가 연합하여 고사를 시행하고, 입학 지원자의 지원 순위에 따라 각 학교에 입학시키도록 하였으며, 개정된 새로운 제도는 준칙으로 특별한 사정이 있는 경우에 예외를 인정하였다(朝日新聞社 編, 1939: 5-6).

내신제일주의에 입각하여 단행된 1927년 입시제도 개선안은 다양한 반대에 직면하였다. 그중에서도 중등학교 측의 반발이 가장 심하였다. 새로운 입시제도는 중등학교의 선발권을 약화시키는 동시에 초등학교의 추천권을 강화하는 것이었다. 중등학교 입학자가 초등학교의 내신에 따라 일차적으로 결정되기 때문에 중등학교는 학생 선발의 주도권을 초등학교에 넘겨준 셈이었다. 중등학교의 반발은 크게 두 가지 형태로 구체화되었다. 그 하나는 초등학교 교장의 소견표에 대한 불신이었고, 다른 하나는 중학교가 주관하여 실시하는 인물고사를 가능한 한 어렵게 출제하여 주도적으로 우수한 입학생을 선발하는 것이었다. 이러한 중등학교의 대응은 내신제일주의에 따른 입시제도 개선안을 무력화하기에 충분하였다(朝日新聞社 編, 1939: 31-34). 문부성은 중등학교의 내신제에 대한 저항을 견제하고, 1927년 입시개선안의 관철을 위하여 중등학교 입학 준비를 위한 모든 형태의 보습(補習)과 복습을 금지하였다.

그러나 1927년 입시안은 강제 규정이 아니라 준칙으로 예외를 인정하였기 때문에 모든 학교에 파급되지 못하였으며, 결국 2년 뒤인 1929년에 중등학교 학업 수행 능력 여부를 판단하는 단순한 참조 자료로만 내신을 활용하고 대신에 필답고사 형태의 인물고사를 중심으로 입학자를 선발하는 것을 골자로 하는 개정 입시제도를 발표하였다. 그 결과 내신제는 유명무실하게 되었으며, 지역이나 학교의 여건에 따라 다소 차이가 있었지만 주로 산술과 읽기의 두 과목을 중심으로 하는 지필형 입학시험이 부활되었다. 더불어 입시정책의 핵심도 내신에서 '평이한 문제의 출제' 쪽으로 옮아갔다. 1929년 11월 28일 문부성 차관이 각 지방 장관에게 시달한 중등학교 입학자 선발 방법에 관한 통첩의 핵심 내용은 '인물고사 및 신체검사를 실시하고, 소학교 교장의 보고를 참작하여 고사 선발을 실시' 하며, "필요한 경우에는 필기시문의 방법을 실시할 수 있는데, 고사는 학교 교과를 암기 암송하는 것이 아닌 이해, 추리 등의 능력을 측정하는 것이 **가능한 한 평이한 것**을 중심으로 시행한다."(문무성, 1941; 강조는 인용자)는 것이었다.

그렇지만 쉬운 문제를 출제하여 초등학교의 입시준비 기능을 약화시키고 학생들의 입시부담을 줄이고자 도입한 새로운 입시정책마저도 현장에서는 지켜지지 않았다. 오히려 중등학교는 우수한 학생의 선발과 학교의 상대적 우위를 드러내기 위해 문제를 가능한 한 어렵게 출제하는 경우가 많았다. 문교 당국에서는 여러 차례 공문을 통하여 중등학교에서 실시하는 구두시문이나 필기시문의 경우 그 질문은 반드시 소학교 교과의 범위를 벗어나지 않도록 하였으며, 심지어 중등학교에서 구술시험으로 출제한 문제를 검열하는 위원회가 설치되기도 하였다.

이와 같은 일본에서의 경험은 다소 정도의 차이는 있었지만 일정한 시차를 두고 조선에도 비슷한 영향을 미쳤다. 1926년 1월에 조선총독부 학무과장은 전조선 중등교장회의에서 준비교육의 문제를 지적하고, 평이한 문제를 출제하는 것을 골자로 하는 방침을 시달하였다(매일신보, 1926. 1. 10.). 또한 신문 보도 등을 통하여 일본에서의 중등학교 입시 개선안이 소개되었으며(동아일보, 1927. 9. 12.), 구체적으로 경상북도 학무국에서는 중등학교 입시폐지를 골자로 하는 정책을 시달하였다. 대구를 비롯한 일부 지역 보통학교 교장들이 모여 중등학교 입학 준비교육 폐지를 결의하기도 하였다(중외일보, 1927. 11. 19.).

그러나 당시는 초등교육도 제대로 보급되지 않은 상태였기 때문에 내신제 도입을 둘러싼 갈등은 그렇게 크지 않았다. 실제로 중등학교 선발시험에 관한 규정도 1938년에서야 중학교규정에 포함되었다. 물론 1920년대 중반부터 출신 초등학교 교장의 소견서(所見書)가 중등학교의 자율적 선택에 따라 입학생 선발에 활용되고 있었다. 1925년도 서울시내 여학교의 모집요강을 살펴보면 입학선발은 입학시험과 별도로 학업성적증명서(숙명, 동덕, 경성, 진명, 배화, 정신)와 소견서(숙명, 경성, 정신) 그리고 추천서(이화, 정신) 등을 고려하여 이루어졌으며, 이때 출신학교 교장의 소견표가 절대적 역할을 담당하지 않았다. 1931년 평양사범학교의 입학자결정내규에 따르면 입학자 선발은 신체검사의 결과, 구술시문의 결과, 시험성적의 결과, 출신학교장의 소견표, 가정환경 등을 종합적으로 고려하여 이루어졌다(평양사범학교, 1931: 50-51). 또한 소견표가 입시에서 차지하는 비중이

〈표 3-1〉 법령 및 공문을 통해서 본 내신제 도입의 과정

날짜	법령 및 공문		내용
1927년 11월 22일	「중학교령 시행규칙」 개정(문부성령 제26호)	일본	• 학과시험에 의한 선발 규정 폐지 • 평소 성적에 따른 수료 및 졸업 인정제도 도입
1927년 11월 22일	중등학교 시험제도에 대한 입학자 선발방법에 관한 준칙(문부차관 통첩)	일본	소학교 교장의 보고(최종 2개 학년의 성적, 신체상황, 특성, 상급학교 지망 여부, 성능의 적부, 소학교 졸업 후 학력 및 경력에 관한 종합 조사)
1929년 1월 24일	중등학교 입학준비교육 금지방(보통학무국장 통첩)	일본	소학교에서 중등학교 입학을 위한 특별수험 준비 교육(예습 및 복습) 금지
1929년 11월 28일	중등학교 입학자 선발 방법(문부차관 통첩)	일본	입학자 선발은 인물고사(구술시험), 신체검사, 소학교 교장의 보고를 '참작' 하여 실시
1935년 2월 4일	중등학교 입학자 선발방법에 관한 건(문부차관 통첩)	일본	• 인물고사 시험문제는 소학교 교과 내에서 '평이(平易)' 한 수준으로 출제 • 인물고사 시험문제의 난이도 및 내용을 심사하는 문제검열위원회 설치
1936년 12월 9일	중등학교 입학시험개정안(조선총독부 학무국 통첩)	조선	필기시험, 구두시문, 신체검사, 소견표를 고려한 종합고사
1937년 7월 24일	중등학교 입학자 선발방법에 관한 건(문부차관 통첩)	일본	아동의 입시부담 경감을 위한 새로운 중등학교 입학자 선발방법 연구
1938년 3월 15일	중학교규정(「조선총독부령」 제25호)	조선	선발시험(지원자가 입학정원보다 많을 경우 입학시험 실시 가능-제49조)
1939년 9월 28일	중등학교 입학자 선발에 관한 건(문부차관 통첩)	일본	소학교장 보고, 중등학교의 인물고사, 신체검사에 의한 종합판정법
1939년 10월 2일	중등학교 입학자 선발에 관한 건(조선총독부 학무국장 통첩)	조선	신체검사, 구두시문, 필답시문, 소학교 교장 소견에 의한 종합판정법

크지 않았다.

1930년대에 들어 중학교 입시 준비교육기관으로서 소학교의 왜곡된 기능이 줄어들지 않으면서 보다 강력하고 구체적인 입시제도 개선안을 발표하게 되었는데, 그것이 바로 1936년 개선안이었다. 조선총독부 학무국은 1936년에 일명 '종합고사'라 불리는 새로운 중등학교 입학시험안을 각 도에 시달하였다. 새로운 입시안은 필기시험과 구두시문 그리고 신체검사의 성적을 균등하게 고려하여 그 성적에 의하여 입학자를 결정하는 방법이었다(조선일보, 1936. 12. 9.). 이 입시안은 1929년의 일본 문부성 개선안과 큰 틀에서 동일하였다.

첫째, 필기시험은 일본어와 산술 두 과목을 실시하며, 준비교육의 폐해를 덜기 위하여 산술의 응용문제는 폐지하였다. 둘째, 구두시문은 두 과목에 대한 필기시험을 실시할 경우 다른 교과목이 무시되는 폐단을 없애기 위하여 평소 학습에 대하여 매우 쉽고 누구나 알 만한 상식을 구두시험하여 아동의 상식 · 수양 · 지능을 판정하고자 하였다. 구두시문은 학교에 3곳의 시험장을 설치하고, 각 시험장에는 3명의 시험관이 있어 학생들에게 여러 가지를 시문한 후 모든 시문 결과를 종합하여 채점하였다. 셋째, 신체검사는 신체상황을 소견표에 기입하고 입학고사에서 체격과 체질 및 기타 건강 상태를 충분히 검사해야 했다. 넷째, 소견표로 초등학교 재학 중의 학과성적, 조행, 건강 상태 등을 모두 중요하게 고려하였다.

이러한 과정을 거쳐 조선과 일본에서 '모든' 중등학교가 입학자 선발에서 학업성적, 성행, 신체조건 등에 관한 학생기록을 내신이라는 이름으로 입시에서 사용하기 시작한 것은 1939년의 일이다. 조선과 일본에서의 1927년 이후 내신제 도입과 관련된 대표적인 법령과 입시제도 개선안은 〈표 3-1〉과 같다.

2) 내신제 도입의 사회적 배경

일제강점기 조선총독부의 교육정책은 조선의 식민지화와 조선 민중의 황국신민화를 위하여 일본의 것을 그대로 모방하거나 조선의 상황에 맞추어 변형한 것이었다. 내신제도 마찬가지였다. 조선총독부 학무국장과 일본 문부성 차관의 시달은 초등학교 교장의 소견표를 강조한다는 점에서는 동일하였지만, 도입의 동기와 그 실제적 활용에 있어서 몇 가지 점에서 차이를 보였다. 다음에서는 내신제 도입의 사회적 배경을 간단히 살펴보기로 한다.

(1) 초등학교 교육의 적폐 해소

1939년 내신제를 근간으로 하는 입학자 선발 방법의 변화와 관련하여 드러난 가장 대표적인 동기는 소학교 교육의 본지 왜곡이라는 입시교육의 폐해를 해소한다는 것이었다. 하급단계인 소학교 교육이 상급학교 중등학교 진학준비를 위한 교육의 장으로 변화하였다는 점은 줄곧 비판의 대상이었다. 소학교가 '소학교 교육의 본지'를 왜곡하고 중등학교 입시를 준비하기 위한 기관으로 변화한 결과 수많은 문제가 발생하였고, 이러한 적폐를 해소하고자 하는 교육당국의 노력이 새로운 입시전형방법으로 구체화되었다는 것이다.

조선의 경우 1939년 10월 12일 조선총독부 학무국장 명의로 일선 학교에 시달된 '중등학교 입학자 선발에 관한 건'은 내신제의 의무적 도입을 알리는 것이었다. 이 공문에서 학무국장은 내신제를 중심으로 하는 중등학교 입시선발방법 개선의 근거를 다음과 같이 들고 있다.

> 일찍이 반도학제의 획기적 개정을 이루어, 국체명징(國體明徵), 내선일체(內鮮一體), 인고단련(忍苦鍛錬)의 3대 강령에 따라 학교규정 내용에 일대 쇄신을 행한 이래로 착실하게 그 실적을 보이고 있으나 아무도 중등학교 입학자 선발의 폐해를 아직 완전히 없애지 못하였다. 입학시험 준비 때문에 생기는 폐해를 제거하고 점차 황국신민교육의 실적을 거두기 위해서는 다시 중등학교 입학자 선발방법에 대하여 깊이 고려하는 것이 필요하다고 생각한다. 따라서 본 총독부에서는 이에 관하여 신중히 고찰한 결과, 그 필요한 사항을 별지와 같이 결정하였다. …… (조선)교육령 개정의 취지에 따라 아동신체의 건전한 발달에 유의하여 심신을 갖추어 국가의 부름에 진충보국, 황운부익의 길에 매진할 수 있는 충량우위(忠良優位)한 황국신민으로서의 자질을 갖춘 자를 목표로 해서 입학자 선발을 실시한다. 종래와 같이 학과 시험에 편중하는 것을 고쳐서 신체, 인물, 학력 등을 초등학교장의 소견에 기초하여 통일적인 관점에서 종합 판정하여 황국신민 연성교육을 신장하는 것에 유감이 없도록 할 것을 기대한다(조선교육회, 1940: 1-2).

새로운 중등학교 입시제도의 근간은 소학교의 교과에 기초한 학과시험보다 학생의 신체, 인물, 학력을 소학교 교장의 소견서와 함께 종합하여 판정하는 것이었는데, 그중에서도 소학교 교장의 소견서가 가장 중요한 위치를 차지하였다. 이와 함께 1939년 입시개선안은 지역과 학교에 따라 통일되지 않고 다양한 형태로 이루어지던 선발방법을 하나로 통합하는 것이기도 하였다(조선교육회, 1940: 1-2). 이러한 조선총독부의 입시개혁안은

1939년 9월 28일에 일본 문부성 차관이 시달한 다음 '중등학교 입학자 선발에 관한 건'(발보 134호)의 주된 내용과 비슷하였다.

> 황국의 전도 다사한 가을, 황운을 부익하여 흥아성업(興亞聖業)의 달성에 매진하기 위해서는 국민을 연성하고 특별히 그 체위의 향상을 도모하는 것이 매우 긴요한 과제다. 따라서 국민의 기초적 연성을 담당할 수 있도록 소학교 교육이 지금처럼 중등학교 입학준비에 빠져 그 본지를 왜곡함으로써 아동심신의 건전한 발달을 저해하여 견디기 어려운 지경에 이르러 그것을 시급히 개선할 필요가 있다. 그 대책으로는 중등학교 수용력의 확장, 그 내용의 충실, 진학에 관한 지도 철저 등을 통하여 입학난 완화에 노력을 다함과 동시에 다른 한편으로는 입학자 선발방법을 소학교의 교과에 기초한 시문을 통하지 않도록 개선함으로써 준비교육의 폐단을 일소하여 소학교 교육의 본지 관철을 도모하고자 한다. …… 1. 선발방법 입학자의 선발은 소학교장의 보고, 중등학교에서의 인물고사 및 심체검사의 3자 종합판정에 의한다(문부성, 1941: 74-75).

일본 문부성이 내세운 중등학교 입시선발 방법 개편의 주된 목적은 중등학교 입시선발로 인한 적폐(積弊)의 해소였다. 소학교가 중등학교 입학을 위한 준비교육기관의 역할을 담당함으로써 소학교 본래의 교육목적을 훼손당하고 있다는 것이 그 주된 이유였다. 중학교 진학을 위한 준비교육기관으로 바뀌어 지식의 주입을 강조하는 소학교 교육이 그 본래의 설립 취지를 살리지 못한다는 것이었다. 문부성은 입시경쟁이 교육열의 팽창에 그 원인이 있다고 보고, 이를 해소하기 위하여 중등학교의 학생 수용능력 확장, 중등학교 교육내용의 충실과 진학지도에 관한 지도의 철저 등을 통하여 입학난을 완화하는 동시에 입학제도의 변화를 통하여 이러한 문제에 대처하고자 하였다. 초등학교를 완성교육으로 간주하지 않는다는 데 원인이 있다고 보고, 초등학교 교육을 충실하게 하여 일부 계층들에게 초등교육을 완성교육으로 간주하도록 함으로써 중등학교 준비교육의 폐단을 가능한 한 줄이고자 하였다.

교육당국이 가장 중요하게 내세운 내신제 도입의 타당한 이유는 중등학교 입학을 위해 입시준비기관으로 전락한 초등학교 교육의 정상화를 위한 제도적 선택이라는 것이었다. 학과시험 중심으로 진행되는 파행적 교육, 과외, 주요 교과 이외 교과의 경시 등이 문제로 지적되었으며, 이러한 문제는 성장기에 있는 아동의 건강한 성장을 저해하여 신체적으로 문제를 낳는다는 것이 주된 이유였다(조선일보, 1933. 2. 9.). 내신제의 정당성은

"특별한 준비를 하지 않아도 학교공부만 착실히 한 건강한 어린이는 넉넉히 입학될 수 있도록 해 나가겠습니다. 그래서 이러한 사실 앞에는 그 무용한 따로 준비할 필요를 일소시키도록 각 가정이나 소학교에서 인식시키도록 하겠습니다."(조선일보, 1939. 10. 28.)라는 신문 소개에 잘 드러나 있다. 한마디로 '학과 교과목 중심의 필기시험-결과주의-하급학교 교육의 황폐화'를 '내신중심-과정주의-하급학교 교육의 정상화'의 틀로 변화시키는 것이 내신제였다. 이와 같은 입시제도 개혁의 근거는 〈표 3-2〉에 나타난 것처럼 일본과 조선에서 대체로 동일하였다.

초등학교 교육이 중등학교 입시준비교육기관으로 기능하게 된 까닭은 기본적으로 늘어나는 중등학교 교육수요에 비추어 중등교육기관의 부족 때문이었다. 중등학교에 입학할 실력 있고 능력 있는 학생의 선발을 학과시험이라는 방식으로 경쟁을 통하여 결정하는 것은 당시 사회적으로 상당한 공감대를 형성하고 있던 적자생존의 사회진화론에 비추어 볼 때 타당한 선택으로 간주되었다. 내신제 도입 이전에 중등학교에서 실시하고 있던 학과중심 입학시험의 법률적 근거는 일본이 1894년에 제정한 심상중학규정 제43조 2항, "중학교 1학년 입학지원자의 수가 입학정원을 초과할 경우에는 시험을 실시하여 입학자를 선발하는 것이 가능하다." 였다.

반면에 조선의 경우 중등학교 입학시험과 관련된 명시적인 조항은 없었으나 1922년 제2차 조선교육령의 공포와 함께 개정된 고등보통학교규정(제43조)과 여자고등보통학교규정(제50조) 등에는 일본의 「중학교시행령규칙」과 동일한 조항, 즉 입학자 선발을 위해 학과시험을 실시할 수 있다는 내용이 추가되었다.

그러나 중등교육시설을 확충하는 것이 아니라 경쟁형 입학시험을 통하여 교육공급을 초과하는 진학수요를 통제하는 방식은 부정적 교육현상을 초래하였다. 상급학교에 진학하기 위하여 재수뿐만 아니라 재수 이상을 경험한 지원자가 급속히 증가하였던 일본의 경우(天野郁夫, 1992)처럼 조선에서도 진학 명문교의 등장, 상급학교의 진학을 체계적으로 준비시켜 주는 학교 밖의 교육기관인 예비교(豫備校)의 출현, 그리고 수험서의 등장과 같은 새로운 현상들이 나타났다. 이러한 현상은 학교교육의 성격 변화를 단적으로 증명하는 것들이었다. 실제로 공립과 사립 초등학교에 다니느냐에 따라 중등학교 입학 결과가 달랐으며(김창제, 1931), 농촌 지역에 비해 도시 소재 초등학교 출신자들 중에서 합격자가 더 많았다. 때문에 상급학교에 진학하기 위해서 아무 소학교나 가는 것이 아니라는 생각을 갖게 되었으며, 농촌 지역에서 소학교를 졸업한 학생들이 도시 지역의 중학교로 진학하고자 하였다(전남교육회 편, 1943; 堤政助, 1923: 153).

〈표 3-2〉 1939년 중등학교 입시제도 개정의 배경과 그 내용: 조선과 일본 비교

구분		조선	일본
근거	명칭	중등학교 입학자 선발에 관한 건	중등학교 입학자 선발에 관한 건
	발표일	1939년 10월 2일	1939년 9월 28일
	발표자	조선총독부 학무국장	일본 문부성 차관
개정 이유	방향	• 황국신민연성 • 조선교육령의 취지: 국체명징, 내선일체, 인고단련의 3대 강령 실현	• 국민의 기초적 연성 • 지덕체 일치의 소학교 교육의 본지 관철
	문제인식	• 소학교 교육의 본지 왜곡 • 입학시험 준비 교육의 폐해 제거 • 아동신체의 건전한 발달 저해	• 소학교 교육의 본지 왜곡 • 입학난 완화 • 입학시험 준비 교육의 폐해 제거 • 아동 심신의 건전한 발달 저해
	해결 방안	• 입시제도 개선 • 학과시험 폐지, 인물 · 신체 · 학력 · 초등학교 교장의 소견에 따른 선발	• 입시제도 개선 • 중등학교 수용력 확장 • 사립중등학교 교육내용의 충실 • 진학지도의 철저
개정된 입시제도	명칭	종합판정법	종합판정법
	선발 방법	신체검사, 구두시문, 필답시문, 소학교 교장의 소견 등 4가지 방법	소학교 교장의 보고, 중등학교의 인물고사, 신체검사 등 3가지 방법
	신체 검사	• 체격 100점, 체질 100점, 체능 100점 • 총 300점	• 질병 및 이상(특히 중요) • 발육 및 영양 • 운동능력
	구두 시문	• 언어 50점, 상식 50점, 지조 50점, 성행 50점 • 총 200점	해당 사항 없음
	인물 고사	해당 사항 없음	구술문답을 통해 아동의 일상생활에서 경험할 보편적 사항과 덕성에 기초한 판단을 고사
	필답 고사 (일본어)	• 읽기 100점, 쓰기 100점, 듣기 100점 • 총 300점	해당 사항 없음
	초등학교 교장의 소견	• 건강 50점, 근태(勤怠) 50점, 학력(學力) 50점, 인물 50점 • 총 200점(최근 2년간 한정)	지원 아동의 인물 전체를 자세히 살펴 개인조사서를 작성
	배점	• 신체검사(300점), 구두시문(200점), 필답시문(300점), 소견표(200점) • 총 1000점 만점	배점은 중등학교의 재량으로 결정하되, 3가지를 동일하게 배점하는 것을 원칙으로 함

이뿐만 아니라 중등학교 진학을 위해서는 학교에서의 교육만으로는 부족하고 추가적으로 교육받는 것이 필요하였다. 상급학교 진학을 위하여 학교를 중심으로 방과 후에 별도의 '특별' 보충수업 및 입시지도를 하였다(이상렬, 1933: 26). 또한 보충지도에서는 입시에서 유리한 일부 특정 교과에 편중하여 가르쳤으며, 입시 준비를 위하여 참고문제집과 별도의 인쇄물을 부과하기도 하였고, 심지어 일요일 등과 같이 쉬는 날에도 학생들을 소집하여 입시 준비를 하였다(이혜영, 윤종혁, 류방란, 1997: 232-233; 守田保, 1940: 7). 한편, 학교 밖에서는 입시와 관련된 수험산업이 발생하였다. 상급학교 입학시험에 합격하는 방법을 다룬 '시험 합격법'이라는 제목의 책이 출판되기도 하였으며, 기출문제집이 출판되는 등 시험 관련 수험서적들이 다수 출현하였다. 학교에서 가르치는 교육내용과는 별도로 수험에 유리한 내용들이 체계적으로 정리된 수험서적의 등장은 학교에서의 '교육지(教育知)'와 입시를 위한 '수험지(受驗知)'가 분리되었음을 단적으로 나타내는 것이었다. 조선총독부 학무국에서는 중학교 입학시험 답안을 검토하고 이를 근거로 소학교 교육의 효과와 문제를 지적하기도 하였다. 이는 중등학교 입시가 초등학교 교육을 규정하고 지배하였음을 단적으로 보여 주는 사례라고 할 수 있다(조선교육회, 1940: 52).

조선총독부는 입시교육의 폐단을 해소하기 위한 방법적 전략을 모색하게 되었고, 그 대응방안으로 소학교에서의 평소 교육활동을 중시하는 내신제도를 도입하게 되었던 것이다. 조선총독부 학무국은 중등학교 입학을 위해 실시되는 단 한 차례의 학과 중심 입학시험을 통과하기 위해 준비하는 것은 장점보다는 단점이 많다고 주장하였다. 나아가 한 차례의 입시보다는 초등학교 재학 중의 학력을 입시에 활용하는 것이 보다 바람직하다고 생각하였다. 이와 같은 폐해를 해소할 수 있는 대안이 바로 초등학교 교장의 보고, 즉 내신제였던 것이다. 내신제 도입의 계기가 되었던 1927년 입시제도 개편 이후 학과시험의 비중이 줄어들고 대신에 평소 성적을 중시하였다. 그렇지만 평소 성적, 즉 내신은 학과시험과 함께 실시되었으며, 실제로는 여전히 학과시험이 중요한 의미를 가지고 있었다. 한 예로, 1928년 신의주공립중학교학칙에는 "각 학년 과정의 수료 또는 졸업 인정에는 **평소 성적 및 시험 성적**을 고사하여 그것을 정한다."(신의주공립중학교학칙 제3조; 강조는 인용자)라고 규정되어 있었다. 당시 대부분의 중등학교에서는 '평소 성적'을 '시험'과 함께 고려하여 수료 및 졸업인정의 근거로 삼았다.

이에 비하여 1930년에 개정된 규정은 '시험'을 삭제하고 오직 '평소 성적'만을 고려하여 졸업과 진급 여부를 판단하도록 함으로써 내신이 중요한 위치를 차지하게 되었다. 1930년 9월 18일 조선총독부령으로 중학교규정, 고등보통학교규정, 고등여학교규정, 여자고등보통학교규정 등이 개정되었는데, "각 학년 과정의 수료 혹은 전 학과의 졸업을 인정하려면 평소의 학업성적을 고사하여 이를 정해야 한다."(중학교규정 제53조)라 규정함으로써 진급 및 졸업자격을 판단하는 기준으로 학과시험을 함께 고려하는 것이 아니라 전적으로 '평소의 학업성적'에 따라 결정하게 되었다. 조선총독부 학무국은 평소 학업성적을 중시하는 방향으로 규정을 개정한 이유로 다음을 들고 있었다.

> 대저 중등학교에 있어서 교육의 본지를 관철케 하려면 생도로 하여금 상시 자진하여 배우고 즐겨 익히는 기풍을 순치하고 일의전심 소정의 과정을 이수케 하지 않으면 안 된다. 그런데 종래의 예에서 보건대 학기와 학년 시험을 실시하기 위해 자칫하면 생도로 하여금 오로지 시험만을 위해 면학케 하는 따위의 폐가 적지 않다 하겠다. 이번에 이 개정을 행하여 지금부터 과정의 수료 또는 졸업을 인정하는 데는 평소의 학업성적을 고사하여 이를 정하고 한층 자학자습의 기풍을 양성케 하려 함은 오로지 시폐(時弊)를 광정(匡正)하여 교육의 신창(伸暢)을 도모하려는 것이다(조선총독부관보, 1930. 9. 18.).

진학과 진급과정에서 학과시험을 폐지하고 대신에 평소 성적을 중시하는 방향으로의 정책 변화는 학교에서의 성적고사 방법의 변화도 가져왔다. 1931년에 경상남도 학무국에서는 중등학교의 학과시험 폐지로 인해 바뀐 성적고사 방침을 다음과 같이 구체적으로 시달하였다(동아일보, 1931. 1. 29.).

1. 평소의 학습태도, 예습, 복습, 실험, 실습 및 일반 교장(教場) 내의 태도를 개인별로 유의하여 고사자료로 할 일
2. 수업시간 중의 기능숙련 정도, 구문, 응답, 판서 등의 성적 수집에 힘쓸 일
3. 학습의 성적물(서취, 작문, 도화, 습자, 실험, 실습, 숙제, 과제 등의 성적물)을 점검하여 고사자료로 할 일
4. 학습장을 제출시켜서 검열을 할 일
5. 수업시간 중에 수시 필답을 부과하여 고사자료로 할 일

학과시험에 대신하여 평소 성적이 강조됨으로써 학교에서 학생의 학업과 관련된 전반적인 일상이 평가의 대상이 되었고, 교사들도 학생들의 모든 활동을 고려하여 평가하여야 하였으며, 평소 성적을 평가하기 위해 학생들의 활동을 기록해서 보관하는 보조기록철 등이 필요하게 되었다.

(2) 황국신민화 및 국민연성화 전략

초등학교 교육의 정상화라는 드러난 동기와 달리 학과시험을 폐지하고 평소 성적을 중심으로 하는 내신제 도입의 다른 의도는 황국신민화를 위한 국민연성 때문이었다. 일제는 1937년의 중일전쟁 이후 조선교육을 시국교육(時局教育)에 따라 재편하고자 하였다. 시국교육이란 학생들에게 황국정신을 함양하는 신민화 교육을 시행하고, 이를 통해 실용적인 건강한 노동자와 강한 군인을 만드는 것이었다. 이처럼 1939년의 입시제도 변화의 핵심은 내신과 신체검사를 특별히 강조하는 것이었는데, 이는 소학교가 중등학교의 입시준비에 치중함으로써 소학교 교육의 본래 취지를 살리지 못하고, 오히려 아동심신의 건강한 발육을 저해한다는 것이 표면상 가장 큰 이유였다. 따라서 입시제도를 개혁하여 체력과 기력(氣力)을 충실하게 기르는 것이 중요하다는 것이었고(조선교육회, 1940: 26), 이러한 체력 강조의 심층적 목적은 황국신민으로서의 '신체'를 기르고자 함에 있었다고 볼 수 있다.

1927년 입시제도 개혁으로 인하여 중등학교 입학시험에는 초등학교의 학과와 관련된 시험은 주로 일본어와 산술 두 과목만이 치러지고 있었다. 중등학교 입학과 관련하여 모든 학과시험의 폐지를 골자로 하는 일본 문부성의 1939년 정책은 조선에서 변형된 모습으로 이용되는데, 그것은 학과시험을 완전히 폐지하는 것이 아니라 오직 일본어 한 과목에 대하여 학과시험을 부과하는 것이었다. 조선 학생들에 대한 일본어 교육은 황국신민화의 핵심이었으며, 학생들은 '일본어를 통일적으로 사용하는 것'이 내선일체의 가장 중요한 의미라고 생각하였다(광주서공립중학교 편, 1938: 47). 일본어 교육에 더하여 학생들의 학교생활과 성행과 조행을 조사하여 기록하는 것 또한 고도의 학생 통제 장치였다.

예를 들어, 1928년 조선총독부가 중등교육 교장회의에서 시달 중에는 "학교에서 동맹휴업이 불온한 생각을 가지고 있는 일부 학생들 때문인데, 이러한 학생들을 입학자 전형과정에서 지원 학생의 전력과 성행 등을 충분히 고려하여 지조가 견실한 학생을 입학시켜야 한다."(조선총독부 편, 1928: 5)라는 내용이 포함되어 있었다. 1938년도 광주의 한 중학교에서 실시한 조사에 따르면 모든 학생을 명랑성, 순종성, 면강성(勉强性), 협동심, 규율심, 정돈성(整頓性), 통솔능력, 책임감, 진실성, 지조 등의 10가지 항목에 따라 평가하고 그 결과에 따라 모든 학생을 다섯 집단으로 구분하였다. 학생의 정의적 특성에 따른 평가는 매우 구체적이었는데, 각 항목을 5단계(불가 2점, 다소 불가 4점, 보통 6점, 다소 가능 8점, 아주 좋음 10점)로 평정하였으며, 각 단계의 비율을 불가는 10%, 다소 불가는 20%, 보통은 40%, 다소 가능은 20%, 아주 좋음은 10%로 정한 상대평가를 실시하였다(광주서

공립중학교 편, 1938: 111-114). 학생들의 정의적 측면이 세분화되어 평가와 비교 대상이 되었으며, 이러한 학생기록 방식은 소견표라는 이름으로 기록되어 상급학교 진학에 활용되었다. 결국 소견표의 도입은 학생을 학교와 교사에 예속되는 위치로 전락시켰으며, 이러한 학생의 예속적 지위는 황국신민화라는 학교의 교육목적에 대한 맹목적 순응을 의미하는 것이었다. 이처럼 내신제는 학생을 통제하는 기제로 작동하였으며, 궁극적으로는 황국신민화의 중요한 수단이었다.

한편, 일제는 교육을 국가의 동원 체제에 적합한 모습으로 변화시키고자 하였고, 이를 목적으로 중일전쟁의 와중에 '소학교교육개혁요강'을 수립하였다. 이 개혁안의 주된 내용은 교육내용, 수험제도, 교원양성 그리고 교육재정에 관한 것이었다. 교육내용은 ① 도덕교육의 강화, ② 주입식 교육의 배제, ③ 체격의 향상, ④ 실업교육의 쇄신, ⑤ 획일적인 제도의 폐지와 지방의 실정에 적합한 교육을 실시하는 것이었다. 입시제도의 개혁도 이와 같은 교육내용의 개혁과 보조를 맞추는 방향으로 진행되었으며, 입학준비교육의 폐해를 없애는 방향으로 진행되었다. 구체적으로 살펴보면, 교육내용에 있어서는 도덕교육을 강화함으로써 개인주의, 물질주의, 공리주의의 만연을 비판하고, 대신에 국체 관념에 철저한 학생을 교육시키는 것이 목적이었다. 특히 지식 중심의 교육을 탈피하고 체격의 향상은 국력발전의 기본이라는 인식 아래 이를 위하여 아동 학습 부담을 경감하고, 대신에 체육을 충실하게 하는 것이었다. 실업교육의 쇄신에서는 기업 등 사회의 요청에 알맞게 교육 내용과 방법을 개선하는 것과 함께 노동이나 근로를 중시하는 정신을 함양하는 것이 중요하게 고려되었다. 마지막으로 교과목, 교과서, 교수시간 등을 획일적으로 적용하는 것이 아니라 지방의 실정에 맞게 재량껏 실시하도록 하였다. 이러한 제도 변화는 황국신민화와 학생의 동원이라는 거시적 목표를 중심으로 이해할 필요가 있다.

1936년 일제는 '국책의 기준'을 결정 · 발표하였는데, 이 기준에 따르면 일제는 국방군비 정비, 원활한 외교정책의 수행, 정치행정기구의 쇄신 및 개선과 재정경제정책의 확립 등을 국책의 구체적인 내용으로 제시하고 있다. 특히 교육과 관련해서는 '국민생활의 안정, 국민체력의 증강, 국민사상의 건전화' 등이 강조되었다. 다음 해인 1937년에는 국책의 기준에 따라 '국체의 본의(國體の本義)'와 '국민정신총동원실시요강'을 발표하여 황국신민화를 목표로 하는 국민교화운동을 전개하였다(朝日新聞社 編, 1939: 93).

이러한 일련의 움직임들은 모두 전쟁에서 필요한 일본 천황에 충성을 다하는 건강한 군인을 양성하기 위한 것이었다. 신체검사와 성행을 중시하는 내신제도 역시 이러한 황국신민화와 군인 만들기 과정과 밀접하게 관련되어 있다고 볼 수 있다. 즉, 내신제 등을 통하여 국가의식에 충실한 "씩씩한 국민을 만들고자 하였다."라는 것이다(김병도, 1940: 221). 경상남도 학무국에서는 아동들의 체력을 키우기 위하여 기록을 중심으로 하는 운동경기를 규율 · 통제 · 복종 등을 강조하는 집단운동으로 전환할 것을 결정하였다(동아일보, 1939. 6. 14.). 또한 1934년부터 전문학교 이상의 입학시험에서 사상과 체육검사에 중점을 두기로 하였다. 학과성적이 우수하더라도 '사상이 건실하지 않은 자와 국체관념이 부족하다고 판단되는 자'는 입학을 시키지 않을 것을 결정하였다(동아일보, 1934. 2. 4.).

이러한 사실은 학과시험에 대신하여 입학시험에서 사용된 구두시문에서 어떤 문제들이 출제되었는가 하는 점을 살펴보면 알 수 있다. 조선에서 구체적으로 어떤 문제들이 구두시문에서 출제되었는가 하는 것이 구체적으로 알려져 있지 않지만, 대신 일본에서 인물고사라는 이름으로 시행된 시험에서는 전체의 약 80%가 국가관에 관한 문제로 출제되었다(木村 元, 2000: 230). 이처럼 출제된 문제를 통하여 구두시문의 현실적 의미를 발견할 수 있다. 이와 더불어 1937년에 개정된 학교신체검사규정은 국방력에 충실을 기할 수 있도록 학생들을 강한 군인으로 길러 내기 위한 군국주의 국가의 의도가 강하게 반영된 것이었다. 1939년의 입시제도는 네 가지 평가방법을 사용하는 것이었지만, 궁극적으로 입학을 결정하는 것은 신체검사(300점)라는 주장도 있었다(김병도, 1940: 5). 그것은 점수 배점에 있어서는 일본어 필답고사와 동일하게 300점이었지만, 필답고사를 쉬운 문제들로 출제하도록 정책적으로 유도했다는 점을 고려하면, 신체검사가 차지하는 비중의 크기를 짐작할 수 있다.

교육당국은 입시교육이 운동부족 등으로 학생들을 허약하게 만든다는 점을 비판하고 대신에 '건병건민(健兵健民)'을 위한 교육정책의 필요성을 주장하였으며, 심지어 전쟁이 장기화됨에 따라 개인의 이익을 목적으로 하는 입시준비교육을 '적(敵)'으로 규정하고 국가의 요청에 합당한 군국주의 교육을 실시하고자 하였다(전남교육회, 1943: 64-69). 조선총독부 학무국은 중등학교 입시의 기본 방향이 '종래의 지육 편중에서 체력기준작성을 중시하여 전력 증강을 가능하게 하는 방향'으로 나갈 수 있도록 각급 학교에 통첩하였다(동아일보, 1939. 12. 15.). 결국, 내신제의 도입은 이와 같이 일제에 충성하는 건강한 군인을 양성하기 위한 군국주의 교육의 의도와 맞닿아 있는 것이다.

(3) 상급학교 진학과 교육열 냉각 기제

1930년대에 들어 상급학교의 입학난은 '입시지옥'으로 표현되었던 것처럼 교육과 관련하여 가장 심각한 문제였다. 1930년대에 들어서 중등학교 교육요구가 점점 커졌으며, 이러한 교육열은 사회불안의 중요한 원인이었는데, 이는 절대적으로 부족한 중등교육 공급과 초등교육 확대의 자연스러운 결과였다. 조선총독부는 이와 같은 심각한 중등학교 입학난을 사회 불안 요인이자 조선에 대한 식민지 지배를 위협하는 것으로 간주하고 있었다(조선총독부 편, 1938). 따라서 조선인의 높은 교육열을 가능한 한 냉각시키는 것이 중요한 과제였다. 일제는 조선교육의 방향을 실제화에 맞추고, 적절한 진로지도를 통하여 상급학교 진학열망을 통제하고자 하였다.

일제는 조선인의 교육열 증대에 대하여 두 가지 차별적인 전략을 활용하였다. 그 하나는 제한적이지만 중등교육의 시설을 확충하여 중등교육 수용능력을 증대하는 것이었고, 다른 하나는 직업교육을 강화함으로써 교육열을 통제하고 냉각시키는 것이었다. 먼저, 일제는 중등교육을 확충하되 지방 실정과 취학 상황 등을 종합적으로 고려하여 가능한 한 실업교육을 확장하는 방식으로 대안적 교육기회를 제공함으로써 중등교육에 대한 진학열망을 우회시키고자 하였다. 그러나 더욱 중요한 정책은 상급학교에 진학하고자 하는 학생의 열망을 냉각시키는 것이었는데, 이는 출신학교 교장의 소견을 중심으로 중등학교 진학 부적격자를 걸러 내는 모습으로 진행되었다. 조선총독부 학무국은 소학교 교장의 소견표를 통하여 진학하고자 하는 '허영심'을 통제하고 소학교를 '종국교육'으로 생각하도록 만드는 것이 필요하다고 생각하였으며, 이를 위하여 소학교 졸업생에 대한 지도를 강화하는 정책을 수립하였다. 시험지옥에서 자녀의 고통을 덜어 주는 것은 부모가 일류학교만을 고집하거나 상급학교 진학만을 생각하는 허영심을 극복하는 일이라고 주장하였다(조선중앙일보, 1936. 2. 1.).

이런 점에서 내신제는 1920년대 중반 이후 강화하여 온 조선인에 대한 실업교육 강화와 소학교에서 직업교육의 강화 정책과 맥이 닿아 있다. 조선총독부는 공립중학교 교장회의에서 '일생의 진로에 대한 고민 없이 고등한 학부에 들어가려는 폐를 없앰과 동시에 수업 후 헛되이 봉급생활에 들어가려는 누습(陋習)을 타파'하는 것이 중요하며, 지원학생들의 전력과 성행을 자세히 조사하여 지조가 견실하지 못한 학생을 부주의하게 입학시키는 일이 없어야 한다는 점을 강조하였다(조선총독부 편, 1928). 이러한 일련의 과정은 일제가 아동에 대한 실업교육과 진로지도를 강화하는 것으로 귀결되었다. 초등학생의 졸업 후 진로를 다양화하는 것은 심각한 입학난을 해소할 수 있는 방안으로 간주되었고, 진로지도는 초등학교 졸업생들이 중학교로 진학하는 것이 아니라 실업학교로 진학하는 것을 조장하기 위한 것이었다.

1930년대 중반의 일제가 적극적으로 추진한 실업교육진흥은 바로 이와 같은 입시난 해소라는 맥락에서 이해할 수 있다. 이를 위하여 1927년에 직업진로검사가 학교에 도입되었고, 1928년에는 '아동생도의 개성존중 및 직업지도에 관한 건'이 문부성 훈령으로 공포되었으며, 학생들의 성행, 장점, 학습상황 그리고 가정환경 등을 정밀하게 조사하여 기록하고 이를 바탕으로 졸업 후의 진로와 직업선택을 지도하도록 하였다. 동시에 소학교에는 직업과를 필수과목으로 편성함으로써 아동의 직업의식을 계발하고 근로정신을 진작하는 정책을 추진하였다. 즉, 초등학교 졸업생에 대한 진로지도가 적극적으로 시행되었던 것이다. 허영심에 따른 진학을 막기 위하여 개성조사(個性調査)를 실시하여 활용하기도 하였는데, 이러한 조사에 기초하여 출신학교 교장이 작성하는 소견표는 진학과 취업 여부를 가리는 중요한 판단 근거로 활용되었다.

3. 내신제 도입과 그 실시를 둘러싼 쟁점과 갈등

1) 기록 방법의 변화

내신제의 도입으로 학생의 '평소 성적', 즉 일상생활을 관찰하고 기록하는 것이 학생 평가의 핵심으로 등장하였다. 학생이 학교에서 경험하는 대부분은 파편화되어 기록과 관찰의 대상이 되었는데, 이러한 변화를 알 수 있는 것이 바로 학적부 양식의 변화다. 학적부가 학생 관리와 학생 이해라는 일차적 기능에 더하여 다양한 활용 방안이 모색되기 시작하면서 학적부에 기록할 내용과 형식에 적지 않은 변화가 일어나게 되었다. 1939년 입시제도 변경으로 소학교 교장의 소견표가 중요한 전형요소로 자리 잡게 됨에 따라 학적부의 양식도 변화하였다. 새롭게 개정된 학적부에서는 신체상황 부분이 삭제되었는데, 이는 1937년에 제정된 학교신체검사규정에 따라 학생 개개인에 대한 신체검사표를 따로 작성하도록 하였기 때문이었다.

반면에 학생의 성행, 가정환경 그리고 지망(志望) 등의 세 항목이 학적부 뒷면의 내용으로 새롭게 추가되었다. 따라서 초등학교 교장이 중등학교 입시와 관련하여 작성해야 하는 1938년 학적부에는 학생 및 보호자의 인적사항(학생의 성명, 본적, 현주소, 생년월일, 입학 전의 학력, 입학 · 전학 · 퇴학의 연월일, 학년, 졸업 연월일, 입학시험의 유무, 전학 및 퇴학의 사유, 병역관계, 보증인의 성명 및 현주소 등), 학업성적, 출결상황, 성행, 가정환경, 지망

〈표 3-3〉 학적부의 내용 구성

구분				1900년 일본 소학교	1908년 조선 사립학교	1938년 일본 소학교	1938년 조선 보통학교
인적사항	학생	이름		○	○	○	○
		입학 연월일		○	○	○	○
		입학 전의 경력		○	○	○	○
		생년월일		○	○	○	○
		주소		○	○	○	○
		본적			○		○
		졸업 연월일		○		○	○
		수료 연월일					○
		퇴학 연월일		○	○	○	○
		퇴학 사유		○	○	○	?
	보호자	이름		○	○*	○	○
		주소		○	○	○	○
		본적			○		○
		직업		○	○	○	○
		아동과의 관계		○	○	○	○
학업성적		교과 및 과목 명칭		○	○	○	○
		총점			○		○
		통약(通約)			○		○
		조행(操行)		○			○
		석차			○		○
		수료 연월일		○	○		○
		개평(概評)		○		○	○
		담임이름					○
출결상황		출석일수		○	○	○	○
		결석일수	병기(病期)	○		○	○
			사고	○		○	○
		기일(忌日)일수		○		○	○
		개평		○		○	○
신체상황		신체 상황 및 소견(학년별)				○	○
		신장		○			
		체중		○			
		흉위		○			
		척추		○			
		체격		○			
		안질		○			
		이질		○			
		치아		○			
		질병		○			
성행		개평(학년별)				○	○
가정환경		가정환경				○	○
지망		지망(志望) 및 소견				○	○

* 1908년 사립학교 학적부에는 보호자 대신에 보증인을 기록하도록 하였으며, 보증인은 정보증인과 부보증인 두 사람을 기재하도록 되어 있었다.

의 6개 영역으로 구성되었다. 조선총독부 학무국에서는 내신제 도입과 관련하여 학적부 작성 요령을 여러 차례(1939년 3월 15일, 1941년 6월 21일, 10월 11일 등)에 걸쳐 각 도에 시달하였는데, 그 내용은 1938년 3월 15일 총독부령 제24호로 개정된 학적부 양식을 따르도록 하는 것이었다(伊倉健治, 1942: 332-333).

학적부의 6개 영역에 따른 소견표 작성 원칙을 살펴보면 다음과 같다.

먼저, 학업성적은 크게 교과목 성적, 조행 그리고 개평 등의 세 부분으로 구분하여 작성하였다. 학생기록이 소견표라는 이름으로 상급학교 입시를 위한 수단으로 주목받기 시작하면서 학업성취를 어떻게 기록으로 남길 것이냐 하는 문제가 중요하였다. 학무국의 공문에 따르면 초등학교 교장이 작성하는 소견표에 학생들의 석차는 기입하지 않고 평어(評語)로 기재하되, 평어는 우, 양, 가 3단계로 하도록 하였다. 교과목의 성적은 10점 단위로 기록하도록 하였고, 교과에 대한 개평은 교과 성적에 나타난 것을 바탕으로 그 경향을 기입하도록 하였다. 그러나 일본의 학적부에는 석차나 총점 그리고 조행을 기록하지 않았다.

다음으로 성행(性行)은 황국신민연성의 입장에서 성격(기질 및 성정과 학교 안팎에서의 일상생활을 통하여 관찰), 재간[기억, 이해, 관찰, 공부, 근기(根氣), 감(勘), 실행 및 통솔 등에 있어서 장점을 관찰], 악벽[나쁜 버릇, 도벽, 낭비벽, 방랑벽, 허언(虛言) 및 특이한 편집(偏執) 등을 관찰], 장애 및 이상(주위 상황 변화 등에 따른 홍미, 긴장, 억압 등이 두드러지는가 여부 관찰), 취미 및 기호(평소 상황을 성격 및 재간과 함께 고찰), 언어, 동작 및 용자(容姿)(외면적 고찰과 정서적 측면 동시에 고려), 평소의 학습 및 행상(行狀)을 종합적으로 평정하고 그 중에서 특별히 기록할 만한 것을 정리하여 두었다가 구체적으로 각 학년말에 기입하도록 하였다.

신체 관련 기록은 신체상황과 신체소견으로 구분하여 작성하였다. 신체상황은 교과개평, 출석 및 결석, 성행개평, 가정환경 및 신체검정과 평소의 관찰에 기초하여 종합 평정하고 아동의 심신발달 상황 및 그 원인에 있어서 특별히 기입할 것이 있으면 구체적으로 기입하고 종합적으로 신체소견을 기입하도록 하였다.

가정환경은 가정 상황, 가정의 성행 및 환경 일반으로 구분하여 작성하였다. 가정환경에 관한 특이사항을 1학년 말에 기입하고, 기입한 내용에 변화가 있을 경우 그 변화 내용을 추가로 기입하였다. 가정 상황은 부모, 조부모, 형제자매 및 동거자들을 구체적으로 기록하고 각자의 직업, 보호자의 교육에 대한 관심 그리고 형제 및 자매의 교육정도 등 아동의 지도상 필요하다고 생각되는 것을 조사하여 기입하도록 하였고, 가정의 성행은 부모, 조부모, 형제자매 및 동거자 등의 기질, 성정, 행상 중에서 아동에게 두드러지게 영향을 미치는 것으로 판단되는 것을 조사하며, 환경 일반은 아동의 교과 성적, 성행 및 신체 발달 상황 등에 있어서 현저한 영향을 미치는 것으로 생각되는 가정환경을 조사하여 기입하도록 하였다.

마지막으로 지망 및 소견은 초등과 5~6학년 및 고등과 제2학년 아동의 수료 후 진학 및 직업 선택에 관한 지망 등을 청취하여 기입하고 그것에 대한 소견을 기입하는 것이었다. 이 외에도 출석 및 결석에 대한 개평에 있어 재학 중 출석 및 결석이 두드러진 학생의 경우 그 경향과 그 사유를 구체적으로 기입해야 했다.

2) 내신제 실시를 둘러싼 갈등

학과시험을 완전히 폐지한 채 출신학교에서의 평소 성적과 인물고사 그리고 신체검사에 의하여 이루어지는 내신에 기초하여 학생을 선발하는 것은 초등학교에서 작성한 소견표의 내용은 신뢰할 만한가, 초등학교 간 소견표의 차이를 어떻게 할 것인가, 그리고 각 초등학교의 소견표를 어떻게 표준화할 수 있는가 등의 문제를 둘러싸고 갈등이 초래되었다.

(1) 소견표에 대한 불신

내신제는 단순히 학과시험의 폐지를 의미하는 것이 아니라 학생의 선발을 둘러싼 소학교와 중등학교의 갈등을 의미하는 것이었다. 초등학교 교장의 소견표를 입시에 반영한다는 것은 중등학교 입학생 선발과정에서 초등학교의 영향력이 커졌다는 것을 의미하며, 이는 우수한 학생을 선발하기 원하는 중등학교 입장에서 보면 학생선발권의 상당 부분을 초등학교에 넘겨 준 셈이었다. 물론 일본과 달리 조선에서는 학과시험을 모두 폐지한 것이 아니었기 때문에 중등학교가 학생선발과 관련하여 개입할 수 있는 여지는 일본에 비하여 많았다. 일본의 경우는 소학교의 내신서와 중등학교의 선발고사를 동일한 배점으로 하도록 하였으므로 중등학교 측의 선발권이 대폭 축소되었다.

이에 비해 조선은 중등학교가 주도적으로 실시하는 입시방법이 구두시문과 일본어 필답고사 그리고 신체검사로, 이는 총점 1,000점 중 4/5에 해당하는 800점이었다. 당시 입시제도 개선의 방향은 지식에 편중된 학과 시험의 폐해를 극복하고, 황국신민교육의 취지를 살려 황국신민의 마음가짐을 생활에서 실천하는 것을 중요하게 간주하였다. 또한 아동 학습의 부담 경감에도 그 목적이 있었으므로 내신제를 도입하여 중등학교의 선발 기능을 축소시키는 것을 당연하게 여겼다. 그러나 중등학교는 필기시험이 소학교의 성적보다 바람직한 선발 방법이라는 생각을 가지고 있었으며, 내신제의 선발 기능에 대하여 회의적인 태도를 보였다(조선교육회, 1940; 守田保, 1940: 13-14).

중등학교 입장에서 내신제의 가장 큰 문제는 초등학교 교장이 작성하는 소견표를 신뢰하기 어렵다는 점이었다. 소견표가 교장 혹은 교사의 주관적 판단에 의존하기 때문에 과학적 · 실증적이지 못하다는 비판이 나왔고, 이는 내신제도의 수명을 단축시킨 중요한 계기가 되었다. 과학적인 사회진화론의 주장에 근거한 선발 양식으로서 내신제도는 아이러니하게도 실질적인 활용과 관련하여서는 비과학적이라는 비판에 직면하게 되었던 것이다. 이러한 비판의 주된 요지는 학생에 대한 주관적 관찰을 학적부에 단순히 기록한다고 하여 그것이 객관성을 담보하는 것이 아니라는 것이었다. 내신제의 신뢰성에 대한 비판은 내신제 도입과 함께 줄곧 제기되었는데, 대표적인 근거가 바로 뇌물이나 정실 때문에 소견표를 부당하게 작성하는 이른바 소견표 위조사건이었다(김병도, 1940; 신형철, 1932; 조선중앙일보, 1936. 4. 4.; 守田保, 1940: 6). 실제로 보통학교 교장의 소견표를 경제력이 풍부한 학생을 입학시키는 방편으로 사용하기도 하였다(동아일보, 1928. 11. 1.). 이뿐만 아니라 김해에서는 교장이 상급학교 지원자에게 소견표를 써 주지 않아서 학부형이 교장을 배척하는 움직임이 있었다(동아일보, 1934. 4. 25.).

이러한 문제에 대처하기 위하여 중등학교에서는 소학교에서 제출한 소견표의 타당성과 객관성을 검증하기 위한 중등학교 입학 소견표 심사위원회를 설치하기도 하였다(매일신보, 1939. 11. 11.). 중등학교 측에서는 "인생은 경쟁의 연속이고, 우수한 사람이 승리하는 적자생존의 법칙이 통용되기 때문에 입학시험에 의한 경쟁과 그 결과를 인정하여야 한다."(守田保, 1940: 7)라는 주장을 하였으며, 중등학교에 의해 실시되는 학과시험에 의한 선발이 합리적이고 입시 관리에 있어서도 효율적이라는 입장이었다.

(2) 학교 간 격차 문제

더욱 중요한 문제는 소견표가 초등학교 간에 존재하는 학력 격차를 적절히 반영하지 못하고 있다는 점이었다. 내신제도는 초등학교 교육의 질이 동일하다는 등질성(等質性)을 전제로 하기 때문에 내신제가 입시지옥 문제를 해결할 수 있기 위해서는 서열화되어 있는 학교 간 격차를 해소하는 것이 전제 조건이 되는 셈이다. 이러한 문제인식은 내신제 도입 당시에도 진지하게 고려되었던 사안이었다. 학무국은 초등학교 간에 학력 격차가 존재한다는 사실은 인정하면서도, 학력이 보다 좋은 학교를 우량학교로 차등하는 것은 인정하지 않았다.

> 입학자의 선발시험은 학교를 선택하는 것이 아니라 개인 아동을 선발하는 것이기 때문에 학교는 이것을 고려하지 않는 것이 원칙입니다. 그러나 초등학교 간 및 각 학급 간에 성적 평가의 표준에 다소 차등이 있는 것을 인정하지 않을 수 없습니다. 따라서 학급성적 일람표 등을 통하여 각 학교 성적평점의 추이 등을 고려하는 것은 당연하다고 생각합니다. 그러나 일률적으로 소학교 간에 차등을 두어 준비교육에 노력하여 상급학교 입학에 좋은 성적을 거둔 학교를 우량학교라고 간주하여 취급하는 것은 피하지 않으면 안 됩니다(조선교육회, 1940: 78).

그러나 일선 중등학교에서는 '학교와 학교' 그리고 '학급과 학급'의 학력 격차에 대한 문제제기가 끊이지 않았으며, 학무국도 소견표가 이러한 다양한 격차를 제대로 반영할 수 있도록 전국적으로 통일된 평가방법을 마련하는 것이 바람직하다는 생각을 가지고 있었다(조선교육회, 1940: 79). 모든 초등학교가 개념상으로는 동일하였지만, 진학과 관련해서는 엄격한 격차가 존재한다는 것이 학무국과 중등학교 측의 공통된 생각이었다. 학력 격차는 학교 간에만 발생하는 것이 아니라 학급 간에도 발생하였다. 당락에 중요한 영향을 미치는 학업성적일람표에는 학급의 추천순위가 아니라 학년 전체의 추천 순위를 기재하도록 되어 있었다.

따라서 소견표는 담임의 주관적 평가의 차이를 그대로 드러내고 있었다. 당시 학무국이 개최한 입시제도 개선안 관련 좌담회 참석자들은 초등학교 교장에 의해 작성되는 소견표가 정실에 영향을 받는다든지 혹은 교장 또는 담임교사가 지나치게 자의적으로 해석하여 학생에 대한 평가가 이루어질 수도 있다는 점이 가장 심각한 문제라고 지적하였다. 학무국에서는 담임에 따른 학생평가의 차이를 줄이기 위해서는 문부성이 주관하여 동일한 방법으로 전국적으로 시행하는 것이 바람직하지만 그러한 방법이 없으므로, 대신에 각 학급 담임들이 협력하여 결정하는 것이 바람직하다는 입장이었다(조선교육회, 1940: 77). 이러한 학력 격차의 문제를 해소하기 위하여 학무국에서는 중등학교 개정 입학고사첩과 체격검사 표준표를 정하여 각급 학교에 시달하기도 하였다. 이는 학교에서 학생 평가방법의 표준화와 과학화를 통하여 학교 간 격차를 구체화하고자 하는 의도로 보인다.

(3) 학생기록의 개별화, 학생 간 경쟁의 일상화 그리고 교사의 업무 부담

초등학교 교장은 입학지원자에 대한 소견표와 학급성적일람표를 작성하여 학생이 지원하는 중등학교의 교장에게 제출해야 했다. 소견표는 개정된 학적부의 취지에 따라 작성하고, 학급성적일람표는 입학지원자의 재적한 최종학년의 성적(재학 중인 경우에는 제1, 2학기의 평균성적)에 대해 작성하고 이와 함께 아동의 신체, 학업 성행 및 가정상황 등을 종합적으로 고찰하여 당해 학교에 지원하는 아동을 대상으로 하여 학년을 기준으로 한 추천순위를 첨부하도록 하였다. 또한 지원 아동의 인물 전체를 살펴서 상세한 개인조사서와 함께 학업성적에 관한 학급일람표를 제출하여야 했는데, 이때 개인조사서는 아동의 인물 전체를 종합적으로 나타내도록 작성해야 했다. 이와 같은 학생기록은 개개인 학생의 학교생활 전반이 평가의 대상이 되었음을 의미한다. 소견표 작성을 위하여 교사는 학생 개개인의 개성조사(個性調査)를 실시하였으며, 이는 학생 개개인을 관찰과 기록의 대상으로 간주하게 되었음을 의미한다. 교사가 소견표 작성을 위한 개성조사를 위하여 학생의 일거수일투족을 기록하여 평가함으로써 소견표를 강조하는 것은 오히려 학생으로 하여금 초등학교 기간 모두를 점수경쟁으로 내모는 부정적 결과를 초래하여, 초등학교 교육을 더욱 황폐화시킬 것이라는 주장이 제기되기도 하였다(조선교육회, 1940).

학생의 성적뿐만 아니라 성행, 신체 조건 등은 중등학교 진학과 관련하여 반드시 서열화되어야 했다. 조선총독부 학무국의 내신제 설명회에 참석한 한 교사는 "학생들의 추천순위를 기입하는 경우, 어쩔 수 없이 등수를 기입하지만 그 등수에는 실제로 차이가 없다는 식의 예외를 인정할 수 있는가?"라고 질의하였는데, 이에 대해 학무국은 "절대로 예외를 인정할 수 없다는 것은 아닙니다. 그러나 예를 들어, 1등과 2등 사이에 엄밀하게 차등을 인정하기 어려울 경우에는 그 이유를 비고란에 추가로 기입하는 것이 가능합니다."(조선교육회, 1940: 78)라고 대답하였다. 학생의 석차는 기록하되 부가적인 설명을 제공하는 것이 가능하다고 하였지만, 일선 학교 교사가 경험하는 이러한 갈등은 입시선발 과정에서 내신 성적에 따른 석차가 불가피하게 안게 되는 폐단을 지적한 것으로 보인다. 내신제는 교사로 하여금 학생 개개인을 기록하도록 하였는데, 개성조사 등을 위한 업무 부담으로 인한 교사의 과로가 문제로 지적되기도 하였다(守田保, 1940: 15).

(4) 입시정책에 대한 불신

1939년 개선안은 학과시험 중심의 시험제도를 개선하는 것이었지만, 모든 학과시험을 폐지한 일본과 달리 조선에서는 황국신민화를 위하여 일본어만은 예외로 하였다.

1927년 개선안에 따라 학과시험은 일본어와 산술(算術) 등 두 과목만 실시되었으나, 1936년에는 산술의 응용문제 출제가 폐지되었고, 1939년에는 산술 과목이 모두 제외되어 일본어 한 과목으로 줄어들었다. 그러나 일본어를 제외하고 모든 학과목 시험이 폐지되었다고 해서 학과 공부에 대한 부담이 완전히 줄어든 것은 아니었다. 실제로 학교나 학부모 모두 산술 공부에 대한 부담을 완전히 떨쳐 버릴 수 없었으며, 산술교육을 포기하지 않았다.

> 끝으로 한 말씀 드릴 것은 산술이 없어졌다고 해서 전혀 등한시해서는 안 된다는 것입니다. 산술은 모든 학문의 기초입니다. 이 기초되는 학문인 산술을 등한시하고 어떻게 다른 학과의 충실을 기할 수가 있겠습니까. 그러니까 산술이 없어졌든 무엇이 없어졌든 배우는 사람으로서는 상관 말고 꾸준히 학교에서 가르치는 것을 계속해 나갈 것입니다(조선일보, 1939. 11. 2.).

"기계적 혹은 공식적인 산술이 아니라 상식적인, 공민적(公民的)인 산술"(조선일보, 1939. 10. 24.)이 필요하기 때문에 산술교육을 가볍게 다루어서는 안 된다는 것이었다. 그러나 이러한 태도는 학과목 폐지를 골자로 하는 입시제도가 1927년 도입 이후 자리 잡지 못하고 여러 차례 변화함으로써 언젠가는 다시 예전의 필기시험 방식으로 되돌아갈지 모른다는 불신 때문에 생겨난 측면도 있었다. 대중의 이러한 우려는 이내 곧 현실이 되었는데, 1939년에 개선된 새로운 입시제도에 따라 1940년 입시가 시행되었으나, 이듬해부터 "필기시험을 일본어 한 과목으로 제한하여 시행한 결과, 과학의 기초가 되는 수학적 두뇌가 약해졌다."라는 비판이 제기되어 필기시험 과목을 일본어에서 국민과(國民科)·이수과(理數科)·예능과·직업과·체련과 등의 5과목으로 범위를 넓히고, 매년 10월 중에 학무국에서 그 이듬해 입학기의 시험과목을 매번 새롭게 지정하기로 방침을 정하였다(宮村正興, 1942: 100-101). 실제로 1942년 입시부터 국민과의 일본어 읽기(讀方)와 이수과의 산술 두 과목이 필기시험 과목으로 결정되었다(매일신보, 1941. 10. 3.). 내신제를 도입하고 대신에 학과시험 폐지를 결정한 새로운 입시제도가 실시된 지 채 2년도 안 되어 또다시 입시정책이 바뀌었던 것이다.

4. 오래된 것의 현재화

내신제는 학생의 학교생활 전반을 기록으로 남겨 선발과정에서 사용하는 것을 말한다. 학교에서 학생에 관한 사항을 체계적으로 기록하기 시작한 것은 근대에 들어서의 일이며, 그 대표적인 것이 '개인 학생별 기록 관리철'인 학적부였다. 학생기록이 내신제라는 이름으로 입시에서 공식적으로 사용되기 시작한 것은 일제강점기인 1927년의 일이었으며, 모든 중등학교 입시에서 의무적으로 사용되기 시작한 것은 1939년이었다.

조선에서 중등학교 입시선발 방법으로서 내신제 도입에는 크게 3가지 사회적 배경이 있었다. 그 하나는 중등학교 입학난과 그로 인한 초등학교의 입시기관화 문제에 대한 정책적 표현이었다. 1920년대 중반 이후 중등학교 진학 경쟁이 치열하였고 초등학교가 입시준비교육에 적극 동원되었다. 1900년대 초에 중등학교 입학자 선발을 위해 경쟁시험을 도입한 것은 적자생존과 사회진화론이 확산되었던 당시 상황을 고려해 볼 때, 사회적으로 상당한 공감대를 가졌다고 볼 수 있다.

그러나 선발형 시험에 의한 입학자 결정 방식은 하급학교를 상급학교 진학을 위한 준비교육기관으로 변질시키는 부정적 결과를 낳았다. 이렇게 진학준비기관으로 전락한 초등교육의 정상화를 위한 정책적 표현이 바로 내신제를 도입하게 된 중요한 이유 중의 하나였다. 다른 하나는 일제가 다른 열강과의 전쟁과 군국주의화로 인한 총력전에서 필요한 '황국신민화된 건강한 군인(健兵健民)' 양성을 위한 전략적 선택이었다. 마지막은 조선 민중의 중등학교 진학열망을 냉각시키기 위한 전략이었다. 조선총독부는 학생이 자신의 능력이나 처지를 진지하게 고려하지 않고 맹목적으로 상급학교에 진학하려고 하는 것이 문제라 인식하고, 진학열망을 해소하기 위하여 중등교육기관을 확충하는 전략보다는 적절한 진로지도를 실시하여 취업 관련 의견을 소견표에 기재함으로써 초등학교 졸업생의 중등학교 진학열망을 잠재울 수 있다고 생각하였다.

이러한 내신제를 둘러싼 논란은 용어와 구체적 적용 방법에 있어서 다소 변화가 있었지만, 그 의미하는 바는 큰 변화 없이 지속되고 있다. 최근 내신 강화를 둘러싼 갈등도 그 연장선상에 있다고 볼 수 있다. 1930년대에 내신제 도입을 위해 내세웠던 핵심적인 주장들이 오늘날과 유사하다는 점은 매우 흥미롭다. 2005년에 교육인적자원부 학사지원과는 「새로운 대학입학제도에 대한 올바른 이해」라는 참고자료에서 "내신제도를 중심으로 하는 새 제도는 교육의 중심축을 학교 밖에서 학교 안으로 끌어오고자 하는 취지로 마련된 것입니다. 즉, 학교에서 열심히 공부하고, EBS 방송과 방과 후 학습으로 보충하면 과외를 하지 않아도 모든 준비가 되는 방향으로 바꾸는 것입니다."(교육인적자원부, 2005. 5. 25.; 강조는 인용자)라고 말하고 있다. 내신제의 확대 적용을 주장하는 사람들은 지필시험이 아니라 학교에서의 일상적인 평가활동을 기초로 한 진로지도와 그것과 관련된 평가, 즉 내신을 근거자료로 하여 학생들의 진학 여부를 판가름하는 것이 교육적으로 타당한 방법이라고 주장한다. 나아가 내신은 고등학교 기간 동안 지속적으로 성실했던 학생이 대학에서도 학업을 성실하게 수행하기 때문에 다른 입학전형자료와 비교하여 대학에서의 학업성취도에 대한 상대적으로 높은 예측타당도를 보인다고 주장한다(지은림, 2001; 허명회, 전성연, 1996). 내신이 "고등학교 간의 심각한 격차와 성적 부풀리기에 대한 우려가 있지만 고등학교 시절의 성실성을 반영할 수 있다는 점에서 입학전형자료로서의 타당성을 확보할 가능성이 있다."(지은림, 2001: 167-168)는 것이다.

그러나 이러한 주장은 한 차례의 입학시험보다 '평소 성적'을 강조하면서 내신제 도입을 주창하였던 1930년대 주장들이 사라지지 않고 다양한 객관적 지표를 내세우면서 다른 모습으로 '반복된다'는 생각을 갖게 한다. 내신제 도입과 그 사회적 성격에 관한 논의는 내신제가 입시교육의 폐해를 해결할 마술의 지팡이가 결코 아니라는 것을 분명히 알려 주고 있다. 오늘날 내신제 도입을 둘러싸고 제기되는 다양한 문제, 예컨대 내신조작, 학교 간 격차의 문제, 내신 산출 방법의 갈등, 좋은 내신을 쟁취하기 위한 교육적 일상의 경쟁화 등은 내신제가 태생적으로 안고 있는 한계라고 할 수 있다. 이는 내신제가 근대교육이 선발기능을 담당하게 되면서 떠맡게 된 입시방법의 한 형태에 불과하기 때문에 교육이 입시기능을 탈각하지 않는 이상 입시경쟁을 해결할 합리적 대안이 되기 어렵다는 것을 의미한다.

내신제가 본고사를 대체하여 학교교육을 정상화할 수 있을 것이라는 주장은 입시를 중심으로 하는 교육의 근본적인 틀과 기능을 바꾸지 않는 한 성공하기 어렵다고 본다. 오히려 많은 학생을 일류대학에 입학시키는 것이 교육적으로 성공이요 학교가 제대로 교육적 기능을 수행하고 있는 것으로 평가받는 현실을 고려할 때, 내신제는 '좋은 평소 성적'을 쟁취하기 위한 '학교일상의 경쟁화'를 강화할 위험성을 내재하고 있다. 이는 내신제가 가지고 있는 교육적으로 긍정적인 측면과 달리 현실적 맥락에 주목할 필요가 있음을 암시한다. 내신제는 학교에서 이루어지는 교육과정 전반에 대한 낙관적 태도에 기초한다.

그러나 식민지 조선의 학교교육의 구조적 모순을 고려하지 않은 채 내신제의 효율성을 주장하는 것이 타당하지 않은 것과 마찬가지로 교육공간의 폭력성을 간과한 채 인간의 합리성과 도덕성에 기대어 내신제의 정당성을 주장하는 것은 타당하지 않다. 다시 말해, 식민성이 지배하는 학교와 학교의 기능을 재편하지 않은 채 도입의 정당성이 논의되는 내신제는 잠재된 폭력성을 '합법적'으로 드러내고 정당화하는 것에 불과하다.

이 연구를 통하여 선발을 위한 방법적 전략으로서 내신제는 교육제도가 입시를 중심으로 굳건하게 형성되어 있는 현실을 고려할 때 성공하기 어려운 태생적 한계를 지니고 있다는 점을 역사적 경험을 통해 깨달을 수 있었다. 교육이 '입시'를 위한 전략적 공간으로 간주되는 한, 내신제를 포함한 많은 입시정책은 제한적인 효과만 지닐 뿐이며, 오히려 새로운 교육개혁에 대한 사고를 어렵게 하는 요인으로 작용할 가능성마저 있다. 이러한 사실을 보다 자세히 밝히기 위하여 1930년대 이후 현대에 이르기까지 입시와 관련하여 항상 논란의 중심에 있었던 내신제와 학과시험의 역사적 변천 과정에 대한 체계적인 분석이 수행될 필요가 있다고 본다.

제4장

학생 몸의 국가 관리와 통제

체력은 국력이다.
–표어

학교는 지육(智育)이나 덕육(德育)과 같이 학생들의 정신을 수양하는 것뿐만 아니라 체육(體育)을 통해 몸을 관리하고 형성하는 일도 담당한다. 오래전부터 지덕체가 교육의 주된 요소라는 점에는 이견이 없다. 그러나 학교를 조금 더 자세히 들여다보면 정신과 몸을 대하는 양상이 다르다는 것을 쉽게 발견할 수 있다. 교육적으로 정신은 신경을 써서 다듬고 수양해야 하는 것으로 중요하게 다루어지는 반면에, 몸은 정신에 관한 교육에 비해 부차적인 것으로 간주되는 경향이 있다. 이러한 현상은 정신과 몸에 관한 교과의 구성 비율이나 이들 교과를 대하는 교사들의 태도를 통해서도 짐작할 수 있다. 교육은 지적 발달과 동일시되었으며, '몸이란 대수롭지 않은 것 또는 단지 정신을 담는 빈 그릇 정도로 생각하는 분위기'(Shilling, 2003: 49)가 지배적이어서, 학생의 몸이 갖는 사회적 의미와 중요성은 학자들의 주목을 받지 못하였다.

전통적으로 몸은 생물학적 관점에서 다루어져 왔다. 생물학적 본질주의는 생물학적 차이에 따라 사회적 범주와 사회적 위치가 결정되며, 몸은 사회의 영향과 무관하다는 입장이었다. 따라서 생물학적 차이를 근거로 사회적 역할이 구별되었으며, 심지어 두뇌가 작다거나 혹은 힘이 없다는 등의 생물학적인 이유를 들어 여성의 교육기회를 제한하기도 하였다(Shilling, 2003: 75–76).

이와 같이 몸에 대한 자연주의적(naturalistic) 관점은 인간들 사이의 몸의 공통점을 무시하고 생물학적 차이만을 강조함으로써 몸을 단순히 사회적 범주로 분류한다는 문제가 있다(Shilling, 2003: 106). 그러나 이러한 문제에도 불구하고 몸에 대한 자연주의적 관점은 대중에게 내면화되어 강력한 영향을 미치고 있다. 이러한 대중적 이미지는 학교교육의 결과라고 할 수 있는데, 자연주의적 관점이 생물학, 우생학 그리고 의학 등의 형태로 근대교육을 통해 학생들에게 전달되었기 때문이다.

조선의 경우도 마찬가지였다. 학교에서 학생의 몸과 관련하여 이루어지는 주된 활동은 크게 체육, 운동 그리고 건강과 보건인데, 이러한 활동이 교육공간으로 편입되기 시작한 것은 근대의 일이다. 특히 학교교육에서 몸이 주목의 대상이 되고 적극적으로 관심을 받기 시작한 것은 일제강점기다. 동아시아에서 가장 먼저 서양식 근대화를 경험한 일본은 서구 합리주의의 영향을 받아 몸에 대한 자연주의적이고 공리적이며 기능주의적인 관점을 받아들였다.

근대 일본의 지식인들은 건강한 개인의 몸이 국가의 부와 존립을 위해 필수적이라는 국가자산으로서의 신체관을 취하고 있었으며, 일본인이 서양인에 비해 신체적으로 열등하다는 생각을 하고 있었다(加藤弘之, 1882). 그리고 이러한 열등감을 극복하기 위해서는 우생학을 통한 인위적인 인종개량과 교육을 통한 자연적인 건강과 체위 향상이 필요하다고 생각하였다. 그들은 이렇게 만들어진 국민의 몸이 국부의 원천이라고 생각하였다(손준종, 2004c: 200).

일본의 근대교육에서 학생의 몸 관리가 시작된 것은 초대 문부상이었던 모리 아리노리(森 有礼)에 의해서였다. 그는 교육을 국가주의적 및 군국주의적 동원체제의 일부로 간주하고, 건강한 군인을 양성하는 것을 교육의 목적으로 설정하였으며, 이를 위한 가장 효율적인 방법으로 학교에 군대식 체조를 도입하였다(森 有礼, 1874a). 1900년부터는 학생들을 대상으로 1년에 두 차례씩 신체검사가 정례적으로 실시되었으며, 학생들의 몸 관리를 위한 다양한 제도가 계속해서 도입되었다. 예를 들어, 「학교위생법」 제정(1884년), 학교위생주사 배치(1896년), 「학교전염병예방급소독방법」 제정(1898년), 학교위생과 설치(1900년), 「미성년자끽연금지법」(1900년), 「미성년자음주금지법」(1922년) 등이 그것이다.

일본의 이러한 경험은 식민지 조선의 학교에도 그대로 적용되었으며, 조선의 학교와 학생을 대상으로 하는 식민지적 몸 관리와 통제 정책의 기초가 되었다. 이뿐만 아니라 해방 이후에도 변함없이 지속적으로 학교를 지배하는 핵심 논리로 작용하였다. 교련(教鍊)과 학도호국단, 체력장과 체육교육, 궐기대회와 같은 각종 행사에의 학생동원은 국가의 몸 정치학이 지속되고 있음을 보여 준다. 일제에 의한 식민지적 몸 관리와 통제가 해방 이후 한국교육에서도 변함없이 작동하는 몸에 관한 아비투스(body hexus)를 형성시킨 토대가 되었던 것이다.

근대교육에서 몸 관리와 통제는 일제의 식민지 정책을 무시한 채 논의될 수 없다. 주지하는 바와 같이 일제는 교육과 관련하여 조선인과 일본인에게 이중 정책을 적용하였다. 따라서 식민지 학생을 대상으로 하는 교육정책이 피지배 민족에 대한 차별성을 내재화하는 것을 목표로 하였기 때문에 몸 통제와 관리 양식도 유사성 못지않게 차별성을 가지고 있었을 것으로 짐작된다. 신체검사 등의 몸에 관한 정책들이 근대교육의 보편적이고 일반적 성격인지 아니면 일제가 식민지 지배를 위하여 독특하게 변화시킨 것인지에 대한 구분이 필요한 것이다.

여기서는 근대교육에서 학생의 '몸' 혹은 '신체'와 관련된 활동의 성격을 분석하고자 한다. 구체적으로 일제강점기 근대교육에서 국가에 의한 학생들의 몸 관리와 통제 양식의 성격을 분석하고자 한다. 이를 위하여 다음과 같은 연구문제를 설정하였다. 첫째, 근대교육에서 진행된 국가의 학생 몸 관리와 통제는 언제, 누구에 의해, 어떠한 목적으로 그 필요성이 제기되었고, 그것은 구체적으로 어떻게 학교교육의 몸 관리와 통제 양식으로 제도화되었는지를 분석한다. 둘째, 국가는 어떤 방법과 메커니즘을 통하여 개인의 몸을 관리하고 통제하였으며 이것이 어떻게 기록되었는지를 분석한다.

근대학교에서 행해진 국가의 학생 몸 관리에 관한 분석은 그렇게 많지 않다. 더구나 몸이 교육사회학에서 본격적으로 연구되고 논의된 경우는 많지 않으며, 학생들의 몸은 규율체제나 교육실제와 관련된 연구들에서 단지 부분적으로 다루어졌다(구수경, 2007; 김성학, 2006; 김진균, 정근식, 강이수, 1997; 박철희, 2003; 손준종, 2004c, 2006; 오성철, 2000; 조형근, 1997). 최근에 체육학 및 역사학 분야에서 근대체육의 발생과 전개 그리고 징병제 연구가 수행되면서 몸과 관련된 논의도 이루어지고 있다. 신주백(2005)은 1942년부터 1945년까지 조선총독부의 체육정책을 분석하였는데, 이 시기의 체육이 군사화되는 경향이 강하였으며, 체육이라는 의미보다는 군사 훈련의 성격이 강하였다는 분석결과를 제시하고 있다. 그는 체육이 군사화되면서 조선인에게 건강이 강요되었으며, 그 결과 유희와 건강을 위한 체육이 실종되었다는 주장을 하고 있다. 그러나 1942년을 기준으로 체육활동이 군사화되었다는 이러한 주장은 다소 문제가 있다. 왜냐하면 이미 근대교육이 도입되던 초기부터 체육은 군사력과 노동력을 공급하기 위한 것이었으며, 학교교육이 이를 위해 동원되었기 때문이다. 또한 그의 연구는 청년을 대상으로 하는 체력검사와 징병제도에 주목함으로써 학교에서 학생들의 몸이 어떻게 관리되고 통제되었는가에 대한 분석을 결여하고 있다는 한계가 있다.

한편, 조형근(1997)은 푸코(Foucault)의 권력이론에 기초하여 일제강점기의 개인의 위생과 보건의 의미를 분석하고 있다. 그는 근대에 출현한 병원, 학교, 가정의 보건과 위생 활동이 근대적 의료체제를 통한 몸의 '규율화'라는 점을 밝히고 있다. 그러나 이 연구는 규율체제로서 근대적 의료체계를 통하여 식민지 국민에게 미친 영향에 관해서는 의미 있는 해석을 하고 있지만, 학교에서 이루어진 학생들의 몸 관리는 다루고 있지 못하다는 한계가 있다. 김성학(2006)은 병식체조를 중심으로 군대식 학교규율의 등장과 확산 과정을 방대한 자료를 동원하여 매우 치밀하게 분석하고 있다. 그는 학교에서의 체조가 군대식 규율의 정당화 획득 과정이라는 연구 결과를 내놓고 있다. 그러나 일제강점기 조선에서의 병식체조의 도입과 확산에 주목함으로써 규율체제의 직접적인 대상인 몸에 대한 논의를 소홀히 하고 있다. 구수경(2007)은 근대적 규율체제로 학교에서의 시간과 공간 그리고 지식의 문제를 다루고 있지만, 이러한 규율체제들이 학생의 몸을 어떻게 규정하고 목표로 하는가에 관한 분석에는 이르지 못하고 있다. 이 밖에도 체육활동을 민족주의적 관점에서 접근하면서 체육활동을 국권회복을 위한 일련의 활동으로 이해하는 경우도 있다(이학래, 1985). 선행연구들에서는 개인의 몸과 관련된 활동들을 넓은 의미의 학교규율 혹은 훈육으로 정의하고, 도덕이나 질서와 같은 '의식'의 내재화와 몸 관리와 위생 및 보건 활동과 같은 '행동'의 내면화를 구분하지 않은 채 하나의 규율체제로 통합하여 논의하고 있다는 한계가 있다. 따라서 일제강점기를 중심으로 근대학교에서 학생의 몸을 관리하고 통제하는 방식을 살펴보는 것은 충분한 의의가 있다고 생각한다.

1. 근대교육과 학생의 몸: 민족국가와 국민 만들기

1) 근대국가와 학생의 몸

국가가 학교를 통하여 학생들의 몸을 체계적으로 관리하는 것은 개인의 건강한 삶을 가능하게 한다는 점에서 개인 권리의 신장으로 이해할 수 있다. 학교에서 체계적으로 학생들의 위생을 관리하고 점검함으로써 각종 질병의 위험으로부터 자유롭게 하는 것은 인간으로서 건강하게 살 권리를 보장하는 것을 의미한다. 따라서 국가가 학생들의 몸에 적극적인 관심을 갖고 그들의 위생과 건강을 관리하는 공적 기능을 수행하는 것은 당연하다. 현대인은 몸이란 전적으로 자신의 소유이며, 따라서 스스로 건강하고 아름다운 몸을 가꾸고 유지하는 일에 노력을 기울이는 것은 지극히 당연한 일이라고 생각한다.

이뿐만 아니라 사람들은 '자기관리양식'을 통해서 건강한 몸을 가꾸고 다른 사람들과 차별화된 이미지를 갖도록 하는 데 많은 시간을 쏟고 노력을 기울인다(Shilling, 2003: 22-29). 그러나 몸을 관리하는 주체가 자율적인 개인이 아니라 특정한 목적을 위해 몸을 동원하고자 하는 국가라면 문제가 다르다. 실제로 근대교육에서 학생의 몸 관리는 여러 가지 점에서 현대인의 건강할 권리나 자율적 몸 관리와는 모순되는 특징을 가지고 있다.

근대 이전에 개인은 무병장수를 위해 스스로 자신의 몸을 양생하였다. 전쟁 등과 같은 각종 부역 때문에 개인은 늘 국가의 동원 대상이었지만, 그렇다고 국가가 개인의 몸이나 양생법에 대하여 개입하거나 별다른 간섭과 통제를 행사하지는 않았다. 국가에 의해 실시되는 모병제와 다양한 국가 차원의 체육행사와 같은 신체 길들이기는 개인의 몸이 국가의 귀속물이라는 가정에 기초한다. 국가는 다양한 이유로 국민의 몸을 국가화하고 동원한다. 따라서 '몸'을 둘러싸고 개인과 국가는 상당한 긴장관계에 있게 된다. 특히, 근대국가의 출현은 국민의 몸에 대한 관점이 근본적으로 변화하는 계기가 되었다.

몸은 근대국가의 형성과 산업화의 출현 그리고 그 전개과정에서 주목받았는데, 이는 국가적으로 노동시간이 확대되고 인접 국가와의 경쟁이 두드러지는 사회분위기에서 훌륭한 노동력과 건강한 전투력을 갖춘 군인을 확보하고 아울러 훈련 가능성을 지닌 기계와 같은 몸을 가진 국민을 양성하는 것이 국가 생존의 관건이었기 때문이었다. 특히 개인의 몸은 국가가 경제적으로 군사적으로 위기에 직면해 있을 때 국가의 관심의 대상이 되는 경향이 있다(Shilling, 2003: 54).

예를 들어, 20세기의 군국주의가 팽배하던 시기에는 '정신 부재의 몸(mindless body)'을 숭배하는 모습을 보이기도 하였다(Shilling, 2003: 55). 통치자들은 국민의 건강이 국가의 자산이자 부강한 국가를 만드는 핵심 요건이라는 생각을 갖게 되었고, 국가의 목적에 합당하게 국민의 몸을 변화시키고자 하였다. 이 과정에서 국가는 개인을 자신의 건강과 보건 및 위생에 대해서 유약하고 몽매한 존재라 규정하고, 개인을 건강과 체력 단련을 지도받아야 하는 계몽의 대상으로 간주하였다. 이뿐만 아니라 개인을 특정한 상태의 몸으로 그리고 특정한 목적에 합당하게 만들기 위하여 몸을 단련시키고 지속적으로 건강과 양호 상태를 점검하였다. 이제 개인은 자신에게 합당한 양생법을 자율적으로 추구하기보다는 국가가 '국민'의 표준으로 규정한 몸에 맞추어 자신의 몸을 의무적으로 관리해야 했다.

18세기 후반에 국가는 군인이란 만들어질 수 있는 어떤 것이라고 간주하였으며, 부적절한 국민의 몸을 국가나 사회의 필요에 합당한 형태로 변화시키는 것이 가능하다고 생각하였다(Foucault, 2010). 따라서 군대로 소집된 시민에게 적절한 훈육을 통하여 농민의 요소를 추방하고 대신에 병사의 태도를 주입시키고자 하였다. 즉, 국민의 몸은 훈육을 통하여 복종하고 훈련된 신체, 즉 순종하는 신체로 새로 태어나게 되는 것이다. 푸코에게 있어서 훈육(訓育, discipline)이란 '신체의 운용에 대한 면밀한 규제를 가능하게 하고, 체력의 항상적인 속박을 확실하게 하며, 체력에 대한 순종-효용성의 관계를 강제하는 방법'(Foucault, 2010)을 의미하였다. 따라서 훈육은 효용성이라는 경제적 측면에서는 신체의 힘을 증가시키지만, 복종이라는 정치적 관점에서는 신체의 힘을 감소시킨다는 특징이 있다. 다시 말해, 훈육은 신체가 가지고 있는 경제적 힘과 정치적 힘을 분리하는 기능을 가지고 있는 것이다.

몸에 대한 생물학적이고 자연주의적인 관점에서는 국가가 학생들의 몸에 주목하고 그것을 국가적 필요에 합당하게 규격화하는 과정을 체계적으로 바라보는 것이 가능하지 않다. 이뿐만 아니라 학생이 학교에서 경험하는 수많은 몸과 관련된 활동들, 예컨대 예방접종, 건강검진, 체조, 운동회, 신체검사, 체력장, 체육대회, 용의검사 등이 왜 필요한지, 이것들의 교육적 가치는 무엇인지, 그리고 이러한 몸에 대한 통제와 표현 양식이 정신이나 지적 활동과 어떠한 관련이 있는지를 체계적으로 분석하지 못하는 한계가 있다.

그러나 푸코는 사회적 구성물이자 미시권력이 작동하는 기제로서 몸을 바라봄으로써 국가가 학생의 몸에 행사하는 다양한 권력의 속성을 이해할 수 있는 가능성을 제공하였다. 그는 생물학과 자연주의적 관점에 지배되던 몸을 사회적 탐구의 대상으로 변화시켰다. 그는 개인의 행동을 결정하고 특정한 목적이나 지배에 복종하도록 하며, 주체를 대상화하는 미시적 권력 테크놀로지(technologies of power)를 분석하고자 하였는데, 이러한 권력장치는 몸에 대한 통제 양식을 분석함으로써 가능하다고 생각하였다. 그는 몸이 단순히 생물학적이고 육체적인 것으로만 간주되어서는 안 되며, 사회적 구성물로 '일상의 관습들과 거대한 권력이 연결되어 있는 그 자체'(Dreyfus & Rabinow, 1982)라고 주장하였다. 나아가 몸을 사회적 권력을 담지하는 객체이자, 근대사회의 관리와 규율의 대상으로 간주하였다.

몸의 사회적 성격을 강조한 푸코의 입장은 학교교육과 몸의 관계를 새롭게 바라보는 계기가 되었다. 학생의 몸은 새롭게 주목받았으며, 학교는 집합적으로 학생들의 몸을 관리하고 통제하는 데 있어서 가장 효율적인 공간이었다. 학교교육은 학생들의 몸무게, 청결정도, 건강상태, 운동 능력 등을 평가하고 조직화함으로써 학생들을 규율화하고 분류와 감시하는 기능을 담당하였다(Kirk, 2001: 477; Wright, 2004: 21). 학교는 개인의 몸에 대한 국가 관리와 동원이 가장 구체적으로 드러나는 곳 중의 하나였으며, 국가는 학교교육을 통하여 개인의 몸을 '순종'하는 신체, 즉 '복종시킬 수 있는, 유용한 그리고 전환시키고 발전시킬 수 있는 신체'(Foucault, 1991)로 변화시키고자 하였다. 특히 훈육을 통하여 학생들을 경제적 생산과 전투에 합당한 몸과 사회질서에 순치하는 몸으로 만드는 역할을 담당한 것이다. 학교는 학생들에게 어리광과 나약함을 특징으로 하는 가정적 요소를 추방하고, 대신에 강인하고 순종적인 국민의 태도를 주입하는 곳이었다. 이렇게 국가는 학생의 몸을 국가 자산으로 간주하고, 국가의 목적을 위하여 철저하게 '학교화된 몸(the schooled body)'으로 기르고자 하였다.

그렇다면 교육적으로 개인의 몸은 국가에 의해 어떻게 인식되었으며, 국가는 구체적으로 어떠한 정책과 방법을 통하여 개인의 몸을 관리하였는가? 근대학교에서 이루어지는 몸 통제와 관리는 두 가지로 구분할 수 있다. 그 하나는 체육과 운동을 통하여 학생들의 신체를 길들이고 단련시키는 것이며, 다른 하나는 신체를 측정하고 관리하며 보건과 건강 상태를 감독하는 것이다. 즉, 학교는 학생의 몸을 계획적이고 체계적으로 훈련시키고, 이렇게 훈련된 학생의 몸 상태와 건강을 표준화된 기준에 따라 자세히 측정하고 그것을 비교 · 분류하여 문서화하고 보관하는 것이다.

2) 국민신체로서 학생들의 몸

학교에서 학생들의 몸이 체계적인 관리 대상이 된 것은 일제강점기의 일이다. 앞서 언급한 바와 같이 식민지 조선 학생의 몸 정책에 지대한 영향을 미친 모리는 국민국가 건설에 필요한 자기희생 정신과 '국민신체(國民身體)'를 갖춘 새로운 국민을 만드는 것이 교육의 목적이라고 주장하였다(森 有礼, 1874b). 개인의 몸이 아니라 국민신체를 만드는 것이 그의 교육론의 핵심이었다. 그는 국가를 천황을 정점으로 하는 정치적 공동체로 보았으며, 교육이란 이러한 정치적 공동체에 헌신하는 종순(從順)한 기질을 지닌 학생을 만드는 것이라고 생각하였다.❶

모리는 병식체조(兵式體操)를 학생의 몸을 국민의 몸으로 만드는 가장 효과적인 훈육 전략으로 간주하고, 학교에 전면적으로 도입하였다. 그는 1885년 '병식체조에 관한 건의안'에서 체조가 학교의 공식교과로 편성되는 것이 타당하다고 주장하였으며, 그 타당한 이유로 "국가가 위기에 직면했을 때에 군인으로 동원될 수 있다."(森 有禮, 1874b)는 점을 들었다. 그 결과 체조는 학생의 몸을 기르고 통제하고 관리하는 가장 대표적인 제도로 자리를 잡게 되었다. 또한 개인으로 하여금 좋은 몸을 위하여 훈련하도록 하는 체육이라는 개념이 등장하였으며, 이와 더불어 위생과 보건 개념 등이 학교에 도입되어 체조와 함께 학생들의 몸을 관리하게 되었다.

그러나 당시에 체조의 성격과 내용을 둘러싸고 적지 않은 갈등이 존재하였다. 일부 학자들은 체육과 체조에 대한 자유주의적이고 과학적이며 합리적인 태도를 지니고 있었다. 이들은 체조란 학생들의 개성과 자치심(自治心)을 발달시키는 것이어야 하며, 이를 위해서는 유희적 요소가 많이 포함되어야 한다고 생각하였다(入江克己, 1976: 124-125). 그러나 이러한 입장과 달리 모리와 육군성은 병식체조를 강조하였으며, 체조를 통하여 군사형 신체를 형성하는 데 관심이 있었다. 이들은 천황체제를 공고히 하고 천황제 사상과 국민적 사상을 통합하기 위하여 학교교육이 군사적으로 재편되어야 한다고 주장하였다(入江克己, 1976: 132). 따라서 체조도 유희보다는 엄격하게 구조화된 군사훈련의 형태를 보여야 한다고 주장하였다.

1885년 '병식체조에 관한 건의안'은 이러한 갈등에서 후자가 승리하였다는 것을 의미한다. 즉, 그들은 체조를 통하여 잠재적인 병력을 확보하고 노동력의 부족을 동시에 해결할 수 있다고 생각하였던 것이다. 모리와 나가이(永井道明) 등은 당시 일본 사회를 휩쓸고 있던 사회진화론과 우생학에 큰 영향을 받았다. 나가이는 적자생존의 시대에 "국력은 국민의 심력(心力)과 체력(體力)을 원인으로 하며, 재력(財力)과 병력(兵力)은 그 결과다. 국민의 심력과 체력은 국민의 건강, 재력이란 부국을 그리고 병력이란 강병을 의미한다."(入江克己, 1976: 133)라고 하여, 부국강병의 기본 자산이 국민의 체력이라고 보았다.

학생들의 몸 관리는 학생 개개인에게 자율적으로 내맡겨져 있었던 것이 아니라 국가에 의해 체계적으로 관리되기 시작하였으며, 신체검사는 대표적인 학생들의 몸 관리 체제였다. 일본에서는 1897년에 신체검사라는 용어가 공식적으로 사용되기 시작하였고, 1900년부터 전국의 모든 학교 학생생도를 대상으로 정기적으로 표준화된 신체검사를

---

❶ 모리(森 有禮)는 교육의 목적으로 '명령에 따른 정신(從順)' '명령을 따르기 위해 서로 돕는 동지애(友情)' 그리고 '명령에 의연한 태도(權威)' 등의 3가지를 들고 있다. 이러한 교육목적은 군인의 자질과 밀접한 관련이 있다.

실시하였다(大雄廣明, 2001: 62). 전국적으로 실시되는 신체검사는 모든 학생의 몸을 표준화 · 규격화하였고, 학생들의 몸을 자세하게 기록함으로써 강력한 규율장치로 작동하게 되었다. 학생들의 몸 상태를 기록하는 방식은 활력검사(活力檢査), 신체검사(身體檢査) 그리고 체력검사(體力檢査) 등으로 명칭과 내용에 있어서 변화가 있었으나, 기본적으로 국민신체, 즉 국민의 몸을 기록하고 관리한다는 기능은 동일하였다.

이와 같은 일본에서의 학생들의 몸에 대한 통제와 관리 양식은 강제적 한일병합을 통해 조선을 식민지로 병합한 이후, 식민지 조선의 학교와 학생에게 대부분 그대로 적용되었다. 조선 학생의 몸은 내선일체, 황국신민 등과 같이 식민지 백성에게 필요한 것을 내면화하는 규율 대상이었으며, 군인과 노동자로서의 적극적인 동원 대상이었다. 따라서 조선총독부의 학생 몸 통제와 관리는 대체로 일본에서의 것을 일정한 시차를 두고 따르는 경우가 많았지만, 식민지로서 조선의 특수성을 고려하여 차별적인 모습을 보이는 경우도 많았다.

2. 학생의 몸 관리와 통제 양식의 도입과 변용

일제강점기의 학생의 몸 통제와 관리는 크게 두 시기로 구분하여 살펴보는 것이 가능하다. 1913년에 신체검사 관련 규정이 제정된 이래로 학생의 몸 관리는 문부성의 통제 아래에 있었다. 그러나 1937년 7월 일본이 중국을 침략한 이후 전시체제로 전환되면서 몸 관리 양식은 크게 변화하였다. 일제는 전쟁을 수행하는 데 필요한 군인과 노동력을 안정적으로 확보하기 위하여 징병령과 체력검사를 실시하는 등 모든 국민에 대한 동원체제를 확립하였다. 이와 같이 전시체제로 변화하면서 학생들은 미래의 군인과 노동자로 교육받는 것이 아니라 즉시 전장에 투입되어 전력화될 수 있는 군인의 몸으로 훈련되었으며, 학생의 몸 관리와 통제 양식에 근본적인 변화를 초래하였다.

따라서 다음에서는 학생의 몸 관리에 전시체제와 황국신민화 정책이 가장 중요한 영향을 미쳤다고 보고, 신체검사기(1905~1938년)와 체력검사기(1938~1945년) 등의 두 시기로 구분하여 식민지 조선의 학생 몸 관리와 통제 양식의 성격을 살펴보고자 한다.

1) 예비 전력으로서 학생의 몸: 체조와 신체검사

근대교육에서 학생의 몸 관리는 기본적으로 국가의 자산으로서 국민 만들기를 위한 것이었다. 특히, '양병즉양민(良兵則良民)'은 일본과 식민지 조선의 학교교육을 지배하고 있던 핵심 원리였다(佐々木尙毅, 1993). '양병(良兵)' 혹은 '건병(健兵)'의 양성이 우선이 아니라 '양민'과 '건민'을 양성하면, 이들이 유사시에 국가를 위해 좋은 군인이 된다는 것이었다. 학생은 국가적으로 볼 때 좋은 예비 전력(戰力), 즉 군사력과 노동력이었기 때문에 이들의 몸을 체계적으로 관리하는 것은 필수적인 국가사업이었던 것이다. 학생들의 몸을 기르기 위하여 도입된 것은 체조였다. 1909년 학교령이 공포됨에 따라 각급 학교의 「학교령 시행규칙」에 체조 교과에 대한 내용이 포함되게 되었다.

「학교령」에 따르면 교과로서 체조의 목적은 '첫째, 신체 각 부분의 균등한 발달을 도모한다. 둘째, 각 기능을 완전하게 발달시킨다. 셋째, 동작을 기민내구(機敏耐久)하게 하고, 정신을 쾌활강의(快活剛毅)하게 한다. 넷째, 규율을 준수하여 협동하는 습관을 기른다.'로 4가지였다. 보통학교와 고등학교에서의 체조의 목적은 대체로 비슷하였고, 다만 보통학교에서 유희를 강조한다는 점에서만 차이가 있었다. 고등여학교의 경우는 '용의단정'을 강조하였으며, 사범학교에서는 체조 교육자로서의 교육을 강조하였다는 차이가 있었다. 이러한 체조의 목적은 체조와 유희를 강조한 당시 일본 학교에서의 교육목적(永井道明, 1913: 11-12)과 대동소이하였다.

이와 같이 초기의 학생 몸 만들기는 규율, 절제, 기민, 내구의 습관을 함양하는 것이었으며, 주로 개인의 심신 단련에 초점을 맞추고 있었다. 1920년대 학교에서 행해진 조회의 일반적인 절차는 '집합-경례-창가-체조-퇴장' 순으로 진행되었는데, 체조는 학교행사의 중요한 한 부분으로 자리를 차지하였다. 이처럼 모리의 영향으로 학생의 몸을 병식체조를 통하여 국민신체로 만드는 것이 체조 교육의 중요한 목적이기는 하였지만, 이 시기 학생 몸 관리는 그러한 목적이 적극적으로 관철되지 못하였다.[2] 이는 1920년대 타이쇼(大正)기에 자유민권사상이 팽배하였으며, 전쟁 등과 같은 긴급한 사안이 발생하지 않아서 국가적으로 학생들을 동원할 필요가 없었기 때문이었다. 따라서 당시 체조를 비롯하여 학생의 몸에 관한 정책은 주로 위생이나 건강 그리고 체력 향상에 초점을 맞추고

---

❷ 일본에서도 병식체조는 1889년에 모리가 자객에게 암살당한 후부터 사실상 흐지부지되었다. 그러나 체조의 중요성이 전부 사라진 것은 아니며, 러일전쟁 이후와 1925년 육군장교배속령을 기점으로 다시 주목받게 되었다.

있었다.

이러한 사정은 조선에서도 비슷하였다. 히라이(平井三男)는 조선 아동의 체격이 조선 내 일본 아동에 비해 열등하다는 점을 지적하고, 초등학교부터 대학에 이르기까지 아동을 실질강건(實質剛健)하게 만드는 것이 필요하다고 지적한다. 특히 그는 교육이 지나치게 지식교육에 치우쳐 있다는 점을 비판하고, 운동이란 전문 직업인이 하는 것을 보는 것이 아니라(拜見主義), 직접 참여하여야 한다고 주장한다(平井三男, 1926: 50-53). 또한 이를 통하여 국민정신을 통일하고, 국민체격의 향상을 도모하게 될 것이라고 주장하였다. 학생의 몸을 기르는 체육은 국난이 있을 때 국가를 위해 싸울 국민신체를 만드는 것이지만, 현실적으로 학교체육의 가장 중요한 목적은 사회성을 기르고 공동정신을 기르는 것이라는 주장이 주를 이루고 있었다(高田邦彦, 1927: 21-22).

이 시기의 조선 교육계의 논의는 학생 몸 관리에 관한 이론과 최근 사조를 소개하고(村岡哲夫, 1927; 上彬敏夫, 1927), 학교체육의 중요성을 강조하는 수준이었다(竹內一, 1932, 1933). 미국에서 체육학 박사를 취득하고 조선총독부에서 위탁으로 근무하였던 타케우치(竹內 一)는 체육이란 신체의 발달을 통하여 정신 상태를 충분하고 자유롭게 표현할 수 있도록 하는 것이 그 목적이 되어야 한다고 주장한다. 즉, 신체가 충분히 발달할 수 있도록 생리적 · 심리적 요구를 적절히 고려하는 것이 중요하며, 이를 통하여 체육이 지니고 있는 정신적 가치가 구현될 수 있다고 주장함으로써 체육의 목적을 책임감, 희생관, 협동심 등과 같은 사회적 논리의 실천으로 바라보는 관점을 비판하고 있다(竹內一, 1933: 43-46).

한편, 조선의 학부모들이 지닌 체조에 대한 부정적 인식을 해소하는 데 많은 노력을 기울였다. 많은 학부모들은 체조가 곡예단이나 노동자가 하는 것이고 위험하며 굳이 체조를 하지 않아도 몸이 크게 된다는 생각을 하고 있었다(嶽小原天眞, 1927: 85). 따라서 학생의 몸을 단련시키기 위한 체조가 각종 질병을 예방하고 자녀를 건강하게 만든다는 것을 학부모들에게 알리는 것이 중요하다는 계몽적 입장을 견지하고 있었다.

이와 같은 경향은 1925년 육군현역장교배속령에 따라 학교에 교련이 도입되면서 점점 변화하게 된다. 당시 군축으로 인하여 약 2,500명의 장교가 퇴역하게 되었으며, 이들 장교를 위한 구제책으로 중등 이상의 학교에서 현역 장교에 의한 교련 실시가 결정되었다. 일본에서는 교련의 도입을 둘러싸고 다양한 반대 운동이 전개되기도 하였다. 육군장교를 구제하기 위하여 교육을 희생시키는 것이라는 비판이 가장 두드러졌다(竹之下 休藏, 岸野雄三, 1957: 134).[3] 학교교련의 도입을 둘러싸고 일본에서 일어난 갈등이 조선에서는 발견되지 않았으며, 학교교육의 군사화가 보다 신속하게 진행되었다. 학교의 군사화는 건강한 몸 만들기에서 건강한 군인 만들기로의 변화를 의미하는 것이었다.

학교교련 도입 이후 개정된 1927년 학교체조교수요목에서는 체조는 가정체조, 학교체조, 군대체조, 사회체조 그리고 직업체조 등으로 구분되었다. 「조선교육령」에 따르면 학교에서 담당하는 학교체조과의 목적은 ① 생리적 발육 촉진, ② 4지의 동작 기민, ③ 전신의 건강 보호 증진, ④ 쾌활하고 강의(剛毅)한 정신, ⑤ 규범 준수와 협동의 습관으로 예전과 큰 변화는 없었다. 체조과는 체조, 교련, 경기, 유희 등의 네 부분으로 구성되었다. 유희의 목적은 아동의 심신 발달에 도움을 주는 자유로운 활동을 하면서 신체 각 부분의 발달을 촉진하는 것이었으며, 경기는 견인불굴의 기상과 정대한 경쟁심을 환기시켜 심신 일치의 발달을 도모하는 것이었다. 이에 비해 교련의 목적은 심신을 단련하여 단체적 관념을 함양하고, 국민으로서의 자질을 함양하여 '국방능력을 증진'하는 것(向井虎吉, 1927: 73-74)으로 다른 영역과 그 성격이 판이하게 달랐다. 이러한 학교체조교수요목은 일본 문부성에서 발표한 것과 동일하였지만, 조선총독부는 조선의 실상과 국민성을 고려하여 가르치는 사람이 다양하게 체조과 교재를 개발하여 적용하는 것이 필요하다는 지침을 내림으로써 실제로는 다른 성격의 교육이 전개되었다.

한편, 운동회, 원족(遠足), 수학여행 등도 학생의 몸과 관련하여 중요한 변화를 보였다. 특히 운동회나 원족은 기본적으로 개인 활동인 체조와 달리 집단 활동의 성격이 강하였다. 따라서 체조와 운동회는 그 규칙이나 논리에 있어서 차이가 있다. 일본에서 1870년대 말부터 '원족'과 '행군'이 각급 학교의 교육내용으로 출현하였으며, 1880년대 말경부터는 수학여행이 교과내용으로 편성되었다. 대열운동, 병식체조, 원족, 행군, 운동회 등은 모두 몸 관리와 단련에 관련되는 것들로 학교교육이 학생의 몸을 체계적으로 훈련시키고 관리하기 위하여 집단적 활동을 강조하게 되면서 학교에서 강조되었다. 체조가 정식 교과로 편성되어 몸을 단련하고 몸과 관련된 지식을 학습하는 방법으로 활용된 반면에 원족과 운동회 등은 교과 외 활동으로 학생의 몸 만들기에 활용되었다.

먼 거리를 걸어서 이동하는 원족은 교련 교과에서 배운 대열운동과 병식체조를 실제로 활용하는 기회였으며, 운동회는 분열식(分列式), 정렬식(整列式), 만세삼창 등과 같은 순서로 진행되면서 국가의식의 함양을 위한 의식으로 1910년대 이후부터 확실하게 자리 잡았다. 더구나 운동회는 학생들만의 행사가 아니라 지역주민의 문화축제 성격을 보

❸ 학교교련의 도입으로 1925년 체조과 담당 교원의 약 50%가 군인으로 채워졌다.

〈표 4-1〉 학생 몸 관련 교과의 특징

구분	교재의 공통 목적	차별화된 목적	유형
체조	규율, 기민, 원활, 협동	생리적 발육, 건강 보호와 증진	
교련		헌신봉사, 단체적 정신, 군사지식, 국방능력, 명령복종	
유희		우의, 정의	경쟁유희, 행진유희, 창가(唱歌)유희, 구기(球技)
경기		견인불굴의 기상, 경쟁심	달리기(走技), 던지기(投技), 멀리뛰기(跳技)

였는데, 이는 출신성분, 신체적 조건, 능력 등에 관계없이 구성된 팀을 공동 운명체라는 집단의식으로 통합하는 기능을 가지고 있었다. 운동회는 건전한 경쟁, 재미있는 오락, 그리고 천황을 강조하면서 학생과 지역주민에게 천황이데올로기와 국가이념을 암묵적으로 내면화하는 이데올로기 장치로 기능하였다(山本信良, 今野敏彦, 1987). 서양의 경우 주로 가정에서 담당하는 수학여행이나 원족을 학교가 담당한 것은 국가가 고유한 가족의식, 즉 일본식 '무라(村, むら)'의식을 학교에 투영하여 국민이라는 공동의 감정을 양성하는 기능을 담당하였던 것을 의미한다(山本信良, 今野敏彦, 1987: 234). 뿐만 아니라 이러한 집단 활동은 남학생들 사이에서 발견되는 저항이나 폭력성 그리고 동성애적 열망을 통제하고 순화시키는 기능도 담당하였다(Kirk, 2001: 485).

한편, 체조, 교련, 유희 그리고 운동회 등을 통하여 형성된 개인의 몸은 국가에 의해 표준화된 방식으로 기록되었다. 학생들의 몸을 체계적으로 점검하고 관리하기 위한 것이 바로 신체검사다. 체조와 마찬가지로 신체검사제도 또한 일본의 영향을 받았다. 일본은 1900년 3월 문부성 훈령 제4호로 '학생생도신체검사규정'을 제정하였다.[4] 이 규정의 제정으로 학생들은 1년에 4월과 10월 두 차례에 걸쳐 모두 11개 항목에 대한 신체검사를 정기적으로 의무적으로 받았다. 신체검사는 학교의(學校醫)의 주관 아래 4월과 10월에 실시되었는데, 구체적인 검사 항목은 '신장, 체중, 흉위, 척추, 체격, 시력, 안질, 청력, 이질, 치아, 질병'의 11가지였다. 그러나 10월에 실시하는 검사에서는 신장, 체중 및 질

[4] 일본에서 학생들의 몸 관리와 관련하여 신체검사라는 용어가 공식적으로 처음 사용된 것은 1897년이다. 1897년에 문부성 훈령 제3호로 신체검사의 제도화를 주요 내용으로 하는 학생생도신체검사규정을 제정함으로써 1879년부터 실시되던 활력검사(活力檢査)를 폐지하였다.

병의 3개 항목은 검사하지 않았다.

조선에서도 1913년 4월 조선총독부 훈령 제24호로 관공립학교 생도신체검사규정이 공포되었다. 이 규정에 따르면 신체검사는 매년 4월에 한 차례 실시하였으며, 검사항목은 일본과 같이 11개 항목이었다. 신체검사 결과는 개인별로 검사표를 작성하여 해당 학생이나 보호자에게 알리도록 하였으며, 학교별로 자료를 수합하여 보고하여야 했다. 1921년 5월에는 학생생도아동신체검사규정(조선총독부령 제86호)으로 신체검사 명칭이 바뀌었으며, 이러한 과정을 거쳐 실시된 신체검사 결과는 조선총독부 관보에 상세하게 기록되어 공개되었다.[5] 이처럼 초기의 학생의 몸 관리는 국민신체 만들기라는 큰 틀에서 진행되었지만, 대체로 문부성의 영향 아래 있었으며, 그 성격도 개인적 · 신체적 · 자유적 · 교육적 가치를 중시하는 경향을 보였다.

2) 전쟁하는 학생의 몸: 무도와 교련 그리고 체력검사

중일전쟁은 교육을 비롯한 일제의 식민지 정책에 근본적인 변화를 초래하였다. 학생의 몸은 예비 전력이 아니라 곧바로 전장에 투입될 수 있는 전력으로 훈련될 필요가 있었다. 따라서 상대적으로 자유주의적 행태를 보이고 있었던 몸 관리가 전시체제로 변화하였으며, 학생의 몸 통제와 관리 방식도 더욱 국가주의 형태로 강화되었고 동원형 군사훈련 중심으로 그 성격이 변화하였다. 즉, 체조 중심의 몸 관리가 교련(教錬)과 무도(武道) 중심으로 바뀌었다. 물론 중일전쟁이 일어나기 전인 1936년에도 일제는 '국책(國策)의 기준'을 결정 · 발표하고, 국방군비 정비, 원활한 외교정책의 수행, 정치행정기구의 쇄신, 개선과 재정경제정책의 확립 등을 추진하였다. 특히, 교육과 관련해서는 '국민생활의 안정, 국민체력의 증강, 국민사상의 건전화' 등을 강조하였으며, 다음 해인 1937년에는 '국체의 본의(國體の本義)'와 '국민정신총동원실시요강'을 발표하여 황국신민화를 목표로 하는 국민교화운동을 전개하였다. 이러한 것들은 모두 일본 천황에 충성을 다하는 건강한 군인을 양성하기 위한 것으로 중일전쟁 이후 학생 몸 관리의 성격을 결정하였다는 것이다.

당시까지 학생의 몸 관리는 문부성의 책임 아래 있었다. 그러나 1938년 1월 후생성(厚

---

5. 신체검사결과는 조선학생과 일본학생(일본거주, 조선거주)의 검사 인원, 신장, 체중, 흉위 등이 연령별로 보고되었다.

生省)의 설립으로 몸 관리가 이원화되었다. 학교에서의 몸 관리와 학생의 몸은 여전히 문부성의 통제 아래 있었지만, 실제로는 후생성의 영향력이 강하였으며 학생의 몸 관리 체제가 군의 통제를 받는 계기가 되었다. 후생성과 육군성은 문부성이 주축이 되어 실시하는 학생의 몸 관리로는 바로 전장에 투입할 수 있는 군인을 만드는 데 한계가 있다고 비판하고, 후생성의 체력국을 통해 몸 정책을 총괄하고자 하였다.[6] 특히 국민 전체를 대상으로 수련(修鍊)과 연성(鍊成)을 실시함으로써 전 국민의 총동원 체제를 구축하고자 하였다.

후생성은 몸 관리 정책의 목적을 인적 자원의 확립과 국민체위의 향상에 두고, 모든 국민이 자신의 뜻이 아니라 국가를 위해 체력을 단련해야 한다는 것을 강조하였다. 즉, 문부성 중심의 자유주의적 몸 관리 방식의 탈피를 요구하고 전 국민의 체력 증강과 집단적 체력행사를 강조하였다(中村祐司, 2002: 202). 후생성의 출현으로 국민의 몸 관리는 문부성과 후생성으로 이원화되었지만, 식민지 조선은 일본에서의 경우처럼 학생의 몸 관리를 둘러싸고 교육적 이유를 중시하는 문부성과 군사적 이유를 강조하는 후생성 사이의 갈등과 같은 것은 없었다. 학생의 몸은 전쟁을 위해 철저하게 동원될 수 있도록 관리될 뿐이었다. 1938년 체조과는 체련과(體鍊科)로 바뀌었으며, 교육 목적도 "신체를 단련하고 정신을 연마하여, 활달강건, 인고지구의 심신을 육성하여 헌신봉공의 실천력을 배양하고 전력 증강의 자원으로 삼는다."라고 하여 실천력과 '전력 증강'을 강조하였다.

조선에서도 1938년부터 '국가의 총력을 종합 · 결성하며, 조선인을 훈련시키고 규율화함으로써 국민정신의 고양을 도모하고, 국민체위향상을 통해 일본의 대륙 전쟁 수행을 위해 일본의 후생성을 축소한 후생국을 조선총독부 내에 설치하는 것이 필요하다는 주장' (경성일보, 1938. 11. 13.)이 제기되었다. 실제로 후생국이 설치된 것은 1941년이었다.[7]

체련과의 등장으로 인해 대표적인 몸 관리 방식이었던 체조의 성격 변화가 가장 두드러졌다. 조선총독부가 새롭게 제정한 황국신민체조(皇國臣民體操)는 그 대표적인 예다. 조선총독부는 황국신민의 선서를 구체적으로 실천하기 위하여 1937년에 황국신민체조를 제작하고, 이를 통하여 신체의 연성과 정신의 통일을 기하고자 하였다.[8] 일본에서는

---

[6] 후생성의 설치는 중일전쟁으로 인해 군부의 정치적 영향력이 증대된 이유 때문이었다. 1938년에 설치된 후생성 체력국은 1941년에 폐지되어 국민체위향상 등의 업무는 후생성 인구국으로 통합되었고, 체육 관련 업무는 문부성에 신설된 체육국으로 이관되었다. 그러나 후생성 체력국(1938년 1월~1941년 7월)의 정책은 학생과 국민의 몸 관리 정책의 방향과 성격을 근본적으로 규정하는 계기가 되었다(竹之下 休藏, 岸野雄三, 1957: 129-130).

[7] 조선총독부 후생국은 1941년에 11월 설치되었지만, 바로 이듬해인 1942년에 행정 간소화로 폐지되었다. 후생국이 담당하였던 연성이나 훈련(訓練)과 관련된 업무는 신설된 학무국 연성과(鍊成科)로 이관되었다.

국민체육의 통합과 단결력을 과시하기 위하여 전국이 동시에 일제히 실시하는 체조의 필요성을 강조하였으며, 1938년에 10월 국민체조 제정에 착수하고 1939년에 대일본체조를 발표하였다.[9] 그러나 조선에서는 이보다 앞서 황국신민체조를 제정하고 이를 학생뿐만 아니라 일반인에게 보급하였으며, 각종 행사에서 체조를 실시하였다(정재정, 2005: 354). 황국신민체조취의서에 따르면 황국신민체조는 예로부터 전해져 오는 무도를 체계화 · 조직화하기 위한 것이 그 제정의 목적이었다. 즉, 일본식 무사도 정신을 익혀 심신을 단련하고 황국신민으로서의 신념을 체득시키기 위한 것이었다. 특히 정신적으로는 왕성한 공격정신을 기르고 육체적으로는 인고지구를 기르기 위한 것이었다(조선총독부 학무국 사회교육과, 조선교육회, 1938: 56–58). 이를 위하여 특별히 학교체조에 검(劍)의 요소를 삽입하여 심신을 단련시키고자 하였다. 때문에 황국신민체제는 기존의 체조와는 그 성격이 판이하게 달랐으며, 오히려 검도에 가까워 목검(木劍)체조라 불리기도 하였다. 일본 무도정신의 함양이라는 무도(武道) 이데올로기가 학생 몸 관리 방법으로 등장한 것이다.

학교체조교수요목도 황국신민화, 무도와 검도 중심으로 그 성격이 바뀌게 된다.[10] 종전에 체조, 교련, 유희, 경기로 구성되었던 체조과는 체조, 교련, 검도 또는 유도, 유희/경기로 구성되었으며, 궁도, 스모, 수영, 스키, 스케이트 등을 추가할 수 있었다. 체련과는 무도와 체조(체조, 교련, 유희)로 구성되었으며, 체조에 할당된 5시간이 무도와 교련에 각 2시간 그리고 체조에 1시간으로 배정되었다. 체련교과의 목적은 '전통의 무도 정신을 체득하고, 이를 바탕으로 황국신민의 기혼(氣魂)을 함양하는 것'(梅澤慶三郎, 1938: 28–30)이었다. 구체적으로 '균등한 발육, 단정한 자세, 강건한 신체, 동작기민, 쾌활강의'–'확고불발(確固不拔)의 정신, 인고지구(忍苦持久)의 체력'–'황국신민의 기혼'–'규율준수, 협동 중시의 습관 양성'이 그 목적이었다. 전주사범학교 교사 마츠노부(松延信義)는 기존의 체육이 형체나 기록을 중시하고 운동의 능률이나 정신 기력의 양성에는 소홀함으로써 체위의 저하와 정신력의 결핍을 가져왔다고 비판하고, 이를 극복하기 위해서는 검도

---

[8] 일본에서는 1938년에 일본 천황의 즉위를 기념하기 위하여 체신성 간이 보험국이 국민보건체조를 제정하였는데, 이 체조를 라디오를 통하여 전국에 보급하였기 때문에 라디오체조(ラジオ體操)라고 부른다. 1939년 2월 관현악단의 반주에 맞추어 NHK 방송을 통해 전국에 전파되었다. 이후 후생성은 대일본국민체조, 대일본청년체조, 대일본여자청년체조 등의 라디오체조를 제정하여 보급하였다. 이들 체조는 조선의 황국신민체조처럼 목검체조는 아니었다.

[9] 일본에서는 1940년에 대일본체조가 제정되고, 1941년에는 대일본후생체조가 제정되었다.

[10] 무도를 정식 교과로 편성하기 위한 지속적인 노력이 있었다. 일본에서는 1905년(명치 38년) 중의원에서 호시노(星野仙蔵) 등이 검도와 유도를 정식 교과로 하는 것이 필요하다는 건의안을 제출하였으나, 심의 결과 찬성 96표, 반대 101표로 부결되었다. 1939년 소학교에서 무도가 처음으로 정식교과가 되었다.

를 통하여 체조를 심화하고 체조를 통하여 검도를 일반화하는 것이 필요하다고 주장하였다(松延信義, 1938: 36-38). 조선총독부는 내선일체와 황국신민화를 위해서는 무엇보다도 식민지 조선 학생들의 정신을 개조하는 것이 중요하다고 생각하였으며, 검도와 유도를 지도하면서도 일본정신과 황국신민에 대한 기혼을 함양하는 강화(講話)를 강조하였다(依田德藏, 1941: 2-8). 전시체제와 실전을 중시하는 유도, 검도, 궁도, 총검술, 사격 등 다섯 가지 무도(五武道)⑪를 훈련시킴으로써 군국주의와 신도(神道)에 근거한 무도정신을 기르고자 하였다(竹之下休藏, 岸野雄三, 1957: 205).

그러나 무도 중심의 학생 몸 관리 방식은 1941년에 들어서 전선이 태평양 전쟁으로 확대되면서 그 중요성이 약화되고 대신 군사 훈련을 중시하는 교련이 더욱 강조되었다. 1942년에 공포된 학교교련교수요목에 따르면 교련은 학생들에게 군사적 기초 훈련을 실시하는 것으로, '지성진충(至誠盡忠)의 정신을 배양하고, 심신일체의 단련을 통하여 그 자질을 향상시킴으로써 국방능력 증진의 자산을 삼는 것'이었다. 이 교수요목은 군사교육을 견학하는 등의 방식으로 실시하였던 1926년의 학교교련교수요목을 폐지하고 새로 제정된 것이었다. 새 학교교련교수요목에 따르면 국체의 본의(國體の本義)와 국민개병에 따라 예절을 중시하고 상급자에게 복종하며, 기절(氣節)과 염치(廉恥)의 정신, 실질강건의 기풍을 진작하며, 규율절제, 책임관념, 견인지구, 활달감위, 협동단결 등을 기르는 것이 목적이었다. 그러나 무엇보다도 황국신민이 되기에 충분한 군사적 기초능력을 체득하는 것이 가장 중요하였다. 학생들은 교련을 통하여 군사적 지식을 갖춤으로써 총후(銃後)의 전사로 연성되어야 하였다(매일신보, 1941. 6. 22.).

조선총독부는 신문 등 각종 매체를 동원하여 학교교련의 중요성과 강화 필요성을 적극 홍보하였다. 일제는 무도와 교련을 통하여 전장에 곧바로 투입할 수 있는 군인에 적합한 신체 능력을 육성하고 규율화하였다. 운동회도 개인보다 집단을 중시하는 단체적일 것, 국방의 사명을 자각하는 국가적 국방의 성격을 지닐 것, 모든 난관을 극복하는 수련의 도장으로 단련주의의 성격을 보일 것 등이 강조되었으며(今岡賢一郎, 1941: 29-30), 아동의 체력을 키우기 위하여 기록을 중심으로 하던 운동경기를 규율 · 통제 · 복종 등을 강조하는 집단운동으로 전환하도록 하였다(동아일보, 1939. 6. 14.).

1938년 이후 전쟁 시기 학생의 몸은 위생이나 영양보다는 군인으로서의 정신과 체력이 강조되었으며, 이전보다 체계적이고 치밀하게 관리되었다. 신체검사와 별도로 새롭

⑪ 1942년 일본은 오무도(五武道) 중에서 총검술과 사격을 각각 총검도(銃劍道)와 사격도(射擊道)로 지칭하였다.

게 생겨난 체력검사는 효율적인 몸 관리를 위한 새로운 양식이었다. 일본은 1940년에 「국민체력법」과 「국민우생법」을 연이어 발표하면서 국민체력의 국가적 관리의 필요성을 제기하였다. 「국민체력법」의 공포로 종전에 유아, 학생 그리고 청년만을 대상으로 실태를 파악하는 수준에 그쳤던 신체검사를 대신하여 신체를 정확히 계측하고, 질병과 이상 여부를 진단하며, 정신기능검사, 운동기능 측정 등을 포함하는 국민의 체력에 대한 종합적 성격의 검사인 체력검사가 실시되었다(厚生省, 1940).

당시 국민의 몸 만들기와 관련하여 영향력을 행사하고 있던 후생성은 문부성이 주관하여 학생생도를 대상으로 실시하는 신체검사와 달리 모든 국민을 대상으로 체력검사를 실시하고자 하였다. 따라서 학생들은 학교에서 실시하는 건강이나 질병과 관련된 신체검사와 별도로 전쟁을 수행하는 데 필요한 체력을 측정하는 체력검사를 받아야 했다. 체력장검정제도(體力章檢定制度)가 바로 그것이었다. 체력장은 국방력을 확충하기 위한 것이었으며, 조선 경성부에서는 일본보다 앞서 1939년 7월 16일에서 20일까지 청년 700명을 대상으로 실시되었다(동아일보, 1939. 7. 16.; 매일신보, 1939. 9. 2.). 실제로 조선에서 조선체력령이 공포된 것은 전쟁이 막바지로 치닫던 1945년 3월이었으나, 전쟁 동원을 위한 학생과 국민의 체력 관리는 이미 진행되고 있었다.

이와 같이 중일전쟁으로 학생 개인의 건강과 영양 그리고 질병을 관리함으로써 예비군인과 노동력을 만드는 것을 중시하였던 '신체' 중심의 몸 관리는 직접 전장에 투입될 수 있는 국방력을 갖춘 전력을 훈련하는 것에 관심을 두었던 '체력' 중심의 몸 관리 체제로 변화하였다. 물론 후생성이 설치되지 않았던 조선에서는 이러한 역할을 조선총독부가 그대로 대신하였다. 후생성 몸 관리의 주된 이유는 '국민체력증강'이나 '국민체위의 향상'을 국력의 근간으로 간주하고, 성전(聖戰)이나 고도국방국가 건설을 위한 인적 자원을 확립하는 것이었다. 체육을 황국신민 단련의 수단으로 간주하였으며, 그 중심에는 후생성의 체력국이 자리하고 있었다.

그러나 후생성 체력국의 몸 관리 정책은 문부성의 입장과는 차이가 있었다. 문부성은 체력보다는 심신단련과 수련 등과 같이 체육 활동에 보다 관심이 많았으며, 오히려 체력을 강조하는 후생성 체력국의 정책과 갈등을 빚기도 하였다. 그러나 체력이나 체육 모두 전쟁을 위한 국민 만들기와 전쟁을 위한 학생 동원이었다는 점에서는 차이가 없었다(中村祐司, 1992: 137).[12] 조선에서는 학생과 청년을 전쟁에 동원할 군인으로 신속하게 공급하

[12] 일본에서 학생의 몸 관리를 둘러싸고 국가 내 권력 기관들 사이의 갈등은 상당하였다. 실제로 학생의 몸 관리를

려는 강한 의도가 작용하고 있었다. 전쟁이 장기화되고 심화되던 1942년에 미나미(南次郎) 조선 총독은 정례 도지사 회의에서 일본 제국주의 전체 인구의 1/4을 차지하는 조선이 전쟁 시기에 중추적 역할을 담당해야 하며, 이를 위해서 '충량한 황국신민 됨의 자질을 수양 · 연성하여 내선일체의 신념에 투철케 할 것'을 강조하고 있다. 전시 체제의 확산은 학생의 몸 통제와 관리를 '황국건군(皇國建軍)'과 '군교일치(軍校一致)'의 기치 아래 국체의 본의에 투철하고, 왕성한 기력, 공고한 의사, 강인한 신체를 단련하며, 필요한 군사의 기초적 능력을 체득하기 위하여 교련을 강화하는 것이었다. 따라서 학교 전역을 황민연성도장으로 만들어야 한다고 지시하였다(조선총독부관보, 1943. 4. 7.). 1942년 4월 조선총독부 학무국이 일선 학교에 시달한 학교체육의 지도방침에서도 '자유주의적이요, 개인주의적인 경향을 버리고 국가적 요청과 국민적 임무를 수행할 수 있는 황국신민을 연성'하는 데 몸 관리의 중점을 두어야 한다고 명시하고 있다(매일신보, 1942. 4. 18.). 이와 같이 1938년 이후 전쟁 시기의 학생의 몸 관리는 학교의 군사화와 학생의 군인화를 목적으로 하였으며, 그 성격도 집단적 · 동원적 · 군사적 특징을 보였다.

3. 학생 몸 통제와 관리 양식의 성격

앞서 지적한 바와 같이 일제강점기 학교에서 이루어진 학생 몸 통제와 관리의 기본 목적은 국민신체(國民身體) 만들기였다. 학생의 몸은 개인의 것이 아니라 건강한 군인과 노동자로 성장하여 국가를 위해 몸을 바쳐야 하는 국민신체를 의미하였다. '국민신체 만들기'는 학생 몸 관련 정책을 지배하는 이데올로기였다. 그런데 일제강점기에 도입되어 실시된 학생의 몸에 대한 통제와 관리 양식이 해방 이후에도 상당 부분 사라지지 않고 한국교육에서도 학생 몸을 관리하는 주된 기제로 작동하게 되었다. 따라서 다음에서는 일제강점기 학생 몸 통제와 관리 양식의 주요한 특징을 살펴보고자 한다.

문부성이 일관되게 통제하고 관리한 것은 아니다. 일본에서의 학생과 국민의 몸 관리를 둘러싸고 문부성, 육군성 그리고 후생성 사이의 갈등은 적지 않았다. 특히 1938년에 육군성의 지원 아래 설립된 후생성과 문부성의 갈등이 심각하였다. 이러한 갈등의 대표적인 산물로 육군의 군축으로 인하여 제대하게 된 장교를 위한 학교교련과 육군장교학교배속령 실시 그리고 체력장검사제가 있다.

1) 학생 몸의 표준화와 규율화

학생의 몸을 측정하는 신체검사는 몇 차례의 명칭 변화를 경험하였다. 처음에는 관공립학교생도신체검사규정(1913년)이었으나, 1921년에는 학생생도아동신체검사규정으로 바뀌었고, 1937년에는 학교신체검사규정으로 변경되었다. 이러한 변화는 1945년의 규정을 제외하고는 모두 일본에서의 변화를 그대로 따르는 것이었다.[13]

일제강점기에 네 차례에 걸쳐 이루어진 신체검사규정 변화의 특징은 다음의 3가지로 정리할 수 있다. 첫째, 검사 대상의 확대를 들 수 있다. 1913년의 규정에서는 신체검사의 대상이 관공립학교의 학생이었다. 그러나 1921년 규정으로 사립학교까지 확대되었으며, 1937년의 규정에서는 대학의 경우 조선총독의 허가를 받아 동일한 항목의 신체검사를 받도록 함으로써 대학생까지 확대되었다. 또한 학교직원이나 고용인 등도 신체검사를 받도록 하였다(大坪 兆, 1940: 60). 1945년 규정에서는 학생뿐만 아니라 교직원도 신체검사를 받도록 하였다. 둘째, 신체검사 목적의 변화를 들 수 있다. 1913년에서 1937년 규정까지의 목적은 신체의 양호단련, 체위 향상, 건강 증진의 3가지로 변화가 없었다. 그러나 전쟁의 막바지였던 1945년 규정에서는 건강 증진이라는 목적이 제외되었으며, 신체의 '양호단련'도 신체의 '단련양호'로 강조점이 바뀌었다. 셋째, 가장 두드러진 변화는 몸 측정 방법의 세밀화와 표준화였다. 1913년에 일제에 의해 학생의 신체검사가 도입된 이래로 학생의 몸 관리는 보다 자세하고 치밀하게 조사되고 관리되는 방향으로 변화되었다. 특히 학생의 몸에 대한 세분화와 표준화 방향으로 정책이 전개되었다. 예를 들어, 1913년 신체검사에서는 11개 항목을 조사하였으나, 1937년 규정에서는 16개로 늘어났다. 1945년 규정에서는 조사 항목 수가 10개로 줄어들었지만, 실제로는 질병과 이상 검사를 강화함으로써 학생의 몸 관리가 보다 엄격해졌다. 측정 단위 또한 1913년에는 척(尺)과 형(衡)을 사용한 반면에 1921년부터는 서양식 도량형인 센티미터(cm)와 킬로그램(kg)을 사용함으로써 전국 학생들의 몸을 비교가 가능한 형태로 표준화하였다. 이뿐만 아니라 1921년 규정에서는 학생의 발육상태를 종합적으로 판단할 수 있는 '발육개평결

---

[13] 일본에서는 1897년 학교생도신체검사규정(「문부성 훈령」 제3호)을 제정하여 학생들의 체격을 측정하였다. 이렇게 측정된 검사결과는 처음부터 기록된 것이 아니었으며, 1990년 제정된 학생생도신체검사규정(「문부성령」 제4호)에 따라 기록되었으며, 이는 생도아동신체검사통계로 작성되었다. 학생의 신체검사에 관한 법령의 명칭은 1920년 학생생도아동신체검사규정(「문부성령」 제16호)으로 바뀌었으며, 1937년에 다시 학교신체검사규정(「문부성령」 제2호)으로 변화되었다.

〈표 4-2〉 학생 몸 관리 규정의 변화: 신체검사규정의 특징(1913~1945년)

구분	1913년	1921년*	1937년	1945년
신체검사 명칭	관공립학교 생도신체검사규정	학생생도아동 신체검사규정	학교신체검사규정	학교신체검사규정
법적 근거	조선총독부훈령 제24호	조선총독부령 제86호	조선총독부령 제45호	조선총독부령 제128호
대상	생도	학교생도, 아동	학생(생도, 아동), 대학생	학생, 교직원
목적	신체의 양호 단련 체위 향상 건강 증진		신체의 양호 단련 체위 향상 건강 증진	학생: 단련양호 (鍛錬養護) 체위 향상 교직원: 건강 증진
실시 주체	학교의(學校醫)	학교의(學校醫)	학교의(學校醫)	학교의(學校醫) 또는 학교치과의
실시 시기	매년 4월	매년 4월	매년 4월	매년 4월
검사결과 통보	생도 또는 보호자	학생 또는 보호자 수업면제, 취학유예, 휴학, 치료, 보호, 교정 등 필요한 경우 조치	학생 또는 보호자 수업면제, 취학유예, 휴학, 치료, 보호, 교정 등 필요한 경우 조치	학생 또는 보호자 수업면제, 취학유예, 휴학, 치료, 보호, 교정 등 필요한 경우 조치
검사결과 조치			신체허약, 정신박약, 질병이상이 있는 자는 [요양호(要養護)], 그렇지 않은 자는 [가(可)] 표시	신체허약, 정신박약, 질병이상이 있는 자 특별 조치
검사결과 보고	도장관(道長官)	관립학교: 조선총독 기타 학교: 도지사 · 총독	관공립학교와 공사립전문학교: 조선총독 기타 학교: 도지사 · 총독	대학, 대학 예과, 전문학교, 사범학교: 총독 기타 학교: 도지사 · 총독

* 1921년 규정은 일본의 1920년 학생생도아동신체검사규정(「문부성령」 제16호)을 준용한다고 명시하고 있기 때문에 관련 내용은 일본 규정을 참조하여 작성하였다.

정표준표(發育概評決定標準表)'[14]를 작성함으로써 학생의 몸이 개인적 차원의 건강이나 위생과 관련되기보다는 국가적인 국민신체 관리의 성격을 보다 강하게 갖게 되었다.

몸에 대한 규율체제는 몸의 표준화와 규격화를 통해 가능하게 되는데, 이러한 규격화와 표준화는 1937년 규정에서 더욱 구체화되었다. 학생의 몸을 있는 대로 기록하는 수준에 그치지 않고 체중, 흉위, 앉은키 등과 관련된 각종 비율을 산출함으로써 신체검사를 통한 학생 몸 관리 기능을 더욱 강화하였다. 검사 항목 중에서 체격 항목이 제외되고, 대신에 각 항목에 대한 측정이 보다 세밀해졌으며, 영양과 각종 질병에 대한 검사가 추가되었다. 또한 학생의 신체 상태를 판정하는 구체적인 기준들이 제시되어 있다. 이와 같이 학생 몸을 판단하는 데 활용할 표준화된 기준의 마련에는 현실적인 잣대가 필요했다. 일선 학교에서는 학생의 몸 상태를 판단하여 기록하는 역할을 담당하는 교사가 자의적인 판단에 따라 학생의 발육상태를 판정하는 문제가 발생하였다. 따라서 조선총독부는 표준화된 판단 기준을 작성하여 교사로 하여금 활용하도록 하였다.

1937년 규정에서는 학생들의 자율적인 관리를 강조하는 규율체제의 성격을 보였다. 1937년 규정은 체격 측정, 건강 진단, 양호가 필요한 학생 발견에 초점을 두었다. 또한 신체검사 시행 후 처리의 필요성을 강조하였다(大坪 兆, 1940). 그 결과 1938년 4월 27일에 학교신체검사규정시행세칙이 발표되었는데, 이 세칙의 제3조에는 신체검사 결과의 처리 방법으로 "첫째, 신체검사의 결과는 집계 정리하여 통계적으로 관찰하는 데 이용한다. 둘째, 신체검사의 결과를 본인 또는 보호자에게 통지할 경우에는 신장, 체중, 흉위, 앉은키, 체중 비율, 흉위 비율, 앉은키 비중에서 전국, 전 조선 및 본도의 평균수와 비교 대조하고 질병 및 이상이 있는 사람에 대하여 치료 교정 여부, 영양 개선, 운동할 때의 주의, 기타 필요한 사항 등을 지적하여 주의한다. 셋째, 본인에 대하여 건강상태의 양부(良否) 특징을 충분히 자각시켜 자발적으로 체위를 향상하는 데 힘을 기울이도록 지도한다. 넷째, 학교에서는 전교생, 아동의 건강상태에 대하여 부형회, 자모회 등을 통하여 학교위생상의 주의를 환기시킬 필요에 따라 건강 상담, 예방처치, 양호학급, 양호취락, 학교급식, 기타 적당한 보건 양호 시설을 구비한다. 다섯째, 학교에서는 별도의 양식에 따라 필요한 양호자 명부를 만들어 양호 상황을 기입한다." 등을 규정하고 있다. 학생의 몸은 자세하게 표준화된 기준에 따라 측정되고, 전국적으로 비교의 대상이 되었으며, 그 결과에 따라 학생의 몸 상태가 분류되었다. 이렇게 학생들은 자신의 몸을 자발적으로 관리해야 하는 규율체제에 편입되었다.

학생 몸 관리가 학생들의 상태를 측정하고 기록하는 소극적인 방식에서 학생들의 몸

---

⑭ 발육개평결정표준표는 학생의 연령(7~19세)과 성에 따라 표준 신장, 체중, 신장 대비 체중비를 제시하고, 이를 기준으로 학생들을 갑, 을, 병으로 판정하도록 하였다. 7~18세와 19세 이상을 판정하는 표준치 계산 방법에는 차이가 있었다.

을 표준화하고 다양한 질병을 진단하며 진단 결과의 처리와 관리를 강조함으로써 학생들의 상태를 일정한 기준에 따라 구분하여 이용하고자 하는 적극적인 방식으로 변화하였음을 알 수 있다. 조선총독부가 패전 직전에 공표한 1945년 신체검사규정을 보면 건강증진이 아니라 질병을 중심으로 검사함으로써 곧바로 전장에 투입할 수 있는 군인을 선별하기 위한 방안으로 신체검사를 이용할 의도를 가지고 있었음을 알 수 있다.

학생들의 몸은 매우 구체적이고 자세한 지침에 따라 측정되었다. 예를 들어, 신장의 경우 같은 사람이라도 아침과 저녁에 따라 키가 1.0~1.5cm 정도 차이가 나기 때문에 오전 10시 전후에 측정하는 것이 바람직하다고 권고하고 있다. 체중도 오전 10시와 11시 사이에 대소변을 보게 한 다음 측정하도록 하고 있다(大坪 兆, 1940: 60-65). 또한 척추의 진단은 척추의 가동성(可動性), 압통점(壓通點) 등에 주의하고, 시력의 경우 안경을 착용하지 않은 상태에서 시력이 1.0이 되지 않은 학생들은 별도로 검안 렌즈를 사용하여 굴절 이상을 검사받도록 하였으며, 청력은 조용한 방에서 이어법(囁語法; 인용자 주: 귀에다 대고 말을 하는 식)을 사용하여 좌우 각각 검사하고, 치아는 치과의사로 하여금 충치 수를 기재하고, 유치와 영구치로 구분하여 기입하도록 하였다.

이렇게 조사된 학생들의 몸은 학생생활기록부나 신체검사표로 작성되어 보관되었다. 학생 몸에 대한 모든 것이 기록된 신체검사표는 5년 동안 보관하였으며, 학생생활기록부에는 그중 일부만 기록되었다. '지실(知悉)'은 신체검사표를 작성하는 지침이었다. 지실이란 학생들에 관한 모든 형편이나 사정을 자세히 안다는 것을 의미하며, 이 지침에 따라 학생들의 신체 관련 기록을 상세하게 신체상황과 신체소견으로 구분하여 작성하였다. 교사는 학생의 몸을 신체검사의 결과와 평소의 관찰에 기초하여 종합 평정하고 아동의 심신발달 상황 및 그 원인에 있어서 특별히 기입할 것이 있으면 구체적으로 기입하고 종합적으로 신체소견을 기입하도록 요구받았다(손준종, 2006).

그러나 학생 몸 관리 방식으로서 신체검사와 체력검사는 그 성격이 판이하게 달랐다. 일본 문부성의 통제 아래 시행된 신체검사와 후생성에 의해 이루어지는 체력검사는 전자가 학생의 건강 증진과 체위 향상, 예비전력과 노동자로서 학생의 몸 관리에 초점을 둔 반면에, 후자는 즉시 현장에 투입이 가능한 건강한 전투력과 생산력을 갖춘 군인과 노동자를 찾고 기르는 데 목적이 있었다. 후생성에 의해 1939년에 제정된 체력장검정은 국방국가와 국민신체 그리고 국가체력관리라는 목적을 위한 것이었다.

일본에서 체력장검정은 '학생'의 몸뿐만 아니라 '모든 국민'의 몸을 중요시하였으며, 학생의 몸 관리가 문부성의 통제에 머무르지 않고 후생성으로 확대되었다. 체력장검정

〈표 4-3〉 학생 몸 관리 양식의 변화: 신체검사표의 특징(1913~1945년)

<table>
<tr><th>구분</th><th>1913년</th><th colspan="2">1921년</th><th>1937년</th><th>1945년</th></tr>
<tr><td>신체검사 명칭</td><td>관공립학교 생도신체검사규정</td><td colspan="2">학생생도아동신체검사규정</td><td>학교신체검사규정</td><td>학교신체검사규정</td></tr>
<tr><td rowspan="21">신체검사 항목</td><td>신장</td><td rowspan="4">발육</td><td>신장</td><td>신장(cm)</td><td>신장</td></tr>
<tr><td>체중</td><td>체중</td><td>체중(kg)</td><td>체중</td></tr>
<tr><td>흉위: 평시(平時), 차이</td><td>흉위</td><td>흉위(cm)</td><td>흉위</td></tr>
<tr><td></td><td>개평(概評)</td><td></td><td></td></tr>
<tr><td>척추</td><td colspan="2">척추</td><td>척추: 형태, 질병</td><td>척추: 형태, 운동성</td></tr>
<tr><td>체격</td><td colspan="2"></td><td></td><td></td></tr>
<tr><td>시력: 좌, 우</td><td colspan="2">시력 및 굴절상태: 좌, 우</td><td>눈: 시력(좌, 우), 굴절 이상(좌, 우), 색맹, 안질</td><td>시력: 좌, 우</td></tr>
<tr><td></td><td colspan="2">색신(色神)</td><td></td><td></td></tr>
<tr><td>안질(眼疾)</td><td colspan="2">안질</td><td></td><td></td></tr>
<tr><td>청력</td><td colspan="2">청력</td><td>귀: 청력, 이질</td><td>청력: 좌, 우</td></tr>
<tr><td>이질(耳疾)</td><td colspan="2">이질</td><td></td><td></td></tr>
<tr><td>치아: 위와 아래 치아 수</td><td colspan="2">치아</td><td>치아: 충치(처치, 미처치), 기타 치과 질환</td><td>미처치 충치</td></tr>
<tr><td>질병</td><td colspan="2">기타 질병 이상</td><td>질병 및 이상</td><td>질병 이상: 결핵성 질환, 안질, 색맹이상, 치과 질환, 기생충, 신체허약, 정신박약, 운동기능장애</td></tr>
<tr><td></td><td colspan="2"></td><td>앉은키(坐高)(cm)</td><td></td></tr>
<tr><td></td><td colspan="2"></td><td>비체중: (체중/신장)×100</td><td></td></tr>
<tr><td></td><td colspan="2"></td><td>비흉위: (흉위/신장)×100</td><td></td></tr>
<tr><td></td><td colspan="2"></td><td>비좌고: (좌고/신장)×100</td><td></td></tr>
<tr><td></td><td colspan="2">영양</td><td>영양</td><td>영양상태</td></tr>
<tr><td></td><td colspan="2"></td><td>흉곽</td><td></td></tr>
<tr><td></td><td colspan="2"></td><td>코, 목, 머리</td><td></td></tr>
<tr><td></td><td colspan="2"></td><td>피부</td><td>투베르쿨린(결핵) 피부 반응</td></tr>
<tr><td rowspan="4">기타</td><td></td><td colspan="2">감찰의 요부(要否)</td><td></td><td></td></tr>
<tr><td>본인에 대한 주의사항</td><td colspan="2">본인에 대한 주의사항</td><td>본인에 대한 주의사항</td><td>지도사항</td></tr>
<tr><td>비고</td><td colspan="2">비고</td><td>비고</td><td>비고</td></tr>
<tr><td></td><td colspan="2"></td><td>개평(概評)</td><td></td></tr>
</table>

은 국방력 확충과 노동력의 확충이 목적이었으며, 징병적령기의 남자(15~25세)를 대상으로 하는 체력검사였다. 조선에서는 일본보다 먼저 1939년 4월 5종류(달리기, 던지기, 멀리뛰기, 운반, 턱걸이)의 체력검사에 대한 표준형을 제정하고, 16~40세의 남성을 대상으로 체력장검정을 실시하였다. 체력검사는 정세에 따라 지원병 제도의 확충과 노무 동원의 필요가 있으므로 그 기초 자료를 준비하기 위하여 실시되었다. 검사고지서를 받고도 응하지 않으면 처벌받게 되어 있었다(매일신보, 1942. 1. 28.).

일본과 달리 당장 군인으로 동원될 가능성이 있는 조선의 모든 남성이 검사의 대상이었다. 체력검사는 조선의 청년 학생에 대한 거대한 규율체제로 작동하고 있었다. 당시 신의주에 살고 있던 정성모는 청년체력 검사문제에 대해 "이번 체력검사에 합격한 청년은 모두 남방(南方)에 송치된다. 즉, 이번 전쟁으로 일본군의 점령지역이 크게 확대되어 일본 군대만으로는 도저히 전후 수비가 불가능하므로 조선 청년을 선발하여 합격한 자를 남방 전쟁 지역에 보내 수비병으로 충당할 모양이다."(국사편찬위원회 편, 1999: 571-572)라고 잡담을 나누었다는 이유로 체포되기도 하였다. 이를 통해 당시 조선 민중이 체력검사에 대해 어떻게 생각하고 있었는지를 짐작할 수 있다. 이와 같이 신체검사에서 체격검사로의 변화는 학생의 몸 관리가 학교라는 제한된 공간에서 단지 학생만을 대상으로 하는 '학교의 행사'에서 '국가의 행사'로 그 성격이 변화되었음을 의미한다.

2) 성에 따른 학생 몸 관리의 차별화

남학생과 여학생의 몸은 다른 의미를 갖는 것으로 간주되었다. 신체검사는 성에 따라 차별적이었다. 근대교육에서 체육의 제도화는 남성우월주의 이데올로기에 따라 진행된 측면이 강하였다(Satina & Hultgren, 2001). 신체검사의 항목과 기록은 남학생과 여학생에 따른 성차별이 존재하지 않았지만, 구체적인 운용 지침에는 비교적 엄격한 성별 분업과 서로 다른 규칙과 평가 기준이 제시되고 있었다. 일반인도 건강을 위한 체조를 여학생이 하는 것은 아무런 의미가 없으며, 기생이나 하는 것이라는 부정적 인식을 가지고 있었다(嶽小原天眞, 1927: 85).

신체검사는 그 일차적인 목적이 군인과 노동력을 기르는 것이 목적이었으므로 남학생을 중심으로 체계화되었다. 이에 비해 여학생에게 있어서 몸 관리의 목적은 출산, 양육과 같은 생물학적 재생산에 유리한 몸 상태를 만드는 것으로 병사 만들기를 강조하던 남학생과 차이가 있었다. 국가적으로 아동은 국력의 원천으로 간주되었으며, 따라서 아동을 임신, 출산, 양육하는 어머니는 특별한 관심의 대상이었다. 장차 어머니 역할을 담당할 여학생에 대한 국가적 관심은 남학생의 그것과 사뭇 달랐다. 여학생은 남성 중심의 전체주의적이고 군사화된 국가를 위해 그리고 생물학적 재생산을 위해 동원되는 존재로 간주되었다. 출산기계와 같은 전통적인 역할이 강조되었던 것이다.

남학생에 비하여 여학생에게는 자신을 위한 몸 관리보다는 생물학적 재생산을 위한 몸 관리를 강조함으로써 여학생은 자신의 몸으로부터 자신이 소외되는 것을 경험하게 된다(Shilling, 2003: 104). 여학생의 몸은 '국민신체와 국민체력의 근간'이라는 인식이 일제강점기 내내 관통하고 있었다. 여학생은 건강한 몸으로 자녀를 생산하는 것이 가장 성스러운 일로 간주되었으며, 동시에 가정에 대한 신성한 의미를 갖는 것으로 교육받았다. 이를 위하여 여학생으로 하여금 '여성 건강의 중요성을 깨닫도록 하여 규율을 준수하고, 협동하는 습관을 기르도록 하는 것'이 여학교 체조교과의 목적이었다. 무라오카(村岡哲夫)는 여학생 몸 관리의 특수한 목적으로 다음의 두 가지를 들고 있다.

> 첫째, 여자의 임무는 강건한 자녀를 낳아 훌륭하게 길러 가정을 다스리는 데 있다. 즉, 출산, 육아, 내조라는 여자에게 부여된 천직을 다하기 위해서 소 · 청년기에 충분한 신체단련을 행하고, 건심건체(健心健體)를 연성하지 않으면 안 된다. 둘째, 여성으로서의 부덕을 함양한다. 특히 예의를 중시하고 용의를 올바로 하는 습관을 기르지 않으면 안 된다(村岡哲夫, 1941: 18-19).

1942년의 학무국의 학교체육의 지도방침에서도 '여자 생도의 체육 문제는 2세 국민들에 대한 영향이 큰 것이므로, 전반적으로 철저히 보급시켜서 국민체력 향상의 기초가 되게 할 것'(매일신보, 1942. 4. 18.)이라고 지시하고 있다. 전쟁 시기에도 여학생의 몸에 대한 시선은 변함이 없었으며, 오히려 더욱 다양하고 노골적으로 차별화되었다. 식민지의 여학생은 전쟁에 남편과 자식을 내보내는 '국군의 어머니'와 '국군의 처'라는 역할에 더하여 노동자의 역할을 요구받았다(武田誓藏, 1942). 그러나 전쟁이 격화되면서 여학생에게도 노동자와 전사로서의 역할이 강조되었으며, 여학생도 남학생과 마찬가지로 즉각적으로 현장에 투입될 수 있도록 체력장검정을 받도록 하는 등 몸 관리 체제가 변화하였다.

3) 분류된 학생 몸의 자본화

국가에 의해 관리되는 몸은 미시권력의 통제 대상이었지만, 동시에 그 자체가 다른 권력을 행사하였으며 새로운 불평등을 낳는 기능을 담당하였다. 국가는 학생들로 하여금 자발적으로 몸 관리에 참여하도록 하기 위해 다양한 유인책을 마련하였다. 예를 들어, 일제는 학교교련 이수자에게 군 복무 기간 단축이나 입시에서의 혜택 등을 제공하였다. 이는 몸이 상징적 가치를 지니는 사회적 구성물이라는 것을 의미한다. 몸이 다양한 가치로 질적으로 전환되는 육체자본의 성격을 갖는다는 점을 강조함으로써 학생의 몸이 타율적이고 강제적인 방식뿐만 아니라 자율적이고 자발적인 방식으로 관리되도록 하는 것이었다.

가꾸어진 몸은 육체자본으로 개인화(individualization)되는데, 몸의 자본화는 체력(體力)이 체력(體歷)으로 질적 전환한다는 것을 의미하였다. 예를 들어, 체력장검정을 통과한 학생은 서로 다른 체력장(體力章)을 수여받았으며, 그 결과는 학적부에 기록되었고, 입시에 활용되었으며, 취업과 관련하여 이력서를 제출할 때 자신의 몸에 관한 이력을 의미하는 '체력(體歷)'항을 별도로 기록하기도 하였다(竹之下 休藏, 岸野雄三, 1957: 134). 학생들의 몸은 등급에 따라 분류되었으며, 이렇게 분류된 몸(classified bodies)은 자본의 효과를 지니게 되었다.

이러한 것들은 모두 몸이 표준화되었기 때문에 가능하였다. 학생들의 몸은 표준화된 각종 검사를 통하여 다양하게 기록되었다. 앞서 지적한 바와 같이 학생들의 몸은 개별 학교나 지역에 국한된 것이 아니라 전국적으로 표준화되었으며 통일되었다. 몸을 단련

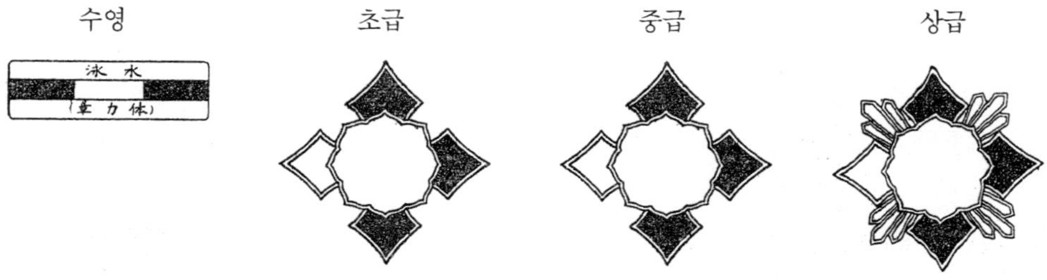

[그림 4-1] 체력장 도식(후생성, 1943: 29)

주: 상급과 중급의 가운데 거울색은 은색이고, 초급은 동색이다. 둘레의 화살촉 색은 검은색, 진한 붉은색, 진한 파란색, 흰색이다. 수영의 가운데 줄은 파란색이다.

하는 방법이나 과정도 마찬가지였다. 일제는 라디오 국민체조 등을 실시하여 학생들의 몸을 관리하는 방식을 시공간적으로 통합하기도 하였다.[15] 몸을 단련하는 체조는 방송을 통하여 동일한 시간에 전국의 학생들을 대상으로 하는 형태로 운영되었다. 전국의 모든 학생들은 같은 시간에 같은 방식으로 몸을 관리해야 했고, 그러한 활동은 검사를 통해 확인받았으며, 그 결과는 학적부에 기록되었다.

신체검사 결과의 가장 대표적인 활용은 입시에서의 활용이었다. 1927년에 일본은 지육중심의 입학시험이 학생들의 신체를 허약하게 하고 심신에 부정적인 영향을 미치며 입신출세주의를 강화한다는 이유를 들어 선발시험 중심의 입시제도로 변화시켰다. 그 주된 내용은 내신과 신체검사를 강화하는 것이었다. 신체검사가 상급학교 입학을 위한 주요 조건이 되었다. 신체검사가 입시에서 중요하게 취급되면서, 학생의 몸은 자본으로서 의미를 강하게 갖게 되었다.

1934년부터 전문학교 이상의 입학시험에서는 사상과 체육검사에 중점을 두었고, "체조를 못하는 사람은 대학에 입학을 불허한다."라는 독일의 새로운 교육정책이 소개되었으며(조선중앙일보, 1935. 3. 30.), 학과성적이 우수하더라도 '사상이 건실하지 않은 자와 국체관념(國體觀念)이 부족하다고 판단되는 자'는 입학을 시키지 않을 것을 결정하였다(동아일보, 1934. 2. 4.). 특히 1937년에 내신제가 도입되어 실시되면서 학생들의 성적뿐만 아니라 성행, 신체조건 등은 자세하게 학적부에 기록되었으며, 이러한 자료는 중등학교 진학과 관련하여 서열화되어 반영되었다(손준종, 2006). 이처럼 학생의 몸은 개인적으로 상징적 가치를 지니는 육체자본의 성격을 갖게 되면서, 학생들은 국가의 강요된 몸 관리를 수동적으로 받아들이는 상태에 그치지 않고, 적극적으로 자신의 몸을 표준화된 기준에 자발적으로 맞추는 자기통제와 감시의 능력을 지녔을 가능성이 커졌다(Nettleton, 1997: 214).

4) 학생 몸 관리와 통제의 가시화

몸의 규격화는 학생들의 삶의 표준화로 자연스럽게 이어지는 경향이 있다. 학생들의 몸의 변화는 쉽게 드러나지 않는다는 특징이 있기 때문에, 식민지 조선학생들의 몸은 신체검사와 체력검사 등을 통하여 계속해서 가시화되고, 식민지 백성에 합당한 '순종하는

[15] 일본에서 라디오체조(일명 국민보건체조)는 1938년부터 실시되었다.

몸(docile body)'으로 새롭게 변화되어야 했다. 이러한 몸의 표준화는 다양한 교육적 실천을 통해 구체화되는데, 학생 복장의 표준화도 그중의 하나다. 1938년 4월에 일본 후생성은 국민복(國民服)을 제정하였다. 일본에서 국민복을 지정한 것은 정치적 의도뿐만 아니라 경제적 이유가 강하였다. 일본은 양모(羊毛)의 대부분을 호주로부터의 수입에 의존하고 있었는데, 이들 국가가 행한 수출 금지로 인하여 일본 내 목면업이나 염색업자들이 어려움에 봉착하고 있었다.

이러한 상황을 타개하기 위하여 일본 정부는 인조섬유인 스파(스태플 파이버, staple fiber, スパ)의 사용을 장려하였으며, 1936년부터는 이 재료로 만든 정부 부처의 제복을 제정하여 반강제적으로 입도록 하는 복장 통일 운동을 전개하였다(大阪朝日新聞, 1936. 10. 27.). 학생들의 교복도 스푸(スフ)를 목면과 혼용하여 만들도록 하였다. 1939년 12월 동경에서는 문부성 관계자, 육군성 의류과장, 상공성 양모 생산과장, 동경부 시학관, 후생성 관계자 등이 모여 학생복 통일을 위한 학교제복간담회를 개최하였으며, 전시하 국민의 확고한 신념을 보이고 학생으로 하여금 '실질강건(實質康健)'의 기풍을 양성하기 위하여 통일된 학생복에 대한 의견을 그해 연말까지 모으기도 하였다(동아일보, 1939. 12. 21.).

조선에서도 일본에서의 국민복 움직임에 영향을 받아 복장 통일 운동이 전개되었다. 그러나 조선에서는 일본보다 앞서 1933년 10월에는 피복협회 조선지부가 주축이 되어 피복통일 운동을 전개하였으며, 학교, 조선군사령부, 조선육군장교, 전조선금융조합, 경성전매지국 등이 모두 갈색으로 복장을 통일하였다. 1937년 11월에는 전라남도 학무국에서 처음으로 여교원의 복장규정을 제정하여, 여교원의 제복이 사치스럽지 않고 명랑, 활발, 강건 기풍을 드러낼 수 있도록 강건색(剛健色)을 장려하였다(동아일보, 1937. 11. 14.).[16] 조선총독부는 교학을 쇄신하기 사치스럽지 않고 실용적으로 교원의 복장을 바꾸는 것이 필요하다고 주장하였다(매일신보, 1937. 6. 24.). 일본에서는 1940년 비상시에 군복으로 활용이 가능하도록 교복을 국방색(國防色)으로 통일하였지만, 조선총독부는 이보다 앞서 국민복령(國民服令)을 공포하여 1938년 8월부터 국민복의 착용이 강제되었으며, 남성의 경우 관리, 교원, 학생 모두 전시복으로 국민복 착용이 의무화되었다. 개인의 자유와 선호라는 이유로 다양한 반대에 직면한 일본과 달리 조선에서의 제복 통일은 전

[16] 당시 전라남도 학무국은 여교원의 복장이 지나치게 화려하여 불량한 여성과 구분이 불가하다는 이유로 허리에 밀착된 스커트, 색채가 화려한 조선의 부인복, 굽이 너무 높은 하이힐, 너무 긴 저고리 끈, 썼다기보다는 머리에 살짝 올려놓은 것 같은 모자 등과 같은 복장을 금지하였다.

면적으로 실시되었다는 특징이 있다.[17]

조선총독부는 1939년 2월에는 전문학교 학생의 복장을 국방색으로 통일하였다. 1939년 3월에는 경기도에서 처음으로 중학교에 입학하는 남학생의 교복이 국방색으로 통일되었다. 총독부의 정책에 따라 교복을 통일하였는데, 옷과 모자, 각반은 국방색으로 하였으며, 깃은 세웠고(たりえり), 단추는 쇠단추로 하였다. 구두는 돼지가죽으로 하였으며, 모양은 자유로 하였다(동아일보, 1939. 3. 23.). 교복의 통일은 남학생을 대상으로 먼저 실시되었다. 교복의 통일이 더디게 진행된 일본과 달리 조선에서의 교복 통일은 신속하게 진행되었다. 1942년에는 학생의 제복 규정을 다시 수정하였는데, 전시에 부족한 옷감을 절약하기 위한 것으로 국방과 위생에 초점을 맞추어 새로운 복장 규정을 마련하였다. 여학생의 제복이 세일러복에서 간단한 것으로 바뀌었으며, 몸빼(モンペ)를 변형하여 교복으로 착용하는 것도 허용하였다. 교복은 학생의 몸 관리와 밀접한 관련이 있었는데, 비가시적인 몸을 가시적으로 통제하고 관리하기 위해 학생들을 균질하게 만든 규율체제의 일종이라고 할 수 있다.

4. 결론

근대국가는 학생의 몸을 국가의 자산으로 간주하였다. 국가 생존에 필수적인 군인과 노동력을 효과적으로 공급할 수 있는 공간으로 학교를 주목하고, 학생을 잠재적인 국가의 동원 대상인 국가신체로 규정하였다. 근대교육에서 학생의 몸 관리는 일제로부터 많은 영향을 받았다. 일본은 근대적 교육제도 도입 이후 '양병즉양민(良兵卽良民)'이라는 모토 아래 학생의 몸을 국가신체로 규정하고, 적극적으로 통제하고 관리하였다. 이러한 규정은 학교에서의 학생 몸 통제와 관리의 근간을 이루었다.

일제는 국민의 생명과 건강을 국가의 생존과 연결하여 바라보았으며, 특히 전쟁 수행에 필요한 건강한 군인과 노동력을 양성하고 공급하기 위하여 개인의 몸을 관리하였다. 신체검사, 체조, 위생학, 운동회 등은 모두 이와 같은 개인의 신체에 대한 규율화를 목적으로 하는 것들이었다. 개인의 신체를 전쟁과 경제를 위한 사회적 자원으로 효과적으로

---

[17] 교복이 국방색으로 통일된 이후 1938년 11월에는 평양농업고등학교 3학년 학생들이 '교복이 너무 흉하다.'는 이유로 동맹휴학을 하기도 하였다(동아일보, 1938. 11. 29.).

활용하기 위하여 일제는 적극적으로 개인의 몸에 대한 관리에 나선 것이다. 조선의 학생에 대한 몸 통제와 관리의 목적은 일제 식민지 지배를 자발적으로 정당화하고 식민지 정책에 적극적으로 동원될 수 있는 군사력과 노동력을 효율적으로 양성하는 것이었다. 일제가 조선학생의 몸을 적극적으로 관리한 것은 국민신체를 만들어 강건한 군인을 길러내고자 하는 것이었는데, 이는 일본 제국주의 전체 인구의 1/4을 차지하는 조선이 가장 중요한 군인과 노동력의 공급처였기 때문이었다. 따라서 일제는 매우 적극적으로 조선 학생의 몸 관리에 나섰으며, 조선의 학생은 이러한 몸 관리 양식을 자발적으로 내면화하였다.

이러한 몸 정책의 중심에는 신체검사가 자리하고 있었다. 신체검사는 근대적 규율 장치의 일종이었으며, 학교에서의 학생의 몸 관리는 사회적 검열체제의 한 형태였다. 학생들은 학교에 의해 주기적으로 행해지는 몸 검열에 자연스럽게 익숙해졌고, 그러한 일련의 활동을 통하여 식민지 아비투스를 내면화하게 되었다. 이러한 몸 관리 양식은 국가보다는 자본가의 요구에 따라 학생들을 길들이는 전통을 가지게 되는 경향이 있었던 서구와는 그 성격에 있어서 차이가 있었다.

일제에 의한 학생 몸 통제와 관리 양식은 1938년을 기점으로 그 성격이 근본적으로 변화하였다. 1938년 이전에는 학생을 예비 전력으로 간주하여 체조와 신체검사를 중심으로 몸 관리를 하였다. 건강 증진, 위생, 체위 향상이 몸 관리의 주요 목적이었으며, 이를 위하여 체조와 유희 등이 활용되었다. 그러나 1937년 중일전쟁으로 인하여 학생은 즉시 전장에 투입될 전력(戰力)으로 간주되었으며, 몸 통제와 관리도 교련, 무도를 중심으로 이루어졌다. 신체검사와 별개로 체력장검정이 실시되기도 하였다. 이러한 변화에도 불구하고 일제강점기를 관통하는 학생 몸 통제와 관리의 주된 목적은 황국신민으로서의 국체(國體)를 형성하는 데 있었다. 또한 학생 몸 통제와 관리 양식은 더욱 세밀화 · 표준화되었으며, 학생들의 자발적인 몸 관리를 내면화한 규율체제로 변화하였다. 아울러 성에 따라 몸 통제가 차별화되었다. 몸 관리를 통해 군인과 노동자로 성장하는 남학생에 비해 여학생은 국체 생산의 모체로 강조되었으며, 생물학적 재생산을 위한 몸 관리가 적극적으로 요구되었다. 학생 몸의 자본화가 나타나기 시작하였다. 국가에 의한 몸 관리체제에 학생들이 자발적으로 참여하도록 몸 관리 결과를 비교 · 분류 · 서열화함으로써 입시와 취업 등에서 유리하게 작용하는 자본으로 기능하도록 하였다. 또한 학생 몸의 가시적 통제를 위하여 국방색의 통일된 교복 등을 제정하여 입힘으로써 가시적으로도 균질화된 학생을 생산하고자 하였다.

사실, 이러한 학생 몸 통제와 관리 양식의 대부분은 해방 이후에도 그대로 이어졌다는 특징이 있다. 일제에 의한 학생 몸의 군인화(軍人化)와 군사화(軍事化)는 해방 이후에도 단절되지 않고 연속성을 보이고 있다. 따라서 해방 이후 한국 정부에 의한 학생들의 몸 관리와 통제의 질적 전환 과정에 대한 후속연구가 절실히 요망된다. 학생들의 몸 관리와 통제가 해방 이후에 어떠한 과정을 거쳐 변형되고 제도화되었으며, 그것이 어떠한 역사적 근거를 가지는가에 대한 심층적인 이해가 필요하다.

제 2 부

교육정책의 사회적 풍경

제5장

고교다양화 정책: 중등학교의 수평적 계층화

사회적 분류체계는 힘의 수단이어서
어떤 집단의 이해를 만족시키는 방향으로
드러내 놓고 혹은 암암리에 지향되어 있다.
–부르디외(Bourdieu, 1995)

이명박 정부는 고등학교의 선진화를 위한 '고교다양화 300프로젝트'를 추진하였다. 고등학교 다양화 정책은 복잡하게 구성되어 있는 고등학교 유형과 체제를 일반계고등학교, 특성화고등학교(전문계고, 전문계 특목고, 특성화고), 특수목적고등학교(과학고, 외국어고와 국제고, 예술 · 체육고, 마이스터고), 자율형고등학교(자율형 공 · 사립고, 기숙형고) 등의 네 가지 유형으로 정비하는 것이었다(교육과학기술부, 2009. 12. 10.). 교육 당국은 이 프로젝트를 통하여 고등학교를 교육목적, 교육내용 그리고 학교의 운영 방식 등에 따라 질적으로 다양화하고 학습자의 선택권과 학교운영의 자율성을 증대하며 나아가 교육의 질을 제고하는 것이 가능하다고 주장했다(교육과학기술부, 2008. 12. 29.). 뿐만 아니라 고교평준화가 그동안 교육의 질을 저하시키고 학습자의 교육선택을 제한했다고 비판하면서 평준화의 틀을 벗어던지고 '탈평준화(de-comprehensive)'[1]를 지향하는 다양화 정책이 고등학교 교육문제를 해결할 합리적 방안이라고 주장했다.

고교다양화 정책은 고등학교를 수평적으로 '분화'하고 '다양화'하는 것이다. 일반적

[1] 여기서는 고교다양화 정책이 평준화의 이념적 기조를 해체한다는 점에서 '탈평준화' 라는 표현을 고교다양화와 같은 의미로 사용한다.

으로 교육제도는 수직적으로뿐만 아니라 수평적으로 위계화되어 있다. 동일한 교육단계에서 진행되는 학교의 수평적 다양화는 원리상 교육의 비위계적인 기능적 분화를 전제로 하지만, 분화된 학교가 교육내용, 교육접근 그리고 진로 등에서 차별성을 드러낸다는 점에서 일류 혹은 이류 학교처럼 '수평적으로' 계층화되어 있는 것이다. 이런 점에서 교육제도의 수평적 분화는 동일한 수준에서의 교육을 질적으로 차별화하는 '수평적 계층화(horizontal stratification)'를 의미한다(Gerber & Cheung, 2008; Gerber & Schaefer, 2004; Millot, 1982).

한국의 고등학교는 대학서열화 못지않게 심각한 계층 구조를 보이고 있다. 지난 2007년 7월에 서울시에 위치한 K공업고등학교는 이전 예정 지역의 주민들로부터 이전을 거부당하였다. 지역주민들은 공업고등학교가 혐오시설이라는 이유를 들어 이전을 거부하였으며, 해당 학교는 폐교 위기까지 내몰리게 되었다.❷ 이로부터 2년이 지난 2009년 7월에는 인천경제자유구역의 청라지구로 이전할 예정이었던 인천의 P전자공업고등학교가 마이스터(Meister) 고등학교로 지정되었음에도 불구하고, 부동산 가격을 떨어뜨리는 흉물이라는 이유로 청라지구 아파트 입주 예정자들이 반대한 까닭에 이전이 무산되는 일이 발생하였다(한국경제신문, 2009). 교육을 담당하는 학교가 혐오시설로 간주되어 지역사회로부터 거부되는 현실은 매우 충격적이다.

그러나 모든 고등학교가 지역사회로부터 이러한 부정적 평가와 대접을 받는 것은 아니다. 지역사회로부터 병리적인 것으로 간주되는 전문계고와 달리 특목고나 자사고 그리고 자율고 등은 지역에서 자발적으로 유치하고자 한다. 행정가나 정치인들은 지역주민들의 표를 얻기 위하여 특목고나 자사고 등의 지역사회 유치를 선거 공약으로 내세우기도 한다(김행수, 2008. 4. 18.).❸ 이처럼 고등학교 유형에 따른 지역사회의 상반된 반응은 이들 학교들이 비록 동일한 중등교육단계에 속하기는 하지만 학생 선발의 정도, 학생들의 학업성취 수준, 상급학교 진학과 취업 행태 등은 물론이고 재학생의 사회적 배경, 학교에 대한 사회적 평가나 주관적 기대 등에서 수평적으로 계층화되어 있음을 암시한다.

그런데 문제는 교육제도의 수평적 분화를 통해 학교의 다양화를 목표로 하는 '고교다양화 300프로젝트'가 이러한 교육현실로부터 자유롭지 않으며, 기존의 수평적 계층화를

---

❷ K공업고등학교는 이듬해인 2008년에 방송영상 콘텐츠 분야 특성화고등학교로 교명을 변경하였다.

❸ 2008년 국회의원선거에서 서울지역 48개 지역구 당선자 중에서 자립형 사립고등학교를 선거공약으로 내건 당선자는 26명, 특수목적고등학교 신설이나 유치를 공약으로 내건 당선자는 21명에 이른다(김행수, 2008. 4. 18.).

더욱 심화시킬 잠재적 위험성을 내포하고 있다는 것이다. 고등학교 구조의 분화는 교육제도 내부에서 저절로 일어나는 자연스러운 현상이 아니며, 사회적이고 정치적인 선택의 산물이다. 또한 교육정책의 수립과 집행 과정에는 특정 계급의 이해관계가 반영되어 있을 수 있다. 때문에 교육정책의 사회적 · 정치적 성격을 고려하지 않고 단순히 교육 내부의 문제로 축소하여 교육정책을 이해하는 것은 적절하지 않다(Ball, 2008; Whitty, 2002).

주지하는 바와 같이 경쟁과 선택, 자율과 책임, 효율과 생산성 그리고 교육선진화를 강조한 이명박 정부는 이전의 김대중, 노무현 정부에서 추진한 많은 교육정책을 좌파 정책으로 규정하고 근본적으로 재검토하였다. 그 결과, 고등학교 체제가 평등주의, 능력주의, 기회주의 그리고 통합주의를 이념적 기저로 하는 평준화에서 경쟁적 개인주의와 학습자 자유, 시장주의 그리고 분리주의를 특징으로 하는 탈평준화 체제로 재편되었다. 그렇다면 자율, 다양화, 교육의 질 그리고 선택권 확대를 그 정당화 논리로 내세우면서 고등학교를 수평적으로 분화하고 있는 고교다양화 정책은 어떤 역사적 · 사회적 배경에서 도입되었으며, 그 성격은 어떻게 이해할 수 있는가?

지금까지 교육제도의 수직적 계층화에 비해 동일한 교육단계에서 교육제도의 질적 분화의 성격을 분석하고 그 의미를 천착하는 일은 소홀하였다. 이는 사회적 성공을 위해서는 무엇보다 상대적 교육수준을 높이는 것이 관건이라는 학교교육의 효과에 대한 대중적 신념에 기인하는 바가 크다. 오랫동안 '어떤 유형'의 교육을 받았느냐 하는 것보다 '얼마나 많은' 교육을 받았느냐 하는 것이 더욱 중요하였고, 때문에 교육이수연한을 지속적으로 높이기 위한 상급 교육단계로의 진학경쟁은 당연한 선택이었다.

그러나 진학경쟁으로 특정 교육단계의 학생이 포화상태에 이르게 되면 해당 졸업장의 지위가치가 추락하는, 이른바 학력 인플레이션과 디플레이션이 동시에 일어나게 된다. 이런 상황에서 특히 다른 계급에 비해 상대적으로 앞서 교육을 경험한 집단은 자신들의 사회적 지위의 안정적 재생산을 위협하는 학력자본의 가치 하락을 매우 참기 힘들어한다(Bourdieu, 1988: 163). 이들은 교육효과의 정체 상황을 타개하기 위하여 교육제도를 계속해서 수직적으로 계층화하고, 그렇게 계층화된 교육제도의 정점을 향해 다른 계급보다 앞서 신속하게 이행하고자 한다. 그런데 교육제도를 수직적으로 무한정 확장하는 것은 가능하지 않다는 데 문제가 있다(Millot, 1982). 교육제도의 수평적 분화는 이러한 교육팽창의 역설 상황에서 지배 계급이 선택한 전략의 일환이라고 할 수 있다. 즉, 지배 계급은 그들의 이익을 극대화하기 위해 학교 분화에 많은 영향을 미치고(Saar, 1997), 나아가 위계적으로 계층화된 교육제도를 선호하는 경향이 있는데(Rubinson, 1986), 수평적 분화도 이런 맥락에서 접근할 필요가 있는 것이다.

이 장에서는 고교다양화 정책을 교육팽창으로 인한 졸업장의 가치 하락과 교육제도의 수직적 성장과 분화의 한계 그리고 이로 인한 계급 재생산 위기에 대처하기 위한 계급 전략으로 가정한다. 더불어 고교다양화 정책으로 인한 고등학교 체제의 변화를 교육 내부의 요인보다는 계급실천의 문제로 접근하는 것이 타당하다는 점을 강조한다.

1. 고교다양화 정책의 내용

정부 발표에 따르면 '고교다양화 300프로젝트'는 고등학교 체제를 학부모의 학교선택권 확대, 수월성 교육과 학교 간 교육경쟁 유도, 고교 입학전형의 개선과 사교육비 부담 완화, 그리고 자율성과 다양성 제고를 위해 개편하는 것이었다(교육과학기술부, 2009. 12. 10.).[4] 교육의 수월성 제고, 실질적 교육경쟁 유도, 학부모 학교선택권 확대, 일반고의 교육력 개선, 상향 평준화, 입시제도 개선 등은 고등학교 체제 개편을 주도하고 있는 핵심 담론들이다. 「초 · 중등교육법 시행령」에서는 고등학교를 교육과정 운영과 학교 자율성에 따라 일반고, 특목고, 특성화고, 자율고 등의 네 유형으로 구분하고 있다(「초 · 중등교육법 시행령」 제76조의2). 고교다양화 정책에 따라 개편된 고등학교의 유형은 〈표 5-1〉과 같다.

고교다양화 정책에 따른 새로운 고교 체제의 특징은, 첫째, 교육과정과 학교 운영의 자율성이 상대적으로 적은 일반고와 그렇지 않은 고등학교(특목고, 특성화고, 자율고)로의 구분, 둘째, 교육과정 운영의 자율성에 있어서 학교 간 차별화(자율형 공립고와 특성화고는 국민공통교육과정 35% 범위 내에서 연간 수업 시수 조정, 자사고와 마이스터고는 50%까지 가능), 셋째, 직업 관련 전문교육을 담당하는 학교를 학생 수준에 따라 마이스터고와 직업교육 특성화고 그리고 일반 전문고로의 구분, 넷째, 대안교육의 제도교육으로의 통합 등을 들 수 있다.

그렇다면 이와 같은 고교다양화는 어떻게 이해할 수 있는가? 커크호프(Kerckhoff, 2001)는 교육제도의 분화 유형을 계층화(stratification), 표준화(standardization), 직업적 전문화(vocational specificity) 그리고 학생선택(student choice)으로 구분한다. 먼저, 계층화란

[4] '고교다양화 300프로젝트'는 '학생과 학부모의 선택이 교육의 다양성과 창의성을 살린다.'는 원칙 아래 기숙형 공립학교 150개교, 마이스터고 50개교, 자사고 100개교 설립을 계획하고 있으며, 이 프로젝트에 포함되지 않은 학교는 고교특색살리기 플랜으로 지원하고 있다.

〈표 5-1〉 법에 규정된 고등학교의 유형과 교육목적

<table>
<tr><th colspan="2">구분</th><th>교육목적</th><th>기타(학교 수)*</th></tr>
<tr><td colspan="2">일반고</td><td>특정 분야가 아닌 다양한 분야에 걸친 일반적인 교육을 실시하는 고등학교(「초 · 중등교육법 시행령」 제76조의2)</td><td>1,534개교</td></tr>
<tr><td rowspan="6">특목고</td><td>과학고</td><td>과학 인재 양성을 위한 과학계열의 고등학교(제90조 5항)</td><td>21개교</td></tr>
<tr><td>외국어고</td><td>외국어에 능숙한 인재 양성을 위한 외국어계열의 고등학교(제90조 6항)</td><td>30개교</td></tr>
<tr><td>국제고</td><td>국제 전문 인재 양성을 위한 국제계열의 고등학교(제90조 6항)</td><td>4개교</td></tr>
<tr><td>예술고</td><td>예술인 양성을 위한 예술계열의 고등학교(제90조 7항)</td><td>27개교</td></tr>
<tr><td>체육고</td><td>체육인 양성을 위한 체육계열의 고등학교(제90조 7항)</td><td>15개교</td></tr>
<tr><td>마이스터고</td><td>산업계의 수요에 직접 연계된 맞춤형 교육과정을 운영하는 고등학교(제90조 10항)</td><td>21개교</td></tr>
<tr><td colspan="2">특성화고</td><td>소질과 적성 및 능력이 유사한 학생을 대상으로 특정 분야의 인재양성을 목적으로 하는 교육 또는 자연현장실습 등 체험위주의 교육을 전문적으로 실시하는 고등학교(제91조)</td><td>직업교육(183개교) 및 대안교육(22개교) 특성화고</td></tr>
<tr><td rowspan="2">자율고</td><td>자율형 사립고</td><td>교육과정을 자율적으로 운영할 수 있는 고등학교(제91조의3)</td><td>49개교</td></tr>
<tr><td>자율형 공립고</td><td>교육과정을 자율적으로 운영하는 고등학교(제91조의4)</td><td>44개교 5년 이내로 지정 운영</td></tr>
</table>

* 학교 수는 2009년도 자료임.

교육과정의 수준에 따라 학교가 분화되는 것을 말한다. 즉, 동일한 교육단계에 속한 학교라 하더라도 교육과정의 수준을 질적으로 차별화시켜 다양하게 분화되는 경우다. 이러한 학교 계층화는 상급학교의 진학 기회에 많은 영향을 미치고, 학교 간 학생 이동이 제한적이라는 특징이 있다(Kerckhoff, 2001: 4-5). 동일 교육단계의 학교가 수평적으로 분화되고 계층화되는 것은 질적으로 다른 교육경험과 교육자격에 대한 요구 때문이다(Brown, 2003; Lucas, 2001; Millot, 1982). 특정 교육수준이 진학한 학생들로 양적 포화상태에 이르면, 해당 교육수준에 진학했느냐 여부보다는 어떤 계열 또는 어떤 학교에 진학했느냐 하는 것이 더욱 중요하게 된다.

루카스(Lucas, 2001)는 교육제도의 양적 팽창이 보편화되어 한계에 이르면 자연스럽게 질적 분화로 이어진다는 EMI(Efficiently Maintained Inequality) 가설을 제시하고 있다. 교육팽창으로 줄어든 학력자본의 계급 간 차이에 대신하여 교육의 질과 유형에 따라 차별적인 학력자본을 부여함으로써 계급 간 차이를 유지한다는 것이다. 이런 점에서 교육과정의 차별화를 특징으로 하는 고교다양화도 학교를 수평적으로 계층화하는 분화의 일종이라고 할 수 있다.

다음으로, 표준화는 동일한 교육과정과 졸업자격을 부여하는 것으로 계층화와 반대된다. 표준화는 교사의 자격, 학교예산, 교육과정, 학교졸업자격 등 교육의 질을 결정하는 기준들이 국가적으로 표준화되어 있는 정도를 말한다(Kerckhoff, 2001: 6). 예를 들어, 평준화는 일반고를 표준화하여 일류와 이류로 구분되던 학교의 계층화를 무력화하는 한편, 모든 고등학교 학생의 졸업 자격을 통일하고 동질적인 것으로 가정함으로써 학교 간 차이를 인정하지 않는다. 이에 반해 고교다양화 정책은 학교 간 질적 차이를 강조하고 탈평준화를 추진함으로써 표준화와 거리가 있는 분화 형태를 보인다.

직업적 전문화는 교육과정이 직업 준비와 관련되는 정도, 직업과 관련된 자격을 부여하는 정도 그리고 그 자격이 얼마나 취업과 밀접한 관련을 맺고 있느냐의 정도를 말한다(Kerckhoff, 2001: 7). 직업적 전문화에 따라 교육제도가 분화되면 학생이 어느 고등학교에 입학하느냐에 따라 어떤 직업 세계로 진출할 것인가를 예견하는 것이 가능하다. 이러한 직업적 전문화는 교육제도의 계층화 정도가 높거나 복선형 구조를 보이는 경우에 나타나는 분화 유형이다. 한국의 경우 전문계 고등학교는 일반계 고등학교에 비해 직업적 전문화의 정도가 높지만, 실제로 노동시장으로 이행 비율이 낮고 학생의 진로도 직업적 요구가 아니라 학업성취도에 따라 결정됨으로써 직업교육 기관으로서의 기능을 상당 부분 상실했다고 볼 수 있다. 고교다양화 정책은 이러한 문제의 해결을 위하여 일반교육과 직업교육의 복선형 체제를 강화하고, 직업교육을 목적으로 하는 고등학교를 직업전문화에 따라 마이스터고(산업 맞춤형 실무 기술 인재), 특성화고(학생 소질과 적성에 따른 특화교육), 전문계고(실무 기술 인재), 일반고(직업과정) 등으로 계층적으로 분화하고 있다.

마지막으로, 학생선택이란 교육제도가 학생들에게 대안적 교육경로를 선택할 수 있는 기회를 어느 정도 제공하느냐를 말한다. 학생이 학교 안팎에서 다양한 교육경로를 선택할 기회가 많을수록 교육제도가 유연하다는 것을 의미한다(Kerckhoff, 2001: 8). 직업교육을 목적으로 하는 전문계고의 재학생에게 취업 이외의 대안적 교육경로가 얼마나 다양하게 제공되어 있느냐 또는 일반고에서 자사고 등과 같이 다른 유형의 학교로 전학 혹은 편입학하는 것이 어느 정도 가능한가 등을 말한다. 예컨대, 독일과 같은 복선형 교육제도에서는 상대적으로 대안적 교육경로를 선택할 자유가 제한되어 있으며 교육제도의 유연성이 부족하다는 특징이 있다. 한국의 경우 「초 · 중등교육법 시행령」(제89조 고등학교의 전학 등)에 따르면 일반고는 교장의 권한에 따라 전학 및 편입학이 가능하지만, 특목고 · 자사고 · 후기 자율학교로의 전학이나 편입학 등은 교육감이 고시하는 기준과 규칙에 따르도록 함으로써 학생들의 학교 간 이동이 제한되어 있다.

이와 같은 교육제도의 분화는 그 유형에 따라 추구하는 목적과 기능이 다르다. 미즈와 반 드 베르호스트(Mijs & van de Werhorst, 2008)는 교육제도의 기능을 ① 모든 학생에게 평등한 교육기회를 제공하는 '평등 기능', ② 학생들을 효과적으로 분류하고 학생들의 재능을 극대화하는 '효율성 기능', ③ 학생들에게 적합한 실용적 지식과 기술을 가르쳐 효과적으로 노동시장으로 내보내는 '배치 기능', ④ 적극적 시민의식을 갖추도록 지식과 기술을 교육하는 '시민의식 기능'으로 구분하고, 이러한 기능에 따라 교육제도 분화 유형과의 관계를 설명하고 있다. 이 연구자들에 따르면 교육제도는 이러한 네 가지 기능을 동시에 똑같이 담당하지 않으며, 학생과 학부모들의 기대와 요구 또한 다양하다. 따라서 정부는 다양한 기능에 우선순위를 부여하고 그것에 따라 교육제도의 분화 유형과 방향을 결정하게 된다.

이렇게 볼 때, 고교다양화 정책은 ① 교육과정의 자율성에 따라 학교 '간' 다양성을 추구하는 학교의 수평적 계층화, ② 마이스터고와 같이 전문교육을 담당하는 학교를 신설하여 직업적 전문화를 강조하고 대학진학보다는 취업과 더욱 밀접하게 연계함으로써 일반교육과 전문교육의 복선형 체제, ③ 교육력 제고를 위하여 영어와 과학 등의 교과 중점학교를 운영하는 등 일반고를 수준에 따라 분화하는 '탈'표준화, ④ 학생집단을 소질과 적성 그리고 능력에 따라 동질 집단으로 편성함으로써 교육경로의 선택 기회를 제한하는 등의 특징을 가지고 있다. 지금까지의 내용을 정리하면 〈표 5-2〉와 같다.

〈표 5-2〉 교육제도의 분화 유형과 교육기능과의 관계

교육제도 분화 유형	고교다양화 정책	교육기능			
		평등	효율성	배치	시민의식
계층화	+	−	+	+	−
표준화	−	+	+	+	+
직업적 전문화	+	−/+	−/+	+	−
학생선택	−/+	+	+	+	?

+: 교육제도의 특징이 교육목표에 긍정적 영향을 미칠 경우
−: 부정적 영향을 미칠 경우
−/+: 긍정적이고 부정적 영향을 미칠 경우
?: 효과가 명확하지 않을 경우
출처: Mijs와 van de Werfhorst(2008: 9)의 표에 고교다양화 정책 추가함.

2. 고교다양화 정책의 사회적 배경: 평준화에서 탈평준화로

고교다양화 정책 이전의 한국 고등학교 체제의 근간은 박정희 정부에 의해 1974년부터 실시된 평준화 정책이었다. 고교평준화는 도입 이후 줄곧 그 존폐를 둘러싼 다양한 논쟁의 중심에 있었다. 그러나 고교평준화는 다양한 비판에도 불구하고 실시 지역의 확대와 축소를 반복하면서 40여 년 이상 지속되어 왔다. 고교다양화 정책은 1974년 이래로 한국 고등학교의 구조를 규정하였던 평준화를 해체하여 '탈'평준화하는 것을 지향하였다. 이명박 정부는 평준화를 극복의 대상으로 설정하고, 고교다양화 정책을 통하여 평준화를 대체하는 새로운 고등학교 체제를 구축하였다. 그렇다면 탈평준화를 지향하는 고교다양화 정책은 어떤 사회적 배경 아래에서 도입되어 추진되었는가?

선진화를 위한 '신'발전전략으로서 고교다양화

한국에서 교육은 정치적 동원의 주요 대상이었다. 평준화 정책을 도입한 1970년대 초반의 박정희 정부는 국가 주도의 산업화를 통해 경제발전을 추구하는 것을 목표로 하는 발전국가(the development state)였다. 발전국가는 경제성장을 가장 중시하며, 발전에 필요한 교육, 자본, 사회를 권위적으로 동원하고 전략적으로 배치할 수 있는 능력을 갖춘 국가다. 때문에 시장과 시민사회는 모두 강력한 발전국가의 통치 아래 있었으며, 심지어 국가가 시장과 시민사회를 형성하고 지도하였다(임혁백, 1994). 정치적 및 사회적으로 발전국가는 '개인의 이익이나 자유보다는 전체적이고 집단적 이익을 성스러운 것으로 인식하고 공동체의 이익과 집단적 보편성을 강조'한다(이연호, 1999: 290). 따라서 발전국가 시기에 도입된 평준화는 '정치우선성(primacy of politics)'을 강조하는 국가중심 관점으로 설명하는 것이 타당하다(박광주, 1992).

평준화는 인문계 고등학교 입시를 기존의 일류 명문고 중심의 선발에서 교육청 주도의 추첨에 의한 학생 배분 방식으로 바꾸는 것이었다. 특히 인문계 고등학교의 학군을 설정하고, 연합고사를 실시하여 입학 자격자를 선발한 후, 학군별 추첨으로 학생을 학교에 임의로 배정하는 것이었다(문화교육부, 1988). 평준화는 학생을 능력에 따라 학교를 분리하는 것보다는 다양한 능력의 학생을 통합하는 것이 바람직하다는 '평등주의'와 모든 학생에게 고등학교 교육기회를 제공해야 한다는 '보편주의'를 정책이념으로 하였다.

평등주의와 보편주의를 핵심 가치로 하는 고교평준화는 1969년부터 실시된 중학교 무시험제도로 인해 늘어난 고등학교 교육수요와 과열 경쟁과 사교육 문제에 대한 타당한 방안으로 비교적 폭넓은 대중적 지지를 받았다. 일반계고와 달리 실업계고는 경제성장에 필요한 산업역군 양성을 담당하였기 때문에 정부의 산업화 정책으로부터 많은 영향을 받았다. 가난하지만 우수한 학생들이 실업계고에 상대적으로 다수 진학하였으며, 이들에게 실업계고는 먹고 사는 문제와 상급학교 진학이라는 두 가지 문제를 해결할 수 있는 일종의 '안전판(safety net)'이었다. 이렇듯 평준화는 교육기회의 평등을 위한 국민들의 아래로부터의 요구가 아니라 정치적 정통성 위기를 극복하기 위해 발전국가를 지향한 박정희 정부가 채택한 통치 전략의 일환이었던 것이다.

평준화 중심의 고교 체제는 국가가 발전국가의 틀을 벗기 시작한 1980년대 중반까지 비교적 안정된 형태를 유지하고 있었다. 1985년 3월에 대통령 직속 교육정책 자문기구로 설치된 교육개혁심의회에서는 교육의 질과 수월성 제고를 위해 고등학교 입시제도를 개편하는 것이 필요하다고 주장하였는데, 이것은 평준화의 목표와 이념을 근본적으로 문제시한 것이었다(박부권, 1994: 15). '평둔화(平鈍化)'와 교육의 수월성 침해는 평준화 도입 초기부터 계속해서 제기된 평준화 비판의 핵심이었다. 평준화에 대한 단속적인 비판에도 불구하고 평준화 정책은 수월성 요구를 제한적으로 반영하는 수준에서만 변화가 있었다. 예를 들어, 특정 분야에 소질과 적성이 있는 학생을 조기 발굴하여 학습자의 선택권 확대 요구에 부응하기 위해 설립된 예술고(1974년), 체육고(1974년), 과학고(1983년) 등의 신설이 그것이다.

이후 평준화 중심 고교 체제에 근본적인 변화의 조짐이 일어나기 시작한 것은 1990년대 초반이며, 그것이 본격화된 것은 1990년대 중반 이후의 일이었다. 그 이유는 크게 두 가지인데, 그 하나는 1995년 5 · 31 교육개혁의 대학설립준칙주의에 따른 대학팽창과 그로 인한 대학진학률의 급증이고, 다른 하나는 시장의 역할 확대로 인한 국가와 시장과의 관계 변화 때문이다. [그림 5-1]에서도 알 수 있는 것처럼 1990년대 초반까지 전체 고등학생에서 차지하는 일반고와 실업고의 비중은 어림잡아 6:4 정도로 일정한 비율을 유지하고 있었으며, 일반계고는 진학 중심, 실업계고는 취업 중심의 교육기능을 각기 담당하고 있었다. 실업계고 졸업생의 취업률은 대학졸업정원제가 실시된 1980년대 초반을 제외하고 꾸준히 증가하였다. 그러던 것이 1991년에 79.80%를 정점으로 감소 추세로 돌아섰고 2009년에는 16.71%로 급속히 감소하였다. 실업계고의 진학률도 1991년에 7.76%로

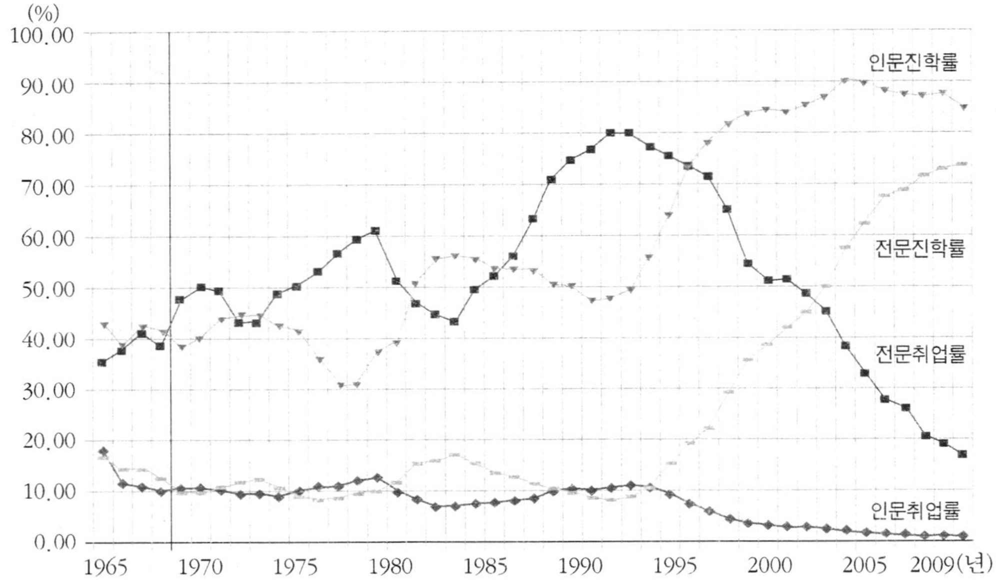

[그림 5-1] 고등학교 유형별 진학률과 취업률 추이(1965~2009년)

주: 진학률 = (당해 연도 졸업자 중 진학자/당해 연도 졸업자) × 100
취업률 = (당해 연도 졸업자 중 취업자/당해 연도 졸업자) × 100
출처: 한국교육개발원(2010).

가장 낮은 수준을 보이는 등 1990년대 중반까지 20% 이내에 머물렀으나, 이후 계속 증가하여 2009년에는 73.54%를 보였다. 대학진학을 위한 준비교육을 목적으로 하는 일반계고의 진학률은 1990년대 초반부터 급속히 증가하였으며, 2009년에는 84.94%를 보였다. 10% 안팎을 보이던 인문계고의 취업률도 1992년(10.77%)을 기점으로 감소하기 시작하였으며, 2009년에는 0.72%에 불과하였다.

이렇듯 1991년을 기점으로 변화된 인문계고와 실업계고의 진학률과 취업률의 추이는 지난 20년 동안 일관된 경향성을 보이고 있다. 두 유형의 고등학교는 진학률과 취업률에서 수렴해 가고 있으며, 이러한 수렴 현상은 일반계고와 전문계고가 대학진학이라는 유사한 교육기능을 담당하게 되었고, 더 이상 기능적으로 서로 구분되지 않게 되었다는 것을 보여 준다. 더구나 중학생의 고등학교 선택이 교육적 요구보다는 학업성적에 따라 주로 결정됨으로써 직업교육을 목적으로 하는 전문계고는 '의사(擬似, pseudo)' 일반고화 되었다.

한편, 1990년대 이후 평준화 존폐를 둘러싼 담론 변화는 국가의 성격변화와 함께 중간계급의 성장과 영향력 확대, 시장의 역할 강조와 신자유주의의 교육적 영향력 증대 등에 기인한다. 무엇보다도 교육에 적극적으로 개입하였던 권위주의적 발전국가가 후퇴하고 대신에 시장의 역할과 개인의 경제적 자유를 중시하는 신자유주의적 규제국가(neoliberal regulatory state)의 등장은 평준화를 포함하여 많은 교육정책에 영향을 미쳤다. 신자유주의적 규제국가는 시장과 시민사회를 억압하고 형성하며 지도하였던 발전국가와 달리 학습자의 자유와 선택 확대, 이를 위한 교육시장의 확장과 국가 교육개입 축소를 중시한다. 1980년 전두환 정부의 경제자유화 정책 이후 국가는 시장을 통하여 사회를 규제하는 시장주의 모델로 변화하기 시작하였으며(이연호, 임유진, 정석규, 2002: 200), 1990년대 들어서면서 지구화 과정에서 국가 간 경쟁에 효율적으로 대처할 수 있는 국가경쟁력 향상을 강조하는 경쟁국가(competitive state)의 형태를 강하게 보이기 시작하였다. 김영삼 정부의 5 · 31 교육개혁은 신자유주의적 시장 중심 교육개혁을 구체화한 것이었다(손준종, 1996). 그리고 1997년 경제위기 이후 사회 전반에 신자유주의가 지배적 위치를 더욱 공고히 하면서 교육에도 시장논리가 급격히 적용되기 시작하였다.

교육정책에서는 민영화, 자유화, 탈규제, 긴축재정, 인적자원의 육성과 노동기술의 향상 그리고 노동시장의 유연화가 강조되었다. 신자유주의적 규제국가에서 평준화에 대한 비판과 고등학교 구조 변화에 대한 요구는 이전과는 질적으로 차이가 있었다. 박부권(2003: 146)은 평준화에 대한 비판이 '학교 간 교육여건의 격차'에서 '교육결과의 격차와 학교선택권의 제한'으로 변화되었다고 지적한다. 즉, 학교 간 차이가 엄존하는 현실을 고려할 때, 추첨으로 학교를 강제로 배정하는 것은 학습자의 자유로운 교육선택권을 침해한다는 주장이 평준화 비판의 주요 논리로 등장하였다.

2008년에 학습자의 자유와 선택권을 중시하는 보수층의 지지를 바탕으로 집권한 이명박 정부는 평준화에서 다양화로의 고교 체제의 개편을 통하여 평준화에 대한 보수층의 비판을 수용하고자 하였다. 보수적인 이명박 정부의 출현은 김대중 정부, 노무현 정부에 의해 부분적으로 단절되었던, 시장논리에 따른 자율과 경쟁을 강조한 1995년의 5 · 31 교육개혁을 다시금 구체화하게 되었다는 것을 의미한다. 평준화 비판론자들에 따르면 발전국가에 의한 평준화 정책은 개인의 교육적 자유와 다양성은 억압되고 대신에 국가와 민족이라는 집단적 가치를 중시하는 '강요된' 평등주의였다. 국가에 의해 강요된 평등주의는 합리적이고 건강한 개인주의의 출현과 성장을 가로막고, 대신에 음성적이고 왜곡된 사이비 개인주의가 횡행하게 하였으며, 사적 이익을 극대화하는 이기적 교육행위를 초래하였고, 개성의 표현을 억압하는 부정적 영향을 미쳤다(정수복, 2007).

신자유주의 규제국가는 평준화 정책이 안고 있는 이러한 강요된 평등주의의 한계를 집중적으로 지적하였다. 특히 고등학교의 구조적 경직성과 질 저하를 주요 개혁의 주제로 설정하고, 경쟁이 활성화될 수 있도록 학교와 교육과정을 자율화하고 다양화할 필요가 있음을 주장하였다(강태중, 김재춘, 고영남, 2008; 박세훈, 김홍주, 백순근, 2008). 이러한 주장은 이명박 정부의 정체성과도 일치하는 것이었다. 이명박 정부는 근대화를 계승하는 '선진화'를 국정지표로 제시하였다. 이명박 대통령은 "세계를 놀라게 한 발전의 엔진에 다시 불을 붙여 더욱 힘차게 돌아가게 하겠다."라고 선언하고 이를 위해 산업화 시대의 발전 체제를 신자유주의적으로 변형, 승화시킨 신발전체제를 국정목표로 설정하였다.[5] 그리고 신발전체제 구축을 위한 국가사업으로 자율, 창의, 경쟁, 다양화에 근거한 교육개혁을 제시하였다.

> 교육개혁은 무엇보다 시급합니다. 획일적 관치교육, 폐쇄적 입시교육에서 벗어나야 합니다. 글로벌 스탠더드를 받아들이고 교육현장에 자율과 창의 그리고 경쟁의 숨결을 불어넣어야 합니다. 학교유형을 다양화하고 교사들의 경쟁력을 높이는 데에 주력하겠습니다. 그래야 공교육이 정상화되고, 사교육 열풍이 잦아들게 됩니다. 학생들의 적성과 창의력이 살아납니다(이명박, 2008. 2. 25.).

구체적으로 '평균주의에 입각한 인재의 대량생산체제'를 극복하고 대신에 '다원주의 가치와 개성 그리고 창의가 존중되는 인재를 양성'하는 '인재대국' 건설을 국정지표로 설정하고, '학교교육의 자율성과 다양성 확대'를 핵심 전략으로 수립하였으며, '학생과 학부모가 원하는 다양한 학교를 만드는 것' 등을 세부 과제로 제시하였다(대한민국정부, 2008). 발전국가가 근대화를 위해 교육을 동원했던 것과 마찬가지로 신자유주의 규제국가도 선진화를 위해 새로운 모습으로 교육을 동원하고 있는 것이다. 국가의 교육개입이라는 큰 틀은 변화하지 않으면서도 개입의 형태와 내용 그리고 전략에서 변화를 시도한 것이다. 정치적 정통성에 문제가 있었던 1970년대 발전국가와 달리 선거를 통해 집권한 이명박 정부는 보다 강력하게 정책을 입안하고 집행하는 것이 가능하였다.

집권에 성공한 보수적 정치 엘리트들은 앞선 김대중, 노무현 정부의 시기를 '잃어버린 10년'으로 규정하고 많은 교육정책을 부정하였으며, 대신에 교육이념과 정책의 수혜대상을 달리하는 새로운 교육정책을 입안하고 추진하였다. 정치 엘리트들이 추진하는

---

❺ 이명박 대통령의 취임사에서는 발전이라는 단어가 총 10번 사용되었다.

교육정책은 국민들의 '합의'에 근거한 것이기보다는 집권 엘리트의 '신념'에 가깝다는 특징이 있다. 이들의 신념은 상대적으로 동질적인 보수적 기득권의 입장과 친화적이다. 또한 평준화를 좌파적이라는 이념의 덧칠을 씌워 비판했던 보수적 성향의 지배 언론도 이명박 정부의 교육정책에 대해 상대적으로 우호적이었다. 이러한 정책 환경은 교육을 담당하고 있는 정치 엘리트 및 보수적 지식인들로 하여금 자신들의 신념이 투사된 교육정책을 강력하게 추진하도록 하는 토양을 제공하였다.

그 결과, 학교의 자율성과 다양화 확대라는 정책 의도와 달리 정부가 학교 자율화 개혁의 전 과정을 계획하고 실행하는 일종의 국가주도의 '강요된' 자율화를 추진하도록 하였다. 이는 교육정책이 정치 엘리트의 신념에 근거하기 때문에 정책을 입안하고 수립하는 정부와 그 정책을 현장에서 집행하는 학생과 교사를 서로 분리한 결과였다. 정부는 학생과 교사를 이미 결정된 정책을 단순히 수행하는 소극적 행위자로 규정하였으며, 때로 정책에 반대하는 집단으로 가정하였다. 따라서 정부는 이들의 정책 수행을 독려하기 위해 직접적이고 가시적인 통제보다는 자율이라는 이름 아래 학교와 학생들 간의 경쟁을 유도하고 그 결과에 따라 자원을 차등적으로 분배함으로써 교육적 불균등 발전을 정당화하는 평가국가(the evaluative state)의 모습을 보였다(Neave, 1998).

이처럼 이명박 정부의 교육정책은 시장 논리와 교육의 자율성을 교육개혁의 정당화 논리로 강조하면서도 실제로는 교육에 강력히 개입하는 새로운 형태의 신자유주의적 발전국가 모습을 보였다. 고등학교 체제 관련 정책도 발전국가의 산업화를 위한 '강요된 평준화'에서 신자유주의 규제국가의 선진화, 신발전국가, 인재대국을 위한 '강요된 다양화'로 변화했다고 볼 수 있다.

1997년 경제위기로 인한 중간계급의 불안과 고교다양화

국가의 성격 변화와 함께 중간계급의 성장 그리고 중간계급 내의 이질성 확대는 탈평준화 등 고교 체제 개편과 관련하여 중요한 의미를 갖는다. 산업화를 중시한 발전국가에 의한 경제성장은 전반적인 생활수준의 향상을 가져왔으며, 이는 교육투자 여력과 구매력을 갖춘 새로운 중간계급의 출현과 성장을 가능하게 하였다(구해근, 2008; 신광영, 2008). 이들은 사회적 성공을 위한 교육열망을 강하게 내면화하였으며, 나아가 그러한 열망을 구체화하는 데 온 힘을 쏟았다.

중간계급은 자신들의 이익을 위하여 권위적인 정부의 교육정책을 지지하고 타협하기도 하는 등 교육정책의 도구화를 시도하는 경향이 있다. 박부권(1994)은 교육민주화를

'종래의 국가통치에서 중류계급 통제로 이행되는 과정을 의미하는 것'으로 이해하고, 평준화를 둘러싼 담론의 변화도 '국가권력에 의한 중류계급의 요구의 의도적 수용'이라는 관점에서 접근해야 한다고 주장한다. 국가는 정치적 정당성을 확보하고 권력의 안정적 재생산을 위하여 중간계급의 의향을 살피고 거기에 정책을 맞추는 경향이 있으며, 중간계급은 정치적 발언권을 통해 교육정책에 대한 영향력을 확대함으로써 해당 계급의 성공에 유리한 사회적 지형을 만드는 일에 매진한다.

교육과 관련된 다양한 계급 담론이 본격적으로 출현한 것은 1997년 외환 부족으로 촉발된 경제위기(이하 경제위기로 칭함) 이후다. 예를 들어, '소수의 특권층을 위한 교육' '귀족학교' '무상급식' '교육양극화' 그리고 '교육대물림' 등의 계급 담론은 한국 사회가 사회적 및 경제적으로뿐만 아니라 교육적 불평등의 정도가 상당하고 나아가 그러한 불평등이 계급에 기반을 두고 있다는 인식을 반영한 것이다. 계급 담론은 계급에 따라 서로 다른 교육목적과 태도 그리고 행동 양식을 갖고 있는 것을 말한다. 계급들 사이의 실존 조건을 구분하는 가장 기본적 요건인 '실제로 동원 가능한 자원과 권력의 집합'인 자본의 총량이 계급 역량의 격차를 낳기 때문에(Bourdieu, 1986: 114), 교육정책에 대한 영향에서도 계급 간 차이가 있을 수밖에 없다. 계급 실천은 교육 불평등의 패자인 하층계급보다는 중간계급에서 더욱 두드러지게 나타나는 경향이 있다(Ball, 2008). 따라서 교육정책의 도입과 실행 과정에서 다수 하층계급의 목소리는 배제되고, 대신에 전략적 합리성을 갖춘 중간계급의 주장이 영향을 미치게 된다. 교육정책이 계급 편향성을 보이는 것이다(Ball, 2003a, 2008).

한국에서 중간계급의 교육에 대한 태도와 인식 그리고 전략이 크게 변화하게 된 주된 원인은 1997년 경제위기였다. 경제위기가 중간계급에 미친 영향은 다양하였는데, 그중에서도 가장 중요한 것은 지위의 안정성이 위협받게 되었다는 점이다. 경제위기로 인한 노동시장의 유연화와 구조조정이 중간계급에 미친 충격은 다른 계급에 비해 상대적으로 컸으며 중간계급 내에서도 화이트칼라의 지위 불안과 상실감은 더욱 심했다. 중간계급 중에서 '화이트칼라의 1/3(31.4%)이 실업자나 노동자층으로 전락하는 지위 하강을 경험'(유팔무, 김원동, 박경숙, 2005: 176)하였는데, 이 비율은 의사나 약사와 같은 전문자영인의 89.6%, 공무원과 같이 공공 부문 종사자의 93.4%가 경제위기에도 불구하고 지위를 유지한 것에 비하면 매우 높은 수준이었다.[6]

[6] 구해근(2008: 275-277)은 한국의 중산층을 다양하게 구분하고 있다. 예를 들어, 상류 중산층(고액 임금의 전문직,

경제위기는 중간계급 내의 이질성을 명확하게 드러냈으며, 특히 계급적 지위가 상대적으로 안정적인 부유 중산층과 그렇지 못한 일반 중산층을 경제적 · 사회적 · 공간적으로 확연히 분리함으로써 파편화하는 계기가 되었다. 부유 중산층과 일반 중산층의 경제적 및 사회적 격차는 경제위기로 더욱 확대되었고 소비행태, 주거지역, 자녀교육 전략 등 생활양식에서 그 차이가 더욱 분명해졌다. 무엇보다도 중간계급 내 분파들 사이의 가장 중요한 차이는 '계급 재생산 확률의 차이'였다(구해근, 2008: 278).[7] 부유 중산층에 비해 다수의 일반 중산층은 먹고사는 문제와 관련된 '실존 불안'과 자식 세대의 지위와 관련된 '계급 불안'을 더욱 크게 느끼고 있었으며, 사회적 상승 이동보다는 '하강 이동의 두려움'에 더욱 민감하였고, '상대적 박탈감이 증대되고 신분 경쟁이 심화되는 불안정한 집단'으로 변화하였다(구해근, 2008: 283).

이러한 불안은 중간계급으로 하여금 기존의 타성적 교육행위를 재고하도록 하였고, 보다 적극적으로 성공을 위한 교육적 방안을 모색하도록 하는 계기가 되었다. 경제위기를 경험한 중간계급은 교육팽창으로 인해 대학졸업장이 더 이상 배타적 특권을 가지지 못하게 된 것을 '아래 사람들의 침입'으로 규정하고, 모든 사람에게 민주적 재화의 성격을 갖는 대학학력보다는 자신들에게만 해당되는 차별적인 '특정 대학'의 학력자본을 획득하는 일에 노력을 기울였다. 그중에서 '엘리트 교육기관에의 접근 기회를 극대화'하는 것이 대표적인 전략이었다(Ball, 2003a). 구체적으로 학교의 내적 분화를 통해 새로운 자격증을 발급하거나 차별화된 교육경험을 축적하는 교육의 질적 차별화를 도모하는 것은 효과적인 계급 전략이었다(Millot, 1982). 교육의 질적 차별화는 대학진학을 둘러싸고 계급 경쟁이 격심한 중등교육단계에서 발생하는 경향이 있는데, 그것은 엘리트 대학진학의 가능성을 높이는 특정 고등학교 교육에 대한 배타성을 유지하는 것이 중요하기 때문이었다.[8]

관리직 종사자, 중소기업 기업주, 독립 자산가로 상류계급에 가깝다), 안정적 중산층(핵심적 중산층으로 임금 종사자인 화이트칼라층과 자영업자층으로 구분) 그리고 불안정 중산층으로 구분하거나 부유 중산층과 일반 대중 중산층으로 구분하기도 한다. 여기서는 중산층과 중간계급을 같은 의미로 사용한다.

[7] 부유 중산층도 상류층과 비교하여 계급 재생산의 확률이 낮다. 상류층은 단기간에 부의 축적을 이룬 부유 중산층과 달리 부의 축적이 장기간에 걸쳐 이루어졌고, 그러한 부가 대기업체나 국가권력과 밀접한 관련을 맺고 있어서 보다 안정적이며 더욱 영향력 있는 사회적 및 정치적 자본을 소유하고 있다는 점을 특징으로 한다(구해근, 2008: 283).

[8] 이에 비해 래프터리와 하우트((Raftery & Hout, 1993)의 MMI(Maximally Maintained Inequality) 가설은 교육제도의 수직적 계층화에 관심을 두는데, MMI는 상급학교의 진학이 보편화되지 않은 상태에서 상급학교 진학 과정에서 계급 간 차이가 지속되는 현상을 밝히는 데 보다 유효하다.

이런 상황에서 평등주의와 보편주의를 강조하는 평준화는 계급 재생산의 가능성을 높이려는 중간계급의 이해와는 거리가 먼 것이었다. 전통적으로 개인주의적 성향을 보이던 중간계급의 이와 같은 계급 실천은 경제적 및 사회적 재생산의 불안과 두려움의 산물로 하강 이동에 대한 '위험 회피 전략(risk aversion strategies)'이라고 할 수 있다(Ball, 2003a; Ball & Vincent, 2001: 183; Reay, 1998). 이처럼 경제위기로 인한 중간계급의 불안감 심화와 내부 이질성의 증대는 중간계급의 교육에 대한 관심과 영향력을 확대하는 중요한 계기가 되었으며, 이로 인해 교육을 통한 계급 재생산 전략이 더욱 다양하고 치열해졌다(구해근, 2008: 271). 결국 이명박 정부의 고교다양화 정책은 수평적 계층화를 통해 수월성을 배타적으로 추구하고 잠재적 경쟁자들을 조기에 사회적으로 배제하려는 중간계급의 계급 실천의 일종이라고 할 수 있다.

이와 같은 논의를 바탕으로 평준화에서 탈평준화로의 고교체제 개편의 성격 변화를 정리하면 〈표 5-3〉과 같다.

〈표 5-3〉 평준화 · 탈평준화 고등학교 체제의 성격

평준화 체제	탈평준화 체제
권위주의 발전국가	신자유주의 규제국가
교육기회의 평등과 사회정의 강조	교육선택의 자유와 경쟁 강조
능력주의 규칙	시장 규칙
학교의 기능적 통합	학교의 수평적 계층화
학생의 필요 강조	학업성취도와 시험성적 중시
통합론자	배제론자
돌봄 윤리	학업 윤리
지역사회의 요구 중시	'동기화된' 학부모와 '유능한' 학생의 요구 중시
이질적 학생집단 구성	능력별 학생집단 구성
사회적 및 교육적 관심 중시	이미지/예산 문제 중시
학교규율의 근거로서 좋은 관계 강조	외재적 규율 지표 강조(예: 교복)
학교 간 협력	학교 간 경쟁
'능력이 부족하거나 특수교육요구'를 가진 학생을 위한 자원 강조	'보다 유능한' 학생 지원을 위한 자원 강조

출처: Gewirtz(1996: 294)를 바탕으로 일부 항목을 연구자가 추가함.

3. 수평적 계층화 체제로서 고교다양화 정책의 한계

1) 사회계층화의 반영으로서 고교다양화

고교다양화 정책은 학생들이 능력, 공부와 일에 대한 태도 그리고 요구와 선호에 있어서 다양하다는 것을 전제로 한다. 학교에는 똑똑한 학생과 그렇지 못한 학생이 있고, 수학에 뛰어난 학생과 영어에 뛰어난 학생이 있다고 생각한다. 또한 어떤 학생은 다른 학생보다 직업교육에 대한 적성과 요구가 더 많다고 가정한다. 따라서 '다양한' 학생들을 한곳에 섞는 것은 교육적으로 바람직하지 않다고 생각한다(Ball, 2003a). 이러한 사고가 반영된 고교다양화 정책은 학교를 교육과정의 자율성과 특성에 따라 일반고와 자사고 및 특목고로 구분하고, 일반고는 학업성취도의 수준에 따라 영어 · 수학 · 과학 중점과정을 운영하는 학교와 그렇지 않은 학교로 구분하며, 직업적 전문화의 수준에 따라 마이스터고와 직업교육 특성화고로 구분한다.

고교다양화는 학생집단을 학교에 따라 구분하여 학교별로 학생들을 동질화한다. 따라서 학교에 일정한 속성을 부여하고, 학생을 사회적으로 분류하는 '구분 원리(principles of division)'가 중요하다. 고교다양화는 학생을 분류하는 기준으로 학업성취도, 적성 그리고 선택의 자유 등을 강조한다. 그런데 학생을 구분하는 기준은 경쟁적인 학력자본의 배분과 관련되어 있기 때문에 '무엇을 기준으로 할 것인가?'라는 계급 간 투쟁과 갈등의 대상이며 사회세계의 이미지를 조직하는 원리로 작용한다(Bourdieu, 1986: 479). 사회적으로 학생을 분류하는 과정에는 성적이나 적성 등과 같이 겉으로 드러난 기준뿐만 아니라 계급, 지역, 출신학교, 문화적 소양 등과 같이 부차적이고 이차적인 기준도 존재한다.

그런데 부차적인 기준들은 공식적으로는 전혀 드러나지 않으면서도 실질적으로는 학생들을 선별하고 배제하는 원리로 기능할 가능성이 크다. 학교 계층화에서 상위에 있는 학교의 경우 부차적 기준은 공식 규정에 포함되지 않은 채 암묵적 요구조건으로만 존재하지만, 이러한 기준을 충족하지 못한 학생들은 이들 학교로부터 배제될 가능성이 크다. 대학입시에서 특정 지역에 거주하는 학생이나 특목고 학생들이 과도하게 선발되는 경우가 바로 여기에 해당된다. 이런 과정에서 성적과 같이 공식적으로 드러난 기준은 계급 등과 같이 '숨겨진 이차적인 기준을 은폐하는 기능'을 담당하게 된다(Bourdieu, 1986: 102-103).

그런 점에서 고교다양화는 숨겨진 기준에 따라 학생들을 구분하고 이들을 계층화된 학교로 배분하는 '분류체계(classification system)'로 작용할 가능성이 있다(Bourdieu, 1986). 학생들 사이에 유사성이 증대된다는 것은 학생들의 언어적 상호작용의 행태와 가치의 공유 그리고 삶에 대한 전망이 유사해진다는 것을 의미한다. 학생들을 속성이 비슷하게 '분리'하고, 이렇게 분리된 동질적인 학생들을 계층화된 학교 유형에 따라 '집중'시킴으로써, 이질적인 학생들이 뒤섞이지 않고 서로 비슷한 배경의 학생들에게 '노출'되도록 한다. 중간계급은 '분리-집중-노출'의 과정을 통해 자신의 자녀들에게 부정적 영향을 미칠 아동을 미리 격리하는 한편, 우수한 학교와 학생 그리고 특정한 교육경험의 '독점화'를 시도한다(Ball, 2003a).

반면에 낮은 수준의 학교로 분류되어 수준이 낮은 학생들과 집단을 이루게 된 학생은 이것이 자신의 능력 부족 때문에 생긴 일로 자신이 자발적으로 선택한 것이며, 그 결과에 대한 책임은 자신의 몫이라고 생각한다. 어느 순간 자신들이 지배계급과는 다른 교육 사닥다리 위에 있다는 것을 발견하지만 자신들을 우수한 학교로부터 배제한 숨겨진 기준을 쉽게 인지하지 못한다(Millot, 1982: 216). 따라서 그들은 '숨겨진 이차적 기준'의 존재를 인식하지 못하고 분류 체제를 합리적이고 정당한 것으로 오인한다. 더구나 중간계급은 학생들의 진학과 진로를 더욱 복잡하게 만들어 학교의 위계적 속성을 은폐하고 하층계급의 학생과 학부모들이 진로의 부당한 속성들을 인식하는 것을 방해하는 '방어적 술책'을 통해 교육제도의 총체적 변형을 시도한다(Bourdieu, 1986: 154).

학교에 따라 학생들이 비슷하게 되면 곧 학부모들의 특성도 유사성을 갖게 된다. 고등학교의 유형에 따른 재학생 학부모의 학력을 조사한 연구 결과(〈표 5-4〉 참조)에 따르면 전문계 특성화고의 경우에 아버지 학력은 고등학교 졸업이 59.2%로 가장 많았으며, 다음으로 4년제 대학 졸업(19.9%), 중학교 졸업 이하(13.3%), 2년제 대학 졸업(4.9%), 석사 졸업 이상(2.7%)의 순서로 나타났다.

이에 비해 외고의 경우는 '4년제 대학 졸업(49.3%), 석사 졸업 이상(28.1%), 고등학교 졸업(16.7%), 2년제 대학 졸업(5.1%), 중학교 졸업 이하(0.8%)'의 순서로 나타났다(강영혜, 박소영, 2008). 학부모의 학력이 일반고는 전문계고와, 특목고는 외고와 비슷하였다. 학교가 겉으로는 학생의 성적과 능력에 따라 분리된 것처럼 보이지만, 실상은 학생의 계급에 따라 계층화되어 있음을 알 수 있다. 더구나 학생의 학업성취도가 가정이 동원할 수 있는 경제적 자본을 포함한 다양한 자원에 영향을 받는다는 점을 고려할 때 학교의 다양화는 '성적의 분리'보다 '계층의 분리'를 드러낼 가능성이 크다(강영혜, 박소영, 정현철, 박진아, 2007).

이와 같이 학교가 계급에 따라 분리되면 많은 학생은 실질적인 선택의 자유를 누리지 못하게 될 가능성이 커진다. 우수한 학교를 선택하였지만 선발되지 못한 학생들은 자신들의 희망과 선호를 현실에 적합한 형태로 축소하거나 변형하는 일종의 '적응된 선호(adapted preference)'를 경험하게 된다. 또한 학생들은 자신의 능력과 자유로운 선택에 따라 다양한 학교가 개방되어 있다는 이른바 '위장된 능력주의'(Crompton, 1998)를 내면화하게 된다. 학교선택과 관련하여 능력주의를 강조할수록 학교 계층화에 미치는 사회계

〈표 5-4〉 고등학교 유형별 학부모 교육수준

단위: 명(%)

구분		중학교 졸업 이하	고등학교 졸업	2년제 대학 졸업	4년제 대학 졸업	석사 과정 졸업	박사 과정 졸업	계
전체[1]	아버지	1,040 (9.4)	5,381 (48.6)	674 (6.1)	3,045 (27.5)	555 (5.0)	276 (2.5)	11,061 (100.0)
	어머니	1,199 (10.9)	6,771 (61.4)	406 (3.7)	2,119 (19.2)	239 (2.2)	86 (0.8)	11,030 (100.0)
일반계고[2]	아버지	212 (5.5)	1,642 (42.8)	318 (8.3)	1,309 (34.1)	261 (6.8)	94 (2.5)	3,836 (100.0)
	어머니	324 (8.4)	2,318 (60.0)	316 (8.2)	808 (20.9)	77 (2.0)	18 (0.5)	3,861 (100.0)
과학고[2]	아버지	3 (1.4)	36 (17.4)	8 (3.9)	90 (43.5)	39 (18.8)	31 (15.0)	207 (100.0)
	어머니	5 (2.4)	59 (28.5)	10 (4.8)	99 (47.8)	25 (12.1)	9 (4.3)	207 (100.0)
외국어고[2]	아버지	7 (0.8)	142 (16.7)	43 (5.1)	418 (49.3)	154 (18.2)	84 (9.9)	848 (100.0)
	어머니	6 (0.7)	253 (30.3)	58 (7.0)	411 (49.3)	88 (10.6)	18 (2.2)	834 (100.0)
전문계고[3]	아버지	818 (13.3)	3,561 (59.2)	305 (4.9)	1,228 (19.9)	101 (1.6)	67 (1.1)	6,170 (100.0)
	어머니	864 (14.1)	4,141 (67.6)	22 (3.8)	801 (13.1)	49 (0.8)	41 (0.7)	6,128 (100.0)

주: 1. 일반계고, 과학고, 외국어고, 전문계고를 합산한 결과
2. 일반계고, 과학고, 외국어고는 2007년도 조사 결과
3. 전문계고는 2008년도 조사 결과

출처: 강영혜 외(2007: 134), 강영혜와 박소영(2008: 31-36)을 참고하여 작성함.

급의 영향력은 은폐되고, 학교 간 계급 차이는 더욱 확대되게 된다(손준종, 2004b). 이러한 까닭에 고교다양화는 학교를 다양하게 만들어 학습자의 다양한 요구를 반영하고 다양한 교육적 가치를 실현하는 것처럼 보인다. 하지만 이는 학교의 수평적 계층화를 통해 지배계급이 우수한 학교를 전유하도록 하여 사회계층화를 공고히 하는 결과를 초래할 가능성이 크다.

2) 사회적 그리고 자기 배제 체계로서 고교다양화

학교별로 학생을 구분하는 분류체계는 분류 기준에 따라 학생들에게 다양한 사회심리적 영향을 미치게 된다. 학교가 분류체계로서 작용하게 되면 학생들은 자신이 속한 학교와 다른 학생이 속한 학교를 구분하고 서로를 범주화하게 된다. 학생들은 같은 학교에 다니는 학생들과의 동질성을 강조하는 반면에, 다른 학교에 다니는 학생들과의 이질성을 부각함으로써 서로를 범주화한다. 학생들은 자신이 분류하는 주체이기도 하지만 동시에 분류 당하는 객체이기도 하다. 이러한 과정을 통하여 학생들은 자신들이 다니는 학교와 관련하여 자신의 정체성을 형성하게 된다. 좋은 학교에 다니는 우수한 학생은 자랑스럽게 자신의 모습을 전면에 드러내면서 '차이라는 신호'를, 나쁜 학교에 다니는 학생은 자신들의 열등한 상태를 인정하도록 암묵적으로 요구받는 '오명이라는 상징'을 체화하게 된다(Bourdieu, 1986).

학교의 수평적 계층화와 학생의 계층화는 주변부 학교와 학생을 사회적으로 만들어 내며, 학생을 학교에 따라 등급화함으로써 학생들 간 신분 체계를 가시화한다. 수평적으로 계층화된 고등학교 체제에서 낮은 수준의 학교로의 진학은 '이등(二等) 학교로의 추방'을 의미하며, 이러한 추방은 향후 자신의 교육적 및 사회적 운명을 스스로 '예기적으로 승인(proleptic recognition)'하는 부정적 기능을 한다(Bourdieu, 1986: 154). 즉, 자사고와 특목고에 비해 일반고 학생들이나 마이스터고에 비해 전문계고 학생들과 같이 수준이 낮은 학교에 진학한 학생들은 '이등 학생'으로 분류될 가능성이 있다. 학교의 계층화는 서열이 낮은 학교와 그 학교에 다니는 학생들을 오명화(stigmatization)하고 공공연히 비하하고 무시하며 차별할 가능성이 있다. 앞서 언급한 특정 학교를 혐오시설로 규정하고 기피하는 것도 학교계층화와 관련된 병리화 현상이라고 할 수 있다.

학교계층화와 관련된 오명화는 크게 두 수준에서 일어난다. 그 하나는 이등 학교의 학생으로 분류된 학생들 스스로에게서 일어난다. 이등 학생들은 자신을 평가절하하는 의식(degradation ceremony)을 경험하게 된다. 가핑클(Garfinkel, 1956)에 따르면 '지위절하의식'이란 개인의 정체성이 손상되고 부정적으로 변형되는 사회적 과정을 말한다. 원래 가치절하의식은 개인을 조직의 질서에 순응하도록 하기 위해 교도소나 정신병원 등과 같은 기관에 속하거나 기존 질서를 위협할 것으로 예상되는 집단과 개인을 대상으로 행해졌다.

마찬가지로 일부 고등학교에 다니는 학생들이 다양한 방법에 의해 부정적인 자아정체성을 형성하고 스스로를 질적으로 낮은 집단으로 규정하는 것도 이러한 의식의 일종이라고 할 수 있다. 예를 들어, 학교상담가가 낮은 서열의 학교에 다니는 학생들을 대상으로 일상적으로 행하는 진로상담은 대학보다는 취업을, 그리고 대학진학도 우수한 학과보다는 일반 학과를 선택하도록 지도할 가능성이 큰데, 이러한 일련의 과정이 학생들 스스로 자신의 가치를 낮추도록 하는 기능을 하는 것이다. 학교와 학생의 계층화는 교육경험의 양극화를 초래할 가능성이 있는 것이다.

또한 학생들은 선발방식이나 친구 관계에서 차별적인 사회화를 경험하게 되는데, 이러한 차별적 경험은 처음에는 잘 드러나지 않지만 이내 곧 명백하게 되고, 시간이 지남에 따라 가시적으로 드러나는 차별을 자연적인 것으로 내면화하는 경향이 있다(Rosenbaum, 1975; Shimahara, 1983). 차별적 사회화를 통해 학교계층화의 낮은 곳에 자리한 학생들은 자신들에게 적합하지 않은 장소나 재화 그리고 교육 등으로부터 스스로를 배제함으로써 '자신이 있어야 할 곳에 대한 감각'을 가지게 된다. 학생들은 실존적 조건에 차이가 있는데, 그러한 차이와 관련이 있는 차별화되고 차별화하는 조건화를 통하여 위계적인 사회구조와 분류체계를 체화하게 된다(Bourdieu, 1986). 그리고 학교에서의 일상적 상호작용을 통하여 사회적 질서를 몸과 정신에 새기며, 긴장과 불안, 체념, 열등감 그리고 수치심 등의 부정적 감정을 내면화하게 된다. 따라서 고교다양화 정책은 원래 의도와 달리 수평적 계층화 체제에서 낮은 곳에 위치한 학교를 자기 배제된 학생들을 위한 '잔여적' 교육 공간으로 전락시킬 가능성이 짙다.

한편 학교의 계층화로 인한 오명화는 집합적 및 집단적으로도 이루어진다. 일부 학교와 학생을 부정적으로 분류하는 오명화는, 집단을 구별하고 차이를 드러내기 위하여 사회적으로 선택된 다양한 기준에 따라 집단을 '명명하고 구별'하는 과정, 집단의 정체성과 고정관념을 형성하기 위해 '긍정적 혹은 부정적인 특성을 부각'하는 과정, 집단에 따라 우리와 그들을 '분리'하는 과정, 그리고 특정 집단을 개인적 및 구조적으로 평가절하하고 배제하며 거부하는 '지위상실과 차별'하는 과정 등의 4단계를 거쳐 일어난다(Link

& Phelan, 2001).

이러한 오명화는 다른 집단을 병리화함으로써 자기가 속한 집단의 동질성을 유지하는 기능을 한다. 특히 부르디외(1986)의 지적처럼 사람들은 집단을 사회적으로 분류하는 양식이나 정신구조 그리고 상징적 형태를 기본 개념 도식으로 체화하고 있기 때문에 오명화를 쉽게 받아들이게 된다. 예컨대, 수월-평등, 정신-물질, 세련-조야, 자유-복종, 독특함-평범함, 총명함-아둔함 등과 같이 서로 반대되는 형용사의 쌍으로 객관화된 분류체계는 체화되어 다양한 실천 영역에서 사람과 사물을 분류하고 규정하는 데 이용된다. 그 결과 지배계급은 대중의 '평준화' '평범화' 그리고 '대중화' 요구를 배타적인 자신들의 공간을 잠식하는 것으로 규정하고, 대중을 자신들을 끊임없이 위협하는 존재로 간주하는 강박적 공포감을 드러내기도 한다(Bourdieu, 1986: 468-469). 이러한 사회적 분류체계가 고교다양화 정책을 통해 작동하면서 오명화된 학교의 학생들은 자신들의 능력을 개발하여 불리한 조건을 극복하는 것이 더욱 어렵게 되고 계속해서 주변으로 내몰리는 결과가 초래될 가능성이 있다.

3) 학교효과의 한계와 고교다양화

고교다양화 정책은 교육과정의 다양화와 자율화와 같이 학교의 내적 변화를 통한 교육의 다양화를 추구한다는 특징이 있다. 학교 간 학생집단은 능력과 관심에 따라 이질화하는 반면, 학교 내 학생집단은 동질화하는 것이 교육효과를 극대화하는 효율적인 방법이라 주장하면서 학교의 다양화와 선택의 자유를 강조한다.

이러한 입장은 학교를 개선함으로써 교육문제와 사회문제를 해결할 수 있다는 학교효과에 대한 낙관적 믿음에 근거한다. 때문에 학교 내부의 다양성과 관련된 논의에 비해 사회적 불평등이나 재분배와 같이 학교 밖과의 관계에 대한 관심은 상대적으로 적은 편이다. 또한 학업부진, 진학실패 그리고 미취업 등의 문제를 학교와 교사의 책임으로 돌리는 경향이 있다. 그러나 이러한 인식은 '학교가 할 수 있는 것'에 대한 믿음은 큰 반면에 '학교가 할 수 없는 것'이나 학교와 학교 밖과의 관계 그리고 교육의 구조적 한계를 간과하는 문제를 안고 있다.

고교다양화 정책은 인재대국 건설이라는 집합적 효율성을 중시하는 공리주의와 학생과 학부모의 선택을 강조하는 경쟁적 개인주의에 근거하고 있다. 인재대국과 국가선진화를 위해서는 다양한 가치와 다양한 수준의 능력을 지닌 학생들이 필요한데, 이는 학교의 계층화를 통해서 가능하다는 입장이다. 구체적으로 다양화 정책을 통해 고등학교를 대학진학을 목적으로 하는 일반교육과 취업을 목적으로 하는 전문교육으로 이원화하고자 한다. 일반교육은 자사고, 자율고, 특목고, 일반고 등으로 질적 차별화를 시도하며, 전문교육도 마이스터고와 직업교육 특성화고 등으로 교육과정과 학생의 수준에 따라 질적으로 구별한다. 더불어 진학과 취업의 갈림길에 있는 고등학생들에게 학교를 다양화하여 선택의 자유를 부여하면 이러한 정책 의도가 실현될 수 있을 것으로 낙관한다.

그런데 이러한 정책 의도와 달리 고교다양화는 학교를 계층화함으로써 고등학교를 위계적인 노동시장에 대응시킬 가능성이 크다. 고교다양화는 학습자의 적성과 선택의 자유라는 이름으로 정당화되지만 결과적으로 학생을 사회경제제도에 대응시켜 적절한 노동시장으로 용이하게 배분하는 것이라고 할 수 있다. 사회적으로 동질성과 표준화를 특징으로 하는 포디즘(Fordism) 체제가 다양성, 분화, 분절 그리고 유연성을 특징으로 하는 포스트포디즘 체제로 변화하면서 교육제도도 질적 변화를 요구받고 있는데, 고교다양화는 노동력의 효율적인 양성과 배치를 필요로 하는 이러한 거시적 변화와 같은 맥락에 있다고 말할 수 있다.

이런 이유로 사회경제적 변화가 고교다양화 정책의 성격과 효과를 결정짓는 요인으로 작용할 가능성이 크다. 예를 들어, 고등학교 직업교육의 선진화를 위해 산업체와 공동으로 맞춤형 교육과정을 개발하여 학생들을 한국형 마이스터로 성장시키고자 설립된 마이스터고는 직업세계의 상황에 따라 교육내용은 물론이고 취업 가능성 여부가 결정된다. 문제는 학교에서 성공적인 직업교육이 이루어졌다고 해서 저절로 높은 수준의 일자리가 보장되는 것은 아니라는 점이다. 교육과 취업의 연계는 기술을 갖춘 졸업생을 위한 노동시장이 존재할 때에만 성공할 수 있다. 그런데 노동시장의 환경이 성공적으로 직업훈련을 받았음을 증명하는 졸업장을 지닌 이들에게 기대에 걸맞은 일자리를 제공할 것인지는 명확하지 않다. 더구나 세계화로 인한 노동력의 초국가적 이동의 일상화, 기술변화 주기의 단축 그리고 직업의 양극화 등은 직업교육의 선진화를 표방하는 고교다양화 정책이 '실제로 할 수 있는 것'의 한계를 명확히 드러내고 있다.

일반교육도 마찬가지다. 선택의 자유와 경쟁 그리고 다양성을 중시하는 소유적 개인주의에 입각한 교육정책은 공교육을 통해 학생을 성, 신분, 계급에 관계없이 조화시키고자 하였던 교육의 '종합화'를 반대한다(Lauder, Brown, Dillabough, & Halsey, 2006). 대신에 정부는 학습부진 학생에 대한 책임 지도를 강화하고 학교별로 학습부진 예방-진단-관리 시스템을 구축하도록 하고 있다. 학력향상을 위해 교사와 학생과 학교 간 경쟁을 촉진하고 평가를 통해 그 결과를 보상함으로써 학력이 개선된 성공적인 학교를 만들 수 있을 것이라고 주장한다. 또한 다양하고 특색 있는 교육과정을 자율적으로 운영함으로써 학교교육의 질을 제고하고 사교육비를 경감할 수 있다고 주장한다(교육과학기술부, 2009. 12. 22.).

그러나 이러한 노력은 기대하는 정책 효과를 부분적으로는 거둘 수 있지만, 학교가 사회적 · 문화적 · 경제적 그리고 열망의 격차를 전적으로 해소할 수 있을 것처럼 가정함으로써 '학교가 할 수 없는 것'에 대한 진지한 성찰을 어렵게 한다. 이는 학교효과가 제한적이라는 점을 체계적으로 바라볼 수 없게 만든다(Moore, 2010: 220-221). 더구나 학교가 사회적 불평등 재생산을 위한 '위치경쟁'의 장으로 기능하는 현실을 고려하면 이러한 관점의 한계는 더욱 분명해진다.

고교다양화는 학생이 학교에서 누리는 교육적 자유보다 학교선택의 자유와 보다 밀접한 관련이 있다. 학교선택의 자유가 중요한 까닭은 고교다양화로 계층화된 학교의 지위재(position goods)로서의 가치가 서로 다르기 때문이다. 그런데 문제는 학교선택이 개별 가정의 손에 맡겨짐으로써 다양한 학교 중에서 엘리트 대학 진학에 유망한 학교를 선택할 수 있는 부모의 능력이 중요하게 되었다는 점이다. 따라서 학교선택과 관련된 정보와 판단 능력이 부모에 따라 다르기 때문에 학교선택의 자유는 계급에 따른 학교의 계층화를 강화할 수 있다. 지배계급은 자신들에게 유리한 선택의 자유를 확대하기 위하여 고교다양화로 재편된 고등학교시장에서 통용될 게임 규칙을 바꾸어 교육시장에 대한 영향력을 지속적으로 확대하고자 한다.

신자유주의와 경쟁적 개인주의에 근거한 교육정책은 개인의 성취 이데올로기를 중시하는 '능력주의 규칙'에서 선택의 자유, 경쟁, 다양한 교육경험 등을 중시하는 '시장 규칙'으로 게임 규칙을 변화시켰다(Brown, 2003). 시장 규칙에 따른 새로운 게임 규칙은 자녀 개인의 노력이나 능력보다는 부모의 자원과 선호 그리고 희망에 더욱 의존하는 '부모주의(parentocracy)'에 따라 학교선택이 결정되도록 하였으며, 개인이 아니라 가족이 자녀의 교육적 성공을 위한 전략적 행위 주체로 변모하였다(오욱환, 2008; Brown, 2003). OECD(2005)의 분석에 따르면 학교풍토, 학교정책, 학교자원이 학업성취도의 차이에 미치는 영향이 불과 5% 정도인 것으로 나타났다. 이처럼 학교가 차이를 만들어 내는 중요한 불평등의 원천이 아니라 사회계급에 따른 선발 효과를 그대로 중계하는 역할을 담당한다고 할 수 있다. 학교에서 시험을 통해 나타나는 학업성취도의 차이는 '사회적 재능의 차이를 증명하는 것'에 불과한 것이다. 따라서 고교다양화 정책이 가정하는 학교효과란 경제적 · 문화적 · 사회적 자본을 총동원하여 계급 유지와 재생산을 위해 치밀하게 조직한 가족전략의 효과에 불과할 수 있다.

이처럼 고교다양화는 교육적 삶의 다양화를 의미하는 것이 아니라 학교선택이나 진학경로가 계급에 따라 구별되는 계급 실천으로 단지 학교 유형의 다양화만을 의미한다. 학생들은 다양하고 자유로운 교육경험을 선택하는 것이 아니라 계층화된 학교 중에서 오직 사회적 차이만을 선택하는 것이다. 결국 고교다양화 정책은 학생들이 다양한 삶의 가치와 양식을 선택할 수 있는 것이 아니라 출신 계급에 따라 비교적 뚜렷하게 구별된 교육경험과 제한된 교육기회만을 제공함으로써 수평적인 계층화와 분화를 통하여 불평등을 유지(Inequalities Maintained through Horizontal educational choices: IMH)하는 기능을 한다(Van de Werfhorst & Luijkx, 2006). 학교선택의 자유가 교육적으로 가진 자와 그렇지 못한 자들 사이의 차이를 확대하여 여건이 어려운 학생과 학부모를 더욱 고립시킴으로써 새로운 형태의 차별기제로 기능할 것이라는 지적(Moore & Davenport, 1990)과 학교선택이 사회적 차이와 교육의 관계를 더욱 밀접하게 하고 그러한 차이를 지속적으로 유지하게 할 가능성이 크다는 지적(Ball, Bowe, & Gewirtz, 1996; Millot, 1982) 등은 사회구조보다 학교 내부에 집중하고 있는 고교다양화 정책의 한계를 지적한 것이다.

4) 대학 서열 체제 강화로서 고교다양화

고등학교는 다른 교육단계들과 분리되어 존재하는 것이 아니라 교육제도를 구성하는 하위체계로 초등학교 · 중학교와 고등교육을 연결한다. 따라서 이러한 교육제도의 연결구조와 고교다양화 정책의 관계를 이해하는 것이 중요하다. 교육제도는 자율성의 정도가 클수록 사회구조나 지배집단의 영향으로부터 상대적으로 독립적이다(Archer, 1984).

그런데 한국의 고등학교는 대학입시제도로 인해 교육과정 운영의 자율성이 낮고 심지어 대학입시를 위한 도구적 기능을 수행하고 있다. 이뿐만 아니라 정부 예산에 학교자원의 대부분이 종속되어 있는 고등학교는 정부에서 적정 규모의 예산을 지원받는 것이 조직 생존을 위해 필수적이다. 때문에 대학입시와 관련된 정부의 다양한 지침과 지시는 고등학교의 자율성을 제약하는 규율기제로 기능한다. 또한 고등학교는 졸업생의 대학진학실적에 따라 교육효과와 사회적 평판이 결정되는 경향이 있다. 따라서 고등학교는 '일류' 대학의 학생 선발 기준과 보상 구조에 합당하게 교육활동을 재편하는 경향이 있다. 대학의 요구에 따르지 않는 것은 진학 실적의 실패로 이어질 가능성이 크고 고등학교의 서열 경쟁에서 밀릴 수밖에 없기 때문에 고등학교는 특권적 위치에 있는 대학의 입시정책에 민감하게 반응하게 된다. 이처럼 한국의 고등학교는 정부와 대학이 제시하는 다양한 입시 관련 지침으로부터 자율적이지 못하며, 대학입시에서 우수한 성과를 내고 정부의 재정지원을 받기 위해 학교 간 '질서정연한 경쟁'에 참여하고 있다.

결국 현재와 같은 대학입시제도 아래에서는 다음과 같은 몇 가지 이유 때문에 고등학교의 수평적 계층화와 대학의 서열화가 서로 긴밀한 관련을 맺으면서 서열 체제를 강화할 가능성이 크다. 첫째, 고등학교 간 학업성취도의 차이다. 학교계층화에서 상위에 속하는 고등학교는 입학이 상대적으로 어렵기 때문에 입학생들은 학업성취도 수준이 높으며 능력이나 열망이 비슷한 동질 집단을 구성하게 된다. 이러한 선발효과는 학교의 학업성취도 수준을 향상시키는 요인으로 작용하고 나아가 일류 대학 진학률을 높이는 데 상당한 영향을 미친다. 따라서 자사고와 특목고 등은 입시 방법을 다양화하고 선발 기준을 강화함으로써 우수한 중학생들을 적극적으로 확보하고자 한다. 이러한 과정을 통해 고등학교 계층화 체계에서 상위에 속하는 학교는 선발을 더욱 강조하며 배타적인 학습공간으로 변모하려는 '위를 향한 경쟁'을 한다. 반면에 다수의 일반고와 전문계고는 자신의 의도와 관계없이 '바닥을 향한 경쟁'으로 내몰리게 된다.

둘째, 대학진학과 선택 행동의 차이다. 대학팽창은 고등학생으로 하여금 적어도 대학의 수준과 형태를 따지지 않을 경우 '누구나 대학에 진학할 수 있다.'라는 생각을 갖도록 하였다. 그러한 대학시장이 지역, 성적 그리고 학교유형에 따라 위계적으로 분리되어 있으며 대학졸업장의 상징적 가치는 대학의 서열에 따라 차이가 있다. 그런데 학업성취도가 낮거나 낮은 수준의 고등학교에 다니는 학생은 상대적으로 서열이 낮은 대학에 진학할 가능성이 크며, 대학졸업장의 상징적 가치에 대한 기대도 상대적으로 낮게 내면화하는 경향이 있다. 고등학생들은 모두 동일한 정도의 대학진학에 대한 열망과 기대를 가지고 있지 않다(Rosenbaum, 1998).

또한 학교와 학생들의 수준에 따라 선택과 진학이 가능한 대학이 위계적으로 분리되어 있으며, 구체적인 선발 방법도 대학의 서열에 따라 다양하게 분화되어 있다. 학생과 학부모는 자신의 능력과 계급적 지위 그리고 상대적 조건에 따라 자기선발을 하는 합리적 행위자다. 이들은 예상되는 교육 비용과 효과, 성공과 실패에 대한 기대 등을 고려하여 교육적 결정을 하게 된다(Breen & Goldthorpe, 1997). 진학이나 학교선택과 같은 교육적 의사결정과정에서 경제적 자원은 무엇보다도 중요한 역할을 한다. 따라서 비용에 민감한 하층계급 학생은 중간계급과 비슷한 능력과 교육열망을 가지고 있다고 하더라도 열망을 식히고 학교 선택의 폭을 좁히게 된다. 이에 비해 중간계급은 시공간적 제약을 받지 않고 가능성을 좇아 다양한 학교를 선택하는 경향이 있다(Ball, Bowe, & Gerwitz, 1995). 이와 같은 교육적 의사결정의 차이는 고등학교와 대학의 계층화를 더욱 강화하고 학교 간 사회적 차이를 심화하는 결과를 낳게 된다.

셋째, 고등학교 간 신호효과(signal effect)의 차이다. 대학 간 우수한 고등학교 졸업생 확보 경쟁은 고등학교의 계층화를 강화하는 요인으로 작용할 가능성이 있다. 대학은 우수한 신입생을 선발함으로써 대학 간 서열 경쟁에서 유리한 위치를 차지하고자 한다. 대학은 일반인에게 공개되는 신입생 충원율이나 취업률, 명문고 출신 비율 그리고 주요 국가 전문직 시험에서의 합격자 규모에 민감하며, 이러한 지표를 개선함으로써 대학에 대한 사회적 이미지를 제고하고자 한다. 그러한 노력 중에서도 우수한 학생을 선발하여 대학의 상대적 위치를 높이려는 방법이 가장 대표적이다. 우수한 고등학생을 신입생으로 확보하는 것은 입학 단계뿐만 아니라 졸업 단계에서 대학의 상대적 경쟁력을 높일 수 있는 효과적인 수단이다. 따라서 우수한 고등학교는 학생들의 능력을 증명하는 강력한 신호로 작용한다.

이러한 경쟁은 모든 대학에서 일어나는 것이 아니라 서열경쟁이 상대적으로 심한 상위권 대학에서 더욱 활발히 일어난다. 상위권 대학은 우수한 학생을 확보하기 위하여 선발 방법의 차별화와 이질화를 추구하는 반면, 중하위권 대학은 신입생의 안정적 확보를 위해 유사한 전략을 채택하는 경향이 있다. 대학 간 자사고와 외고 졸업생에 대한 유치 경쟁이 가시화되어 있는 현실을 고려할 때 진정한 의미의 수평적 다양화가 실현되기에는 많은 어려움이 있다. 고등학교가 대학입시와 대학에 종속되어 있는 현실에서 고등학교의 교육적 자율성은 제약되어 있으며, 그나마 제한된 자율성마저도 결국에는 대학입시의 효율성을 높이기 위한 것에 불과한 것이다. 일류 대학을 중심으로 형성된 대학 서열 체계와 대학입시제도는 고등학교의 다양화를 가로막는 현실적인 장애이며, 고교 다양화 정책은 이러한 대학 서열 체제를 오히려 공고히 하는 부정적 효과를 갖는다고 할 수 있다.

4. 결론

인간은 다양하다. 인간의 다양성을 고려할 때 교육적으로 다양성을 추구하는 것은 그 자체로 가치 있는 일이다. 교육적 다양성을 판단하는 기준 또한 하나만 있는 것이 아니라 다양하다. 학생들은 다양한 교육목적과 가치를 추구하고 있으며, 자신의 교육 목적과 목표를 추구하는 능력에 있어서도 다양한 차이가 있다. 이처럼 인간의 폭넓은 다양성 때문에 다양한 모든 가치를 교육적으로 고려하는 것은 어려우며 대신 우선적으로 고려해야 하는 가치에 대한 진지한 성찰이 필요하다.

자율성도 마찬가지다. 한국의 교육을 돌이켜 보건대 학생 개개인의 권리와 자유를 정책의 핵심가치로 설정하고 적극 고려한 경우는 매우 드물다. 따라서 학습자가 자신의 교육적 자유와 권리를 적극적으로 향유할 수 있도록 하는 것은 폐쇄적이고 획일적인 교육을 극복하고 교육의 민주화를 가능하게 한다는 점에서 중요하다. 이런 점에서 학교교육의 자율성과 다양성을 추구하는 고교다양화 정책은 그 의의가 충분하다고 할 수 있다. 그럼에도 불구하고 이명박 정부에 의해 추진된 고교다양화 정책은 '예견되는 다양한 비합리성' 때문에 교육의 자율성과 다양성을 실현할 가능성이 크지 않아 보인다. 이 장에서는 고교다양화 정책의 사회적 배경과 성격 그리고 한계를 살펴보고자 하였으며, 그 결과를 정리하면 다음과 같다.

첫째, 고교다양화 정책은 평등주의와 보편주의에 근거한 평준화가 비효율적이고 선택의 자유를 보장하지 못한다고 비판하고, 효율성 규범과 선택의 자유에 따라 고교 체제를 '탈평준화'하고자 하였다. 교육의 자율성과 다양성은 그 자체로 중요한 교육적 가치다. 그러나 학교 자율화와 다양화를 토대로 하는 고교다양화 정책은 교육의 다양한 가치 중에서 선택, 취업, 효율성, 학업성취도 등을 전면에 부각하는 대신에 형평성, 참삶, 평등 등의 가치를 주변적인 것으로 다루는 경향이 있었다.

'행복한 학교'를 만들기 위해 경쟁, 선택, 수월성을 강조하는 고교다양화 정책은 오히려 일부 학생들에게 사회심리적으로 부정적인 영향을 미쳐 신뢰, 공동체, 협동, 정의 등의 교육적 가치를 손상할 가능성이 크다. 더구나 고교다양화 정책은 국가선진화와 '신' 발전국가를 위해 신자유주의 규제국가에 의해 동원된 '강요된 다양화'의 모습을 보이고 있었다. 평준화가 산업화를 위해 발전국가에 의해 동원된 것처럼 고교다양화도 '선진화'와 '세계일류국가'를 위해 효율성과 경쟁에 따라 고교체제를 재편하는 것이었다. 이렇게 고교다양화 정책은 1987년 이후 확장되기 시작한 교육에 대한 민주주의적 규제를 약화시키는 반면에, 소유적 개인주의에 의한 경쟁적 시장의 교육지배를 심화시킬 위험을 내재하고 있었다.

둘째, 고교다양화 정책은 재생산 위기 극복을 위해 학교를 사회통합보다는 보다 세련된 '사회적 분류 기제'로 변모시키고자 하는 중간계급의 전략과 관련이 있다. 이 정책은 교육과정과 학교운영의 자율성에 따라 학교를 다양화하는 것이었는데 이렇게 다양화된 학교는 사회계층화와 대응하면서 수평적으로 계층화되어 사회적 불평등을 대물림하는 통로로 작용할 가능성이 컸다. 학력자본의 지위가치가 높은 우수 고등학교와 일류 대학은 상위 계급의 자녀를 위한 배타적 학습공간이 되어 가고 있으며, 낮은 계급의 학생들은 이러한 공간에서 자신을 자발적으로 배제하는 모습을 보이고 있다.

학교의 계층화로 학교 간 상징적 가치의 질적 분화가 발생하게 되었는데, 고교다양화 정책은 고등학교 교육시장을 이러한 상징적 가치에 따라 다양하게 쪼개며, 교육적 경험의 다양화와 자유보다는 상징적 교육자격의 질적 차별화를 초래할 위험성이 있었다. 이런 점에서 "모든 분배들 가운데 가장 불평등하고 어찌되었건 아마도 가장 잔인한 것 중의 하나는 상징적 자본의 분배, 즉 사회적 중요성 및 삶의 이유의 분배다."라는 부르디외(2000: 241)의 지적은 시사하는 바가 크다.

셋째, 고교다양화 정책은 학교 간 기능의 분화, 교육과정과 학교운영의 자율성 등 학교의 제도적 다양성을 강조하는 경향이 있다. 박부권(2010)은 '학생들의 소질과 능력의 개인차에 섬세하게 대응할 수 있도록 교육 프로그램을 다양화하는 일'과 '각 고등학교가 자신의 특장, 학생 구성의 특성 그리고 주위 여건을 고려하여 특성화 프로그램을 개발하는 것'을 주장한다. 그런데 이러한 교육의 다양성은 제도의 다양성을 통해서만 달성될 수 있는 것이 아니라 학교의 통합과 종합화 그리고 개성을 존중하는 교육실천의 다양성이 어우러질 때 가능하다. 신자유주의 규제국가와 중간계급에 의해 위로부터 강요된 다양성은 학교를 기능에 따라 분화하고 학생들을 성취도 수준에 따라 분류한 다음 다양한 학교로 배치하여 획일적으로 가두는 결과를 초래할 수 있다.

따라서 학교를 다양화하는 것이 곧바로 교육의 다양성을 구현한다고 보는 것은 문제가 있으며, 교육적 가치로서 교육의 다양화와 이명박 정부의 교육정책 담론으로서 제도의 다양화를 구분할 필요가 있다. 더구나 교육 경험의 다양화가 수반되지 않은 제도의 다양화는 학교의 계층화와 학생의 병리화 그리고 사회적 불평등의 확대라는 예측 가능한 비합리성을 낳을 가능성이 있다.

고등학교의 수평적 계층화를 통해 상징적 차이를 재생산하는 것은 정의롭지 못하다. "학생들의 능력에 따라 서로 다른 학교를 만들거나 학교 내에 이원화된 계급 체제를 만드는 것은 교육적으로뿐만 아니라 사회적으로도 타당한 이유가 없으며, 능력이 어느 정도이든 어떤 종류의 능력이든 그리고 능력이 있든 없든 모든 사람을 함께 모으지 않고서는 상상하건대 민주사회를 조직할 수 없다."라는 왈쩌(Walzer, 1983: 221)의 주장처럼 학생의 능력에 따라 교육을 달리하는 학교의 다양화는 민주적이지도 않으며 삶의 평등을 가져오지도 않는다. 더구나 고등학교가 대학입시의 도구적 기능을 담당하고 있는 현실을 고려할 때, 탈평준화된 고교체제는 학교의 수평적 계층화를 더욱 강화하면서 대학입시에서 사회적 분류 기제로 더욱 중요하게 기능할 가능성이 크다.

지금처럼 고등학교가 대학에 종속되어 있는 억압적 입시제도하에서는 학교 간 수평적 분화를 통한 교육적 가치의 다양성 추구는 제한적일 수밖에 없다. 왜냐하면 교육정책은 합리적 과정을 통해 정책 의도를 구현해 나가지만 동시에 쉽게 비합리성과 엘리트주의에 영향을 받아 권력의 부당한 도구로 변질될 수도 있기 때문이다. 따라서 국가와 시장을 비롯하여 고교다양화 정책을 둘러싼 다양한 교육적 행위자들이 '누구의' 이익을 대변하고 있는가(Przeworski, 2001: 59-60)에 더 많은 관심을 기울일 필요가 있다.

제6장

교육을 위한 공간 전략: 탈농촌-탈지방-탈한국

맹모삼천지교(孟母三遷之敎)

고위 공직 후보자에 대한 인사청문회에서 후보자가 자녀 교육을 위해 위장전입을 한 경우를 자주 접하게 된다. 위장전입은 거주지를 중심으로 결정되는 취학 및 진학 방식을 피하고자 하는 것으로 모든 가족이 이사하지 않고 자녀만 거주지 밖의 학교로 전학시키는 것을 금지한 규정을 피하기 위해 자녀의 주민등록을 허위로 옮기는 행위를 말한다.[1] 위장전입은 법률적으로 허용된 방식이 아니라 불법으로 학교를 옮기는 행위다.

현행 「초 · 중등교육법」에 따르면 초 · 중등교육은 거주지를 중심으로 하여 학교를 배정하는 방식을 채택하고 있으며, 전 가족의 거주지가 바뀐 학생들은 합법적으로 학교를 옮길 수 있다. 「초 · 중등교육법 시행령」 제21조 1항에는 '초등학교의 전학절차'가 규정되어 있는데, 그 내용은 "학생이 주소의 이전으로 전학하고자 할 때, 보호자는 학교에 그 사실을 알려야 하고, 학교가 주소지 변경을 확인할 수 있도록 행정정보를 이용하도록 하거나 관련 서류를 제출해야 한다."라고 되어 있다. 이처럼 '어느 학교를 다니느냐는 학생의 거주지와 밀접히 관련되어 있다. '특정' 학교에서의 교육기회가 학습자의 거주지

[1] 거주지를 허위로 옮기는 위장전입은 교육적 동기뿐만 아니라 부동산 취득이나 각종 연금의 수혜 등과 관련하여 이루어지기도 한다.

에 따라 결정되기 때문에 학생이 학교를 바꾸기 위해서는 거주지를 이동해야 하는 것이다. 학군이나 학구가 학습자의 거주지를 중심으로 학교를 배정하는 중요한 단위다.

'맹모삼천지교(孟母三遷之敎)'는 맹자 어머니가 맹자의 교육을 위하여 세 번씩이나 이사하였다는 비유다. 이 비유는 부모가 자녀에게 좋은 교육환경을 제공해 주기 위해 거주지까지 옮기는 것이 당연하고 자연스럽다는 긍정적 의미를 담고 있다. 그러나 오늘날에는 모든 가족이 거주지를 옮기는 것은 생각보다 쉽지 않다. 따라서 자녀가 다니고 있는 학교에 불만이 있는 경우에도 마땅한 대안이 없다. 위장전입은 일부 학부모들이 실제로 거주지를 옮기지 않고도 자녀를 전학시키는 일종의 교육전략이다. 허시먼(Hirschman, 2005)의 용어를 빌리면, 학부모와 학습자는 현재 학교에 '충성(loyalty)'하기보다 위장전입 등의 방법을 동원하여 다른 학교로 '탈출(exit)'하고자 하는 것이다.

교육을 위해 거주지를 옮기는 주거 공간 이동은 시기에 따라 그 형태를 달리하면서 오랫동안 반복되고 있다. 예를 들어, 농촌에서 도시로, 지방에서 서울로, 변두리 학군에서 8학군으로 등 다양한 모습을 보인다. 이처럼 자녀교육을 목적으로 거주지를 옮기는 것을 교육적 공간 전략(spatial strategy)이라 부른다. 이와 같은 공간 이동은 사회적 지위와 교육 경쟁에서 필요한 희소한 자원에 대한 차별적 접근 기회를 갖기 위한 것이다(최은영, 2004; Harvey, 1989; Waters, 2005). 학교교육이 지위를 추구하는 유효한 수단이라는 점에서 우월한 지위가치를 가진 학교나 높은 지위가치를 획득할 가능성이 큰 학교가 있는 곳으로 주거 공간을 옮기는 것은 일견 합리적 선택이다.

교육적 공간 전략은 다양한 수준에서 일어난다. 예컨대, 유학과 같이 '탈'한국[2]은 한국에서 외국으로 거주지를 옮기는 공간 전략이다. '탈'한국은 국가 안에서 거주지를 이동하던 종래의 '탈'농촌이나 '탈'지방과 비교하면 차이가 있다. '탈'한국은 위장전입과 달리 공간 이동이 단일 국가의 영토 내에서 이루어지는 것이 아니라 초국가적(transnational) 형태를 보인다. 앞으로 교육적 공간 전략의 규모와 형태 등이 더욱 다양하지고, 국가 간 경계를 넘나드는 공간 이동도 더욱 활발해질 것으로 예상된다(Ong, 1999; Waters, 2005).

---

[2] 여기서는 '탈' 한국을 '교육을 목적으로 한국을 떠나는 현상'으로 정의한다. 즉, 조기교육, 유학, 연수 등을 포괄하며, 문맥에 따라 이 용어들과 같은 의미로 구분 없이 사용한다(손준종, 2005). 그러나 고등교육 이전 단계와 고등교육단계에서 발생하는 '탈' 한국 현상이 동일한 논리적 구조와 성격을 갖는다고 보기 어렵기 때문에 교육단계별 특성을 고려하여 '탈' 한국의 의미를 분석하는 것이 타당하지만, 여기에서는 교육단계별 차별성보다는 공통성에 주목하여 논의를 전개한다.

그렇다면 교육을 위해 거주지를 이동하는 '공간 전략'을 어떻게 이해해야 하는가? 초국가적 공간 전략인 '탈'한국은 어떤 특징을 가지고 있으며 그 영향은 무엇인가? 이러한 문제를 해명하기 위해 여기서는 교육적 공간 전략으로서 '탈'한국의 성격과 그 교육적 영향을 살펴보고자 한다. 먼저 시기별 교육적 공간 전략의 특징과 유형을 살펴보고, 다음으로 공간 전략으로서 '탈'한국의 특징과 그것이 교육에 미치는 영향을 살펴보고자 한다.

1. 교육적 공간 전략: 그 의미와 유형

1) 교육적 공간 전략의 의미

사회적으로 공간은 '사회와 사회집단들이 자신을 조직하고 자원을 배분하며 갈등하고 의미를 주고받는 중요한 수단'(Pain, 2001: 14)이다. 따라서 특정 공간에 대한 지배권은 사회적 권력의 재생산과 밀접한 관련이 있으며, 교육적 공간 전략도 사회적 권력을 위한 공간 지배 전략의 일종이다.

그렇다면 사람들이 공간을 옮기고자 하는 까닭은 무엇인가? 주지하는 바와 같이 공간은 균질적인 물리적 공간이 아니라 차별적인 사회적 공간이다. 누구나 특정 지역에 거주하는 것이 '실질적으로' 가능하지 않으며, 지역에 따라 부자 동네와 빈민촌 등과 같이 서로 다른 사회적 이미지를 가지고 있다면, 이미 지역은 지리적 개념의 단순한 '땅'이 아니라 사회적 의미와 상징들이 생산되고 교환되는 사회적 '공간'인 것이다(손준종, 2004a; Harvey, 1989).

교육적 공간 전략은 사회적 성공이 학교에서의 교육적 성공과 불가분의 관계를 맺고 있다는 것을 가정한다. 사람들은 사회가 '귀속(신분) 사회에서 성취(획득) 사회로' 변화했고, 학교에서 공부를 잘하는 것이 사회적으로 성공할 수 있는 관건이며, '도시에서의 교육'과 '외국에서의 교육'이 성공을 더욱 가능하게 할 것이라고 생각한다. 따라서 가능하다면 사회적 성공에 도움이 되는 곳에서 자녀를 교육시키는 것은 지극히 당연하다고 할 수 있다.

이런 점에서 교육을 위해 공간을 이동하는 것은 단순한 물리적 거처, 즉 장소가 변화되는 것에 그치는 것이 아니라 사회적 위치의 변화까지 의미한다. 따라서 교육당국이 전학을 금지하거나 외국 유학을 금지하는 것은 권력에 대한 접근과 획득기회를 통제하는 것이다. 즉, 교육적 공간 전략은 궁극적으로 경제적 및 정치적 권력의 획득 및 재생산을 위한 전략의 성격을 갖는다. 이와 같이 거주하는 지리적 공간을 바꾸면서 자녀교육을 시키는 것을 교육적 공간 전략이라고 할 수 있다.

그러나 교육을 목적으로 거주지를 언제나 자유롭게 이동할 수 있는 것은 아니다. 거주지를 이동하는 것은 생활의 근거와 직장을 옮기는 것을 의미하기 때문에 일상적으로 이루어질 수 없다. 더욱 중요한 것은 교육과 관련하여 학교를 옮기는 것은 학습자가 원한다고 되는 것이 아니라 교육당국의 '허가'를 얻어야 한다. 「초 · 중등교육법 시행령」에 따르면 전학은 학교장이 허가하도록 되어 있다.

> 제73조 (중학교의 전학 등) ①중학교의 전학 또는 편입학은 거주지를 학구로 하는 초등학교가 속하는 학교군 또는 중학구 안의 중학교에 한하며, 이 경우 학교군에 있어서는 전 · 편입학의 신청서류 접수일부터 7일 이내에 교육장이 정하는 방법에 의하여 교육장이 추첨 · 배정하고, 중학구에 있어서는 그 중학구 안의 중학교의 장이 이를 허가한다. 다만, 학교군에 있어서 거주지를 학구로 하는 초등학교가 속하는 학교군 안의 중학교에 결원이 없는 경우로서 전학 또는 편입학하고자 하는 자가 원하는 때에는 당해 교육장 관할에 속하는 다른 학교군 안의 중학교에 배정할 수 있다(「초 · 중등교육법 시행령」 제73조).

거주지에 따른 교육기회의 결정 방식은 교육의 질이 거주지에 따라 차별적이지 않고 등질적이라는 점을 가정한다. 특히 의무적으로 제공되는 공교육은 사회적 공간, 즉 거주지에 관계없이 학교가 제공하는 교육의 질이 동일하다는 점을 가정한다. 그런데 거주지에 따라 교육격차가 상당하다는 것은 이미 상식이며, 사는 곳과 다른 지역의 학교로 자녀를 진학시키고자 취학 규정을 어기면서까지 위장전입을 시도하는 행위는 그 반증이다. 이런 점에서 거주지 중심의 학교 배정 방식은 교육 불평등을 확대 · 재생산하는 기제로 작용할 가능성이 있다는 비판으로부터 자유롭지 못하다. 더구나 차별적인 공간 이동기회와 특정 지역으로의 이동을 제한하는 제도적 및 구조적 장벽은 불가피하게 교육적 가치와 태도 그리고 행동의 분화를 초래하게 된다. 거주하는 이웃과의 관계는 유사한 가치체계의 재생산을 촉진시키며, 이와 같은 가치체계의 재생산은 그곳으로의 이동기회는 물론이고 진입기회를 제한하는 기능을 한다(김경근, 장희진, 2005; Harvey, 1989; Massey, 1996).

2) 교육적 공간 전략의 변화

교육적 공간 전략은 사회 변화에 따라 다양한 모습을 보였다. 근대교육의 초기에는 특별한 사유가 없는 한 학교를 옮기는 것이 불가능했다. 1895년에 발표된 일련의 교육 관련 법규들(성균관 경학과 규칙, 한성사범학교 규칙 및 부속 소학교 규칙)과 1899년의 중학교관제 등에 따르면 "입학 후 원칙적으로 퇴학을 하지 못한다."라고 규정되어 있다. 그러나 중학교관제는 '졸업 전에 타 학교로 전학하는 자'에 대해서는 출학을 명하도록 한다고 규정되어 있다. 당시에 다니던 학교를 그만두고 다른 학교로 전학한다는 것은 생각조차 하기 어려웠으며 현실적으로도 가능하지 않았다. 왜냐하면 전학할 학교가 절대적으로 부족하였고 전학에 필수적인 교육자격의 표준화가 이루어지지 못했기 때문이었다.

이러한 상황은 학교교육의 목표가 입신양명과 출세라는 세속적 동기를 강하게 띠면서 교육열이 급속히 늘어난 1920년대 중반을 넘어서면서 급속히 변화하게 되었다(손준종, 2003; 한우희, 1991). 학교의 증가 및 교육자격의 표준화와 더불어 학교가 사회적 출세를 위해 중요한 역할을 하는 곳으로 인식되기 시작하면서 사회적 출세에 유망한 학교로 전학하려는 움직임이 크게 나타난 것이다. 1930년대에는 지방에서 경성(京城)으로 전학하려는 전학열(轉學熱)이 심각한 사회문제로 대두되기도 하였다. 당시 경성으로의 전학열을 보도한 신문에 따르면 이러한 전학열의 원인은 상급학교 진학과 취직에 유리한 명문학교에 다니기 위한 것이었다.

> 최근 부내 각 중등학교의 입학률을 보면 지방 공보교의 졸업생보다는 현저히 경성부내 각 공보교 졸업생의 입학률이 좋으므로 지방의 부호계급들은 자제의 장래를 생각하는 나머지 비교적 상급학교 입학률이 좋은 부내 학교에 입학시키려고 서울로 데리고 올라온 데 있다(동아일보, 1936. 4. 7.).

당시 지방에서 경성으로 이주하는 가족의 규모가 증가했는데, 그에 따라 늘어난 학생들을 교육시킬 학교의 부족은 전학열을 부추기는 원인으로 작용하였다. 따라서 넘치는 전학 지망자를 대상으로 시험을 치르거나 돈을 받기도 하였으며, 경성부에서는 특별기부금을 받고 전학을 허용하기도 하였다. 1년 이상 경성부에서 거주한 사람은 부세(府稅)를 부담했기 때문에 무료로 전학이 가능했지만, 3개월 이상 거주한 사람은 거주 증명서를 첨부할 경우 한 사람당 50원씩 부담하도록 했다. 두 경우 모두에 해당되지 않는 사람의 특별기부금은 1학년 160원, 2학년 140원, 3학년 120원, 4학년 100원, 5학년 80원, 6학년 60원씩 부담해야 했다(조선중앙일보, 1936. 8. 27.). 결국 가난한 집 아이는 경성에서 공부할 기회를 얻기 어려운 경우도 발생하였으며, 전학하지 못하여 자살하는 일도 일어났다(동아일보, 1934. 9. 7.).

교육적 동기에 따른 거주지 이동이 본격화된 것은 다양한 학교가 설립되고 도시화가 본격적으로 진행된 1960년대 이후의 일이었다. 1960년대 이후의 교육적 공간 전략은 시대적 특성에 따라 '탈'농촌, '탈'지방, '탈'한국의 3유형으로 구분할 수 있다.[3]

첫째, '탈'농촌 공간 전략이다. 오랫동안 많은 사람은 농촌 사회에 터전을 잡고 살아왔다. 산업화와 도시화는 농촌의 해체를 재촉하였으며, 이와 더불어 근대교육의 제도화도 삶의 기반으로서 농촌의 의미를 약화시킨 계기 중 하나였다. 근대 초기 학교교육의 경험은 상당한 신분 효과를 가지고 있었다. 사람들은 '얼마나 많은 땅을 부치느냐' 하는 것 못지않게 서로를 '학교를 다녔느냐' 혹은 '어느 정도 다녔느냐' 하는 식으로 바라보기 시작하면서 '교육에 기초한 신분' 체제가 출현하게 되었다. 이러한 체제를 학력에 따른 차별, 즉 학력주의(學歷主義)라고 말한다. 더구나 특별한 교육을 받지 않고도 자연스럽게 농업에 종사하던 시절과 달리 산업화와 근대화는 새로운 형태의 일감이 생겨났으며, 그 일감에 필요한 직업자격을 요구하였다. 그리고 교육자격은 특정 일감을 수행할 수 있는 직업자격으로 주목받게 되었다. 이제 더 좋은 일감을 갖기 위해 필요한 더 좋은 교육자격을 얻고자 상급학교를 찾아 집을 떠나는 것은 많은 사람의 관심사가 되었다.

'탈'농촌은 1970년대 이전 대표적인 교육적 공간 전략이라고 할 수 있다. 농사짓는 것을 제외하고 다른 할 일이 없는 농촌은 상급교육을 받을 기회가 부재한 곳이었다. 따라서 '읍내 학교'로 교육기회를 찾아 떠나는 것은 어찌 보면 당연한 선택이었다. 그러나 그것으로 끝이 아니었다. "형주가 명년 봄이면 보통 학교를 마치는데, 저는 이제 서울로 올라가서, 어느 상급학교엘 다니겠노라고 지금부터 조르고 있고……." (채만식, 2003)에서처럼 더 높은 상급학교 교육을 위해서는 읍내에서 도시로 이동하는 것이 필수적이었다. 실

---

[3] 교육적 공간 이동 전략의 시기별 특성은 1968년 7월 15일 중학교 무시험 진학제도 도입과 1989년 해외여행 자유화를 기점으로 3시기로 구분할 수 있다. 중학교 무시험 진학제도는 1969년에는 서울, 1970년에는 부산, 대구, 광주, 인천, 전주, 대전, 1971년에는 전국적으로 실시되었다. 이 제도는 모든 진학 희망자를 일정한 학군 내에서 추첨, 배정하는 것이었다. 따라서 학군을 벗어나 다른 학교로 진학하는 것이 어려워지게 되었으며, 그 결과 위장전입 등의 방식이 두드러지게 나타났다. 1989년의 해외여행 자유화는 공간 전략을 나라 밖으로 확장시킨 계기가 되었다. 이들 각 시기의 대표적인 공간 전략을 '탈' 농촌, '탈' 지방 그리고 '탈' 한국으로 설정할 수 있다.

제로 교육기회와 인구이동 사이에는 일정한 정적 상관관계가 있다. 이은우(1993)에 따르면 교육기회가 많은 지역에 거주하는 사람일수록 이주 경향이 낮은 것으로 나타났다. 결국 학교를 찾아 집에서 가까운 도시로 이동하는 것은 일상적 현상이었다.

당시는 교통의 미발달로 물리적 이동이 썩 자유롭지 않았기 때문에 원거리를 이동하기보다는 거주지에서 가까운 행정 구역을 중심으로 일정한 교육 공간이 형성되었다. 경상도 혹은 전라도와 같은 지역 단위로 명문 고등학교와 대학 중심의 교육기회구조가 형성되었다. 즉, 농촌지역 초등학교를 졸업하고, 읍 · 면지역의 중학교로 진학하였다가, 가까운 중소도시 고등학교로 진학한 후 같은 권역의 대학에 진학하는 것이 일반적인 이동 경로였다. 물론 지역 명문 고등학교 졸업생들 중에서 '일부' 상위권 학생들은 서울을 비롯한 다른 지역의 대학으로 진학하는 원거리 이동을 선택하기도 했지만, 많은 학생은 동일 지역의 대학에 진학하는 것을 당연하게 생각하였다.

이러한 사실은 인구이동추이를 통해서도 확인할 수 있다. 1965~1970년의 인구이동을 분석한 결과에 따르면 서울은 경기도, 부산은 경남, 대구는 경북으로부터 인구 전입이 많은 것으로 나타났다. 즉, 인구이동에 있어서 예외적인 모습을 보이는 서울을 제외하고 대부분의 지역에서는 거리가 인구이동의 주된 결정 요인이었다(김대영, 이효구, 1976). 또한 서울을 비롯하여 일부 거점 도시에 인구이동이 집중되었는데, 이는 대학 진학을 위한 이동 때문이었다.

그러나 사회적 지위를 결정하고 나아가 신분을 억압하는 기제로 작동하는 교육자격의 가치는 고정되어 있는 것이 아니라 사회적 여건에 따라 변화한다. 특히 교육제도의 팽창은 교육제도의 계층화와 분화를 수반하는데(Halsey, 1992), 교육제도의 계층화와 분화는 교육받은 사람과 교육받지 못한 사람들 사이의 차별뿐만 아니라 일류대학교를 다닌 사람과 삼류대학교를 다닌 사람 사이의 차이를 더욱 확대했다. 때문에 일류학교가 있는 '도시에서 학교 다닌다.' 혹은 '서울에서 학교 다닌다.'라는 것은 우월한 신분과 같은 상징성을 띠게 되었다. 교육정책은 이러한 학교의 신분 효과에 일정한 영향을 미친다. 예를 들어, 1969년부터 실시되기 시작한 중학교 무시험 진학제도(평준화)는 중학교 진학률을 높이는 계기가 되었으며, 단순히 중학교에 진학하는 것이 중요한 것이 아니라 명문 고등학교에 진학하기 위하여 '어느' 중학교에 진학해야 하느냐가 보다 중요한 문제로 등장하였다.

> 문교부는 지방 출신 아동이 서울에서 실시되는 무시험진학추첨에 참가할 수 없도록 못을 박아 놓았다. 그러면서도 아동은 물론 전 가족이 서울로 이사 오는 특수 케이스를 위해 전 가족이 이주해 온 것을 증명하는 주민등록증을 첨부해서 내면 전입을 받아 주기로 했다. …… 그러나 주민등록증 따위로 서울에 자녀를 보내려는 지방민의 교육열을 꺾을 수 있을 것으로 보았던 판단이 잘못이었음은 곧 드러나고 말았다(조선일보, 1968. 9. 21.).

한편, 전국 하루 생활권을 앞세운 고속도로의 개통 등으로 이동 시간이 단축됨에 따라 공간 이동의 제약이 줄어들면서(Harvey, 1989), 거주지 근교 권역 중심의 교육기회구조가 '구심력'을 점차 상실하게 되었다. 교육적 공간 전략이 '탈'지방의 모습을 보이게 된 것이다. '탈'지방은 모든 것들이 수도권으로 쏠리고 집중되는 것이었다. 지역의 교육기회구조가 급속히 와해된 현상에 대한 체계적인 분석은 미진하지만, 학생들과 학부모들은 오래된 전통의 지역 '명문' 대학보다 서울 '소재' 대학으로 진학하기를 원한다.

고등학생들의 대학 지원 경향을 조사한 연구에 따르면, 연구 대상의 절반 이상(52.2%)이 경인지역에 소재한 대학을 지망하는 것으로 나타났다. 특히 성적이 전국 석차 최상위권(3.5% 이내)에 속하는 고득점자들은 거의 예외 없이 서울 소재의 대학으로 진학하기를 희망하였으며, 이들이 선택하는 대학도 몇몇 특정 대학에 집중되어 있었다(노국향, 1997).

정부 차원에서 다양한 정책적 노력을 기울여 이러한 상황을 역전시키고자 하지만 역부족이다. 확고한 교육의 위계적 서열구조는 수도권의 흡입력을 더욱 강화하는 역할을 담당하고 있다. 서울을 향하는 교육적 공간 전략은 지역으로 분산된 경쟁구조를 한곳에 집중시킴으로써 경쟁을 더욱 심화시키는 결과를 초래하였다. 전국의 모든 교육기회구조를 '서울'을 정점으로 한 줄로 세운 현실은 가능하다면 성공을 위해 서울로 가야 한다는 절박함을 가져다주었다. 그렇다고 각 지방의 교육이 학습자들의 이탈을 막을 수 있을 정도로 희망을 주는 것도 아니다. 오히려 지방의 학교는 질이 낮고 학습자의 수준도 낮다는 부정적 평가를 받는 경향이 있으며, 그곳의 사람들은 지방에 '정'을 붙이기보다는 늘 떠날 기회를 암중모색하였다.

이러한 맥락을 고려할 때 '탈'한국은 '새로운 형태의 교육 경험에 기초한 신분 차별 기제'의 출현을 의미한다. 물론 떠나가고자 하는 나라와 거주 기간에는 차이는 있지만 새로운 형태의 국가 간 이동은 공간의 재배치를 초래하여 차별 기제로서의 역할을 담당하게 된다.[4] 특히 외국에서의 교육 경험은 그 의미가 더욱 복합적이다. 한때 미제(美製)

혹은 일제(日製)가 각광받던 시절이 있었다. '국산'이 아니라 '○○제'는 '물 건너' 온 것이라는 의미였으며, 그것은 '질이 좋은 것' '남들이 쉽게 보기 어려운 귀한 것'이라는 의미를 함축하고 있었다. 이런 점에서 '물 건너 교육(overseas education)'은 보다 강력한 신분 억압 기제였던 것이다. 속칭 '물 건너 교육'이나 위장전입은 동일한 성격의 교육적 공간 전략으로 이해할 수 있다. 다만, 위장전입이 한국 내에서 지역과 지역 간의 공간 이동을 통한 차별적인 가치 창출의 행위였다면, '탈'한국 현상은 국가와 국가 간의 초국가적 이동을 통한 전략이라는 차이가 있다.

앞에서 살펴본 바와 같이 모든 사람의 바람과 열망을 수용하기 어려운 현실은 모두가 학력을 통해 경제적 및 사회적 가치 창출의 기회를 담보하지 못하였다. 이러한 교육현실은 교육적 공간 전략의 성격과 형태를 결정하게 된다. 사람들은 국내 환경의 불확실 증대와 미래 삶에 대한 두려움과 공포 그리고 가시적인 경쟁의 강화 때문에 힘들어한다. 일부는 이러한 상황을 벗어나고자 이민과 같이 한국을 자발적으로 탈출하는 것을 선택한다. 국내에서 전개되는 경쟁에서 학업능력 부족이나 경제적 여건 등의 이유로 성공하기 어려운 학습자는 내부 시장에서의 기대를 접고 외국으로의 선택적 탈출을 시도하게 된다. 일종의 '도피성' '탈'한국이다.

반면에 또 다른 일부는 경쟁이 심화된 상황을 소극적으로 도피해야 하는 현실이 아니라 경쟁의 파고를 넘을 수 있는 보다 경쟁력이 있는 수단을 얻기 위한 선택의 기회로 간주하고 적극적으로 탈출을 결행하기도 한다. 다소 질적인 차이가 있기는 하지만 두 경우 모두 국내에서 상대적으로 높은 가치를 인정받는 '제도화된 자본(institutionalized capital)'으로서 외국 학위를 취득하고자 하는 의도와 사회적 성공을 위해 절대적으로 중요한 '체화된 자본(embodied capital)'으로서 영어(또는 외국어)를 습득하기 위한 전략으로 '탈'한국을 선택하고 있다.

초국가적 공간 전략으로서 '탈'한국이 관심의 대상이 되기 시작한 것은 1990년대 이후의 일이다. 1990년대 이전, 사회적 성공을 위한 교육적 공간 전략은 주로 국내의 위계적 학력 구조상의 위치를 둘러싸고 전개되었다. 이는 국내 학력의 상대적 가치가 여전히 유효하였고, 국가가 외국으로의 이동을 통제하는 등 '탈'한국의 유인가가 크지 않았으며, 제도적 여건도 충분하지 않았기 때문이었다.

---

❹ 예를 들어, 영어 교육을 위해 외국으로 연수를 다녀온 사람과 그렇지 못한 사람들 사이는 물론이고, 필리핀으로 다녀온 사람과 미국으로 다녀온 사람들 사이에도 일종의 차별 기제가 작동하고 있다고 볼 수 있다.

그러나 1980년의 졸업정원제와 1995년의 대학설립준칙주의는 고등교육기회의 접근기회를 증대하는 한편, 대학졸업자격증의 인플레이션을 초래함으로써 사회적 성공을 위한 내부 경쟁을 심화시켰다. 초 · 중등교육은 그 자체로 학력의 사회적 가치가 낮았으며, 오직 대학진학을 위한 수단으로 간주되었기 때문에, 고등교육에 접근하는 것이 모든 문제의 해결이 아니라 새로운 문제의 원인으로 등장한 것이다. 대학의 위계적 서열화 구조에서 상위의 대학에 진학하지 못한다는 것은 대학에 진학하는 것의 긍정적 가치를 발견하기 어렵게 되었음을 의미하였다. 이러한 긴장과 두려움은 학업수준이 낮은 학생들에게 특히 강했다. 이들은 국내에 머무르는 것은 결국 국내의 차별적 학력 구조의 하층을 채우는 소모품이 되는 것이라는 생각을 갖게 되었고, 여건이 된다면 나라 밖으로 눈을 돌려 한국을 떠나고자 하였다.

한편, 경제적 삶의 조건 개선과 해외여행 자유화는 이러한 열망을 구체화하는 계기가 되었다. 1982년 이전까지 해외여행은 공용, 상용, 취업 그리고 유학 등과 같이 특수한 목적에 대해서만 허용되었으나, 1982년부터 해외 거주 친구나 친지가 초청한 해외여행이 자유화되었으며, 1983년부터는 초청인 없이도 50세 이상 국민의 해외여행이 자유화되었다. 그리고 1989년에 전면적인 해외여행 자유화가 실시되었다. '탈'한국은 이러한 사회적 상황의 산물이었다. '탈'한국은 '지위재(position goods)'로서 외국 학력에 주목한 일종의 교육적 공간 전략의 확장이라고 할 수 있다. 이와 같은 세 가지 교육적 공간 전략— '탈'농촌, '탈'지방, '탈'한국—의 특징을 정리하면 다음과 같다.

국내에서 일어나는 '탈'농촌과 '탈'지방 공간 전략은 상급학교 진학을 위하여 학교가 있는 지역으로 이동하는 '취학형' 및 '진학형' 이동 그리고 우수한 교육여건과 일류학교 진학을 위한 '전학형' 이동으로 주로 나타난다. 무엇보다도 국내에서의 이동은 경제적 비용을 감당할 능력이 있다면 선택하는 것이 어렵지 않았으며, 경제적 여력이 없었던 경우에도 인근의 도시로 자녀를 '유학' 보내는 것은 부모 입장에서는 어렵지만 자식 생각해서 어떻게든 해야 하는 의무 정도로 받아들여졌다. 이동의 형태도 자녀가 단신으로 이동하여 자취나 하숙을 하거나 친척집에 얹혀 생활하는 방식이었다. 같은 하늘 아래 있다는 심리적 안정감 그리고 마음만 먹으면 자식 얼굴 보러 다녀올 수 있다는 생각은 국내에서의 공간 이동에 대한 긴장감을 완화시켜 주었다.

그러나 '탈'한국은 외국 대학으로의 '진학형'과 학력자본과 문화자본 '취득형' 이동으로 주로 나타난다. '탈'한국은 위장전입과 달리 단일 국가의 영토 내에서 이루어지는 것이 아니라 초국가적 공간 전략이다. 따라서 '말 다르고, 물 다른 곳'으로 자녀를 보내

〈표 6-1〉 교육적 공간 전략의 유형과 그 특징

구분	'탈' 농촌 (1970년 이전)	'탈' 지방 (1970~1990년)	'탈' 한국 (1990년 이후)
이동 목적	• 취학형 이동 • 진학형 이동 • 새로운 지식 습득	• 진학형 이동 • 명문(일류)학교 진학 • 새로운 지식 습득	• 진학형 이동 • 학력자본으로서 외국 학위 취득형 • 새로운 지식 습득
이동 방향	• 지방에서 서울로 • 상급학교 소재 읍 · 면지역으로 • 읍면지역에서 지역의 중소도시로	• 지방에서 서울로 • 지역 읍 · 면 · 중소도시에서 지역 대도시로 • 동일권역 내 학군 • 제한된 해외 유학	• 지방에서 서울로 • 국가 간 이동 • 유학의 규모 확대와 유학 국가 다양화 • 미국 집중 현상
이동 특징	• 육상과 해상 이동 • 이동의 어려움으로 이동 기회 부족과 소규모 이동 • 생활권역 내 근거리 이동 • 제한된 교육정보	• 육상 이동 • 고속도로 등 도로망 확충으로 원거리 국내 이동 규모 증대 • 국가 간 이동 규모 작음 • 국내 교육 정보	• 육상과 항공 이동 • 항공수단의 발달로 국제적 이동 규모 증대 • 해외여행 자유화로 국가 간 이동 증가 • 다양한 교육 정보
	• 계급적 특성 약함 • 경제적 동기 및 도시화 등의 부산물 • 교육적 동기에 따른 취학 및 진학 이동 • 하숙 및 자취 등 별거가족 출현 • 학교 계층화 약함	• 일부 계급적 특성 • 경제적 동기에 따른 가족 이주의 결과 • 교육적 동기에 의한 단신(혹은 형제) 이동 • 별거가족(부모-자녀 별거) 출현 • 학교의 계층화 심화	• 계급적 특성 보임(주로 중류계급의 전략) • 합리적 투자 행위 • 교육적 동기에 의한 이동 증가 • 기러기 가족, 초국가적 가족 출현 • 국가 간 학력 계층화 • 영어 실력의 자본화
정부 역할	• 정부의 역할 미약 • 소극적	• 정부의 통제 강함 • 이동 제약 큼(위장전입)	• 정부의 통제 약함 • 부분적 통제(조기유학) • 이동의 자율성 증대

는 것은 그것이 아무리 사회적 성공을 위해 중요하다고 하지만 마음 놓을 수 없는 일이다. 더욱 중요한 문제는 그러한 심리적 불안을 해소했다고 하더라도 여전히 상당한 경제적 비용을 충당할 수 있는 능력이 '탈'한국을 결행하기 위해서 필요하다. 이뿐만 아니라 어느 나라, 어느 프로그램이 자녀를 위해 바람직한 것인가에 관한 좋은 정보도 절대적으로 필요하다. 각종 유학원의 발흥은 '탈'한국이 마음먹는다고 쉽게 되는 것이 아니라는 복잡한 특징을 잘 대변하고 있다. 결국, '탈'한국은 이러한 경제적 · 심리적 불안 및 장애를 극복한 연후에 가능한 것이다.

2. 교육적 공간 전략으로서 '탈'한국: 특징과 영향

1) 교육적 공간 전략으로서 '탈' 한국의 특징

(1) '탈' 한국에 대한 두 견해

'탈'한국 현상은 다양한 관점에서 바라볼 수 있는데, 학습자의 교육권으로서 '탈'한국, 합리적 선택으로서 '탈'한국, 공교육 비판과 그 대안으로서 '탈'한국 그리고 계급전략으로서 '탈'한국이 그것이다(손준종, 2005). 앞의 세 가지는 개인적 차원에서 행해지는 '탈'한국의 선택 행위에 주목하는 관점이라면, 다른 하나는 계급 전략으로서 '탈'한국의 구조적 특성에 관심을 둔다는 차이가 있다. 대체로 '탈'한국과 관련된 많은 논의는 전자의 관점을 취하는 경향이 있다.

교육열을 '탈'한국과 관련짓는 논의는 전자의 관점을 취하는 대표적인 경우다. 이종각(2003)은 '탈'한국 현상을 '한국의 공교육이 행사하는 제도적 폭력으로부터 도피해 나가는 현상'으로 정의하고, 구체적으로 '공교육 도피증후군'과 '국내교육 도피증후군'으로 구분하고 있다. 제도적 폭력이란 교육소비자의 욕구를 충족시킬 능력도 없으면서 의무적으로 학교에 오도록 하는 것이다. 더구나 국가에 의해 독점적으로 지배되고 있는 제도교육은 교육열 억제 정책을 기반으로 하고 있으며, 이러한 제도적 폭력으로부터 벗어나고자 하는 교육수요자의 열망이 '탈'한국 현상으로 나타났다는 입장이다. 그는 교육열이라는 스펙트럼을 통해 교육적 탈출을 이해하고자 한다. 따라서 '탈'한국이란 "자율성을 지닌 개인 행위자들의 교육열 행동의 집합적 결과로 나타나는 현상이다."(이종각, 2003: 100)라고 정의하고 있다.

이러한 입장은 행위자의 합리적 혹은 의도적 선택 등을 통해 거시적인 사회현상을 설명하고자 하는 방법론적 개인주의에 가깝다. 학부모와 학생들이 자신들에게 주어진 목적—영어 숙달이나 차별적 가치를 지닌 외국 학위의 취득—을 위해 가장 효과적이고 좋은 수단을 모색하였고, 그 결과 '탈'한국이라는 합리적 선택을 한 것이다. 이 입장에 따르면 '문제로서' '탈'한국에 대한 해결 방안은 교육수요자들의 교육열을 충족시키는 것이며, 구체적으로 '국내의 교육제도를 다양화 · 고급화 · 자유화하는 것'이다(이종각, 2003: 46).

이와 같이 개인적 차원의 교육열에 기초하여 '탈'한국 현상을 바라보는 관점의 적실성은 상당하다. 그러나 교육열이라는 개인의 자율성에 기대어 현상을 설명하는 관점은 누구나 자율적으로 '탈'한국을 선택하는 것이 가능하다고 주장함으로써 '탈'한국을 둘러싼 제도적 및 구조적 제약을 적극적으로 고려하지 못하는 한계가 있다. 다시 말하면 한국을 떠나는 것이 설령 개인의 이익을 극대화할 수 있는 전략이고 교육열을 충족시킬 수 있는 효과적인 방법이라 할지라도, 이는 개인의 자율적 선택에 의해서만 가능한 것이 아니다. 조기교육 등에 관한 일련의 조사에 따르면 '기회가 주어진다면' 한국을 떠나고 싶어 하는 사람들이 상당한 것으로 나타났다(한국교육개발원, 2002). 떠나고 싶은 심리적 차원의 열망이 아무리 크다고 하여도 실현되기 어렵게 하는 것이 바로 구조적 특성이다. 다시 말해, 이들에게 '기회가 주어지지 않은 까닭은 무엇인가?'라는 문제를 해명하는 것이 '탈'한국 현상을 이해하는 선결조건이라고 할 수 있다.

개인의 열망에 비해 '탈'한국을 어렵게 하는 국가정책이나 제도적 및 구조적 제약의 영향을 소홀히 다루는 논의는 교육 논의의 흐름을 개인의 '과도한' 교육열 비난으로 이어지게 할 가능성이 짙다. 즉, 현재의 공교육 위기나 교육실패의 원인을 치맛바람으로 희화화된 교육열로 지목할 가능성이 있는 것이다. 우리는 교육열 비판과 비난의 '과잉'을 자주 접하곤 하며, 천박한 학부모 의식이나 '과잉' 교육열을 희생양으로 삼는 정치화된 사회의 의도를 접하게 된다. 교육열에 대한 비판은 신문과 방송 토론 프로그램의 단골 메뉴이며, 이러한 정치화된 '희생양' 의식(儀式)은 많은 사람에게 카타르시스를 제공하는 동시에 그러한 비판을 당연한 것으로 내면화하는 기능을 담당한다. 따라서 교육열을 원인 변수로 간주하고 '탈'한국 현상을 결과 변수로 다루는 단순한 관계 설정은 '탈'한국 현상을 이해하는 데 큰 도움을 주지 못한다.

더구나 '탈'한국은 유독 교육에서만 나타난 현상이 아니다. 값싼 노동력을 찾아 외국으로 공장을 옮기거나 일자리를 찾아 출국하는 사람들이 있으며, 근래에는 은퇴 후 생활을 위해 필리핀 등지로 떠나는 사람들도 늘어나고 있다. 우리는 이러한 현상 모두를 '~열'을 붙여 비난하지 않는다. 국가를 떠나는 출국 행위가 비난받는 몇 가지 경우를 제외하고, 이와 같은 '자유로운' 국가 간 이동의 권리를 문제시하거나 제한하는 것이 현실적으로는 가능하지 않다. 더구나 세계화는 국가 간 이동을 더욱 재촉하고 있으며, 우리로 하여금 적극적인 '이주의 시대(age of migration)'에 살도록 하고 있다(Castles & Miller, 1998). 자기가 살고 있는 나라를 떠나 외국에서 일하기를 원하는 사람, 오랫동안 살기를 원하는 사람, 필요한 공부를 하기 원하는 사람의 규모가 전체적으로 늘어나고 있다. 따라서 개인적 차원에서 '탈'한국을 설명하는 관점보다 '구조적' 차원의 설명이 더욱 타당하다고 할 수 있다.

(2) '탈' 한국의 공간적 집중화

교육적 공간 전략은 아무런 방향 감각 없이 단지 떠나는 것이 아니라 구체적인 방향을 향해 떠나는 의지적 활동이다. 과연 한국을 떠나 어디로 탈출하고자 하는가? 그들은 어디로 가는가?

많은 사람이 가고 있으며 가고 싶어 하는 곳은 미국을 포함한 영어권 국가다. 2005년도에 교육을 목적으로 출국한 학생들이 선택한 국가 상위 10개국 중에서 영어권 국가는 미국을 비롯하여 영국, 캐나다, 뉴질랜드, 호주 그리고 필리핀 등의 6개국으로 나타났다. 그리고 이들 6개국에 전체 출국자의 62.16%가 집중되었으며, 국가별로는 전체의 34.82%가 미국으로 떠나는 것으로 나타났다(통계청, 2005). '탈'농촌과 '탈'지방이 서울 집중이라는 결과를 낳았던 것처럼, '탈'한국은 미국 집중 현상을 낳고 있다. 서울과 마찬가지로 미국은 다양한 교육적 열망을 끌어들이는 소용돌이인 셈이다. 결국 우리에게 미국은 '서울'과 같은 상징성을 지니고 있음을 짐작할 수 있다.

특정 지역으로의 집중화는 특정 공간에 상대적으로 집중함으로써 선호하는 공간과 그렇지 않은 공간이라는 공간의 분리를 초래한다. 공간은 균질적이지 않다. 국내에서의 교육 이동이 교육 공간을 농촌과 도시, 수도권과 비수도권이라는 차별적인 공간으로 분리하였던 것처럼 '탈'한국 또한 국내와 국외, 미국과 필리핀이라는 공간의 분화를 낳는다. 사람들은 자신들의 가치관이나 경제적 · 학문적 여건 등을 고려하여 선택적 탈출 행위를 한다. 일부는 상당한 경비를 필요로 하는 미국으로 장기간 유학을 떠나지만, 다른 일부는 필리핀, 말레이시아, 괌으로 단기 과정의 연수를 떠나는 대안적 선택을 한다. 이처럼 '탈'한국은 계층적 모습을 보이고 있으며, 어느 나라에서 교육적 경험을 하였느냐에 따라 상대적 가치가 달라진다.

그렇다면 미국으로 '탈'한국이 집중되는 현상을 어떻게 이해할 수 있는가? 미국은 세계에서 가장 많은 학생이 모여드는 국가다. 미국의 뒤를 이어 영국, 독일, 프랑스, 호주, 일본, 러시아, 이탈리아의 순서로 나타났다. 반대로 학생들이 자기 나라를 가장 많이 떠나는 나라는 중국, 인도, 한국, 일본의 순서였다(UNESCO, 2006).

한국의 경우 주로 미국, 일본, 독일, 호주, 영국으로 떠나는 것으로 나타났다. 동아시아(한국, 중국, 일본) 학생들은 미국, 영국, 호주, 캐나다 등 영어권 국가를 선택하는 경우가 많았다. 더구나 미국과 영국 등 중심부 국가도 성장의 한계에 다다른 자국 교육산업의 부흥과 생존을 위해 다른 나라 학생을 모집하는 데 온 힘을 쏟고 있는 실정이다.

국가 간 대학생 이동을 살펴보면 주변부 국가에서 중심부 국가로의 이동이 두드러진다. 미국과 영국 등의 중심부 국가는 '세계를 점령하라.'라는 슬로건 아래 각국의 유학생을 유치하는 데 열을 올리고 있으며, 이러한 국가 전략 때문에 주변부 국가 학생들의 중심부 국가로의 탈출이 보다 용이해졌다고 할 수 있다. 미국은 한국뿐만 아니라 전 세계로부터 가장 많은 교육인구를 받아들이는 교육 공간이다. 이는 미국이 지식생산의 중심지로 지식인의 생산 및 공급 체제를 전적으로 지배하고 있기 때문이며, 특히 비영어권 국가로부터의 교육인구 유입은 영어능력이라는 문화적 자본의 습득과 관련되어 있다고 볼 수 있다.

(3) 교육자본 축적 전략의 분화

교육적 공간 전략으로서 '탈'한국은 모든 사람에게 동일한 의미를 갖지 않는다. '탈'한국은 생계를 위하여 낮은 계급의 사람들이 선택하는 것이 아니라 현재의 계급을 유지하고 재생산하는 것을 목적으로 하는 중상층 계급이 선택하는 엘리트 이동의 성격이 짙다. 동남아시아에서 일거리를 찾아 우리나라로 들어오는 취업이민이나 1970년대에 일자리를 찾아 이역만리 독일로 떠난 광부와 간호사를 교육을 위해 한국을 떠나는 사람들과 동일하게 보아서는 안 된다. 또한 자유를 찾아서 탈출하는 이산(diaspora)과 '탈'한국을 같은 의미로 바라보는 것도 적절하지 않다. 적어도 '탈'한국을 위한 '보트 피플(the boat people)'은 없으며, 적어도 보잉 747 항공권은 손에 쥐어야 한다. 따라서 '물 건너 교육'은 모두가 자유롭게 헤엄쳐 건널 수 있는 것이 아니라 일부 계급만이 '물 만난 물고기처럼' 유영(遊泳)할 수 있는 것이다. 이런 점에서 '탈'한국은 사회적으로 계층화된 '숨겨진 교육제도'로 작동하고 있다(손준종, 2005).

'탈'한국은 사회적 성공이나 지위 유지를 위한 계급 전략이기 때문에 가족이 경제적 · 문화적 · 사회적 자본을 어느 정도 동원할 수 있느냐에 영향을 받는다(Ball, 2003a; Ball & Vincent, 2001). '탈'한국이 계급적 속성을 띠고 있다는 사실은 상류 · 중류 계급에 비해 하층 계급이 이동 기간이나 이동 지역 그리고 목적 등에 있어서 상대적으로 선택의 여지가 많지 않다는 것을 의미한다. 경제적 · 문화적 · 사회적 자본을 구비한 부모는 자녀에게 '가능성'이 보이면 적극적으로 투자를 선택하게 된다. 이들에게 세상은 거대한 학위 공장이며, 특히 영어권 나라는 '영어 학원' 정도로 인식된다.

반면에 자본을 동원하는 것에 부담을 느끼는 정도가 크면 클수록 새롭고 도전적인 것을 목표로 하기보다는 '탈'한국에 의해 얻게 될 '실용적 가치'에 더욱 주목하는 경향이 크다. 그 대표적인 것이 바로 영어 습득을 위한 방법의 선택이다. 부자에 비해 자신이 가진 것의 대부분을 투자해야 하는 사람이 '탈'한국이라는 힘든 선택을 하게 될 경우, 그 과정에서 장기적 투자보다는 단기적 효과를 거둘 수 있는 실제적 동기를 강조한다.

부모의 경제적 자본은 '탈'한국을 선택하는 데 있어서 두말할 나위 없이 중요한 요인이다. 그러나 경제적 자본을 갖추고 있다고 하더라도 다른 자본의 도움 없이는 계급을 유지하거나 개선하는 것이 용이하지 않다. 문화적 자본은 외국 생활과 관련하여 경제적 자본보다 더욱 중요한 의미를 갖기도 한다(Bourdieu, 1984). 예를 들어, 조기유학의 경우 부모의 역할이 매우 중요하다. 언어와 문화가 다른 외국에서 부모는 로드 매니저에서 학습 도우미까지 다양한 역할을 감내해야 하는데, 그러한 일들은 단순히 돈으로 해결되지 않는다. 이뿐만 아니라 자녀의 교육을 위해 필요한 정보를 습득하는 것이 중요하며, 이를 위한 사회적 연결망을 구축하는 것은 자녀교육의 성공과 외국에서의 고립을 피하는 데 있어서 중요하다(Waters, 2005).

이처럼 '탈'한국은 권력과 특권을 유지하고 개선하는 데 필요한 교육자격을 얻기 위해 가족이 동원할 수 있는 모든 자본이 통합된 표현이다. 이런 점에서 '탈'한국은 자본축적에 보다 유효한 수단을 확보하기 위하여 선택한 공간 전략으로 교육자본의 공간적 확장을 의미한다고 볼 수 있다. 그러나 구체적인 '탈'한국의 형태와 시기 그리고 방법에 있어서는 계급에 따라 교육자본 축적 전략으로서 공간 전략에 분화가 일어나고 있음을 알 수 있다. 비록 '탈'한국이 중간 계급 이상의 가족에게 친화적인 교육 전략이기는 하지만, 그 구체적인 실천 행태에 있어서는 가족 자본의 양과 규모에 따라 다양한 공간 전략을 선택하는 질적 차별화가 일어나고 있는 것이다.

2) '탈' 한국의 영향: 교육주권의 약화

교육적 공간 전략으로서 '탈'한국이 교육에 미치는 가장 중요한 영향은 국가 교육주권의 약화다. 지금까지 국가는 교육과 관련하여 가장 강력한 행위자였다. 그러나 '탈'한국은 국가의 교육적 역할과 관련하여 상당한 영향을 미칠 것으로 판단된다. 국가의 교육적 역할, 즉 교육주권은 특정한 영토 내에서 교육을 위한 권위와 책임을 의미하는 것으로, 이때 물리적 영토인 국경이 중요한 의미를 갖는다. 국가가 교육과 관련하여 강제력을 행사할 수 있는 정당한 경계가 바로 국경인 것이다. 따라서 '탈'한국이 증가한다는 것은 국가의 영토에 대한 합법적 지배가 흔들린다는 것을 의미한다. 이는 전통적인 '교육주권(educational sovereignty)'의 혼돈을 초래하고 있다(Mitchell, 2003).

교육과 관련하여 국가의 '정당한' 권위가 흔들리는 징후는 다양하게 나타나고 있다. 특히 초·중등학교 수준에서 진행되는 '탈'한국은 의무교육을 근간으로 하는 국가의 교육권과 국가교육제도의 정당성을 위협하는 것이다. 조기유학 등은 국가의 영토에 대한 지배와 배치되는 현상들이다. 조기유학은 교육을 목적으로 하는 국경 넘나들기를 의미하며, 이는 국가의 교육통제에 대한 하나의 도전으로 이해할 수 있다.

근대교육은 정치적 공동체인 국민에게 사회화를 위한 방안으로 의무교육제도를 도입하였다. 그러나 조기유학은 가치관, 언어, 습관 등이 형성되는 어린 나이의 학생들이 외국에서 생활함으로써 국가가 제공하는 교육적 경험을 제공받지 못하여 정치적 공동체 구성원에게 필요한 정체성이 형성되지 않을 가능성을 유발한다(Mitchell, 2003). 이 밖에 의무교육단계를 넘어선 학습자의 '탈'한국도 국가 내에서 이루어지는 교육적 권위에 대하여 가치절하하고 대신에 교육전략의 외연을 확대하는 것으로 이해할 수 있다.

이와 같이 국가의 교육적 권위가 흔들리는 것은 국가의 교육적 신뢰가 저평가되었거나 국가의 교육 행위에 대한 국민의 불신이 증대되었을 때 나타나는 경향이 있다. 국가의 교육적 권위 약화는 자연스럽게 국민의 교육에 대한 의무감 약화와 교육정책의 타당성에 대한 회의를 낳는다. 국가의 교육적 권위에 대한 가치절하는 국가가 사회의 요구에 제대로 기여하고 있지 못하다는 일종의 국가와 사회에 대한 부채 의식의 표현이다. 이러한 인식은 국가의 권한이 국가 그 자체로부터 발생하는 것이 아니라 사회로부터 정당성을 부여받는다는 것을 의미한다. 국가의 교육권이나 교육개입에 대해서도 비슷한 논리적 관계가 가능하다. 국가의 교육권은 그 자체로 정당한 것이 아니라 국민으로부터 파생된다. 국가에 의한 공적 권력이 자의적으로 행사되는 것을 방지하고 공적 서비스의 불편부당함을 지탱하는 기제가 필요한데, 그것이 바로 국민에 의한 국가 권위 부여다.

그런데 교육주권의 약화는 개인의 과도한 '탈'한국과 함께 국가적으로 추진되는 '탈'한국의 의도하지 않은 결과이기도 하다. 개인적 수준에서 경쟁적인 학력자본과 영어 취득을 목적으로 하는 '탈'한국과 국비유학생 제도와 같이 국가적으로 필요한 인간자본의 양성을 목적으로 하는 국가 수준의 '탈'한국 모두 교육이 국경을 넘어 국가의 교육주권이 미치지 못하는 초국가적 교육 공간으로 확장된 것으로 이해할 수 있다. 이처럼 '탈'한국은 근대교육의 특징들인 교육주권, 의무교육 그리고 국가교육의 정당성을 위협하고 있다.

3. 결론

이 장에서는 교육을 위해 거주지를 옮기는 것을 '공간 전략'이라고 부르고, 시기별 공간 전략의 특징을 간단히 살펴보았다. 그중에서도 특히 오늘날 논란이 되고 있는 '탈'한국 현상을 중심으로 그 특징과 교육적 영향력을 알아보고자 하였다. 그 결과, '탈'한국은 계급 재생산을 위한 계급적 속성을 강하게 드러내고 있으며, 미국 중심의 초국가적 교육 신분 억압 체제를 강화하는 특징을 갖는 것으로 나타났다. 뿐만 아니라 국가의 교육적 역할에도 적지 않은 영향을 미칠 것으로 예상된다.

국경을 넘어서 이루어지는 '물 건너 교육'은 물리적 영토 안에서 진행되었던 근대적 교육전통, 예를 들면 교육주권, 의무교육, 국민교육의 정당성에 도전하는 의미도 내포하고 있다. 개인적 수준의 교육열에 기초한 '탈'한국 논의는 자칫 이러한 구조적 변동을 간과할 가능성이 있음을 유의해야만 한다. 이런 점에서 앞으로 '탈'한국 논의는 다음과 같은 점에 주목할 필요가 있다.

첫째, '탈'한국을 개인의 권리로 바라볼 경우 발생할 수 있는 국가 교육의 딜레마에 주목할 필요가 있다. '탈'한국이 개인의 권리라면 나가기를 원하는 사람들에게 나가지 말라고 할 수도 없으며, 그렇다고 모든 사람에게 나가라고 할 수도 없는 일이다. 그러나 주지하는 바와 같이 국가에 따라서는 입국하고자 하는 사람을 모두 허용하지 않는다. 국가는 물리적 공간일 뿐만 아니라 사회적 연대와 신뢰를 바탕으로 하는 '정서적 공간(emotional space)'이다. 따라서 개인은 개인의 이익을 추구하는 이기적 존재이지만, 공동체의 유지와 연대에도 책임을 져야 한다(Mitchell, 2003). 개인적 권리를 구실로 아무런 제약 없이 이루어지는 '탈'한국이 공동체의 불평등을 증대하거나 공동체의 연대와 신뢰를 훼손할 경우에 대비한 대응 방안을 검토할 필요가 있다.

둘째, '탈출'의 기회와 가능성으로부터 멀어져 있는 학습자에 주목할 필요가 있다. '탈'한국 현상에 집중하면 떠나는 사람에 비해 남는 사람에 대한 관심이 희석될 가능성이 있다. 적극적인 학습자와 학부모는 교육의 질 저하와 학력 자격의 가치 하락에 대해 비교적 신속하게 반응하는 경향이 있다. 만일 허시먼의 지적처럼 이러한 학습자들이 탈출하지 않고 질 개선 등을 위해 목소리를 높인다면 소극적인 학습자들 또한 더불어 개선된 질의 효과를 함께 누릴 수 있는 것이다. 그러나 목소리를 높이는 대신에 탈출을 선호하게 되면, 떠나지 못하고 남겨진 소극적 학습자들은 더욱 열악한 교육환경에 놓일 가능성이 크다. 이들은 나라를 떠날 능력이 부족하며 비판의 대상이 되는 공교육을 벗어나 다른 대안을 찾을 가능성도 낮기 때문에 국가교육에 갇히게 되는 것이다. 자본을 많이 가지고 있어 '탈'한국 등과 같이 교육적 선택을 하는 데 어려움이 없는 사람은 "(자신의) 능력에 지나친 자부심과 오만을 함께 가지고 있다. 사람들은 이익의 가능성에 대해서는 다소간 과대평가하며, 손실의 가능성에 대해서는 과소평가하는 경향이 있다."라는 애덤 스미스(Adam Smith)의 주장에 귀를 기울일 필요가 있다.

마지막으로 '탈'한국의 문화적 영향력에 주목할 필요가 있다. 국내에서의 이동은 가족과 학생 본인의 분리라는 별거 가족의 형태를 보였다. 경우에 따라 형제자매가 함께 자취하거나 친척집에 더부살이하기도 하였지만, 많은 경우는 단신으로 하숙 생활을 하였다. 그러나 기러기 가족의 일반적인 형태는 '국내에서 돈 버는 아빠'와 '외국에서 살림하고, 아이 돌보는 엄마'다. 이러한 별거 가족은 전형적인 가부장제적 성격을 띠고 있다. 어머니는 자녀의 성공을 위하여 사적 영역인 가정에서 가정부의 역할을 담당하는 반면에, 아버지는 경제적 소득원으로 온 힘을 다해 공적 영역에서 일하는 성역할 분업을 몸소 실천으로 보여 주고 있다. 가족의 성별 분업뿐만 아니라 자녀의 성공을 위하여 '가족의 기쁨'을 저당 잡히고 있는 이러한 행태가 부모 세대의 '심성' 그리고 자녀의 교육관에 미치는 영향에 대한 연구가 필요하다.

제7장

학습장치와 학습하는 주체의 탄생

우리는 우리의 자존심에 붙박여 쇠로 된 축을 도는 수레바퀴처럼,
영원한 원환(圓環)을 맴돈다.
끝없이 방황하지만, 언제나 이 자리에!
– 캐롤(Carroll, 2002)

2015년 한국 사회는 한동안 메르스(MERS, 중동호흡기증후군) 전염으로 인한 공포와 불안에 떨어야 했다. 무엇보다 병을 치료하는 병원이 병을 확산시키고 전염시켰다는 것은 많은 사람을 당황하게 만들었다. 메르스 사태는 약과 병, 삶과 죽음, 안전과 위험 그리고 의사와 환자가 더 이상 구분되지 않고 뒤엉켜 있는 현대사회의 모순과 이중성을 극명하게 드러냈다. 현대를 위험사회로 규정한 벡(Beck)의 말처럼 인간의 생존을 위한 성장이 도리어 인간의 생존을 위협하는 다양한 위기를 생산하고 있는 것이다. 현대 자본주의는 모든 형태의 욕망의 생산 속에 반(反)생산이 존재한다는 점에서 헤어 나오기 어려운 모순의 늪에 빠져 있는 셈이다(Deleuze & Guattari, 1994). 이러한 모순은 비단 경제나 기술 등과 같은 분야에 한정되는 것이 아니라 자본주의 사회 전반에서 공통적으로 발견된다.

교육도 마찬가지다. 근대교육은 불평등, 폭력, 억압, 소외 등의 문제를 해결할 것으로 기대되었다. 이는 교육을 통해 이성적으로 생각하고 행동하는 계몽된 근대적 인간을 형성할 것이라는 낙관적 믿음에 기초한 것이었다. 교육을 통해 비합리성을 합리성으로 무질서를 질서로 변화시키고 억압받는 사람들이 해방된 삶을 사는 것이 가능하다고 생각했다. 그러나 근대교육은 놀라운 양적 성장에도 불구하고 다양한 문제를 낳았다. 학교는 성공과 실패, 지배와 억압, 삶과 죽음과 같은 모순을 교육이라는 이름으로 정당화하고, 학

교교육을 받을수록 차별, 억압, 폭력, 실패, 어리석음 등이 심화되는 반생산을 낳고 있다.

평생학습은 이러한 학교교육의 무딘 변화 가능성, 교육 시기와 대상의 폐쇄성, 과도한 형식성 등을 비판하고, 모든 사람이 일생 동안 지속적으로 학습하는 것을 그 대안으로 제시하였다. 평생학습은 지금까지 학교가 교육기회를 독점하고 제한함으로써 다양한 학습권을 보장하지 못했다고 주장한다. 대신에 학습을 인간의 기본 욕구이자 권리로 규정하고, 평생학습을 보다 행복하고 안정된 삶을 가능하게 하는 보편적 가치로 인식한다. 이뿐만 아니라 '배움'이 '가르침'보다 본질적으로 우선하며, 학습자 내면의 동기와 의지에 따른 학습이 교육 본연에 보다 가까운 것으로 여긴다.

여기서 '배움'은 '누구로부터 가르침을 받는다.'라는 수동적이고 소극적 개념에서 탈피하여 '스스로 배운다.' 또는 '배워야 한다.'라는 능동적인 형태로 우리의 심성구조에 깊숙이 스며들어 있는 것으로 전제한다. 평생 '학습'은 학교에서의 '학습'과 그 성격이 다르며, 가르치는 사람의 '가르칠 의지(will to teach)'를 강조하는 '(평생)교육'보다는 배우는 사람의 '배울 의지(will to learn)'를 중시하는 '(평생)학습'이 더 바람직하다고 주장한다. 그 결과, 우리는 행복, 취업, 승진, 소비, 생산, 결혼, 인간관계 등을 위해 부단한 학습이 필요한 것으로 생각하게 되었으며, 평생에 걸쳐 학습하는 것을 당연하게 받아들이고 있다. 어디 학습이 중요하지 않다고 말하는 곳이 있기나 한가!

그렇다면 우리는 왜 그리고 어떻게 평생에 걸쳐 학습하는 것을 당연한 것으로 생각하게 되었는가? 여기서는 예전과 달리 현재 평생 동안 학습하는 것을 당연하게 받아들이는 것을 '문제화(problematization)'[1]하고, 사람들이 무엇 때문에 평생학습을 보편타당한 것으로 인식하게 되었는지를 살펴보고자 한다. 버첼(Burchell, 1996: 33)의 표현을 빌리면, 현재 우리가 '필연적이라고 여기고 있는 것의 비필연성' 그리고 '존재하는 것의 선택성'과 '존재할 수 있는 것들의 은폐'에 관심을 두는 것이다. 다시 말해, 평생학습에 대한 우리의 생각과 행동이 필연적이기보다는 우연적임에도 불구하고 평생학습을 하나의 자명한 '진리'로 간주함으로써 존재할 가능성이 있는, 무엇이 배제되고 비난받으며 제약받는지 그리고 그 대가로 치르고 있는 것이 무엇인지를 검토하고자 한다.

여기서는 평생학습을 통치를 위한 하나의 전략이자 테크놀로지로 가정한다. 예컨대,

---

[1] 문제화란 왜 그리고 어떻게 특정 행위, 현상, 과정들이 문제가 되었는가를 의미한다. 푸코(Foucault)는 어떤 행동 유형이 특정 시기에는 광기로 규정 · 분류된 반면에 다른 역사적 시점에는 철저히 무시된 이유는 무엇인가를 묻는다. 이처럼 어떤 것에 대한 특수하고 유일한 대답을 찾는 것이 아니라, 특정한 상황에서 그것이 어떻게 다루어지고 분석되는가를 묻는 것이 문제화다(Foucault, 1988b: 17).

평생에 걸친 학습이 보편타당한 가치라면, 학습에 참여하는 것과 그렇지 않은 것을 규범적으로 옳다 혹은 그르다고 판단하는 것이 가능하게 된다. 즉, 학습에 참여하는 것이 당연한 것이기 때문에 학습에 참여하지 않거나 할 수 없도록 하는 것은 보편적 가치에 비추어 볼 때 문제가 되는 것이다. 배움이 정상이라면 사회적으로 평생학습 참여율이 높을수록 바람직한 것이 된다. 따라서 평생학습이 당연시되는 사회에서 '배움의 의지'를 가지고 있으며 학습에 참여하고 있느냐 여부는 정상성을 판단하는 기준이 되며, 결과적으로 사람들을 분류하고 배제하며 통제하는 기제로 활용될 수 있다. 여기서는 푸코의 통치성(governmentality)과 장치(dispositif) 개념을 중심으로 통치 테크놀로지로서 평생학습의 의미를 검토하고자 한다.

이를 위하여 먼저 푸코의 통치성과 장치 개념을 교육과 관련하여 간단히 살펴보고, 다음으로 평생학습을 '통치를 위한 학습장치(the learning dispositif)'로 정의하고, 학습장치의 등장을 검토한다. 그리고 마지막으로 평생학습의 담론과 주체의 성격을 분석하고자 한다. 최근 들어 국내외에서 다양한 푸코의 저작들이 번역 소개되면서 그의 관점을 활용한 다양한 연구가 진행되고 있지만, 국내 교육사회학 분야에서의 연구는 다소 미진한 실정이다. 푸코는 권력, 담론, 주체라는 세 가지 축을 중심으로 인간 자유의 원천인 인간 존재의 의미를 탐색하고자 하였다. 그는 삶을 당연하게 받아들이도록 하는 모든 권력에 저항하는 것이 중요하며, 그것이 바로 자신의 도덕 원리라고 주장하였다(Foucault, 1988a: 1).[2] 이러한 그의 관점은 교육과 관련하여 담론, 권력, 주체의 의미를 이해하는 데 유용한 시각을 제공할 것으로 기대된다.

1. 통치성과 장치 그리고 교육

1) 통치성

주지하는 바와 같이 푸코는 '현재의 역사'에 관심이 있었다. 그것은 과거의 한 지점으로부터 현재의 기원을 발견하고 그것을 바탕으로 통일된 법칙을 발견하는 것이 아니라,

[2] 푸코(1988a: 1)는 우리에게 주어진 것으로 그리고 자명한 것으로 받아들이는 것에 대한 '거부', 성찰과 이해 없이는 아무것도 이룰 수 없기 때문에 분석하고 알아야 할 필요로서의 '호기심', 그리고 지금껏 결코 생각하거나 상상해 보지 못한 것을 모색하기 위한 '혁신', 이 세 가지를 학자로서 자신이 견지해 온 중심 도덕 원리라고 말한다.

오히려 사람들이 당연하고 보편적인 것으로 생각하는 것들을 체계적으로 의심하는 것이었다. 우리가 현재 당연하고 중요하게 생각하고 있는 것을 문제적인 것으로 바라보고 회의하며 다르게 생각하고자 하였다. 그는 어떤 사회든 다양하고 복합적인 통치 합리성을 가지고 있기 때문에 모든 사회를 포괄하는 보편적 합리성을 주장하는 것은 문제라고 보았다. 그는 "역사주의는 보편적인 것으로부터 출발하고 그것을 이른바 역사의 분쇄기에 넣어 버립니다. …… 보편 개념들이 존재하지 않는다는 결정에서 출발하는 것이 제 방법이다."(Foucault, 2012: 23)라고 주장한다. 그는 근대성과 같은 거대 이론을 일반화하는 대신에 전략, 테크놀로지, 프로그램, 테크닉 등과 같은 국지적 개념을 활용하여 '우리에게 가장 분명한 것처럼 보이는 것도 불확실하고 덧없는 역사의 과정을 거치는 동안 우연한 만남과 기회가 결합하면서 형성된다는 것'을 밝히고자 하였다(Barry, Osborne, & Rose, 1996: 4; Raulet, 1983: 207).

권력의 문제도 마찬가지였다. 푸코는 우리의 행동이 정부, 자신, 타자에 의해 '통치되는' 그리고 '통치되도록 하는' 다양한 방식에 관심을 두었으며, 통치와 관련된 권력을 영토를 대상으로 하였던 주권 권력, 개인의 몸에 주목하였던 규율 권력, 그리고 살아 있는 인구 전체를 대상으로 하는 생명관리 권력으로 구분하였다(Foucault, 2011: 31). 그는 모든 시대를 관통하는 하나의 통치 양식이 존재하는 것이 아니라, 특정 역사적 시점에 따라 새로운 통치 합리성이 출현한다고 보았다. '통치성'은 18세기 이후 새롭게 등장한 근대 국가의 통치 형태를 지칭하는 것이었다. 그는 인구의 부와 건강 그리고 행복 등을 알아내고 그것을 통치하려는 시도에 배태된 특정한 사유와 행동 방식인 통치성에 주목하였다. 통치성은 기존의 주권 권력이나 규율 권력과는 성격이 달랐다.

새로운 통치의 핵심은 정치적으로 서로 연계된 정치, 법률, 종교, 의학, 기술 등 각 분야의 권위자들이 '무엇을 선하고, 건강하며, 정상적이고, 도덕적이며, 효율적이고, 유익한 것이라고 생각하는지에 기초하여, 다른 사람들의 삶을 관리하고자 하는 일련의 프로젝트, 계획, 실천' (Rose & Miller, 1992: 174)에 있었다. 지배자들은 '개인들에게 일어나는 일이나 그들이 하는 모든 일에 책임을 지고, 그 지도자의 권위 아래 개인들을 두는, 결과적으로 개인들의 인생 전반에 걸쳐 그들을 인도하려는 활동'을 강조하였다(Foucault, 2011: 485). 따라서 개인에게 직접 법을 부과하는 것이 아니라, 구체적이고 특정한 목적을 위해 개인이 자신의 행동을 스스로 적절한 방향으로 이끌도록 '사물을 올바르게 배치' 하였다(Foucault, 2011: 151).

개인은 강제가 아니라 자발적으로 자신의 품행을 통솔(conduct of conduct)하고 자아실현과 자아성취라는 열망을 실현하고자 하는 자율적인 행위 주체로 간주되었다(Rose, 1999: 41). 개인은 자유를 부여받은 대신에 자신의 삶과 행위에 대한 책임을 지게 된 것이다(Rose, O'Malley, & Valverde, 2006: 90-91). 이때 권력이 행사된다는 것은 '어떤 행위(action)가 다른 행위를 수정하는 방식'을 의미하였다(Foucault, 1982: 788). 따라서 권력관계란 '타자의 행위, 행위에 대한 행위, 지금의 행위에 대한 행위, 또는 현재와 미래에 일어날 행위에 대한 작용'(Foucault, 1982: 789)을 말하며, 이는 타자에게 직접적으로 영향을 미치는 것이 아니라 '어떤 행위를 하도록 지도하고 인도하는 행위'를 뜻하였다. 국가는 행위자들로 하여금 자신을 자발적으로 통치하도록 자극하고 그러한 생각을 내면화하도록 하였다. 국가는 '통치할 의지'를 포기한 것이 아니라, 자유로운 주체를 통한 자기 통치에 주목한 것이다.

이와 같이 통치는 외부로부터의 지배 테크놀로지를 통해서만 일어나는 것이 아니라, 개인이 스스로 자신을 다잡는 과정, 즉 자아 테크놀로지를 통해서도 가능하게 되었다. 통치는 서로 연결되어 있으며 연속적이고 상호작용하는 지배와 자아 테크놀로지가 상호작용하는 접점에서 일어나게 되었다(Lemke, 2001: 3). 자아 테크놀로지는 자신을 객관화하고 규범화하는 것으로 자기숙달, 자기규율, 자기통제를 통해 개인이 스스로를 규율하고 통제하도록 하는 것이었다. 자아 테크놀로지는 지배 테크놀로지를 전제해야 하지만, 지배 테크놀로지가 자아 테크놀로지를 전적으로 결정하지 않으며, 두 테크놀로지가 늘 조화롭거나 통치를 위해 서로를 강화하는 것은 아니다(Burchell, 1996: 21).

2) 통치 실천 방식으로서 장치

통치는 특정한 방식의 장치를 통하여 구체적으로 실행된다. 따라서 장치를 분석함으로써 현재의 질서가 만들어지는 과정을 분석할 수 있다(임동근, 2012: 295). 사전적으로 장치(裝置)란 '어떤 목적에 따라 기능하도록 기계나 설비 따위를 달아서 붙이거나 갖추어 차림' 또는 '어떤 일을 원만하게 수행하기 위하여 설정된 조직 구조나 규칙'을 말한다(Daum 한국어사전). 예를 들어, 도둑을 방지하기 위한 경보 장치나 범죄를 예방하기 위한 법적 장치 등이 그것이다. 불어로 장치를 뜻하는 dispositif도 '특정한 목적을 위해 그리고 즉각적인 효과를 보이도록 계획된 것'을 의미한다. 푸코는 장치를 권력과 지식이 인간에게 영향을 미치도록 하는 일종의 정치적 전략으로 간주하였으며, 이러한 장치를 통해서 특정 주체가 형성된다고 보았다. 그리고 장치를 다음과 같이 정의하였다.

> 담론, 제도, 건축의 형태, 법규의 결정, 행정조치, 과학적 언술, 철학적 · 도덕적 · 박애적 명제를 포함하는 전적으로 이질적인 것들의 집합(heterogenous ensemble)이다. 말해진 것뿐만 아니라 말해지지 않은 것, 이것이 장치를 구성하는 요소들이다. 장치는 이러한 요소들 사이에서 이루어지는 관계들의 체제다(Foucault, 1991: 236).

푸코는 장치를 이질적인 것들의 집합으로 정의하고, 사회의 요구에 따라 특정한 주체를 구성하는 '권력의 전략'으로 생각하였다.[3] 다시 말해, 장치는 특정한 역사적 시점에서 긴급하게 요구하는 것에 대한 반응으로 형성된다. 따라서 장치에는 항상 권력관계가 기입(記入)되어 있으며, 특정 시대에 적합한 주체를 생산하는 기능을 수행한다.

> 장치는 기본적으로 전략적 성격을 가지고 있으며, 그것은 힘 관계를 조절하고 발전시키며 때로는 힘 관계를 방해하거나 안정시키고 이용하는 것을 말한다. 이와 같이 장치는 권력게임과 뗄 수 없는 관계를 가지며, 권력게임에서 유래하는 지식과 연결되어 있어서 권력이 지식에 영향을 주는 만큼 지식도 권력에 영향을 주고 있다는 사실을 나타내는 개념이다. 지식을 지탱하고 지원을 받기도 하는 전략적인 힘 관계가 바로 장치가 작동하는 기제다(Foucault, 1991: 238).

아감벤(Agamben, 2010: 33)은 장치를 '생명체들의 몸짓, 행동, 의견, 담론을 포획, 지도, 규정, 차단, 주조, 제어, 보장하는 능력을 지닌 모든 것'으로 정의한다. 그리고 이러한 장치가 인간의 행동, 몸짓, 사고를 쓸모 있는 것으로 변화시키는 방법으로 새로운 요구와 조건에 따라 새로운 주체성을 구성/재구성하는 기능을 담당한다고 보았다. 이런 점에서 장치는 주체화 과정을 내포하며, 이 과정이 없다면 장치는 통치기계로 기능할 수 없고 단순한 폭력행사가 되어 버린다고 주장하였다. 이처럼 장치란 주체 생산이라는 통치를 실천하기 위해 이질적인 다양한 요소들이 결합된 일종의 '통치기계'인 것이다(Agamben, 2010: 41).

따라서 특정한 주체를 생산할 목적으로 장치로 결합된 이질적인 요소들은 무엇인지 그리고 그것들에 영향을 미치는 힘 관계는 무엇인지를 분석하는 것이 중요하다. 그런데

[3] 푸코(1982: 793-794)는 전략을 다음과 같이 3가지 의미로 사용한다. 첫째는 특정 목적을 달성하기 위해 사용된 수단의 의미, 둘째는 게임에서 참여자가 우위를 점하기 위해 상대방이 할 것으로 생각하는 것을 고려하여 행동하는 것의 의미, 셋째는 적과 대치 상황에서 적의 전투 수단을 빼앗거나 전쟁에서 항복하도록 진압하는 데 사용된 절차의 의미다.

이러한 장치는 하나만 존재하는 것이 아니라 성장치, 사법장치, 치안장치 등과 같이 독자적 기능을 담당하는 다양한 것들이 있으며, 이들은 서로 영토와 경계를 넘어 결합되어 있다. 우리는 다양한 주체를 생산하는 다양한 장치에 포획되어 있다고 할 수 있다. 예를 들어, 근대 교도소의 건축모델이었던 판옵티콘(panopticon)은 '바라봄과 보임'을 결합시킨 통제 장치였다. 판옵티콘은 교도소에 수감된 죄수의 모든 것들이 교도관에 의해 감시되도록 하는 반면에, 감시하는 교도관의 눈을 결코 볼 수 없도록 설계되었다. 감옥의 이러한 구조는 죄수들로 하여금 보이지 않는 교도관의 눈 때문에 자신들의 행위가 관찰되고 있으며, 생각이 간파될 위험에 노출되어 있다는 불안한 의식을 더욱 강하게 내면화하도록 한다. 판옵티콘은 다양한 욕망을 지닌 죄수들에게 동질적인 권력효과를 만들어 내는 규율 장치였다(Foucault, 2010: 313). 판옵티콘이 규범화된 순종적 주체를 길러 내는 기능을 하는 장치라면, 성(sexuality)장치는 여성의 히스테리화, 어린이 성의 교훈화, 퇴폐적 쾌락의 정신병화 그리고 출산 행위의 사회화와 같은 전략을 통해 개인적으로는 육체를 규율하고 사회적으로는 인구를 통제하는 전략적 기능을 담당하였다(Foucault, 1989: 159).

3) 근대적 교육장치와 규율 권력

학교, 학생이라는 제도화된 신분, 기능에 따라 위계적으로 구분된 건물, 의무교육 그리고 열심히 공부하는 모습 등은 모두 근대에 생겨난 것들이다. 근대국가는 생산적이고 유용한 주체를 필요로 하였고, 주된 통치 대상으로 아동의 몸과 정신에 주목하였다. 국가는 아동을 국가적으로 필요한 주체로 형성하기 위해 학교교육을 중심으로 이질적인 것들이 결합된 교육장치를 고안하였다. 사람이 태어나 일정한 나이가 되면 학교에 편입되고 그곳에서 독특한 주체로 형성되도록 하는 장치는 예전에는 보기 어려운 것이었다. 사람들은 학교라는 교육장치에 포함되는 것을 당연한 것으로 받아들였으며, 학교를 다녀야 사회적 · 도덕적 · 정치적 · 경제적으로 필요한 것을 배울 수 있다고 생각하게 되었다.

교육장치는 규율 권력을 통하여 학생들을 생산적이고 유순한 주체로 형성하였다. 규율이란 '신체의 활동에 대한 면밀한 통제를 가능하게 하고, 체력의 지속적인 복종을 확보하며, 체력에 순종-효용의 관계를 강제하는 방법'이었다(Foucault, 2010: 216). 학교는 학생들을 규범을 내면화한 순종하는 주체로 생산하기 위해 연령에 따른 학년제와 교사 통제하의 학급제, 교사의 강력한 권위와 일상적 감시, 표준화된 교육실천, 감독과 통제의 일상화, 시험과 같은 권력 테크놀로지를 동원하였다(Foucault, 2010: 215). 초기의 교육장치는 질서를 어기거나 사회적으로 문제를 일으킬 가능성이 있는 아동을 단지 격리하는 기능을 주로 담당하였다. 그러나 점차 학교는 감금하는 시설에서 벗어나 훈육과 교육을 통해 특정한 주체를 생산하는 곳으로 변모하였다(Deacon, 2006). 학생들은 정해진 절차에 따라 교육받고 분류되었으며, 규범의 내면화를 통해 사회적으로 유용한 주체로 변모하였다. 규율 권력은 교육목적, 규칙, 교과, 시험, 교육적 의례, 교육자격과 직업자격의 연계, 학교 위생, 교사, 건물, 교사-학생의 교육적 관계 등을 통해 아동들을 관리하였다. 이처럼 학교는 가르치고 배우는 일이 무미건조하게 일어나는 곳이 아니라, 새로운 경험, 행동, 생각, 태도를 지닌 교육적 주체를 생산하는 장치였다. 이뿐만 아니라 시대의 요구에 적합한 주체를 생산하기 위해 교육 관련 담론이나 사물 등이 새롭게 배치된 것이라고 할 수 있다(Hunter, 1996).

이와 같은 교육장치는 알튀세(Althusser)의 이데올로기적 국가장치로서 학교교육과 비슷하다. 알튀세는 학교를 중요한 이데올로기적 국가장치(ideological state apparatus)로 이해하였다. 그는 학교란 계급 지배를 재생산하기 위해 국가권력에 의해 발명된 이데올로기적 국가장치이며, 이러한 이데올로기적 국가장치를 통제하지 않고서는 지속적으로 국가권력을 보유하는 것이 불가능하다고 보았다(Althusser, 1972: 246). 이데올로기적 국가장치로서 학교교육은 피지배계급 출신의 아동들이 지배계급에 의해 세워진 질서 규칙들을 습득하도록 하여, 그들을 지배 권력에 복종하는 노동력으로 재생산시키는 것이었다. 따라서 학생은 교육장치가 시키는 대로 길러지는 수동적 객체에 불과하였다. 이데올로기적 국가장치로서 학교교육은 권력을 소유한 국가권력에 의해 만들어지고 관리되는 것이었으며, 학교에서 아동들은 지배 이데올로기와 지배 이데올로기에 관한 방법적 지식(know-how)을 내면화할 뿐이었다(Althusser, 1972: 245).

그러나 푸코는 알튀세와 달리 학생을 지배 이데올로기를 수동적으로 내면화하는 객체로 간주하지 않았다. 권력관계 속에서 인간은 지배와 억압에 단순히 복종하는 객체가 아니라 자신을 능동적으로 구성하는 주체로서의 성격도 갖는다고 보았다. 또한 이러한 장치가 지배 질서를 재생산하기 위해 국가 주도로 만들어진 것이라는 알튀세의 주장과 달리, 푸코는 국가를 권력의 결과로 보았다. 이러한 차이는 권력에 대한 입장 차이 때문이었다. 알튀세에게 권력이란 명확한 실체가 있는 어떤 것이고, '누가' '얼마나' 권력을 가지고 있으며, '어떤 의도'를 위해 권력을 사용하는가 하는 점이 중요하였다. 이러한 권력 개념에서는 특정 사람이나 집단이 자신들에게 이익이 되는(반대로 다른 사람에게 불이익이 되는) 결정을 내릴 수 있게 된다. 푸코는 이와 같은 '실체로서의 권력' 개념에 비판적이었다. 그는 권력을 특정한 집단이나 사람들이 소유하거나 보유하며 행사하는 어떤 것 또는 다른 사람이나 집단으로부터 빼앗을 수 있는 어떤 것이라는 고정된 실체적인 것으로 이해하지 않았다(Foucault, 1982). 대신에 권력이란 '사회적 관계'의 산물이고, 무엇보다 지식과 밀접한 관련을 갖는 것으로 생각하였으며, 모든 사람에 의해 모든 수준의 상호작용에서 작동하는 '모든 사회적 관계에서 발견되는 것'이라고 주장하였다(Foucault, 1991: 128-129). 이런 점에서 학교의 권력관계 또한 학생과 교사를 포함한 학교의 모든 구성원을 대상으로 작동하며, 그들을 특정 주체로 생산하기 위한 것이라고 할 수 있다.

2. 생명관리 권력과 학습장치의 등장

1) 학습장치의 등장

앞서 살펴본 바와 같이 장치는 단일한 형태를 지닌 고정된 어떤 것이 아니라 사회의 긴급한 요구를 반영한 특정 시점의 역사적 산물이다. 장치가 주체를 구성하는 전략적 기능을 담당한다는 점에서 장치가 다양하다는 것은 구성되는 주체가 다양하다는 것을 의미한다. 아감벤(2010: 34-35)은 작금의 자본주의 발전 단계를 '장치들의 거대한 축적과 증식'으로 정의하고, 이와 같은 장치의 무한한 증가에 따라 주체화 과정의 무한한 증식이 대응된다고 말한다. 모든 장치에는 각각 정해진 주체화 과정이 대응되어 있으며, 우리 모두는 다양한 장치의 결과로 생겨난 주체들이라고 할 수 있다. 우리는 다양한 장치에 포획되어 있으며, 이제는 그것을 통하지 않고서는 주체가 되기 어려워졌다(Agamben, 2010: 44).

권력과 지식을 매개하며 주체를 생산하는 장치는 고정되어 있지 않고 해체와 구성이라는 역동성을 특징으로 한다. 교육장치도 마찬가지다. 규율 권력을 통하여 아동을 순종적 주체로 형성하고자 하였던 근대적 교육장치는 주체 생산과 관련하여 다양한 한계를 보였다. 규율 권력의 영향력이 미치지 않는 틈새가 생겨났다. 예컨대, 학교의 규범을 무시하거나 규율 권력에 저항하고, 이를 무력화하는 일들이 일어난 것이다. 학교교육의 위기 담론, 학교를 중퇴하고 가정에서 공부하는 모습 그리고 경제적으로 생산적인 주체보다 대학입시에 온 힘을 쏟는 주체 등은 모두 규율을 중심으로 하는 주체 형성에 문제가 있음을 의미하는 것이다. 어떤 점에서 학교는 규율을 통해 규범화되기 어려운 학생들을 단지 감금하고 있을 뿐이다.

이뿐만 아니라 교육장치가 작동하는 방식에도 변화가 있었다. 전통적으로 피지배자들이 '배움의 의지'를 갖는 것은 위험한 일로 간주되었다. 지식과 정보의 독점을 통해 지배의 정당성을 담보하던 시기에 지식에 대한 접근을 개방하는 것은 지배의 약화 내지는 포기를 의미하였다. 권력은 앎에의 욕구를 가지고 있으며, 계몽된 사람보다 자신의 처지를 숙명처럼 받아들이는 무지한 사람이 지배에 용이하다고 생각하였다. 그러나 17~18세기에 권력은 죽음이나 무지가 아니라 인간의 생명과 지식에 관심을 갖게 되었다. 사람을 '죽게 만들고 살게 그냥 내버려 두는 것'에서 특정한 모습으로 '살게 만들고 죽게 내버려 두는 것', 즉 생명을 관리하는 것으로 권력의 관심이 바뀐 것이다. 푸코는 이를 생명을 관리하는 정치의 등장으로 설명한다. 그에 따르면 생명관리정치란 '인구로서 구성된 살아 있는 사람들의 총체에 고유한 현상들, 즉 건강, 위생, 출생률, 수명, 인종 등의 현상들을 통해 통치실천에 제시되어 온 문제들을 18세기 이래 합리화하고자 시도한 방식'이다(Foucault, 2012: 435).

이제 통치의 본질은 인간을 처벌하여 무지한 상태로 죽음에 이르도록 하는 것이 아니라 개별적 신체에 집중하여 그들을 더욱더 유용하게 만드는 것으로 변화하였다(Foucault, 2015: 290). 따라서 생명체에 대한 권력기술이 중요하게 되었고, 스스로를 유용하게 만드는 방법으로 교육, 학습, 훈련 등과 같은 통치 테크놀로지들이 강조되었다. 생명관리 권력은 앎을 억압하고 금지하며 은폐하는 것이 아니라, 적극적으로 지지하고 장려하며 앎의 의지를 갖도록 한다는 특징이 있다. 예전처럼 앎에의 접근을 통제함으로써 지배를 관철시키고자 하였던 권력관계가 오히려 계속해서 배워야 한다는 배움의 의지를 강조하는 것으로 변화된 것이다.

이러한 과정에서 1970년대 이후 선진 자유주의 사회를 중심으로 주목받기 시작한 평생학습은 학습을 통해 인구를 통치하고 관리하기 위해 새롭게 배치된 통치 테크놀로지로 이해할 수 있다. 평생학습은 교육과 관련된 말과 생각, 태도와 행동 그리고 사물들을 새롭게 배치하는 장치로 등장하였다. 국가는 인구를 관리하는 방식으로 평생학습을 강조하고 관련 정책을 수립하였으며, 평생학습과 관련된 담론을 접한 사람들은 일생에 걸쳐 배워야 한다는 것을 당연하게 생각하고, 그러한 심성을 마음에 새겨 넣게 되었다. 시몬스와 마스켈라인(Simons & Masschelein, 2008)은 평생학습을 특정한 역사적 맥락에서 출현한 '단일한 역사적 경험'으로 이해한다. 로즈(Rose, 1999: 160)는 이러한 통치 테크놀로지의 변화를 학습이 학교교육을 중심으로 하는 규율 교육학(disciplinary pedagogy)에서 평생학습을 기반으로 하는 평생 훈련(perpetual training)으로 변화했다고 주장한다. 규율 권력과 학교교육을 중심으로 주체를 형성하던 교육장치에서 생명관리 권력과 평생학습을 중심으로 주체를 생산하는 학습장치(the learning dispositif)로 이행한 것이다.

2) 통치 대상으로서 성인의 발견

통치 가능성은 통치할 새로운 대상과 영역의 출현에 의해서만 나타난다(Foucault, 2012: 403). 통치는 통치할 대상을 필요로 하는데, 통치 대상은 어떤 활동을 통치가 필요한 것으로 문제화할 때 구체화된다. 즉, 어떤 것을 문제적인 것으로 규정함으로써 통치가 필요한 대상이 구체화되는 것이다. 예를 들어, 글을 읽지 못하거나 기술이 부족하여 취직하지 못하는 사람이 늘어나는 것을 문제로 규정하면 무지한 사람이나 실업자들을 대상으로 그들의 문제를 해결할 다양한 통치 프로그램을 개발하게 된다. 그리고 문해력 진단과 평가, 문해 관련 연구물, 성인을 위한 문해교육과정 개발, 글 읽기 교실, 지역사회 학습관 설치, 문해교육 학습비 지원 등과 같은 통치 테크닉을 통해 통치 대상에 개입함으로써 그들의 문제를 진단하고 교정하게 된다.

현재와 같은 평생학습은 1970년대 이후 전 지구적으로 급속히 확산되었다. 이러한 변화는 권력의 경제학(the economy of power)[4]이 성인을 학습이 필요한 통치 가능한 인구로 바라보았기 때문이었다. 근대교육이 아동을 인식론적으로 다르게 인식할 필요가 있었으며, 생산적이고 순종적인 아동을 생산하기 위해 학교교육이라는 교육장치를 출현시킨 것처럼 학교를 졸업한 인구를 성인이라는 범주로 다르게 인식할 필요가 있었다. 이들은 존재론적으로 새로운 차이가 생겨난 것이 아니라 오로지 인식론적 차원에서의 문제였다(임동근, 2012: 288-289). 이처럼 '살아 있는 것'을 다르게 인식한다는 것은 그들을 생산하고 통치하기 위한 새로운 방식이 출현한다는 것을 의미한다.

근대학교의 성장은 학교교육을 받은 성인 인구의 증가를 초래하였다. 인구통계학의 발달은 장기적인 인구추계와 연령별 인구구성비의 변화 그리고 노동력의 변화 등을 전체적으로 조망할 수 있도록 하였다. 이와 함께 의무교육을 마친 성인의 증가, 문해능력

---

❹ 권력의 경제학이란 끊임없이 지속적이며 개별적인 방식으로 권력의 효과를 사회 전체에 파급시키는 일련의 과정을 말한다(Foucault, 1991: 152).

을 갖춘 성인 인구의 팽창, 인간수명의 연장 등은 '성인' 인구를 보다 적극적으로 관리할 필요성을 부각시켰다. 성인이 쓸모가 없으며 경제적으로 부담만 되는 인구가 아니라 그들을 생산적인 인구로 변화시키는 것이 중요하게 되었다. 생명정치와 생명을 관리하는 방법의 등장은 아동뿐만 아니라 성인을 자본으로 간주하는 중요한 계기였다. 국가는 국가 간 경쟁에서 우위를 점하기 위해 다양한 분야의 인력을 확보하는 것을 중요하게 생각하였고, 그 결과 성인 인구를 관리할 필요성을 절감하였으며, 학습을 통해 인간자본으로서 성인 인구의 유용성을 극대화하고자 하였다. 이제 성인은 배움으로부터 예외가 아니라 더욱 생산적인 주체로 변화되기 위해 배움이 관리될 필요가 있는 범주로 인식되었다. '모두를 위한 평생학습(lifelong learning for all)'은 근대교육이 '모두를 위한 교육(education for all)'을 강조한 것처럼 모든 성인을 통치 대상으로 통합하였음을 의미하며, 학습장치는 인간을 '요람에서 무덤까지' 학습이라는 그물망으로 엮는 것이었다.

전통적으로 권력이 적절히 행사될 수 있기 위해서는 두 가지 조건이 충족되어야 한다. 그 하나는 인구가 복종적이어야 한다는 것이며, 다른 하나는 열의로 충만하며 노동과 활동을 좋아해야 한다는 것이다(Foucault, 2011: 108). 불만 없이 묵묵히 일하는 인구가 많을수록 부가 결정되기 때문에 많은 사람이 주권자의 의지에 복종하는 것이 무엇보다 중요하였다. 그러나 18세기에 들어서 나태하거나 문제를 일으키는 인구를 그냥 내버려 두는 것이 아니라 관리해야 할 대상으로 새롭게 인식하게 되었다. 이뿐만 아니라 생산력을 극대화하기 위해 인구를 효율적으로 훈육하고, 적재적소에 배치하여 필요한 곳에서 필요한 일을 올바로 할 수 있도록 하는 것이 중요하게 되었다. 평생학습도 학교교육과 마찬가지로 생산적인 주체와 유순한 주체를 만들어 내기 위한 권력 장치로 주목받았다. 이때 권력관계가 생산하고자 하는 주체가 복종'만' 하는 무능한 인구가 아니라 '유순하면서도 유능한 인구'라는 점이 중요하였다. 학습장치는 성인을 반복적으로 학습에 참여하도록 함으로써 더욱더 유능한 주체로 만드는 것을 목표로 하였다.

> 새로운 시민은 쉼 없는 훈련과 재훈련, 숙련화와 재숙련화, 자격의 갱신과 계속해서 일할 수 있기 위한 준비에 노력할 것이 요구된다. 삶은 자아의 부단한 경제적 자본화(capitalization)가 되고 있다(Rose, 1999: 161).

성인을 통치 대상으로 인식하고 그들의 생명을 관리한다는 것은 그들에게 단지 일상적이고 일반적인 관심을 기울인다는 의미가 아니라, 그들의 생각과 행동을 심도 있게,

섬세하게, 세부에 이르기까지 철저하게 관리한다는 것을 의미한다(Foucault, 2011: 161). 이런 점에서 성인을 통치 대상으로 바라보게 되었다는 것은 역설적으로 성인기의 소멸을 의미한다. 이제 성인(成人)은 완성된 존재가 아니라 아동과 마찬가지로 불확실한 미래를 두려움과 불안한 눈으로 바라보는 흔들리는 미완(未完)의 존재다. 성인은 치열한 삶의 현장에서 한 걸음 물러서서 세상을 관조하고 죽음의 가능성 이외의 가능성 때문에 불안해하지 않는 존재가 아니라. 계속적인 학습을 통해 생명체로서의 안전을 담보해야 하는 존재가 된 것이다. 한마디로 전통적 의미의 성인기가 소멸된 것이다. 아동과 아동기의 '발명'이 학교교육을 권력 테크놀로지로 배치함으로써 교육장치를 출현시킨 것처럼 성인과 성인기의 '소멸'은 평생학습을 생명관리 권력의 테크놀로지로 배치함으로써 새로운 학습장치를 출현시켰다.

3) 학습장치의 작동 메커니즘

(1) 욕망의 통치화

아동을 대상으로 규율 권력에 근거한 교육장치는 성인을 통치하는 방식으로는 적절하지 않았다. 이미 학교교육을 충분히 받았으며 도덕을 내면화한 성인을 규범화라는 방법을 활용하여 관리하고 통치하기에 규율 테크놀로지는 그 효율성이 크지 않았다. 무엇보다 성인을 아동처럼 일정한 기간 동안 제한된 공간에 수용하여 상시적으로 감시하고 평가하며 분류하는 것이 가능하지 않았다. 또한 현실적으로 생산적인 기능을 담당하고 있는 성인을 일상으로부터 분리하여 학교에 집합적으로 수용하는 것은 효율적 전략이 될 수 없었다.

생명관리 권력이 인구를 통치하는 방식은 주권자의 의지에 종속시켜 복종을 하도록 하는 것이 아니라, 인구와 무관한 것처럼 보이지만 계산, 분석, 고찰 등을 통해 실제로는 인구에 영향을 미치는 통치기술을 이용하는 것이었다(Foucault, 2011: 115). 예를 들어, 욕망은 생명관리 권력이 주목한 중요한 통치 대상이었다. 욕망은 개인의 행동을 이끄는 것으로 간주되었으며, 자신의 이익을 극대화하고자 하는 욕망을 자유롭게 함으로써 결과적으로 집단적 이익도 생겨날 것으로 생각하였다. 이러한 욕망에 근거한 통치 테크놀로지는 한편으로는 개인의 이익 추구를 위한 욕망을 자극하고 부추기고, 다른 한편으로는 이를 통해 집단적으로 유익한 결과를 유도하는 것이었다. 개인은 자신의 욕망을 발견하고 다스리며 구체화하는 것이 중요하게 되었고, 나아가 자신의 욕망을 극대화하기 위해 유능한 주체가 될 필요가 있었다. 근대교육이 학교교육을 통한 사회적 출세라는 욕망을 부추기고 그것을 극대화함으로써 규범을 내면화한 순종적 주체를 생산하였다면, 평생학습은 학습을 통한 취업 가능성의 확대라는 욕망을 자극함으로써 학습하는 주체를 생산한다.

학습장치는 평생학습이 자신의 이익을 극대화할 것이라는 점을 강조한다. 지금까지 학교교육에 참여하는 것이 사회적 성공을 위한 복음(福音)으로 간주되어 모든 사람이 학교교육을 중심으로 하는 교육장치에 자발적으로 포섭되었던 것처럼, 평생학습 또한 생존과 관련된 각종 불안과 두려움으로부터 벗어날 자유를 가져다줄 희망으로 간주된다. '모든 장치의 뿌리에는 행복에 대한 인간적인, 너무도 인간적인 욕망'이 자리하고 있다는 아감벤(2010: 38)의 지적처럼 사람들은 평생학습을 안전과 행복이라는 욕망을 채워 줄 또 다른 복음으로 이해한다. 학습장치는 그것이 무엇을 위한 것이든 관계없이 '무엇을 배우고자 하는 마음', 즉 동기에 주목한다. 배우려는 동기는 곧 정상적인 인간임을 증명하는 것이다. 그런데 동기는 개인이 실제로 이룬 것과는 아무런 관계없이 존재한다. 동기는 개인을 늘 부족한 존재로 인식하도록 한다. 영원히 채워지지 않는 요구가 바로 배움의 동기인 것이다. 개인은 늘 부족한 결핍 상태에 있으며, 무엇이 될 또는 이룰 필요가 있는 존재다. 따라서 개인은 자신이 무엇을 하고자 하는지 내면의 동기를 잘 찾고 그것을 학습을 통해 실현하는 것이 중요하다. 학습장치는 사람들에게 다음과 같이 말한다.

> 왜 너는 무능력하고, 왜 너는 할 수 없을까? 네가 할 수 없는 것은 네가 모르고 있기 때문이고, 네가 모르고 있는 것은 네가 알 수 없기 때문이다(Foucault, 2012: 393).

학습장치는 사람들의 이러한 욕망에 주목하고 그것들을 자극하고 부추기는 통치 테크닉을 배치한다. 이렇게 배치된 학습장치를 통해 우리는 불안을 해소하고 더 행복해지기 위해 일생에 걸쳐 배워야 한다는 것을 당연하게 받아들이는 주체로 태어나는 것이다. 학습장치는 배우고 알아야 할 것이 많으며 배움에는 끝이 없다는 생각을 갖도록 한다. 또한 학습과 관련하여 모든 사람은 항상 결핍된 상태에 있으며, 배우면 배울수록 그러한 결핍이 해소되는 것이 아니라 계속해서 부족한 상태로 남는 모순적 상황을 강조한다.

(2) 학습의 자본화

학습장치는 고용 가능성, 권한강화, 인간자본, 역량, 인간자원개발 등과 같이 경제적 합리성과 관련된 담론을 강조하는 경향이 있다. 성인은 생존을 위해 계속해서 지식을 습득하고 향상시키는 것이 관건이며, 그를 생존으로 이끄는 규범은 일터에서 생산성과 효율성을 보이는 것이라 생각한다. 경제적 효율성과 생산성은 평생학습을 정당화하는 중요한 근거다. 특히 유용성은 이질적인 학습장치의 집합들이 지향하는 공통의 목적이다. 유용성을 위해서는 경계를 넘나들며 이질적인 것들을 결합하기도 한다. 학습장치는 국가가 학습을 조직하고, 실행하며, 부과하기 위해 만든 것이 아니라 개인이 학습을 통해 자신의 삶을 자본화하려는 실천의 결과인 것이다(Simons & Masschelein, 2008: 56).

> 현재 우리가 경험하고 있는 학습은 학습의 통치화(governmentalization of learning)와 분리될 수 없다. 학습은 기업가적 자기통치를 위해 적응하는 힘이자 사회 내 자본의 적응과 부가가치를 담보하는 도구다(Simons & Masschelein, 2008: 57).

이와 같은 학습의 자본화는 신자유주의 통치성과 밀접한 관련이 있다. 푸코도 신자유주의를 생명관리정치 관점에서 접근한다. 그는 시장이 자율적이고 자연적으로 조절되는 체제가 아니라 국가가 지속적으로 '시장의 조건'에 개입하여 적극적으로 경쟁을 조장하고 촉진하여 경쟁에 효과적인 시장 질서를 만든다고 주장한다(Foucault, 2012: 139). 이와 같이 경쟁에 우호적인 사회적 조건을 생산하는 국가의 통치행위는 '경제 살리기'라는 이름으로 정당화되고, 각종 규제를 철폐하고 삶을 기업가적 문화로 새롭게 재편함으로써 국민을 기업가적 주체(the entrepreneurial subject)로 만들고자 한다. 기업가적 행동을 조장하고 보상함으로써 도덕적 및 문화적 질서를 새롭게 구성하고자 하는 것이다(Peters, 2001). 신자유주의는 개인을 기술, 지식, 능력에 따라 분류하고, 생산에 기여하는 노동의 역할과 중요성을 강조하며, 이를 인간자본이라 부른다. 인간자본에 투자하는 것 그리고 자신을 자본화하는 것은 개인적으로나 국가적으로 좋은 것으로 간주된다.

신자유주의가 교육을 지배하면서 경제적 효용성과 필요에 적합한 인간자본을 생산하는 것이 교육실천의 핵심이 되었다. 학습은 인간자본을 극대화하기 위한 도구로 간주된다. 더구나 불안한 고용 상황과 다양한 인간자본을 요구하는 고용주의 채용 관행은 경제적으로 쓸모 있기 위해 배움의 의지를 더욱 키우도록 한다. 이제 학습은 배움의 즐거움을 넘어 고용 가능성과 노동 안정성을 키워 주는 희망에 투자하는 것이다. 비단 고용주

뿐만 아니라 정책당국자, 인간자본개발전문가, 취업상담자 등 대부분의 전문가들도 학습을 통해 자신의 가치를 높이도록 학습을 독려한다. 인간의 쓸모를 강조하는 경제적 합리성이 개인의 삶에 대한 설명을 경제적 절차로 바꾼 것이다. 경제적 합리성에 근거한 평생학습은 기존과는 완전히 다른 구성과 논리 그리고 다른 유형의 추론과 합리성을 따르게 된다(Foucault, 2012: 393).

학습장치는 개인들로 하여금 일생에 걸쳐 자신의 유용성을 제고하고 개선하도록 한다. 학습장치는 불확실하고 불안한 미래에 준비하도록 하고, 요람에서 무덤까지 자신의 상품가치에 관심을 기울이도록 한다. 이제 더 이상 유용성을 위한 학습의 과잉이라는 개념은 성립되기 어렵다. 세상에는 배울 기회가 넘치며 의지만 있으면 배우는 것이 가능하다고 믿는 사람들은 '모든 국민에게 동등한 학습 기회를 제공'하는 교육적으로 민주화된 세상에 살고 있다고 믿는다. 그들은 배우고자 하는 '자신의' 의지가 중요하지, 외적인 제약이나 통제는 더 이상 문제가 되지 않는다고 생각한다. 이처럼 평생학습은 개인을 자본화하도록 이끄는 통치실천인 것이다(Rose, 1999: 162).

학습을 통해 실업상태에서 벗어나야 된다는 것을 강조하는 실업정책도 학습장치의 한 예다. 실업정책은 일거리를 찾는 사람들에게 취업에 필요한 기술이나 자격조건 그리고 이력서 작성과 같이 자신을 효과적으로 드러내는 정보나 방법을 제공한다. 그리고 학습하는 주체로 스스로를 변형시키지 않는 노동자는 실업자로 배제될 수밖에 없는 운명이라는 것을 당연하게 받아들이도록 한다. 학습장치는 학습하는 노동자는 '살게 만들고' 학습하지 않는 노동자는 '죽게 내버려 두는' 통치 테크놀로지로 작동한다.

(3) 학습 관련 지식과 권력의 매개

장치는 권력의 기술이자 지식의 전략으로 권력과 지식을 매개한다. 학습장치는 국가가 권력을 전적으로 소유하면서 관리하고 작동시키지 않는다. 대신에 국가는 학습장치가 제대로 작동할 수 있도록 하부구조와 같은 조건을 제공하는 역할을 한다(Simons & Masschelein, 2008: 56). 대부분의 사람들은 학습하지 않을 수 없도록 국가에 의해 배치된 학습할 조건 때문에 자발적 혹은 강제적으로 학습에 참여한다. 예를 들어, 교통법규를 위반하여 벌점을 받은 사람, 새로운 수술 기법을 훈련받는 의사단체에 소속된 의사, 자율연수를 이수하는 교사, 예비군 훈련, 승진을 앞두고 토익을 공부하는 회사원 등은 모두 학습을 통해 자신의 상태를 증명하거나 자신의 상태가 개선되었음을 증명하는 문서를 제출해야 한다.

교사는 자율연수라는 이름으로 다양한 학습에 참여해야 하고, 그러한 것들은 모두 기록되고 관리되며 승진이나 성과급 배분에 활용된다. 학교는 학습에 참여한 교사들의 규모에 따라 재정지원 등에서 인센티브를 받기도 한다. 이런 장치들은 '학습은 모두에게 이익'이 되는 것이라는 생각을 갖도록 한다. 학습을 통한 통치가 사회 전역으로 확산되면서 학습으로부터 예외적인 공간과 인구가 점점 줄어들고 있다.

그런데 평생학습이 사회적으로 정당성을 얻기 위해서는 진리체계로 무장한 지식의 생산을 필요로 한다. 평생학습과 관련된 지식의 뒷받침 없이 권력이 행사될 수 없다. 권력의 행사는 계속해서 지식을 생산하고, 동시에 지식은 권력을 만들어 내는 것이다. 이런 점에서 평생학습과 관련된 새로운 지식의 출현은 평생에 걸쳐 학습하는 것을 진실로 받아들이도록 한다. 평생학습 관련 지식은 권력효과와 진리효과를 동시에 수반하는데, 구체적으로 통치 대상, 통치와 관련된 지식, 방법 그리고 실천을 생산하는 근거가 된다.

이처럼 배움의 의지가 권력효과를 갖기 위해서는 '진리에의 의지(will to truth)'와 관련되어야 한다. 지식을 고려하지 않는 권력관계란 상상하기 어렵다. 평생학습도 마찬가지다. 평생학습 관련 지식은 현 권력관계와 체제를 유지하고 강화하는 역할을 담당할 가능성이 있으며, 이러한 가능성은 지식생산이 배제의 과정을 수반한다는 점을 통해 알 수 있다(Foucault, 2010: 218). 즉, 지식생산이 권력관계와 밀접한 관계를 맺고 있기 때문에 생산된 지식은 그것이 진리나 참이냐 여부가 아니라 권력관계가 행사되는 것을 용이하게 하느냐 여부가 중요하다. 그런데 진리에의 의지는 여타의 배제 체계와 마찬가지로 특정 담론을 생산하고 확산하며 제약하기도 하는 제도에 의존한다.

평생학습의 경우도 마찬가지다. 평생학습은 지식을 생산하고 유통하는 대학이나 연구소 등의 지원을 받는다. 평생학습은 대학과 현장의 학자와 실천가에 의해 생산된 지식을 통해 확장된다. 학습장치는 평생학습 관련 지식을 생산하는 전문가들이나 정치적 권위자들과 결합하여 경제적 생산성이나 개인성장 등을 위해 평생학습이 중요하다는 것을 문제화함으로써 학습이 통치 대상이 되도록 하고, 다른 한편으로는 개인들이 일상적으로 걱정하는 문제들을 효과적으로 다루는 데 필요한 학습 관련 테크닉을 제공함으로써 개인들과 결탁한다. 한마디로 전문가들은 자신들의 지식을 배경으로 정치적 권위자는 물론이고 개인들과도 이중의 동맹관계를 형성하고 있는 것이다(Rose & Miller, 1992: 188).

4) 한국에서 학습장치의 출현

한국에서 학습의 통치화를 주된 특징으로 하는 학습장치의 출현은 몇 가지 특징을 보이고 있다. 첫째, 한국에서는 1980년대 이후 평생학습과 관련된 지식과 담론이 본격적으로 생산되어 학습장치에 포함되기 시작하였다.[5] 이러한 학습장치의 출현은 전 지구적 관점에서 분석될 필요가 있다. 1960년대 말부터 서구 선진 자본주의 국가를 중심으로 평생교육이 강조되기 시작하였으며, OECD, 세계은행, 유네스코와 같은 초국가적 국제기구는 평생교육 담론을 전 지구적으로 확산하는 전도사 역할을 담당하였다(손준종, 2001).

이러한 영향을 받아 한국에서도 평생교육을 전문적으로 연구하는 학과가 출현하였으며, 학술연구자들의 모임과 전문 학술지 등이 생겨났다. 대학 등에서 평생학습을 연구하는 전문가의 성장도 두드러졌으며, 이들에 의해 다양한 평생학습 관련 담론과 지식이 생산되었다. 한국에서 평생교육의 필요성을 공개적으로 논의한 중요한 행사는 1973년 8월 유네스코 한국위원회 주최로 춘천에서 열린 평생교육발전세미나라고 할 수 있다. 당시 세미나에서 주제 발표를 했던 이규호(1973)는 평생교육의 필요성을 다음과 같이 정리하였다.[6]

> 학교교육과 사회활동이 일정한 시기를 통해서 나누어지는 것이 아니고 교육은 일생 동안 계속되어야 한다. 인간이 일정한 연령에 도달하면 학습할 수 있는 있는 능력이 감퇴한다고 생각했었다. 그러나 인간은 살아 있는 날까지 배울 수 있고, 생활태도에 따라서는 늘 새로운 변화에 적응할 수 있고 자신을 새롭게 형성할 수 있다. 그런데 이러한 평생교육의 이념을 학교교육의 향상으로 바꾸어 놓지 아니할 수 없다. …… 학교교육의 과업은 이제 일정한 지식과 기술을 습득하게 되면 끝나는 것이 아니다. 일생 동안 계속 배울 수 있는 능력과 의욕을 길러 주고 사회생활을 하는 직업인들의 계속교육을 학교교육과 연결시키는 일이 중요하다. 우리나라에서도 산업경제의 계속적인 발전과 국력의 꾸준한 배양을 위해서도 평생교육을 위한 꾸준한 제도적 보장이 시급히 요청된다(이규호, 1973: 19-20).

---

❺ 이 연구는 한국에서 학습장치의 등장과 관련된 개략적 논의만을 제공하는 한계가 있다. 향후 한국의 평생교육에 대한 종합적인 계보학적 분석이 수행될 필요가 있다.

❻ 이규호는 1982년 「사회교육법」 제정 당시 문화교육부 장관(재임 기간: 1980년 5월 22일~1983년 10월 14일)이었다. 그는 1980년 「헌법」에 '국가의 평생교육진흥의무'가 명문화되도록 하고, 그 이후 평생교육이 제도화되는 데에 상당한 영향을 미쳤을 것으로 짐작된다.

당시 주제 발표문의 목차는 ① 산업발전과 직업교육, ② 직업인으로서의 인간상, ③ 과학기술교육의 방향, ④ 현직교육과 평생교육으로 구성되어 있었다. 무엇보다 평생교육을 '변화에 적응'하고, '학습에의 의지'를 함양하며, '직업교육을 계속'함으로써 '국력을 배양'하기 위해 필요하다고 주장하였다. 변화, 학습, 직업교육, 국력은 평생교육을 정당화하는 핵심 요소로 강조되었다. 이러한 이규호의 생각은 국가가 1980년 「헌법」에 국가의 평생교육진흥의무를 명문화하고, 1982년 「사회교육법」을 제정 · 공포하는 과정에서 중요한 영향을 미쳤다. 그는 아동을 대상으로 미래의 산업역군을 양성하는 역할을 담당했던 학교교육이 새로운 지식과 기술 변화에 적응하기 위해서는 평생교육을 중심으로 재배치되어야 한다고 생각하였다. 이렇듯 개인의 학습이 국가적으로 주된 관심의 대상이 된 것은 학습이 '국민 개개인이 국력을 증진하는 데 공헌'(Dreyfus & Rabinow, 1982: 139)할 수 있다는 생각 때문이었다.

무엇보다 1995년 5 · 31 교육개혁은 통치성이 학교교육 중심에서 평생학습 중심으로 확장되는 계기가 되었다. 예컨대, 5 · 31 교육개혁안의 공식 명칭은 '세계화 · 정보화 시대를 주도하는 신(新)교육체제 수립을 위한 교육개혁 방안'이었는데, 이 개혁안은 열린 교육사회와 평생학습사회의 기반 구축을 주요 목표로 설정하였다.

> '세계화를 위한 新교육'의 목표는 누구나, 언제, 어디서나 자기에게 적합한 교육을 받을 수 있는 길이 활짝 열린 '열린교육사회, 평생학습사회'의 건설이다. …… 신교육을 실현하기 위한 교육개혁의 기본 방향은 암기 위주의 '획일적 교육'에서 타고난 소질과 창의력 배양 및 인성 함양 위주의 '다양화 교육'으로, '교육공급자 편의 위주의 교육'에서 '소비자 선택의 교육'으로, '규제 위주의 교육'에서 '자율과 책무성에 바탕을 둔 교육'으로 교육의 '기본 틀'을 바꾸는 것이다(대통령자문교육개혁위원회, 1995b: 7).

평생학습이라는 표현이 교육정책의 주된 방향의 하나로 사용되었다. 아울러 '개인'에게 적합한 교육체제를 구축하기 위해 학습자의 자율과 책무성 그리고 소비자 선택이 강조되었다. 당시 한국교육은 개인의 자유와 자율을 중시하는 서구 선진 자유주의 국가와 달리 강한 국가에 의한 일방적 통치행위가 지배적이었다. 더구나 학교는 출세를 위해 반드시 거쳐야 하는 곳이었으며, 학생은 물론이고 학부모들 또한 과대 성장한 억압적 국가가 학교를 통해 요구하는 것을 자발적으로 내면화하였다. 개인은 교육적으로 자유롭지도 존중받지도 행복하지도 못하였다. 이러한 불편함을 감내하도록 한 것은 학교교육이 출세하는 데 도움을 준다는 물신주의였다.

5 · 31 교육개혁은 강한 국가에 의해 지도받고 통제받는 교육을 문제로 규정하고, 대신에 자율, 경쟁, 효율, 개인, 선택, 권리 등을 강조하였다. 열린평생학습사회는 학습을 통해 개인의 삶에 개입하고, 국민을 관리하는 새로운 통치 합리성을 의미하였다. 새로운 통치 합리성에 따라 학점은행제 등과 같은 다양한 통치 테크닉들이 도입되었는데, 그것들은 평생 동안 배움을 중단 없이 계속하는 것이 당연하다는 생각을 내면화하는 주체의 생산과 관련이 있었다.

> 정보화 · 세계화 시대의 도래에 따라 지식과 정보가 폭증하고 그 생성 · 소멸의 주기가 매우 빨라지고 있음. …… 생업 영위에 필요한 지식 · 기술의 습득 · 재충전을 위해 일생 동안 끊임없는 재교육 · 계속교육이 필요함(대통령자문교육개혁위원회, 1995b: 11).

둘째, 학습의 국가화는 평생학습을 법률적 형태로 코드화하는 것과 함께 통치에 필요한 행정적 절차를 만들었다. 학습장치는 국가에 의한 법률적 장치를 포섭하고 결합하였다. 국가는 국민의 '평생교육을 진흥할 책임'(「헌법」 제31조 5항)을 지며, 모든 국민은 '평생에 걸쳐 학습하고, 능력과 적성에 따라 교육받을 권리'(「교육기본법」 제3조)를 갖는다고 규정하였다. 국가는 세계 중심 국가로 우뚝 서기 위해 학습하는 사회로 바뀌어야 하며, 이를 통해 '국가경쟁력을 향상'시키고자 하였다(대통령자문교육개혁위원회, 1995a: 1-2). 구체적으로 원격교육, 학점은행제, 시간제 학생제도, 농어촌의 교육장화(教育場化), 첨단 정보통신 매체 도입 등은 학습사회를 만들기 위한 통치 프로그램들이었다.

법 제정 이후 1983년 사회직업교육국에서 평생교육 관련 업무를 담당하도록 하였다. 정부에서 평생교육 관련 업무를 담당하는 부서는 그 명칭이 사회국제교육국(1986년) → 평생교육국(1996년) → 평생직업교육국(2001년) → 인적자원개발국(2004년) → 평생학습국(2005년)을 거쳐 2008년에 평생직업교육국으로 변경되었다.[7] 1990년 12월에는 「정부조직법」을 개정하여 교육부 장관이 '학교교육 · 평생교육 및 학술에 관한 사무를 장리(掌理)'(「정부조직법」 제35조)하도록 하였다.[8] 국가적 차원에서는 평생교육과 관련된 법률이 제정되었다(교육부 · 국가평생교육진흥원, 2014). 2008년에는 평생교육진흥 관련 업무

---

[7] 평생직업교육국은 평생학습정책과, 인재직무능력정책과, 진로교육정책과, 직업교육정책과로 구성되어 있다.

[8] 현재(2015년)는 교육부 장관이 "인적자원개발정책, 학교교육 · 평생교육, 학술에 관한 사무를 관장한다."(「정부조직법」 제28조 1항)라고 되어 있다.

를 지원하는 국가평생교육진흥원이 설립되었으며, 사회적으로 다양한 평생교육을 실천하는 기관들이 생겨났다. 한편, 현 정부는 '100세 시대 국가평생학습체제 구축'을 목표로 다양한 평생교육 관련 정책을 수립하고 집행하고 있다. 이 정책들은 분산되어 서로 다른 목적을 가지고 있는 것처럼 보이지만 학습장치로 통합되어 통치 테크놀로지로 작동하고 있다고 할 수 있다.

이와 함께 국민의 학습을 개인적으로뿐만 아니라 집합적으로 조사하고 판단하며 규제하기 위한 다양한 장치가 출현하였다. 장치가 담론과 비담론적인 이질적인 것들의 구성인 것처럼, 국민의 평생학습을 관리할 다양한 학습기관, 평생교육사, 평생교육 제도와 정책, 성인학습이론과 같은 지식, 대학의 관련 학과, 학회와 학술지, 학습요구 진단도구 등이 생겨났으며, 이들은 모두 학습장치로 결합되어 국민의 학습 행동을 지도하는 기능을 하였다. 이와 함께 국민의 평생교육 참여(연도별, 개인특성별, 직업 관련, 성인문해교육 참여율 등), 평생교육 인프라(기관, 프로그램, 평생학습도시, 평생교육진흥원, 평생교육사 등), 평생교육 결과 활용(학점은행제, 독학학위제도, 학습계좌, 평가인정학습 등), 평생교육백서의 출판, 평생교육 정책 사업 등에 관한 통계자료를 수집하고 실적을 평가하며 국민의 학습을 관리한다. 국민의 학습은 자세하게 계산되고, 정보로 제공되며, 다양한 학습주체들과 비교하는 것이 가능해졌다. 이때 중요한 점은 통치가 개인을 대상으로 하는 것이 아니라 특정 기준에 따라 구분된 범주를 토대로 이루어진다는 점이다. 성인은 개별적인 특성을 가지고 있는 개인이 아니라 학습에 참여하는 사람과 그렇지 않은 사람으로 범주화되었다.

셋째, 학습을 둘러싸고 경쟁하는 다양한 지식과 담론이 신자유주의적 통치 테크놀로지로 결합되었다. 국가는 학습을 통해 경제적 삶이 가능한 능력을 개발하는 것을 돕는 국가(the enabling state)로 변화하였다. 평생학습은 통치성이 사회적 투자나 복지를 강조하는 것에서 개인의 책임과 시장원리 등을 중시하는 신자유주의 통치성으로 변화하는 동인으로 작용하였다. 오랫동안 통치 합리성의 배경이 되었던 사회보장이나 사회정의, 사회적 권리, 사회적 연대 등과 같은 '사회적인 것'은 통치에서 주변으로 밀려났다(Rose, 1996).

그리고 사회적인 것이 죽은 자리를 개인이 대신하였다. 학습을 통치의 주요 대상으로 삼는 학습장치가 강조되면서 '살아남기 위해' 배워야 한다는 신자유주의 통치성과 긴밀하게 결합된 것이다. 이제 개인은 사회에 의존하는 것이 아니라 학습을 통해 자신의 역량을 개선하고 자신의 이익을 극대화하는 적극적인 기업가적 주체가 되도록 요구받았다. 기업가적 정신은 스스로 자신의 삶에 책임을 지는 것이 합리적이며 학습을 그 주된 방법이라고 생각하는 것이다. 개인은 스스로 자신을 관리하고 통치하는 것이 중요하게 되었으며, 학습은 자아실현은 물론이고 자신의 상태를 끊임없이 향상시키고자 힘쓰는 능동적인 국민이 되는 통로로 간주되었다.

> 통치받는 인간—남자와 여자, 부자와 가난한 사람—은 이제 스스로 자신을 통치하는 데 **능동적인** 개인으로 간주된다. 그리고 그들은 더 이상 국가의 중재를 통해 행해지고 규제되는 시민과 사회 사이의 의무 관계에 책임지지 않는다. 오히려 자기가 가장 아끼고 자신의 운명과 연결된 사람들에게 충성하고 책임진다. 이제 각 주체는—자기 자신, 자기 가족, 자기 이웃, 자기 공동체, 자기 일터를 위해—개인적 관심과 투자의 이질적이고 중첩된 네트워크에 위치하게 된다(Rose et al., 2006: 330-331).

오늘날 사회가 요구하는 바람직하고 유능한 시민은 자기 자신은 물론이고 자신과 가까운 가족을 책임지는 능동적 국민이다. 학습장치는 이러한 국민을 직조(織造)하기 위한 중요한 교육적 실천이다. 부단한 학습은 불안과 위험에 대처할 수 있는 개인의 역량을 강화함으로써 책임감 있는 개인을 생산하는 전략으로 간주된다. 따라서 변화나 위험에 대처하기 위해 필요한 학습에 게으르거나 무지한 상태로 남아 있는 경우, 그리고 학습할 필요나 동기를 가지지 못하는 경우는 자기 책임을 거부하는 사람으로 분류된다. 이미 평생에 걸쳐 학습에 참여해야 한다는 것이 '정상적인 것'으로 존재하며, 그것에 따라 학습에 관한 규범이 연역된다(Foucault, 2011: 101). 이처럼 개인은 학습을 통해 자신에 대한 책임감을 통감하는 것이 정상적이며 윤리적 주체라는 생각을 자연스럽게 내면화하였다.

3. 학습하는 주체의 등장과 대항 품행의 모색

> 사람들은 그들이 무엇을 하는지를 안다. 사람들은 종종 자신이 그것을 왜 하는지도 안다. 그러나 그들은 자신이 무슨 일을 하는지 모른다(Dreyfus & Rabinow, 1982: 271).

1) 학습하는 주체의 특징

교육실천은 학교 안에서든 학교 밖에서든 특정한 주체를 생산하는 일과 밀접하게 관련되어 있다. 교육이라는 말에는 '배우고자 하는 열망이나 의지'로 충만한 학생이라는 의미가 내포되어 있다. '학교에 다닌다' '무거운 책가방' '학생 신분' 그리고 '학생다움'이라는 말에는 공통적으로 학생이 공부하지 않으면 문제가 있다는 의미가 내포되어 있다. 공부하는 주체란 공부하지 않는 주체라는 또 다른 주체성을 구성하는 관건이 되며, 학생으로서 계속 공부하지 않으면 주체의 위치에서 객체로 전락하게 된다. 따라서 주체란 주체화와 객체화의 반복되는 과정을 통해 구성되는 것이며, 주체화 과정은 외부 시선에 의한 객체화(objectification)와 내부 시선에 의한 주체화(subjectification)가 긴밀하게 연결되어 있는 것이다.

권력의 행사를 통해 사람들은 자신이 누구인지를 알게 되고 새로운 주체로 생산된다. 학습장치를 통한 권력관계를 통해 우리는 학습하는 주체로 구성된다. 이때 중요한 점은 권력관계가 다른 사람이 나에게 행사할 뿐만 아니라 동시에 내가 다른 사람에게 행사한다는 점이다. 통치는 개인이 타인을 지배하는 권력 테크놀로지와 스스로 자신을 관리하고 통치하는 자아 테크놀로지가 통합되어 상호작용한다. 그런데 권력 테크놀로지가 자아 테크놀로지를 지배하거나 결정하는 것은 아니다. 버첼(Burchell, 1996: 21)은 학교와 같은 미시적 장소에서 작동하는 통치 양식과 민족 및 사회의 구성원으로서 개인을 대상으로 하는 거시적인 통치 양식이 언제나 조화로운 것도 아니며 서로를 강화하는 것도 아니지만 연속성이 있으며 상호작용한다고 본다.

학습장치와 교육장치도 성격이 다른 주체의 생산을 담당하지만 상호 연결되어 있다. 학습장치의 통치 대상인 성인은 미래를 위한 준비가 아니라 지금 바로 활용할 수 있는 역량을 갖추는 것이 중요하다. 그들은 수동적이고 타율적인 주체가 아니라 자발적으로 자신을 가꾸는 존재가 되도록 요구받는다. 성인은 '미성숙한' 아동과 달리 성숙하기 때문에 자신이 필요한 것을 스스로 체득할 수 있다고 생각한다. 그리고 학교에 얽매인 학생과 달리 배움의 의지를 자율적, 적극적, 미래지향적, 주도적으로 실현하는 존재로 스스로를 범주화된다. 이러한 학습장치를 통해 성인은 다음과 같은 특징을 지닌 학습하는 주체로 생산된다.

첫째, 학습하는 주체는 자신의 학습을 스스로 관리하는 '자기주도적 주체'다. 자기주도성은 남녀노소, 전문가와 비전문가, 많이 배운 사람과 그렇지 못한 사람 등을 구분하지 않는다. 학습장치에서는 모든 사람이 예외 없이 자신의 학습을 스스로 알아서 책임지는 자율적이고 자기주도적 주체가 되어야 한다. 학습자는 자신의 학습을 주도하는 주체이면서 동시에 자신을 통치하는 지배자인 것이다. 누군가가 배우도록 강제하는 것이 아니라 '스스로 하도록 하는 주체'이고, 자신의 학습 필요성을 '적극적으로 찾는 주체'다. 이처럼 자유와 자율은 성인을 통치하는 학습장치에서 필수 불가결한 요소다. 자기주도적으로 학습한다는 것은 주체가 스스로 자신을 구성하고, 그것에 따라 생각하고 행동하기 위해 자기 자신과 관계를 맺도록 하는 자아 테크놀로지의 한 형태를 말한다.

자기주도성은 스스로 학습을 위한 '행동을 지시하고 이끈다.'는 점에서 통치성의 핵심이다. 자기주도성은 병리적이며 정상적이지 못한 상태를 정상의 상태로 회복시키는 일종의 치료인 것이다. 성인을 정상과 비정상으로 구분하는 것은 학습 내용이 아니라 학습에 참여하느냐 여부다. 학습하지 않는 사람은 배움에 대한 의지나 동기가 부족한 상태로 간주된다. 학습은 끝이 없으며 배울 것은 수없이 많기 때문에 학습에 참여하는 것은 당연하게 된다. 이런 점에서 학습과 관련하여 우리는 늘 객체이며, 무엇을 배워 주체가 되었다는 것은 한순간이며, 또다시 배움이 필요한 객체로 전락하게 된다. 더구나 학습장치에 포획된 우리는 계속해서 배우지 않으면 불안해한다. 학습장치는 학습하는 주체로서 우리를 주체화와 예속화를 반복하도록 만들고 있는 것이다.

통치기계로서 학습장치는 중세 기독교에서의 고백장치처럼 자신을 부정하고 새로운 주체를 생산하도록 독려한다. 장치는 '주체의 생산을 통해서가 아니라 탈주체화라는 과정을 통해서 작동'하는 것이다(Agamben, 2010: 43). 학습장치의 통치를 받는 개인은 스스로 배움의 의지의 박약함을 고백하고 자신의 현재 상태를 부정함으로써 계속해서 학습하는 주체를 구성하고자 한다. 문제는 이렇게 구성된 주체는 이내 곧 부정의 대상이 되며 탈주체화된다는 점이다. 아감벤은 현대사회는 현실적으로 주체화가 가능하지 않으며, 오직 탈주체화 과정만이 관성처럼 반복적으로 이루어진다고 주장한다. 푸코가 '감시와 처벌'에서 지적한 바와 같이 개인은 자유롭게 권력을 실천하는 주체이지만, 동시에 그러한 권력의 대상이자 수단이 되고 마는 것이다. 결국 학습장치는 더 행복하고 나은 인간을 만든다는 구실 아래 우리를 주체화-탈주체화-재주체화의 쳇바퀴 속에 가둔다. 문제는 학습에 참여하는 것이 회의와 좌절을 반복적으로 확인할 뿐이라는 점이다.

둘째, 학습하는 주체는 학습을 통해 자신의 자본화를 극대화하는 '기업가적 주체'다. 앞서 지적한 것처럼 학습장치는 자신이 자신에게 일정한 효과를 미치는 자아 테크놀로지다. 자아 테크놀로지란 학습 등을 통해 자신을 변형시키고 개조함으로써 일정한 상태에 도달하기 위한 것을 말한다. 따라서 학습에 참여한다는 것은 내가 살아 있으며 나를 특정한 모습으로 변형시키는 하나의 과정이다. 평생학습은 행복한 상태에 도달하기 위한 것이기도 하지만 상품으로서 자신의 경제적 가치를 높이고자 하는 일종의 자본화를 위한 교육적 실천이다. 학습을 통해 인간자본으로서의 가치를 키우고자 하는 주체들에게는 합리적이고 계산적인 태도가 요구된다.

기업가적 주체는 경제적인 것의 확장을 의미한다. 푸코는 기업 형식이 사회적 관계는 물론이고 개인과 개인을 둘러싼 모든 것에까지 확대되어 일반화되고 있다고 말한다. 특히 시장의 경제적 형식을 경제적이지 않은 것들에까지 일반화한다고 지적한다(Foucault, 2012: 336-338). 이렇듯 모든 것이 경제와 경제정책으로 회귀되고 있다. 경제정책은 통치 합리성을 구성하고 정당화하는 핵심을 이루고 있다. 경제와 경제정책에 근거한 통치 합리성은 개인의 일상적 삶은 물론이고 주체성에도 영향을 미친다. 이처럼 학습장치는 성인이 경제적으로 사고하고 행동하도록 자극하는 경제적 구성물로 기능한다. 학습장치의 통제를 받는 개인은 학습을 통해 자신을 지속적으로 자본화함으로써 자신의 경제적 가치를 높이고 그것을 적극적으로 드러내 보인다.

학습장치는 경제적 수행성, 생산성, 유용성, 혁신, 고용 가능성 등과 같은 담론을 학습과 결합시킨다. 학습장치는 성인학습자의 일상적 경험을 강조한다. 비형식적 학습이나 일터학습 등은 모두 성인학습자의 경험이 학습의 중요한 자원임을 지적하고, 개인이 경험하는 모든 것이 곧 학습이고 나아가 자본이 가능한 것들이라고 주장한다. 성인의 경험은 그것이 진리냐 또는 아니냐가 아니라 실제적 쓰임새에 따라 가치가 평가된다. 따라서 성인의 개별적 경험은 모두 학습으로서의 가치가 있는 것이 아니라 상품화 가능성이 큰 것들이 주로 강조된다. 성인이 경험한 것들을 제도화된 자격이나 학점으로 인정한다는 것은 학습이 상품으로 변형된다는 것을 의미한다. 학습장치는 경제적 관점에서 성인의 학습과 경험 그리고 활동을 평가하고 그것에 따라 학습할 조건을 재배치한다.

이처럼 학습장치는 개인을 학습을 통해 변화에 적응시키고, 자본화를 촉진하며, 기업가적 주체로 변형시킨다. 변화와 적응은 학습장치를 구성하고 있는 주된 담론이다. 기술이나 지식의 변화에 반응하는 것은 적응을 의미하며, 이러한 적응은 고용 가능성, 유연한 능력, 유연 안정성 등으로 표현된다. 이 과정에서 학습은 도구적 쓰임에 따라 그 가치가 결정되며 물화(物化)된다. 시장에서의 가치를 높이는 것이 생존의 중요한 조건으로 간주되는 세계에서 도구적 합리성은 개인의 행동과 사고를 통제한다. 학습은 잉여로 전락하지 않고 '쓸모'가 있다는 것을 증명하기 위한 필수 도구로 간주된다. 문제는 '쓸모 있음'을 내가 결정하고 확인하는 것이 아니라 내 밖에 있는 타자가 나의 쓸모를 결정한다는 점이다. 이 과정에서 개인은 내적인 만족이 아니라 늘 불만으로 가득 차 있는 '외재화된 자신'을 발견하게 된다.

따라서 다른 사람들로부터 인정받지 못하는 쓸모는 큰 의미가 없게 된다. 나와 분리된 나의 쓸모는 나를 소외의 상태로 내모는 기능을 한다. 생존을 위한 쓸모와 내면의 행복과 옳음을 위한 쓸모가 분리되는 것이다. "자신이 원하는 것이 무엇이며, 그것을 구체적으로 표현하고 그것을 성취하도록 노력하는 것이 중요하다."라는 주장은 점점 더 도덕적으로 허구가 된다.

셋째, 학습하는 주체는 자신의 학습 성과를 가시화하고 스스로 감시하는 '자기통치하는 주체'다. 학습자가 학습한 것들을 관리하는 학습이력(學習履歷)은 학습의 자기관리와 통치의 한 형태를 잘 드러낸다. 학습이력은 학습과 관련하여 자신이 어디에 있으며 어디에 있어야 하는지를 확인하고, 어떤 상태에서 다른 상태로 자신을 이동할 수 있는 방법을 모색하도록 한다. 학습이력은 학습경험을 기록하고 관리하여 가시적인 것으로 바꾸는 것이다. 학습이력과 같은 학습장치는 모든 학습자를 개별화하여 통치하는 일종의 개별화된 통치 테크닉이라고 할 수 있다. 개별화된 테크닉은 개인의 학습과 관련된 습관이나 행동을 세세하게 관찰하고 특정 행동을 지시하고 그것으로 이끈다. 학습자는 개별적인 하나의 사례(case)로 관리된다(Foucault, 2010).

무엇인가를 배우고자 하는 내적 열망은 변화하는 삶을 살아가기 위해 필요한 것으로 물화된다. 요구분석(needs assessment)은 학습자로서 나의 결핍을 확인하고 판단하는 중요한 자기평가 절차다. 요구란 '바라는 미래 상태'에서 '현재의 상태'를 뺀 값이다. 미래와 현재의 차이에는 요구라는 이름이 붙여지며, 그것은 현재를 정체나 문제로 규정한다. 그런데 학습활동에 대한 자율적이고 자발적인 감시는 기본적으로 자신에 대한 부정적 판단의 형태를 띨 경우가 많다. 이때 감시는 자신의 상태를 스스로 평가하고 판단한다는 것을 의미한다. 그런데 자신에 대한 자발적 감시는 자신으로 하여금 학습과 관련하여 만족하거나 학습을 멈추도록 하기보다는 계속해서 학습하도록 채근하는 경향이 있다. 현재의 상태에 만족하는 것은 현실에 안주하는 것이며, 더 나은 나를 위하여 부단히 학습하는 것은 자기 감시의 자연스러운 결과다. 개인은 자신의 학습 상태를 계산하고 판단하여 문제를 정의하고 그것을 교정하고자 하는 자기통치하는 주체로 형성된다.

'신이 그대를 보고 있다.'에서 '선생님이 당신을 보고 있다.'로, 이제는 '네가 너를 보고 있다.'로 통치의 모습이 변화한 것이다. 자신을 스스로 감시하는 것처럼 효율적이고 효과가 지속적인 권력은 없다. 왜냐하면 내가 알아서 복종하기 때문이다. 우리가 감시당하고 있다고 생각하고 자발적으로 규범화 또는 규율화되는 데에는 다양한 이유가 있다. 무엇보다도 감시 결과에 따라 처벌받을 수 있다는 두려움이 있다. '감시당하고 있다는 것'은 나의 모든 것이 누군가에게 또는 모두에게 공개되어 있음을 의미한다. 학습하는 주체는 감시하는 시선이 외부뿐만 아니라 내부에도 있기 때문에 일방적으로 감시당하는 것이 아니라 스스로 자신을 자율적으로 통치한다. '모두를 위한 평생학습'이나 '학습이력제' 등은 학습자의 상황을 고려하여 학습을 위한 사회적 조건을 제공한다는 의미뿐만 아니라 학습과 관련된 개인의 삶을 가시적으로 만듦으로써 '모두가' 예외 없이 학습에 참여해야 하며 스스로 자신의 학습을 관리해야 한다는 일종의 통치 테크닉이라고 할 수 있다.

2) 학습장치에 저항하는 대항 품행의 모색

들뢰즈와 가타리(Deleuze & Guattari, 1994)는 욕망의 뒤틀림을 의미하는 파시즘이 현대적 권력의 궁극적인 형태라고 생각한다. 뒤틀린 욕망은 현대인의 다양한 일상적 삶을 지배하고 있다. 학습도 그러한 것들 중의 하나다. 학습장치를 통해 새로운 '학습하는' 주체가 생산되고, 이 새로운 주체는 스스로를 통치의 대상으로 간주한다. 곧 학습하는 주체는 역설적으로 학습에 예속된 존재를 생산하기도 한다. 따라서 학습하는 주체는 학습하는 객체라는 이중의 의미를 내포하게 된다. 우리는 이와 같은 과정을 통해 학습을 위해 자신을 독려하고 닦달하는 학습해야 하는 주체가 된다. 문제는 교육장치가 지배와 억압의 왜곡된 욕망을 가진 교육받은 인간을 생산하는 교육적 파시즘을 초래한 것처럼 학습장치 또한 뒤틀린 학습 욕망으로 무장한 주체를 생산할 가능성이 크다는 점이다.

> 주체라는 말은 두 가지 의미가 있다. 즉, 통제와 종속에 의해 누군가에게 예속되는 것과 양심 또는 자기지식에 의해 자기 자신의 정체성에 묶이는 것이 그것이다. 이러한 두 가지 의미는 정복하고 예속시키는 권력형식을 시사한다(Foucault, 1982: 781).

개인을 주체로 만드는 것은 권력의 형식이다. 따라서 학습장치에 적응하고 순응하는 것은 권력관계에 복종하는 것이기도 하다. 학습장치는 모든 국민을 학습에 참여하도록 하는 전략이다. 문제는 권력관계가 일상적이고 편재한다는 점에서 예속화에 저항할 경우 대항할 대상이 명확하지 않다는 점이다. 심지어 타자가 아니라 자신이 저항의 주체이자 대상이 되기도 한다. 이런 점에서 저항이란 주체가 없는 과정일 수 있다(Heller, 1996). 학습장치에 포획된 학습하는 주체도 마찬가지로 주체화와 예속화의 반복된 순환 고리로부터 벗어나기 어렵다. 왜냐하면 주체화는 타자의 예속화를 전제로 하기 때문이다. 따라서 학습을 멈추어 주체화를 멈추는 순간 나는 예속적 상태로 전락하게 된다.

우리가 마주하고 있는 학습은 늘 희망의 얼굴을 하고 있지만, 그것은 사회의 구조적 모순과 억압을 은폐하는 역할을 한다. 그럼에도 때로 학습은 기만적인 보랏빛 전망을 약속하기도 한다. 심지어 학습은 사회적인 것과 대립되는 의미로 사용되기도 한다. 학습을 통해서 자신의 삶을 개선하는 것이 주체적인 인간의 바람직한 모습으로 간주되는 대신에 사회에 기대어 생활하는 것은 문제가 있다는 것이다. 이와 같은 현실에서 사람들이 선택할 수 있는 것은 학습을 더 많이 하는 것이다. 왜냐하면 학습을 멈추는 순간 낙오하거나 불안한 상태로 전락하기 때문이다. 이렇게 하여 반복되는 학습이라는 사슬에 묶이는 것이고, 내가 자율적으로 학습을 선택하는 것이 아니라 학습장치가 나를 '요람에서 무덤까지' 학습으로 이끈다. 지금 이 자리에 있기 위해서는 쉼 없이 앞으로 내달려야 하는 붉은 여왕이 지배하는 '거울나라의 앨리스'에서처럼 우리도 쓸모없는 잉여(剩餘)로 전락하지 않기 위해 '더 빨리! 더 빨리!' 그리고 계속 배워야 한다. 우리는 학습장치와 같은 통치기계의 끊임없는 공회전에 갇혀 있다(Agamben, 2010: 47).

국가평생학습포털의 명칭인 '늘 배움'처럼 늘 배우는 것은 지금 이 자리를 지키기 위한 생존의 조건인 것이다. 우리가 학습하는 것은 그것이 옳거나 진리이거나 또는 참이기 때문이 아니라 생존을 위해 쓸모 있는 인간이 되어야 한다는 통속적 이유 때문이다. 일상을 지배하고 있는 학습담론은 때로는 즐거움, 행복, 만족, 편안함 등을 가져다주지만, 다른 한편으로는 지겨움, 피로, 무력감, 두려움 등을 갖도록 한다. 삶에서 점점 참조할 준거대상의 사라짐과 단순한 일상성의 반복이라는 앙리 르페브르(H. Lefevre)의 지적은 학습에도 그대로 적용된다. 물화된 학습은 기준도, 사실성도, 진정성도, 객관성도 남아 있지 않고, 오직 담론과 정책 그리고 제도를 통해서 정당성을 담보하고 있으며, 반복되는 일상적 삶의 일부가 되고 있다. 학습장치를 통해 인구를 관리하고 통제하고자 하는 권력효과를 잘 실현하고 있는 셈이다. 이 과정에서 평생학습 전문가들은 평생학습을 새로운 전문가들의 영역으로 공고히 자리매김하고자 한다. 학습장치는 국가, 정책, 제도, 담론, 전문가, 지식 등이 결합된 권력관계인 것이다. 그렇다면 우리는 학습장치의 쳇바퀴에서 빠져나올 수 없는 전적으로 예속된 존재인가?

푸코는 권력효과가 작동하는 지점이 곧 저항의 지점이라고 말한다. 학습이 권력효과를 위한 통치장치로 작동되는 바로 그 지점이 바로 저항의 계기라는 것이다. 우리는 통치, 국가, 국가기구, 제도 등에 대하여 스스로를 인정하도록 하고, 나아가 그들과 싸우며, 대항하고, 반발하며, 때로는 도주한다(Foucault, 2012: 365). 따라서 저항은 하나의 형태만을 갖는 것이 아니라 복수성을 그 특징으로 한다. 저항은 가능하고, 필연적이며, 실행 가능한 반면에, 동시에 자발적이고 야만적이며 고독하고 신중하며 폭력적이다. 또한 어떤 저항은 타협적이고, 이해 타산적이며, 희생적이다. 중요한 사실은 저항은 권력관계의 전략적 장 안에서만 존재한다는 점이다(Foucault, 1989: 139). 저항이란 종국에는 패배할 수밖에 없는 것이 아니라 권력관계의 낯선 이름이다. 저항과 권력은 서로 분리하기 어려운 적대다. 저항은 지배에 단순히 반응하거나 반발하는 것이 아니라 권력관계를 새롭게 조직할 여지, 즉 틈새를 생산한다. 다양한 권력관계에 내재한 저항의 지점들을 전략적으로 묶음으로써 혁명이 가능하게 된다(Foucault, 1989: 138-139).

학습장치와 같은 통치기계를 정지시키거나 위협하는 것은 쉽지 않다. 대신에 장치로부터 벗어나는 것이 중요하다(Agamben, 2010: 35-36). 통치성이 '품행의 지도'를 통해 작동된다면, 그러한 통치성으로부터 벗어나기 위해서는 대항 품행(counter-behavior)을 갖는 것이 중요하다. 이를 위해 특별히 '통치가 불가능한 것'에 주목하는 것이 필요하다. 비슷한 관점에서 시몬스와 마스켈라인(Simons & Masschelein, 2008)도 평생학습이 '자유를 위한 학습'인지 아니면 '자유롭기 위해서 학습으로부터 벗어나야 하는지' 갈림길에 있다고 본다. 그들은 학습을 제대로 그리고 올바르게 사용하는 것은 중요하지 않다고 주장한다. 예컨대, 학습이 해방 가능성과 규율 가능성을 동시에 가지고 있기 때문에 해방의 가능성을 확장할 수 있도록 학습을 이용하는 것이 필요하다는 주장은 순진한 발상이라는 것이다.

시몬스와 마스켈라인은 학습장치로부터 벗어나는 것이 자유로워지는 방법이라고 말한다. 배움의 의지를 갖는 것이 당연한 것으로 간주되면 학습하는 것 그 자체가 이미 권력을 의미하기 때문에, 학습을 권력관계에서 해방시키는 것이 가능하지 않게 된다. 그들은 "학습을 자유와 자율을 위한 조건으로 바라보고 국가, 제도, 교사의 지배, 경제의 영향 등으로부터 학습의 해방은 모색하는 것은 이러한 학습과 우리가 학습을 인식하는 방식이 애당초 현 통치체제의 효과이자 도구라는 점을 잊고 있다는 것을 의미한다." (Simons & Masschelein, 2008: 57)라고 주장한다. 대신에 학습장치의 아이러니를 지적함으로써 학습을 참으로 생각하고 배움의 의지를 당연한 것 또는 진리로 간주하는 것으로부터 벗어나는 것이 필요하다고 말한다. 학습장치에 저항하기 위해서는 학습장치를 구성하고 있는 사람이나 사물, 담론과 정책 등의 통치 프로그램과 그것을 지탱하는 지식을 거부해야 한다는 것이다.

> 아마도 오늘날 목표는 우리가 누구인가를 발견하는 것이 아니라 우리가 누구인가를 거부(refuse)하는 일일 것이다. 우리를 개별화하는 동시에 전체화하는 근대 권력구조의 정치적 '이중구속(double bind)'을 제거하기 위해 우리가 할 수 있는 것을 상상하고 구체화하여야 한다(Foucault, 1982: 785).

이러한 저항이 가능한 것은 우리가 비록 통치 테크놀로지와 프로그램의 세계에 살고 있지만, 세상 그 자체가 완벽하게 프로그램화된 것이 아니라는 점이다. 로즈와 밀러(Rose & Miller, 1992: 190-191)에 따르면 통치 테크놀로지는 그것을 기획한 사람들의 생각과 달리 실패할 가능성도 적지 않다.

> 우리는 통치받는 세상이 아니라 끊임없는 '실패' 표명, 열망과 결과 사이의 불일치, 다음에는 더 잘하라는 부단한 지시에 의해 부추기는 '통치의 의지(will to govern)'가 횡단하는 세상에 살고 있다(Rose & Miller, 1992: 191).

사람들은 통치 프로그램의 원래 의도에 따라 일사불란하게 반응하지 않으며, 심지어 권력의 의지와 달리 자신의 목적을 위해 장치를 동원하기도 한다. 뿐만 아니라 테크놀로지는 예기치 못한 문제들을 생산하기도 한다. 우리 삶은 질서 정연하게 수립된 계획에 따라 움직이는 것이 아니라 우연성(contingency)의 지배를 받기 때문에 학습장치가 지배하는 세상으로부터 탈주(脫走)할 수 있다는 것이다.

4. 공부 권하는 사회의 두 모습

우리는 평생에 걸쳐 학습하는 것을 너무도 자연스럽게 받아들인다. 때로는 생존이나 행복을 위해 당연히 '배워야 한다.'고 생각한다. 평생학습에 대한 이러한 생각은 우리로 하여금 독특하게 생각하고 행동하며 경험하도록 하며, 우리를 정상과 비정상, 해야 될 것과 그렇지 못한 것들을 구분하는 규칙으로서 학습에 익숙하도록 하였다. '배우고 때때로 익히니 즐겁지 아니한가(學而時習之 不亦說乎)'처럼 배움은 즐겁고 기쁜 일로 간주되었으며, 평생에 걸쳐 학습한다는 것은 지극히 당연한 것으로 여겨졌다. 두말할 필요도 없이 평생 동안 부단히 학습하는 주체는 모두가 추구하는 이상적인 모습이었다. 여기서는 이러한 평생학습에 대한 규범적 정당성을 낯선 눈으로 바라보는 것이 목적이었다. 이를 위해 우리가 당연하게 생각하는 것들이 우연적이며 자의적인 것이라는 점을 밝히고 그 대안을 상상하도록 자극하는 푸코의 장치 개념에 주목하였다.

사람들은 평생에 걸친 학습이 중요하고 당연한 것으로 받아들이지만, 평생학습은 그 자체로 정당성을 갖는 권력과 무관한 탈정치적인 것이 아니라 다양한 권력효과를 배태하고 있으며, 통치에 적합한 지식을 기반으로 주체를 생산하는 '학습장치'다. 평생학습을 당연한 것으로 간주하게 된 것은 역사적으로 볼 때 최근의 일이다. 그런데 많은 사람들은 학습에 참여하면서 권력관계를 불편하거나 자신을 억압하는 것으로 인식하지 않는다. 오히려 학습에 참여하는 것이 즐거움과 기쁨 그리고 보람이라고 생각한다. 그러나 브룩필드(Brookfield, 2009: 156)는 성인교육에서 권력관계를 적절히 이해하지 못하였다는 점을 반성하면서 "성인교육이 학습자에게 권한을 부여한다고 생각하는 모든 사람(내 경험상 성인교육자 대부분이 그럴 것이다)은 반드시 푸코의 연구를 살펴보아야 한다."라고 말한다. 평생학습은 정치적으로 동원되어 전략적으로 활용될 가능성이 있는 '비어 있는 개념'이다.

학습장치는 어떤 권력을 가지고 있는 사람이나 집단이 의도적으로 고안한 것이기보다는 권력기능을 하는 것들이 우연적으로 결합한 결과라고 할 수 있다. 학습장치는 평생학습과 관련하여 말해진 것뿐만 아니라 말해지지 않은 것들을 포함한 다양한 이질적인 것들의 결합이다. 평생학습과 관련된 지식과 담론, 제도와 정책, 사람과 사물, 건물과 인터넷 등은 모두 평생학습을 정당화하는 것들이며, 사회를 지배하고 통치하는 테크놀로지이자, 학습하는 주체를 생산하는 통치 실천들이다. 국가는 학습이 가능한 다양한 조건에 개입한다. 예를 들어, 학습산업의 성장도 학습장치의 영향을 드러내는 중요한 현상이다. 국가는 학습산업에서 학습한 경험을 제도적으로 인정함으로써 학습산업의 성장을 직간접적으로 지원한다. 또한 도시를 학습공간으로 바꾸는 정책을 수립하기도 한다(유영신, 2008). 평생학습도시는 학습장치가 개인이나 제도적 수준이 아니라 도시와 같은 물리적 지역으로 확장된 것을 의미한다. 결국 우리 삶의 대부분이 학습공간으로 변모하고 있으며, 우리는 모든 것이 학습을 위해 조직되고 움직이는 학습장치 속에 살고 있다.

장치가 특정 역사적 시점의 사회적 요구에 대한 반응이라는 점에서 학습장치도 경제적 합리성에 따라 교육을 재배치하려는 통치장치로 바라볼 필요가 있다. 평생학습은 경제와의 관련성이 점점 더 긴밀해지고 있다. 평생학습은 경제 질서에 적합한 인간자본을 형성하는 장치이자, 권력의 경제학이 요구하는 지식 형성을 위한 도구로 기능하고 있다.

일하는 삶과 일로부터 은퇴한 삶의 구분이 점점 어려워지고 있다. 많은 사람은 생존을 위해 계속해서 경제활동에 참여하도록 요청받고 있다. 경제적 삶을 사는 데 필요한 조건은 고용 가능성과 적응 가능성이다. 개인이 '고용 가능성'과 변화에의 '적응 가능성'을 갖는다는 것은 생존을 위한 유연성이 확장된다는 것을 말한다. 학습장치는 사람들로 하여금 학습 열망을 더욱 키우도록 닦달하고, 학습에 적극적으로 참여하는 주체를 생산하는 것이 주된 목표인 것이다. 이러한 신자유주의 공세 아래에서 학습은 점점 삶을 자본화, 상품화, 물화하고 있다. 학습장치는 개인의 이기적 학습을 합리화하고 민주적 학습의 위축을 정당화한다. 시장에서 교환될 수 있도록 학습을 통해 자본화된 개인은 자신이 '배워야 할 것들이 너무 많다.'라고 생각한다. 배우지 않음, 무지함, 쓸모없음 그리고 학습의 과잉이란 고려의 대상이 되지 않으며, 오직 늘 배우도록 하는 일상적 결핍과 부족함이 있을 뿐이다.

평생에 걸친 학습이 자연스럽고 당연하다는 규범성은 오직 하나의 질서만 있음을 의미한다. 삶의 다양한 해석을 가로막으며, 다양한 대안적 가치가 존재한다는 사실을 부정한다. 이러한 세상은 주체적 인간이 물음을 제기하고 그 물음에 답하며, 새롭게 의미를 발견하는 역동적인 다양한 가치가 교차하는 의미 공동체가 아니라 오직 일차원적 공간에 불과하다. 이러한 일차원적 공간에서 사람들은 자신들이 세상을 구성하고 해석한다는 사실을 잊게 된다. 푸코는 다른 것을 상상하고 이러한 생각과 게임을 바꾸도록 권고한다. "'좋은 것'이란 지식인처럼 누군가가 제공하는 것이 아니라, 자신에게 좋은 것을 스스로 정의하는 것이다. 어떤 점에서 좋은 것이란 존재하지 않으며, 우리에 의해 정의되고, 실천되며 발명되는 것이다."(Foucault, 1988a: 13) 평생학습도 마찬가지다. 나는 학교교육 때문에 피곤하고 지친 몸과 마음이 다시금 평생에 걸친 학습으로 인해 소진되고 힘들어하는 것을 원하지 않는다.

제8장

반값 등록금 정책의 정치학

대출 권하는 사회:
학생들은 실업, 신용불량, 상환 불가능 등과 같은
빚의 덫에 빠질 가능성이 있다.

한국에서 '반값 등록금'이라는 표현은 대략 2006년 즈음에 등장하였는데, 이는 당시 한나라당(현 새누리당 전신)이 2006년 지방선거에서 유권자들의 지지를 얻기 위해 전략적으로 선택한 '정치적 메타포(political metaphor)'였다. 이후 반값 등록금은 인기 영합적 '등록금 포퓰리즘'이라는 비판(문화일보, 2012. 1. 30.)과 사회적으로 상당한 논란을 야기하였음에도 불구하고, 지난 2012년 대통령선거에서도 주요 쟁점으로 부각되었다. 여와 야를 가리지 않고 대부분의 대선 후보들은 '등록금 부담 절반' 또는 '반값 등록금 실현' 등을 대선공약으로 채택하였다.

'반값 등록금'은 '수익자 부담 원칙에 따라 학생에게 부과되는 등록금을 문제로 인식하고, 그것에 항의(voice)하는 것'으로 정의할 수 있다. 구체적으로 '반값' 등록금이라는 표현은 대학교육을 위해 학생이 부담하는 등록금이 지나치게 많기 때문에 그것을 절반 수준으로 줄여야 한다는 의미다. 즉, '반값'이라는 표현은 대학교육이 '교육적으로 가치 있다 혹은 그렇지 못하다'와 같은 교육적 판단이 아니라, 자신들이 기대하는 대학교육의 효과에 비해 부담하는 등록금이 '과도하다' 혹은 '비싸다'와 같은 경제적 의미가 더욱 강하다. 거칠게 표현하면 상품으로서 대학교육의 효용 가치가 낮기 때문에 상품을 구매하는 데 드는 비용, 즉 등록금을 '깎아 달라'는 주장이라고 할 수 있다. 고등교육기회의 민주화 이후 '대학교육에 필요한 비용을 누가, 어느 정도 그리고 왜 부담해야 하는가?'라는 문제가 반값 등록금 현상으로 나타난 것이다.

그러나 반값 등록금은 '누가 그리고 어느 정도 등록금을 부담해야 하는가?'와 같이 등록금의 인상을 억제하고 줄이기 위한 경제적 의미로만 이해될 수 있는 것은 아니며, 대학의 정체성과 대학교육에 대한 사회적 믿음이 변화하고 있음을 드러내는 하나의 '사건'이라고 할 수 있다.

고등교육 비용의 부담 주체와 부담 규모를 둘러싼 논란은 한국에서만 일어난 것이 아니라 1990년대 중반 이후 세계적으로 발견되는 현상이다. 그러나 대학등록금을 둘러싼 갈등이 비록 초국가적 현상이기는 하지만, 그 내용에 있어서는 적지 않은 차이를 보인다. 한국에서는 지금까지 수익자 부담 원칙에 따라 학생과 학부모가 등록금을 부담하는 것을 자연스러운 것으로 규범화하였다. 등록금을 둘러싼 최근의 논란은 교육을 받는 개인이 교육비를 전적으로 부담하던 방식에서 탈피하여 고등교육에 대한 공적 재정 지원의 확대를 요구하는 것이라고 할 수 있다. 반면에 독일, 프랑스, 영국 등에서는 역사적으로 교육을 대표적인 공적 활동으로 규정하고 고등교육을 포함한 제반 교육비를 공적 재원으로 충당하는 것을 당연하게 생각하는 사회민주주의의 전통을 가지고 있었다.

그런데 1997년에 명목상의 등록금을 처음으로 부과한 영국을 비롯한 유럽 국가들은 비록 낮은 수준이기는 하지만 예전에 없었던 등록금 제도를 도입함으로써 학생과 학부모가 고등교육비용의 일정 비율을 분담하도록 하였다. 등록금 제도는 고등교육을 공공재로 간주하던 오랜 전통의 변화와 관련이 있었다. 영국에서 수업료 제도 도입의 근거가 된 것은 1997년 7월에 발표된 「학습사회의 고등교육(Higher Education in the Learning Society)」 보고서였는데, 이 보고서에는 고등교육을 받은 사람이 그렇지 못한 사람에 비해 더 많은 소득을 얻는 등 혜택을 받고 있기 때문에 대학생이 일정한 규모의 비용을 부담하는 것이 공평하다는 수익자 부담 원칙이 제시되었고, 이 원칙에 따라 수업료 제도가 도입되었다(Lunt, 2008).

유럽 국가와 달리 등록금 제도를 이미 시행하고 있었던 미국의 경우도 고등교육의 궁극적 수혜자가 학생 개인이라는 점을 강조하면서, 정부의 고등교육 재정지원 규모를 축소하고 사적 부담의 확대를 꾀하고 있다(Johnstone & Marcucci, 2010). 한국 사회의 반값 등록금 논란이 공적 지원의 확대를 요구하는 것이라면, 유럽 국가들의 경우는 정부가 고등교육비용의 대부분을 부담하던 체제에서 학생과 학부모들에게 비용을 분담하도록 함으로써 공적 지원을 축소하는 것이었다(Goldrick-Rab, Harris, & Trostel, 2009).

이러한 변화는 고등교육을 둘러싼 중층적 요인에 기인하지만, 그중에서도 전 지구적 경제위기의 반복과 심화 그리고 그러한 경제위기에 대한 대응으로서 신자유주의의 영향이 크다고 할 수 있다. 많은 국가에서는 반복되는 경제위기로 인해 고등교육에 대한 공적 지원 규모를 축소하는 등의 긴축정책을 실시하였으며, 그 결과 대학은 대학운영경비와 인건비가 증가하는 등 상당한 재정 압박을 받았다. 이러한 위기 상황에 대응하여 대학은 교육과 연구를 상품화·자본화하고, 대학조직을 영리 활동을 위한 기업으로 변모시키는 한편, 수업료와 같은 새로운 수입원을 발굴하는 등 대학조직을 학문자본주의(academic capitalism)에 따라 새롭게 조직하였다(손준종, 2000). 정부도 대학교육을 공공의 문제로 인식하는 것이 아니라 경쟁, 책무성, 선택 등을 강조하면서 대학 스스로 생존에 책임지도록 요구하였다. 고등교육비용의 부담 주체도 국가로부터 개인으로, 그리고 가족으로부터 학생 자신으로 옮아가게 되었다(Callender & Jackson, 2005).

한국의 역사사회적 맥락에서 배태된 사회적 구성물로서 '반값 등록금'은 이들 국가들에서의 등록금 논쟁과 비슷한 성격을 갖지만 몇 가지 점에서 차별성을 보인다. 여기서는 '반값 등록금'의 출현 배경과 논리 그리고 그 교육적 함의를 검토하고자 한다. 구체적으로 먼저 등록금의 논리와 반값 등록금의 출현 배경을, 다음으로 메타포로서 반값 등록금의 성격과 그에 대한 학생, 대학, 정부의 입장을, 그리고 마지막으로 반값 등록금 정책의 교육적 영향을 분석하고자 한다. 이 장에서는 '반값 등록금'을 메타포(metaphor)로 정의하고, 이러한 메타포의 생산과 유통 그리고 정책으로의 변환 과정에 주목한다.

메타포는 사람들이 무엇에 관심이 있으며 그것을 어떻게 평가하는가를 짐작할 수 있게 한다. 따라서 그것은 텅 비어 있는 어떤 것이 아니라 특정한 기호와 의미를 배태하고 있으며, 특정 담론이 작동할 수 있도록 이데올로기적 기능을 담당한다(Hart, 2008). 즉, 메타포는 담론들 사이의 권력관계를 표현하고 있으며, 담론들 사이의 경계를 정하고 담론들의 안과 밖을 연결하는 기능을 담당한다. 이런 점에서 메타포로서 반값 등록금을 분석하는 것은 등록금을 둘러싼 이데올로기와 이해당사자들의 권력관계를 파악할 수 있다는 장점이 있다.

1. 반값 등록금 담론 출현의 사회적 배경

1) 등록금의 논리

사전적 정의에 따르면 등록금은 '학생이 교육을 받는 대가로 대학에 지불하는 비용으로, 교육에 필요한 모든 비용을 의미하는 총교육비의 일부'다. 교육을 받는 학습자에게 교육경비를 부과하는 수익자 부담 원칙은 근대교육 초기부터 확산되어 있었다. 학교는 물론이고 야학과 강습소 등에서도 학생들에게 일정한 액수의 수업료를 부과하였다. 예를 들어, 관립 일어학교에 설치된 사립 일본어 야학사(夜學舍)에서는 학생들에게 월사금(月謝金)으로 매달 1원을 받았으며(황성신문, 1905. 5. 31.), 구재야학(鳩財夜學) 강습소에서는 월사금으로 운영 경비를 충당하기 어려워 학생들을 위한 의연금을 거두기도 하였다(황성신문, 1906. 9. 21.). 홍사단이 설립한 소학교 교사 양성학교는 학생모집 광고에서 학생이 부담할 경비를 식비(1개월 5환), 월사금(1개월 50전), 기타 경비(난방비 및 학용품비)로 구체적으로 제시하고 있었다(황성신문, 1908. 5. 2.). 이와 같은 수업료 제도가 확립된 데에는 일제의 영향이 컸다.

일본은 1886년 제정된 제1차 「소학교령」 제6조에서 "부모나 후견인이 소학교의 경비를 충당하기 위하여 그 아동의 수업료를 납부한다."라는 수업료 징수 원칙을 구체적으로 명시하였다. 도입 초기에 수업료는 국가교육에 대해 부모가 의무적으로 납부해야 하는 일종의 '조세'로 인식되었으며, 수업료 부담 때문에 교육을 기피하기도 하였다. 이후 문부성은 수업료란 개인이 학교교육을 통하여 사적 이익을 얻기 때문에 그 대가로 당연히 지불해야 하는 '수수료'라는 수익자 부담 원칙을 강조하기 시작하였다(田原宏人, 1983: 401).

초기에 수업료는 가정의 경제상황에 따라 차등을 두는 등급제, 학년에 따라 차등을 두는 학년제, 그리고 두 가지를 통합한 병행제의 세 가지 형태로 부과되었다. 그러나 경제상황에 따라 차등 부과하는 방식은 수익자 부담 원칙에 합당하지 않을 뿐만 아니라 상대적으로 더 많은 수업료를 부담하는 중간계층의 저항을 받았다. 그 결과, 부모의 경제 상황에 따라 수업료를 차등 부과하지 않고 모든 학생에게 일률적으로 동일한 액수의 수업료를 부과하는 '수익자 균등 부과의 원칙'이 확립되었다. 문부성은 "모든 아동은 교육을 통해 균등한 의미와 효과를 얻는다."라고 생각하였다. 따라서 모든 학생에게 동일한 수업료를 부과하는 것이 수익자 부담 원칙에 부합하는 것이라 보았으며, 다만 제한적으로 가난한 부모의 수업료 부담을 경감할 수 있도록 하였다.

이와 함께 교육단계에 따라 수업료를 차등 부과하는 '교육단계에 따른 차등 부과 원칙'이 확립되었다. 이 원칙은 학년이나 교육단계가 높아질수록 교육 내용과 수준 그리고 교육적 가치가 높아지므로 교육을 통해 얻게 될 이익도 다르다는 이유 때문이었다.[1] 이들 두 가지 원칙에 더하여 해방 이후 1951년 4월 「문화교육부령」 제18호로 공포된 '학교 수업료 및 입학금에 관한 규정'에 따라 학교의 설립 유형에 따라 수업료가 차등 부과되면서, 수업료 제도는 '모든 학생에게 동일한 수업료' '교육단계별 차등화된 수업료' 그리고 '학교 설립 유형별 차별화된 수업료'의 형태를 갖게 되었다.

등록금은 '학생이 교육을 받는 대가로 대학에 지불하는 비용'으로 '교육을 받는 대가'와 '경제적 자본'을 연결하는 매개체다. 등록금은 금전적으로 환산하기 어려운 교육을 경제적 가치로 환산하여 표현한 것이다. 가공된 경제적 자본으로서 등록금은 학생들에게 학위와 같은 제도화된 문화적 자본이나 자신을 부가가치가 높은 인간 자본으로 변화시킬 고등지식이나 기술을 획득할 수 있도록 한다. 등록금은 경제적 자본을 다른 형태의 자본과 교환이 가능하도록 함으로써 효과적으로 권력을 생산하는 기능을 담당한다 (Bourdieu, 1986).

그런데 등록금을 매개로 문화적 자본이나 인간자본으로 변형되는 경제적 자본은 서로 등가적이지 않다. 더구나 경제적 자본이 다른 자본으로 변환되는 과정에서 자본의 일부가 손실될 위험이 있으며, 변환 효과도 상당한 시간이 지난 후에야 나타나는 등 교육을 매개로 하는 자본의 변환 과정은 높은 불확실성을 그 특징으로 한다. 더구나 학생들이 교육의 결과를 직접 확인하고 그에 대한 비용으로 등록금을 지불하는 경우도 있지만, 자신이 원하는 것을 대학이 충족시켜 줄 것이라 낙관하고 교육을 받기 전에 미리 납부하기도 한다. 결국, '교육을 받는 대가'는 앞으로 받게 될 교육에 대한 대가와 그렇게 받은 교육이 장차 가져다줄 기대효과에 대한 대가를 포함한 다층적 개념으로 내적으로 고정된 가치를 지니고 있는 어떤 것이 아니라 사회적 맥락에 따라 영향을 받는 추상적인 성격을 띤다.

따라서 등록금이 그에 상응하는 적절한 가치를 갖느냐에 대한 판단은 자본 변환 과정

---

[1] 1908년에 공포된 「사립학교령」(칙령 제62호)에 따르면 사립학교도 '수업료 및 입학료 등에 관한 사항'을 학칙에 정하도록 하였다.

에 대한 학생들의 믿음과 관련이 있으며, 경제적 자본의 투자와 변환 과정에 대한 믿음이 흔들리게 되면 학생들은 대학에 등록금을 지불하는 것을 주저하게 된다. 반값 등록금은 이러한 믿음이 위기에 처해 있음을 나타내는 현상이라고 할 수 있다.

2) 반값 등록금의 출현 배경

반값 등록금은 등록금이 경제적으로 부담하기에 지나치게 많으며, 또한 등록금이 대학교육의 기대효과에 비해 너무 많다는 학생들의 불만이 구체적으로 드러난 것이다. 학생들이 등록금에 대해 이러한 불만을 갖게 된 이유는 다음과 같이 정리할 수 있다.

먼저, 성공 에토스의 한계와 내적 균열이다. 반값 등록금 이전에도 등록금에 대한 불만은 있었다. 사실, 등록금 인상 폭이나 용처를 둘러싸고 학생-대학-정부 사이에 다양한 갈등이 해마다 반복되었음에도 불구하고, 학생들은 비싼 등록금에 놀라울 정도로 순응하는 태도를 보였고, 불만의 목소리는 이내 곧 '사소한 잡음'으로 사그라졌다. 오랫동안 학생과 학부모들은 등록금과 관련하여 '순치된 불만족'의 상태에 있었는데, 이러한 순치된 불만족은 대학교육을 받으면 지위 상승이 가능하다는 일종의 '성공 에토스'를 마음의 습관으로 가지고 있었기 때문이었다. 그런데 등록금에 대한 불만을 자발적으로 삭히는 것이 아니라 밖으로 알리고 드러내게 된 이유 중의 하나는 대학교육이 출세의 지름길이라는 성공 에토스의 한계 때문이었다.

1990년대 중반 이후 대졸자를 포함한 모든 집단의 빈곤 위험이 증가하였는데, 이는 대학교육도 빈곤을 효과적으로 방어하는 데 한계가 있다는 것을 의미하였다(김수정, 2009: 280-281). 이제는 '대학을 졸업했다.'는 것만으로는 성공은 물론이고 빈곤이나 실업의 위험도 피하기 어렵게 된 것이다. 이러한 성공 에토스의 한계는 "비싼 등록금을 부담하더라도 '대학'에 가야 한다."라는 오래된 믿음을 다시 생각하도록 하였다. 모든 학생이 대학교육을 통해 동일한 효과를 얻을 수 있는 것이 아니며, 더불어 모든 대학이 동일한 사회적 효과를 갖지 않는다는 것을 인식하게 되었다.

대학교육을 받은 인구의 팽창은 대학을 수평적으로 계층화하는 동인으로 작용하였으며(김영철, 2012; 방하남, 김기헌, 2003; Lucas, 2001), 그 결과 '빚을 내서라도 가고 싶은 대학'과 '학생들을 유치해야 하는 대학'으로 구분되었다. 이러한 대학의 계층화는 등록금을 대학졸업장의 사회적 효과와의 관계 속에서 바라보도록 하였다. 반값 등록금은 대학이 모두에게 출세를 가능하게 하는 것이 아니라는 성공 에토스의 내적 균열을 경험하고,

이를 바탕으로 출세를 위한 기회비용으로서 비싼 등록금을 기꺼이 부담할 수 있다는 오래된 믿음으로부터의 탈주를 생각하게 되면서 나타난 현상이라고 할 수 있다.

이와 함께 경제위기로 인한 가족의 교육투자여력 약화도 등록금에 대한 불만을 키운 요인이었다. 반복되는 경제위기로 인해 사회적 · 경제적 양극화가 급속히 진행되면서 일부 상위계층을 제외한 대부분 계층의 실질 가처분 소득은 줄어들었다. 이뿐만 아니라 조기퇴직과 비정규직 고용 증가 등으로 인한 고용불안과 평균적 생활비용의 증가로 인해 가족의 교육투자 여력이 급속히 약화되었다. 가계 지출 구조에서 전통적으로 많은 비중을 차지하던 식비, 주택 관련 비용, 교육비의 지출 규모는 계속해서 늘어나는 한편, 기본 생활을 위해 필요한 통신비, 의료비, 보험비 등의 지출도 급속히 늘어났다. 1990년대 중반 이후 등록금의 가파른 인상으로 가계 지출에서 교육비 비중이 늘어나면서 생활비를 지출할 여력도 급격히 줄어들었다.

현대경제연구원(2012)의 분석에 따르면 2011년 가구소득은 1990년에 비해 4.1배 증가하였으나 교육비 지출은 6배 증가하였으며, 그 결과 상당수의 중산층이 '부채가 있고 적자 상태임에도 불구하고 평균보다 많은 교육비 지출로 인하여 빈곤한 교육빈곤층 가구'로 나타났다. 이들 교육빈곤층은 주로 '대졸 이상 학력의 40대 중산층 가구'였으며, 이들은 교육비 부담과 함께 주택대출이자, 부동산대출상환 또는 전세금반환 등 주택 마련을 위한 부채 상환의 부담을 함께 안고 있었다(현대경제연구원, 2012: 6-7). 대학 순 등록금(net tuition, 고지된 등록금에서 장학금을 뺀 등록금)이 가구소득(최저생계비를 뺀 실질 가처분소득)에서 차지하는 비중을 분석한 결과에 따르면 가구소득이 낮을수록 등록금이 차지하는 비중이 높았으며, 전체 가구소득의 약 20% 이상을 차지하는 소득분위는 국공립대학의 경우 4분위, 사립대학의 경우는 7분위로 나타났다(남수경, 2012: 71-72). 이제 대학교육비는 경제적 빈곤층만의 문제가 아니라 중간계급에게도 부담스러운 수준이 된 것이다.

마지막으로 정부의 등록금 자율화 정책은 빠른 속도로 등록금 부담을 키운 요인이었다. 고등교육에 투자할 재원이 충분하지 못한 정부 입장에서 수익자 부담 원칙에 따른 등록금은 매우 매력적인 제도였다. 해방 이후 정부는 수익자 부담 원칙이라는 큰 틀은 유지하면서 대학의 요구를 제한적으로 반영하는 등록금 통제 정책을 실시하였다.

이러한 정책 기조는 1988년을 기점으로 대학이 등록금을 자율적으로 결정하는 형태로 변화하였는데, 이는 1987년 한국 사회를 휩쓴 민주화 물결의 영향 때문이었다. 정부는 대학의 민주화를 위해 교수참여기회 확대, 교수임용제도 개선, 국공립대학 총장 · 학장 직선제 도입, 대학입시와 대학정원조정 자율화, 대학생자치활동 확대와 함께 '사립대학 납입금 자율화'를 추진하였다. 사립대학 납입금 자율화 조치는 '대학교육 여건 개선을 위해 필요한 재원 확보'가 주된 이유였다(국회사무처, 1988. 7. 21.). 2002년 2월에는 국공립대학의 수업료도 학교 실정과 경제적 여건 등을 고려하여 학교의 장이 정할 수 있도록 법령을 개정하여 국공립대학 등록금을 자율화하였다(김영식 외, 2006).

이와 같은 등록금 자율화는 비싼 등록금이 사립대학만의 문제가 아니라 고등교육 전반으로 확장되는 계기가 되었다. [그림 8-1]을 통해서도 알 수 있는 바와 같이, 등록금은 경제위기가 발생한 1997년과 1998년을 제외하고 1990년대 이후 일관되게 증가하였으며, 2003년 이전은 사립대학이, 2003년 이후는 국공립대학이 등록금 인상을 주도하였다고 할 수 있다.

정부는 등록금 자율화와 함께 대학재정 지원방식을 대학평가를 통한 경쟁형 배분으로 바꾸는 한편, 대학재정 운영의 자율권을 부여하고 수입원을 다변화할 것을 요구하였다. 그러나 대학이 선택할 수 있는 재정 확보 방안은 마땅치 않았으며, 따라서 대부분의 대학이 등록금 인상이라는 상대적으로 손쉬운 재정 확충 방안을 선택하였다. 그 결과 등록금 자율화는 등록금 인상을 바라는 대학의 요구와 비슷한 방향으로 진행되었으며, 학생

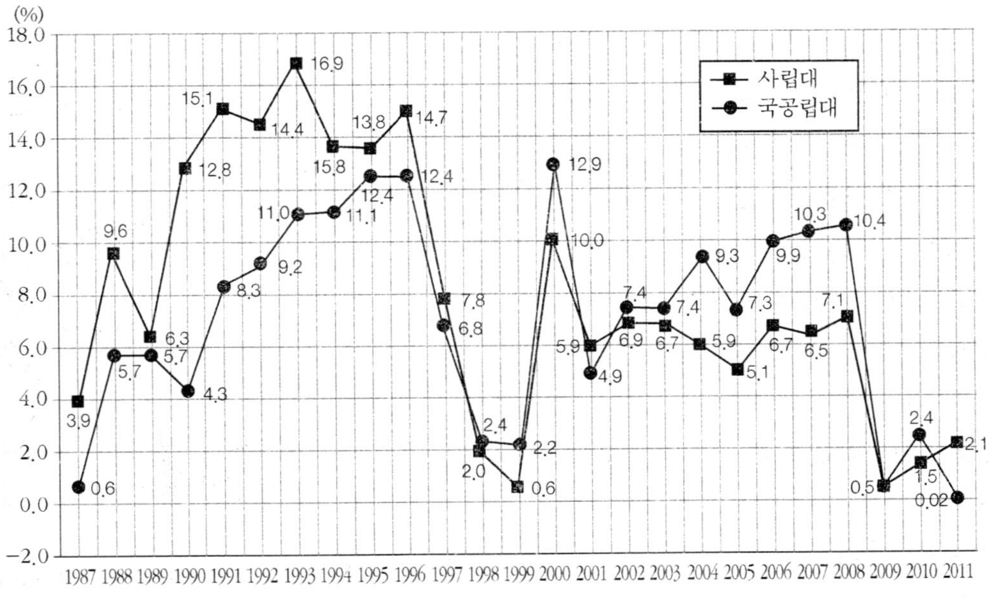

[그림 8-1] 등록금 인상률 추이(1987~2011년)

출처: 교육과학기술부, 한국교육개발원(각 연도). 교육통계연보.

들의 등록금 부담은 늘어나고, 대학재정의 등록금에 대한 의존도는 더욱 커졌다. 반값 등록금은 등록금 자율화 이후 개인이 부담할 수 있는 등록금 규모가 한계에 이르렀으며 정부의 등록금 정책의 변화를 요구하는 움직임이라고 할 수 있다.

2. 사회적 구성물로서 반값 등록금 담론

1) 반값 등록금 메타포에 대한 두 해석

반값 등록금은 등록금에 대한 불만을 언어적으로 표현한 '메타포'다. 의사소통과정에서 통용되는 메타포는 중립적인 인지 과정의 산물이 아니라 특정 사회적 조건 아래에서 생산되고 유통되는 것으로 사람들이 무엇에 관심이 있으며 그것을 어떻게 평가하는지를 짐작할 수 있게 한다. 레이코프와 존슨(Lakoff & Johnson, 1980: 156-159)은 메타포를 '사람들이 세상을 바라보는 방식이며, 일상에서의 경험을 드러내고 조직하는 방법이자, 나아가 정치적 및 사회적 행동을 위한 하나의 지침을 구성하는 것'으로 정의한다.

따라서 비슷한 경험을 공유하고 있는 사람들은 자신들의 경험을 적절히 언어로 표현할 메타포를 생산할 가능성이 있으며(Lakoff & Johnson, 1980: 19), 그렇게 생산된 메타포는 일상경험을 공유하는 사람들 사이에 '유사성'을 만들고(Lakoff & Johnson, 1980: 151), 나아가 사람들은 그러한 메타포에 맞추어 구체적으로 행동하게 된다. 이처럼 메타포는 단지 언어적 수사에 그치는 것이 아니라 행동으로 이끄는 기능을 담당하기 때문에 메타포의 생산 주체에 따라 기존 질서를 정당화하기도 하지만, 기존 체제를 전복시키고 새로운 것을 추구하는 데 이용되기도 한다(Miller, 2006: 64).

이와 같이 대중의 생각과 경험 그리고 행동을 가늠할 수 있는 메타포는 대중과의 의사소통을 중시하는 정치가들에게 각별히 중요한 의미를 갖는다. 유권자인 대중의 지지에 민감한 정치가들은 대중과 원활하게 소통할 수 있는 '정치적' 메타포의 생산과 유통에 적극적이다. 대중은 정치가들이 생산한 메타포를 통해 자신들이 일상적으로 느끼고 있는 고통과 어려움이 자신만 경험하는 것이 아니라 다른 사람들도 일상적으로 경험하고 있다는 것을 확인하게 된다. 이런 점에서 대중의 일상적 경험과 정서를 적절히 표현한 메타포는 사회적 전염 속도가 빠르며, 대중적 호소력을 갖는 메타포는 정치적 입장과 관계없이 쉽게 차용되는 경향이 있다. 반값 등록금도 매 학기 상당한 등록금을 마련하기 위해 '비슷한' 어려움을 겪고 있는 많은 학생과 학부모의 일상적 경험을 표현한 정치적 메타포였다.

그런데 정치적으로 동원된 메타포는 언어적 차원에만 머무르는 것이 아니라 정책으로 변환되기도 한다. 정책으로 구체화되지 못하는 메타포는 대중의 지속적인 지지를 받기 어렵기 때문이다. 그러나 모든 사람이 똑같은 것을 생각하고 경험하는 것이 아닌 것처럼 일상 경험도 오직 하나의 언어적 표현만 가능한 것이 아니며 다양한 메타포로 표현될 수 있다(Lakoff & Johnson, 1980: 157). 이뿐만 아니라 메타포는 그 내재된 의미가 고정되고 정지되어 있는 것이 아니라 새로운 해석이 더해지기도 하며 기존의 해석이 부정되기도 하는 사회적 구성물이기 때문에, 특정 집단의 관점이 반영된 대안적 메타포가 나타나거나 혹은 기존의 메타포가 새롭게 해석되는 등 변이를 보이기도 한다. 이런 점에서 메타포는 생산되는 순간부터 혼종성(hybridity)을 내재하고 있는 것이다. 따라서 동일한 메타포를 사용한다고 해도 메타포의 의미를 누가, 어떻게 이해하고 있느냐와 같은 '해석의 문제'가 중요하게 된다(Potter & Wetherell, 1987). 마찬가지로 정치적 입장에 관계없이 모두 반값 등록금이라는 동일한 메타포를 사용하지만, 집단에 따라 다음과 같이 그 의미를 서로 다르게 해석하고 제시하는 정책도 다르다.

먼저, 반값을 명목 등록금의 절반이라는 산술적 의미로 해석하는 입장이다. 이 입장에서는 대학과 학생을 구별하지 않고 일률적으로 명목 등록금을 절반으로 낮추는 것을 반값의 의미로 이해한다. 이러한 해석은 주로 야당이나 진보적 시민단체에서 주로 발견할 수 있다.[2] 야당이 반값 등록금의 실현을 위해 2012년 6월 민주노동당 정진후의원 입법으로 국회에 제출한 '고등교육재정교부금법안'에 따르면 "교육과학기술부 장관은 보통교부금 교부를 신청한 대학에 해당 연도 학생 1인당 등록금의 2분의 1 이상의 금액에 등록 학생 수를 곱한 금액을 교부한다."(강조는 인용자)라고 규정하고 있다.

이 법안에서는 반값 등록금이 '고등교육의 공공성을 확대'하고, '고등교육의 균형발전을 도모'하기 위한 것이라고 주장한다. 그리고 반값 등록금을 위해 대학이 등록금을 절반으로 줄이고, 그로 인한 부족분을 정부가 지원하도록 하였다. 이들은 반값 등록금이란 고등교육의 공공성 확대를 의미하며, 그 방법적 전략으로 정부 고등교육재정 확대를 주장하고 있다. 일부 진보적 시민단체는 여기에서 더 나아가 "보편적 반값 등록금을 실

[2] 이러한 해석에 따라 서울시립대학교는 2012학년도 신입생에게 부과되는 등록금을 222만 원에서 111만 원으로 1/2 감액하였다. 또한 등록금을 미리 납부한 복학생들에게는 등록금을 부과하지 않았으며, 졸업예정자에게는 이미 납부한 등록금을 환불하였다(서울특별시, 2012. 8. 19.).

현하고, …… 점차적으로 무상교육을 실현하는 것만이 작금의 '미친 등록금의 나라' 문제를 해결할 수 있다."(김남근, 2011)라고 주장한다. 이들은 고등교육의 공공성을 강조함으로써 고등교육을 위한 교육비의 부담 주체가 개인보다 정부라는 점을 강조한다.

그런데 이러한 해석에서는 왜 등록금의 1/3이 아니고 '절반'이어야 하는가에 대한 합리적 근거를 발견하기 어렵다. 그 이유는 반값이 등록금에 대한 합리적 분석의 산물이 아니라, '미친 등록금'과 같은 구호를 통해서도 짐작할 수 있는 것처럼 등록금에 대한 대중들의 불만과 불안 그리고 불신 등의 대중들의 정서가 혼융된 정치적 수사이기 때문이다. 사람들은 늘 합리적이지 않으며, 감정으로부터 자유롭지 않은데 대중적 정서는 바로 이러한 감정에 주목한 것이다.

감정이란 "무합리적(non-rational)이지만 비합리적(irrational)이지 않으며 우리의 행위를 지배한다."라는 베버(M. Weber)의 지적처럼, 감정은 '결코 무시할 수 없을 정도로 우리의 사회적 및 정치적 삶을 구성'한다(Berezin, 2002: 36). 이는 감정이 중립적 혹은 개인적 수준의 심리적 현상이 아니라 사회적으로 구성되기 때문에 모든 감정을 비합리적인 것으로 간주하고 무시하는 것은 타당하지 않다는 것을 의미하며, 이런 점에서 "등록금이 비싸다." "공부하고 싶다." 그리고 "이명박 정부 심판하자." 등으로 표현되었던 것처럼 반값 등록금은 사회적 불만과 교육적 열망 그리고 정치적 불신이 혼재된 '정치적 감정(political emotion)'이 담겨진 정치적 메타포였다.

반값 등록금에 대한 다른 입장은 반값을 '심리적으로 체감하는 부담'의 완화로 해석하는 것이다. 이 입장에서는 반값을 모든 대학생의 명목 '등록금을 절반으로 줄이는 것'이 아니라 학생의 수준과 처지에 따라 체감하는 등록금에 대한 '심리적 부담을 절반으로 줄이는 것'으로 이해한다. 이러한 해석은 정부와 여당 그리고 보수적 시민단체에서 주로 발견된다. 이들은 등록금 관련 정책에서 반값이라는 표현 대신에 '경감' 혹은 '완화'라는 용어를 주로 사용하는데, 지난 대통령선거에서 반값 등록금 관련 여당의 공약은 '대학생 등록금 부담 완화'였다.[3]

---

[3] 교육과학기술부는 이 문제에 대해 매우 민감했다. 2011년 6월 5일 '대학 등록금 부담 줄이기 정책에 대한 교과부의 입장'이라는 보도자료에 따르면 교과부는 '등록금 부담 반으로 줄이기'라는 표현을 사용하게 된 이유를 "'반값 등록금'에 대하여 반대 입장이 아니며, 오히려 현 정부 출범 시부터 '등록금 부담 반으로 줄이기' 실현을 위하여 지속적으로 노력을 해 오고 있습니다. '반값 등록금' 표현이 정부 정책 추진상 '등록금 부담 반으로 줄이기'가 된 이유는 정부가 장학금을 확충하더라도 저소득층 우선으로 지원하기 때문에, 평균적인 어느 한 대학생의 등록금액이 반으로 되는 것이 아니므로, 전체 가계의 '등록금 부담 반으로 줄이기'로 표현하고 있습니다."(교육과학기술부, 2011. 6. 5.)라고 설명했다.

이 입장에서는 모든 학생의 명목 등록금을 '예외 없이' 절반 수준으로 내리는 것이 아니라 '선별적으로' 등록금을 부과하거나 지원하는 정책을 채택한다. 정부가 2011년 9월 8일 발표한 등록금 부담 완화 대책에 따르면 정부는 '전체 학생의 경우 평균 5% 수준의 명목 등록금 인하, 소득이 7분위 이하인 학생은 평균 22% 이상의 등록금 부담 경감'을 목표로 하고 있다. 정부는 한국장학재단을 설립하고, 이를 통해 대학생의 가구소득분위와 연계하여 차등 지원하는 '소득연계 맞춤형 학자금 대출' 정책을 실시하였다. 따라서 등록금 부담 완화 정책의 핵심도 고등교육에 대한 공적 재정 지원을 확대하는 것이 아니라, 학자금 대출 제도를 수정하고 대출이자 예산을 증액하는 것이었다(새누리당, 2012. 9. 27.). 반값 등록금이라는 메타포를 정책으로 변환함에 있어서, 막대한 예산(교육부는 산술적 의미의 등록금 수준 절반을 위해서는 매년 약 7조의 예산이 필요한 것으로 추산하고 있다.)이 소요되는 반값 등록금 정책은 감세를 정책 기조로 선택한 정부와 여당에게 부담스러운 것이었다. 따라서 학자금 대출 제도와 같이 변형된 수익자 부담 정책을 통해 반값 등록금 문제를 해결하고자 하였다.

반값을 등록금에 대한 '심리적 부담을 절반으로 줄이는 것'으로 해석하는 입장은 등록금의 절대적 수준에 관심을 기울이기보다는 대학의 자율적 등록금 책정이나 수익자 부담 원칙이라는 큰 틀을 유지하는 대신에 등록금 책정 과정에 학생과 학부모를 참여시키거나 등록금 책정 기준의 공개 등과 같은 절차적 투명성을 제고하는 데 관심을 기울인다. 정부는 「교육관련기관의 정보공개에 관한 특례법」을 개정하여 등록금 산정 기준을 대학알리미 등에 공개하도록 하였다. 결국 등록금 책정 과정이 투명하고 많은 학생이 등록금에 부담을 느끼지 않는다면 등록금의 절대적 수준은 문제가 되지 않는 셈이 된다.

또한 교육비의 수익자 부담 원칙을 유지하기 때문에 등록금 부담을 경감하는 정책도 학자금 대출 제도를 다양화하고 확대하는 방향으로 이루어졌다. 학자금 대출 제도는 상환 의무가 없는 장학금처럼 등록금에 대한 심리적 부담을 완전히 해소하는 것이 아니라 연장 혹은 유예하는 것으로, 등록금을 납부할 때 느끼는 심리적 부담은 줄어들지만, 졸업 후에 대출받은 학자금을 자신이 책임지고 상환해야 한다는 심리적 부담으로부터 여전히 자유롭지 못하다. 이뿐만 아니라 개인적이고 주관적 차원에서의 '심리적 부담의 완화'라는 입장은 심리적 부담의 정도를 확인하기 어렵다는 한계가 있다. 따라서 정부는 경제적 소득 수준에 따라 등록금에 대한 '심리적 부담'에 '상대적' 차이가 있을 것이라는 점을 가정하고, 가구의 소득분위에 따라 등록금을 차등 지원하는 정책을 도입하였다. 이러한 해석은 교육을 통해 얻는 수익에 따라 교육비를 부담해야 한다는 수익자 부담 원칙과는 논리적으로 모순되는 것이었다.

이와 같이 메타포로서 반값 등록금에 대한 경쟁하는 두 해석은 등록금 문제를 고등교육의 공공성과 사사성(私事性), 교육비의 공적 지원과 개인 책임, 평등주의와 개인주의, 복지와 수익자 부담 등과 같이 서로 다른 관점에서 접근하고 있지만, 고등교육의 결과보다 기회에 주목하고 있다는 점에서는 공통적이다.

〈표 8-1〉 반값 등록금 메타포에 대한 두 해석

	정부 · 여당	야당
반값 등록금 해석	심리적 부담의 절반	절대적 수준의 절반
반값 등록금 논리	기회의 평등 교육의 사적 수익 강조 소득분위에 따른 차등 지원 수익자 부담 원칙 강조 학자금에 대한 개인 책임 강조	기회의 평등 교육의 공공성 강조 보편적 지원 사회복지 강조 장학금 확대 등 공적 지원 강조
반값 등록금 이데올로기	개인주의	평등주의

2) 학생, 대학, 정부의 반값 등록금 해석

학생, 대학, 정부는 반값 등록금을 둘러싼 핵심 이해당사자라고 할 수 있다. 정치 집단과 마찬가지로 이들도 각자의 입장에 따라 반값 등록금의 의미를 다양하게 해석한다. 여기에서는 학생, 대학, 정부가 반값 등록금의 의미를 어떻게 사회적으로 구성하는지 살펴보고자 한다.

(1) 학생: 분화된 '항의'

반값 등록금은 오랫동안 등록금과 관련하여 '순치된 불만족'의 상태에 있었던 학생과 학부모들이 등록금에 대한 불만을 밖으로 드러낸 '항의(voice)' 행위다. 허시먼(Hirschman, 2005: 43)에 따르면 항의란 불만을 가지고 있는 구성원들이 '조직을 떠날 수 없으며 비합리적 충성심을 강요받는 상황에서 불만을 표현하기 위해 선택할 수 있는 유일한 방법'이다. 학생들은 대학을 출세를 위한 곳으로 간주했기 때문에 대학 이외의 대안 모색에는 적극적이지 못하였다. 학생들은 학교가 마음에 들지 않고 비싼 등록금이 부담스러워도 다른 대학으로 이탈(exit)하는 것이 쉽지 않고, 또한 이탈 가능성도 확신하기 어렵기 때문에 계속해서 등록금을 납부해야 하는 종속적 지위에 있다.

더구나 학교를 그만두는 것은 등록금을 포함하여 이미 부담한 교육경비를 회수할 수 없기 때문에 경제적으로 합리적이지 못하다. 따라서 대부분 학생들은 중퇴와 같이 학교를 그만두는 이탈보다는 등록금 마련을 위해 휴학함으로써 학업을 유예하는 차선을 선택하게 된다. 이런 상황에서 대학은 우월한 지위를 이용하여 지속적으로 등록금을 인상하였으며, 학생들은 등록금 결정 과정에서 학교에 종속되어 있었다. 반값 등록금은 이러한 현실에 대한 일종의 항의라고 할 수 있다.

그러나 이때 중요한 점은 학생들의 등록금에 대한 태도가 이질적이라는 점이다. 학생들은 재학하고 있는 대학 특성이나 경제적 상황에 따라 항의 행동에 차이를 보인다. 고등교육기회가 포화상태에 이르게 되면서 학생들은 대학 진학 여부보다는 '어느 대학에 진학할 것이냐'에 더욱 많은 관심을 갖게 되었고, 따라서 등록금에 대한 불만도 재학하고 있는 대학의 상대적 서열과 밀접한 관련을 갖게 되었다. 엘리트 대학에 입학한 경우, 등록금이 비록 불만이기는 하지만 기회비용으로 간주될 가능성이 크다. 이에 더하여 엘리트 대학의 등록금을 부담할 경제적 자본이 충분한 경우, 등록금은 잠재적 경쟁자의 진입을 차단하여 차별적 학위를 획득할 수 있는 효과적인 투자가 될 수 있다. 이에 비해 경제적 자본이 부족한 학생들은 등록금의 수준이 학업 지속 여부에 상당한 영향을 미치기 때문에 등록금을 낮추는 항의 행동에 적극적이다.

한편, 재학하고 있는 대학의 서열이 낮은 경우, 등록금은 출세보다는 사회적 위험이나 불이익을 최대한 방어하는 데 필요한 학위 취득 비용으로 간주될 가능성이 크다. 상대적 위험 회피 가설에 따르면 경제적 자본이 여유로운 중간계급 이상은 상대적으로 잃을 것이 많기 때문에 학위 가치가 낮음에도 불구하고 불이익과 위험을 회피하기 위해 대학교육을 선택하는 경향이 있다.

그러나 비정규직, 영세 기업 고용자, 소규모 자영업자, 농민, 실직자 및 구직자 가족과 같이 경제적으로 어려운 집단은 더 이상 잃을 것이 많지 않기 때문에 사회적으로 불이익당할 위험을 예방할 수단으로서 학위 가치에 회의적이다. 따라서 이들은 가계에 부담을 주는 비싼 등록금 때문에 대학 진학 여부를 진지하게 고민하며, 등록금 부담을 줄일 수 있는 반값 등록금을 적극적으로 지지할 가능성이 크다. 이와 같이 학생들은 재학하고 있는 대학의 특성과 경제적 자본의 양에 따라 등록금에 대해 서로 다른 태도를 보이며, 이러한 차별적 태도는 반값 등록금이 사회적 연대의 형태로 진화하는 것을 어렵게 한다.[4]

(2) 대학: 지위경쟁의 상징

해방 이후 한국 대학은 출세를 꿈꾸는 학생들의 욕망을 자발적으로 동원하여 안정적 성장을 구가할 수 있었다. 대학은 전후 베이비붐으로 인해 넘쳐 나는 고등교육 수요 때문에 강력한 학생선발권을 가지고 있었다. 대학은 등록금을 기꺼이 부담할 학생들이 넘쳐 나는 상황에서 굳이 등록금 이외의 재원을 모색할 필요를 느끼지 못하였다. 지금까지 대학은 대학운영에 필요한 경비의 상당 부분을 수익자 부담 원칙에 따라 학생과 학부모에게 전가하였다. 이런 상황에서 대학은 반값 등록금에 반대하는 대표적 집단이었다. 대학교의 협의체인 한국대학교육협의회는 정부의 고등교육재정 확대 방안이 수반되지 않는 반값 등록금을 일관되게 반대하고 있으며, 등록금을 대학이 자율적으로 책정하는 것이 바람직하며, 등록금 상한제 등의 정책을 통해 등록금을 규제하는 것은 대학 선진화와 자율화에 역행한다고 비판하고 있다(한국대학교육협의회, 2010. 1. 8., 2010. 1. 16., 2011. 5. 30.).

대학은 양질의 대학교육을 위해 등록금 인상이 불가피하며, 특히 등록금에 대한 재정 의존도가 높은 상황에서 등록금 인하는 교육의 질에 부정적 영향을 미친다고 주장한다(이정미, 나민주, 오범호, 2009). 수익자 부담 원칙에 따라 등록금을 부과하는 것이 대학을 보다 경쟁적 환경에 위치시킴으로써 교육의 질을 제고할 수 있다는 것이다(Lunt, 2008). 대학 간 지위 경쟁이 심한 상위권 대학은 교육의 질 개선 등 경쟁을 위해 상당한 재정이 필수적이기 때문에 등록금을 낮추는 것을 골자로 하는 반값 등록금에 적극 저항하게 된다. 더구나 학생과 학부모는 등록금이 비쌀수록 대학의 질과 위신도 높을 것이라고 생각하기 때문에 엘리트 대학은 교육의 질적 차별성과 수월성을 위하여 더 많은 재정을 투자하고자 한다(Douglass & Keeling, 2008). 실제로 대학서열과 등록금 규모는 밀접하게 관련되어 있다(Geiger, 2004). 등록금이 곧 대학의 서열이라는 생각은 대학이 교육의 질과 관계없이 해마다 일정한 비율로 등록금을 인상하는 원인이 되기도 한다(Douglass & Keeling, 2008).

이처럼 대학서열이 등록금 규모와 정적 관계를 보이는 것은 대학 간 지위경쟁에서 많은 자원이 필요하기 때문이다. 대학이 지위경쟁에서 승리하여 대학서열이 높아지면 등록금 수준이 높아질 가능성이 크며, 이는 우수한 학생 선발은 물론이고 자발적으로 비싼 등록금을 부담할 용의가 있는 학생 모집에도 유리하다(Flacher & Hatati-Kermadec, 2011).

---

❹ 2008년 2월에 전국 510개 단체가 참여하여 '등록금 대책을 위한 시민사회단체 전국 네트워크(일명 등록금넷)'를 결성하였는데, 여기에는 당시 4년제 대학 174개교 중에서 23%에 불과한 40개 대학 총학생회만 참여하였다.

또한 이 대학들은 등록금 수준을 결정하는 데 있어서도 서열이 낮은 대학에 비해 자율성이 크기 때문에 등록금 수준을 낮추는 것을 주저한다. 왜냐하면 대학서열은 노동시장에서의 경제적 가치는 물론이고 비경제적 가치를 나타내므로 학생들이 비싼 등록금에도 불구하고 학교에 비합리적 충성심(loyalty)을 보일 가능성이 농후하기 때문이다. "충성심은 가장 비합리적으로 보일 때 가장 쓸모가 있다."(Hirschman, 2005: 117)라는 지적처럼 학생들은 비싼 등록금을 납부함으로써 대학의 지위경쟁을 지원하게 된다.

반값 등록금에 적극적으로 반대하는 엘리트 대학과 달리 학생들의 선호도가 낮아 학생 충원에 어려움을 겪는 일부 낮은 서열의 대학은 '자발적'으로 등록금 인상을 억제하기도 한다. 이들 대학은 지위경쟁보다는 오히려 대학의 생존에 일차적인 관심이 있기 때문에, 학생들에게 부담이 되는 등록금을 인상하기보다는 동결하거나 인하하는 대신에 고등교육에 대한 공적 지원의 확대를 요구한다. 결국, 반값 등록금은 모든 대학이 아니라 일부 서열이 낮은 대학의 등록금 수준만 낮출 가능성이 있다.

(3) 정부: 학자금 대출 제도[5]

그동안 고등교육재정과 관련된 정부 역할은 소극적이었다. 등록금 정책은 [그림 8-2]와 같이 '누가 등록금을 결정하는가?'라는 '등록금의 결정 주체'(대학 자율과 정부 통제)와 '누가 등록금을 부담하는가?'라는 '등록금 부담 주체와 방법'(개인 부담과 정부 지원)에 따라 구분할 수 있다. 수직축은 등록금의 규모를 결정하는 과정이 '정부 통제 아래 있느냐 혹은 대학 자율이냐' 하는 문제다. 예를 들어, 정부는 등록금 상한제 등의 정책을 통해 등록금 인상을 통제하고자 하는 반면에, 대학은 자율적으로 등록금 수준을 결정하기를 원한다. 한편, 수평축은 '등록금의 부담 주체가 누구인가'와 관련된 것으로 '학생이 등록금을 전적으로 부담하는지, 아니면 정부와 대학이 등록금을 분담하는지'의 문제다.

해방 이후 등록금 정책의 기본 방향은 '유형 (라)'의 모습이었다. 비싼 등록금은 학생

---

[5] 정부의 등록금 부담 완화 정책은 장학금 확대, 등록금 인상 상한제, 대학 재정 수입 다변화, 학자금 대출 제도 등이 있다. 장학금 제도는 국가장학금, 국가근로장학금, 대통령과학장학금, 국가연구장학금, 사랑드림장학금, 대통령드림장학금 등 다양한 국가장학금제도를 시행하고 있다. 등록금 상한제는 정부가 정한 한도 내에서 대학이 자율적으로 등록금 인상 폭을 결정하는 것이다. 정부는 등록금을 물가 인상의 주요 원인으로 간주하고 등록금을 물가정책과 연동하여 줄곧 등록금 상한제를 실시하였다. 2011년도부터 시행된 등록금 인상 상한제는 대학이 직전 3개 연도 평균 소비자 물가상승률의 1.5배를 초과하지 않는 한도 내에서 등록금 인상률을 결정하도록 법제화하였다. 이와 함께 대학재원의 등록금 의존도 완화를 위해 민간 R&D 자금수입 확대, 기부금 유치 확대, 연구개발비 간접비 지급률 확대 등 대학재정 수입의 다변화를 추진하고 있다. 여기에서는 학자금 대출 제도에 집중하여 등록금 정책을 분석한다.

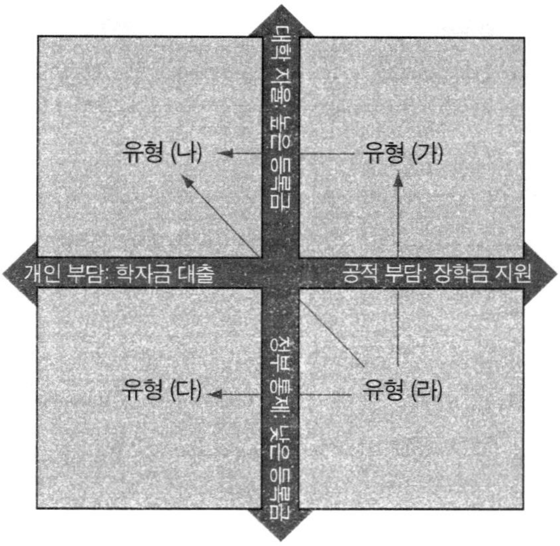

[그림 8-2] 등록금 정책의 유형

과 학부모의 저항은 물론이고 물가에 미치는 영향도 상당하였기 때문에 정부는 가능한 한 등록금 인상을 억제하고자 하였다. 대학은 등록금 수입 규모를 좌우하는 대학입학정원을 자율적으로 결정할 수 없었기 때문에 등록금 결정과 관련해서는 제한된 자율성만 가지고 있었다. 정부는 대학과 협의하여 등록금 인상 기준을 결정하였는데, 대학들의 등록금 인상 요구를 제한적으로 받아들이는 조건으로 장학금의 확대를 요구하였다.[6] 그러나 국고보조가 부족한 상태에서 대학이 장학금 규모를 늘려 학생들의 부담을 줄이는 것은 쉽지 않았다. 학생들은 정부의 강력한 등록금 통제와 낮은 등록금 그리고 개인 부담의 축소[유형 (라)]를 요구한 반면에, 대학은 등록금 결정에 대한 자율성[유형 (나)] 그리고 공적 지원의 확대[유형 (가)]를 요구하였다. 그러나 1990년대 이후 탈규제, 효율성, 경쟁 그리고 책무성 등을 중시하는 시장논리에 따라 대학정책이 입안되고 집행되면서, 정부는 고등교육에 대한 공적 지원을 확대하는 것에 더욱 주저하였다. 반값 등록금에 대한 정부 입장도 그 연장선상에 있는데, 정부는 대학의 자율성과 수익자 부담 원칙을 일관되게 강조하면서, 제한적으로 등록금 인상을 억제하는 '유형 (다)'를 지향하였다.

[6] 예를 들어, 정부는 1965년 사립대학에 대한 등록금 한도액을 철폐하고, 그 대신에 정원의 15%에 해당하는 학생들에게 수업료를 면제하도록 하였다(김종철, 1989: 192). 등록금 한도를 폐지한 다음 해인 1966년 사립대학은 수업료는 50%, 입학금은 100% 가까이 인상하였다(조선일보, 1966. 1. 6.).

학자금 대출 제도는 대표적인 반값 등록금 관련 정부 정책 중의 하나다. 정부는 '글로벌 인재 양성 및 대학경쟁력 강화를 위한 맞춤형 국가장학제도 구축'을 목적으로 2009년 한국장학재단을 설립하여 학생들에게 학자금을 지원하고 있다. 국가장학제도는 장학금과 학자금 대출 제도로 구성되어 있는데, 학자금 대출을 통해 등록금을 저금리나 무이자로 제공받고, 취업 후 대출금을 상환하는 소득과 연계된 학자금 대출 제도(income contingency loan)가 그 핵심이다. 정부의 등록금 정책은 모든 학생의 등록금을 일률적으로 낮추는 것이 아니라 경제적 수준에 따라 선별적으로 학자금을 지원하는 것이었다. 이는 등록금 때문에 고등교육을 받을 기회로부터 배제될 가능성이 높은 학생에게 정부 보증으로 등록금을 대출하고, 학생이 졸업 후 일정한 소득을 갖게 되었을 때 등록금을 상환하도록 하는 것이었다. 학자금 대출 제도는 경제적으로 어려운 학생의 고등교육기회를 안정적으로 보장함으로써 사회적 형평성을 제고할 수 있다(김안나, 2012).[7]

그런데 학자금 대출은 가족이 보유한 자산 중에서 처분 가능한 것을 교육을 위해 전략적으로 동원하는 것이 아니라, 기본적으로 처분 가능한 자산의 부족에 기인한다. 대출은 미래에 획득할 것으로 '기대되는 자원', 즉 소득을 지금 바로 사용 가능한 '구체적 자원', 즉 등록금으로 변형하는 것이다. 은행 등의 대출 기관은 학생의 상환 능력을 믿고 대출금을 졸업 후에 상환하도록 지불 유예한다. 신용을 담보로 등록금을 대출받는다는 것은 정부, 은행 그리고 학생의 관계가 보증인, 채권자, 채무자라는 경제적 계약 관계로 변화되었음을 의미한다.

그런데 학생과 은행 모두에게 대출은 잠재적 기대를 달성하기 위해 선택한 투자이기도 하지만, 동시에 실패로 인한 위험을 짊어져야 하는 부담스러운 투자 게임이다. 학생에게 '신용' 대출을 해 주는 금융기관은 학생이 졸업 후 대출금을 상환할 수 있을 것이라는 취업 가능성을 낙관하며, 학생도 자신의 상환 능력을 엄격하게 판단하지 않는다. 오히려 학생은 졸업 후 대출금을 상환할 수 있을 것이라는 낙관적 기대를 강화함으로써 대출을 통한 투자의 정당성을 주장하거나 대출을 장학금으로 오해하기도 한다. 문제는 학생이 졸업 후 취업하게 될 노동시장에 대한 통제권한을 가지고 있지 못하기 때문에 학생은 실업, 신용불량, 상환불가능 등과 같이 빚의 덫에 빠질 가능성이 있으며, 이러한 사회적 위험을 학생 스스로 책임져야 한다는 점이다.

---

[7] 김안나(2012: 234-239)는 학자금 대출 제도의 정책 목적을 고등교육재원 확충, 고등교육기회 확대, 저소득층 교육기회 확대, 국가 전략 분야 인력 수급, 학생 재정 부담 완화 등의 5가지로 요약하고 있다.

이러한 점에서 반값 등록금 정책은 평등주의적 재분배와는 거리가 있으며, 단지 등록금의 부담 주체가 학부모와 가족에서 학생으로 이동한 '변형된 수익자 부담'이라 할 수 있다.

3. 반값 등록금 논쟁의 영향

반값 등록금 논란은 등록금을 둘러싼 다양한 이해당사자의 은밀한 생각을 드러내는 계기가 되었다. 많은 학생은 반값 등록금이 등록금 부담을 완화할 것이라는 점에서 지지하지만, 사실은 경제적 자본의 양과 재학하는 대학의 서열에 따라 다른 태도를 보인다. 대학은 교육의 질 저하와 지위 경쟁에서 살아남는 것을 어렵게 한다는 이유를 들어 반값 등록금에 저항하지만, 학생 모집이 급한 대학은 자발적으로 등록금 수준을 낮춘다. 반값 등록금을 전략적으로 선택한 정치권은 변형된 수익자 부담 모델인 학자금 대출 제도를 실시함으로써 등록금을 전적으로 개인의 문제로 변화시킨다.

이처럼 반값 등록금의 전개 과정은 어떤 단일 요인에 의해서 추동되었다기보다는 다양하고 이질적인 요인들의 영향을 받았다. 그렇다면 반값 등록금은 교육적으로 어떠한 영향을 미쳤는가?

첫째, 반값 등록금은 대학과 학생에 대한 재정 지원을 확대하는 대신에 교육받는 학생이 등록금을 직접 책임져야 한다는 수익자 부담 원칙을 강화하는 '역설적' 결과를 초래하였다. 반값 등록금에 대한 정부의 대응은 등록금이란 교육을 받는 당사자인 학생 개인의 책임이라는 수익자 부담 원칙을 확고히 하는 것이었다. 정부는 등록금이란 인간자본에 대한 미래지향적 투자이기 때문에 경제적 여력이 부족할 경우 대출을 통해 자신의 기술과 능력을 개발하는 것이 보다 나은 삶을 위해 필요하다고 주장한다.

등록금을 개인의 생존과 관련된 도구적 차원에서 정의하고 고등교육비용을 국가가 지원하는 것이 아니라 교육을 받는 학생이 부담하는 것이 당연하다고 주장한다. 나아가 대학생은 부모에 의존하는 성인이 아니라 '가난하지만 독립된 성인'(남수경, 2012: 80)으로 간주한다. 학생을 가족과 부모로부터 분리함으로써 등록금이 가족이나 부모가 아니라 전적으로 학생의 문제라는 점을 강조한다. 여기서 성인은 경제적으로 자립적이고 독립적이어야 한다는 것을 가정하기 때문에, 등록금에 부담을 느낀다는 것은 병리적일 뿐만 아니라 경제적으로도 무능하다는 것을 자인하는 셈이 된다. 학생은 스스로 자신의 삶을 자율적으로 계획하고 관리하며 그 결과에 책임을 지는 기업가와 같은 경제적 주체가 되도록 요구받는다.

이와 같은 역설적 결과는 경제위기와 신자유주의 정책 등으로 경제적 합리성이 사회를 지배하면서 복지를 강조하는 사회적 국가(social state)가 약화되는 대신에 개인의 선택과 책임이 강조되었기 때문이었다(Rose, 1999). 사실, 반값 등록금은 경제적 합리성에 포획되어 있는 사회의 산물이었다. 반값이라는 표현에서 드러나는 것처럼 교육의 가치를 절반으로 수량화할 수 있다고 생각한 것은 대학교육이 상품화되어 있음을 의미한다. 경제적 합리성에 지배당한 대학은 제도적 권위와 정당성을 학생들에게 취업을 제공하는 것과 같은 도구적 차원에서 찾고 있으며, 학생들도 취업을 교육의 가장 중요한 목적으로 간주한다.

더구나 노동시장의 유연화와 고용 불안정은 학생들로 하여금 공공의 문제보다는 개인의 생존에 더욱 집착하게 만들었으며, 학생들은 불확실한 미래에서 살아남는 개인의 생존을 더욱 절박한 문제로 인식하고, 자신의 이익에는 민감하지만 대신에 공적 가치에는 둔감한 개별화된 존재로 변화하였다. 학자금 대출을 받은 학생은 대출금을 빨리 상환하여 빚으로부터 탈출하기 위해 사회적으로 유용한 직업보다는 개인적으로 타산이 맞은 직업을 선택할 가능성이 높으며, 이는 공익보다는 사익을 우선함으로써 대학교육의 공공성이 약화되는 결과를 초래할 가능성이 크다. 이렇게 볼 때 반값 등록금은 장학금 규모를 확대하고 등록금 인상을 억제하는 등의 가시적 성과를 거두기는 하였지만, 등록금이란 학생의 책임이라는 '수익자 부담 원칙'을 공고히 함으로써 교육비 부담을 개별화하는 결과를 낳았다.

둘째, 반값 등록금은 기회의 평등에 일차적으로 주목하는 대신에 결과의 평등에 대해서는 낙관적으로 기대하거나 혹은 의도적으로 무관심한 모습을 보였다. 이는 반값 등록금이 고등교육을 받을 기회의 평등과 '모든 이를 위한 대학교육' 이념에 근거하기 때문이다. 반값 등록금은 등록금 수준을 낮추어 대학교육 기회를 확대하면 지금까지 대학교육을 받을 기회에서 배제되었거나 등록금을 마련하기 위해 공부보다는 아르바이트와 같은 취업을 선택함으로써 대학을 졸업할 가능성이 낮은 사회적으로 불리한 계급 출신의 학생들에게 평등한 교육기회를 제공할 것이라는 점을 가정하였다.

예를 들어, 학자금 대출 제도의 법률적 근거인 「취업 후 학자금 상환 특별법」은 '취업 후 상환 학자금 대출을 실시함으로써 현재의 경제적 여건에 관계없이 누구나 의지와 능력에 따라 원하는 고등교육기회를 가질 수 있도록 하는 것을 목적'으로 하고 있다. 경제적으로 어려운 학생들은 등록금을 어렵게 마련하여 부담할 경우, 자신의 상황이 개선될 수 있을 것이라고 '더욱' 낙관한다(Grodsky & Jones, 2007). 이처럼 반값 등록금은 등록금의 절대적 수준 혹은 심리적 부담을 절반으로 낮추면 그것이 곧 교육받을 기회를 평등하게 하는 것이라는 일종의 낙관적 성공 에토스에 근거하고 있는 것이다.

이러한 입장은 학생들이 교육을 통해 동일한 효과를 얻기 때문에 수업료를 균등하게 부과하는 것이 정당하다는 초기 수업료 이념과 맞닿아 있다. 이는 학생들의 객관적 조건과 관계없이 교육을 통한 효과를 동일한 것으로 가정하기 때문에 교육기회를 얻는 데 필요한 등록금을 지원하는 것에 주로 관심을 기울인다. 그러나 사회계급에 따라 진학하는 대학과 학과가 다른 교육계층화가 일어나고 있으며, 엘리트 대학 졸업자가 상층 계급에 진입할 가능성이 더욱 크다는 연구 결과(김영철, 2012; 방하남, 김기헌, 2003)는 단순히 고등교육기회의 평등만으로 모두를 위한 고등교육의 이념이 실현되었다고 보기는 어렵다는 것을 암시한다.

학생의 경제적 조건은 교육비용을 부담할 수 있는 능력에 있어서의 차이뿐만 아니라 학생들로 하여금 자신의 능력을 평가하고 진학할 대학을 선택하는 과정 그리고 학교를 졸업할 가능성에 중요한 영향을 미친다(김두환, 2008; Dwyer, McCloud, & Hodson, 2012; Sullivan, 2006). 경제적으로 부유한 학생은 등록금에 덜 민감하기 때문에 자신의 능력을 긍정적으로 평가하는 반면에, 경제적으로 어려운 학생은 등록금 부담 때문에 자신의 능력과 열망을 축소하며, "가능한 것을 불가능한 것으로 투사하도록 강요받고, 이를 통해 비관주의를 내면화할 가능성이 있다."(Bourdieu, 1995: 78-80; Flacher & Hatati-Kermadec, 2011) 이런 점에서 교육기회의 평등과 수익자 부담을 강조하는 반값 등록금은 대학교육을 공공재보다는 사유재로 간주하며 교육결과의 불평등을 정당화하는 기제로 작동할 위험성이 있다.

셋째, 반값 등록금은 기존 교육체제와 교육배치 그리고 교육실천의 변화 없이 단지 등록금 규모와 부담하는 방식의 변화만을 강조함으로써 오히려 기존의 대학서열체제를 지속시키고 그 영향력을 공고하게 할 가능성이 크다. 반값 등록금은 대학교육과 관련하여 학생의 경제적 능력이 중요하다는 것을 새롭게 확인시켜 주었다. 그런데 문제는 교육과 관련하여 학생의 경제적 능력이 강조될수록 기존 대학체제의 규정력이 더욱 강화된다는 점이다(Grodsky & Jackson, 2009). 낮은 계급의 학생들은 등록금을 투자로 보기보다는 오히려 경제적 부담으로 인식하는 경향이 있으며, 그 결과 대학진학과 선택행위가 제약을 받는다(Callender & Jackson, 2005, 2008). 따라서 수익자 부담 원칙이 확고할수록 경제적 능력이 중요하며, 교육수요가 많은 엘리트 대학은 등록금의 수준을 높임으로써 차별의 구조적 생산을 계속해서 담당하게 된다. 따라서 일부 엘리트 대학을 정점으로 하는 대학의 서열체제는 오히려 더욱 공고해질 가능성이 크다. 더구나 학자금 대출 제도는 학생들로 하여금 실리적 출세주의라는 도구적 합리성을 계속해서 유지하도록 함으로써 대학이 양적 성장을 지속할 수 있는 동력을 제공하고 있다.

자본주의의 성장이 소비자의 빚에 상당 부분 의존하고 있는 것처럼 대학의 성장도 학생들의 빚에 의존하게 된 것이다. 정부는 학생들에게 빚을 권함으로써 개인적 수준에서는 교육열망을 계속해서 갖도록 하는 한편, 제도적 수준에서는 이와 같은 대출을 통해 대학이 성장을 지속할 수 있는 조건을 제공하였다. 이러한 점에서 대학의 등록금을 낮추는 데에만 주목하는 반값 등록금은 서열화된 대학체제를 통해 불평등이 확대되는 모순구조를 변혁시키는 데 한계가 있으며, 오히려 학자금 대출 제도와 같은 변형된 수익자 부담 방식을 통해 기존의 대학서열체제를 강화할 가능성이 있다.

4. 결론

해방 이후 한국의 대학은 압축 성장을 거듭하였으며, 높은 대학진학률을 통해서도 알 수 있는 바와 같이 고등교육기회의 민주화가 상당히 진행되었다. 그러나 이와 같은 고등교육기회의 민주화는 수익자 부담, 즉 등록금에 의존한 제한된 민주화였다. 한국의 대학이 등록금에 과도하게 의존하게 된 것은 '학생들의 출세를 위한 강한 열망' '대학의 강력한 학생선발권' 그리고 '정부의 수익자 부담 원칙에 따른 소극적 재정 지원 정책'이 타협한 결과였다. 한국의 대학은 학생의 실리적 출세주의, 국가의 동원형 인력 양성 그리고 대학의 안정적 성장이라는 도구적 합리성에 과잉 지배되었다. 출세를 꿈꾸었던 많은 학생들은 '소를 팔아 등록금을 마련하는 것'을 당연하게 생각하였으며, 국가는 개인의 출세 욕망에 기대 대학에 대한 공적 지원에 무관심하였다. 고등교육의 상당수를 점유한 사립대학은 국가의 암묵적 지지 아래 등록금 장사를 하였다.

반값 등록금은 이와 같은 학생-대학-정부의 타협의 산물인 등록금에 대한 불만의 표시였다. 정치적 메타포로 등장한 반값 등록금이 사회적으로 급속히 확산된 것은 등록금에 대한 불만을 일상적으로 경험하고 있던 학생과 학부모의 공감을 얻었기 때문이었다. 처음에 반값 등록금은 학생이 부담하기에 버거운 '등록금을 절반으로 줄이는 것'과 함께 다른 나라에 비해 낮은 수준인 대학에 대한 '공적 지원을 늘리는 것'을 의미하였다. 그러나 메타포로서 반값 등록금은 구체적인 정책으로 변환되는 과정에서 교육과 관련된 이해당사자들의 의도에 따라 다양한 변이를 보였다.

반값 등록금이 등장하게 된 것은 등록금이 가계의 경제적 여건을 고려할 때 중간계급도 부담하기에 버거운 수준으로 인상되었으며 대학교육의 기대효과에 비해 지나치게 많다는 불만 때문이었다. 겉으로 보기에 반값 등록금은 경제적 문제로 보이지만, 실상은 대학교육의 도구적 정당성이 위기에 직면했음을 드러낸 현상이었다. 마이어(Meyer, 1977)에 따르면 제도로서 교육은 '효율성'의 논리나 기술적 적합성에 의해서가 아니라 공유된 신념을 '합리화'하고 '정당화'함으로써 유지된다. 예컨대, '대학교육은 출세하는 데에 중요하다.' 또는 '대학교육은 사회생활을 하는 데 도움이 된다.'라는 것처럼 대중이 가지고 있는 믿음은 제도를 유지하는 핵심이다. 따라서 제도는 '신화'의 모습을 띠는 규범이나 가치 등을 대중이 받아들이도록 함으로써 정당성을 유지하여야 한다. 이런 점에서 대학교육이 출세의 지름길이라는 성공 에토스의 한계는 출세를 위한 기회비용으로서 등록금에 의문을 제기하도록 하였고, 그것이 바로 반값 등록금이라는 메타포로 구체화된 것이었다.

이때 중요한 것은 메타포로서 반값 등록금은 그 의미가 고정되어 있지 않으며 주체에 따라 의미가 새롭게 해석되는 사회적 구성물이라는 점이다. 교육정책을 입안하고 실행할 권한을 가진 정부는 등록금이란 부모나 가족 그리고 정부의 책임이 아니라 교육받는 학생의 책임이라는 수익자 부담 원칙을 명확히 하였으며, 경제적 이유로 교육기회에서 배제될 가능성이 있는 학생들을 위해 학자금 대출 제도를 통해 등록금을 지원하는 정책을 추진하였다. 정부가 생각하는 반값의 의미는 등록금에 대한 심리적 부담의 완화였으며, 이에 대한 정책적 대응은 대출받은 학자금을 졸업 후에 상환하도록 유예함으로써 등록금에 대한 심리적 부담을 졸업 이후로 연기하는 것이었다.

그런데 이러한 반값 등록금 정책은 몇몇 대학의 자발적 등록금 인하, 정치권력의 재구성을 계기로 서울시립대학교에서 시행된 명목 등록금의 절반 인하, 강제적 등록금 상한제, 장학금의 규모 확대 그리고 소득을 연계로 한 학자금 대출 제도를 제외하면 기존 대학체제에서 특별히 변화된 것을 발견하기 어렵다. 그것은 반값 등록금이 등록금 규모를 줄이는 경제투쟁에만 과도하게 관심을 기울임으로써 한국 대학의 문제를 진지하게 성찰하고 그 변혁을 모색하는 일에는 적극적이지 못하였기 때문이다.

대학의 성격에 대한 진지한 성찰이 필요한 까닭은 '반값 등록금' 이전과 이후의 대학

모습이 크게 구별되지 않으며, 오히려 숱한 '도덕적 위기'(Katz, 1987)를 가진 기존 대학 지배체제가 심화될 수도 있다는 우려 때문이다. 더구나 한국 대학은 진리탐구의 전당이라는 학문적 이상주의와 실리적 출세주의가 절묘하게 결합되어 있으며, 대학구성원들의 과장된 동료성과 연대의식 그리고 '사이비' 공공성의 외피를 두르고 있다. 이런 상황에서 생존 경쟁에 내몰린 학생들의 보수화와 개인화, 경제적 양극화로 인한 등록금 부담 능력의 차별화, 대학평가와 경쟁의 격화로 인한 대학 간 지위경쟁 심화, 그리고 개인의 책임을 강조하는 교육정책은 대학교육의 공공성을 약화시키는 중대한 원인이다. 반값 등록금 논란은 한국 사회가 이제는 그 의미를 상실한 교육을 통한 성공 에토스를 여전히 굳게 믿고 있음을 의미한다. 대학에 대한 공적 지원을 위해서는 대학이 담당해야 하는 공적 역할은 무엇이고, 그러한 공공성은 어떻게 담보할 수 있는가 그리고 다른 공적 투자와의 우선성 문제는 어떻게 해결해야 하는가에 관한 심도 있는 논의가 필요하다.

제 3 부

교육적 심성의 풍경

제9장

교육의 수량화와 수의 교육지배

수(數)는 이미 존재하는 세계를 단순히 기록하는 것이 아니라
세계를 구성하는 것이다.
－포터(Porter, 1995)

'수(數)'는 중요한 의사소통 양식이다. 플릭스타인(Fligstein, 1998: 325)은 수를 공공 영역에서 통용되는 공통언어(common language)로 정의한다. 우리는 취업률은 대학교육의 질을, 학생과 부모의 교육만족도는 교사의 능력과 자질을, 투표율 33.3%는 무상급식의 정당성을 그리고 범죄율의 감소는 공공질서의 유지를 의미하는 것으로 받아들인다. 일상생활뿐만 아니라 정책 수립 및 집행과 같은 전문적 판단에서도 활용되는 경우가 점점 늘어나면서, 수는 개인이나 조직의 운명에 상당한 영향을 미치는 무시하기 어려운 권력의 모습을 보이기도 한다(Power, 2004; Rose, 1991, 1999).

이러한 기능을 담당하는 수는 무질서한 어떤 것이 아니라 측정, 평가, 의견조사 그리고 통계분석 등과 같은 수량화(quantification)라는 공리적 방법을 통해 체계적으로 생산되며, 통상 지표나 통계치의 모습을 보인다(Porter, 1995: 49).[1] 수는 '일정한 규칙이나 규약에 의해 생산되고 운영된다는 점에서 고도로 구조화된 기표'이기 때문에 자의적으로

[1] 여기서 수의 지배란 교육적으로 수의 활용이 확대되는 현상을 지칭하는 개념이다. 따라서 이 장의 관심은 수치화된 데이터를 생산하는 수량화나 통계방법이 아니라, 수량화를 통해 생산된 수, 지표, 지수, 데이터 등이 교육적으로 동원되는 현상을 분석하는 것이다.

만들어질 수 없으며 서로 다르게 해석될 수도 없다(이기홍, 2010: 203).

수는 오래전부터 관료들에게 매력적인 것이었으며 정책을 정당화하고 합리화하는 방법으로 이용되었다(Porter, 1995). 수량화를 위한 통계방법과 측정기술의 발달은 수의 정책적 활용을 촉진하는 계기가 되었다. 그럼에도 오랫동안 수는 수사와 신념 그리고 판단을 보완하는 부차적 기능을 하였는데, 그것은 수가 계산 가능성과 통제 가능성을 주요 특징으로 하는 자연과학에 더 적합하다는 생각 때문이었다. 1990년대 이후 시장 합리성에 따라 행동하는 경제적 인간을 강조하는 신자유주의의 영향으로 수는 이전과는 구별되는 성격과 의미를 갖게 된다(Grek, 2008).

한편, 사회과학에서 선도적으로 수학화를 실현한 경제학의 영향력 확대는 수가 교육정책을 지배하는 중요한 계기였다. 신자유주의의 시장 합리성이 강조되면서 교육 전반에 걸친 수량화가 확대되었는데, 특히 경제적 요구에 합당한 다양하고 정교한 수의 생산이 두드러졌으며, 국가적 및 국제적 수준에서 데이터 측정과 수집이 이루어져 다양한 수준에서 비교가 가능한 표준화된 지표가 다수 개발되었다. 1990년대 이후 도입된 국가수준의 학업성취도 평가, 포뮬러(formular)를 통한 성과중심 재정지원, 성과급여제, 교육정보공시제 등은 여러 자료를 재구성하여 체계화한 새로운 지표들이다. 또한 정부 산하 연구기관에 의해 각종 패널 조사가 경쟁적으로 실시되어 국민 삶의 다양한 측면을 측정하고 계산하여 비교할 수 있는 수량화한 데이터가 축적되기 시작하였다.

이와 함께 정부와 기업 그리고 학부모 등이 교육정책의 효과성과 효율성을 판단하기 위하여 객관적 자료와 증거에 근거한 정책의 개발과 집행을 요구하면서 수의 교육적 활용이 확산되었다. 신자유주의에 비판적인 사람들도 합리적으로 정책을 수립하고 집행하기 위해서는 '객관적' 데이터가 필요하다고 생각하였으며, 자신들이 생산한 수를 근거로 정부 정책을 비판하거나 자신들의 주장을 정당화하였다. 통계분석기법과 같은 수량화 방법의 발달로 인하여 수를 생산할 수 있는 방법적 능력을 갖춘 사람들이 늘어남에 따라 수의 사용이 일상화되었다. 이렇듯 수는 어떠한 이데올로기에도 오염되지 않은 것으로 간주되었으며, 당파를 초월하여 믿을 만한 것으로 받아들여졌다. 더구나 수는 복잡하고 유연하며 다차원적이고 불확실한 현상을 단순화하는 기능을 가지고 있기 때문에 교육현상의 복잡성을 감소시키고 축소하여 간명하게 설명하고자 하는 교육이해당사자들의 잠재적 욕구에 맞는 것이었다.

이러한 이유로 교육정책의 형성과 집행 그리고 평가와 관련하여 수는 중요한 위치를 점하게 되었으며, 그 결과 정성적 판단은 줄어들고 대신에 수에 근거한 정량적 판단이

주류를 이루게 되었다. 이제 정책의 정당성을 증명하고 설득하는 것은 은유나 수사와 같은 말의 논리보다는 정교한 통계적 기법에 의해 생산된 수를 제시하는 것이 더욱 중요해졌다. 교육정책 관련 논쟁에서 '객관적 자료가 있느냐' 혹은 '증거가 있느냐'라는 지적은 통계적 수치와 같은 수의 존재 유무를 뜻하는 경우가 많다. 따라서 수는 다양한 반대 의견을 잠재우는 동시에 자신의 주장을 정당화하는 '이중적 기능'을 수행한다. 이 과정에서 사람들은 자신에게 유리한 수를 생산하고 발견하기 위해 경쟁하게 되는데, 이러한 점에서 수는 정치적 의미를 내재하고 있는 사회적 구성물이라고 할 수 있다.

이렇게 볼 때 교육적으로 수량화의 확산과 수의 지배는 자연스러운 현상이 아니라 설명이 필요한 사회적 현상이다(이기홍, 2010; Emigh, 2002; Porter, 1995; Rose, 1999). 수량화가 전면적으로 확산되어 수를 기반으로 한 교육정책이 수립되고 집행되는 것은, 수가 본질적으로 타당하고 바람직해서라기보다는 교육정책을 통하여 특정 목적을 달성하고자 국가가 전략적으로 동원하는 '사회적 실천(social practice)'이라고 할 수 있다. 이런 점에서 교육의 수량화와 수의 지배는 교육행위를 감독하고 평가하며 규정하는 국가 통치 테크놀로지의 하나로 가정할 수 있다. 예를 들어, 수는 정책의 수혜 대상자를 선택하고 배제하는 기능을 하기 때문에 개인이나 기관은 국가가 제시한 수에 맞추기 위해 행동한다. 수는 교육적으로 가능한 것과 가능하지 않은 것을 결정함으로써 교육적 규범과 실천을 규정하는 권력으로 작용하는 것이다. 그러나 이와 같이 수의 영향력 확대에도 불구하고 통치 테크놀로지로서 수의 성격에 대한 체계적 논의는 상대적으로 부족한 실정이다.

그렇다면 신자유주의 시장 합리성이 지배하는 오늘날 교육과 관련하여 수량화가 전면적으로 확산된 까닭은 무엇이며, 그것은 교육적으로 어떤 의미를 갖는가? 이 물음에 답하기 위해 여기서는 교육적으로 수의 지배가 확산된 주요 배경을 밝히고, 이러한 수의 지배가 교육에 미치는 영향을 살펴보고자 한다. 이를 위해 먼저 수가 교육적으로 주목받는 이유와 수 확산의 사회적 배경을 살펴보고, 다음으로 신자유주의 통치 양식으로서 수 지배의 특성을 푸코(Foucault)의 통치성(governmentality) 개념을 중심으로 검토하며, 수 지배의 확산이 교육에 미치는 영향을 논의한다.

1. 수의 특징과 교육적 활용의 사회적 배경

1) 수의 특징

수는 특성에 따라 두 가지로 구분할 수 있다(Espeland & Stevens, 1998). 그 하나는 '표시(marking)'로서의 수다. 표시로서의 수는 사람이나 사물을 구별하고 구분하기 위하여 우편번호, 주민등록번호, 통장 계좌번호 등과 같이 임의적으로 부여하는 수를 말한다. 표시로서의 수는 사회가 복잡해짐에 따라 생활의 편리를 위해 발달되었으며, 언어로 표현하기가 불편하거나 효과적이지 않은 경우에 이용된다.

다른 하나는 '계량(commensuration)'으로서의 수다. 계량이란 단위가 서로 다른 것들을 공통의 기준(common metric)에 따라 측정하여 표현한 것을 말한다. 계량을 통하여 질적으로 다른 성격을 갖는 모든 것은 양적으로 변환되어 수로 표현되며, 단일 기준에 따라 비교하는 것이 가능하게 된다(Espeland & Stevens, 1998: 315-316). 대상은 계량화 과정을 거치면서 그 자체의 고유한 속성이 사라지고 대신에 양의 많고 적음을 의미하는 수로 표시된다. 따라서 계량은 대상들 사이의 이질성을 제거하여 질적 속성을 표준화함으로써 모든 것을 서열화하고 비교하여 상대적인 것으로 변화시킨다. 이뿐만 아니라 속도는 시간과 거리로, 인구성장률은 출생률과 사망률로 결합하여 이해하는 것처럼, 성격이 다른 수들을 결합하여 어떤 현상을 설명하기도 하고 또 확률을 계산하기도 한다. 이처럼 계량으로서의 수는 모든 것들을 '서열화하는 권력(the ordering power)'이며, 이러한 특징이 수의 이용을 확산시킨 주된 근거다(Rose, 1991: 679). 여기서의 관심은 바로 계량으로서의 수다. 수가 교육적으로 주목받고 적극적으로 활용되는 이유는 크게 두 입장으로 구분하여 살펴볼 수 있다.

(1) 객관적 진리로서의 수

사람들은 수를 주관적 판단이 배제된 객관적인 것으로 생각하고 신뢰한다(Porter, 1995). 사람들에게 주관적이란 오직 사람의 마음에만 존재하는 생각이나 신념을 말하는 것으로, 이는 탐구의 결과를 왜곡시키는 개인적 편견이나 선호에 영향을 미치는 것으로 간주된다. 따라서 주관성의 영향을 최소화하는 것이 중요하며, 이를 위해서는 규칙에 따라 생산된 수의 활용을 늘리는 것이 필요하다고 본다. 왜냐하면 수란 사심이 없으며 객관성을 보증하는 것으로 세계를 엄밀하고 객관적으로 재현할 수 있는 기계적 객관성의 상징이기 때문이다(Porter, 1995: 4-5). 사람들은 수를 '다른 어떤 진술보다도 객관적이고 더 명확하며 더욱 믿을 만하고 적절한 것'(Power, 2004)이라고 생각한다. 이처럼 주관적 편견으로부터 해방된 과학적 지식을 생산하는 것을 가능하게 하는 것으로서 수에 대한 인식은 근대 과학의 산물이다.

근대 서구 문명은 수학에 대한 무비판적인 강력한 경외심을 가지고 있었다(이기홍, 2010: 195). 과학적인 것과 수학적인 것은 동일한 것으로 간주되었으며, 자연과학자는 물론이고 사회과학자들도 수학적 형식에 따라 자신들의 활동을 나타내는 것이 과학적 이상에 다가선 것으로 생각하였다. 근대적 이성은 자연현상을 수학적으로 계산 가능한 것으로 만들었으며, 자연현상을 계산하고 예측하는 것을 인간정신의 '과학적' 진보로 간주하였다. 그 결과 수학화는 자연현상에 머무르지 않고 인간과 사회현상으로 확장되었으며, 인간과 사회를 수량화하여 수로 표현하고자 하였다. 인간의 사고를 평가하여 일정한 수를 부여할 수 있다는 생각은 사고의 질에 수학적 개념을 구축하는 계기가 되었으며, 그것이 바로 인간의 정신을 수량화한 지능지수였다(Postman, 2001: 25-26). 근대 과학의 수학화로 인하여 수량화된 지식과 그것을 표현하는 '객관적' 수는 곧 진리처럼 받아들여진 반면에, 대부분의 서사는 비과학적 '우화'로 전락하였다(Lyotard, 1992: 33).

> 이제 도스토옙스키나 프로이트, 디킨슨이나 베버, 트웨인이나 마르크스 가운데 그 누구도 합법적인 지식생산자가 될 수 없다. 단지 재미있어서 '읽어 볼 만한 가치'가 있을 뿐, 그들은 과거의 산물일 뿐이다. 진리를 원한다면, 주저 없이 과학으로 눈을 돌릴 일이다(Postman, 2001: 223-224).

객관적 진리로 간주되는 수로 표현하기 위해서 절대적으로 필요한 계산 가능성(calculability)은 인간을 미몽의 상태에서 탈주술화(disenchantment)하는 근대적 합리성의 상징이었다. 인간 행동에 대한 이해를 강조했던 베버(M. Weber)는 수학이론이나 형식논리를 사용하면 인간 행위를 가장 완전하고 합리적으로 이해하는 것이 가능하다고 생각하였다(Giddens, 2008: 286). 그는 합리화를 어떤 목적이나 가치를 기술적 규칙에 따라 결정하는 경우가 늘어나는 것으로 정의하고, 이 과정에서 계산 가능성은 수단적 합리성을 담보하기 위해 중요하다고 생각하였다. 그는 다른 학문보다 수학화가 빨리 진행되었던 경제학에는 합리주의자의 편견이 존재하지 않는다고 생각하였고, 사회현상을 통계방법을 동원하여 분석하고 수량화하는 것이 과학적으로 권위 있는 방법이며, 이렇게 생산된 수가 정확하고 객관적이며 다양한 이데올로기의 영향으로부터 자유롭다고 생각하였다(Callinicos, 1999). 수량화를 통해 생산된 수의 이용이 확산된 이유 중의 하나는 교육에 관한 타당한 과학적 지식은 교육을 수학적으로 분석함으로써 얻을 수 있다고 생각한 사람들이 수를 이용하여 교육문제를 명료화하여 구체적으로 드러내고자 했기 때문이다.

(2) 정치적 구성물로서의 수

수의 교육적 활용이 확대된 것은 수에 내재된 기계적 객관성 때문이라는 주장과 달리 수의 정치성 때문이라는 입장이 있다. 이 입장에서는 수를 정치적 산물로 규정하고, 객관성 또한 수의 본질이 아니라 정치적 · 사회적 맥락에 따라 정의되는 것으로 이해한다(Porter, 1995; Rose, 1999). 이러한 입장은 정치적 산술(political arithmetic)의 전통을 이어받은 것이다.

17세기 후반부터 유럽에서는 국력이나 통치의 성과를 수량화하여 측정한 다음, 수나 표로 작성하여 국민에게 소상히 알림으로써 통치를 정당화하려는 움직임이 있었다. 국가는 효율적인 통치를 위하여 인구나 자원을 포함한 다양한 정보를 모으고 체계화하는 것이 필요하였는데, 정치적 산술은 통계를 이용하여 국력을 측정하고 그것을 객관적인 수로 나타내는 것으로 매우 효과적인 통치 방법이었다(Lazarsfeld, 1961). 정치적 산술은 열정, 이해, 당파에 오염되지 않으며, 논쟁과 갈등의 왜곡된 영향으로부터 자유로운 정책과학이 가능한가라는 물음에 대한 대답이었다(Rose, 1999: 202). 정치적 산술의 등장으로 인간 사회를 비교급이나 최상급 등을 사용하여 말로 설명하는 것이 아니라 양화된 수와 무게 그리고 척도 등을 사용하게 되었으며, 그 여파로 과학이 신학과 철학을 대신하게 되었고, 실증적이고 과학적인 탐구가 추상적이고 철학적인 추론보다 강조되었으며, 수의 객관성이 인간의 판단과 신뢰를 대신하게 되었다.

최근 수량화의 확대는 수의 정치적 활용에 대한 관심의 증대로 이해할 수 있다. 수와 정치는 불가분의 관계를 맺고 있는데, 수는 정치의 영역을 구성하는 반면에 정치는 측정 대상, 방법, 시기, 결과, 공포 방법 등을 결정함으로써 서로를 구성한다(Rose, 1999: 198). 수는 정치권력을 결정하고 권력을 정당화하며 대중의 감정을 조사하는 '민주주의의 심장(the pulse of democracy)'으로 간주되고 있다(Rose, 1999: 197).

그런데 수는 고도로 정치적 성격을 내재하고 있지만, 쉽게 드러나지 않는다는 특징이 있으며, 다양한 권력을 비가시적인 것으로 숨기는 역할을 담당하기도 한다. 수가 정치적 구성물이라는 것을 잘 드러나지 않게 하는 것은 수가 그 자체로 투명하고 숨김이 없어 명쾌한 소통 수단이라는 생각과 수가 사유나 성찰보다 현상을 더욱 확실하게 드러내고 정확하다는 이유 때문이다. 다시 말해, 엄격한 객관성이라는 외피를 쓰고 있는 수는 탈이데올로기적인 것으로 간주되어 정책을 특정 이데올로기의 공세로부터 자유롭게 하는 한편, 정책에 반대하는 사람들의 주관성을 공격하는 이데올로기적 기능을 동시에 담당하게 된다. 이렇게 수는 정책의 탈정치화(depoliticization of politics)를 야기하는 효과적 수단이다(Rose, 1991: 674).

수량화를 통하여 생산된 수는 무미건조한 것이 아니라 정치적 성격을 내재하고 있다. 왜냐하면 무엇을 측정할 것인가를 선택하고, 어떻게 그것을 측정하며, 결과를 어떻게 해석할 것인가 하는 점은 궁극적으로 정치적 판단의 문제이기 때문이다. 따라서 수량화를 통해 생산된 수를 객관적이고 가치중립적인 것으로 간주하고 교육정책 수립과 집행의 조건으로 받아들이는 것은 기존 헤게모니를 정당화하는 의도하지 않은 결과를 낳을 가능성이 있다. 이와 같이 교육적으로 수가 주목받는 것은 '정치적'인 수가 정책을 정치적 영향으로부터 자유롭게 하고 '객관성과 정확성을 담보하는 것'으로 인식되는 역설적 상황 때문이라고 할 수 있다.

2) 수의 교육적 활용의 사회적 배경

수는 교육현상을 단순화하고 간명하게 드러내는 데 더할 나위 없이 유용한 역할을 한다. 단순화한다는 것은 정책결정권자는 물론이고 일반인에게 교육현상에 대한 '가독성'을 높이는 기능을 한다. 그러나 동시에 복잡한 인간의 삶을 단순화한다는 것은 필연적으로 자의적이고 임의적인 선택 행위를 전제로 한다는 한계를 안고 있다. 더구나 수를 통한 통계적 설명은 그 자체로 불완전하다. 왜냐하면 통계적 설명은 "사람들이 받아들일 만한 인과적 기제에 관한 직관에 전적으로 의존해야 하기 때문이다."(Elster, 2007: 8) 이러한 한계에도 불구하고 교육정책에서 수의 활용이 전면적으로 확산되고 수량화가 확대된 사회적 배경은 무엇인가?

(1) 시장적 공개성 요구

지금까지 교육 관련 정보는 주로 학교가 독점하고 있었다. 학부모들은 학교의 정보 독점에 대한 거부, 정보 조작의 염려 그리고 은밀한 정보 생산에 저항함으로써 공개적이고 투명한 정보의 공개를 요구하였다. "공중 앞에 나타나는 모든 것은 누구나 볼 수 있고 들을 수 있으며, 그러므로 가능한 가장 폭넓은 공공성(publicity)을 갖는다."라는 한나 아렌트(Arendt, 1996: 102)의 주장처럼 공개성은 인간 삶의 중요한 조건이다. 때문에 학교에 관련된 정보를 민주적으로 공개하는 것은 교육의 공공성을 강화하고, 학부모의 '알' 권리와 교육에 대한 정당한 개입을 보장하는 필수조건으로 간주되었다. 교육여건이나 교육의 질 등에 관한 정보를 공개하여 교육의 투명성을 제고하는 것이 필요하다는 사회적 합의가 있었으며, 그렇게 하는 것이 다양한 가치를 존중하고 교육의 공공성을 확대할 수 있을 것으로 기대하였다. 정보의 비공개성과 모호성에 대한 거부와 저항은 자연스럽게 학교에 관한 정보를 민주적으로 공개하도록 하였다.

그러나 민주적 공개성은 신자유주의의 시장 합리성에 기초한 교육개혁과 만나면서 시장적 공개성으로 그 성격이 변화하였다. 구성원들의 자발적이고 공개적인 합의와 의사소통을 통해 공개할 내용과 방법을 결정하는 민주적 공개성과 달리, 시장적 공개성은 다양한 교육적 경험과 가치를 존중하기보다는 시장과 효율성에 따라 교육소비자가 자신의 이익을 제고하기 위해 요구하는 특정 자료를 공개해야 한다. 신자유주의 교육개혁이 학교에 의한 정보 독점을 비판하고, 적극적으로 학부모들에게 정보를 공개하도록 요구한다는 점에서는 민주적 공개성과 동일하였지만, 정보 공개의 목적이 공공선보다는 학습자의 교육선택을 위해 소비자로서의 권리 신장을 강조한다는 점에서 차이가 있다.

수는 이러한 시장의 공개성에 대한 요구를 반영하는 데 적절한 것이었다. 물론 학부모들이 적극적으로 '수'로 작성된 정보를 요구한 것은 아니지만 말보다는 '비교가 가능한' 수가 학부모들에게 설득력 있는 정보로서의 가치를 지녔다. 사람들은 투명하고 객관적인 공통 언어로서 수가 다양한 구성원들 사이의 합리적 대화를 가능하게 하고 공통의 이해에 도달할 수 있게 할 것이라고 기대하였다. 2007년에 제정된 「교육관련기관의 정보공개에 관한 특례법」은 이를 잘 드러내고 있다.

> 이 법은 교육 관련 기관이 보유 · 관리하는 정보[2]의 공개의무와 공개에 필요한 기본적인 사항을 정하여 국민의 알 권리를 보장하고 학술 및 정책연구를 진흥함과 아울러 학교교육에 대한 참여와 교육행정의 효율성 및 투명성을 높이기 위하여 「공공기관의 정보공개에

❷ 「교육관련기관의 정보공개에 관한 특례법」에 따르면 정보란 '교육 관련 기관이 학교교육과 관련하여 직무상 작성 또는 취득하여 관리하고 있는 문서(전자문서를 포함한다) · 도면 · 사진 · 필름 · 테이프 · 슬라이드, 그 밖에 이에 준하는 매체 등에 기록된 사항'을 말한다.

관한 법률」에 대한 특례를 규정함을 목적으로 한다(「교육관련기관의 정보공개에 관한 특례법」 제1조 '목적').

이 특례법에 따르면 학교는 '학교규칙 등 학교운영에 관한 규정'을 비롯하여 총 15개 항목에 걸쳐 공개하도록 되어 있는데, 일부 공시항목을 제외한 대부분은 수로 구성된 지표들이다. 이들 수량화된 지표는 '학교 알리미'를 통해 공개되고 있다. 학업성취도 평가 결과를 공개하는 이유나 대학정보공시제도의 도입 이유도 이와 비슷하였다.

교육관련기관의 정보공개에 관한 법률 및 시행령이 공표됨에 따라 단위 학교와 시·도 교육청 및 지역교육청 수준의 학업성취도 결과를 지역사회와 학부모에게 알리고자 한다. 이는 교육 관련 기관의 정보에 대한 국민의 알 권리를 충족시키기 위한 것이기도 하다(김성열 외, 2009: 9).

학생, 학부모의 의사결정은 객관적이고 과학적인 정보에 기초해야 함에도 불구하고, 고등교육에 관한 정보가 적극적으로 공개되지 않음으로써 학생, 학부모의 의사결정은 그 근거가 매우 불명확한 문제점을 지니고 있었다. 결론적으로 대학정보공시제도는 이러한 비과학적인 의사결정의 문제점을 극복하고 교육 관련 활동이 좀 더 신뢰적인 데이터에 근거하여 전개될 수 있는 장을 제공하고 있다는 데 중요한 의의를 둘 수 있을 것이다(유현숙 외, 2010: 27).

2007년을 기준으로 국가 총예산 238조의 11%에 해당하는 27조가 넘는 금액이 초·중등 교육예산으로 쓰였으며, 납세자인 국민은 매년 막대한 금액이 소요되는 초·중등 교육예산이 효과적으로 운영되고 있는지, 교육성과는 있는지 알 권리가 있습니다(교육과학기술부, 2009: 6).

이와 같은 글에도 나타나는 바와 같이 정부는 시장, 경쟁, 선택을 강조하면서 '납세자'인 학부모들에게 학교가 무슨 일을 하고 있으며 어떤 상태인가 등을 알 수 있도록 기초학력미달비율, 학업중단비율, 사교육비 절감, 특성화고 취업률 등과 같은 수량화된 정보를 제공하고자 하였다. 교육과학기술부는 이러한 지표를 기준으로 각 학교의 교육성과를 평가하고 이를 재정 지원과 연계함으로써 학교로 하여금 지표 경쟁에 참여하도록 하였다(교육과학기술부, 2010a, 2010b).

(2) 증거 기반 책무성 강조

신자유주의 시장 합리성에 따른 교육정책은 측정이 가능한 책무성, 수행성, 효율성, 성취도 등을 중시한다. 특히 책무성은 교육정책의 성과를 평가하는 핵심 기준이다. 교육과학기술부의 2011년 업무보고에는 '학교의 책무성 강화' '(단위학교의) 책무성 확보' '(교원능력평가의) 시 · 도 교육청 · 학교의 자율성 확대 및 책무성 강화' '(질 관리 체제 구축과) 대학의 책무성 확보' '대입전형의 공교육 연계 및 책무성 확보' '학생선발의 책무성 확보' 등과 같이 책무성이 반복적으로 강조되고 있다.

책무성(accountability)이란 교육기관이 자신이 담당하는 학생에 대한 교육성과를 학생의 보호자들에게 설명하고 납득할 수 있도록 설득시킬 책임을 말한다. 학교와 교사는 자신이 한 일을 단순히 말로 기술하는 것이 아니라 그 성과를 수로 설명하도록 요구받으며, 측정이 가능한 유용한 증거를 바탕으로 최선의 설명을 제공하는 '증거에 기반을 둔(evidence-based)' 책무성이 강조된다. 이때 무엇을 증거로 삼을 것인가 하는 점은 민감한 문제다. 대체로 전문가의 지식, 국내외에서 수행된 각종 연구, 통계, 이해당사자들의 자문, 기존 정책에 대한 평가 등이 증거로 활용될 수 있으나, 그중에서 수량화된 통계자료가 가장 적극적으로 이용되고 있다. 당시 교육과학기술부도 책무성을 '데이터를 중심으로 평가할 것'임을 분명히 하였으며, 교육효과를 증명할 측정 가능한 성취 자료를 그 증거로 요구하였다. 다음과 같이 국가의 교육적 책무를 학업성취도 평가 정책의 정당한 근거로 제시하는 것은 그 좋은 예다.

> 이전에는 학업성취도 평가에서 학업성취도 변화 추이를 파악하고 교육과정 및 교수 · 학습 방법 개선에 필요한 기초 자료를 얻는 데 중점을 두었으며, 이러한 평가목적을 달성하기 위해서는 일부 학생만을 표집하여 평가를 시행하는 것으로 충분했다. 그런데 최근에는 학생 개인의 학업성취도를 파악하여 기초학력을 성취했는지를 점검함으로써 학부모들에게 그 정보를 제공하고, 개별 학교가 교육적 책무를 다하고 있는지를 드러내며, 국가가 학생들의 기초학력을 책임지고 완성하게 하는 국가의 교육적 책무를 제대로 이행했는지 파악하는 것도 중요한 목적으로 등장하고 있다(정은영 외, 2008).

> 전수 평가가 학교 간 서열화를 촉진한다고 비판하지만, 전수 평가는 서열을 매기는 것이 목적이 아니라 평가 대상 학년의 모든 학생에게 그들의 성취수준을 알려 주고 단위 학교로 하여금 책무 이행을 독려하려는 것이다. 학업성취도평가는 단위 학교로 하여금 절대적 성취수준에 도달하도록 경쟁을 촉진하기는 하지만, 상대적 서열을 놓고 경쟁하게 만들

지는 않는다(김성열 외, 2009: 9).

증거에 기반을 둔 책무성은 교육소비자의 요구에 민감해야 하기 때문에 투입 요인보다는 결과에 맞추어 정책을 평가하고 형성하고 집행하는 경향이 있다(Wells, 2004: 3). 때문에 '증거 기반'에서 말하는 증거는 투입이나 과정 등과 같이 변화와 성장 과정에 대한 형성적 목적을 위한 데이터가 아니라 성취 결과와 관련된 데이터라고 할 수 있다. 이런 점에서 증거에 기반을 둔다는 것이 정책의 합리성과 객관성을 담보하는 것으로 일견 타당해 보이지만, 실상은 산출과 결과 이외의 다양한 요인을 고려하지 못하는 한계가 있다. 정책은 전문가의 다양한 경험과 판단 그리고 정책에 대한 주관적 평가 등에 영향을 받을 뿐만 아니라 가치와 이데올로기, 전통, 자원, 미디어 등에 의해서도 영향을 받는다. 그러나 성취 결과에 대한 수량화된 지표를 중심으로 평가되는 책무성은 평가기준으로서 측정된 수의 중요성에 주목하게 하기 때문에 측정할 수 없는 것은 제외되거나 무시되는 문제가 있다.

(3) 평가의 공정성 제고

교육정책은 공정성 여부와 관련하여 다양한 지지와 비판을 받는다. 정부의 판단이 불신의 대상이 되거나 정책 결정이 의심받고 정당성이 회의적 비판이나 반론의 대상이 되는 경우에 수 활용에 대한 요구가 커지는 경향이 있다(Rose, 1999: 208). 정부는 전문가들의 판단을 존중할 경우 가치 판단의 문제를 해결하는 것이 어렵다고 생각하고, 수의 객관성에 기대어 정책에 대한 불신과 비판을 해소하고자 한다. 정책결정권자는 의견이 난립하는 것을 부담스러워하기 때문에 복잡한 것보다는 간명한 것을 선호한다. 정부는 다양한 반론을 차단하기 위해 모두에게 유용한 하나의 공통된 준거로서 수에 주목한다. 따라서 정책을 둘러싸고 가치와 이데올로기 갈등이 심할수록 수를 이용하여 현상을 설명하고 정책의 정당성을 담보하려는 움직임이 더욱 강하게 나타나는 것이다. 이런 점에서 정책에 대한 다양한 반론을 잠재우기 위해 수량화된 지표에 근거하여 교육적 판단을 행하는 것은 정부의 통치 행동의 일환이라 할 수 있다.

신자유주의적 시장 합리성에 근거하여 각종 평가를 실시하고 그 결과에 따라 기관의 존폐나 재정지원 그리고 성과급의 배분 등을 실시하는 평가국가(the evaluative state)에서 수는 더욱 매력적인 정책 수단이다. 정부는 평가자의 주관이 개입될 여지가 상대적으로 큰 정성적 지표 대신에 '산출 결과의 질'을 가늠할 수 있는 표준화된 양적 지표를 만들어

제시하고 그것에 따라 평가하고자 한다. 교원양성기관평가에 관한 다음의 인용문처럼 표준화된 양적 지표에 의한 정량 평가가 객관성과 공정성을 담보하기 위해 중요하며, 정성 평가는 단지 보완 기능만 담당한다고 생각한다.

> 교원양성기관평가는 평가의 객관성과 공정성을 높이기 위하여 대부분의 평가지표를 정량지표로 제시하였다. 정성평가는 정량평가만으로 성과를 판단하기 어려운 영역이나 양적 성과 보충을 위해 일부 평가지표에 한해 제시하였다(구자억 외, 2009: 106).

> 이번 평가의 주요 특징은 교육통계 · NEIS 등 공개 정보를 활용한 교육성과 중심의 정량평가를 강화하고, 핵심 성과지표 위주로 간소화한 점을 들 수 있다. 이를 통해 평가의 객관성과 신뢰성을 높이는 한편, 학교교육의 질 제고를 위한 교육청의 지원과 성과가 직접적으로 평가에 반영될 수 있도록 하였다(교육과학기술부, 2011. 6. 22.).

이러한 생각은 평가의 대상이 되는 개인이나 기관들도 예외가 아니다. 평가 대상이 되는 개인과 기관은 비록 양적 지표가 전혀 문제가 없는 것은 아니지만, 그럼에도 불구하고 평가자의 '자의적이고 통제되지 않은 권력의 공포'를 줄일 수 있는 한 방법으로 생각하기도 한다(Rose, 1999: 203). 수의 활용이 늘어나는 것은 표준화된 지표를 사용하는 것이 더 정확하고 의심의 여지가 없으며 공정하다는 암묵적 동의 때문이다.

(4) 경영 관리 기법의 도입

경영 관리 기법은 그동안 기업의 전유물로 간주되었던 효율, 능률, 생산성, 성과, 책무성 등을 교육을 재편하는 논리로 활용하고 있다. 이들 경영 관리 기법은 계산 가능한 지표를 근거로 교육의 효율성을 판단하고자 한다. 리오타르(Lyotard, 1992: 35)의 지적처럼 정책결정권자들은 수행력을 극대화한 효율성에 따라 권력을 정당화하고자 한다. 효율성은 정책의 성패를 판가름하는 주된 기준이며, 이는 모든 것들이 계측 가능하다는 전제에 기초한다. 무엇이 옳고 그른지를 판단하는 것은 그다지 중요하지 않으며, 효율성을 판단할 수 있는 양적 지표로 측정될 수 없는 것은 주변화되거나 가치 없는 것으로 간주된다.

시장 합리성에 근거한 신자유주의는 인간 행동을 수량화하여 수학적으로 표현하고자 했던 경제학적 사고와 연구방법 그리고 설명방식들이 경제학의 울타리를 넘어서 교육영역으로 확장되는 것을 용이하게 하였다. 예를 들어, 관료제의 개혁과 민영화를 골자로 하는 신공공관리(new public management)가 교육에 적용되면서, 교육의 질과 효율성, 학교 관리 경영의 강화, 교육성과의 공개, 자기 평가의 강화 그리고 외부 기관에 의한 평가 등이 강화되었다. 경영 관리 기법을 중시하는 교육정책은 '측정'과 '경영'의 관점에서 수립되고 집행되는 경향이 있다.

> 튼튼한 대학, 그다음에 교육의 질을 잘 높이는 대학, 이것을 만들기 위해서 우리 정부가 어떻게 보면 대학경영에 대한 정보공시, 그러한 정보에 대한 교육정보와 재무정보나 모든 경영정보를 바탕으로 해서 평가를 하는 것이라고 생각합니다. 그 평가를 통해서 정부는 재정 지원과 연계되는 그런 것이 하나의 정책의 틀이라고 생각합니다. …… '일반 원칙에서 측정할 수 없으면 경영할 수 없다.', 어느 조직이든지 측정을 통해서 경영이 가능하다고 생각합니다. 그래서 경영을 측정하는 것에 대해서 경영지표나 그런 것에 대한 활용을 했다는 말씀을 드리고요(교육과학기술부, 2011. 9. 23.).

'측정할 수 없으면 경영할 수 없다.'는 것은 효율성을 중시하는 경영 관리 기법이 수와 통합되어 있음을 보여 준다. 경영 관리 기법은 '측정-평가-재정 지원'이라는 연결고리를 특징으로 한다. 정부는 교육정책의 수립과 집행 과정에서 시장논리와 경쟁 그리고 재정 배분의 과학적 원칙을 고수하는데, 이 과정에서 수를 적극적으로 동원하는 것이다. 이러한 경영 관리 기법은 교육실패에 대한 책임을 국가(또는 정책을 고안한 관료)의 정책에서 찾는 것이 아니라 주로 개인이나 기관의 탓으로 돌린다. 경영 관리 기법에 편입된 지표는 국민을 설득하는 기제로 활용되는 한편, 학교와 교사들에게는 지원에서 배제될 수도 있다는 두려움과 불안의 원인이다. 때문에 정책적 판단의 근거가 되는 지표는 그 자체로 권력이며, 정책 대상자들은 그것에 맞추어 자체적이고 자율적인 개혁 방안을 수립하게 되는 것이다.

2. 신자유주의 통치 양식으로서 수량화

수와 수량화 그리고 표준화된 지표를 중시하는 신자유주의 교육정책이 다양한 비판과 저항에도 불구하고 전면적으로 확산되어 교육개혁의 합리성을 갖는 이유는 무엇인가? 다음에서는 신자유주의적 통치 양식으로서 수량화의 특성과 그 교육적 영향을 살펴본다.

1) 신자유주의 통치 양식으로서 수의 특성

(1) 신자유주의 통치 테크놀로지로서의 수와 자기 통치

시장 합리성에 근거한 신자유주의 시대의 국가는 권력을 시장에 전적으로 위임하거나 이양하는 것이 아니라 효율적 지배를 가능하게 하는 다양하고 새로운 통치 양식을 모색하고자 한다(손준종, 2008b). 국가는 수를 바탕으로 모든 개인을 계산 가능한 모습으로 변화시켜서 규율권력으로서 국가의 통치체제에 통합하고자 한다. 국가는 교육의 효율성을 제고하고, 교육 관련 정보에 쉽게 접근하는 것을 가능하게 하며, 교육정책의 효과를 믿을 만하게 보이도록 하기 위해 성취도 평가나 측정과 같이 수량화를 통해 생산된 수를 선호한다. 이런 점에서 수량화와 수는 신자유주의 통치 양식으로 이해할 수 있다.

푸코에 따르면 통치성(governmentality)이란 인간의 행위를 통솔(conduct of conduct)하는 데 필요한 제도와 절차 그리고 기법을 말한다. 그에 따르면 통치란 '어떤 지도자가 개인들에게 일어나는 일이나 그들이 하는 모든 일에 책임을 지고, 그 지도자의 권위 아래 개인을 두는, 즉 개인들의 일생 전반에 걸쳐 그들을 인도하려는 활동'(Foucault, 2011: 485)을 말한다. 통치성 개념은 단순히 누가 통치하고 누가 통치를 받느냐뿐만 아니라 누군가를 특정한 방식으로 행동하도록 하는 것이 무엇인가에 주목한다. 때문에 통치성은 타자에 대한 통치를 가능하게 하는 권력으로 지식과 밀접한 관련이 있다.

신자유주의 통치성이란 통제 방식이 국가와 권력에 의한 '권력의 테크놀로지(technology of power)'에만 의존하는 것이 아니라, 행위자들 스스로 자신을 관리하고 다스리는 '자아의 테크놀로지(technology of self)'로 통치방식이 확장되었다는 것을 말한다(Burchell, 1996; Dean, 2010; Foucault, 1994). 신자유주의 통치성은 크게 두 가지 특징을 갖는다. 그 하나는 직접적 강요와 강제보다는 '자유와 자율을 통한 통치(government through freedom)'를 강조한다는 점이다. 자유는 단순한 이념이 아니라 효율적인 통치를 위한 기술적 조건이며, 통치의 주요 대상은 개인의 자유로운 행위다(Rose, O'Malley, & Valverde, 2006).

이런 점에서 개인은 자유로운 것처럼 보이지만 실제로는 자유가 통제의 대상이며 통제로부터 자유롭지 못하다. 통치되는 개인에게 있어서 자유란 통제와 분리된 것이 아니라 하나로 통합되어 있는 것이다. 신자유주의 통치성은 자율적으로 자신의 삶을 관리하고 통제하며 그 결과에 대해 스스로 책임지는 행위자를 강조한다. 자신이 추구해야 할 목표와 그것을 달성할 수단을 스스로 알아서 선택할 수 있는 자율적 행위자는 신자유주의적 주체의 주된 특징이다.

다른 하나의 특징은 원격통치(government at a distance)다. 국가는 표준, 평가, 지표 등과 같은 '통치 테크놀로지를 통해 원격통치'를 행한다(Foucault, 2011; Porter, 1995). 고도로 구조화된 규칙에 구속받는 지표는 시간과 장소에 따라 변화하는 것이 아니라 동일하기 때문에 시공간에 관계없이 행위자들은 정해진 지표를 준거로 사고하고 행동하게 된다. 원격통치는 멀리 떨어져 있는 사람과 사건에 관한 정보를 수집하고 분석하며 계산할 수 있게 해 주는 기술적 방법을 필요로 하는데, 수량화를 위한 통계적 방법은 개별 국가의 교육과 개인을 전 지구적으로 통합하는 기제로 작용한다. 국가는 개인을 직접적으로 통제하고 감독하는 방식에서 탈피하여 지표를 중심으로 공적 책무성을 확인하고 평가하는 간접적 통제 방식을 취한다. 이와 같이 수량화를 통해 생산된 동일하고 표준화된 수는 개인에 대한 통치가 국가의 틀에 갇히지 않고 초국가적으로 확장될 여지를 제공한다.

신자유주의 통치성은 스스로 '계산된 행동을 할 수 있는 주체(calculable subject)'와 그 결과에 대해 스스로 '책임을 지는 주체(accountable subject)'를 생산하고자 한다(Hodgson, 2009: 180). 개인은 사회의 지배 규범과 가치를 내면화함으로써 그 사회의 구성원으로 인정받고자 하며, 이러한 과정을 주체화(subjectification)라고 한다. 따라서 주체화는 특정 사회질서와 권력관계의 지배 양식이 주체 안에 체현된 총체적 모습이라고 할 수 있다. 그런데 이러한 주체는 '주어진 것'이 아니라 다양한 권력 테크놀로지에 의해 '고안되고 구성된다'는 특징이 있다(심세광, 2005: 188-189).

신자유주의적 시장 합리성은 개인들로 하여금 자신의 명운을 스스로 책임지는 기업가적 주체성을 형성하는데, 이러한 주체화 과정에서 수가 효율적인 권력 테크놀로지로 작동하는 것이다. 신자유주의적 주체는 국가의 통치기술을 자발적으로 내면화하고 자신이 스스로를 전적으로 책임지는 존재로 규정된다(Lemke, 2001). 다시 말해, 개인의 주체성 형성을 생산관계나 정치권력으로 환원시키는 입장에 반대하고, 대신에 "주체는 자유롭도록 의무지어졌으며, 자신의 자유의 관점에서 자율적으로 책임진다."라고 주장한다(Rose, O'Malley, & Valverde, 2006: 90-91). 이처럼 신자유주의 통치성은 학생과 교사로 하여금 자기경영, 자기관리, 자기통치, 자기책임, 기업가적 주체 등과 같은 가치들을 내면화한 주체를 형성하고자 한다(Burchell, 1996).

그런데 신자유주의적 합리성에서 주체의 자유와 자율 그리고 책임은 중요한 의미를 갖는다. 신자유주의 사회에서 개인은 스스로 자신의 삶을 관리하고 통제하는 적극적이고, 기업가적이며, 책임감 있는 자유로운 주체다. 신자유주의는 시장 합리성이 지배하는 사회에서 생존에 필요한 것들을 관리하고 갖추는 것에 대한 책임을 전적으로 개인의 몫으로 간주하기 때문에 개인들로 하여금 책임감 있는 행동을 하는 것이 도덕적으로나 윤리적으로 타당하다는 생각을 갖도록 한다. 그런데 자율적 주체들이 자신들의 목표와 수단을 자율적으로 선택하는 것처럼 보이지만, 실제로는 이미 정해진 것들을 따라야 하는 의무만 있으며, 기껏해야 도구적 자율성만 부분적으로 갖는 경우가 있을 뿐이다. 더구나 자신의 의지와 관계없이 밖으로부터 강요된 지표는 자율적 행위자들이 사고하고 행동하는 데 고려해야 하는 절대적 기준이다. 따라서 자율적 행위자들은 기존의 질서에 더욱더 의존하고 순응하게 되는 역설적 결과를 낳는다. 자율적으로 자신의 삶을 구상하는 행위자는 사라지고 대신에 정해진 기준의 달성 여부에 따라 스스로 책임을 지는 '지배받는' 행위자만 존재하게 되는 것이다.

이런 점에서 자기주도적으로 자신의 삶을 기획하고 관리하며 책임지는 자유로운 주체를 강조하는 것도 신자유주의 통치성의 한 양태라고 할 수 있다. 푸코에 따르면 권력이란 늘 자유를 제한함으로써 작동하는 것이 아니라 주체에게 더 많은 자유를 부여하고 적극적으로 자유를 행사하도록 함으로써 기능하기도 한다. 소비자로서 개인에게 더 많은 자유를 주고 그 자유의 행사로 인한 책임을 개인에게 지우는 것이 바로 그 예다. 통치성은 이러한 의미의 자유와 자율적 주체를 강조한다.

개인은 자신이 '자율적' 주체로서 제대로 잘 살고 있는가 하는 것을 객관적으로 제시된 지표의 달성을 통하여 확인한다. 국가는 표준화된 지표를 디자인하여 개인들에게 제시할 뿐 직접적으로 통제하거나 개인의 삶에 개입하지 않는다. 자기관리를 중시하는 학생과 교사는 표준화된 지표의 달성 여부를 스스로 점검함으로써 다른 사람들과 비교하여 자신의 상대적 위치를 확인한다. 비교의 결과에 대한 책임은 전적으로 개인의 몫이다. 시장 논리에 따라 자율경영과 자기책임의 가치를 내면화한 주체들은 결과에 대하여 스스로 책임진다는 것을 당연하게 받아들인다. 지표를 달성하지 못한 개인은 자책하거나 자신의 문제를 스스로 비판하고 고백해야 한다. 개인은 자율적으로 자신을 계발하고 관리하는 '기업가적 주체'가 되어야 하며, 지표의 달성 여부를 지속적으로 체크함으로써 자신이 어떻게 살았는가를 스스로 평가하는 '고백적 주체'가 되도록 한다.

수는 교사와 학생을 '계산할 수 있고, 비교할 수 있으며, 통제할 수 있는' 기계론적 대상으로 전환한다. 사람들은 기업가적 전략과 사고방식을 강조하는 담론을 의심 없이 받아들이고 그것에 맞추어 자신의 능력을 개발하고 구성하고자 한다. 진정으로 자율적인 개인은 가능한 한 모든 것을 충분히 심사숙고하고 난 다음에 모든 것을 행동으로 옮기는 것이 가능한 사람을 말한다. 이 과정에서 개인은 자율적으로 자기 자신에게 자신의 법칙을 부여하는 것이 가능하다. 스스로 자신의 법칙을 부과한다는 것은 기성의 어떠한 권위도 받아들이지 않을 수 있다는 것을 의미한다. 그러나 '허구적'인 자율적 주체는 자율적 행동이 가능하지 않은 타율성이 지배하는 제도 안에서 허용된 선택 가능한 행동이 무엇인가를 계산한 다음 그것을 행동에 옮기는 것만이 가능한 사람을 말한다. 이때의 자율적 개인이란 자율적이지 못한 제도 속에서의 제한된 자율성을 의미한다. 따라서 개인은 자신의 교육적 가치에 따라 자율적으로 행동하는 것이 가능하지 않으며, 나아가 자율적으로 제도를 만드는 것도 불가능하기 때문에 자유와 자율을 강조할수록 수동성과 타율성을 확장하는 상호 모순되는 결과를 낳게 된다. 교육정책과 수의 결합은 교육행위자들의 존재조건과 그들이 이러한 조건과 관계를 맺는 방식을 변화시킴으로써 주체성의 변형을 초래한다. 로즈의 지적처럼 신자유주의는 인간의 몸뿐만 아니라 영혼을 통치하는 것이다.

(2) 신자유주의 통치성의 내면화

신자유주의 통치성은 단순히 수량화의 전면적 확산이라는 현상을 의미하는 것이 아니라 다양한 행위자들의 마음과 정신을 지배하는 사회적 에토스다. 수량화를 통해 생산된 지표는 모든 인간의 행동 지침으로 작동한다. 지표의 달성 여부는 도덕이나 윤리 그리고 교육적 가치를 대체하며, 그 자체가 목적으로 간주된다. 앞서 지적한 바와 같이 교사와 학생들은 제시된 지표에 도달하기 위해 스스로를 계산 가능한 존재로 인식하며 자신의 지표 도달 여부를 지속적으로 감시한다. 신자유주의 통치성이란 이들로 하여금 효용을 계산하고 판단하고 실행하는 새로운 경제적 인간으로 변모하도록 한다.

신자유주의적 아비투스가 체화되어 주체의 행위를 조정하는 문화적 차원을 김홍중(2009: 178-179)은 '육화된 신자유주의(incarnated neo-liberalism)'로 규정한다. 그에 따르면 육화된 신자유주의란 "우리의 '마음'과 '살'에 체현되어 행동과 가치와 판단을 방향 짓는 욕망과 희망, 감각과 취향 그 자체이며, 주체들의 심성과 의식과 육체를 특정 방향으로 움직이게 하는 비가시적인 힘으로 기능하는 것"이다. 교사와 학생은 신자유주의 통치성에 포섭되어 있는데, 그것은 자신의 행위를 스스로 지도하고 수정하도록 이끄는 비가시적으로 자기를 통제하는 힘인 것이다. 그 결과 교사와 학생은 자신들의 효용 가능성을 증대시키기 위해 적극적으로 노력하는 규율의 대상이 되며, 이 과정에서 수는 교육적 주체들로 하여금 특정한 생각과 행동으로 이끄는 규율권력(disciplinary power)으로 기능한다.

이와 같은 규율권력은 교육행위자들의 주체화에 영향을 미친다. 국가는 교사와 학생 집단의 효율성과 합리성을 중시하기 때문에 이들의 삶을 구체적으로 관리하고 규율함으로써 새로운 주체를 형성하고자 한다(Foucault, 1989, 2011). 국가는 개인의 삶을 지배, 관리, 규율하는 미시적 통치 방식을 통하여 이들의 주체성 형성에 개입한다. 신자유주의적 통치 아래에서 교사와 학생은 국가에 의한 감시와 통제 그리고 규율에 따라 규범화된 주체성을 정상적인 것으로 내면화하게 된다. 푸코의 규율권력은 권력을 전체화하는 동시에 개별화하는 이중적 의미를 지닌다. 수는 개인의 상태를 판독하는 것을 용이하게 하기 때문에 개인을 통제하는 규율권력으로 이용되며, 이로써 교사와 학생 집단 전체를 통제하는 동시에 개별 주체들을 관리하고 통제하는 미시적 권력의 모습을 보이게 된다.

신자유주의를 체화한 교육적 주체는 파편화되고 수량화되어 지표라는 수로 편입된다. 지표로 표현된 수는 선과 악, 옳음과 그름이 아니라 오직 달성과 실패로만 해석된다. 신자유주의적 아비투스를 내면화한 새로운 교육적 주체는 시장 합리성에 따라 제시된 지표에 맞추어 생각하고 지표를 달성하는 데 온갖 노력을 기울인다. 사람들은 지표에 따라 평가되는 대상으로 객관화된다. 따라서 지표의 달성 여부에 따라 개인과 조직의 생사여탈이 결정된다. 승진이나 보상 등은 주체를 관리하는 효과적인 정책 수단이다. 예를 들어, 최근 대학 구조조정의 대상이 된 대학은 정부가 제시한 평가지표를 '충분히' 달성하지 못했다는 것이 그 이유였다. 지표가 부당하다는 주장은 공허한 메아리에 불과하며, 정부는 다양한 정책수단을 동원하여 지표를 관철시킨다. 지표는 교육적 가치를 판단하는 '진리효과(truth effect)'를 갖는다. 수량화를 통해 생산된 지표는 진리를 판단하는 역할을 하며, 통계학은 통치의 장애물을 제거하는 주요한 기술적 요소다(Foucault, 2011: 157).

지표는 학교와 같은 조직뿐만 아니라 급격히 증가한 학생 인구를 관리하는 통치양식으로 작용하기도 한다. 초등학교와 중학교는 학업성취도에, 고등학교는 우수대학 진학률에, 대학은 취업률이라는 지표에 얽매인다. 물론 모든 학생이 신자유주의적 통치 테크놀로지의 대상이 되는 것은 아니다. 굳이 통치할 필요가 없는 학생들도 있다. 예를 들어, 학업성취도에 부정적 영향을 미칠 것으로 판단되는 '일부' 학생들은 학교 당국에 의해 정당한 교육행위로부터 추방된다. 친구들과 학급 그리고 학교로부터 추방되고 교육적 권리가 유보되거나 박탈된다. 그들은 국가에 도움이 되지 않는 개인들로 '학생이 아닌 학생'처럼 간주된다.

이뿐만 아니라 수는 사람들의 감정을 통치하기도 한다. 객관적이고 합리적인 수는 모든 사람을 서열화하고 비교하며 우열을 가린다. 수로 드러난 '객관적' 위치는 해당되는 일부 지표만을 의미하는 것이 아니라 전 인격체로서 개인의 모든 것을 규정한다. 개인의 객관적 위치는 수로 표시되어 사람들에게 공개되고, 그로 인하여 개인은 강요된 부끄러움과 수치심 그리고 스트레스를 경험하게 된다. 사람들은 신자유주의 이념에 따라 재편되는 교육 실천에 자신이 적합하지 않다는 생각을 할 때 스스로 수치심을 느낀다. 또한 사람들은 자율적인 자기통제의 상태에 있기 때문에 정해진 기준을 충족하지 못하였을 경우, 자기 자신을 비난하는 부정적 경험을 내면화할 가능성이 크다(손준종, 2010a).

문제는 수치심과 분노 그리고 화로부터 벗어나는 방법이 불합리한 지표를 없애거나 새로운 지표를 만드는 것이지만, 그렇게 하는 것이 쉽지 않다는 점이다. 이런 점에서 수와 같은 통치 테크놀로지를 통해 자본주의가 요구하는 순종하는 주체를 형성하는 것은 프레이저(Fraser, 2003)의 지적처럼 사회적 통제 과정이 보다 유연한 연성 통치 방식으로 질적으로 전환된 결과로 이해할 수 있다. 이때 중요한 것은 국가의 권력에 의한 지배 테크놀로지가 자아의 테크놀로지를 단순히 결정하지 않으며, 이들 두 개의 통치 테크놀로지는 상호작용하면서 신자유주의적 주체성을 형성한다는 점이다.

그렇다면 이러한 문제와 불편함에도 불구하고 수의 지배가 교육적으로 확산되고 관철되는 까닭은 무엇인가? 교육행위자들은 수의 지배에 '자발적' 혹은 '강압적' 동의 그리고 저항하는 모순 상태를 경험한다. 모든 지배에는 자발적 요소와 강압적 요소가 공존하기 때문에 강압과 동의는 서로 배타적이 아니라 내재적으로 상호적 관계에 있다고 보는 것이 타당하다. 실제로 교육행위자들은 위로부터 제시된 '처방된 지표'를 전적으로 자발적으로 받아들이거나 전적으로 거부하지 않는다. 교육행위자는 권력에 의해 일방적으로 길들여지고 구성되지 않으며, 자아의 실천을 통하여 스스로 주체성을 구성하는 능력도 가지고 있다. 수의 지배에 자발적으로 동의하는 사람들은 현재의 교육정책을 지지하기 때문에 수의 활용을 적극적으로 수용한다고 볼 수 있다.

이에 비해 강압적으로 동의하는 사람들은 매우 다양한 태도를 보일 것으로 짐작할 수 있다. 중요한 것은 그들의 강압적 동의가 전적으로 공포나 강제 때문만은 아니며, 그렇게 하는 것이 오히려 자신들에게 이익이 된다고 믿는 경우도 많다는 것이다. 행위자들은 공포나 강제 그리고 교육정책을 위반함으로써 당하게 될 처벌이나 불이익을 두려워해서가 아니라 교육정책을 준수하는 것, 즉 규칙에 따르는 것이 자신의 이익에도 도움이 될 뿐만 아니라 구성원으로의 의무라고 생각하므로 수의 지배에 순응한다. 조직의 규범이나 법 그리고 절차를 준수해야 한다는 의무감을 내면화하고 있는 행위자는 자신에게 부과된 정책이 비록 바람직스럽지는 않지만, 마땅한 대안이 없는 상태에서 그것을 위반하는 것을 매우 부담스러워한다. 이와 같이 동료와 자신이 속한 기관에 부담을 주지 않고 불편함을 끼치지 않도록 하는 일종의 의무감은 수의 지배를 받아들이도록 하는 강한 동조 압력으로 작용한다. 이처럼 통치성은 주체로 하여금 도덕적 규율을 채택하도록 하고 그것에 따라 행동하도록 자기 스스로를 형성하는 특징이 있다(Dean, 2010). 따라서 수의 활용에 거부감을 보이는 행위자들은 제시된 객관적 지표가 교육적으로 불합리하고 적지 않은 문제가 있다고 생각하지만, 적극적으로 거부하기보다는 냉소적 태도를 보이거나 기껏해야 소극적 저항에 머무름으로써 결과적으로는 수의 지배에 대한 '동의의 구축'에 기여하게 된다. 실제로 많은 개인은 정체성 혼란과 소외 그리고 무력함과 같은 부정적 경험을 하지만, 이러한 상황을 타개하기 위해 수량화된 지표를 거부하는 것이 아니라 자기주도적으로 자신을 관리하고 자신의 능력을 개발하는 것이 중요하다는 식으로 신자유주의 통치성을 내면화한다.

2) 수 지배의 교육적 영향

(1) 사회적인 것의 위기

앞서 지적한 바와 같이 수량화는 질적 속성을 양적인 것으로 변환하는 기술이다. 이와 같은 수량화는 교육과 인간을 서로 비교가 가능한 등가적인 것으로 바꾸어 상품화할 가능성이 있다. 사용가치는 상품을 질적으로 구별하는 고유한 속성인 반면에, 교환가치는 오직 양적 차이만을 가질 수 있으며 여기에는 사용가치가 포함되어 있지 않다. 공통의 규준에 따른 수량화를 통해 수로 표현된 개인들은 개별성과 독자성을 상실한 채 비교와 경쟁의 대상으로 전락한다.

신자유주의적 시장 합리성은 공동체와 협동의 원리를 소멸시키고 경쟁과 비교를 강요함으로써 모든 것을 상품화한다. 개인은 수치화된 상품과 같이 취급되며, 상품으로서의 자신의 가치를 높이는 것은 전적으로 개인의 책임이다. 다른 사람과 비교하여 수준이 낮은 사람은 사회적으로 돌봄이나 지원이 필요한 것이 아니라 스스로 자신의 삶을 개선해야 한다. 수는 모든 것을 개인의 책임으로 돌림으로써 '사회적인 것(the social)'의 위기를 초래하며, 그 결과 일부 사람을 취약한 존재로 전락시킴으로써 소외와 같은 심리적 궁핍화를 경험하도록 한다(이재혁, 2003; 이홍균, 2004).

신자유주의 통치성은 개인이 사적 이익을 추구하는 것을 자연스러운 동기로 간주하고, 그것을 통치 행위와 결합한다. 신자유주의는 효율성과 생산성과 같이 경제적 가치에 따라 정상적인 것과 그렇지 않은 것을 구별한다. 대신에 정의나 평등, 복지 등과 같이 사회적인 것에 대해서는 적극적으로 관심을 기울이지 않는다. '사회적인 것'은 진지한 고려의 대상으로부터 멀어지고 주변화된다. 신자유주의에 의한 복지국가 비판이나 '사회는 더 이상 존재하지 않는다.'라는 주장은 경제적인 것을 강조하는 신자유주의의 특징을 간명하게 드러낸다. 그 결과 특수한 경제적 이익이 교육적으로 보편적인 가치로 간주되고 있으며, 교사와 학생들은 그것들을 자연스럽게 받아들인다.

모든 것이 상품으로 취급될 수 있다고 가정하는 신자유주의는 다양한 개인을 단지 하나의 '생산 요소'로 다룬다. 양화와 계산 가능성은 개인들을 동등한 것으로 만들며 개별적인 성질을 모두 추상해 버리는 상품 생산을 위한 조건들이다. 개인은 양화를 통하여 추상적인 양으로 환원되는 하찮은 존재이며, 기계화되고 합리화된 도구에 불과하다. 그리고 모든 인간의 행동을 시장 영역으로 끌고 들어가고자 한다. 사람들은 신자유주의적 삶의 환경 속에서 살아남기 위해 토익이나 토플 점수와 같은 지표를 선택하고 그것을 목표로 하여 최선의 노력을 경주하는 현실적인 '생존 추구자'로서 존재한다. 학생들은 학습의 즐거움보다는 점수와 자격증을 획득하는 일에 더 집중할 가능성이 있다. 그런데 문제는 이러한 경주가 일정한 수준에 도달하면 생존이 보장되는 끝이 있는 게임이 아니라 능력의 끝없는 강화를 요구하면서 일상적 삶을 불안으로 내몬다는 점이다(김홍중, 2009: 180). 신자유주의적 생존이란 단순히 목숨을 부지한다는 의미가 아니라 경제적 · 사회적 · 생물학적 구조 조정에서 도태되지 않고 소수의 선택된 범주에 귀속된다는 것을 의미한다.

이와 같이 수의 지배는 교육적 '가치'가 아니라 경제적 및 도구적 '이해'가 교육 행위를 결정하는 기준이 되도록 한다. 이때 이해라는 것은 외부의 요구에 가장 잘 들어맞는 계산 가능성 혹은 계량 가능성을 말한다. 효율성과 선택 그리고 소비자의 권리를 중시하는 신자유주의적 시장 합리성은 모든 가치를 균질하게 만들고, 교육의 모든 영역을 수로 표현함으로써 상품가치에 따라 재편하고 있다. 수의 지배는 이러한 신자유주의 통치성이 불합리하다는 것을 은폐하는 반면에 그러한 통치가 합리적이라고 믿도록 하는 기능을 하며, 행위자들로 하여금 '현명하게 체념'하도록 한다.

(2) 교육적 가치의 평균화

수는 모든 것을 무차별적으로 동질화하는 질서를 낳으며, 이러한 교육적 삶의 동질화는 개별적 욕구의 자유로운 표현을 억제하고 대신 교육적 가치와 욕구를 균질화한다. 수가 지배하는 교육에서 도구적 합리성과 가치 합리성을 구분하는 것은 더 이상 무의미하며, 이미 '도구성이 그 자체로 하나의 가치, 즉 가치-합리성의 자리를 차지'하고 있다. 신자유주의는 수로 표현된 지표를 교육의 보편적 본질, 즉 교육적 가치로 내세운다.

수는 교육적 가치와 교육행위자를 '평균'이나 '평균적 인간'으로 바꾼다. '평균'이나 '평균의 강조'는 수의 지배에서 강조되는 것 중의 하나다. 인간의 개성과 독자성은 평균으로부터 얼마나 떨어져 있는가를 의미하는 것에 불과하다. 그런 점에서 개인의 자유와 다양성 그리고 선택을 강조한다는 신자유주의 정책이 학생들을 학업성취도라는 단일 잣대로 비교하고 서열화하는 일종의 '왜곡된' 다양화를 초래하고 있다. 측정과 수를 강조하는 신자유주의는 모든 것을 비교와 경쟁의 대상으로 삼기 때문에 자율과 자유 그리고 다양성을 강조함에도 불구하고 결과적으로는 절대적인 성취수준을 정하여 학생들이 도달하도록 표준화하는 모순 상태를 낳으며, 그 결과 학습자의 자발성과 다원성을 약화시키는 결과를 초래한다.

따라서 수량화가 지배하는 학교에서는 교육적으로 '어떤' 가치가 있는가 하는 질문이 '얼마나' 가치가 있는가 하는 것으로 바뀐다. 개별적이고 질적인 것들이 집합적이고 양적인 것으로 변모한다. 그 결과 교육의 개별성과 인격성은 사라진다. 수의 지배에 비판적인 사람들이 말하는 '수로 표현할 수 없는 것'이라는 표현은 그것이 교육적으로 더 바람직하고 가치가 있다는 것을 의미하는 역설적 상황이 되었다. 비교가 불가능한 질적인 차이와 다양성이란 존재하지 않거나 교육적으로 중요하지 않게 된다. 오히려 다양성과 차이는 병리적인 것으로 간주된다.[3] 학생들이 평균이나 순위처럼 수로 재현되는 순간, 학생들 나름의 개별성이나 상대적 장점은 의미를 잃게 된다. 물론 모든 교육활동이 비교할 수 없으며 등가적이지 않은 것은 아니다. 학생들은 온전히 다른 모습으로만 존재하는 것이 아니라 서로 비교될 수 있다. 문제는 학교에서 이루어지는 대부분의 것들을 등가성을 갖는 비교 가능한 것으로 수량화하여 비교의 대상으로 삼는다는 점이다.

학생들의 능력을 객관적으로 서열화하는 방법인 시험은 교육적 가치를 균질화하고, 그 결과에 따라 학생들을 통합, 배제, 보상하는 대표적인 권력 테크놀로지다. 시험은 개인의 현재 상태를 드러내는 효율적인 장치다. 수로 표현되는 시험 결과에 따라 학생들은

❸ NEIS의 내신 계산법은 학생들의 학업능력을 소수점 이하 16번째 자리까지 입력하여 학생들 간의 차이를 상세하게 결정하도록 되어 있다. 동점자의 존재를 인정하지 않기 때문에 모든 동점자도 석차를 매겨 내신 등급을 구분하여야 한다.

유능하고 경쟁력 있는 알맹이와 무능하고 쓸모없는 쭉정이로 분류된다. 그리고 이렇게 분류된 학생들에게는 서로 다른 종류의 '차별화된 통치성(segmented governmentality)'이 적용되는데, 한 부류는 스스로 책임지는 자기규제를 부여받는 반면에 다른 부류는 노골적으로 억압받는다. 프레이저(2003: 169)는 신자유주의가 지배하는 사회를 경쟁적이고 포섭된 공간과 배제되고 능력이 없는 주변 공간이 공존하는 '이중 사회(double society)'로 정의한다. 학교도 수에 따라 구분되며 서로 다른 삶의 경로를 걷는 경쟁적인 학생과 배제되고 능력 없는 주변적 학생들이 서로 다른 공간에서 공존하는 '이중 사회'의 모습을 보인다고 할 수 있다.

(3) 전문적 가치 판단의 약화

수의 지배는 객관성이 가치판단을 지배하는 상황을 초래하고 있다. 수의 기계적 객관성은 인간적 믿음 또는 인간의 주관적 판단에 대한 대안으로 인식된다(Porter, 1995: 90). 수의 지배는 교육전문가를 포함한 사람들에 의한 전문적 판단을 주관적이거나 임의적이라는 이유로 배제할 가능성이 있다. 설득과 주장 그리고 반론과 합의는 귀찮고 버겁고 소모적이라고 생각하는 대신에 다수결은 간명하고 설득하기 쉬운 민주적 의사결정방법이라 생각한다. 수에 대한 믿음이 인간에 대한 믿음을 대체하는 것이다. 수는 전문가의 판단을 무력화하는 '전문가 위의 전문가' 역할을 수행한다. 과학적 방법과 지식에 익숙해진 사람들은 증거와 기술을 합리적으로 활용하여 얻어진 객관적 결과만이 주관적 판단을 대체할 수 있는 것이라고 생각한다.

수는 체계를 갖춘 지식이기보다는 특정 정보를 담고 있는 단순한 기표에 불과하지만, 수는 자동적으로 판단하고 우선순위를 결정하며 자원을 배분한다(Rose, 1999: 198). 그런데 많은 사람은 정보에 불과한 지표와 지식을 구별하지 못한다. 따라서 교육적 판단이 '기계적'이고 '자동적'인 기술적 기준에만 의존할 경우, 전문적 역할에서 배제된 사람들은 도덕적 · 교육적으로 무력한 존재로 전락하게 된다. 따라서 수를 단순히 받아들이는 것이 아니라 수의 생산 방법이 인식론적으로 정당한지를 검토하는 것이 필요하며, 나아가 수의 생산과 관련된 방법적 기술에만 능숙한 기술자의 지배를 경계해야 한다.

더구나 객관적이라는 수도 이미 합의된 가치에 의해 측정된 결과다. 수량화는 질문지 등과 같은 방법을 통하여 자료를 얻게 되는데, 질문지는 이미 결정된 특정한 가치와 의미에 따라 구성되며, 응답자들은 다른 입장을 표현할 기회를 박탈당한 채 오직 정해진 물음에만 답해야 한다(Lauder, Brown, & Halsey, 2004: 13). 결국, 수는 객관성을 구실로 특정 가치와 의미를 강요함으로써 지배를 강화하고 정당화하는 수단으로 활용될 수 있다. 더구나 지표는 기능적 합리성에 불과하다. 기능적 합리성은 가장 효율적으로 결과를 성취할 수 있는지를 계산 절차를 통해서 구성한다. 기능적 합리성은 목적을 성취하는 '수단'에만 관련된다. 이에 반해 실질적 합리성은 목적 그 자체를 문제 삼는다. 문제는 기능적으로 합리적일 수 있지만 동시에 실질적으로는 비합리적인 결과를 초래할 수 있다는 점이다. 따라서 과도한 수의 지배로 인하여 치밀하게 계산되고 계획된 기능적 합리성이 실질적 합리성을 무시하거나 압도할 수도 있다.

객관적인 수의 중요성을 주장하는 사람들은 연구대상과 객관적인 거리를 두도록 함으로써 연구자 개인이 갖는 도덕적 판단이나 주장을 배제할 수 있다고 주장한다. 즉, 과학적 연구를 통해 얻은 지식은 행위자의 평가와 독립적이기 때문에 인과적 설명 도구를 통해 객관적 지식을 획득할 수 있다는 것이다. 그러나 캘리니코스(Callinicos, 1999: 156)는 "적어도 과학적 연구 방법은 객관적일 수 있으며, 과학적 연구를 통해 도출된 수 또한 과학적으로 중립적일 수 있다. 그러나 중요한 사실은 과학적 연구 방법이 본래 주관적 틀 속에서 작동한다는 점이다."라고 하며 수에 부여하는 기계적 객관성을 비판한다. 부르디외도 '성모의 무염시태(immaculate conception)'와 같은 중립성은 존재하지 않는다고 주장한다. 연구자는 특정한 계급적 위치에 있으며 연구자로서 독특한 입장을 가지고 있기 때문에, 사회문제를 초월한 공평무사한 관찰자로 존재하는 것이 어렵다는 것이다. 또한 정책결정권자나 연구자는 이론으로부터 자유롭기 어렵다. 따라서 연구자는 이와 같은 자신의 객관적 위치를 적극적으로 인식하고 그것을 통제하도록 노력하여야 하며, 이러한 사실에 둔감하거나 의식하지 않을 때 오류가 발생한다고 주장한다(Bourdieu, 2004: 25-26).

이와 같이 수가 아무런 의도나 이해관계의 영향 없이 자연적으로 존재하는 것들을 단지 기술적으로 수집하여 수로 나타내는 것이 아니라, 조사하고 수집할 자료의 범주와 수준 그리고 조사 대상의 폭과 경계를 선택하고 결정하는 일련의 정치적 과정, 즉 '수의 정치(numero-politics)'가 작동한다는 것이다(Martin & Lynch, 2009: 261-263; Rose, 1999: 197-198). 더욱 심각한 것은 수량화 과정에서 수를 비틀고 확대 해석하고 절단함으로써 원래의 것과는 다르게 왜곡된 '돌연변이 통계(mutant statistics)'를 생산할 가능성이 있다는 점이다(Best, 2001: 62).[4] 결국 수가 처음부터 나쁜 의도를 가지고 있지는 않았지만, 결과적

[4] 베스트(Best, 2001)에 따르면 돌연변이 통계는 통계적 또는 수학적 무지 때문에 발생한다. 수를 접하는 일반인들은 수가 생산되는 과정은 물론이고 그것을 해석하고 이해할 충분한 통계적 및 수학적 지식을 갖추고 있지 못하는

으로 그 이용 과정에서 변질되어 부정적 결과를 초래할 가능성이 있다. 캠벨(Campbell, 1976: 54)은 "양적인 사회지표가 정책결정에서 많이 사용될수록 행위자는 부패에 대한 압력을 더 많이 받으며, 그 과정을 감독할 사회적 과정이 왜곡될 가능성도 더욱 커진다."라는 '캠벨의 법칙(Campbell's law)'을 주장한 바 있다. 학업성취도가 강조되면서 학업성취와 관련된 지표의 생산과 관련하여 다양한 문제가 발생하는 것은 그 적절한 예라고 할 수 있다. 따라서 교육적 판단은 단순히 기계적 객관성을 나타내는 수에 따라 지배되는 것이 아니라 건전한 이성과 성찰 그리고 원칙에 따라 이루어져야 한다.

(4) 전 지구적 교육 거버넌스의 확대

수량화는 비교의 대상을 전 지구적으로 확장하는 기능을 한다(Porter, 1995). 개별 국가뿐만 아니라 OECD를 비롯한 국제적 국가기구에서도 경쟁적으로 다양한 교육 관련 지표들을 생산하고 있다. 그런데 이들 국제기구에 의해 생산된 지표는 그 긍정적 기능에도 불구하고 원격통치가 국가의 경계를 넘어 초국가적으로 확장되어 일부 국가에게는 교육의 종속을 심화시키는 전 지구적 통제 테크놀로지로 활용될 가능성이 있다. 초국가적 통치성은 '정부 없는 거버넌스(governance without government)'를 의미하는데, 그것은 사회질서와 통제가 국가 단위로 제약되지 않고 지구적으로 확장되는 것을 말한다(Hardt & Negri, 2001: 41). 개별 국가가 내치(內治, police)를 위해 수를 필요로 하는 것처럼, 국제적 기구 또한 전 지구적 거버넌스를 위해 수를 필요로 하는 것이다.

국제적으로 양화된 교육지표를 생산하고 유통하는 일에 가장 적극적인 국제기구는 OECD다. 1990년대부터 OECD는 국제적 성인 역량 평가(PIAAC)나 국제적 학생 평가 프로그램(PISA) 등 국제 비교가 가능한 교육지표를 개발하여 개별 국가의 교육정책에 강력한 영향을 미치고 있다. OECD는 국제적으로 표준화된 교육지표를 통해 개별 국가의 교육정책에 영향을 미치는 초국가적 교육 거버넌스를 행사하고 있는 것이다. 국가 간 교육성취를 비교하여 개별 국가의 교육정책에 대한 국제적 감시와 감독을 강화하는 이러한 현상을 토랜스(Torrance, 2006)는 '지구화된 경험주의(globalising empiricism)'로 설명하고 있다. 이처럼 수량화의 확산은 국제기구의 교육적 영향력을 전 지구적으로 확장하는 배

경우가 많다. 사람들은 수는 읽을 수 있지만, 그 수를 생산한 통계적 절차에 대한 정확한 수학적 지식은 갖추지 못하고 있기 때문에 자신들에게 필요하거나 의미가 있으며 자신의 주장을 정당화하는 것들을 악의적이 아니라 '별다른 생각 없이' 또는 순수한 의도로 선별하여 받아들일 가능성이 크며, 이러한 행위가 곧 돌연변이 통계를 낳게 된다.

경이 되고 있다(Bieber & Martens, 2011).

3. 결론

1990년대 이후 교육정책의 수립과 집행에서 발견되는 주된 변화의 하나는 계량화된 수나 데이터와 같이 증거에 기반을 둔 책무성을 중시한다는 점이다. 이를 위해 정부는 교육정책의 결과 및 성과에 대한 객관적 지표와 '측정을 통한 평가'를 강조하고 있으며, 그 결과 계량으로서의 수는 교육정책의 수립과 집행 과정에서 전면적으로 도입되고 활용되었다. 그런데 수의 적극적 도입과 활용은 교육행위자들의 삶을 양화하고 그들을 지표와 점수에 매몰된 비인간적 상태로 내몰고 있다. 이 장은 교육현상에 대한 과도한 수량화와 그로 인한 교육정책에 대한 수의 지배가 갖는 의미를 비판적으로 살펴보는 것이 목적이었다. 연구 결과는 다음과 같다.

첫째, 교육정책과 관련하여 수의 활용이 확산된 것은 학부모의 알 권리와 선택권, 증거 기반의 교육책무성, 효율성을 중시하는 경영 관리 기법 등을 주요 특징으로 하는 신자유주의적 교육개혁과 관련이 있었다. 또한 사람들은 '수'란 무미건조하고 감정이 개입되지 않은 탈정치적이고 탈이데올로기적인 것으로 간주하는 경향이 있었으며, 수량화의 사용 증가를 객관성의 증가와 동일한 것으로 간주하면서 그렇게 하는 것이 보다 과학적이라고 생각하였다. 수는 주관적 판단이 배제된 객관적 지식으로 간주되기 때문에 교육적 및 정치적 이념에 관계없이 자신의 주장을 정당화하는 논리적 근거로 수를 사용하고 있었다. 무엇이든 계산하여 숫자로 제시하면 합리적인 것이 되는 '계산 가능한' 합리성이 교육정책을 지배하고 있었다.

둘째, 교육의 수량화와 수의 교육적 지배는 교육에 대한 도구적 지배를 강화하는 신자유주의의 새로운 통치 테크놀로지의 확장과 관련이 있었다. 수의 확산은 수행성, 생산성, 효율성으로 환원하여 정책 효과를 판단하는 신자유주의와 친화적이다. 이러한 환원은 교육성과를 수량화를 통해 수로 나타내는 것을 강조하였다. 이는 교육적 가치를 도구적 가치에 종속시키고 나아가 교육적 존재로서 교사와 학생의 정체성에 대한 진지한 성찰을 어렵게 한다는 문제가 있었다. 실제로 객관적이고 투명하다는 이유로 증거와 데이터를 중시하는 관점은 교육을 사회공학적으로 접근할 가능성이 컸으며, 수로 표현된 지표는 무엇이 옳고 그른지를 판단하는 일과는 거리가 먼 오직 기술적인 것으로 간주할 위험이 있었다.

셋째, 수에 근거한 신자유주의 통치성은 교육적 가치의 균질화, 교육의 상품화를 심화하고 교육전문가의 전문적 판단의 약화를 초래하며, OECD와 같은 국제기구에 의한 전지구적 교육지배를 강화할 가능성이 있었다. 수는 모든 개인을 계산 가능한 존재로 간주하며, 스스로를 책임지는 자율적 주체의 통치를 강조한다. 이러한 자율적 주체의 통치는 연대, 복지, 평등, 공동체와 같은 사회적인 것의 약화를 초래한다. 전통적으로 교육정책은 방법론적 국가주의의 틀 안에서 논의되는 것이 보통이었으나, 수량화는 OECD의 PISA와 같이 국민국가의 통제력을 벗어나는 새로운 초국가적 규율권력의 출현을 촉진할 가능성이 컸다.

교육정책에 대한 수의 지배가 초래할 그 부정적 영향에도 불구하고, 사람들은 습관적으로 또는 관성적으로 수를 동원한다. 그 이유는 사람들이 수에 대해 지나치게 신뢰하고 일종의 교리처럼 간주하기 때문이다. 그러나 '과학'과 '객관성'이라는 이름의 수는 진리의 생산과 확산에도 기여하지만 동시에 거짓의 생산과 확산과도 불가분의 관계를 가지고 있다. 수는 교육현상을 적절히 그리고 제대로 이해하는 데 도움을 주기도 하지만, 현실을 왜곡하기도 한다. 또한 교육적 가치의 수량화와 계량화는 교육현상을 단순화하여 가시성을 높여 주지만 교육적 상상력과 성찰성의 파괴를 낳기도 한다. 실증주의가 기술의 발전 속에서 자연과학의 진보만을 인식하고 사회의 퇴보는 인식하지 못하였던 것처럼, 과도한 수량화는 분석 기법에 매몰되어 교육적 가치의 훼손을 보지 못할 수도 있다. 통계적 기법의 고도화는 역설적으로 교육적 가치의 식민화를 초래할 수도 있는 것이다. 로더 등(Lauder et al., 2004: 20)은 수를 정책에 활용한 초창기의 정치적 산술에서는 질적 자료를 간과하지 않았다는 점을 지적하면서, 양적 방법과 질적 방법을 통합하는 것이 정치적 산술의 전통을 되살리는 길이라고 주장한다. 수에 대한 지나친 환상과 기대는 숫자의 생산 과정에서 발생할 수 있는 다양한 현상들을 비판적으로 바라보는 것을 어렵게 한다. 인간의 의지와 판단이 종교의 권위에 억눌렸던 중세의 암흑시대처럼, 과학이라는 이름으로 동원되는 수의 권위는 우리의 도덕적 · 교육적 판단을 박제시킬 위험성이 있다.

그렇다면 인간 삶이 수량화되는 것으로부터 전적으로 자유로운 삶을 생각할 수 있는가? 그것은 불가능하고 또 바람직스럽지 않다고 생각한다. 현실적으로 수는 교육정책의 목적, 수단, 결과와 관련된 논의에서 다양하게 사용되고 있으며, 그것이 가지고 있는 기능적 효용성을 부정하기 어렵다. 오히려 수를 맹목적으로 거부하거나 수량화의 방법이 쉽게 주변화되는 것을 경계해야 한다. 대신에 수의 성격과 본질 그리고 그 생산 과정을 적절히 이해하는 능력을 갖출 필요가 있으며, 나아가 그 활용을 판단하는 데 필요한 통계분석 방법과 같은 기법을 익힐 필요가 있다(Apple, Ball, & Gandin, 2010).

물론 수량화된 자료와 증거에 전적으로 의존하지 않고도 좋은 정책과 제도를 생각해 낼 수 있다. 이를 위해 수의 마술과 같은 힘을 맹신하지 않고, 계산이 판단을 전적으로 대신할 수 있다고 믿지 않으며, 정확성과 정밀성을 진리와 같은 것으로 생각하는 것을 멈추어야 한다. 수에 대한 과도한 집착은 오히려 수의 긍정적 의미를 약화시키는 결과를 낳고, 수를 맹목적으로 거부하는 의도하지 않은 부정적 결과를 초래할 수 있다. 무엇보다도 수량화를 통해 생산된 수는 그것이 모든 판단을 주관하거나 지배하는 것이 아니라 정책적 판단을 둘러싼 개방적인 민주적 대화의 일부로 간주되어야 한다.

제10장

전국교직원노동조합의 교사 정체성

교육현장에서 일어나는 모든 부정과 비리, 반교육적 관행을 척결하여
교육의 정상화가 이루어지도록 함으로써
존경받는 교사상 정립에 힘쓸 것입니다.
– 전국교직원노동조합(1989. 5. 18.)

해방 이후 한국의 교사들은 교육의 발전과정에서 주도적 역할을 담당한 것으로 평가받는다. 많은 교사는 박봉(薄俸)에도 불구하고 후세를 위해 교육한다는 생각으로 가르치는 일을 묵묵히 수행하여 왔다. 군사부일체(君師父一體)는 오랫동안 교사들의 정체성을 규정하는 주된 은유였으며, 더불어 교사는 원리원칙을 중시하고 세속적 가치와는 거리가 있으며 정치적 및 도덕적으로 보수적 성향을 지닌 집단으로 인식되었다. 이와 같은 교사에 대한 부권적 · 보수적 · 탈세속적 이미지가 약화되기 시작한 것은 전국교직원노동조합(이하 전교조)의 모태가 된 '민주교육추진전국교사협의회'가 1987년에 결성되고, 1999년에 전교조가 합법화되어 교사운동이 본격화되면서부터라고 할 수 있다. 전교조의 출현은 사회적으로 교사를 정의하는 '내용'과 '표현'의 근본적 변화를 초래하였다.[1]

전교조는 당시에 당연한 것으로 받아들였던 권위주의적 국가가 규정한 교사에 대한 단일 정체성에 의문을 제기하였다. 나아가 국가가 제시한 교사 정체성을 비판하고 이에

[1] 한국에서 교원노동조합은 1960년 4 · 19 혁명 이후에 결성되었으나, 1961년 5 · 16 군사쿠데타로 와해되었다. 전국교직원노동조합은 1987년 9월 27일 민주교육추진전국교사협의회의 결성에 이어 1999년 1월 21일 합법화되었으나, 현재는 전교조의 노동조합으로서의 지위를 둘러싼 '법외노조(法外勞組)' 재판이 진행 중에 있다.

대항하는 한편, 전교조의 교사 정체성이 지배적인 것이 되도록 정체성 경쟁을 촉발하였다.[2] 전교조는 '정체성 정치(politics of identity)'를 통하여 기존의 교사 정체성에 도전하면서 동시에 대안적 정체성을 구성하고자 하였다. 정체성 정치란 특정 개인이나 집단이 자신이 속한 사회에서 자신들의 존재 가치와 사회적 권리를 인정받기 위해 벌이는 인정투쟁의 한 형태를 말한다. 전교조는 1999년 합법화를 통하여 교사가 노동자로서의 지위와 권리를 갖는다는 점을 인정받았으며, 합법화 이후에는 전교조의 교육이념과 실천을 인정받기 위한 투쟁에 집중하였다. 이 과정에서 전교조는 교육적으로뿐만 아니라 정치적으로 진보적 성향을 지닌 단체로 간주되었으며, 전교조 교사는 사회적으로 '개혁적' '진보적' '비판적' '과격한' '불손한 사상을 가진 버릇없는' 교사라는 중층적 이미지를 가지게 되었다.

전교조에 대한 이러한 다양한 평가는 고정된 어떤 실체가 아니라 전교조를 둘러싸고 '우리'와 '그들'의 차이를 구성해 가는 교육적 실천의 산물이라고 할 수 있다. 전교조는 자신을 '위험한 집단'으로 규정하고 위협하는 타자에 저항하고, 교육적으로 '그들'과의 차이를 강조하면서 새로운 교사 정체성을 구성하고자 하였다. 이와 함께 전교조 내부에서 경쟁하는 다양한 정체성을 효과적으로 다루고 그들 사이의 차이를 해소함으로써 '우리'라는 공유된 감정을 갖도록 노력하였다. 전교조의 안과 밖에서 전개되는 이와 같은 정체성 정치는 조직뿐만 아니라 교사가 자신의 정체성을 구성하는 데에도 중요한 영향을 미쳤다.

이런 점에서 전교조와 전교조 가입 교사들이 어떤 교사 정체성 담론을 구성/재구성하였는가를 살펴보는 것은 중요하다. 기든스(Giddens, 1995)에 따르면 정체성이란 행위자 자신에 대한 의미의 근원이며, 행위자 자신에 의한 개별화 과정을 통해 구성되는 구성물이다. 즉, 정체성이란 자신이 누구인지, 타자와 어떤 관계에 있는지 그리고 자신과 타자들로 구성된 사회적 관계 속에서 무엇을 어떻게 해야 하는지에 대해 사람들이 가지는 의미의 원천이다. 이때 의미란 '행위자에 의한 자기 행위 목표의 상징적 동일시'(Castells, 2008: 24)를 말한다. 따라서 정체성은 고정된 상태로 존재하는 단일한 것이 아니라 재구성과 구성의 과정을 반복하는 역동적 과정을 통해 형성되는 다층적 특성을 갖는다

❷ 정체성 경쟁은 전교조와 국가뿐만 아니라 교원단체들 간에도 전개되었다. 1947년에 조직된 한국교원단체총연합회(이하 교총)는 전교조에 비해 상대적으로 보수적 성향을 지닌 것으로 평가받는다. 한국의 대표적인 교사단체인 전교조와 교총은 교육이념과 정치적 지향의 차이 때문에 단체 간 대립이나 교직관의 혼란과 갈등의 심화 등을 초래하기도 한다(전제상, 2002: 83).

(Castells, 2008; Giddens, 1995; Mouffe, 2006).

그동안 전교조와 관련된 연구는 전교조라는 집단의 공통적 특성에 주로 집중함으로써 정체성의 구성/재구성과 관련하여 주체로서 교사의 개별적 경험과 의미화 실천은 적극적으로 연구되지 못하였다. 전교조에 가입한 교사 개인이 내면화하는 정체성은 집단적 정체성에 의해 일방적으로 규정되지 않는다. 개인의 정체성이 그가 속한 집단으로부터 명확하게 구분되지 않았던 근대 이전과 달리, 오늘날에는 집단의 정체성이 개인의 정체성과 반드시 일치하지 않는다. 이러한 점에서 전교조 가입 교사들이 모두 공통의 정체성을 수용하고 내면화하였을 것으로 가정하는 것은 적절하지 않다. 교사의 정체성은 전교조에 의해서 전적으로 결정되는 것이 아니라, 자신의 삶을 대하고 행위하며 또 체험하는 방식에 따라서 영향을 받는다.

뿐만 아니라 전교조 가입 교사들은 자신의 정체성을 구성/재구성하는 과정에서 전교조가 정의한 집합 정체성 담론과 달리 다양하고 이질적인 것들을 경험하기도 한다. 교사들의 정체성 형성 과정은 자연스럽고 모순 없이 진행되는 것이 아니라 갈등과 저항의 과정을 동시에 수반하는 것이다. 이런 점에서 전교조 가입 교사들이 교사로서의 정체성을 구성/재구성하는 과정에서 어떤 갈등과 모순 그리고 긴장을 경험하는지를 밝히는 것은 중요하다. 그러나 기존의 논의는 이러한 다중적이고 경쟁적인 정체성에 주목하지 못하고, '전교조는 ~하다'와 같은 단일 프레임에 갇혀 교사들 사이에 존재하는 정체성 갈등과 혼재 그리고 내적 모순을 밝히려는 문제의식이 부족하였다.

이러한 문제의식을 기반으로 여기서는 전교조에 가입하여 교사운동에 참여한 교사들이 교사 정체성을 어떻게 '구성/재구성'하였는가를 분석하고자 한다.[3] 여기서는 교사 정체성을 특정한 의미와 기호체계로 고정된 객관적 실체가 아니라, 사회적 맥락에 따라 (재)구성되는 의미화 실천의 산물로 가정한다. 구체적인 연구문제는, 첫째, 전교조는 어떠한 교사 정체성 담론을 구성/재구성하였으며, 이들은 어떤 공통점과 차이점을 갖는가, 둘째, 전교조 가입 교사들은 전교조의 교사 정체성 담론을 어떻게 받아들였으며, 어떤 내적 모순과 긴장을 경험하였는가, 셋째, 전교조의 교사 정체성 담론은 국가에 의한 정체성 담론과 어떠한 갈등 및 경쟁을 경험하였으며, 이것이 전교조 가입 교사의 정체성에 어떠한 영향을 미쳤는가 하는 것이다.

[3] 여기서 '전교조 교사'는 '전교조 가입 교사'를 의미하며, 서로 구별하지 않고 사용한다.

1. 연구방법

분석틀은 카스텔스(Castells, 2008: 23-31)의 정체성 유형이다. 카스텔스(2008)는 정체성을 "행위자 자신에 대한 의미의 근원이며, 행위자 자신에 의한 개별화 과정을 통해 구성된다."라고 주장하고, 구체적으로 '정당화 정체성(legitimating identity)' '저항적 정체성(resistance identity)' '기획적 정체성(project identity)'의 세 가지로 구분하였다.

먼저, 정당화 정체성은 지배를 확대하고 합리화하기 위해 정부와 같은 사회의 지배적 제도에 의해 제시되는 경향이 있다. 정부가 사회를 안정적으로 지배하기 위해서는 구성원들이 정당화 정체성을 내면화하는 것이 필수적이다. 정부는 지배를 확대하고 합리화하기 위해 정체성을 생산/재생산한다. 한편, 저항적 정체성은 지배 논리에 의해 폄하되거나 비난받는 행위자에 의해 생성되며, 정부에 비판적인 진영은 이를 통해 정당화 정체성에 대항하는 정체성을 추구하고자 한다. 정부 입장에서 저항적 정체성은 기존의 지배와 가치 판단을 역전시키는 것이다. 마지막으로 기획적 정체성은 가용한 교육적 · 문화적 자원을 기반으로 새로운 정체성을 구축하고, 이를 통해 기존 사회구조의 변화를 추구할 때 강조된다. 카스텔스는 저항적 정체성이 기획적 정체성을 야기할 수 있으며, 그 결과 사회적으로 지배적인 정당화 정체성이 될 수 있다고 주장한다.[4] 이렇듯 세 가지 정체성은 분리되어 있는 것이 아니라 사회적 및 역사적 맥락 안에서 서로 긴밀하게 관련되어 있으며, 서로 갈등과 긴장 그리고 포섭의 관계에 있다. 여기서는 전교조 출범 20년이었던 2009년을 중심으로 시기를 구분하여 교사 정체성을 분석하였다. 전교조 출범 이후 교사 정체성과 관련된 다양한 담론이 생산되었으나 대체로 비슷한 반면에, 2009년에 발표된 '전교조 제2의 참교육운동선언'은 이전과 가장 두드러진 차이를 보이는 것으로 판단하였다.

연구방법으로는 면접과 담론 분석을 실시하였다. 면접은 전교조에 가입한 적이 있는 교사 10명을 대상으로 하였다. 면접은 '전교조가 추구하고 지향한 교사 정체성이란 무엇인가?' '전교조가 추구한 교사상은 정부의 교사상과 무엇이 같고 다른가?' 그리고 '전교조가 추구한 교사상은 개인적으로 어떤 의미를 갖는가?' 등을 묻고, 면접 대상자들의

[4] 정체성은 고정되고 본질을 지닌 실체를 갖기보다는 지속적으로 구성/재구성되는 과정적 개념이다. 따라서 저항적 정체성은 기획적 정체성을 낳고, 시간이 변화함에 따라 사회를 지배하는 정당화 정체성이 되기도 한다 (Castells, 2008: 25-26).

이야기를 듣는 방식으로 진행하였다. 면접 대상자는 연구자가 재직하고 있는 대학원을 졸업한 현직 교사에게서 첫 대상자를 추천받고, 그 대상자로부터 다음 교사를 추천받는 눈덩이 표집을 통해 선정하였다. 대상자에게 미리 이메일로 질문지를 보내 연구 취지를 설명하고 동의를 구한 다음 면접을 실시하였다. 무엇보다 전교조 교사로서의 개인적 경험을 구체적으로 진술할 수 있는 사람을 면접 대상자로 선정하고자 하였다. 면접 대상자의 생각과 경험을 충분히 이끌어 내기 위하여 반구조화된 면접표를 사용한 유연한 질문 방식을 활용하였으며, 각 1회 평균 2시간 정도 소요되었다. 면접은 연구자와 대학원에 재학 중인 연구보조원이 실시하였고, 면담자의 동의를 받아 기록하고 녹음하였으며 전사하여 분석하였다. 면접 대상자들의 인구학적 특성을 살펴보면, 성별로는 여교사 4명, 남교사 6명이었다. 학교급별로는 초등학교 5명, 중등학교 5명이었다. 교직경력은 평균 20.6년이었다. 면접은 2013년 4월부터 8월에 걸쳐 이루어졌다. 면접 대상자의 일반적 사항은 〈표 10-1〉과 같다.

다음으로 전교조가 발표한 선언문과 유인물, 전교조 관련 정부 정책, 국회회의록, 언론 사설 등의 텍스트를 대상으로 담론 분석을 실시하였다.[5] 담론 분석은 교사 정체성을

〈표 10-1〉 연구대상의 일반적 특성

대상	학교급	성별	교직경력	가입연도*	비고
교사 1	중등	남	24	1991	분회장, 사무국장
교사 2	중등	남	13	2001	분회장, 전교조 탈퇴
교사 3	초등	남	17	2001	분회장
교사 4	초등	여	21	1992	분회장, 참실부장
교사 5	초등	여	34	1992	분회장, 남편 해직교사
교사 6	중등	여	17	1999	분회장
교사 7	중등	남	19	1997	분회장, 사무국장
교사 8	중등	남	18	1999	분회장
교사 9	초등	여	18	1994	분회장, 부지회장
교사 10	초등	남	25	1989	분회장, 지부장

* 1999년부터 전교조 합법화

[5] 대표적으로 분석에 사용된 텍스트는 전교조 창립선언문(1989. 5. 18.), 참교육실천강령(2002년), 전교조 제2의 참교육운동선언(2009. 5. 18.), 정부의 전교조 관련 보도자료와 국회에서 행한 관료들의 발언(회의록), 각종 신문의 전교조 관련 사설 등이다.

교사를 둘러싼 권력과 갈등 그리고 지배구조의 맥락 속에서 이해하고 해석하는 방법이다. 워닥과 마이어(Wodak & Meyer, 2009)에 따르면 담론 분석은 권력 작용에 의해 은폐된 원인이나 연결 관계를 구체적으로 드러내는 것으로 텍스트의 내용을 단지 기술하고 설명하는 것에 그치는 것이 아니라 '탈'신비화하는 기능을 한다. 이 연구에서도 담론 분석을 통하여 전교조를 둘러싼 담론의 내용과 성격 그리고 그것을 표현하는 양식을 분석함으로써, 교사 정체성을 둘러싼 이해당사자들의 긴장과 갈등을 사회적 맥락 속에서 해석하고자 하였다.

2. 교사 정체성의 의미

정체성은 "너무 많은 것을 의미하거나, 의미하는 바가 너무 적거나 또는 아무것도 의미하는 바가 없다."라는 브루바커와 쿠퍼(Brubaker & Cooper, 2000: 1)의 지적처럼 그 정의가 모호하고 논쟁적이다. 넓은 의미에서 정체성은 자아와 타자를 규정하고 범주화하며 동일시하는 것으로 특정한 개인이나 집단을 사회적으로 배제 또는 포용하는 사회적 실천을 가능하게 하는 '차이에 관한 모든 것'이라고 할 수 있다.

정체성은 연구자와 이론적 전통에 따라 다양한 의미로 사용된다. 먼저, 전통적 관점은 정체성을 개인의 안정적이고 보편적이며 변함없는 추상적인 질적 속성으로 이해한다. 정체성은 '나다움'과 같이 자아의 본질적이고 영속적인 속성을 표현하기 위해 사용된다. 그러나 구성주의적 관점은 정체성의 사회적 성격을 강조한다. 정체성을 변함없이 보편적이고 본질적인 개인이나 집단의 속성이 아니라 다양한 사회문화적 맥락에서의 상호작용 과정에서 생겨난 '결과물'로 이해한다(Papadopoulos, 2008: 140). 전통적 관점은 인간이란 시공간을 넘어 동일성과 보편성을 갖는다는 점을 가정한다. 인간은 이미 알고 있는 유사성과 아직 알지 못하는 그러나 존재하는 유사성을 가지고 있으며, 이러한 동일성에 따라 개인과 개인 그리고 집단과 집단의 정체성이 서로 명백하게 구별된다고 주장한다. '근본적'으로 유사한 개인의 속성을 강조한다는 점에서 '본질주의' 관점이라고 할 수 있다. 구성주의적 관점은 정체성이란 역사적 · 사회적 상황과 맥락 그리고 협상을 통해 구성되는 우연성의 산물이라고 주장한다. 정체성이 맥락과 상호작용에 따라 담론적으로 구성된다는 점을 강조한다는 점에서 '구성주의' 관점이라고 할 수 있다(Brubaker & Cooper, 2000: 8).[6] 정체성과 관련하여 '본질'과 '맥락'을 강조하는 두 관점은 전적으로 배타적이지 않고 보완적 성격을 갖는다.

지금까지 정체성은 주로 심리학에서 다루어졌다. 이는 정체성을 고정되고 일관되며 자명한 것으로 받아들이는 전통적 관점 때문이었다. 오랫동안 정체성은 성, 계급, 인종 등에 따라 전적으로 결정된다는 '환원론'의 영향 아래 있었으며, 개인의 정체성은 그 사람의 생각이나 의도와 무관하게 개인 밖에 존재하는 구조나 문화와 같은 추상적 논리에 따라 결정된다고 보았다. 이와 같은 결정론적이고 객관주의적이며 환원론적인 논의는 푸코를 위시한 후기구조주의자들의 등장으로 새로운 국면을 맞이하였다(Jenkins, 2005). 이들은 정체성을 타자와의 관계 그리고 타자에 대한 이해에 근거하여 지속적으로 구성되는 과정적 개념으로 이해하였다. 즉, 정체성을 기본적으로 타자의 존재를 가정하는 '관계적 자아(the relation self)'와 관련된 개념으로 정의하였다. '관계적 개념'으로서 정체성은 고정되어 변화되지 않는 어떤 것이 아니라, 늘 유동하는 것으로 구성/재구성의 과정에 있다. 따라서 사람들은 영구히 고정되는 단일 정체성만 갖는 것이 아니라 유동하는 복수의 다중 정체성을 갖게 된다(Elliott, 2007). 이처럼 정체성은 개인에 의해 성찰적으로 해석된 구성-해체-재구성과 같은 변화의 연속선상에 있는 사회적 교섭의 산물이다(Giddens, 1995).

정체성은 개인적 또는 집합적 형태를 보인다. 개인 혹은 집단은 다양한 사회적 위치(social location)를 갖는다. 이러한 사회적 위치는 정체성과 밀접하게 관련되어 있는데, 성, 인종, 성적 지향 등과 같은 특수한 범주와 시장이나 직업구조 또는 생산 양식 등과 같이 보편적으로 인식되는 사회구조의 두 가지로 구분된다. 개인은 특수한 것과 보편적인 것들이 뒤섞여 있는 사회적 위치에 따라 다층적 정체성을 갖게 된다. 한편, 집합적 수준의 정체성은 집단의 구성원들이 다른 집단과 구별된다는 느낌, 즉 소속감과 밀접한 관련이 있다. 따라서 집합적 정체성은 그 성격상 배타적이며 구성원들을 감정적으로 연결한다는 특징이 있으며, 구체적으로 공동의 범주적 속성을 공유하는 '공통성(commonality)', 서로를 긴밀하게 연결하는 '관계성(connectedness)' 그리고 하나로 묶고 연대하게 하는 '소속감(feeling of belonging)'을 특징으로 한다(Brubaker & Cooper, 2000: 20).

근대 이전에 개인적 정체성과 집합적 정체성은 매우 밀접한 관계를 보였다. 그러나 포스트모던 시대의 개인은 집단적 가치와 행위를 위해 개인적 선택과 이익을 유보하지 않

---

❻ 브루바커와 쿠퍼(2000: 10)는 본질주의를 '강한(strong/hard)' 정체성 관점으로, 구성주의를 '약한(weak/soft)' 정체성 관점으로 구분한다.

을 뿐만 아니라 견고한 동일성을 지닌 제도화된 조직에도 구속되지 않는다. 개인의 정체성은 상호 모순과 불화 관계에 있는 서로 경쟁하는 다양한 비인간적 힘에 영향을 받지만, 그렇다고 그것에 전적으로 지배되지 않는다. 엘리엇(Elliott, 2007)의 다음 지적처럼 개인은 특정 조직이나 집단의 정체성을 내면화하기보다 그것을 넘어 자신의 삶을 주체적으로 구성할 수 있는 주체가 되는 것이 더욱 중요하게 되었다. 개인은 자신의 정체성을 설계할 자유와 책임을 갖게 되었으며, 개인의 정체성은 '물려받은 것'에서 '구성되는 것'으로 변화되었다.

> 현대사회에서는 개인적 불평과 정서적 불안이 집단적인 정체성의 틀과는 점점 덜 관련된다. 사적인 문제는 점점 더 많은 경우에 그저 사적인 문제로 남아 있다. 오늘날의 희망과 공포는 개인이 저마다 홀로 경험하는 그러한 것들이다(Elliott, 2007: 21).

정체성의 구성 과정에서 '내'가 다른 사람들에게 어떻게 보이고 평가받느냐 하는 것이 중요하다(Cerulo, 1997). 정체성이란 일종의 존재감을 말하는데, 그것은 다른 사람이 '나'를 인정하지 않으면 '나'는 계속해서 '나'로 살아갈 수 없는, 즉 '살아도 산 것이 아닌 상태'가 됨을 의미한다(홍윤기, 2000). 따라서 존재감이란 그저 단순히 존재하는 것이 아니라 사람들이 나의 존재를 인식하는 것을 말한다. 사람이 존재감을 갖기 위해서는 "누구나 이해할 수 있는 행동을 하는 정상적인 사람으로 남에게 비추어져야 하며, 그러한 행동이 어수룩하거나 서투르지 않고 매우 잘 보여 줄 수 있어야 한다."(김광기, 2008: 176-177)

교사도 마찬가지다. 교사도 학생이나 학부모들로부터 저절로 그 존재를 인정받는 것이 아니라, 동료 교사나 학생들 그리고 학부모 등으로부터 가르치는 일을 비롯한 교사의 업무를 제대로 수행하는 '정상적인 교사'로 인정받아야 한다. 교사의 존재감이란 교사들이 그저 맡은 바 역할을 묵묵히 수행하는 개인적 문제가 아니라 교육적으로 상호작용하는 사람들과의 관계를 통해 확인받고 인정받는 관계적 개념인 것이다.

'교사다움'은 교사에 대한 개인적 또는 사회적 정체성을 의미한다. 교사의 개인과 집합 정체성 형성은 상징적 수준에서 긴장과 갈등을 거치면서 일어나는 역동적 과정이다. 이와 같은 긴장과 갈등을 통해 특정한 범주들이 만들어지게 된다. 중요한 점은 정체성을 둘러싼 긴장과 갈등이 자연적인 것이 아니라 권력 관계를 반영한 사회적 현상이라는 점이다. 이뿐만 아니라 두 정체성은 엄격히 분리되는 것이 아니라 통합되어 있으며 서로 갈등하기도 한다. 교사들 스스로 자신의 정체성을 개념화하기도 하지만 밖으로부터 규정되기도 하는 것이다. 더구나 교사들은 정체성과 관련하여 중요한 의미를 갖는 성, 계급, 장애 유무, 정치적 입장, 소속 교원단체 등 다양한 사회적 범주를 갖는다. 이들 사회적 범주는 교사를 개인적 또는 집합적으로 규정하는 과정에서 중요한 영향을 미친다. 그러나 교사의 사회적 범주가 곧바로 교사의 정체성으로 이어지는 것은 아니다. 교사들은 '다양한 환경'을 접하면서 그리고 '다양한 사람'들과 상호작용하면서 자신의 정체성을 구성하게 된다.

이와 같은 사회적 구성물로서 교사 정체성은 은유, 담론 그리고 담론들 사이의 관계로 표현되는데, 이는 시간과 공간에 따라 달라진다. 따라서 교사의 존재감을 구성하는 개념, 즉 '교사다움'의 의미가 그것을 규정하는 사람에 따라 다르며, 또한 한 번 형성된 존재감이 안정적으로 지속되지 않는다. 학생과 학부모 그리고 교육당국에 의한 '일을 잘 하는 교사'를 규정하는 방식의 차이는 곧 교사로서의 존재 여부를 결정한다는 점에서 다양한 갈등을 야기하기도 한다. 이것이 바로 교사 정체성을 둘러싼 갈등의 원인이다. 교사의 정체성 논의도 이러한 맥락에서 논의되어야 한다. 즉, 교사가 타자에 의해 어떻게 규정되고, 그러한 개념이 교사들 스스로가 생각하고 있는 것과 무엇이 같고 다른가를 파악하는 것이 중요하다(Beauchamp & Thomas, 2009).

지금까지 교사 정체성 관련 연구는 교사의 정체성을 전문성 또는 전문직성과 동일한 것으로 가정하고 등치시킴으로써, 교사들이 정체성을 구성하고 재구성하는 과정에 주목하기보다는 교사의 전문성 신장과 관련된 당위론적 논의에 집중한다는 한계가 있다. 따라서 많은 연구가 '좋은 교사'에 대한 당위적 조건을 항목으로 나열하는 수준을 넘어서지 못하고 있다. 이뿐만 아니라 전교조 가입 교사를 중심으로 교사들이 자신의 정체성을 어떻게 형성하는가에 관한 논의는 상대적으로 부진한 편이다.

3. 전교조 교사 정체성의 특징

1) 전교조 출범과 저항 정체성의 구성

전교조의 출범은 교사를 전교조 가입 여부에 따라 '우리'와 '그들'로 구분하는 계기가 되었으며, 전교조 교사가 다른 교사들과 무엇이, 어떻게, 얼마나 다른지를 구체적으로 드러내는 사건이었다. 전교조는 1989년 5월 28일에 발표된 전교조 창립선언문에서 "교육 민주화와 사회 민주화 그리고 통일의 그날까지 동지여, 전교조의 깃발 아래 함께 손잡고 나아가자! 민족교육 만세! 민주교육 만세! 인간화 교육 만세!"로 조직의 정체성을 구체화하였다. 이때 '동지여!'는 교사들을 '우리'로 결집하기 위한 중요한 호명(呼名) 행위다. 교사들은 개별적이고 특수한 이익을 주장하는 것이 아니라, 교육 민주화를 위해 '함께' 손잡고 나아가는 저항하는 교육주체로서 '동지(同志)'로 통합되었다.

전교조는 창립선언문에서 동지로서 '우리'와 구별되는 '그들'의 정체성을 사이비 교육을 일삼는 '모리배(謀利輩)'로 규정하였다. '그들'은 지금까지 교육을 지배하였던 모든 부조리한 세력을 지칭하는 매우 포괄적인 것으로 독재권력, 교련, 이기적 학부모, 교육부, 반민주와 통일반대세력 등을 말하였다. 전교조는 '광란의 작태'를 보이는 비정상적인 '간악한' 모리배를 동지와 함께 하기 어려운 극복의 대상으로 간주하였다(전국교직원노동조합, 1989. 5. 18.). 전교조는 거짓 교육에 대항하여 진실된 교육, 즉 '참교육을 실천하는 존경받는 스승'을 전교조의 교사 정체성으로 강조하였다.

> 교육현장에서 일어나는 모든 부정과 비리, 반교육적 관행을 척결하여 교육의 정상화가 이루어지도록 함으로써 존경받는 교사상 정립에 힘쓸 것입니다(전국교직원노동조합, 1989. 5. 1.).

이는 전교조가 자신들의 경계를 명확히 하고, 정부의 정당화 정체성에 대항하여 저항적 정체성을 형성하는 계기가 되었다. 다음에서는 전교조의 저항적 정체성을 살펴보고자 한다.

(1) 참교육을 위한 소명의식과 비판적 지식인 정체성

전교조 교사들은 전교조 가입을 '자연스럽고' '당연한' 일이라 생각하였다. 그들은 전교조에 가입하게 된 것을 일종의 소명(召命)으로 생각하였고, 한국교육에 책임을 갖는 교사라면 전교조에 가입하는 것이 당연하다는 생각을 가지고 있었다. 분단과 독재 그리고 비인간화 시대를 거치면서 개인적으로 갖게 된 역사적 · 사회적 경험이 전교조를 중심으로 하는 교육 민주화 운동에 참여하도록 하였다는 일종의 '소명'을 강조하였다. 전교조의 출범을 시대정신을 반영한 역사적 산물로 규정하고, 전교조에 가입하는 것을 교사로서 역사적 책임을 다하기 위한 것으로 생각하였다.

발령받던 날에 전교조를 찾아가서 직접 가입을 했습니다. 대학교 때부터 생각을 가지고 있었고, …… 발령받은 학교에 전교조 골수가 계셨는데 그분에게 사무실 위치를 물어 가입을 했죠. 원래부터 가입할 마음을 가지고 있었습니다. (교사 9)

이와 같은 '도덕적 이상과 열망' 그리고 '소명에 기반을 둔 비판의식'은 많은 교사에게서 공통적으로 발견되었다. 이들은 전교조를 중심으로 하는 교육운동을 대학생 시절의 사회 민주화를 위한 학생운동의 연장으로 간주하였다. 학생운동에 참여했던 '개인적' 경험이 자연스럽게 교사운동으로 연결되었던 것이다(교사 1, 교사 3, 교사 7, 교사 10). 이처럼 개인의 정체성은 환경이나 조직이 전적으로 부여하는 것이 아니라, 개인의 활동을 통해서도 획득되는 경향이 있다. 기든스는 이를 성찰성(省察性)이라 부르고, 성찰의 결과 개인이 자신의 정체성을 구성하게 된다고 보았다. 개인은 성찰을 통해 자신의 정체성을 이해하고 또 새로운 정체성을 구성하게 되는 것이다. 마찬가지로 교사들도 학생운동 시절 자신의 삶을 성찰하고, 그것을 교육운동으로 재맥락화함으로써 교사로서의 정체성을 구성하였다.

교사들은 전교조와 자신이 추구하는 가치가 바람직하고 상대적으로 우월하다는 '신념'을 가지고 있었다. 전교조는 많은 교사가 부당한 권력 때문에 '선전대(宣傳隊)' '지식판매원' '입시기술자'로 전락하였다고 비판하고, 스스로를 정부의 억압과 간섭에 대항하여 싸우는 '투사(鬪士)'로 생각하였으며, 비판적 역사의식과 계몽적 능력을 갖춘 '깨어 있는 교사'(교사 1, 교사 7, 교사 10)라고 생각하였다. 그들은 무비판적 교사는 물론이고 학생과 학부모와 연대하고 그들을 변화시키는 비판적 지식인으로서의 역할을 강조하였다. 이는 대중과 분리된 '전통적 지식인'과 달리 대중 속에서 그들과 유기적 관계를 유지하면서 '대중의 정신 상태에 영향을 미치고 그들의 지적 수준을 향상시키기 위해 끊임없이 노력하는 유기적 지식인'(Gramsci, 2007: 183)과 유사하였다.

우리 교직원은 교육의 자주성과 정치적 중립성을 유린한 독재정권의 폭압적인 강요로 인하여 집권세력의 선전대로 전락하여 국민의 올바른 교육적 요구에 부응하지 못하고 결과적으로 진실된 교육을 받고자 하는 학생들의 학습권을 침해하는 잘못을 저질러 왔다. 독재 권력이 강요한 사이비 교육은 교원의 권위를 땅에 떨어뜨렸고 교단의 존경받는 스승은 더 이상 발붙일 수 없이 지식판매원, 입시기술자로 내몰렸다(전국교직원노동조합, 1989. 5. 18.).

> 정부에서는 공교육의 가장 말단에서 국가 교육정책이나 교육과정에 잘 따르는 수동적이고 순응적인 존재로 교사를 보고 있지 않았는가 생각하고요. 반면에 전교조는 교육활동의 주체이기 때문에 자유의지를 지닌 비판적 지식인으로 교사를 보기 때문에 충돌할 가능성이 높고 충돌해 왔다고 봅니다. (교사 1)

그런데 정부는 전교조의 저항적 정체성을 정당화 정체성을 위협하는 문제로 규정하고 억압하였다. 전교조를 반공과 같은 이념적 잣대로 억압하거나 교사들을 해직하기도 하였다. 이러한 상황에서 전교조에 가입하는 것은 '위험한 선택'이었다. 전교조 교사들은 교육민주화의 주체로서 교육개혁을 주도하는 저항적 정체성과 함께 자유민주주의 체제를 부정하고 북한에 동조하는 교사라는 '오명화된' 정체성을 동시에 갖게 되었다.

> 교원노조 측은 이른바 참교육의 실천을 위해 …… 교원노조가 필요하다고 주장하고 있으나, 교원노조결성선언문과 단체협약안을 분석해 볼 때 '자유민주주의체제를 부정' 하는 것으로 판단됩니다. …… (선언문에서 사용하는) 용어는 '이북용어(以北用語)' 로 알고 있습니다(국회사무처, 1989. 10. 18.: 427).

실제로 많은 교사는 전교조 가입과 관련하여 주위로부터 '부정적' 반응을 경험하였다. 교사들은 '단지' 전교조에 가입한 교사라는 이유만으로 '과격하다' 혹은 '반대만 하는 집단이다'와 같이 부정적으로 인식되는 것을 경험하였다. 예를 들어, "선생님은 좋지만, 전교조는 싫어요."(교사 5), "선생님과 같은 분이 왜 전교조에 가입하셨어요?"(교사 3) 등과 같은 학부모의 모순된 반응을 경험하였다.

(2) '조합원'이라는 호명과 노동자 정체성

전교조는 교사들의 '조직화된 노동'단체다. 전교조는 교사를 노동자로 규정하지 않고서는 성립될 수 없다는 점에서 '노동자로서의 교사 정체성'은 저항적 정체성에서 중요한 위치를 차지하였다. 전교조는 줄곧 노동자로서의 교사 정체성을 강조하였다. 전교조 교사가 된다는 것은 '교사' 혹은 '교원'과 함께 노동조합의 구성원을 의미하는 '조합원(組合員)'이라는 새로운 호칭이 생긴다는 것을 의미하였다. 교사들은 교원이라는 호칭에 대신하여 서로를 조합원으로 부르는 경우가 많았으며, 이러한 호명은 노동자 정체성을 드러내는 것이었다.

> 교육노동이라 함은 다른 일반적인 기층 노동과는 구별되는 점이 있다. 교육이라는 특수한 노동, 즉 교육이라는 전문성을 강하게 요구하면서 그 계층적인 성격은 노동자에 속하는 교사들의 운동으로 파악하고자 한다. 그러므로 교육노동운동은 교원들이 교육문제를 해결하여 교원들의 노동생활을 유지 · 발전시키기 위한 항구적이고 지속적인 운동이다(교육출판기획실, 1986: 14).

그런데 노동자로서의 교사 정체성은 기존 정당화 정체성과 상당한 갈등을 초래하였다. 교사들은 스스로를 전문가임과 동시에 노동자로 규정함으로써 계급 구조 내에서 서로 모순되는 위치를 점유하는 계급으로 이해하였다(교사 1, 교사 7). 노동자와 달리 전문직은 중간계급의 가치와 사회적 지위를 갖는 직업을 지칭하였다. 면담에 참여한 교사들 대부분은 노동자 계급의식에 기초한 교육노동문제를 이슈로 크게 강조하지 않았다. 대신에 교육의 민주적 원리와 가치를 부정했던 권위주의적 독재 권력에 대한 정치적 투쟁을 강조하였다. 따라서 스스로 전문가라고 생각하는 전교조 교사가 전면에 내세운 노동자 정체성은 교육민주화를 위한 저항적 정체성에 비해 사회적 공감대를 얻기 쉽지 않았다. 한국적 상황에서 전문직과 노동직 사이의 갈등은 생각보다 많은 쟁점을 내포하고 있었다. 당시 김영식 문화교육부 장관은 노동자 정체성을 '군사부일체(君師父一體)'와 같은 미풍양속에 어긋나는 것으로 이해하였으며, 따라서 교원들의 노동운동을 인정할 수 없다고 주장하였다.

> 우리나라에서는 예로부터 군사부일체라 하여 스승을 어버이와 같이 보는 전통에 비추어 봐서 교사에게는 보다 높은 윤리성이 요구된다 하겠습니다. 이러한 여러 가지 면을 고려할 때에 교원들의 노동운동을 인정할 수 없다고 보겠습니다(국회사무처, 1989. 7. 8.: 530).

정부는 교육과 정치가 서로 어울리기 어려운 모순되는 것으로 이해하였으며, 전교조를 '불편한 타자'로 인식하였다. 당시 문화교육부 차관 장기옥은 국회에서 교원들의 '불법' 노동조합 결성을 전교조 '사태'로 규정하고, 이러한 사태가 발생한 주된 원인으로 교육여건과 근무환경의 열악, 학교운영과 인사에 대한 불만, 사회적 예우의 추락과 함께 '교사양성과정에서 편향된 의식을 가지고 졸업한 일부 교사들의 영향'을 지적하였다(국회사무처, 1989. 10. 18.). 정부는 교사를 노동자로 정의하는 것은 미풍양속을 해치는 것으로 스승을 바라는 국민으로부터 거부당할 것이라고 생각하였다. 따라서 정부가 체제를 부정하는 교원노조 가입 교사를 파면하고 해직하는 것은 '가혹한 탄압'이 아니라 '교직계의 정화(淨化)'라고 주장하였다.

(3) 탈세속적 희생적 교사 정체성

전교조 교사는 자신보다는 학생들을 위해 희생하는 교사 정체성을 강조하였다. 교사들은 교장이나 교감 등 관리자를 비리와 사이비 교육을 일삼는 '그들'로 비판하였다. 전교조 출범 이후 전교조 교사들과 교장 및 교감은 줄곧 서로를 적대 세력으로 간주하는 경향이 있었다. 따라서 전교조 교사가 관리자가 되기 위해 승진과 같은 세속적 사안에 관심을 두는 것은 자신의 정체성을 부정하는 것이었으며, 오직 학생을 위한 교육에 전력을 다해야 한다고 생각하였다.

> 당시에는 진짜 말 그대로 학교가 비민주적이고, 몰상식한 교장들하며 비합리적인 일들이 그냥 뭐 엄청나게 만연했어요. 그런 것을 좀 바꾸고 싶었죠. 바꾸고 싶었는데, 바꿀 수 있는 동력의 수단이 연대같이 뭉치는 것밖에 없다는 생각을 한 것이죠. 그냥 뭐 자연스럽게 당연히 이것은 가입해서 비민주적인 관행들을 좀 어떻게 해야 되겠다. 뭐, 그런 필요성으로 가입하게 된 거죠. (교사 8)

교사란 아동을 위해 존재한다는 생각은 민주적이고 진보적인 태도로 간주되었다. 따라서 승진을 생각하거나 교장, 교감과 같은 관리자가 된다는 것은 전교조의 이념과 가치에 합당하지 않은 것이라 생각하였다.

> 전교조가 생각하는 좋은 교사의 대표적인 단어는 학생인 것 같아요. 학생에게 좋은 교사, 학생의 권익을 대변하는 교사, 학생의 이익을 위해서 노력하는 교사인 것 같아요. (교사 2)

이뿐만 아니라 전교조 교사는 더 도덕적이고, 더 열심히 가르치며, 모든 면에서 모범적인 역할을 해야 한다고 생각하였다. 이는 전교조 교사가 지적으로뿐만 아니라 도덕적으로 우월하다는 생각을 암묵적으로 드러내는 하나의 상징으로 작용하였다. 도덕적으로 우월한 전교조 교사는 '편안하게 교사생활을 하는 사람'이나 '뭐 하는 사람인지 고민하지 않는 교사'(교사 8)가 되기보다는 '학교에서의 다양한 어려움을 기꺼이 견디는 교사'나 '승진을 포함한 진로에 많은 어려움을 감내하는 교사'(교사 6)라는 정체성을 내면화하였다.

> 내가 전교조 교사이기 때문에 더 바르게 잘해야 한다. 내가 주변 선생님들께 더 좋은 영향을 줄 수 있는 사람이 되어야 한다. …… 내가 남들에게, 조합원이 아닌 분들에게 '내가 좋은 모습을 보여 주어야겠구나.' 라는 생각이 있어요. (교사 6)

> 내가 전교조 조합원이기 때문에 굉장히 조심스럽게 행동하는 경우가 많았거든요. 학부모와의 문제라든지 학생들을 대할 때…… 그냥 편하게 학교 생활하는 교사가 아니라 항상 무엇인가를 열심히 하는 그런 교사여야 된다. …… 다른 선생님들 눈에 '어, 조합원이 왜 저렇게 행동을 하지?' 그런 얘기를 듣기 싫기 때문에 열심히 하고……. (교사 4)

그런데 이와 같은 도덕적 우월성에 따른 희생적 정체성은 전교조 비판자들로 하여금 도덕적 프레임을 이용하여 전교조 교사를 비난하고 공격하는 방편으로 이용되기도 하였다. 대부분의 전교조 교사들은 자신들에게 더욱 엄격한 도덕적 잣대를 들이대고 비난하는 것을 경험하였다. 이뿐만 아니라 이들이 전교조 교사라는 것은 행동을 더욱 조심하고, 더욱 적극적으로 투쟁하며, 정당한 권리마저 양보하게 하는 일종의 자율적 통제 기제로 작용하였다.

(4) 정체성 실천

앞서 지적한 바와 같이 개인적 수준에서 '나는 어떤 교사인가?'라는 물음은 그가 속한 조직과 분리되어 논의하기 어렵다. 조직에 속한다는 것 그리고 조직의 구성원이라는 것은 정체성의 중요한 부분이다. 전교조 교사도 마찬가지다. 전교조 교사 정체성은 구체적인 실천을 통해 드러난다. 정체성 실천이란 전교조 교사들이 조합원으로서 무엇을 어떻게 해야 하는가를 의미하는데, 교사들은 이러한 실천을 통해 자신들이 전교조 조합원이라는 것을 외부에 드러내게 된다. 따라서 정체성 실천은 내부 구성원들보다는 외부인들에게 전교조의 집합적 정체성을 구분할 수 있도록 하게 한다. 또한 전교조에 가입하고자 하는 교사들은 전교조 가입 교사들의 정체성 실천을 바라보고 그것에 맞추어 행동하기도 한다. 이처럼 교사들의 일상적 삶은 바로 정체성 실천 과정이라고 할 수 있다.

정체성 실천은 교사들이 일상적 삶을 상징적으로 조작하는 것으로, 교육태도와 행동의 차이, 시각적 외양의 차이 그리고 용어와 의사소통의 차별 등으로 나타난다. 예를 들어, 전교조 교사들은 관리자들의 부당한 지시에 고분고분하지 않고 비판적 태도를 보였다. 대부분의 면담 대상자들은 전교조 교사 정체성과 관련하여 '투쟁'과 '비판'이라는 단어를 가장 자주 언급하였다. 그들은 학교와 사회를 분리하여 바라보지 않고, 둘 사이의 관계를 비판적으로 바라보는 태도가 중요하다고 생각하였다. 구체적으로 촌지(寸志)를 거부하고 정치적 집회에 참여하며, 교과모임을 비롯한 각종 모임과 분회 활동에 참여함으로써 전교조 교사로서의 '상징적 의미'를 공유하였다. 교사들에게는 "참교육 실천 소모임 같은 것들을 많이 만들었으며, 모임에 가야 새롭고 좋은 자료를 구할 수 있다."(교사 8, 교사 9)라는 생각이 퍼져 있었다. 교사들은 '전국참교육실천대회'(교사 3)에 참여한 것을 매우 의미 있는 일로 기억하고 있었다. 이처럼 다양한 교육과 연구모임은 전교조 교사가 정체성을 구성하는 과정에서 매우 중요한 역할을 담당한 것이다.

또한 정체성과 관련된 깃발, 배지, 머리띠, 휘장 등을 만들어 사용함으로써 다른 교사들과 외양에 있어서 시각적으로 차별성을 드러내기도 하였다. 정체성 실천은 사용하는 용어와 의사소통의 내용과 방법을 통해서도 이루어진다. 전교조 교사들 사이에서는 조합원, 노동자, 파업, 투쟁, 참교육, 참교사 등과 같은 용어 등이 통용되는데, 이것들이 전교조를 다른 집단과 구별하는 요소였다. 이 때문에 외부로부터 "너희만 참교육하고, 우리가 하는 것은 거짓 교육이냐?"(교사 4)라는 식의 비판을 받기도 하였다. 또한 노래를 만들어 구성원들 사이의 소속감을 높이고 감정과 열망을 교환하는 의사소통의 수단으로 삼기도 하였다.

> 굴종의 삶을 떨쳐 반교육의 벽 부수고, 침묵의 교단을 딛고서 참교육 외치니
> 굴종의 삶을 떨쳐 기만의 산을 옮기고, 너와 나의 눈물 뜻 모아 진실을 외친다.
> 보이는가! 강물 참교육 피땀 흐르는, 들리는가! 함성 벅찬 가슴 솟구치는
> 아, 우리의 깃발 교직원노조 세워, 민족 민주 인간화 교육 만만세[7]

이와 같이 다양한 방식으로 행해지는 정체성 실천은 일회적이 아니라 반복해서 이루어졌다. 교사들은 반복되는 정체성 실천을 통해 전교조의 집합적 정체성을 자연스럽게

---

[7] 한국민족음악인협회에서 제작한 노래 〈참교육의 함성으로〉의 일부다.

익히게 되고, 그것에 맞추어 '전교조 교사답게' 행동하게 되었다. 정체성 실천은 전교조의 '사회적 경계'를 명확히 하고, 내부 구성원들로 하여금 집합적 정체성을 정확히 이해하도록 도움으로써 전교조를 비판하는 '그들'에 대응할 수 있도록 하였다. 그런데 정체성 실천을 통해 형성된 전교조 정체성은 내부적으로는 '우리'라는 동지 의식을 강화하는 역할을 하였지만, 외부적으로는 전교조의 이미지를 고정화함으로써 비판의 빌미를 제공하였다.

2) 교사 정체성의 재구성: 기획된 정체성으로서 '제2참교육운동'

(1) 저항적 정체성의 위기와 기획적 정체성의 요청

전교조는 출범 이후 줄곧 교육의 민주적 원리와 가치를 부정했던 권위주의적 독재 권력에 대한 정치적 투쟁을 강조하였다. 그러나 시간이 지남에 따라 출범 당시와 비교하여 교육과 사회 그리고 정치의 민주화가 상당히 진전되었으며, 그 결과 정치적 투쟁과 저항적 정체성에 근거한 교사운동은 그 기반이 현저히 약화되었다. 전교조 교사들은 저항적 정체성이 '사회변화를 제대로 읽지 못하고 유연하게 대응하지 못한 것' '내부 정파의 갈등과 전교조의 관료화' '과도한 정치적 활동' '교사들 간의 역사적 경험의 불일치' '교사의 내부 분화와 개별화를 촉진하는 신자유주의 교육정책' '교육현실과 유리된 정체성' 등 때문에 위기에 직면해 있다고 생각하였다. 저항적 정체성 위기에 대한 전교조 교사들의 생각을 정리하면 다음과 같다.

첫째, 교육민주화 이후, 전교조의 비판 대상이 모호해졌다고 생각하였다. 전교조는 출범 이후, 정부의 부당한 교육정책을 비판하고 타당한 대안을 제시하는 비판적 정체성을 강조하였다. 예를 들어, '독재 대 반독재' 또는 '민주주의 대 반민주주의'와 같이 저항과 비판의 대상이 명확하였다. 그러나 교사들은 "학교에서 비민주적 관행들이 예전에 비해 많이 사라졌다."(교사 1, 교사 16)라거나 정부와 전교조의 "교육과 교사 메타포에서 두드러진 차이가 사라졌다."(교사 9)라고 생각하였다. 비판의 대상이 모호해진 것이다.

> 전교조의 출발은 당시 시대에는 아주 걸맞았다고 생각해요. …… 주적(主敵)이 있어야 조직의 존재 자체가 있는 거잖아요. 현재는 어쨌든 태동했을 때의 주적이 없어진 것 같아요. (교사 2)

이러한 현상이 나타난 것은 정부가 정책의 정당성을 확보하기 위해 학생과 학부모의 요구는 물론이고 전교조를 비롯한 비판세력의 의견을 정책에 반영하여 정당화 정체성을 재구성하였기 때문이었다. 정부와 전교조는 모두 학생과 학부모의 지지를 받는 것이 중요하기 때문에 동일한 정책 메타포를 경쟁적으로 채택하는 경향이 있었다. 교사들은 전교조가 주도한 정책 아이디어들이 “교육청에 의해 변형되어 껍데기만 이용된다.”(교사 1) 라고 염려하였지만, 결과적으로 “정부와 전교조의 정책 방향이 매우 비슷해졌다.”(교사 1, 교사 5, 교사 16)라고 생각하였다.

> 예전처럼 이제 비민주적인 것들에 대한 대립, 이런 내용만으로는 전교조의 내용을 채워 나가긴 어려울 것 같고요. 어떤 시대가 요구하는 올바른 가치를 어떻게 교육현장에서 반영할 수 있을 것인가 하는 것을 검토해야 하지 않겠는가 생각합니다. (교사 1)

둘째, 저항적 정체성이 시대적으로 적합하지 못하다고 생각하였다. 전교조와 교사 정체성은 역사적 · 사회적 산물이다. 교사들이 활동하는 사회적 맥락과 그들의 역사적 경험은 교사 정체성을 구성하는 매우 중요한 요인이다. 그런데 일부 교사는 지금까지 전교조가 추구하였던 민족 · 민주 · 인간화 교육이라는 이념에 근거한 정체성이 작금의 시대정신에 적합하지 않다고 생각하였다(교사 1, 교사 4, 교사 10). 오히려 저항적 정체성 때문에 사회적으로 전교조에 대한 ‘부정적 이미지가 고착화되는 것을 부담스럽게 생각’(교사 4)하기도 하였다.

> 민족, 민주, 인간화는 아닌 것 같아요. …… 내 개인적인 생각으로는 이제 민주시민교육, 그런 쪽으로. 여기서 민주는 정말 민주적인 자질을 가진 시민이 되도록 교육하는 그걸 이념으로 하면 좋겠어요. (교사 4)

> 태동기의 이념을 그대로 지속하기에는 문제가 많은 것이고, 보다 중장기적 관점에서 지속할 수 있는 시대정신의 가치를 반영할 수 있는 이념이 설정될 수 있다고 보고, 일부는 그러한 작업을 하고 있다고 봅니다. 그러나 그것이 대중화되거나 보편화되기에는 제대로 자리매김하지 못했다고 봅니다. (교사 1)

전교조 지도부도 ‘새로운 참교육의 이념과 언어가 필요한 때’라는 동일한 인식을 하고 있었다. 전교조 부위원장 차상철은 교육민주화 20주년 기념 세미나에서 종래의 참교육운동론을 다음과 같이 비판하였다.

> 20년의 세월이 흐르면서 사회와 학교의 현실에 많은 변화가 일어났으며, 민족 · 민주 · 인간화로 상징되는 참교육의 이념은 여전히 그 현실성을 완전히 상실하지는 않았지만 그 절실함을 많이 상실하였다. 참교육의 이념은 점차 형식적이고 추상화적인 이념으로 전화되었으며, 사회나 학교의 현실을 변혁하기 위한 실천적 개념으로부터 학생들을 대하는 인간적인 태도나 수업과 학급 운영의 기법을 의미하는 개인적 실천의 범주로 후퇴하였다. 지금은 우리 사회의 현실과 교육의 현실을 좀 더 정확히 설명하고 실천적인 방향성을 제시해 줄 수 있는 새로운 참교육의 이념과 언어가 필요한 때이다(차상철, 2006: 71).

셋째, 전교조의 저항적 정체성에 피로감과 거부감을 느끼고 있었다. '비판'과 '저항'을 강조하는 전교조 교사의 민주적 투사 이미지는 오랫동안 저항적 정체성의 중요한 부분을 차지하였다. 역사적 소명의식에 기반을 둔 저항적 정체성은 계몽적 이미지가 강하였으며, 때로는 전교조의 오만함이나 실패와 중첩되기도 하였다. 사실 전교조의 계몽적 태도에 근거한 저항적 정체성은 전교조의 경계를 명확히 하고, 스스로를 다른 조직이나 교사들과 구별하는 자발적 배제와 관련이 있었다. 문제는 계몽의 주요 근거가 되는 전교조의 이념적 급진성이 전교조를 사회로부터 고립시키는 한편, 전교조를 반대하는 '그들'을 결집시킨 역설적 결과를 초래하였다는 점이다.

> 조합원들 중에 자신이 옳다고 생각하는, 이런 마음이 지나치게 강하다 보니까 동료교사들을 훈계하고 가르치려고 드는, 옛날로 치면 계몽적 사고방식을 가지고 있는 사람이 일부 있죠. '나는 좀 깨어 있는 사람이고, 너는 아직 덜 깬 사람이기 때문에 내 말을 들어야 한다.' 라는 식으로 다른 동료에게 상처를 주는 그런 사람들이 전교조 안에 있었어요. (교사 8)

전교조가 창립 20주년 기념선언문에서 기존 활동을 '전교조 중심적'이었다라고 비판한 것은 이와 같은 계몽적 태도의 문제를 우회적으로 나타낸 것이라고 볼 수 있다. 교사들은 이념에 근거한 '배타적 신념'으로는 교육문제를 해결하기 어렵다고 생각하였고(교사 1, 교사 7, 교사 10), 전교조의 이념적 급진성에 따른 정치적 투쟁에 피로감을 느끼고 있었다.

> 지부나 지회에서 하는 각종 정치투쟁이나 사업들에 분회가 동원되는 시스템인데, 저는 이것이 분회를 망가트린 주범이라고 생각해요. …… 지부에서 진행하는 정치투쟁들에 동원되다 보니까 분회가 와해되고 교사들은 피로해졌죠. (교사 7)

교사들은 전교조의 투쟁을 통해 학교가 민주화된 것은 긍정적이지만, 그렇다고 정치적 투쟁에만 지나치게 집중하는 저항적 정체성은 본말이 전도된 것이라고 생각하였다(교사 2, 교사 6). "수업이 진행되지 못하는 무너진 교실과 교사의 권위가 통하지 않는 학교 문제를 저항적 정체성으로만 해결할 수 없다."(교사 6)라거나, 심지어 학교 현실은 "전교조가 강조하는 학생 인권 존중이나 인격 교육이 아무런 의미가 없다."(교사 2)라고 주장하였다. '아이들을 존중하고 위하는 것'과 교육 현실은 너무나 다르기 때문에 "전교조가 생각하는 교사상을 실천하는 것은 불가능하다."(교사 2)라는 것이었다. 일부 교사들은 학교 현장에서 경험하는 이와 같은 절박한 문제보다는 '지나치게' 정치적 활동을 강조하는 저항적 정체성에 비판적이었다.

> 과거처럼 대정부 투쟁을 한다거나 정치적 투쟁이 계속 필요하기는 해요. 교육감을 당선시킨다든지 하는 것은 상당히 중요해요. 직접적인 영향을 발휘하니까요. 그러나 학교와 교실 안에서 선생님들의 개인적 투쟁 그리고 학부모들과의 관계 속에서의 그런 노력들도 필요합니다. (교사 3)

많은 교사는 정치투쟁을 중시한 기존의 저항적 정체성은 학생들의 신뢰를 얻기보다는 오히려 반대세력을 키우는 부정적 결과를 초래하였으며, 교육적 신뢰를 회복하기 위해서는 정치 투쟁에서 벗어나 수업개혁으로 정체성 담론이 바뀌어야 한다고 생각하였다.

> 성명서를 쓰는 것, 그다음 교육청 항의 투쟁 가는 것, 가끔은 지도부라고 하는 사람들이 연좌 농성을 하거나 뭐 이런 단식투쟁을 하거나…… 방법이 저런 것밖에 없나, 걱정이 되기도 하고, 그러다 보면 거꾸로 정치논리에 흡수되는 그런 일도 다수 있었어요. 안티세력화된 거죠. …… 겉으로 보이는 안티세력화가 된 것이 실패요인이라고 생각해요. (교사 6)

(2) 기획적 정체성의 구성

교사 정체성은 고정된 형태로 존재하는 것이 아니라 상황에 따라 역동적으로 재구성된다. 전교조는 출범 이후 정부와 일부 언론 그리고 보수단체로부터 줄곧 비판받던 반대하고 투쟁하는 '저항적 정체성'에서 벗어나 시대적 상황에 적합한 새로운 정체성을 구성할 필요성을 인식하였다. 전교조 조직 차원뿐만 아니라 개별 교사들도 정체성의 재구성에 대한 필요성을 절감하고 있었다.

> 교육민주화와 참교육을 기치로 일어섰듯이 이제 새로운 교육철학에 입각해 교실과 학교를 실질적으로 바꾸는 학교교육 혁신운동을 전개하는 제2의 참교육 운동을 시작하겠습니다(전국교직원노동조합, 2009. 5. 18.).

전교조는 2009년 창립 20주년을 맞이하여 발표한 제2참교육운동 선언을 통해 1989년 전교조 창립선언문에서 강조했던 교사 정체성과는 질적으로 구별되는 새로운 정체성을 제시하였다. 전교조는 교육민주화와 참교육을 대신할 '새로운' 교육철학을 제시하였는데, 이는 저항적 정체성의 위기를 극복하기 위한 '기획된 정체성'의 일부로 해석될 수 있다. 새롭게 등장한 기획적 정체성의 특징을 살펴보면 다음과 같다.

① 수업 전문가 정체성: 정치적 저항에서 교육적 실천으로

전교조의 새로운 교사 정체성의 가장 두드러진 특징은 거시적 정치 투쟁을 강조했던 거시적 담론에서 학교혁신을 중시하는 학교 중심의 미시적 담론으로의 변화다. 한마디로 교사 정체성을 구성하는 사회적 맥락이 변화된 것이다. "과거에는 거대 담론이 문제였다면, 지금은 미시 담론이 문제인 거죠."(교사 3, 교사 7)와 같이 정체성의 초점이 학교 '밖'에서 학교 '안'으로 그리고 '사회를 바꾸는 것'에서 '학교와 교실을 바꾸는 것'으로 이동하였다. 따라서 이전에는 상대적으로 주목을 덜 받았던 '학교 중심의 배움, 배움 중심의 수업, 민주적인 학교, 소통과 공감의 학교문화'(전국교직원노동조합, 2009. 5. 18.)나 '수업 잘하는 교사'(교사 3, 교사 6)와 같은 것들이 새로운 정체성을 구성하는 핵심으로 등장하였다.

전교조 교사들은 여전히 정부의 부당한 정책을 비판하고 투쟁하는 "저항적 정체성이 필요하지만 그 내용과 방법에서는 변화가 필요하다."(교사 3, 교사 6, 교사 10)라고 생각하였다. 지금까지의 정치적 투쟁 중심의 저항적 정체성으로는 학생들에게 감동을 줄 수 없다고 생각하였다. 전교조가 정치 투쟁에 집중하는 동안 "교실 안에서 교사로서의 바른 삶의 가치를 가지고 아이들과 소통하면서 교육하는 것은 교사니까 당연히 해야 하는 일로 치부하였다."(교사 6)라고 비판하였다. 그리고 새로운 교사 정체성의 핵심은 교사 본연의 일인 잘 가르치는 것에 주목하는 것이며, 전교조는 '좋은 수업 만들고 좋은 학교 만들고 싶어 하는 교사들의 열망에 불을 지펴 주는 역할'(교사 7)을 해야 한다고 주장하였다. 교사들은 수업 전문가 정체성은 자신들이 주도하는 '배움 공동체'를 통해 형성될 수 있다고 생각하였다. 그리고 수업 전문가 정체성 실천은 '수업을 잘하는 교사가 되기 위한 학교 안에서의 수업 실천'(교사 6, 교사 16)을 강조하였다.

> 전교조가 학교현장에서 실제로 필요한 수업개혁이나 새로운 수업모형의 발굴, 이런 부분들의 패러다임을 자꾸 놓치고 있어요. …… '정치와 관련된 투쟁은 전교조' 라는 식으로 되어 버리면 전교조로서는 좋지 않다고 생각해요. 저는 전교조가 지금까지 해 왔던 참교육 실천 활동에 더 많이 집중하고 더 많이 새로운 이론도 받아들이고 새로운 방법론도 만들어 내고 이런 부분들을 해야 된다……. (교사 7)

그런데 수업 전문가로서 교사 정체성은 정부도 관심을 기울이고 있었다(교육과학기술부, 2009. 10. 27.). 정부와 전교조는 수업과 수업 전문성이 교사 정체성의 핵심이라는 점에서는 같은 생각이었지만, 구체적인 내용에서는 다소 차이가 있었다. 정부는 수업 전문성을 기술-합리적으로 정의하고, 수업에서 '무엇을 잘 가르칠 것인가?' 보다는 표준화되고 구조화된 국가교육과정을 얼마나 효과적으로 전달할 수 있는가 그리고 얼마나 학업성취도를 높이는가에 주목하였다(손준종, 2010a: 104). 정부가 수업 전문성을 정당화 정체성을 강화하는 방편으로 활용한 반면에, 전교조는 저항적 정체성의 위기를 극복하기 위한 기획적 정체성의 핵심으로 간주하였다. 따라서 일부 교사(교사 7, 교사 10)는 정부에 의해 변형된 수업 전문가 정체성이 교사를 통제하고 관리하는 방법으로 활용될 수도 있음을 염려하였다.

> 전교조는 자기 색깔을 잃어 가는 거잖아요. 저는 그래서 전교조가 오히려 더 적극적으로 새로운 학교를 만들어 나가는 흐름들을 주도해 나가야 한다, 이걸 주도하지 못하면 전교조는 그냥 매너리즘에 빠질 가능성이 크다……. (교사 7)

이뿐만 아니라 수업 전문성을 위한 교과모임이나 수업연구회가 수업 관련 정보를 교환하는 일에 집중함으로써 '탈정치화된 교육 실천으로 변질될 가능성'(교사 8)을 염려하였다.

② 혁신적 정체성: 교육개혁의 대상에서 학교혁신의 주체로

혁신 담론은 기획적 정체성에서 매우 중요한 의미를 갖는다. 그런 의미에서 혁신학교는 전교조를 비롯한 다양한 진보 교육 세력의 아이콘으로 간주되었다. 교육혁신은 기존 교육정책을 비판하고 개혁을 목표로 한다는 점에서 교육비판 담론이 사회적 상황 변화에 맞춰 새롭게 재구성된 것이라고 할 수 있다. 교육혁신의 대상과 내용은 매우 다양하지만, 교사들에게 내면화된 혁신 담론의 핵심은 학교를 혁신하는 것이었다. 학교혁신 담론은 두 차원에서 교사 정체성 형성에 영향을 미쳤다. 그 하나는 교사를 학교혁신의 주체로 규정하는 것이었다. 교사를 교육개혁을 주도하는 교육주체로서의 정체성을 강조한 것이다. 그동안 교사는 교육정책과 학교운영에서 소외되고 대상화되는 경향이 있었으나, 혁신 담론은 학교혁신을 주도하는 교육주체로서의 혁신적 정체성을 강조하였다.

> 21세기 지식 정보화 시대는 획일적인 주입식 · 암기식 교육을 극복하고, 창의적이고 유연한 사고력을 길러 주는 교육을 절박하게 요구하고 있다. 이런 시대적 요구, 국민적 요구에 부응하는 학교개혁을 이루기 위해서는 최종적으로 학교가 바뀌어야 한다. 이제부터 전교조는 우리 아이들이 학교에서 즐겁고 행복하게 공부하도록 제2의 참교육 운동과 새로운 학교 만들기 실천 활동을 한층 강화할 것이다(전국교직원노동조합, 2009. 5. 18.).

다른 하나는 교사 중심에서 벗어나 아동 중심 교육을 강조하는 것이었다. 제2참교육 선언에서는 '아이들을 중심에 두고' '아이들의 눈높이에 맞는' '아이들에 대한 사랑의 열정으로' '아이의 미래를 위한'과 같이 아이를 특히 강조하였다. 선언문에서 학생은 학습이나 인권과 관련된 주체로서 교육적 소통의 대상으로 사용된 반면에, 아이는 가르침과 사랑의 대상으로 교육 실천과 관련된 진술에 주로 사용되었다. 교사들도 "아이들이 순수하게 살아 있는 수업을 나도 하고 싶다."(교사 7)라고 말하였다. 이러한 현상은 기획적 정체성이 아동 중심 진보주의의 영향을 받았음을 의미한다.

> 자연 속에서 아이들이 배울 수 있도록 해 줘야 한다는 거잖아요. 교사가 가르치려 하지

말고 아이들은 본성 그대로 놔두면 착한 본성 그대로 계속 자라 나간다는 건데 거기에 거름이 되어 주는 게 교사겠지. (교사 9)

③ '그들'의 재구성: 전교조 중심에서 국민 중심으로

전교조는 교육실천의 토대를 '전교조 중심'에서 '국민(國民) 중심'으로 변화시키고자 하였다. 이러한 변화는 전교조가 전교조 중심의 폐쇄성에서 벗어나야 한다는 다양한 비판 때문이었다. 전교조 출신으로 대통령 교육문화비서관을 담당했던 김진경은 "전교조가 지나치게 교사 집단만을 대변하느라고 학생 학부모로부터 외면당하고 있다."라고 비판하며, 전교조가 "반대세력에서 한 단계 넘어 대안세력이 되어야 한다."(조선일보, 2006. 6. 15.)라고 주장하였다.

기획적 정체성은 이러한 압력을 반영하였으며, '우리'와 '그들'의 경계를 새롭게 정의하고자 하였다. 단적으로 전교조의 2009년 선언문에서는 '국민'이라는 단어의 사용이 두드러지게 나타났다. '국민과 소통하고, …… 국민에게 사랑받는 전교조'나 '국민의 기대와 바람을 확인하는 운동' 등과 같이 국민이라는 단어는 총 13회 사용되었다. 1989년 창립선언문에서는 국민이라는 단어가 한 차례도 사용되지 않았으며, 오히려 '국민'이나 '국민교육'을 독재권력에 의해 길러진 순치된 인간이나 그러한 인간을 만드는 사이비 교육으로 비판하였다는 것을 고려하면 이는 매우 중요한 변화다.

> 전교조는 아이들에 대한 사랑의 열정으로 참교육을 위해 헌신적으로 노력했으나 교육의 문제를 국민들의 시각에서 제시하고 함께 풀어 가는 데 부족한 점이 많았습니다. 또 일부 사안에 대해 전교조 중심적인 시각으로 투쟁하고 활동해 온 측면도 있었습니다. 특히 합법화 이후 유일한 교육개혁 세력으로서 부분적인 문제로 대립하고 투쟁하다가 절박한 교육개혁의 과제를 실현하지 못한 것은 큰 아쉬움으로 남습니다. 급변하는 사회교육환경 속에서 달라져 가는 아이들의 눈높이에 맞는 교육혁신 방안을 창출하여 교육개혁을 선도하지 못한 것도 한계였습니다. …… 국민과 소통하고 아이들을 중심에 두는 실천 운동으로 대다수 국민들의 사랑을 받는 전교조로 거듭나겠습니다(전국교직원노동조합, 2009. 5. 18.).

'전교조 중심'에서 '국민 중심'으로의 변화는 교사 정체성 담론이 '이념'에서 '실용'으로 변화했다는 것을 의미한다. 이념 공동체로서 전교조의 정체성이 약화되고, 대신에 교육운동의 논리와 방향이 실용적인 것을 중심으로 재구성되었다는 것을 말한다. 예를 들어, 국민 중심 담론은 이념보다는 학생과 학부모가 실제로 피부로 체감하는 실용적인 가치를 중시한다는 것을 암묵적으로 가정한다. 국민에게 '사랑받는다'는 표현은 그들의 요구를 고려하고 그것에 맞추겠다는 것을 의미한다. 이는 국민을 계몽의 대상이 아니라 '교육주권자'로 인식하는 것이다. "국민의 교육적 기대와 바람을 계속해서 확인해야 하는 것이다. 그렇게 하는 것이 시대정신"(교사 1)이라고 생각하였다.

④ '우리'의 경계 넘나들기: 이념적 배타성에서 개방적 정체성으로

전교조 교사의 정체성은 '집단에 대한 소속감'과 밀접한 관련을 갖는다. '경계'는 다른 집단과 구별되는 정체성을 유지하기 위해 필수적이며, 구성원들을 결집시키고 소속감을 키우는 역할을 한다(Coser, 1980). 전교조 교사의 정체성을 확인하는 중요한 기준은 조합원 여부이며, 전교조에 대한 소속감과 연대감은 '전교조가 중심이다.'라는 일종의 배타성을 수반하였다. 따라서 전교조 조합원은 억압의 대상이자, 저항의 주체이며, 권력의 주체로 인식되었다.

그러나 최근 들어 교사들은 전교조 가입에 대해 변화된 태도를 보이고 있었다. 전교조 가입을 절대적으로 요구하지 않았다. 전교조 가입 여부가 중요한 것이 아니라 참교육을 실천할 수 있는 의지가 더욱 중요하다고 생각하였다. 전교조에 대한 사회의 부정적 인식 때문에 전교조에 가입하지 않고도, 전교조의 이념에 동의하며, 전교조가 추구하는 교육적 실천에 참여할 수 있다는 것이다. 또한 정부의 권위적 교육정책과 독선적 태도는 여전히 비판의 대상이지만, 그렇다고 전적으로 배제되어야 하는 '그들'이 아니라, '협동하고 협력하며 소통해야 하는 대상'(교사 3)이라고 생각하였다. 정부를 실질적이고 구체적 대화 상대로 인정하며, 정부를 함께 할 수 없는 '적'으로서의 '그들'이 아니라, 생각은 다르지만 함께 할 수 있는 '친구'로서의 '그들'로 간주할 수 있다고 생각하였다.

> 정부와 전교조의 이념이 일정 부분 다를 수밖에 없다고 생각하거든요. 그러나 다른 점은 이제 서로 교섭을 통해서 혹은 상충된 부분을 거르면서 할 수 있는 부분이 있고요. (교사 1)

심지어 일부 교사들은 전교조 교사로서 '자신의 정체성을 지우거나 가로질러 연대하기'(교사 2, 교사 3, 교사 6, 교사 8)를 강조하였다. '우리'와 '그들'을 엄격하게 구분하였던 기존의 폐쇄적 정체성에서 벗어나 모두를 포용하는 개방적 정체성을 강조하였다. 전교조의 폐쇄적 성격이 전교조 교사에 대한 부정적 인식을 확대 재생산하고, 전교조의 외연을 확장하는 데 제약 요인으로 작용했다고 보았다. 그들은 전교조 조합원이 아니더라도 생각을 공유할 수 있는 비조합원들과의 협력적 관계를 유지하는 것이 더욱 중요하다고 생각하였다. 비록 전교조 조합원은 아니지만 그들에게 문제가 있는 것은 아니며, 그들 또한 교실에서 학생들을 위한 교육에 최선을 다하는 좋은 교사라고 평가하였다. 전교조가 지나치게 이념 공동체를 강조할수록 외연을 확장하는 것이 어렵다고 생각하였다.

> 조합원 선생님 아닌 분들이 참여를 하셨는데, 저는 그게 더 바람직하다는 생각이 들어요. …… '전교조의 일이다.' 라고 못 박는 것은 안 된다는 생각이 들어요. …… 전교조라는 닫힌 테두리를 반드시 열어야 하고 그런 노력들을 앞으로 기울여야 해요. …… 전교조가 하는 일이 의미가 없거나 선생님들이 훌륭하지 않아서가 아니다. 다만 가입하지 않고 있는 것이 선생님들과 연대해서 활동하기 더 좋다고 생각하기 때문에 …… 전교조에 가입하지 않으면서도 전교조 활동은 열심히 참여하세요. (교사 6)

> 혁신학교운동이 성공하기 위해서는 조합원이 아닌 사람들을 끌어당겨야 해요. 어차피 조합원만 계속 모여서 할 수는 없잖아요. 그러니까 조합원 아닌 사람들을 설득해야 하는 거예요. (교사 8)

그러나 모두가 경계 허물기에 동의하는 것은 아니었다. 경계를 넘어 외연을 확장하는 것에 비판적인 교사들은 지역을 기반으로 일정한 기간이 지나면 근무 학교가 바뀌는 교직의 특성 때문에 '경계를 넘나들기'가 또 다른 모순과 딜레마를 낳을 것이라고 주장하였다(교사 9). 교사들은 시간이 지나면 또다시 같은 학교에서 근무할 수밖에 없는 구조적 특징을 가지고 있다. 전교조 교사들은 동료 교사들에 대한 경외감, 불편함, 안타까움, 반감 등과 같은 개별적 기억과 경험을 가지고 있으며, 이러한 기억과 경험을 토대로 서로의 정체성을 평가하고 판단한다. 따라서 경계를 가로질러 소통하는 것은 전교조 교사로서 나의 역사적 기억을 지우거나 축소해야 하고, 경우에 따라서는 역사적 경험을 부정할 수도 있다. 조직 차원에서 행해진 지난 교육운동의 '오류'와 그 '한계'에 대한 자기반성은 개인적 기억과 다르기 때문에 "경계를 넘어 연대하고 협력하며 소통하는 것은 필요하지만, 그것이 전교조의 정체성을 모호하게 하는 역설을 초래할 가능성이 있다."(교사 9)라고 비판하였다.

3) 정체성 경쟁: 긴장과 갈등 그리고 위기

교사의 정체성 담론은 전적으로 개인의 심리적 차원에서 일어나지 않는다. 전교조 가입 교사는 동료 교사, 학생, 학부모 등으로부터 전교조에 대한 생각을 듣게 되고, 그러한 경험은 전교조 교사로서의 자신의 정체성을 구성하는 데 영향을 미친다. 또한 전교조에 대한 정부나 언론, 학부모 등의 반응과 그에 대한 전교조의 대응에 주목하고, 그것들에 대한 해석을 바탕으로 자신의 정체성을 구성한다. 전교조의 집합적 정체성과 전교조 가입 교사의 개인적 정체성은 서로 분리되지 않고 상호적 관계를 갖기 때문에 전교조와 관련하여 '우리'와 경쟁하는 담론을 생산하는 전교조 밖의 '그들'의 생각에 민감하게 된다. 이처럼 전교조의 정체성은 내부 구성원들에 의해 전적으로 구성되는 것이 아니라, 조직 밖의 경쟁하는 정체성과 변증법적 상호작용을 거쳐 구성된다(Jenkins, 2005). 교사 정체성의 (재)구성을 둘러싼 정체성 경쟁은 우리와 그들 사이에서 주로 일어나지만, 우리 내부에서도 발생한다.

(1) '우리'와 '그들'의 경쟁

지금까지 정부와 전교조의 교사 정체성 담론은 늘 긴장과 갈등 관계에 있었다. 정부의 정체성 담론이 안정적으로 막힘없이 관철되는 지배적인 경우란 존재하지 않으며, 교사 정체성을 둘러싼 경쟁은 일상적이다. 정부와 전교조는 서로의 존재를 필요로 하는 타자들이다. 전교조 교사들은 정부와 전교조라는 성격이 서로 다른 권위로부터 영향을 받는다. 이들 두 권위는 동일한 정체성 담론을 생산하지 않으며, 많은 경우 서로 갈등하고 경쟁하는 담론을 생산하며, 그것을 교사로 하여금 내면화하도록 요구한다.

따라서 정부가 교사의 정체성을 어떻게 정의하느냐 하는 점은 매우 중요하다. 정부는 국가에 고용된 교육공무원으로서의 교사 정체성을 강조한다. 정부는 법률적 · 제도적 수준에서 합법적인 교사 정체성을 규정할 수 있는 가장 강력한 행위자다. 정부는 모든 교사는 예외 없이 국가의 통제를 받아야 한다고 주장한다. 정부는 전교조를 교육을 위한 집단보다는 정치화된 집단으로 규정하고, '정치화된' 전교조의 영향력 확대를 견제하고 통제하며 교육적으로 관리하고자 한다. 정부는 교사 정체성을 교직의 위계적 속성에 따라 위로부터 명령을 받아 수행하는 '관리받는 정체성'으로 정의한다. 이를 위해 정부는 교사 정체성을 규정할 수 있는 권한을 가지고 있다는 것을 계속해서 드러내는 한편, 교원정책 등을 통하여 규정된 정당화 정체성을 실행에 옮긴다. 정부는 전교조의 정체성을 직접 결정하는 것은 아니지만, 교육정책을 통해 교육목적이나 교육과정과 운영 그리고 교사 역할의 범위와 한계 등을 규정함으로써 전교조 교사 정체성 구성에 영향력을 행사한다.

> 우리 교과부 차원에서 제일 중요시하는 잣대 중의 하나가 합법성입니다. 그래서 그것이 교사로서 합당한 행위를 했느냐, 안 했느냐 그런 차원에서 문제를 많이 봅니다마는, 그런 합법성의 차원에서 우연히 전교조 소속 교사님들이 많이 그것을 좀 위반하고 한 행위가 있어서 그렇게 보인 것이지, 우리가 무슨 감정적으로 어디를 좋아하고 싫어하고 이런 것이 전혀 없다는 것을 정말 분명히 말씀드립니다(국회사무처, 2010. 6. 18.).

정부는 전국단위학업성취도평가 거부나 계기수업 등과 같은 전교조 교사의 교육정책 비판, 관리자의 명령과 지시 불복 그리고 특정 교육행위 등과 같은 정체성 실천을 '위법' 또는 '비교육적인 것'으로 간주하기도 한다. 예를 들어, 정부는 정당 후원금을 내거나 일제고사에 반대하는 것을 비합법적인 행위로 간주하고 그것과 관련된 교사를 파면, 해임, 정직하였다. 파면은 '일부' 교사를 교사 집단으로부터 강제적으로 배제함으로써 정부의 정당화 정체성을 유지하고자 하는 정체성을 둘러싼 경쟁의 한 모습이라고 할 수 있다. 정부는 교사가 국가정책을 비판하고 반대하는 것을 법률로 금지하고 있다. 이는 정부와 전교조의 정체성 경쟁이 불평등한 권력관계에서 이루어지고 있음을 의미한다. 정부는 전교조 교사를 정치적 투쟁을 하는 노동자로 규정하기보다는 정치적 중립성에 입각한 전문가로 규정하고자 한다(Evetts, 2011).

이러한 상황에서 전교조 교사들은 자신의 교육적 신념에 따라 가르치는 일에 전념하면 할수록 오히려 '수행성 모순'에 빠지는 역설적 상황을 경험하였다. 전교조 활동의 '위법' 여부를 판단하는 권한은 전교조가 아니라 정부에 있으며, 경우에 따라 해직이나 정직 등과 같이 교직으로부터 배제될 수 있다는 두려움을 경험하였다. 이와 같은 갈등 상황에서 교사들은 전교조의 비판적 정체성을 강조하면서도, 교육공무원으로서의 정체성을 제한적으로 받아들이게 되는 것이다.

> 정부에서 추구하는 교사상은 국가가 요구하는 것을 말없이 해 달라는 것이고, 전교조가 말하는 교사상은 정부가 해 달라고 하는 것이라도 교육적이지 않으면 안 한다는 것이 차이입니다. …… 우리 교육이 국가에서 시키는 그대로 안 하고 전교조 선생님들이 '교육은 이

래야 된다. 이래서 바뀌어야 한다.' 이런 식으로 자꾸 국가 교육정책에 반대하는 의견을 내고 활동하니까 좌익으로 몰아간 것이 아닌가? 그런 생각이 드는데? …… 무조건 국가 정책에 반대하면 빨갱이잖아요. (교사 5)

정부나 전교조나 일단 교사는 학생들을 위해서 존재하니까 학생들을 잘 가르치고 노력해야 한다는 점에서는 같죠. …… 정부가 추구하는 교사상이란 사실 말을 잘 듣고, 업무 잘하고 애들 잘 가르치면 좋은 것인데, 전교조 입장에서는 애들 잘 가르치면 좋지만 꼭 말을 잘 들어야 되는 것은 아니잖아요. …… 국가는 '교사는 공무원이다.'라는 입장이 먼저잖아요. 노동자가 아니고. 그럼 공무원은 국가정책을 따르고 이행하고 집행하는 사람들이잖아요. (교사 2)

이처럼 전교조 교사들은 나름의 방식으로 정체성 모순 상태로부터 벗어나고자 하였다. 교사는 자신의 생각을 드러내지 않고 학교를 지배하는 규칙에 따라 스스로를 관리하고 조절하는 것이 경쟁에서 유리하다고 생각하며 비판하기도 하지만, 정부의 교원정책을 제한적으로 내면화하였다. 국가의 교원정책에 반대하면서 대안적 주체화와 탈주체화의 가능성을 모색하는 교사들도 있지만, 많은 교사는 정부 정책에 저항하기보다는 순응하고 정부가 제시한 '좋은 교사'의 모습을 자발적으로 내면화하는 종속적 주체화의 모습을 보였다.

한편, 교육받은 학부모 집단의 성장으로 전교조를 둘러싼 '우리'와 '그들'의 관계가 변화하였다. 전교조는 오랫동안 학생과 학부모의 입장을 대변하고 그들의 교육권리 신장을 위해 부당한 권력에 저항하는 역할을 담당하였다. 그러나 '교육받은 학부모'의 증가와 그로 인한 시민사회의 성장은 '교육받은 교사들'에 의존하였던 교육운동을 질적으로 분화하였다. 학부모들이 전교조 교사들에 의존하지 않고서도 자율적으로 자신들의 다양한 교육요구를 주장하기 시작한 것이다. 이러한 변화로 인해 전교조와 학부모가 늘 협력적이고 교육적 신념을 공유하는 것이 아니라 때로는 적대적 관계를 보이기도 하였다. 교원평가를 둘러싸고 전개된 두 집단 사이의 갈등은 전교조를 둘러싼 우리와 그들의 관계가 변화하였음을 잘 나타내는 사건이었다. 교사들은 교원평가 관련 투쟁을 거치면서 적지 않은 학부모들이 '참교육, 참교육 하는 전교조도 결국은 이익집단'(교사 8)이라거나 '부적격 교사를 보호하고 자신들의 사적 이익을 추구하는 이익집단'(교사 10)이라는 생각을 갖게 되었다고 생각하였다.

(2) '우리' 안에서의 경쟁

교사 정체성 경쟁은 '우리' 내부에서도 일어난다. 전교조 내부에도 단결과 적대가 공존하고 있다. 교사들은 자신의 사회적 위치에 따라 질적으로 다른 교육경험을 하게 되는데, 이와 같은 경험의 질적 차이는 정체성과 관련하여 중요한 의미를 갖는다. 교사들은 자신이 전교조에 가입한 이유 또는 전교조가 존재해야 하는 정당성 등을 개인적 경험을 바탕으로 강조하는 경향이 있다. 개인적 수준에서 사회, 역사 그리고 교육을 해석하고 이해하는 일련의 개인의 주관적 경험도 교사 정체성을 구성하는 중요한 자원이 된다. 이처럼 전교조 내부에는 공식적으로 발표되는 하나의 정체성만 존재하는 것이 아니라 경쟁하는 다수의 정체성이 갈등과 긴장 관계에 있다. 전교조 내부에서의 정체성 경쟁은 주로 이념이나 세대에 따라 발생하였다.

전교조 교사들은 이념의 차이 때문에 발생하는 조직 내부의 정체성 경쟁을 부정적으로 또는 안타까운 눈으로 바라보았다. 그들은 격렬한 갈등에도 불구하고 교사의 정체성과 관련하여 두드러진 차이를 보이지 않았다고 생각하였다. 오히려 '전교조 내의 정파 간 경쟁이 조직 전체를 발전시키는 방향으로 나가지 못하여 갈등을 증폭시키는 역기능을 하고 있다.'(교사 10), '전교조가 (일치단결한) 초심(初心)을 상실했다.'(교사 8), '(내부 경쟁으로) 시대적 요구에 둔감하다.'(교사 2), '자기들끼리의 싸움'(교사 5)이라고 생각하였다. 교사들의 이러한 부정적 인식에도 불구하고, "구성원들의 집단에 대한 관여가 강할수록 내부 갈등도 격렬해진다."라는 코저(Coser, 1980: 91)의 지적처럼 전교조도 치열한 노선 투쟁을 거듭하였다.

> 노선 투쟁하는 사람들이 대중조직에는 다양하게 존재하잖아요. 무당파도 있고, 전교조 내 큰 두 세력인 교찾사와 참실련도 있고, 얼마 전에 만들어진 지속 가능한 전교조를 위한 지전사라는 것도 있어요. 노선 투쟁하는 동지들 간의 소모적인 갈등들이 안타까워요. (교사 9)

우리 내부의 정체성 경쟁은 이념뿐만 아니라 세대 간에도 일어났다. 이념의 차이로 인한 갈등과 성격은 다르지만 세대에 따라 교사 정체성에 미묘한 차이가 발견되었다. '세대'란 물리적으로 비슷한 시기에 출생하여 특정한 역사적 그리고 사회적 위치를 공유하는 집단을 말한다. 이들은 특정한 역사적 · 사회적 · 문화적 경험을 공유하는 나이가 비슷한 집단이다. '386세대'나 '해직세대' 등은 '역사적 · 사회적 과정에서 배태된 연령집단'이라고 할 수 있다. 정체성이 인간실존의 생물학적 위치인 세대로 모두 환원되는 것은 아니지만, 동일한 시대를 살아가면서 경험한 것들이 의미 있는 기억으로 자리를 잡음으로써 특정 세대의 의식과 정치적 행동에 영향을 미치게 된다. 무엇보다 젊은 교사 세대는 전교조의 정체성에 적극적인 관심을 보이지 않았다.

> 새로운 회원이 안 들어와요. 가장 큰 문제 중의 하나죠. 조직이 유지되려면 나가는 사람이 있으면 들어오는 사람이 있어야 하는데 요즘 젊은 세대들은 우리랑 정치적 성향이 다르잖아요. …… 30대 중반 이전은 전교조가 뭔지 이런 것에 관심이 없고, 오직 학교에서 자기 일만 잘 하면 된다고 생각해요. (교사 2)

4050세대 교사들(교사 1, 교사 9, 교사 11)은 자신들은 전교조를 이념 공동체로 간주하는 반면에, 2030세대 교사들은 교육정보를 교환하고 친목을 나누는 느슨한 조직으로 받아들인다고 보았다. 젊은 세대들은 전교조의 교육이념뿐만 아니라 노동조합의 필요에 대해서도 자신들과 생각이 다르다고 생각하였다. 젊은 교사들은 개인적 성향이 강해서 집합적 정체성에 얽매이는 것을 달가워하지 않기 때문에 전교조뿐만 아니라 다른 교원단체에도 적극적으로 가입하지 않는다고 생각하였다. 교사들은 이와 같은 세대별 생각의 차이가 전교조 교사 정체성을 둘러싼 긴장의 한 원인으로 작용한다고 생각하였다.

(3) 정체성 위기

앞서 살펴본 바와 같이 전교조 교사 정체성은 특정 역사적 및 사회적 조건과의 관련성 속에서 구성된다. 특히 전교조에 대한 사회적 비판과 그로 인한 불이익이 클 경우, 전교조에 가입하였다는 것을 드러내는 것은 개인적으로 실존적 불안과 정체성 위기의 원인이 되기도 하였다. 구체적으로 전교조 교사들은 다음과 같은 정체성 위기를 경험하였다.

무엇보다도 교사들은 전교조에 대한 사회적 적대의 심화로 인해 정체성 위기를 경험하였다. 전교조 교사로서의 삶이 늘 긍정적이고 보람을 가져다주는 것은 아니지만, 적지 않은 교사들은 그동안 전교조 교사로서 기울인 헌신적이고 희생적인 노력에도 불구하고 그것에 대한 평가가 호의적이지 않다는 점 때문에 불편해하였다. 대체로 이러한 경험은 전교조라는 조직에 대한 사회적 평가와 관련되어 있었다. 전교조 교사들은 '가르치고 배움에 열정이 있는 사람' '학생들에게 친절한 사람' '책을 많이 읽고, 수업연구를 열심히 하는 사람'으로 규정되지만, 동시에 '피곤한 사람들'이나 '버르장머리가 없는 것들'(교사 4), '시키는 대로 안 하는 교사들'(교사 2), '친해지면 안 되고, 어울리지 말아야 할 사람'(교사 1), '가까이 지내다 잘못하면 인생 망친다.'(교사 6)는 부정적 이미지 또한 강하였다. 교사들은 정체성 경쟁에서 부끄러움, 불편함, 공포와 두려움, 무력감 등과 같이 정체성이 손상되는 것을 경험하였다.

더구나 전교조에 비판적인 진영은 국가정책에 비판하는 전교조의 교사 정체성을 불온한 것으로 규정하였다(신중섭, 2005). 정체성 경쟁에서 정부를 비롯한 비판적 진영이 전교조 교사 정체성을 약화시키는 효과적인 방법으로 줄곧 사용한 것은 전교조를 반공 이데올로기와 연계하여 문제 삼는 것이었다. 북한과의 이데올로기적 적대관계를 강조하는 반공주의는 교사 정체성에도 강력한 영향을 미쳤다. 사회적으로 특정 조직이나 개인이 '좌파' '종북(從北)' '빨갱이' 등으로 호명되는 것은 매우 위험한 일이었으며, 이러한 부정적 호명은 전교조 교사로 하여금 자신의 정체성을 자발적으로 억압하는 요인이었다.

정체성 위기를 경험하면서 일부 교사들은 전교조와 거리 두기를 시도하였다. 거리 두기는 탈퇴에서 무관심까지 다양한 모습을 보인다. 전교조 탈퇴는 가장 대표적인 분리 행위다. 전교조 조합원 지위를 버리는 것, 즉 전교조에서 탈퇴하는 것은 집합적 정체성으로부터 자유로워지는 것을 의미한다. 전교조를 탈퇴한 교사는 "전교조가 너무 구태의연하다."(교사 2)라고 생각하였다. 그는 그동안 전교조 교사로서 기울인 노력에 비해 교사로서의 삶에 큰 도움이 되지 못하였다고 생각하였다. 일부는 승진이나 심리적 불편함을 해소하기 위한 도구적 이유 때문에 전교조를 탈퇴하기도 하였다. 그들은 전교조를 탈퇴함으로써 오명으로부터 해방되고, 관리자로 진출할 수 있는 기회를 찾고자 하였다.

> 전교조를 하면 승진하기 힘들어요. 지금 교감 승진을 하려고 하는 사람들이 거의 다 탈퇴를 하거든요. 왜 승진을 하기가 힘드냐 하면 승진을 하면 점수를 많이 따야 하잖아. 점수를 많이 따려고 하면 전교조에서는 점수를 딸 수 있는 게 전혀 없고, 다른 단체에서는 점수를 딸 수가 있고, 또 점수를 전교조 조합원일 경우에는 위에서 상을 준다든지 할 때 불이익을 당하는 경우가 굉장히 많이 있어요. (교사 6)

전교조에 무관심한 교사들은 전교조의 역할에 체념하고 냉소하는 태도를 보였다. 전교조라는 조직에 기대어 생존을 보장받기 어렵게 되었고, 오히려 전교조가 주도하는 정치적 행위에 참여할 경우 당하게 될지도 모르는 정직이나 해고의 위험은 전교조 활동과 거리를 두도록 하였다. 그들은 전교조가 "점점 교육개혁의 구심점 역할을 잃어 가고 있으며, 학교에서 전교조가 하는 일이 별로 없다."(교사 8)라거나 "지금까지 전교조가 전개한 제도 투쟁도 그다지 성공적이지 않았으며, 전교조에 대한 반대에도 제대로 대응하지 못했다."(교사 3)라고 생각하였다. 더구나 전교조에 대한 부정적 시선 때문에 자신의 전교조 정체성이 드러나는 것을 부담스러워하였으며, 회비만 납부하는 '보이지 않는 조합원'(교사 6)으로만 남기를 원하기도 하였다.

그러나 일부는 '불이익을 감수하면서도 전교조 교사로서 자신의 정체성'(교사 1, 교사 7, 교사 10)을 더욱 공고히 하였다. 그들은 "나는 학생들을 행복하게 하고 학교의 민주화를 위한 교사이지만 좌파, 친북이 아니다."(교사 9)라고 주장함으로써 전교조 교사를 불온한 '좌파'로 규정하는 반전교조 정서에 저항하였다. 전교조가 현실적으로 무력하고 자신에게 별다른 의미를 주지 않지만 전교조를 떠나는 것은 전교조 교사로서의 '자신의 역사성을 통째로 부정하는 것'(교사 4)이라고 생각하였다. 교사들은 전교조가 자신의 삶에서 '이정표'(교사 6)와 '나침반'(교사 9), '버팀목'(교사 4) 역할을 했다고 긍정적으로 평가하고, 전교조는 '나의 운명이고 삶의 대부분'(교사 1), '젊음을 모두 바쳤기 때문에 포기할 수 없는 존재'(교사 5)라고 생각하였다. 전교조를 '애증(愛憎)을 간직한 연인'(교사 1)이나 '가족 같다'(교사 4)와 같이 의인화(擬人化)함으로써 개인 정체성과 집합 정체성을 분리된 둘이 아니라 하나로 인식하기도 하였다.

그러나 무엇보다도 중요한 정체성 위기는 노동자 정체성과 관련된 문제였다. 전교조는 노동자 정체성에 근거한 '노조주의'를 존립 기반으로 하였다. 교사들은 가르치는 일은 전문적 지식과 자질이 필요한 전문직이라 규정하고, 교육당국과 관리자들의 간섭을 교사들의 가르칠 자유와 전문성을 침해하는 것으로 받아들였다. 전교조 교사들은 전문직으로서의 자율성과 직업적 안정을 달성하고자 하였으며, 노동자 정체성은 '전문가 정체성을 담보하기 위한 것'(교사 8)으로 간주하였다. 그러나 전교조 교사의 상당수는 노동자 정체성에 대해 어정쩡하고 불편한 태도를 보였다. 교사의 노동자 정체성을 강조함으로써 교원들의 복지가 향상되었다는 점은 인정하면서도 교사의 직업적 성격을 둘러싼 '전문직주의'와 '노동자주의'의 긴장과 갈등은 여전히 해결되지 못한 채 두루뭉술하게 남아 있었다(정진상, 2006).[8]

그렇다면 교사들은 자신을 '노동자'로 규정하고, 일상적으로 노동자로서의 삶을 경험

---

[8] 정진상(2006: 73-75)의 연구에 따르면 "교사도 노동자로서 당연히 노동조합이 필요하다."고 응답한 교사가 65.5%인 반면에 "교사는 전문직이므로 전문직 단체로 활동해야 한다."고 응답한 교사는 25.7%로 나타났다. "잘 모르겠다."는 8.8%였다. 그런데 전교조 교사만을 대상으로 한 경우 '노동자 관점'이 79.1%, '전문직 관점'이 15.9%, "잘 모르겠다."가 5.0%로 노동자 관점이 높게 나타났다.

하는가? 교사들은 교육운동과 노동운동의 경계에서 '노동자 정체성'의 혼돈을 경험하고 있었다. 정체성이 관계적 개념이라는 점을 고려할 때, 전교조 교사들은 자신들보다 노동자 정체성이 더욱 강한 계약제와 기간제 교사와 같은 '이등(二等) 교사들'의 증가를 바라보면서 노동자로서 자신의 정체성에 대해 고민하였다. 정년이 보장되어 '철밥통'으로 비유되는 교직의 직업적 안정은 실업에 대한 불안과 두려움이 지배하는 오늘날, 전교조 교사들로 하여금 '교육 노동자'라고 자신의 정체성을 강조하여 드러내는 것을 주저하게 하였다. 전교조가 "정규직 교사 집단으로 새로운 젊은이들의 교직 진출을 가로막는 조직으로 간주될 수도 있다."(교사 1)라거나 "전교조가 지금하고 있는 교육실천은 반드시 노동조합을 통해서만 가능한 것이 아니다."(교사 2)라고 생각하기도 하였다.

실제로 전교조 교사들이 경험하는 연대감이나 동류의식은 계급이나 노동조건보다는 정부의 교육정책에 대한 분노나 화와 같은 감정적 성격을 보이는 경우가 많았다. 전교조 교사들은 집합의식과 같은 동일성을 근거로 한 이념적 동지보다는 개별화된 이익을 기반으로 한 느슨한 연대를 강조하기도 하였다(교사 2, 교사 6, 교사 8). 더구나 신자유주의 교육정책은 교사들로 하여금 스스로 계속해서 변형하고 개선하는 '개별화된 삶'을 살도록 요구하였다.

> 교육부가 요구하는 교사는 무엇인가 끊임없이 성과를 증명해야 하는 교사죠. '연수를 얼마 받았어요.' '아이들로부터 이런저런 평가를 받았어요.' '나는 이것을 했어요.' 와 같이 계속해서 나를 증명해야 되는 교사죠. 전교조가 추구하는 교사는 그것이랑 상관없죠. (교사 8)

교사들은 동료 교사들을 '연대의 대상'이 아니라 '경쟁의 대상'으로 간주하는 불안한 시대에 살면서, 집합적 정체성의 필요성을 절감하지 못하는 일종의 집합적 정체성 '부재'를 경험하고 있었다. 이제 교사는 조직에 기대어 생존하는 것이 아니라 기업가적 정신으로 스스로를 책임져야 하며, 이러한 변화는 집합적 정체성의 영향력 약화로 이어졌다. 교사들은 정체성 혼란과 소외 그리고 무력함과 같은 부정적 경험을 하면서도 생존을 위해 신자유주의가 요구하는 교육적 실천을 내면화하였다. 교사들은 개인의 정체성 형성을 생산관계나 정치권력으로 환원시키는 입장에 반대하고, 국가의 통치기술을 자발적으로 내면화하고 자신이 스스로를 전적으로 책임져야 한다고 생각하였다. 이런 점에서 신자유주의는 조직화된 교사 조직의 필연적 약화를 초래할 가능성이 농후하다.

교사 집단은 로티(Lortie, 1993)가 말한 달걀 집처럼 개별화된 모습에서 더욱 파편화되고 원자화된 형태로 변화하고 있으며, 조직의 정체성이 개인적 정체성을 규정하는 영향력은 점점 약화되고 있다. 정부가 '개별' 교사의 정체성 형성에 적극 개입하면서 '신자유주의 교육담론에 포섭되어 있으면서도 전교조 활동을 하는 분'(교사 1)이나 '믿고 살아왔던 동지들이 하나둘씩 극우로 떠나는 것'(교사 9)은 고통스럽지만 받아들일 수밖에 없는 현실이 된 것이다. 심지어 학교에는 전교조 가입 여부와 상관없이 '위장되고 모순되며 갈등하는 교사의 정체성'(교사 5)들로 가득하다고 생각하였다. 전교조를 위한 충성과 헌신이 요청되지만 현실적으로 노동조합의 영향력은 오히려 약화되고 있다는 모순된 경험이 정체성 위기로 이어지고 있었다.

4. 결론

한국에서 전교조 중심의 교사운동은 매우 중요한 의미를 갖는다. 전교조 교사들은 정치적으로 진보적이며, 국가의 교육정책에 대해 비판적 정체성을 가지고 있는 것으로 간주되었다. 전교조에 대한 엇갈리는 평가에도 불구하고, 이들이 한국교육발전에 적지 않은 긍정적 기여를 하였다는 점은 부인하기 어렵다. 그러나 최근 들어 한국을 비롯하여 많은 나라에서 교사노동조합은 그 정당성을 둘러싸고 다양한 도전을 받고 있다. 더구나 신자유주의 교육개혁으로 교육의 민영화와 책무성이 강조되면서, 교사들은 점점 '집합적'이 아니라 '개별적'으로 파편화되어 다루어지고 있다. 교사들은 개별적 수준에서 가르치고 평가받으며 생존을 위한 힘겨운 투쟁을 하고 있으며, '가르치는 일과 교사 그리고 교원노조에 대한 공세'(Compton & Weiner, 2008)가 매우 드세다.

여기에서는 전교조 교사 정체성의 특징을 살펴보고자 하였다. 교사 정체성은 역사적·사회적 조건과의 관련성 속에서 (재)구성된다. 정체성은 가변적이고 모순적이며, '우리'의 구성적 타자인 '그들'과 늘 경쟁 관계에 있다. 이런 점에서 교사 정체성은 일정한 모습으로 고정되어 있는 것이 아니라, 정체성 경쟁 결과에 따라 구성되고 또 재구성되는, 즉 변형되고 수정되는 역동적 개념이다. 연구 결과, 전교조 교사 정체성은 다음과 같은 몇 가지 특징을 가지고 있었다.

첫째, 전교조 교사 정체성은 '거시적 수준–정치적 투쟁–사회와 교육 민주화를 위한 저항적 정체성'에서 '미시적 수준–수업 실천–학교혁신을 위한 기획적 정체성'으로 재구성되었다. 전교조 출범 이후 전교조 교사들은 교육을 변화시키기 위한 비판적 및 저항적 정체성을 강조하였다. 그러나 전교조의 저항적 정체성은 이념적 배타성에 근거함으로써 정부를 비롯하여 다양한 집단들과 적대 관계를 형성하였으며, 그 결과 전교조는 사회적 비판의 주요 대상이 되었다. 이뿐만 아니라 사회와 교육 민주화로 인해 저항적 정체성의 비판 대상이 모호해졌으며, 교사들도 저항적 정체성 실천으로 인한 피로감을 경험하였다. 이러한 정체성 위기에 직면하여 전교조는 '사회를 바꾸는 것'보다 '학교와 교실을 바꾸는 것' '전교조 중심'보다 '국민 중심' '이념적 배타성'보다 '경계의 개방' '계몽적 태도'보다 '협력적 태도'를 특징으로 하는 기획적 정체성을 새로운 교사 정체성으로 구성하였다.

둘째, 전교조는 교사 정체성을 둘러싸고 다양한 정체성 경쟁을 경험하였다. 정체성 경쟁은 이념과 세대 차이로 인하여 '우리' 안에서도 일어나지만, 정부와 가장 지속적으로 일어났다. 정부는 전교조의 가장 대표적인 타자인 '그들'이었다. 정부는 전교조 교사들의 정체성 정치를 교육공무원의 정치적 중립을 위반한 불법 투쟁으로 규정한 반면에, 교사들은 자율성 신장을 위한 정당한 활동으로 정의하였다. 정부는 교사가 공무원 신분이라는 점을 강조하면서 정부가 제시한 정체성을 수용할 것을 강조하는 반면에, 교사는 직업적 전문성을 강조하면서 가르치는 일의 권한 확대를 주장하였다. 정부는 교사의 정체성이란 '위로부터 제시된 것'이라는 점을 암묵적으로 가정하는 반면에, 교사들은 '자율적으로 내적으로 구성하는 것'이라고 생각하였다. 교사들은 정부와 전교조의 정체성 경쟁을 통해 정체성 위기를 경험하게 되었고, 이러한 위기에 대처하기 위해 전교조 탈퇴에서 무관심에 이르는 다양한 거리 두기를 선택하였다.

셋째, 교사들은 교육의 책무성과 민영화 등을 강조하는 신자유주의가 교육을 지배하는 담론으로 등장하면서 정체성 위기를 더욱 심각하게 경험하였다. 정부의 신자유주의 교원정책은 전교조 교사 정체성에 따른 교육적 실천 대신에 표준화된 교육실천을 수행하도록 요구하였다. 교원성과급과 같이 경쟁을 기반으로 하는 자원 배분은 교사들 노동조건의 이질화를 촉진하고 상호경쟁을 강화함으로써 교사들로 하여금 운명을 함께하고 있다는 집합의식을 약화시켰다. 특히 전교조 교사들보다 노동자 정체성이 더욱 강한 계약제 및 기간제 교사와 같은 '이등 교사들'의 증가로 인해 전교조의 노동자 정체성의 성격이 모호해지는 결과를 초래하였다.

전교조 교사 정체성은 많은 비판을 받고 있으며 한계 또한 적지 않지만, 많은 교사는 교육현장에는 여전히 개혁해야 할 것들이 적지 않으며, 그런 점에서 전교조의 존재 정당성이 있다고 생각하였다. 최근에는 정부정책을 외부자 관점에서 비판하는 역할에서 벗어나 협력하고 소통하면서 정책을 수립하고 집행하는 적극적 역할을 요구받고 있다. 특히 전교조와 친화적인 진보 교육감의 등장으로 전교조는 지금까지의 '비판하는 위치'에서 '비판받는 위치'로 변화하였다. 전교조와 관련된 교사들이 정책결정과정에 깊숙이 개입하면서 전교조는 예전과 성격이 다른 정체성을 새롭게 구성하고 있는 것이다. 이때 주의할 점은 이제까지의 '소명' 정체성이 근거하고 있는 도덕적 이상과 열망은 현실에서 완전히 실현되기 어렵다는 것이다. 특정 개인이나 집단의 도덕적 열망은 부분적으로만 정당성을 갖기 때문에 다른 사람들이나 집단들과 지속적인 관계를 통해 조정될 필요가 있다. 그러나 지금까지 한국의 교육지형은 '투쟁'에 의한 정체성의 '쟁취'와 '억압'을 통한 정체성의 '부정'이 지배적인 반면에 상호 '협상'을 통한 정체성의 '구성'에는 관심이 적었다. 전교조와 정부는 '서로 하고 싶어 하는 것' '실제로 할 수 있는 것' 그리고 '각자 해야 하는 것'을 함께 고민하고, 그 결과 교사 정체성 구성이 가능하다는 것에 주목하지 못하였다. 전교조와 정부는 함께하기 어려운 '적으로서의 그들'이 아니라, 협력할 수 있는 '친구로서의 그들'로 인식될 필요가 있다.

제11장

신자유주의 시대 교사의 감정노동

나는 정말 어떤 감정을 느끼는가?
–혹쉴드(Hochschild, 2009)

1. 교육과 감정

교사와 학생이 상호작용하는 학교는 다양한 감정이 교환되는 '감정 공간'이다. 교사가 학교에서 경험하는 많은 일들은 이성과 감정의 상호의존적 활동의 결과다. 교사는 학교에서 행복, 체념, 불만, 스트레스, 화 그리고 분노와 같은 다양한 감정을 경험한다. 때문에 우리는 좋은 교사를 교과 지식을 기계적으로 단순히 전달하는 사람이 아니라 열정을 가지고 학생들과 감정적으로 상호작용하는 사람이라 생각한다(서경혜, 유신영, 2004; 오욱환, 2005; Hargreaves, 1998). "칭찬은 고래를 춤추게 한다."라는 말처럼 교사가 표현하는 긍정적 감정은 학생을 변화시키는 마술과 같은 힘을 지니고 있으며, 그 반대의 경우도 마찬가지다. 학교에서 교사가 감정을 느끼고 교환하는 대상은 학생뿐만 아니라 동료교사, 관리자, 학부모, 근무환경 그리고 교육정책 등과 같이 다양하다.

그런데 교사가 자신이 느끼는 감정을 있는 그대로 언제나 솔직하게 표현하지 않는다는 점에 주목할 필요가 있다. 교사는 다른 사람들과의 관계에서 자신의 감정을 솔직하게 드러내는 것을 부담스러워하고 불편해하며 감정을 삭이고 달래기도 한다. 또한 교사는 학생들을 다루고 통솔하기 위해 위장된 감정을 사용하기도 한다. 따라서 교사가 어떤 감정을 경험하고 그러한 감정을 어떻게 관리, 통제, 조절, 표현하는가를 이해하는 것은 학교와 교사를 이해하는 것의 관건이라고 할 수 있다(Hargreaves, 1998; Nias, 1996; Zembylas, 2002, 2003).

감정이란 내가 어떤 것에 신경을 쓰고 있다는 사실을 사람들에게 드러내는 것을 말한다(Barbalet, 2010). 그런데 감정은 자동적으로 일어나는 생리적 또는 심리적 차원으로 전적으로 환원될 수 없으며, 사회구조와 문화의 영향을 받는 가치가 수반되는 '사회적 체험'의 성격도 갖는다(현남숙, 2007: 196). 엘리아스(Elias, 1996)는 사회적 구성물로서의 인간의 감정과 사회구조와의 상호작용을 잘 설명하고 있다. 그에 따르면 감정이란 사회구조와 사회적 행위자를 이어 주는 역할을 하는데, 그 상호작용 과정에서 사회적으로 바람직하지 않은 본능과 쾌락 그리고 감정의 표출은 자기통제를 통해서 조절된다. 이처럼 사회구조와 밀접하게 관련되어 있는 인간의 감정은 '자기가 관여하는 세계와의 직접적인 접촉'(Barbalet, 2010: 1)으로 개인이 특정 상황에서 어디에 위치하고 있으며 어떤 행동을 할 것인가를 결정하는 상황적이고 지표적 성격을 갖는다(Illouz, 2010: 80).

이와 마찬가지로 윌리암스(Williams, 2007)도 감정을 '실천적 의식(practical consciousness)'으로 정의하고, 감정이 개인적 수준에서 경험되는 무미건조하고 객관적이며 중립적인 심리적 반응이 아니라 사회적으로 민감하며 가치를 내재하고 있는 사회적 경험으로서의 성격을 가지고 있다는 점을 강조한다. 나아가 그는 '감정의 구조(the structure of feelings)'를 "한 사회의 문화다. 그것은 전반적인 사회 조직 내의 모든 요소들이 특수하게 살아 있는 결과다. …… 모든 실체의 공동체에서 그것은 매우 심층적이고도 광범위하게 소유되고 있는데, 그것은 의사소통이 의존하는 기반이다."라고 정의한다(Williams, 2007: 93-94).

이처럼 감정은 "고립된 개인이 아니라 시대적 상황을 공유하는 개인 '들'의 사회적 반응으로 문화적 산물이고"(Kövecses, 2009: 299), '중립적이지 않고'(Barbalet, 2010), '사회적 상호작용의 결과이고'(Denzin, 1983), '권력과 밀접한 관련을 맺으며'(Kemper, 2010), '사회계급에 따라 계층화되어 있다.'(Turner, 2010)는 주장은 교사들이 일상적으로 경험하는 감정을 사회적 구성물로 규정하는 것이 타당함을 의미한다(강현아, 2002; 김경희, 2006; Hochschild, 2009; Munt, 2004; Turner, 2009; Zembylas, 2002).

이렇게 교사의 감정이 사회적 관계를 통해 형성되는 사회적 구성물이라면, 신자유주의적 경쟁이 강화되는 오늘날 교사들이 경험하는 감정도 그들의 '사회적 체험'이라고 할 수 있다. 그렇다면 신자유주의적 시장 합리성에 따라 학교를 재편하는 지금, 한국의 교사들은 어떠한 감정을 경험하고 표현하고 있을까?

이 장의 목적은 신자유주의적 시장 합리성에 근거한 교육개혁이 교사들의 감정에 미치는 영향을 분석하는 것이다. 신자유주의 교육개혁은 학업성취도 향상을 위한 일제고사 도입, 교육의 책무성 강화를 위한 교원평가제 실시, 그리고 교육서비스의 질 제고를 위한 가르치는 일의 상품화와 서비스화를 재촉하고 있다. 이러한 교육의 변화가 '사회적 구성물로서 교사들의 감정'에 미치는 영향을 감정노동이라는 프레임을 통하여 경험적으로 밝히고자 한다.[1] 혹쉴드(Hochschild, 2009)가 제안한 '감정노동(emotional labor)' 개념은 정서적 인간관계를 중시하는 한국 사회에서 개인이 경험하는 감정의 불일치 혹은 부조화와 여러 가지 점에서 비슷하다.[2]

지금까지 교사와 관련된 많은 논의는 실제적인 교수지식의 향상을 통하여 가르치는 일의 전문성을 신장하는 것과 관련되어 있었으며, 어떻게 하면 잘 가르치는 합리적인 교사를 양성할 것이냐에 집중되어 있었다. 반면에 감정을 지닌 인간으로서 교사에 대한 관심은 상대적으로 소홀하였다. 그러나 교사는 현실에 감정적으로 무감각하지 않고, 교육정책에 대해 순응, 수치심, 저항, 분노, 화 등과 같이 감정적으로 다양하게 반응하며, 그러한 감정을 동료 교사들과 공유하기도 한다(Derby, 2008; Hargreaves, 1998; O'Connor, 2008). 따라서 교사를 제대로 이해하기 위해서는 그들이 '느끼는' 욕구에 민감해야 하며, 그들이 느끼고 표현하는 감정을 파악하는 것이 중요하다. 이를 위하여 '첫째, 신자유주의 교육개혁과 관련하여 교사는 어떤 감정을 경험하는가, 둘째, 교사의 감정표현을 통제하는 학교의 감정규칙은 무엇인가, 셋째, 교사들은 어떻게 감정을 관리하는가'라는 연구 문제를 설정하였다.

교사들의 감정경험을 사회학적으로 이해하려는 시도는 그렇게 많지 않다. 학교와 교실이 교사와 학생의 감정이 교차하는 감정공간이라는 점을 고려하면 이러한 무관심은 매우 의외다. 교육적으로 감정연구가 부진하였던 이유는 이성과 합리성을 중시하는 근대 학문의 속성에서 비롯한 감정에 대한 편견, 감정의 중요성을 인정하면서도 측정의 어려움으로 인한 연구 기피, 그리고 감정을 여성의 문제로 간주하는 가부장제적 연구 풍토

---

[1] 감정이 사회적 상호작용과 같은 사회적 관계에서 느끼는 경험이라는 점을 고려할 때 교사와 학생의 감정경험을 함께 분석하는 것이 필요하다. 그러나 이 연구에서는 교사의 감정경험만을 분석하였다.

[2] 인간관계에서 느끼는 감정적 갈등과 혹쉴드의 감정노동은 개인이 경험하는 진정한 감정과 표현하는 감정 사이의 불일치를 강조한다는 점에서는 비슷하지만, 그의 감정노동이 '인간 감정의 상품화(commercialization of human feeling)'를 의미하는 반면에, 한국인의 감정적 갈등은 원만한 인간관계를 위해 자발적으로 상대방을 배려하는 행위와 관련이 있다.

때문이다(김경동, 1988; Barbalet, 2010; Zembylas, 2005: 6-7). 더구나 과학주의, 실증주의, 기술적 합리주의가 교육연구를 지배함으로써 감정은 안정적이지 못하고 주관적이고 여성적이고 사적이며, 또한 비합리적이라는 이유 때문에 적극적인 연구대상이 되지 못하였다(Jeffrey & Woods, 1996: 325). 이러한 태도는 감정을 학문적 관심의 대상으로부터 멀어지게 하였으며, 그 결과 교육사회학에서 감정은 주목받지 못한 '잊혀진 주제'로 남아 있었다.

2. 교사와 감정노동

1) 감정노동의 개념

감정이란 '느낌이라는 주관적 요소, 흥분 또는 육체적인 감각이라는 생리학적 요소 그리고 표현적 몸짓이라는 충동적 또는 운동-신경적 요소를 포함'(Barbalet, 2007: 147)하는 매우 광의의 개념이다. 사람들은 자신의 감정을 있는 그대로 표현하지 않고 사회적 상황과 관계에 적합한 모습으로 조절하고 통제하려는 경향이 있으며, 또한 이러한 감정을 관리하고 통제하며 조절하도록 요구받기도 한다. 왜냐하면 인간은 자신과 만나는 사람들이 가능한 한 즐겁고 편안한 감정을 갖도록 자신의 감정을 관리하고자 하며, 이것이 인간의 자연스러운 모습이기 때문이다. 혹쉴드(2009)는 일상생활에서 개인적으로 이루어지는 감정관리를 '감정활동(emotional work)'으로, 직장생활에서의 감정관리를 '감정노동(emotional labor)'으로 구분한다. 그리고 일상생활에서 이루어지는 감정관리가 사회적으로 강제되면서 감정노동으로 변화된다고 주장한다.

일상생활과 달리 학교를 비롯한 조직의 구성원들은 자신의 감정을 조직의 공식적 혹은 비공식적 규범이나 가치에 따라 조절하고 통제하며 일정한 감정규칙에 따라 미리 정해진 감정을 표현하도록 요구받는다. 조직은 구성원들에게 가능한 한 특정한 감정표현과 행동을 요구한다. 개인의 감정은 조직을 지배하고 있는 감정규칙에 따라 변화하고, 억제되며, 과잉 혹은 과소 표현된다(Zembylas, 2003). 따라서 구성원의 감정은 전적으로 자유롭고 자율적인 판단이나 선택이 아니라 사회적 또는 심리적으로 억압된 상황에서 타율적으로 표현되기도 한다. 혹쉴드(2009)는 이처럼 개인이 조직의 규범이나 규칙에 따라 규정된 감정을 표현함으로써 자신의 진정한 감정으로부터 소외되는 현상에 주목하고, 이를 감정노동으로 개념화하였다. 그녀는 개인에 대한 통제와 착취의 대상이 구체적인 육체적 노동으로부터 감정과 같은 마음으로 이행되는 현실, 즉 감정착취와 감정희생에 주목하였다.

비행기 승무원과 서비스 종업원을 대상으로 한 연구에서 혹쉴드는 조직은 상품화된 감정과 상품화될 가능성이 있는 감정이 무엇인가를 헤아리고 그러한 감정을 적극적으로 표현하고자 한다는 것을 밝혀냈다. 종업원이 자신의 솔직한 감정보다는 고객의 마음을 먼저 헤아리고 그들이 원하는 것에 맞추어 자신의 감정을 표현하도록 요구하는 조직은 상품화 가치가 높은 감정 목록을 정하고 그것을 종업원들이 표현하도록 하는 감정규칙(emotional rules)을 공식적 · 비공식적으로 가지고 있었다. 감정규칙은 구성원들로 하여금 자신의 감정에 충실할 것이 아니라 상대방의 입장에서 감정을 표현하도록 하는 일종의 지침으로, 조직의 규범이나 가치와 같은 문화적 문법에 따라 결정되는 사회적 구성물이다.

조직은 다양한 방법을 이용하여 종업원들이 감정규칙을 내면화하도록 함으로써 조직의 목적에 합당한 감정을 표현하도록 유도한다. 종업원들은 직장에서 살아남기 위해 고객과의 관계에서 자신이 이미 경험한 감정을 떠올리고 '이 상황에서 어떤 감정을 가져야 하는가?'(Hochschild, 2009: 39)라는 질문을 반복해서 던짐으로써 맥락과 상황 그리고 감정규칙에 따라 합당한 감정을 '자연스럽게' 표현하게 된다. 이러한 과정을 통해 종업원은 고객에게 적절한 마음 상태를 만들어 내도록 자신의 감정을 드러내거나 억압하는, 즉 '관리된 마음(managed heart)'의 상태를 유지하게 된다. 따라서 사람의 내면으로부터 나오는 진정한 감정보다는 이윤 생산과 생존을 위해 상품화 가치가 있는 감정이 더욱 중요한 의미를 갖는다(Illouz, 2010). 개인의 감정표현은 위로부터 사회적으로 계획되고 관리되며 표준화된 형태로 조직된 감정을 재현하는 것에 불과하다(Hochschild, 2009: 23-24). 그리고 감정의 상품화는 기업의 이윤 창출에 기여하고, 개인 노동자는 이러한 이윤 창출에 기여함으로써 일터에서 살아남게 된다(강현아, 2002; 신경아, 2009; Hochschild, 2009).

감정노동은 인간 대 인간의 상호작용을 기반으로 하는 대인 서비스 노동과 밀접한 관련이 있다. 혹쉴드(2009: 27)는 미국의 경우 약 1/3의 노동자가 어떤 식으로든 감정노동을 경험하고 있으며, 특히 여성 노동자의 절반 정도가 감정노동을 요구하는 직업에 종사하고 있다고 주장한다. 실제로 많은 선행연구는 여성 노동자의 비중이 높은 간호사, 비행기 승무원, 사무직 노동자, 관광 안내원, 서비스센터 상담원 등을 대상으로 감정노동과 여성의 관계를 분석하고 있다. 예를 들어, 강현아(2002: 145-147)는 감정노동을 '가사노동과 양육노동 수행에서 요구되는 여성적 특징, 즉 인내심, 세심한 배려, 부드러움, 친절함 등이 노동과정에서 강조되는 노동유형'으로 정의함으로써 감정노동의 여성성을 강조하고 있다. 남성 중심 직업에서는 감정이 특별한 주목을 받지 않는 반면에 여성이 다수를 점하고 있는 직업에서는 생산성과 이윤을 위하여 편안함, 인내, 동정심, 쾌적함, 재치, 신중함, 성적 매력 등과 같은 감정이 중요하게 다루어지고 있다는 것이다.

이와 같은 감정노동의 기능에 대해서는 상반된 두 입장이 존재한다. 먼저, 감정노동이 감정부조화 때문에 때로는 자신의 개별성을 이루고 있는 것마저도 내주어야 하는 심한 좌절감과 소외감을 낳는다는 부정적 입장이 있다(Hochschild, 2009: 21). 이 입장은 감정노동이 자신의 내면에서 자연스럽게 우러나오는 것이 아니라 밖으로부터 요구되는 것으로, 주로 부정적인 감정을 억압하고 희생함으로써 감정적 혼란을 낳는다고 주장한다. 서비스직 노동자들은 자신의 참된 감정 상태와 관계없이 인위적으로 긍정적이고 밝은 감정, 즉 '인위적 발랄함(artificial elation)'을 자신의 일부인 것처럼 최대한 자연스럽게 보이도록 요구받는다.[3] 따라서 감정노동은 개인에게 소외감과 무력감 그리고 감정적 소진을 초래한다는 것이다.

이러한 입장과 달리 감정노동이 상대방에게 좋은 인상과 서비스를 제공했다는 자기만족의 원인이 된다는 긍정적 입장도 있다(Fineman, 2008; Wouters, 1989, 1991). 이들은 지금까지 과도하게 감정노동의 부정적 측면에 집중함으로써 긍정적 측면에 대한 논의가 부족했다고 주장한다. 사람들은 험악한 사무실이나 불친절한 사람보다 부드럽고 편안하며 친절한 사무실과 사람을 선호하는 경향이 있으며, 이런 점에서 감정노동이란 '잠재적으로' 긍정적 기능을 갖는다는 입장이다(Hochschild, 2009: 24). 우터스(Wouters, 1989: 105)는 노동환경의 변화로 감정에 대한 외적 통제와 사회적 규범이 점점 약화됨에도 불구하고 사람들은 편안하고 부드러운 분위기를 위하여 자신의 감정을 자발적으로 상대방에 맞추는 비공식적 감정노동이 늘어나고 있으며, 감정을 관리하는 방법도 급격히 다양해지고 있다고 주장한다.

그러나 감정의 상품화와 관련된 감정노동 개념을 학교와 교사에게 그대로 적용하는 것은 무리가 있다. 감정노동은 이윤동기가 강하게 작용하여 인간의 감정을 물신화하는

---

[3] 조직의 목적에 따라 종업원들에게 요구되는 감정노동이 다르다. 예를 들어, 비행기 승무원은 승객들에게 따뜻함, 배려, 친절 등과 같이 편안하고 긍정적인 감정을 표현하도록 요구받는 반면에, 수금원은 채무자에게 공격성, 모욕, 위압감과 같은 부정적 감정을 표현하도록 요구받는다(Hochschild, 2009).

대인서비스 노동과정에 보다 적실성을 갖는다. 서비스직의 감정노동은 익명의 고객을 대상으로 제한된 시간에 제한된 공간에서 제한된 서비스를 둘러싸고 행해진다. 감정노동의 목적도 대부분 일회적이고 단기적인 고객과의 관계에서 서비스에 대한 좋은 인상을 줌으로써 재구매 가능성을 높이는 데 있다. 따라서 종업원의 감정은 철저하게 상품화되도록 요구받는다. 그러나 이러한 서비스직과 달리 교사와 학생의 관계는 장기적이고 지속적이라는 특징이 있다. 종업원의 감정노동을 체계적인 매뉴얼에 따라 훈련시키고 감정노동에 대한 감시와 평가 체제가 상대적으로 확고한 서비스직과 비교하여 교직은 자율체제 성격이 강하다. 감정이 상품화된 노동력으로 작용하는 서비스직에서는 개인이 표현해야 하는 감정에 관한 규칙이 명확하게 마련되어 있다. 대체로 조직의 구성원들은 미소, 웃음, 신뢰감, 공손함 등과 같이 외부에서 쉽게 느끼고 관찰 가능한 표준화된 감정을 주로 감정규칙에 따라 표현하도록 요구받는다.

그러나 교직의 경우 교사의 감정을 상품으로 규정하기 어렵고, 교사가 학교에서 표현해야 하는 구체적인 감정을 명시적으로 정해 놓은 규칙이 존재하지 않는다. 물론 신자유주의의 영향으로 교사와 학생의 관계가 상품화될 가능성이 증대되었고, 시장 합리성에 따라 재편되는 교육환경은 교사의 감정을 교환가치를 지닌 상품으로 변질시킬 가능성이 전혀 없는 것은 아니지만, 학교가 이윤 축적을 위하여 교사의 감정을 직접 통제한다고 보기 어렵다. 따라서 여기서는 감정노동을 '학교의 공식적 또는 비공식적 요구에 따르기 위해 교사가 자신의 감정을 관리하고 조정하는 것'으로 정의한다.❹

교사의 감정을 체계적으로 살펴보는 것이 중요한 이유는 다음과 같다. 첫째, 교사는 교실에서 마주하는 학생들이나 자신의 교수 행위 그리고 동료, 학교의 구조, 교육정책, 학부모 등에 대하여 일정한 감정을 갖고 있다(Nias, 1996: 293). 교사는 무표정하거나 무감각하지 않고 자신을 둘러싼 모든 것들에 민감하게 감정적으로 반응한다. 교장이나 동료 교사 그리고 학생들이 자신을 어떻게 생각하는지에 대해 민감하며, 교육과 관련된 언론의 보도에 대해서도 호오(好惡)의 감정을 갖는다. 자신에 대한 부정적 평가에 대해 마음 불편해하고 가능하면 긍정적인 평가를 받기 위해 노력한다.

둘째, 교사의 교육적 판단은 감정과 밀접하게 관련되어 있다(Day & Leitch, 2001). 이성과 합리성은 감정의 인도를 필요로 하며, 이성과 감정이 반드시 대립되는 것이 아니라 서로 다른 능력이라는 관점에서 보면 감정은 인지적 작용이나 판단과 밀접하게 관련되

❹ 여기서는 감정관리, 감정활동, 감정노동을 구별하지 않고 사용한다.

어 있다(Barbalet, 2007: 76–77). 교사의 교육적 판단은 합리적 성격과 감정적 성격을 동시에 가지고 있기 때문에 교사가 어떤 일에 대해 합리적이고 인지적 판단을 하였다고 할지라도 아직 경험하지 못한 합리적 판단의 결과에 대한 믿음, 즉 신뢰의 감정이 존재하지 않는다면 합리적 판단이 가능하지 않게 된다. 이런 점에서 교사가 행하는 많은 교육적 판단도 따지고 보면 감정과 관련이 있는 것이다. 따라서 교사들의 감정적 반응을 고려하지 않고서는 교사의 교육행위를 적절히 이해할 수 없게 된다(Nias, 1996: 294).

셋째, 교사의 감정은 교사를 둘러싸고 있는 사회적 · 문화적 환경에 의해 형성되고 영향을 받는다(Nias, 1996; Zembylas, 2005). 교사의 감정은 비역사적이거나 사회적 진공 속에 존재하는 것이 아니라 그 성격상 사회적이다. 특정 사안에 대한 교사들의 감정적 대응 양식이 다양한 것도 바로 이러한 감정의 사회적 성격에 기인하기 때문이다. 따라서 교사의 감정은 개인적 수준의 심리적 현상에 머무르는 것이 아니라 연령, 교육관, 정치적 입장, 성, 건강상태 등과 같은 '개인'을 구성하는 사회적 수준의 개인/집단 정체성에 따라 그 표현과 대응 양식이 매우 이질적이다.

넷째, 교사의 감정은 개인적으로 경험하는 것이지만 사회적이고 집합적 성격을 갖는다고 할 수 있다(Barbalet, 2007; Kemper, 1995). 감정은 개인의 내적 상태로 존재하는 것이 아니라 개인들 간의 관계 속에 그리고 개인과 그들의 사회적 상황 사이의 상호작용 속에 존재한다. 따라서 집단, 관계 속에서 유사한 감정들을 공유할 가능성들도 존재한다. 이런 맥락에서 신자유주의 교육정책에 대한 교사의 감정은 개인적 차원뿐만 아니라 사회적 차원에서 접근할 필요가 있다.

2) 감정 관련 연구

오랫동안 교사의 감정은 주변적 논의거리였으나, 1980년대 말부터 일련의 연구들이 발표되고 있다. 교사의 감정노동에 관한 선행연구를 주제에 따라 간단히 정리하면 다음과 같다.

먼저, 학교의 감정규칙에 관한 연구다(Hargreaves, 1998, 2001; Nias, 1996; Winograd, 2003). 위노그라드(Winograd, 2003)는 초등학교 교사를 대상으로 교사의 감정표현을 통제하는 학교의 감정규칙을 분석하였다. 연구 결과, 교사들은 웃음, 열의, 사랑 등과 같은 감정을 주로 표현하고자 하는데, 그것은 '교사는 학생에 대해 애정을 갖는다.' '교사는 열정과 열의를 가지고 있다는 것을 학생들에게 드러낸다.' '교사는 화, 슬픔, 기쁨 등과 같은 극단적인 감정이 표출되는 것을 피한다.' '교사는 자신의 일을 좋아한다.' 그리고 '교사들은 유머 감각을 갖는다.'는 5가지의 감정규칙 때문이었다(Winograd, 2003: 1652).

하그리브스(Hargreaves, 1998, 2001)는 교사와 학생의 감정적 상호작용을 '감정지리'라는 개념을 동원하여 분석하였다. 감정지리란 교사와 학생의 친밀감과 거리감을 의미하는데, 그는 학교의 감정지리를 사회문화적 거리, 도덕적 거리, 전문직업적 거리, 물리적 거리, 정치적 거리로 구분하였다. 학교에 따라 감정지리가 다르게 나타났는데, 초등학교 교사는 정치적 거리감이 큰 반면에 물리적 거리감은 작았으며, 중등학교 교사는 육체적 및 전문직업적 거리감이 상대적으로 큰 것으로 나타났다.

둘째, 교사의 정체성과 감정의 관련성 연구다(Schutz & Pekrun, 2007; Zembylas, 2005). 슈츠와 퍼크런(Schutz & Pekrun, 2007)은 교사의 정체성이 감정을 통해 전달되고 표현된다는 점에 주목하고, 교사의 정체성을 구성하는 신념과 목표에 대한 교사들의 감정적 대응을 분석하였다. 연구 결과, 화와 스트레스, 근심과 같은 부정적 감정이 교사의 전문성과 정체성에 부정적 영향을 미친다는 것을 발견하였다. 나아가 교사들이 자신의 정체성을 어떻게 형성하고 왜 그렇게 생각하는지를 이해하는 열쇠가 교사의 감정에 대한 분석이라고 주장하였다.

셋째, 교사의 교육행위와 감정의 관계에 관한 연구다(Isenbarger & Zembylas, 2006; Zembylas, 2002, 2005). 젬빌라스(Zembylas, 2002)는 과학 수업을 중심으로 어떤 감정과 관련된 언어들이 사용되고 있으며, 그것이 어떤 영향을 미치는가 하는 점을 분석하고자 하였다. 특히 과학수업을 위해 새로운 교수방법 도입과 관련하여 이를 반대하는 동료교사와 학교와의 관계에서 교사가 경험하는 감정을 체계적으로 분석하였다. 아이젠바거와 젬빌라스(Isenbarger & Zembylas, 2006)는 교사의 돌봄 역할이 강조되는 현상에 주목하고, 이러한 돌봄 활동을 감정노동과 관련하여 분석하고 있다. 연구 결과, 교사는 학생들이 무엇을 생각하고, 어떻게 느끼며, 교육활동에 어떤 마음으로 참여하는지 늘 민감하게 관심을 기울여야 하는데, 이와 같은 민감성이 정서적 긴장과 불안 그리고 화의 주요 원인으로 작용하였다.

넷째, 장학과 감정과의 관계 연구다(Jeffrey & Woods, 1996; Perryman, 2007). 제프리와 우즈(Jeffrey & Woods, 1996)는 영국의 초등학교를 대상으로 교육의 질 제고를 목표로 4년마다 반복되는 장학이 교사감정에 미치는 영향을 분석하였다. 연구 결과, 교사들은 장학을 교사의 전문적 행위를 감시하는 것으로 인식하였으며, 따라서 교사들은 장학에 대해 불편하고 부정적 감정을 갖는 것으로 나타났다. 교사들은 성취 중심의 장학 행위를 교사들의 전문성을 신장하기보다는 오히려 '탈'전문직화하는 것으로 받아들이고 있었으며, 가르치는 일을 전문직에서 기술직으로 가치 절하한다고 생각하였다. 페리만(Perryman, 2007)은 영국의 중등학교를 중심으로 장학이 교사들의 감정에 미치는 부정적 영향을 분석하였다. 교사들은 장학을 교사들의 감정을 규율하는 기제이자 가르치는 일의 성격을 성취도 중심으로 재편하는 일정의 '감시체계'로 정의한다. 때문에 장학 활동은 그 본연의 기대하는 목표를 달성하기보다는 교사들로 하여금 자신의 능력을 증명해야 한다는 공포와 불안, 가르치는 일에 대해 자신의 통제가 줄어들고 있다는 불만과 스트레스를 가중시키는 부정적 영향을 미친다는 것이 연구의 결과였다.

국내에서도 1990년대 중반부터 감정노동에 관한 연구가 시작되었다. 감정노동이 여성이 주로 취업하는 서비스 직종에서 주로 발견된다는 지적처럼 국내에서의 선행연구도 간호직(강현아, 2002), 판매직 등의 서비스직(김경희, 2006; 김경희, 강은애, 2007), 콜센터 여성노동자(신경아, 2009) 등을 대상으로 하는 사례연구가 대부분이었다. 교사의 감정노동에 대한 국내의 연구는 김천기와 조인근(2005), 윤혜선(2011)의 연구가 있다. 김천기와 조인근의 연구는 특수교사와 장애학생과의 상호작용을 중심으로 교사들의 감정규칙이 어떻게 형성되고, 감정을 어떻게 조절하고 통제하는가 하는 점을 문화기술 연구방법을 통하여 분석하고 있다. 이들은 학교에는 교사의 감정을 지배하는 규칙이 존재하고, 교사들이 경험하는 감정이 교사의 업무와 관련하여 다양한 기능을 담당한다는 점을 밝히고 있다(김천기, 조인근, 2005: 26-27). 윤혜선(2011)의 연구는 학업성취도를 강조하는 교육정책과 교사의 감정과의 관련성을 분석하였다. 그녀는 교사의 감정노동을 사회구조의 산물로 규정하고, 학력신장을 강조하는 교육정책이 초등학교 교사의 감정에 미치는 영향을 분석하고 있다. 연구 결과, 교사들은 교수-학습과정의 표준화와 통제로 인하여 일상적 모멸감을 느끼고 있으며, 교직의 정체성이 전문직에서 기술자로 변화되는 데 따른 불안과 상실감 그리고 학생들에 대한 분노와 죄책감이라는 양가적 감정을 경험하는 것으로 나타났다.

3) 연구방법

연구방법으로 심층면접을 사용하였다. 선행연구에서는 구조화된 참여관찰과 심층면접 방법을 병행함으로써 다양한 감정노동의 유형과 감정표현 행위를 분석하고 있다(Hargreaves, 1998; Hochschild, 2009; Zembylas, 2004). 감정노동에 대한 질적 연구는 양적 연구방법으로 포착하기 어려운 감정경험과 표현의 맥락성과 특수성을 파악할 수 있다는 장점이 있다. 특히 젬빌라스(2004)는 참여관찰 방법이 교사의 구체적인 감정표현 행위를 분석하는 데 보다 유용하다고 주장한다. 그러나 이 연구에서는 심층면접 방법을 사용하여 교사들의 주관적 감정경험을 주로 밝히고자 하였다. 국내외에서 수행된 많은 선행연구들은 심층면접만을 사용하여 감정노동을 분석하고 있다(김경희, 2006; 서정우, 2009; 윤혜선, 2011; Hargreaves, 1998). 이 연구에서는 심층면접을 통하여 교사들이 가르치는 일과 관련하여 어떤 감정을 경험하고 표현하고 있는지, 자신의 진정한 감정을 표현하는 것을 제약하는 요인은 무엇인지 그리고 자신의 감정을 어떻게 관리하는지 등을 묻고 그 내용을 분석하였다.

심층면접 대상은 학교의 특성(시 지역과 읍 · 면 지역), 성(남, 여), 연령과 경력(10년 미만과 이상) 등을 가능한 한 고려하여 선정하고자 하였다. 이는 앞서 지적한 바와 같이, 교사의 감정이 개인적 수준의 심리적 현상에 그치는 것이 아니라 본질적으로 사회적 성격을 갖기 때문에 교사의 연령이나 교직 경력, 성 등에 따라 서로 다른 감정을 경험할 것이라는 이유 때문이었다. 아울러 무엇보다도 자신의 감정경험에 관한 정보를 충실하게 제공해 줄 수 있는 대상자를 선정하고자 하였다. 면접 대상자의 선정은 연구자가 면접한 면접자를 통해 소개를 받아 다음 면접 대상자를 결정하는 눈덩이 표집 방법을 사용하였다. 연구자의 개인적 친분을 통한 표집의 구성은 다양한 집단을 고려하기 어렵다는 한계가 있으나, 연구목적에 적합한 대상을 선정할 수 있다는 장점도 있다(Mason, 1999). 때문에 눈덩이 표집 방법을 활용한 면접 대상자 선정 과정에서 이러한 문제를 최소화하고 장점을 최대화할 수 있는 대상을 선정하고자 노력하였다. 면접 대상자로 소개받은 23명의 교사에게 연구의 목적과 반구조화된 질문지를 미리 이메일로 발송하였고, 이 중에서 면접에 동의한 초등학교 교사 20명을 연구대상으로 선정하였다. 면접 대상자의 일반적 사항은 〈표 11-1〉과 같다.

면접 대상자의 일반적 특성을 살펴보면, 성별로는 여교사가 13명, 남교사가 7명이었으고, 연령별로는 26세에서 59세까지 분포되어 있으며 평균 연령은 40.9세였다. 교육경력은 평균 15.52년이었으며 10년 이상이 14명, 10년 미만은 6명이었다. 담임교사는 16명, 담임을 맡지 않는 전담교사는 4명이었다. 기간제 교사는 1명이었다.

심층면접은 2010년 6월부터 10월까지 5개월에 걸쳐 이루어졌다. 면접은 반구조화된 질문을 이용하여 면접 대상자와 면접하는 방식으로 실시되었다. 질문은 교직, 교사업무, 학생, 학교행정가, 동료교사, 학부모, 교육정책 등에 관한 영역으로 구성하였다. 심층면

〈표 11-1〉 연구대상의 일반적 특성

이름	성별	나이(세)	경력(년)	담당 학년	직위	학교 소재지	비고
교사 1	여	29	6	6		시	
교사 2	남	43	3	5		시	중초교사
교사 3	남	44	20	4	학년부장	도농 경계	
교사 4	여	45	22	체육전담	연구부장	시	박사학위 소지
교사 5	여	33	9	영어전담		시	
교사 6	여	35	3	2		읍 · 면	중초교사
교사 7	여	48	22	2		읍 · 면	장기 휴직(6년) 후 복직
교사 8	남	30	5	5		시	초등, 중등 복수자격 소지
교사 9	여	38	14	영어전담		읍 · 면	
교사 10	남	59	38	3		읍 · 면	명퇴 신청, 박사학위 소지
교사 11	남	55	31	5		읍 · 면	
교사 12	여	36	11	4		도농 경계	
교사 13	남	38	13	4		도농 경계	
교사 14	여	34	11	4	학년부장	시	
교사 15	여	26	0.4	영어전담	정보부장	시	기간제 교사
교사 16	여	51	30	5		시	
교사 17	여	50	21	4		시	사직 후 복직
교사 18	여	53	29	3		시	
교사 19	남	37	12	5		읍 · 면	
교사 20	여	35	10	6		읍 · 면	

접의 질문 문항은 감정노동에 관한 혹쉴드(2009)와 하그리브스(2001)의 연구를 참고하였으며, 두 명의 교사를 대상으로 질문의 적절성 여부를 확인하는 사전 면접을 실시하였다. 이러한 과정을 통하여 개방형과 반구조화된 질문을 마련하였다. 예를 들어, 자신의 감정에 중요한 영향을 미쳤던 최근의 교육경험이나 정책은 무엇인가, 교사의 업무와 학생들에 대해 어떤 감정을 가지고 있는가, 일제고사 또는 교원평가 등의 교육정책에 대해 어떠한 감정을 갖는가, 교사들은 자신의 감정이 통제되고 있다고 느끼는가, 교사들은 언제 자신의 감정이 관리되고 있다고 생각하는가, 교사들은 자신의 감정이 가르치는 일에 어떠한 영향을 미친다고 생각하는가 등이었다. 면접 대상자의 생각과 경험을 충분히 이끌어 내기 위하여 심층면접은 지나치게 구체적인 질문을 하기보다는 개방형과 반구조화

된 형식의 유연한 질문 방식을 활용하였으며, 면접을 통하여 감정과 관련된 중요한 개념을 발견하고자 하였다.

심층면접은 개별 면접을 실시하였으며, 면접 대상자의 학교나 면접 대상자와 협의한 장소(식당 등)에서 진행되었다. 면접은 개인당 각 1회 평균 1시간 30분에서 2시간 정도 소요되었으며, 면접 결과는 면접 대상자의 동의를 받아 기록하고 녹음하였으며 전사하여 분석하였다. 심층면접의 자료는 의미 단위와 범주별 코딩 작업을 위하여 질적 연구를 위한 컴퓨터 자료 분석 프로그램인 Nvivo8을 활용하였다. Nvivo8은 질적 자료의 귀납적 분석을 위해 유용한 소프트웨어로 인터뷰 자료로부터 의미와 범주를 추출하고, 각 범주들 사이의 관계를 발견하는 데 유용하게 활용될 수 있다. Nvivo 프로그램을 이용하여 먼저 초기 코딩을 실시하고 면접 대상자별로 초기 코딩을 상호 비교하여 유사성, 차이, 빈도, 인과관계 그리고 상위 개념을 추출하였다(Saldaña, 2009: 86-89). 교사의 감정경험은 행복, 슬픔, 화, 공포, 사랑과 같이 구체적인 감정 언어로 표현되기도 하지만 비유나 은유, 사회적 관계의 형태 그리고 인지적 및 신체적으로 표현되기도 한다(Kövecses, 2009). 따라서 이와 같은 다양한 층위의 감정경험을 분석하기 위하여 면접 과정에서 면접 대상자가 보인 감정표현을 메모하고 이를 코딩과 분석 과정에서 활용하였다.

3. 교사 감정노동의 양상과 그 특징

1) 교사의 감정표현

"인간관계의 절반은 감정이고 나머지 절반은 관계"라는 코베체스(Kövecses, 2009: 307)의 지적처럼 감정은 사회적 상호작용이나 사회적 관계 '안'에 존재하는 사람들 사이에서 일어나는 교환의 한 형태다. 감정은 '행위와 관련된 행위자의 마음이나 성향의 변화' 때문에 그리고 '행위자와 관련된 환경의 변화' 때문에 경험된다(Barbalet, 2010: 4).

(1) 행복과 스트레스: 학생

교사들은 "수업을 잘하고 싶고, 학생들과 좋은 관계를 유지하고 싶으며, 업무로부터 자유롭고 싶다."라고 말한다. 면접에 참여한 모든 교사가 학생에 대한 애정과 가르치는 일에 대한 보람 그리고 열정을 교사에게 중요한 자질이라고 생각한다. 특히 경력이 많은 일부 여교사(교사 7, 교사 16, 교사 18)가 이러한 자질을 다른 교사들에 비해 더욱 강조하는 경향이 있지만, 대부분의 교사들이 외부의 간섭 없이 사랑으로 학생을 가르칠 때 행복을 경험한다고 말한다.

> 가르치는 게 너무 행복하고, 애들이 너무 사랑스럽고, 애들한테 진짜 내가 교재 연구를 열심히 잘해 와서 제가 아주 거기에 몰입되어서 애들하고 저하고 하나가 되었을 때, 그럴 때 진짜 기뻐요. (교사 18)

> 애들 가르칠 때. 애들이 왜 이렇게 가르쳐 주는 내용을 쏙쏙 받아들인다고 할까, 스펀지처럼 막 잘 받아들이고 막 기쁜 표정도 짓고 그럴 때요. 그때 좋아요. (교사 5)

이러한 생각은 학생들과의 좋은 교육적 관계가 행복의 조건이라는 잭슨(Jackson, 1990)의 연구와도 일치한다. 그러나 교사들은 학생들과의 관계에서 이러한 행복한 감정을 지속적으로 경험하지 못한다. 왜냐하면 학생들은 교사들에게 '행복' '즐거움' '기쁨'을 가져다주지만, 동시에 '화' '두려움' '분노' 등의 원인이 되기도 하기 때문이다. 흥미로운 점은 교사들이 학생들 때문에 상당한 정도의 좌절감과 화 그리고 스트레스를 경험한다는 것이다. 일반대학을 졸업하고 교육대학에 다시 입학하여 초등학교 교사가 된 '교사 2'는 교직생활이 학생들과의 관계 때문에 "생각했던 것만큼 행복하지 않다."라고 말한다.

> 아이들과 즐겁게 생활한다는 게 생각보다 그렇게 쉽지가 않더라고요. 그리고 애들도 옛날만큼 순수하지도 않고 그래요. 그리고 선생님에 대한 예의 같은 것도 존경심은 바라지 않고, 예의 같은 것도 상당히 많이 감소된 편이고. 그래서 그렇게 뭐 생각하던 것만큼 이 '교직생활이 행복하다.' 라고는 생각하지 않아요. …… 그 몇몇 때문에 힘들고 행복하지 않죠. 그때는 너무 심할 때는 '아, 내가 왜 여기에 서 가지고 이렇게 하고 있어야 되나.' 라는 생각 참 많이 들 정도로. 그런데 그 화를 또 누그러뜨려 주는 애들도 아이들이니까. 참 극단적으로 가죠? 양면이 존재해요. 저는 업무 스트레스보다 아이들한테 받는 스트레스가 많고, 또 그 스트레스가 아이들로 인해서 풀어지는 편이에요. (교사 2)

특히 교사에 대한 의존도가 높아서 행동을 통제하는 것이 상대적으로 용이한 저학년에 비해 4학년 이상의 고학년을 담당하는 교사에게는 학생이 더욱 심각한 스트레스의 원인이다. 교사들은 사랑이나 인내만으로 학생들을 통제하기 어려운 현실을 마주하고 있으며, 일부 교사는 학생 지도와 통제의 어려움으로 인해 좌절감과 스트레스 그리고 감정적 소진을 경험하고 있다. 일부 교사는 학생들을 "선생님을 가지고 논다."(교사 3), "징그러운 아이"(교사 2), "나를 깔보는 학생"(교사 5), "대드는 학생"(교사 17), "학생이 무섭다."(교사 10)는 식으로 표현한다. 고학년 학생들은 교사의 감정에 순응하고 의존하는 정도가 적으며, 심지어 일부 학생은 교사에게 대들거나 "선생님 때리면 저 동영상 촬영할 거예요."(교사 4)라는 식으로 비웃는 등 교사의 권위를 인정하지 않는다.

> 학생들이 내 마음대로 안 되는 거, 그러니까 리더십 발휘가 잘 안 되는 거, 그런 부분에서 되게 힘들어요. 선생님은 굉장히 열심히 마음을 다해 애들한테 잘해 주고 있는데 애들은 계속 삐딱선을 타니까. 5, 6학년 애들 말 잘 안 들으니까 정말 내 말이 먹혀들지 않을 때 무능감이 느껴지잖아요. 쟤가 나 무시하는 거 같고, 그런 부분에서 되게 많이 힘들어요. (교사 17)

학생지도의 어려움으로 인한 스트레스는 대부분 고학년 담당 교사들이 경험하고 있다. 특히 학업성취도평가의 대상이 되는 6학년의 경우 담당 교사는 스트레스를 더욱 심하게 받고 있으며, 이 때문에 대부분 교사들은 6학년을 기피한다. 교사들은 수업을 방해하거나 분위기를 흐리는 학생, 생활 태도가 나쁜 학생들을 지도할 마땅한 교육방법을 발견하지 못하고 있으며, "가끔 꿀밤 한 대 진짜 하고 싶은 그런 경우가 있는데, 요즘은 체벌도 안 되잖아요."(교사 7)처럼 물리적 통제의 유혹을 받기도 한다.

> 옛날 같았으면 때려 버리죠. 옛날에는 진짜 그 말 안 듣는 애는 두드려 패서 가르쳤어요. 지금 때리면 이래 이렇게 되니까 때리지도 못하고 환장하죠. 속으로는 화가 막 팍팍 올라오고, 때리고 싶어도 못 때리고, 참다 참다 못하면 한 방 쥐어박죠. (교사 10)

그러나 교사들이 생활 태도에 문제가 있는 일부 학생에 대한 통제의 어려움 때문에 스트레스를 받는 것만은 아니다. 학습자의 만족과 선택을 중시하는 분위기는 교사들로 하여금 자신들은 중요하게 생각하지만 학생들이 원하지 않는 것을 교육적이라는 이유로 부과하는 것을 부담스럽게 생각한다. 따라서 교사들은 교육적 의지를 가지고 적극적으로 개입하기보다는 적당히 무관심하거나 거리 두기를 선택한다. 이와는 반대로 학생들은 자신들이 원하는 것이 다른 무엇보다 우선성을 갖는다는 생각을 자연스럽게 갖는다. 교사들은 자신의 감정보다는 학생들의 감정에 보다 민감하도록 하는 신자유주의 시장 합리성의 요구를 부담스러워한다. 교사들은 학부모의 요구와 의지가 학생의 요구인 것처럼 가면을 쓰고 있다고 생각하기 때문에 학생들의 요구를 쉽게 거부하지 못한다. 심지어 "나 안 해요. 우리 엄마, 아빠가 하지 말랬어요."(교사 19)는 교육활동을 결정하는 기준이 되기도 한다. '교사 3'은 자신의 일상이 학생과 학부모의 요구를 중심으로 재편된다는 느낌을 강하게 받고 있다. 학생과 학부모가 선호하지 않는 체육 교과를 지도하는 '교사 19'는 "학생들의 참여를 구걸하고 학생들의 비위를 맞추어야 한다."고 답답함을 호소한다.

이와 같이 학생들에 대한 교사들의 감정은 양가적이다. 양가적 감정은 구체적인 교육 정책에서도 그대로 드러난다. 학력 중시 정책은 교사로 하여금 학업성취도를 향상시키기 위해 학생들을 채근하도록 한다. 교사들은 학업성취도 시험의 성적이 공개되기 때문에 '애들한테 짜증을 부리기도 하며'(교사 19), '오로지 공부만 시키고 틀리면 혼내고'(교사 6), '짜증을 부리고 화도 내면서 왜 그걸 못 따라오느냐.'(교사 11), "애들 쪼는 거죠." (교사 17), "왜 다른 애들과 똑같이 가르치고 똑같이 하는데 왜 넌 성적이 다른 애들보다 훨씬 많이 떨어지고 있냐."(교사 16) 등과 같이 학생들을 학력경쟁으로 내몬다. 그런데 일부 교사들은 이러한 자신들의 행동에 대해 죄책감과 같이 불편한 마음을 느끼기도 한다. 죄책감이란 '자신이 다름 사람에게 과도한 권력을 사용했다는 것을 알았을 때 느끼는 감정'을 말한다(Kemper, 2010: 107). 교사들은 학력경쟁에 참여하는 학생들이 '불쌍하다'고 생각한다. 교사들은 비록 학력신장이 중요하기는 하지만 지금의 방식은 학생들을 피폐하게 만들고, 불행하게 하며, 무기력하게 한다고 생각한다. 이처럼 학생들에 대한 교사들의 감정은 모순되는데, 이는 학력신장과 관련하여 교사는 학생에 대해 '전치된 분노'와 '측은함'이라는 모순된 감정을 보인다는 윤혜선(2011)의 연구와도 일치한다.

교사들은 자신들의 행동이 '후회스럽기도 하고'(교사 19), '내가 원한 건 아니었는데'(교사 7)라고 생각하지만, '윗분들도 요구하고 공공연하게 얘기가 되니까. 또 안 할 수도 없고'(교사 19), '재밌게 애들하고 놀아 주고 싶어도 교장선생님 눈치 보이고'(교사 6) 등의 이유로 교사인 "나도 어쩔 수 없이 이렇게 하는 거야."(교사 6)라고 자신의 행동과 감정을 정당화한다. 나아가 교사들은 "우울, 이런 감정들은 아이들한테 드러내 보이지 않으려고 하죠. 교사가 불안해한다거나 교사 자체가 우울해 있으면 반 분위기도 아마 그렇게 될 것 같아요. 이런 거는 안 보이려고 노력하죠."(교사 12)라는 말처럼 학력신장 정책에 대한 자신의 부정적인 감정이 학생들에게 드러나지 않도록 적극적으로 감정노동을 한다.

(2) 불만과 힘듦: 수업과 업무

교사들은 학생과의 교육적 관계의 변화뿐만 아니라 과중한 업무와 공문처리 그리고 위로부터 일방적으로 행해지는 지시로 인해 수업이 침해당하는 것에 불만을 가지고 있다. 교사들은 학생을 가르치는 일보다 다양한 업무를 처리해야 하는 일로 힘들어한다. 심지어 업무를 처리해야 하는 부담 때문에 수업 준비나 수업 연구를 동료 교사의 눈치를 보면서 하는 경우도 있다. 정부가 교사의 행정 업무 경감 정책을 펼치고 있기는 하지만, 교사들은 오히려 최근 들어 그리고 전자문서가 생긴 뒤로 업무가 엄청나게 늘어났다고 생각한다. 업무에 불만이 없다는 '교사 3'을 제외한 모든 교사는 과중한 업무 때문에 "아, 힘들어요."(교사 17), "죽을 거 같아요."(교사 10), "자괴감에 빠져요."(교사 20)라는 식으로 자신들의 감정을 표현한다. 업무는 교사들이 생각하는 좋은 수업이라는 행복의 조건을 훼손하는 주된 원인이다.

> 아! 힘들다. 아! 힘들다. 좀 더 여유가 있었으면 더 좋을 거 같은데. 그리고 또 희망을 가져 본다면 '그냥 가만히 내버려 둬도 잘 가르칠 건데 왜 이렇게 들들 볶나.' 점점 더 표현이 이상한데, '좀 쪼니까 점점 힘들어진다. 이런 것들이 계속해서 계속 반복이 되거나 아니면 좀 더 심화가 되거나 하면 정말 좀 이렇게 히스테리 그런 걸 부리는 선생들도 많이 나오겠다.' 그런 생각이 들어요. (교사 13)

과중한 업무 때문에 교사들은 "가르치는 건 둘째고 공문이 먼저, 업무가 먼저예요."(교사 10)라거나 "저는 안 그럴 거라고 생각했는데 어쩔 수 없이 애들 자습시키고 일을 할 때도 있어요."(교사 2), 그리고 "내가 지금 교사인지 행정 잡무를 하는 사람인지 모를 때가 있거든요."(교사 6)처럼 정체성 혼돈을 경험하기도 한다. '교사 18'은 학생을 잘 가르치기 위한 수업연구가 교사에게 생명이라고 생각하지만, 잘 가르치는 것을 연구하기보다는 '퇴근 때까지 업무에 시달리게 만드는 것이 현실'이라고 말한다. 더욱 심각한 문제는 '필요하지 않은 쓸데없는 조사'(교사 2)라는 지적처럼 부과되는 다양한 업무를 필요하지 않다고 생각한다. 학교에서 연구부장을 맡고 있는 '교사 4'는 면담 중에 자주 냉소적 웃음을 반복하였다. 그녀는 필요를 공감하지 못하는 과중한 공문은 교육적 열망의 약화를 초래하고 결과적으로 냉소주의를 낳는다고 말한다. 그녀가 보이는 냉소적 웃음은 교육정책에 대한 '공공연한 비웃음'의 성격을 갖는다.

> 아이들 수업을 해야 되는데 "몇 시까지 보고문서 제출해라." 공문 계속 오거든요. 보고서, 공문 양이 어느 정돈지 모르시죠? 150쪽까지 와요, 붙임 문서까지. 하하. 근데 그런 것들에 매달려야 될 때 너무너무 속상해요. 내 주 업무는 가르치는 건데, 업무를 하기 위해서, 그러니까 가르치는 업무를 배제한 나머지 일반 업무를 하기 위해서 내가 학교에 온 건 아닌데. 그런 것들이 너무 괴로워요. (교사 4)

더구나 행정 관련 업무 때문에 교사들은 수업, 업무 그리고 휴식의 경계가 모호해지는 것을 경험하고 있다. 업무의 대상과 양이 급격하게 증가함으로써 교사들은 스스로 업무를 통제하기 어려운 지경에 처해 있으며, 이러한 상황은 교사들로 하여금 교직생활을 업무 중심으로 재편하도록 한다. 교사들은 자신의 교육적 행위에 대해 고민하고 성찰할 자유와 여유를 갖는 것이 어려워지고 있으며, 좋은 수업을 위한 '교육적 성찰'은 다양한 '행정적 잡무'를 처리해야 하는 현실 때문에 온데간데없이 사라지고 단지 사치스러운 일로 간주된다.

(3) 강요된 부끄러움: 교원평가

신자유주의적 교육개혁은 교사들로 하여금 지속적으로 가르치는 일의 공개와 개방 그리고 공유를 요구한다. 학부모에 의한 교원평가와 수업공개도 그 일종이다. 교사들은 교원평가의 필요성을 부정하는 것이 아니라 교원평가의 결과를 교육적 맥락의 고려 없이 그대로 공개함으로써 자신들이 공개적으로 모욕과 무시를 당할 수도 있다는 점을 두려워한다. 교사들은 교원평가의 결과가 자신을 전문가로서 인정받도록 하는 자부심과 거리가 있는 것으로 생각한다.

교사들은 학생들을 제대로 가르치지 못하였거나 자신들에게 부여된 역할을 적절히 수행하지 못하였을 경우, 자신의 능력이나 자질을 탓하면서 '교사로서 부끄럽다.'라고 생각한다. 이러한 '부끄러움'은 자기성찰의 결과로 개인적 수준의 감정경험이다. 그러나 교원평가는 자아성찰에 따른 부끄러움이 아니라 국가가 정한 기준을 충족하지 못하였을 경우에 공개적으로 부끄러움을 강요하는 것으로 생각한다. 이러한 강요된 부끄러움은 다른 사람이 자신의 지위를 손상시킨다는 생각에서 발생하는 일종의 수치심이다

(Kemper, 2010: 128).

실제로 교사들은 학부모에게 수업을 공개하는 것에 상당한 스트레스를 받고 있었으며, 그 수업과 평가 결과가 공개되는 것을 '교사의 위신을 깎아내리는 일'(교사 6)이나 '교사가 능력이 없다는 그런 식으로 자꾸 표현해 내는 일'(교사 7)로 생각한다. 학부모 수업공개를 앞두고 있는 '교사 5'는 "좀 걱정돼요. 그냥 다 까발려지는 느낌이죠."라고 두려움을 표현하고, 고경력 교사인 '교사 18'은 교원평가와 수업공개가 '여러 사람 앞에서 자존심에 상처를 주는 것'으로 기분 나쁜 일이라고 생각한다. 교사들은 교원평가와 수업공개가 자신의 발가벗은 몸을 다른 사람들이 주목하는 경우에 느끼는 것과 같이 체면의 손상을 수반한다고 생각한다. 부끄러움은 감정이 다른 이들의 이목이 자신에게 집중되는 상황에서 발생하는 것으로, 스스로가 생각하는 이상적인 모습에 비추어 자신의 결점을 인식하게 되면서 스스로를 경멸하는 자기 분열적 상황을 초래한다. 이처럼 부끄러움은 사람들이 자신의 '벌거벗은 몸'이라는 부분적 가치에 주목하게 됨으로써 자신의 인격 전체가 축소되고 평가 절하된다는 불만을 갖게 한다(Simmel, 2005: 230-231). 따라서 '부끄러움'은 민주주의 사회보다는 권위적 사회에서 더욱 빈번하게 경험될 가능성이 크다(엄묘섭, 2009: 19). 교사들은 "무능력하게 보이기 싫다."라거나 교원평가에 대한 부정적 감정은 "재교육이나 연수, 얼마나 창피하겠어요."(교사 15)라는 말처럼 평가결과에 따른 재교육을 교사들이 전문성의 신장보다는 '강요된 처방'으로 수치스럽게 생각한다는 것을 알 수 있다. 교사들은 수업공개와 교원평가를 공개적으로 모욕을 주는 '우스운 정책'으로 간주한다.

> 현 정부 들어와서 학력에 대한 그런 것들을 많이 강요하다 보니까. 물론 강조를 해야 되는 사실이지만, 너무 강조를 하기 때문에 점점 더 힘들어지지 않나, 힘들어진다는 생각이 많이 들어요. 교사의 지위도 떨어지고, 뭐 학부모 공개수업도 하기는 해야죠. 이제 어느 장단에 춤을 춰야 될지도 모르겠고. 한두 시간 수업을 보고서 학부모가 교사를 평가하는 것도 솔직히 말씀드리면 좀 우스운 이야기예요. 물론 어느 정도는 평가될 수도 있겠지만 단순히 그걸 가지고 이렇게 평가한다는 것도 내가 볼 때는 좀 웃긴 이야기 같아요. (교사 13)

특히 나이 든 고경력 교사는 업무 등의 배정에서 '열외'로 분류된다. 그들은 신자유주의적 경쟁이 지배하는 교육환경에 적응하는 데 더욱 어려움을 겪고 있다. 그들은 '자신이 필요 없는 존재'(교사 10, 교사 11)나 '흑싸리 껍질만도 못한 교사'(교사 10)라는 식으로 열패감을 드러낸다. 더구나 승진하지 못한 고경력 교사는 심리적 소외감을 더욱 크게 경험하고 있다. 명예퇴직을 신청한 '교사 10'은 "괴로워요. 평교사로, 자존심이나 자긍심 하나도 없어요. '아, 내가 교사로서 참 떳떳하다. 내가 평교사로서 아이들 잘 가르쳐서 보람 있다.' 이렇게 생각하는 사람은 만에 하나도 없다고 봅니다."라고 말한다. 그러나 이러한 불만은 젊은 교사에게서도 발견된다. 그들은 학부모와 학생들로부터 배제되는 등 나이 든 동료 교사가 처한 모습을 보면서 나이 든 교사가 된다는 것에 대한 두려움을 보이기도 한다.

(4) 불안과 두려움

'힘들다' '불행하다' '행복하지 않다'는 교사들이 가장 자주 드러낸 마음속 감정이다. 그러나 교사들은 이러한 자신들의 감정을 있는 그대로 드러내거나 표현하는 것을 주저한다. 교사들은 직업적 안정을 대가로 관료적 통제의 강화를 자발적으로 받아들이며 이로 인한 감정적 '불편함'을 감내한다. 이러한 감정적 불편함은 일리치(Illich)의 '그림자 노동(shadow labor)'과 매우 유사하다. 일리치(2005: 152-153)에 따르면 현대 사회의 직업인들은 임금과 관련된 노동을 위해 보이지 않는 다양한 노동을 요구받고 암묵적으로 수행한다. 예를 들어, 교사들은 가르치는 일을 위해 매일 학교에 출퇴근하고, 다양한 공문을 처리하며, 가르치는 일과 특별한 관련이 없는 일에 시간과 노력을 쏟으며, 비록 자존심이 상하기는 하지만 관리자나 정부 정책에 순응한다. 이러한 노동은 교사가 수행해야 하는 정상적인 업무로 간주되지만 구체적인 비용이 지불되지 않으며 급여를 받기 위해 참고 견디어 내야 하는 조건으로 간주한다.

> 학력신장 이건 정말 잘못됐다고 생각해요. 진짜 잘못됐다고 생각을 하는데도 불구하고, 교육청에서 내려오는 나라 방침이고, 또 교육청이 교장선생님들께 말을 하잖아요. 교장선생님들도 아니라고 생각하지만 정부 입장을 따를 수밖에 없는 거죠. (교사 6)

그러나 교사들이 교육정책에 대한 자신들의 감정을 드러내거나 표현하지 못하는 이유는 감정을 있는 그대로 표현하였을 경우, 해직이나 파면이 될 것을 두려워하기 때문이다. 교사들은 교육당국에 의해 자신들의 모든 행위가 관찰되고 있다고 생각하며 불안해한다. 학업성취도 시험에 반대한 교사들을 해직시킨 정부의 조치는 교사들에게 불안과 두려움이라는 감정을 상시적으로 경험하게 한다. 일부 교사(교사 3, 교사 6, 교사 9)는 자신들의 일상이 '추적'되고 '검열'받는다고 생각한다. 이 때문에 "학교에서 행복하지 않아요. MB 정권 들어와서는 더 하죠. 자율이 없잖아요. 제가 요새 눈치를, 요즘에 말을 못 해요."(교사 9)처럼 적극적으로 자신의 생각이나 느낌을 말하지 않는다. '교사 8'은 인터뷰 내내 "진짜 막 얘기하는 것 같은데요. 하다 보니 별 이야기를 다한다."라고 불안한 모습을 보인다.

> 인터넷에 글을 올려야 되나 말아야 되나. 좀 소심해요. 또 그거 올리면 요즘은 추적 들어가잖아요. 그러니까 그거는 못하겠고, 올리고 싶은 마음은 굴뚝같은 데 또 소심하게 올렸다 잘못 올리면 요즘은 쉽게 말해서 잘린다고 하잖아요. 그렇게 될 것 같으니까 말을 조심해서 하게 되더라고요. 그냥 푸념을 하는 거죠. 푸념을 하고 말을 선생님들하고 이야기하면서 "무서운 세상이다."라고. "참아. 그러다 너 잘리면 안 돼." 이래요. "아, 난 소심해서 글 올리고 이러지는 못해." "집에서만 이렇고 글은 못 올려." "너 잘리면 어떡해. 어떻게 이룬 꿈인데." 그것이 한순간에 정말 감정적으로 대했다가 파면까지라는 게 너무 극단적으로까지 해 버리니까…… 겁나서. 그죠. 화가 나고 흥분하고 같이 참여도 하고 싶지만, 참여했다가 그 뒤에 올 불이익을 생각하니까 두렵기도 하고. (교사 6)

교사들은 교육정책에 대한 자신의 솔직한 감정을 표현할 경우 자칫 파면이나 해직될 수도 있다는 생존과 관련된 불안과 두려움을 갖고 있다. 사회적으로 실직은 인간으로서 존재의 의미를 훼손하는 결정적 요인이다. 따라서 교사들은 징계를 당할 수도 있다는 생각 때문에 굴욕적 무력감(교사 1, 교사 4, 교사 20), 자포자기와 복종(교사 3, 교사 7, 교사 12, 교사 13) 등 감정의 왜곡으로 인한 소외를 경험한다.

2) 학교의 감정규칙

교사들은 학교를 지배하는 문화와 규칙에 따라 특정 상황에서 표현되어야 하는(또는 표현될 수 있는) 그리고 표현해서는 안 되는 감정을 선택하는 것을 학습하고 사회화한다. 이러한 감정사회화는 개인의 인지적 과정을 통해서만 일어난 것이 아니라 사회문화적 영향을 강하게 받는다. 개인은 동시에 매우 다양한 감정경험을 하게 되는데, 사회적 규범이나 규칙 등과 같은 외부 환경의 단서를 근거로 특정한 감정을 표현하게 된다. 감정규칙은 사회적 · 문화적으로 요구되며, 이러한 규칙에 따라 감정을 적절히 관리하는 것은 사회적 상호작용의 중요한 기술 중 하나다. 교사들은 신자유주의 교육정책으로 업무량이 늘고 학생통제가 어렵고 학력평가 등으로 자율성이 침해되는 현실에 대한 부정적 감정을 가지고 있었지만, 그것을 표현하는 것을 어려워하고 있다. 학교에는 다양한 인간관계에서 교사들의 감정표현을 이끄는 문화적 문법이 있는데, 이러한 문법이 감정규칙으로 작용하면서 교사들로 하여금 감정을 관리하도록 강제한다. 학교에는 교사들의 감정표현을 관리하고 통제하는 감정 양식으로서 다음과 같은 감정규칙이 있다.

(1) 예를 중시하는 유교 질서

먼저, 교사들의 감정표현에 영향을 미치는 감정규칙으로 '예(禮)를 중시하는 유교적 질서'를 지적할 수 있다. '예'를 중시하는 유교적 문법은 '집합적 순응주의' '연장자 존중' 그리고 '가부장제적 질서' 등의 형태로 내면화되어 감정의 표현을 통제하고 있다(정수복, 2007). "나이가 있으신 분은 괜히 나이 드시는 게 아니고 좀 존경을 해 드려야 되고 존중을 해 드려야 돼요."(교사 6)처럼 연장자나 지위가 높은 윗사람에 대한 예의를 지켜야 한다는 문법이 학교를 지배하고 있다.

> 관리자를 힘들게 하는 교사는 결코 저는 훌륭한 교사가 아니라고 보거든요. 관리자가 잘났든 못났든 간에 교사는 일단 그 학교를 운영하는 관리자에게 최대한으로 협조를 하고 그 시스템에 따라가야 그 학교 전체가 잘되는 거지, 내 뜻이 이렇다고 거기에 위배해서 따로 겉돈다면 그건 결국 학교 분위기가 엉망이 되고 학교 전체가 또 불협화음을 겪게 되는 거잖아요. 그건 아니라고 봐요. (교사 7)

유교적 질서에 근거한 '예'가 감정을 조절하고 관리하며 표현하도록 하는 아비투스(habitus)로 작동하면서, 학교 내의 차등적 권력 질서를 정당화하고 그러한 질서에 따른 감정의 위계적 표현을 자연화한다. 교사들은 감정을 이성을 통해 통제되고 다스려져야 하는 것으로 바라보고, 그렇게 하는 것이 예의를 갖춘 사람이라고 생각한다. '예의 바름'을 감정규칙으로 받아들인 교사들은 '마음 불편함을 감수'(교사 10)하거나 감정적으로 불편한 상황을 '의도적으로 멀리'(교사 6)한다. 학교에서는 '예의를 차려야 되기 때문에'(교사 14) 짜증이 나고 화가 나지만 자신의 감정을 속 시원하게 드러내지 못한다. 교사들(교사 1, 교사 3)은 학교에서 정서적 인간관계가 훼손되는 것을 두려워한다.

> 사람과의 관계를 제일 중시하기 때문에 관계가 나빠지는 거에 대한 두려움이 되게 커요, 저는. 그래서 정의롭지 못하더라도 이 사람이랑 관계가 나빠지는 걸 더 무서워하는 거 같아요. (교사 1)

교사들은 정서적 인간관계를 중시하는 유교적 문법을 자연스럽게 내면화하고 있기 때문에 연장자인 관리자에게 자신의 감정을 솔직하게 드러내는 것에 대한 심리적 부담을 가지고 있다. 특히 나이가 어린 교사들은 더욱 부담스러워한다. "전 좀 쫄아요." (교사 1)라는 표현처럼 교사들은 관리자와의 관계에서 심리적 위축을 경험한다. 교직경력이 6년차인 '교사 1'은 스스로 자신을 '어린애'로 표현함으로써 교장, 교감과 교사를 수평적이고 인격적인 관계로 인식하는 것이 아니라 위계적 · 관료적 관계로 인식한다. 한편, 감정적 인간관계에서 '체면'은 더욱 중요한 의미를 갖는다. 연장자인 교장과 교감은 상대적으로 나이가 어린 교사들로부터 체면이 손상되는 것을 수치스럽게 생각하고 민감하게 받아들인다. 이처럼 감정규칙은 학교 내의 권한과 지위에 따라 차별적으로 적용되기도 한다(Hochschild, 2009; Turner, 2010). 이뿐만 아니라 경력이 적은 교사들은 교장이나 교감과의 상호작용이 부족하기 때문에 감정을 표현할 기회조차 갖지 못하고 있다. 감정을 표현할 기회에서도 "교장선생님이 윗사람이니까 그 앞에 가면 좋은 말만 하고 나쁜 말을 할 수 없어요." (교사 4)라고 생각한다.

(2) 교직에 대한 불편한 사회적 시선

교사들은 사회적으로 규정된 교사 정체성으로부터 자유롭지 못하다. 교사들의 감정경험은 교직의 특성을 반영하고 있다. 교사들은 교사로서 자신의 정체성과 교직에 대한 사회적 이미지를 고려하여 자신의 감정을 표현한다. 교사들은 '교직을 편하고 방학이 쉬는 때라 시간이 많으며 정년이 보장된 안정된 직업'이라고 생각하는 사회적 시선을 불편해한다. 상대적으로 경력이 짧은 교사들(교사 1, 교사 2, 교사 6)은 교직이 '밖에서 들여다봤을 때처럼 그렇게 근사하지 않은 직업'(교사 6)이라고 생각하지만, 그럼에도 불구하고 '교사는 이래야 된다.'는 사회적 시선 때문에 교사라는 신분과 감정을 드러내는 것을 꺼린다.

> "선생님이시죠?" 이렇게 물어봐요. "아닌데요?" 근데 이제 카드 또 공무원 카드라서 "공무원이신가 봐요." "예, 시청에 다녀요." 그러니까 대부분의 선생님들은 어디 나가서

'내가 교사다.' 라는 말 안 하고 싶어 해요. …… 왠지 거짓말했다는 것도 그렇고 뭔가 이렇게 솔직하게 말하지 못했다는 것 때문에 좀 불편함이 있죠. (교사 14)

교사들은 교직이 '감정적으로 소진이 심한 직업'(교사 8)이고, '감정적 소진뿐만 아니라 육체적으로 힘든 노동집약적 직업'(교사 14)이지만, '힘들다'는 것을 표현하는 것이 어렵다고 말한다. '교사 2'는 '교직은 힘든 직업이다. 방학이 없으면 죽음이다. 사회적으로 교직에 대한 부정적 인식을 견디기 힘들다.'라고 생각한다. 그는 '몸'이 피곤한 것은 참을 수 있지만 '마음'이 힘든 것은 견디기 어렵다고 생각한다.

한번 와서 1년만 같이 살아 봐라. 아니면 1달 만이라도 하루 종일 같이 있어 봐야 그런 얘기 안 나오는데. …… 저희는 노동집약적으로 일해요. 전 1분 1초도 못 쉬어요. 그 애들하고 같이 있는 시간까지는. 1분 1초도 못 쉬어요. 예. 그러니까 '내가 돈 버는 기계인가?' 이런 회의가 많이 올라와 가지고 이제 힘들어요. (교사 14)

이러한 사회적 시선을 의식하는 교사들은 학생이나 학교 그리고 교직에 대해 자신들이 느끼는 부정적 감정을 있는 그대로 표현하는 것을 주저하고, 결과적으로 사회적 시선의 감정적 불편함을 수용한다.

(3) 승진과 평가

'참'과 자연스러운 감정에 '거짓'과 인위적인 감정이 스며드는 이유는 그들이 '거짓' 감정을 사용하는 데 따르는 인센티브를 잘 인식하고 있기 때문이다(Hochschild, 2009: 248). 교사들의 감정도 부분적으로 교환가치의 성격을 갖는다. 학부모는 교사평가를, 교장과 교감은 교원에 대한 근평을, 교육당국은 교장과 교감 평가를 하기 때문에 교사들은 상대방에 대한 부정적 감정을 드러내지 않음으로써 상대방의 마음을 상하지 않게 하고 이러한 감정노동에 대한 반대급부로 좋은 평가를 받기 원한다. 교원평가와 승진이 서로 분리되어 있지 않고 맞물려 있기 때문에 '선생님들이 죽어라고 기는 것'(교사 17)이라고 생각한다. 학업성취도평가에 대한 부정적 감정도 "어떡해요. …… 교장 · 교감선생님 발령이나 선생님들 성과급에 영향을 미치는데."(교사 14), "착잡해요. …… 교감선생님이 하시는 말씀은 '자기 점수 채워 달라고 하는 얘기구나.' 그렇게도 들려요."(교사 15)라는 말처럼 교사에 대한 근무평정은 교사들의 감정을 자율적으로 통제하는 기제 역할을 담당한다.

더구나 자신의 감정을 솔직하게 드러내는 경우에는 다양한 불이익을 감내해야 한다. 특히 초등학교 교사들은 행정단위를 기초로 일정한 기간이 되면 다른 학교로 이동하여 근무하게 되는데, 이 때문에 교사에 대한 평가가 교직생활 내내 따라다니는 경향이 있다. 사적으로 말한 것도 '관리자 귀에 들어간다.'(교사 3)라고 생각하기 때문에 교사들은 교장, 교감은 물론이고 동료 교사와 교육정책에 대한 자신의 감정을 그대로 드러내지 않는 등 "관내에 좋지 않은 소문이 나지 않도록 행동거지를 상당히 조심하게 된다."(교사 3) 이러한 제도는 동료 교사는 물론이고 관리자들에게 자신의 감정을 표현하는 것을 어렵게 하는 중요한 요인이다.

> 어차피 돌고 돌다 보면 또 만나기 때문에. 지금 상태가 나빠져 버리면 나중에 가서 또 그 다음에 평판, 소문 이런 게 되게 좀 많이 돌아요. 한정된 지역 내에서 돌다 보니까. 그래서 그냥 이렇게 섣불리 행동했다가 나중에 내 평판이 이상하게 소문이 나고, 그다음에 어차피 또 볼 사람인데 나중에 그냥, '지금 참자.' 그런 경우도 있고, 그래서 그런 거 같아요. 내 감정을 표현했다가 이게 역효과가 날 수도 있고 그래서 약간은 조심을 하는 거죠. (교사 20)

교사들이 자신의 감정을 적극적으로 표현함으로써 받게 되는 불이익은 다음처럼 크게 인사나 업무와 관련된 것들이다. 감정표현으로 인해 '업무를 통해 괴롭힘을 당한 경험'이 있는 '교사 5'는 '승진을 생각하는 선생님들은 화내고 싶어도 못 하는 경우가 있다.'라고 생각한다.

> 인사나 업무상 손해죠. 이를테면 인사권을 가지고 있는 사람이 교장 · 교감인데, 근평을 나쁘게 줄 수도 있고, 또 불리한 업무를 맡길 수도 있고, 미우면 그다음 해에 쉬운 것을 안 주고 어려운 것을 준단 말입니다. …… 이제 젊은 선생들도 꼼짝 못해요. 말을 안 해요, 아예 말을. (교사 10)

> '교장이나 교감한테 잘못 보이면 안 된다.' 는 그러한 생각들을 가지고 있어요. 예. 그래서 잘못 보였을 경우에 내가 받을 수 있는 교감자격연수티켓을 받지 못하게 되는 경우들이 있기 때문에, 그런 것들이 하나의 어떤 그 압력이랄까요. 뭐, 그게 보이지 않는 압력이 될 수 있어요. (교사 3)

이와 같이 평가를 중시하는 교육정책으로 인하여 교사들은 인간관계의 상업화를 부분적으로 경험하고 있으며, 이를 통하여 교직에서도 감정노동이 부분적으로 교환가치로 이용되고 있음을 알 수 있다. 이러한 감정노동은 주관적이며 관계적 개념으로서 감정을 교사의 개인적 자질로 변화시킴으로써 감정을 도구적으로 변질시킬 위험이 있다.

(4) 자발적 통제

교사들은 국가의 교육정책에 대하여 더욱 민감하고 자발적으로 자신의 감정을 조절하고 통제하는 경향이 있다. 국가의 직간접적 통제를 받는 교사들은 국가의 일방적인 지시와 통제에 따라야 하는 상황을 부담스러워한다. 이러한 상황에서 교사들은 일방적인 감정노동을 수행하게 되는 심리적 억압을 경험하게 된다. 교육적 가치관이 갈등하는 경우에 자신의 가치와 다른 국가의 교육정책을 수행해야 하는 교사들은 교육적 삶의 종속을 경험하게 되고, 이러한 상황은 감정적으로 소외되는 경험을 하게 된다. 국가의 교육정책을 통한 사회적 압력은 교사들로 하여금 특정한 교육적 가치의 내면화를 강요하며, 이러한 강요는 감정적 종속과 인격적 종속을 초래하기도 한다.

더구나 국가에 고용된 공무원으로서 교원은 국가가 정한 전문성의 성격에 따라 자신의 업무 내용과 성격 그리고 교육방법이 결정된다. 따라서 교사로 살아간다는 것은 국가에 의해 정해진 일련의 권리와 의무를 수용한다는 것을 의미하며, 교사의 개인적 자유와 자율은 국가의 논리가 허용하는 테두리 안에서 의미를 갖는다. 교사들은 국가, 지역사회, 학생, 학부모의 다양한 요구를 충족시켜야 하는 의무를 지며, 자율이란 이러한 의무를 수행하는 데 필요한 도구를 선택할 제한된 자율에 불과하다. 사실 교사들은 '초라한' 자율의 상태에 있는 것이다(손준종, 2010a). 교사들의 감정경험도 마찬가지다.

교사들은 직장에서 살아남기 위해 자기 자신을 자신이 하는 일로부터 분리한다. 현실적으로 교사들은 무력감을 느끼면서도 그것을 타개할 마땅한 대안을 가지고 있지 못하다. 일부 교사는 "교장 · 교감선생님이 그렇게 하라고 많이 쪼지는 않아요. 그래도 선생님들이 알아서 움직이는 것 같아요."(교사 17)나 "굳이 뭐 이렇게 내가 저항을 하면서 가랴."(교사 7)처럼 굳이 관리자가 채근하지 않아도 자발적으로 복종하는 모습을 보이기도 한다. 교사들은 자율적인 감정 통제의 상태에 있으며, 국가가 정한 기준을 충족하지 못하였을 경우 자기를 비난하는 부정적 경험을 내재화할 가능성이 크다.

3) 교사의 감정관리

교사들은 학교의 감정규칙에 따라 감정노동을 수행하는 동시에 다양한 방법으로 감정노동으로 인한 감정부조화를 해소하기 위하여 노력한다. 교사들의 감정노동은 신자유주의 교육정책에 대한 순응이나 저항의 한 형태로 이해할 수 있다. 일부 교사는 신자유주의적 교육정책에 대해 불편한 감정을 드러내는 것이 자칫 능력이 부족하거나 경쟁에 자신이 없는 교사들이 행하는 '촌스러운 일'로 받아들여지는 것을 염려한다. 또한 그런 감정표현이 교육변화와 학교 분위기를 제대로 파악하지 못하거나 경쟁에서 이겨 낼 자신이 없는 교사의 행동으로 간주될 수 있음을 두려워한다. '교사 3'과 '교사 6' 그리고 '교사 12'는 교사들이 '유능한 교사는 불평이 없으며, 모든 일을 묵묵히 수행한다.'라는 유능한 교사 프레임에 갇혀 있기 때문에 불만을 표현하기 두려워한다고 생각한다. 장기 휴직 후 복직한 '교사 7'은 변화된 경쟁적 교육환경에 적응하는 것을 힘들어한다. 그는 인터뷰 동안 눈물을 흘리며 마음을 짓누르고 있던 압박감을 털어 내 시원하다고 말한다. 이처럼 교사들은 노련하지 못한 능력 없는 교사로 분류될 것을 염려하며 감정 부조화를 혼자서 달래는 경우가 많다.

교사들은 자신의 감정을 '내색하지 않고, 시간에 맡기며, 가능하면 생각하지 않고자 노력'(교사 7)하거나, '술을 마시면서 해소'(교사 4, 교사 8, 교사 14)하거나, '교회에 가서 기도'(교사 16, 교사 18)하고, '단전호흡이나 운동'(교사 1, 교사 3, 교사 14), '학교 일에 대해 생각 안 하기'(교사 10) 등을 통해 부정적 감정을 삭이는 개인적 관리 방법을 선택한다. 교사들은 가능한 한 국가 정책 등과 같이 거시적이고 구조적 문제에 무관심하거나 거리 두기를 행한다. 개인적 수준에서 감정을 관리하는 전략을 교사들이 선호하는 까닭은 '체면치레를 중시하는' 문화적 문법의 영향이다.

이러한 현상은 어린아이들은 감정순화나 감정조절 없이 자신들이 경험하는 자연스러운 감정을 드러내기 때문에 어린아이들의 행동표현과 양식을 '천진하다'고 규정한 엘리아스(Elias)의 지적과 매우 유사하다. 엘리아스(1996: 386)에 따르면 르네상스 시대에 궁정에서 자신의 열정을 억제하지 못하고 자신의 감정을 감추지 못한 사람은 '문명화'될 수 없었던 사람으로 세속적 삶의 패배자였다. 당시에 사회적 수준의 경계로부터 벗어나는 사람은 비정상적으로 간주되었다. 패배자로 전락하지 않기 위해서는 사회적 훈련을 통해 자기훈련의 형태로 주입된 두려움을 통해 감정과 욕구 표출을 억제해야 한다. 이러한 과정을 거쳐 사회적으로 바람직하지 않은 본능과 쾌락 그리고 감정의 표출은 통제되고 조절된다. 이와 마찬가지로 교사들도 세속적 삶의 패배자로 분류되지 않기 위해서는 자신의 감정을 억누르고 성숙하고 어른스러운 행동을 하도록 암묵적으로 요구받는다.

교사들이 선택할 수 있는 가장 적극적인 감정부조화 해소 전략은 교직을 떠나는 것이다. 교사들은 모두가 성공할 수 없는 신자유주의적 생존 경쟁 때문에 "교사가 더 힘들어지는 일이 아닐까. 비참해지는 일이 아닐까."(교사 1), "좋긴 뭘 좋아. 만날 스트레스받는데. 겉보기만 좋지. 그런데 교직이 좋다고 다들 들어오는데 내가 볼 때는 적응 못 하면 제일 괴로운 직업이 교직이야."(교사 10)라고 교직의 미래를 비관적으로 전망한다. 정년을 앞두고 명예퇴직을 신청한 '교사 10'은 "즐거워요. …… 명퇴하는 날만 기뻐서 기다리고 있죠."라고 경쟁이 심한 교육환경을 벗어나는 것을 행복하다고 말한다. '교직을 떠나고자 하는 마음'은 연령이나 성에 관계없이 많은 교사들에게서 발견된다. "몸이 힘든 것보다도 마음에 안 들어서 때려치우고 싶다."(교사 19)거나 "진짜 초등학교를 떠나고 싶어요."(교사 4) 등과 같이 많은 교사는 학교로부터의 탈출을 꿈꾸지만 그것이 구체적이고 현실적인 대안이 되기 어렵다.

> 능력만 되면 떠나고 싶어요. 진짜로 능력만 되면. "나, 나가고 싶어. 근데 능력이 안 돼서 못 나가." 그런 얘기해요, 진짜로. 근데 진짜로 그런 생각이 들 때가 있어요. (교사 13)

한편, 교사들은 개인적 수준에서 감정을 관리할 뿐만 아니라 동료 교사들과 함께 감정을 관리하기도 한다. 그런데 교사들은 자신들이 경험하는 감정적으로 불편한 문제를 학교의 공식적인 장에서 논의하는 것이 아니라 술자리와 같은 사적 공간에서의 푸념과 같은 뒷담화거리로 다룬다. 교사들은 "내 교실에서 클릭 클릭해서 딱 결재 나고, 그러니까 일주일에 한 번 전직원회의 말고는 서로 부딪힐 기회가 없어요."(교사 7), "모일 시간도 없어요."(교사 4), "업무 전달로 교사회의가 끝나는 거죠. 말이 회의지 업무 전달하는 거예요."(교사 17), "여선생님들하고는 많이 얘기를 못 하죠."(교사 15), "해당되는 사람 말고는 별로 자기 일이라고 생각을 안 한다."(교사 5), "속 얘기는 많이 안 하시는 것 같아요."(교사 8)와 같이 교사들 사이의 감정적 상호작용이 많지 않다고 생각한다. 친한 교사들끼리 사적인 대화에서 '투덜대는 것'으로 서로 감정을 나누는 것이 가장 일반적인 방법이다. 더구나 초등학교 교사들은 담임을 맡고 있는 교실에서 주로 생활하기 때문에 같은 학년 교사를 제외하고는 다른 교사들과 만날 기회가 그렇게 많지 않으며, 전담교사의 경우는 감정적 교류를 나눌 기회가 더욱 많지 않다. 그래서 교사들은 '다른 교사의 일을 자기의 일이라 생각하지 않으며'(교사 6), 가능한 한 '감정을 드러내지 않는다. 왜냐하면 받아들이지 않기 때문이다.'(교사 10)

연구 결과, 교사들은 감정노동의 결과로 감정의 고갈, 공감의 약화와 감정경험의 개인화, 직업적 성취감의 축소라는 모습을 보인다. 구체적인 논의거리를 살펴보면 다음과 같다. 첫째, 교사들은 현재의 교육 상황에 대해 부정적 감정을 가지고 있으며, 그것은 냉소적 체념과 같은 형태로 내면화되어 있는 경우가 많다. 시장 합리성을 강조하는 교육개혁은 교사들로 하여금 행복, 기쁨, 성취감과 같은 긍정적 감정보다는 무기력, 불만, 불안, 두려움과 같은 부정적 감정을 더욱 자주 경험하도록 하고 있다. 그러나 교사들은 교육정책과 교육개혁에 대한 부정적 감정을 자유롭게 표현하는 것을 주저하며, 상당한 정도의 감정 부조화를 경험하고 있다. 교사들은 자신들의 감정이 고갈된 상태를 '힘들다'라는 말로 집약하여 표현한다. 많은 교사는 '위장된 감정'을 드러내는 데 익숙하기 때문에 신자유주의적 정책에 잘 순응하여 생활하고 있는 것처럼 보인다. 교사들은 '화'와 '불만'을 마음에 품은 채 현실에 순응하여 생활하고 있는 역설적 상황을 보인다.

이러한 역설적 상황은 학교를 지배하고 있는 '정상성'이 교사들의 자율성보다는 교육당국에 의해 결정되고, 그것이 교육정책의 형태로 일방적으로 학교에 전달되며, 교사들은 오직 도구적 차원의 실행만을 요구받는 것과 관련이 있다. 교육정책의 '구상'과 '실행'이 분리되어 있으며, 교사들은 오직 위로부터 제시된 구상을 실행할 자율성만 가지고 있을 뿐이다. 교사들은 자신들을 힘들게 만드는 교육정책에 대한 부정적 감정을 드러내기보다는 위장된 도구적 가치를 참된 교육활동인 것처럼 실행하는 '연출된 행위'를 하고 있다(Ball, 2003b). 교사들 스스로 자신을 속이는 감정적 자기기만의 상태에 있는 것이다. 이와 같이 불편한 상황은 교사들로 하여금 불만과 분노 그리고 화를 더욱 깊게 하는 원인이 된다.

둘째, 교사들이 신자유주의적 교육정책에 대해 느끼는 불만이나 화와 같은 부정적 감정경험은 주로 개인적 수준에 머무르고 있으며 집단적 분노나 저항으로 이어지지 않는다는 특징이 있다. 교사들이 개인적으로 경험하는 감정이 '사회적 체험'이라면 왜 많은 교사들이 신자유주의적 교육개혁에 화와 강한 불만을 표출함에도 불구하고 그것이 개인적 수준에 머무르는가 하는 점이다. 바발렛(Barbalet, 2007)에 따르면 개인의 감정경험은 사회적 권리나 도덕성과 결합될 때 사회적 수준의 집합 감정으로 표현될 가능성이 크다. 즉, 도덕성이 사회적으로 저항하는 힘의 속성을 갖는다면, 감정경험은 자아의 손상으로 인한 내면적 저항의 성격을 갖는 것이다. 따라서 교사들이 주로 경험하는 자존심의 손상으로 인한 감정은, 사회적 권리나 도덕성의 차원에서 결합되지 못했기 때문에 분노와 같은 집합감정으로 전환되는 것이 쉽지 않다(Barbalet, 2007; Kövecses, 2009: 309-310). 더구나 직업적 안정과 관련된 불안과 두려움은 교사들로 하여금 자신과 직접적으로 관련이 없는 문제에 대해서는 냉담하거나 감정적으로 거리를 두도록 한다.

셋째, 신자유주의적 생존 경쟁의 심화는 교사들 사이에서 친밀한 관계와 '공감(共感)'의 상실을 초래하고 있으며, 이는 나아가 공동체성과 동료성의 약화로 이어지고 있다. 교사들 사이의 경쟁을 중시하고 모든 것을 개인의 몫으로 돌리는 교육정책이 지배하는 현실에서 교사들에게 공동체라는 말은 공허하고 무의미한 것으로 간주된다. 이러한 개인화 현상은 경쟁이 연대를 대신하고, 책무성이 동료성에 우선함으로써 더욱 강화되며, 신자유주의적 주체로서 교사는 감정을 통제하는 규칙을 자발적으로 내면화하고 자신의 감정을 스스로 책임져야 하는 존재로 인식한다. 신자유주의적 생존 경쟁은 교사들로 하여금 공동체와 협력보다는 자유의지에 따라 스스로 결정하고 그 결과에 대해서도 스스로 책임지는 주체가 되도록 요구한다. 따라서 교사들은 동료 교사들과 즐거움, 슬픔 그리고 불만 등을 함께 나누기보다는 개별적으로 감정을 경험하고 관리하는 데 익숙하다. 더구나 교사들의 바쁜 일상은 개인적이고 주관적인 감정을 상호주관적인 집합 감정으로 전환될 가능성을 축소하는 또 다른 요인이다. 이처럼 신자유주의에 따라 합리화된 환경은 '자아가 예속되고 감정이 통제되며 정신이 억압되는' 장소이며, 그곳에서는 국가와 사회는 물론이고 그 누구도 교사 개개인을 적극적으로 보호하여 주지 않는다. 개인의 생존은 개인의 책임이다. 신자유주의적 분위기는 교사들로 하여금 공포와 불안, 과도한 경쟁으로 인한 스트레스, 정체성 혼돈 그리고 감정의 불일치라는 새로운 감정을 경험하도록 하고 있다. 신자유주의로 육화된 사람들은 다른 사람의 마음을 헤아리고 '진정한' 감정을 나누는 것을 '불합리한 것'으로 가치 절하한다(김홍중, 2009). 마찬가지로 교사들도 효율성과 합리성에 반대하는 자신의 감정을 솔직하게 드러내는 것을 두려워한다. 교사는 사사로운 감정이 개입되지 않은 합리적이고 표준화된 평가를 통해 성과급과 같은 금전적 보상이나 승진과 같은 비금전적 보상을 받기 위해 효율적으로 경쟁하는 대상으로 다루어진다. 교사들의 마음 상태는 중요하지 않으며, 오직 합리성과 효율성만이 유일한 통약 가능한 척도일 뿐이다. 이러한 신자유주의적 교육환경은 전통적인 교사의 삶을 뿌리째 뒤흔들고 있으며, 교사들로 하여금 오랜 기간에 걸쳐 학습되고 경험되어 누적된 '교육적 감정'과 다른 감정을 경험하도록 요구한다.

4. 결론

이 장은 한국교육을 지배하고 있는 신자유주의적 생존 경쟁으로 인해 교사들이 경험하는 갈등과 두려움 그리고 좌절에 대한 필자의 '공감적 고통(empathic distress)'에서 출발하였다. 필자는 "주위 사람들의 불행을 보고 아무 고통도 느끼지 않고 행복해하는 사람들을 보면 겁이 난다."라는 나딩스(Noddings, 2008: 64)의 지적에 공감한다. 만난 많은 교사들은 오늘날 교사로 살아간다는 것을 힘들어하고 불만스러워한다. "출근하는 길에 교문을 들어가는 것이 '두려워' 한나절 학교 주위를 맴돌았다."라는 한 교사의 고백은 외부자가 쉽게 이해할 수 없을 정도로 교사들의 아픔과 슬픔이 넓고 깊다는 것을 의미한다. 그런데 교사들이 경험하는 이러한 감정이 개인적 수준으로만 이해할 수 없는 "역사적 특수성을 갖는다."(Munt, 2004)는 것을 이해하는 것이 중요하다.

교육의 목적 중의 하나는 행복한 삶이다. 행복이란 아픔이나 고통이 없는 상태를 말한다. 교사와 학생들은 서로 행복한 감정을 느낄 때 가장 잘 가르치고 배우는 것이 가능하다. 혹쉴드의 기념비적 저서 『관리된 마음(Managed Heart)』은 "나는 정말 어떤 감정을 느끼는가?"라는 문장으로 끝을 맺고 있다. 신자유주의적 시장 합리성에 따라 교육이 재편되고 있는 지금 한국의 초등학교 교사들은 어떤 감정을 경험하고 있을까? 이 물음에 답하기 위해 감정노동이라는 프레임을 통하여 초등학교 교사들의 감정경험을 분석하고자 하였다.

교사들은 긍정적인 감정보다는 부정적 감정을 더욱 많이 경험하였다. 교사들은 일상적으로 만성적이고 구조화된 불안과 무기력, 피로감 등 감정적 소진을 경험하고 있었다. 학생과 학부모를 교육소비자로 정의하고 이들의 권리를 강조하는 교육정책은 교사를 국가와 학생에 종속된 위치로 전락시키며, 자신들을 '자율적인 전문가'에서 '열정 없는 기술자'로 기능하도록 요구한다고 생각하였다. 이뿐만 아니라 학업성취도 향상과 같이 밖에서 미리 정의된 교육목표를 달성하는 것을 강조하는 교육정책은 교사들의 교육적 자율성을 약화시키는 것으로 인식하고 있었다. 그러나 교사들은 일방적인 교육정책이 부당하다고 생각하지만 국가에 의해 제시된 교육목표를 수행하는 대가로 승진, 성과급 등과 같은 보상을 받는다. 그리고 이 과정에서 '수행성 모순'을 경험하고 '불만'을 갖지만 현실적으로 '별다른 대안이 없다.'라는 무기력함을 보인다.

교사들은 학생들과 좋은 관계를 유지하면서 수업에 전념하는 것을 교사 본연의 일로 생각하고 있으나 실제로는 그렇지 못하는 교직생활을 보내고 있었다. 교사들은 학생이나 관리자들이 자신들을 무시하는 것을 가장 힘들어하고 있었다. 교사들은 수업을 방해하는 과중한 업무가 몸을 힘들게 하지만, 그것보다는 자율적 전문가로서 자신들의 정체성을 '무시하는' 교육정책 때문에 마음의 상처를 더욱 깊게 경험하였다. 신자유주의 생존 경쟁에 내몰린 교사와 학생 그리고 관리자들은 '살아남아야 한다.'는 강박 때문에 타자와의 공존, 좋은 삶, 그리고 행복을 체험하거나 사유하지 못하고 있었다. 이 때문에 교사들은 '힘들다' '불행하다' '불안하다' '두렵다'라는 부정적 감정을 지속적으로 경험하고 있었다. 또한 경쟁 원리에 따라 세계를 이해하고 해석하며 그것을 상식적 기준으로 삼아 살아가는 모습을 보이기도 하였다.

그러나 교사들은 신자유주의적 교육정책에 대한 부정적 감정을 개인적으로나 집단적으로 쉽게 드러내지 않았다. '문제가 있다.'라고 생각하는 다양한 정책에 대한 감정을 자유롭게 표현하는 것은 교사로서의 직업적 생존에 도움이 되지 않기 때문에 감정의 부조화를 견뎌 내고 있었으며, 오히려 신자유주의 요구를 자발적으로 내면화하여 승진이나 좋은 성과급을 위해 경쟁하는 내적으로 역설적이고 모순적 상황에 있었다. 많은 교사와 학생들이 신자유주의적 경쟁을 내면화함으로써 행복하고자 하는 열망을 억누르고 원하지 않는 고통과 슬픔의 상태에 있었다. 그 결과 교사들은 감정적으로 부조화와 소외를 경험하고 있으며, 감정이 '부분적'으로 상품화되는 것을 동시에 경험하고 있었다. 겉으로 표현되지는 않지만 교육정책에 대한 교사들의 내밀한 부정적 감정은 무미건조한 것이 아니라 교육개혁에 대한 주관적 평가를 내재하고 있다. 이런 점에서 많은 교사들은 신자유주의 교육정책에 부정적 평가를 내린다고 할 수 있다.

교사들의 감정적 부조화를 줄일 수 있는 방법은 교사들이 자율적으로 '가르치는 일'에 전념하도록 하는 일이다. 교육개혁은 다양한 외적 유인을 동원하여 일방적으로 강요하기 보다는 상호 신뢰에 기반을 둔 감동과 즐거움을 통해 교사와 학생의 마음을 움직일 때 더욱 성공할 가능성이 크다. 즉, 사람들의 마음을 움직이는 것은 바로 감정에 기초한 소통능력이라고 할 수 있다. 이 연구를 통하여 교사들이 '희망을 공포보다' '확신을 불안보다' '협력을 경쟁보다' 더 우수하고 좋은 교육적 · 감정적 환경으로 생각하고 있음을 확인할 수 있었다. 교사들이 정부의 교육정책에 대해 긍정적 감정을 갖도록 '공감 능력을 확장하는 것'이 중요하다. 학교를 경쟁과 이기심 그리고 실리적 쾌락의 지배로부터 정과 우애, 동료성과 협동의 에토스가 지배하는 곳으로 변화시키는 것이 중요하다 (Rifkin, 2010).

교사의 감정을 사회적 구성물로 바라본다는 것은 비슷한 감정이 동일한 모습과 방식의 감정 상태로 나타나지 않는다는 것을 의미한다. 교사들이 동일한 상황에서 서로 다른 감정을 경험하고 있다는 사실은 사회적 구성물로서 교사의 감정경험과 교사 개인적 수준의 감정경험이 함께 분석될 필요가 있음을 의미한다. 그러나 이 글에서는 주로 전자에 집중함으로써 '심리적 주체'로서 교사의 긍정적 감정경험을 분석하지 못한 한계가 있다. 아울러 학교에서 교사와 학생의 감정은 매우 밀접하게 관련되어 있으며, 교사와 학생들은 서로의 감정을 끊임없이 의식하면서 자신의 감정을 표현한다. 따라서 앞으로 학생들의 감정에 대한 연구가 이루어질 필요가 있다.

제 4 부

사회변화와 교육풍경

제12장

지구화와 국가교육의 재고

지구화 무대에서 국가는 점점 더 벌거벗은 몸이 되어 가고 있다.
공연이 막바지에 이르면 국가는 일부 필수적인 것을 제외하면
완전히 벌거벗은 채로 남겨진다.
– 바우만(Bauman, 2003).

최근 미등록 이주 노동자 자녀의 교육 문제가 사회적으로 민감하게 대두되고 있다. 정부 발표에 따르면 의무교육단계에 해당하는 미등록 이주 노동자의 자녀들도 학구 내 거주 증명 서류 제출만으로 학교에 입학하는 것이 가능해졌다. 그러나 일선 학교에서는 관련 법령과의 충돌과 교육의 어려움 등을 이유로 미등록 이주 노동자 자녀의 교육을 기피하고 있는 실정이다. 이러한 현상은 일자리를 찾아 국경을 넘나드는 초국가적(transnational) 인구 이동의 증가 때문에 발생한 것으로 의무교육의 대상을 개별 국가의 국민에게 한정된 권리로 볼 것이냐 아니면 세계시민의 보편적 인권으로 접근할 것이냐 하는 국가교육의 성격과 관련된 문제를 포함하고 있다.

전통적으로 '국가'는 교육과 관련하여 가장 강력한 영향력을 행사하는 행위자다. 근대성의 가장 중요한 현상 중의 하나는 국민국가의 성장이었으며, 근대교육은 국민국가(nation-state)를 그 중심에 두고 전개되었다. 특히 근대국가의 형성과정에서 교육은 중추적인 역할을 담당하였다(Green, 1990, 1997, 2007; Moore, 2010). 국가 주도의 의무교육은 근대의 대표적이고 합법적인 대중 동원(mass mobilization)의 한 형태였으며, 초등교육은 군대와 더불어 국가 정체성(national identity)을 형성하고 촉진하는 데 있어서 가장 중요한 방법적 전략이었다(Green, 1997). 이처럼 근대교육이 근대국가 형성과 밀접하게 관련

되어 있다는 점, 다시 말해 교육이 기본적으로 그 성격상 '국가적(national)' 사업이라는 사실은 교육이 국가의 성격 및 기능의 변화와 불가분의 관계에 있음을 의미한다. 그런데 바로 지금 근대국가와 근대교육은 다양한 변화의 압력에 직면해 있다.

주지하는 바와 같이 근대 국민국가는 물리적 영토를 기반으로 한다. 베버(Weber, 1997: 63)에 따르면 국가란 '일정한 영토 안에서 정당한 물리적 강제력의 독점을 자신에게 성공적으로 요구하는 인간 공동체'를 의미한다. 국가는 일정한 물리적 경계, 즉 국경(national border) 안에서 물리적 강제의 활용에 관한 한 유일한 권리를 가지며, 아울러 정치적 선택을 위한 권위와 책임을 갖는다. 따라서 국경 안에서 국가는 개인은 물론이고 사회를 조직하는 원리로 간주되었으며, 이처럼 국가를 기본 단위로 하여 정치와 사회 등이 설명될 수 있다는 관점이 근대국가를 지배하고 있었다.

그런데 오늘날 지구화로 촉발된 국가의 물리적 영토를 넘나드는 초국가적 현상은 국가의 경계를 무력화하면서 국경 안에서 이루어지는 국내정치, 국가경제 그리고 국가교육 등을 혼돈에 빠뜨리고 있다. 실제로 지구화가 국민국가의 기능적 · 도구적 권력을 약화시키고 나아가 국가적 정체성의 상실과 약화를 초래할 것이라는 주장(Guillen, 2001)이나 국민국가에 기초한 정부들이 무대가 아니라 관객석에 앉게 되었다는 지적(Beck, 2000)은 지구화 시대에 국가가 처한 현실을 잘 나타내고 있다.

지구화는 지금까지 개별 국가가 수행해 왔던 역할을 새롭게 조망할 필요가 있다는 문제를 강하게 제기하고 있으며, 국가의 교육적 역할이나 교육개입의 정당성을 둘러싼 논란도 그 일종이다. 더구나 한국과 같이 '강한 국가(strong state)'가 교육에 대해 전적인 통제 권한을 가지면서 교육의 내용과 방향을 지도(the guided-education)한 경우, 지구화가 국가교육에 미치는 영향은 더욱 클 것으로 예상된다. 실제로 국가교육이 개인의 자유와 사회 평등의 실현을 위한 초석이 된다는 '근대적' 국가 역할을 의심하게 하는 현상들이 다수 출현하고 있다. 한 예로, 국가가 국민에게 의무적으로 부과한 국가교육(the state education)을 거부하고 조기유학이나 교육이민 등과 같이 다른 나라에서 교육받기 위하여 외국으로 떠나는 '탈'한국은 지구화 시대 교육의 영토성과 주권의 개념을 재고하도록 하고 있다(손준종, 2005, 2008a).

이 장의 목적은 근래 들어 더욱 활발해지고 있는 국제적 인구 이동 등과 같이 물리적 영토를 넘나드는 초국가적 현상이 오랫동안 물리적 영토에 기반을 두고 진행되어 온 국가교육에 어떤 영향을 미칠 것인가 하는 점을 살펴보는 것이다. 앞서 지적한 바와 같이, 국가의 물리적 경계를 무력화시키는 다양한 초국가성(trans-nationality)은 국가교육의 성격에 상당한 변화를 일으킬 것으로 예상된다. 이러한 연구목적을 위하여 다음과 같은 순서에 따라 내용을 전개할 것이다. 먼저, 근대 국민국가와 국가교육의 성격과 특징을 간략히 살펴본다. 이를 통하여 국가교육 정당성의 근거를 구체화한다. 다음으로 지구화가 국가교육에 미친 영향을 분석하고, 마지막으로 지구화와 관련하여 제기될 수 있는 국가교육의 쟁점과 전망을 살펴본다.

1. 국민국가와 국가교육의 의미

1) 국민국가의 정당성: 물리적 영토와 폭력의 독점

국가교육은 국가의 존립을 전제로 한다. 기든스(Giddens, 1991)는 근대성의 주요한 특징을 산업주의와 자본주의 그리고 국민국가의 발달로 정리하면서 그중에서도 국민국가의 출현을 가장 중요한 근대의 산물로 지적하고 있다. 따라서 근대국가의 성격을 이해하는 것은 국가교육의 정당성과 한계를 파악하는 데 필수적이다.

근대국가의 역사적 연원은 유럽에서 30년 전쟁의 결과 1648년에 탄생한 베스트팔렌 조약(the Peace of Westphalia)이었다. 이 조약은 세속적인 지도자가 일정한 땅과 그곳에 거주하는 사람들에 대한 통제 권한을 갖는다는 근대국가의 개념적 근간이 되었다. 국가에 대한 고전적 정의는 베버에게서 발견할 수 있다. 베버는 근대국가의 주된 특징으로 소속감에 근거한 '인간 공동체(community)', 밖과 구별되는 결속된 사회적 공간으로서 '영토(territory)' 그리고 인간 공동체와 물리적 영토에 대하여 '합법적 폭력'의 '독점'을 들었다(Weber, 1997: 63). 베버의 국민국가에 대한 정의를 기든스는 다음과 같이 정교화하였다.

> 국민국가란 구획된 경계를 가진 영토상에 행정적 독점을 유지하는 통치의 제도적 형태들의 집합이며, 그의 통치는 법과 그리고 내적 및 외적 폭력수단에 의한 직접적 통제에 의해 제재된다(Giddens, 1991: 237).

기든스(1991)에 따르면 국민국가의 가장 주된 특징 중의 하나는 '폭력 수단의 독점화'와 '영토성'이다. 특히 근대국가의 개념과 관련하여 기본이 되는 전제는 물리적 영토인

데, 국민국가는 일정한 물리적 '영토'에 대한 지배를 전제로 하며, 물리적 경계를 의미하는 국경 안에서 어떤 개인이나 집단보다 강한 절대적 힘을 독점적으로 행사할 수 있었다. 근대국가는 국경을 통제함으로써 국가 공동체의 안과 밖을 구분하고, 국민과 시장의 경계를 정하며, 무역 상대자와 정치적 동맹을 결정하는 등 거르개(filter) 역할을 한다(O'Donnell, 2006: 4). 근대국가는 여러 지역으로 나뉜 공간을 중앙집권적인 단일의 정치 공동체로 통합함으로써 물리적 영토와 인간에 대한 강력한 지배를 가능하게 하였다. 개인이나 특정 집단의 사적인 손에 있던 폭력 수단이 국가라는 공적 권력에 집중되었으며, 근대 이전에는 일상적이었던 사형(私刑)과 사적 징세 등이 사라지고 국가가 합법적 폭력 수단을 독점하게 되었다.

국민국가는 영토성에 기초하여 시민의 자유를 지키며 이러한 자유를 침해하는 시민에 대해 질서와 처벌을 부과하는 권한을 갖는다. 이는 홉스(Hobbes)의 주장과 유사하다. 홉스는 "국가란 하나의 인격체로서…… 그 목적은 그가 공동의 평화와 방어에 필요하다고 생각할 때 다수의 힘과 수단을 이용할 수 있도록 하는 데 있다."(Hobbes, 2008: 223)라고 보았다. 국민국가의 정당성은 자연법에 근거한 삶이 사람들을 보호하지 못하며, 다행스럽게 소수의 사람들이 결합해 있어도 우리의 타고난 서로 다른 정념 때문에 충분히 안전하지 못하다는 이유에 있었다. 이러한 까닭으로 사람들은 평생 동안 안전하게 보호받을 수 있도록 공동의 권력을 만들고 이 권력에 자신들의 권리를 넘기는 것이었다. 다시 말해, 공동 권력에게 폭력 수단의 독점화를 부여함으로써 사람들 사이의 전쟁과 갈등을 피하고 궁극적으로 평화와 안전을 보장하고자 하였던 것이다.

따라서 국가는 국민을 보호할 수 있는 힘을 보유하고 있어야 하며, 개인들은 국가로부터 보호받는 대신 통제와 복종을 수용하게 된다. 이처럼 국가는 국민을 보호하고 통제하기 위하여 제한된 영토 안에서 물리적 폭력과 행정적 통제에 관한 권한을 통합하여 갖게 되었다(Giddens, 1987: 167-168). 따라서 국가는 다양한 간섭과 사적 폭력으로부터 국민을 지켜 내고, 공적 영역을 유지하는 역할을 담당할 것으로 기대되었다. 이와 같이 국가는 "영토 내에서 합법적 권리를 확실하게 주장하고 사태의 움직임을 규제하는 규범과 규칙을 만들고 강제하는 데에서 충분한 자원을 자랑하는 행위 기구"(Bauman, 2003: 129)였다.

영토성은 국가뿐만 아니라 사회를 규정하는 근간이었으며, 국가와 사회는 대체로 동일시되는 경향이 있었다. 즉, 국가는 사회적 공간을 지배하고 규정하며, 때문에 사회는 국가 사회였고, 사회 질서는 국가 질서를 의미하는 것으로 인식되었다(Beck, 2000: 55). 국가가 지배하는 물리적 영토라는 공간 안에 사회, 교육, 문화 그리고 정치가 존재하였으며, 이들 영역에 대한 국가 지배는 당연하고 자연스러운 것으로 간주되었다. 더구나 산업사회로 진입하면서 국가는 부의 재분배, 복지정책의 확충 그리고 교육의 지속적 확대 등과 같이 사회재건을 위한 목적들의 점진적 성취를 위한 도구로 인식되었다(Giddens, 1991: 253). 국가에 대한 이러한 믿음 때문에 국가행위에 대해 문제를 제기하는 것은 부담스러운 일이었다.

2) 국민국가와 국가교육의 요청

(1) 국민 만들기와 규범화

앞서 지적한 바와 같이 근대국가는 국경 안에서 이루어지는 모든 것을 규정하고 통제한다. 국가가 사회를 지배하고 규정한다는 관점에서는 국가의 존재와 역할을 당연한 것으로 받아들이고, 국가의 권력과 통제에 따라 사회의 성격이 결정되며, 사회가 국가에 종속된다는 방법론적 국가주의를 견지한다(Beck, 2000: 55). 교육을 포함한 사회적 실천은 국가에 따라 구별되고 합리화되며 관습화된다. 국가는 일정한 영토 안에서 행해지는 교육에 대하여 동질성과 통일성을 부여하고 국민국가의 권위에 따르도록 하였으며, 국가가 요구하는 인간을 길러 내는 것을 국가교육의 주된 역할로 상정하였다. 그린(Green, 1990)은 근대교육제도의 출현을 산업화의 요구보다는 국가형성과 관련하여 설명하는 것이 보다 적실성을 갖는다고 주장하고, 근대국가 형성 과정에서 필수적으로 요구되는 국가 정체성 확립과 규범화(normalization)를 위해 국가교육제도의 발달에 전력을 다했다고 보았다.

국가는 물리적 영토 안에 거주하는 정치 공동체 내의 국민이 다른 사람들의 자유를 침해하지 않고 함께 어울려 살도록 하기 위해서는 국가적 · 사회적 정체성을 내면화하는 일이 필수적이라고 생각하였다. 그리고 그러한 내면화는 교육을 통하여 가능하다고 보았다. 국가교육과 규범화와의 관계는 뒤르켐(Durkheim)이 잘 설명하고 있다. 뒤르켐은 유기적 연대 사회에서 국가는 단순히 경제적 역할만을 담당하는 것이 아니라 도덕적 역할을 담당해야 한다고 생각하였다. 그가 보기에 국가란 사회 전체의 관심을 발전시키는 데 책임이 있는 도덕적 대행자였다(Giddens, 1991: 256). 그는 국가가 내면화를 위하여 교육에 개입해야 하는 필요성을 다음과 같이 주장하였다.

> 교육은 본질적으로 사회적 기능이기 때문에 국가가 교육에 대해 무관심하게 있을 수는

> 없다. 오히려 반대로 교육에 관련되는 모든 것은 국가의 영향력 안에 있어야 한다. 그렇다고 해서 국가가 수업을 독점해야 한다는 말은 아니다. …… 국가 개입의 한계를 확정적으로 결정하기는 어려우나 개입의 원리를 부정할 수 없다는 점은 분명하다. 아무리 완전한 자유를 구가하더라도 반사회적 교육을 할 권리를 주장할 수 있는 학교는 있을 수 없다(Durkheim, 1978: 84–85).

개인의 교육적 경험은 일정한 영토 안에서 국가의 지배 아래 행해진 국가교육의 결과를 의미하였다. 따라서 국가의 존재를 고려하지 않은 개인의 교육적 경험은 가정하기 어렵고, 국가는 교육을 통하여 사회적으로 통용되는 '사고의 범주들(categories of thought)'을 생산하고 부과하였다(Bourdieu, 1998). 국가는 국가교육을 통하여 국민적 동일성과 동질성을 내면화하고자 하였다. 잘 정비된 국가 관료제는 이러한 사고의 범주들을 통제하는 효율적 수단이며, 국가적 정체성의 형성 방법을 체계화한 교육정책은 규범화를 위한 대표적인 국가 전략이었다. 국가는 교육을 통하여 영토 안에서 문화적 · 언어적 통합을 시도하고, 영토 밖의 언어와 문화를 '특수한 것'으로 구별함으로써 국민으로 하여금 국가문화에 대해 소속감과 의무감을 갖도록 하였다.

이와 같이 근대국가는 국민에게 통일된 정신구조를 형성시키고, 개별적인 국민의 비국가적인 생각과 태도를 극복하고 그들을 국가로 결속시키기 위한 시민종교(civil religion)[1]로 국가교육을 간주하였다. 국민도 국가교육을 통하여 국가문화를 익히고 국가의 질서에 규범화되어야 한다는 일종의 믿음을 갖게 되었고, 이러한 믿음이 시민종교의 역할을 하였던 것이다.

(2) 국가자본으로서 학력

한편, 근대국가는 교육을 통해 생산되는 교육자격을 표준화하는 등 학력자본의 독점화를 시도하였다. 이는 국가가 지역에 편재되어 있던 경제적 공간을 하나로 통합한 과정을 통해 이해할 수 있다. 국가는 중앙에서 징세의 대상과 범위를 구체화하여 관리하고 모든 국민에게 동일한 의무를 부과함으로써 봉건 영주의 손에 있던 개별적 징세권을 국가의 손으로 통합하였다. 그 결과, 전국이 단일 경제적 공간으로 통합되었고 국가는 경제적 자본을 독점하게 되었다(Bourdieu, 1998). 교육도 마찬가지였다. 국가교육 이전에는

[1] 시민종교란 국가제도가 제대로 운영되기 위하여 필요한 일련의 신념, 상징 그리고 의례와 같은 일종의 공적 에토스를 말한다(차성환, 1999).

교육이 가정이나 교회 등으로 분산되어 사적 형태로 행하여졌다. 이러한 방식은 봉건 영주가 출생에 의해 지배권을 행사하는 정실주의(favoritism)가 대세였던 구체제에서는 큰 문제가 없었다.

그러나 중앙집권적 정치공동체의 출현과 함께 개인적 자질과 능력에 따라 지배권을 획득하는 것이 보다 민주적인 것으로 간주되면서 서로 다른 다양한 학교에서 교육적으로 성공한 학문귀족(academic nobility)들을 어떻게 다룰 것이냐 하는 것이 중요한 문제로 대두되었다. 문제의 핵심은 출생에 의한 귀족주의(nepotism)를 능력에 따른 지배체제로 변화시키는 것이었는데, 이를 해결하기 위하여 베버는 국가가 지배하고 통제하는 중앙집권적 교육자격 시장을 제안하였다(Weber, 1997). 국가가 교육자격의 발급을 통해 개개인의 교육 능력을 공식적으로 보증하고, 그렇게 보증된 교육자격만이 사회적으로 그 가치를 인정받게 하자는 것이었다.

따라서 물리적 영토에 대한 상징적 폭력을 독점하고 그 폭력에 대한 정당한 통제 권한을 지닌 국가가 그 가치를 인정하지 않으면 아무것도 정당하고 합법적인 교육자격으로 인정받지 못하게 되었다. 국가를 통하지 않고서는 어떠한 교육자격도 국경 안에서 정당한 권위를 인정받기 어렵게 된 것이다. 국가는 모든 자본에 대하여 그리고 그러한 자본을 소유한 사람들에 대하여 정당한 권한을 부여하는 일종의 '메타 자본(meta-capital)'을 소유하게 되었다(Bourdieu, 1998). 국가는 교육 내용과 과정 그리고 결과를 일정한 분류체계에 따라 승인하고 각각에 적절한 가치를 부여하는 역할을 담당하였다. 예컨대, 문서를 통해 한 인간의 출생과 국민임을 증명하고, 여권 등을 발급하여 나라 밖으로의 합법적 이동을 보증하는 것과 마찬가지로, 개인의 교육경력과 능력 그리고 졸업을 국가가 교육자격으로 공인하는 역할을 담당하였다. 부르디외(Bourdieu, 1998)는 이렇게 가치를 인정받은 교육자격을 '국가적 자본(statist capital)'이라 정의하고, 이러한 국가 역할을 비유하여 '상징적 신용의 중앙은행(the central bank of symbolic credit)'으로 불렀다. 이러한 과정을 통하여 국가는 국경 안에서 교육과 관련하여 물리적 폭력뿐만 아니라 상징적 폭력을 독점하게 되었다.

2. 국가교육에 대한 지구화의 도전

1) 지구화와 국민국가의 변모

벡(Beck, 2000: 30)은 지구화를 '국민국가들과 그 주권이 초국가적 행위자, 이들의 권력 기회, 방향 설정, 정체성, 네트워크를 통해 마주치고 서로 연결되는 과정'으로 규정한다. 이러한 지구화는 자본과 재화의 국가 간 유통만을 촉진한 것이 아니라 사람들의 이동도 활성화시켰다. 지구화 시대에는 '국경을 넘어서는' 것이 예전에 비해 어렵지 않으며, 특정 사회적 공간에서 이루어지던 것들이 그 공간을 벗어나서도 가능하게 되었다. 무엇보다도 지구화는 물리적 영토에 대한 전통적인 개념을 바꾸고 있다. 국가의 물리적 영토에 대한 지배와 영향력은 줄어들고 대신에 지구적 체제의 국가에 대한 영향력은 더욱 커지고 있다.

지구화가 국민국가에 미치는 구조적 결과에 대한 입장은 다양하다. 헬드, 맥그루, 골드블라트, 페라턴(Held, McGrew, Goldblatt, & Perraton, 2002)은 이를 과대-지구화론자(hyper-globalizers), 회의론자(sceptics), 변환론자(transformationalists) 등의 세 유형으로 구분하여 정리하고 있다. 먼저, 과대-지구화론자들은 지구화로 인하여 영토성에 기초한 근대국가의 유효성을 부정한다. 바우만(Bauman, 2003)은 지구화 시대 국가의 운명을 다음과 같이 정리하고 있다.

> 지구화 무대에서 국가는 점점 더 벌거벗은 몸이 되어 가고 있다. 공연이 막바지에 이르면 국가는 (국가의 강제력과 같이) 필수적인 것을 제외하면 완전히 벌거벗은 채로 남겨진다. 국가의 주권과 독자성은 물질적 기반의 붕괴와 더불어 무력화되고, 국가의 정치적 계급은 말살되어 버리며, 국민국가는 단순히 거대 기업을 위한 안보 서비스 업체로 전락해 버린다(Bauman, 2003: 137).

스트레인지(Strange, 2001: 29)는 오늘날 국가의 권한은 이미 속이 비었다고 보고, "세계 시장의 비인격적(impersonal) 세력이 국가보다 더욱 강력하며, 국가가 시장의 주인이었던 시절과 달리 현재는 시장이 국가에 대한 주인이다."라고 주장한다. 국민국가는 지구화로 인하여 그 자율적 권한이 축소되었으며, 국민의 삶도 국가로부터 멀어지고 시장을 향해 이동하고 있다는 것이다. 이 밖에도 오마에(Ohmae, 1990)는 지구화로 인하여 국경을 넘나드는 자본과 산업의 규모가 증대함에 따라 국가의 규제적 역할은 사라질 것이라고 예상하고 있으며, 카스텔스(Castells, 2008)도 국민국가의 도구적 능력(instrumental capacity)이 현저히 손상될 것이라 주장한다.

이러한 주장과 달리 지구화 회의론자들은 지구화로 인한 현상들이 새로운 것이 아니며, 개별 국가의 적극적인 역할이 전제되지 않은 상황에서의 지구화는 그 영향력이 크지 않다고 주장한다. 울프(Wolf, 2001)는 국가의 중요성은 여전하며 오히려 강화될 것이라고 주장한다. 그는 지구화가 근대국가의 3가지 핵심 기능인 징세, 소득 재분배를 위한 공적 지출 그리고 거시경제정책을 훼손한다는 가정의 구체적인 증거를 발견할 수 없다고 주장한다. 대신 지구화가 개별 국가의 운명을 결정하지는 못하지만 국가 간의 차이를 더욱 크게 할 것이며, 건전한 공공재를 제공하는 국가와 약탈적 사적 이해를 대변하는 국가들 사이의 차이를 더욱 극명하게 할 것이라고 지적한다. 나아가 전 지구적 거버넌스(governance)도 국가의 역할과 통치 행위를 무력화시키는 것이 아니라 오히려 국가의 이해를 대변한다고 본다. 결국 국가는 지구화 시대는 물론이고 앞으로도 효과적이고 본질적인 모습으로 존재할 것이라고 주장한다.

마지막으로 변환론자들은 근대국가가 퇴각하는 것이 아니라 지구화라는 새로운 세계질서에 적절히 대처하기 위하여 새로운 성격의 국가로 재편(Walby, 1999)하거나 국가가 국제화(internalization of the state)하는 과정이라고 주장(Cox, 1987)한다. 이들은 국가가 초국가적 자본 혹은 초국가적 기구들과의 연대를 통하여 지구화 시대에 걸맞은 모습으로 국가기구를 새롭게 재편함으로써 개별 국가가 전통적으로 행사하였던 권력의 지속적인 유지를 도모하고자 한다고 주장한다. 이들은 지구화에 대한 수세적 관점에 따라 국가의 변모와 퇴각을 설명하는 입장과 달리 국가가 지구화의 요구를 적절히 반영하면서 국가의 내적 구조와 역할을 지구적 요청에 합당한 모습으로 변형시킨다고 주장한다. 따라서 국가의 퇴각과 종말을 주장하는 관점은 국가가 그동안 담당하여 온 중요한 역할을 지나치게 무시하고 있으며, 개별 국가가 지금까지의 영향력을 유지하기 위하여 기울이는 다양한 노력을 보지 못하고 있다고 주장한다. 물론 이들도 전통적인 물리적 영토 중심의 국가 중심적 관점의 유효성에 의심을 보이기는 하지만, 이는 국가의 퇴각이 아니라 초국가적 현실에 따른 국민국가의 새로운 변형 과정으로 본다는 점에서 차이가 있다.

2) 지구화와 국가교육의 위기

지구화가 국가에 미치는 영향에 대한 입장이 다양한 것처럼 국가교육에 미치는 영향을 바라보는 입장도 다양하다. 먼저, 프랑스와 윌스(France & Wiles, 1997) 그리고 툴리(Tooley, 2004)는 국가의 교육 역할이 지역적 수준이나 초국가적 수준 모두에서 약화될 것이라고 예상하고, 국가의 빈자리를 시장이 차지하게 될 것이라는 입장이다. 이와 달리 맥긴(McGinn, 1997)은 지구화가 교육제도에 직접적으로 미치는 영향력은 크지 않을 것이며, 대신에 교육을 둘러싼 환경의 변화를 통해 간접적인 영향을 미칠 것으로 예상하고 있다. 앞으로도 여전히 교육과 관련하여 국가의 중요성은 지속될 것이라는 입장이다.

앞서 두 입장과 달리 데일(Dale, 2007)은 지구화의 파고에도 불구하고 국가의 유효성은 여전하며 오히려 국가는 지구화에 적합한 모습으로 국가교육의 성격과 기능을 변화시킬 것이라고 주장한다. 이러한 입장 차이에도 불구하고 지구화가 국가의 물리적 영토를 무력화함으로써 교육주권의 약화와 국가교육의 신뢰 약화를 초래할 것이라는 점에서는 대체로 비슷한 입장을 보인다. 다음에서는 이를 중심으로 지구화의 국가교육에 대한 영향을 살펴본다.

(1) 국가교육의 영토성과 교육주권의 약화

지구화는 국민국가의 영토주의 원칙을 재고하도록 요구한다. 국민국가의 국민은 교육행위에 있어서 제한적이고 배타적이다. 반면에 초국가적 행위자들은 보다 포괄적이고 다양한 그리고 배타적이지 않다는 특징이 있다. 지구화는 내부와 외부, 국경 안과 밖 그리고 우리와 그들처럼 근대적 경계의 이분법적 분할을 무력화한다(Hardt & Negri, 2001). '전기(傳記)의 초국가성'과 '사적 삶의 지구화'를 특징으로 하는 지구화로 인하여 국민국가의 주권은 공동화(空洞化)되고, 장소와 공동체(또는 사회)의 연관성이 해체되고 있다(Beck, 2000: 145). 초국가성은 모든 영역에서 동일하게 진행되는 것이 아니라 차별적으로 일어나는데, 경제 영역에 비하여 교육 영역의 초국가성은 더 느리게 진행되는 경향이 있다. 그렇지만 삶의 초국가성은 국가성(stateness)을 근간으로 하는 국가교육에 상당한 영향을 미칠 것으로 예상된다.

국가교육에 영향을 미치는 가장 대표적인 현상은 초국가주의(trans-nationalism)다. 초국가주의는 두 방향에서 진행된다. 그 하나는 위로부터의 초국가주의다. 다국적 기업과 초국가적 국제기구 등과 같이 상대적으로 강력한 초국가적 행위자들은 개별 국가와 국민으로 하여금 초국가적 행동을 하도록 요구하고 있으며, 이러한 요구는 개별 국가를 단일 영토에 머무르지 못하도록 하는 강력한 동력으로 작용한다. 국가의 교육주권을 위협하고 초국가적 교육행위를 재촉하는 대표적인 세력은 세계은행이나 경제개발협력기구 등과 같은 국제적 정부 기구들이다(Spring, 2004). 이들 기구들은 자본주의의 외연을 확장하는 경제적 지구화를 통하여 물리적 영토를 무력화함으로써 국가주권의 한계를 더욱 구체화한다. 그 결과, 국가는 직접적인 통치 행위가 가능한 일정한 영토 내에서만 주권을 가지며 이들 지역을 제외하고는 많은 것이 초국가적 행위자들에 의해 결정된다. 국제적 정부 기구들은 개별 국가의 교육을 지속적으로 연구하고 관찰하며 특정한 정책을 권고함으로써 지구화에 합당한 모습으로 국가교육의 변화를 요구하고 있다. 나아가 국민국가의 수준을 넘어서는 전 지구적 보편성을 전면에 내세우면서 개별 국가의 교육정책에 압력을 행사하기도 한다. 이들 기구들의 초국가적 보편성은 개별 국가 교육주권의 필연적 약화를 초래하는 동시에, 중심부 국가들의 자격과 기준을 표준으로 설정하고 이를 주변 국가들에 강제하는 결과를 낳기도 한다.

일부 국가는 교육주권의 일부를 국제기준의 준수라는 이유를 들어 자발적으로 초국가적 기구의 결정에 위임하기도 한다. 알튀세(L. Althusser)가 주장한 국가 내의 기구들이 초국가적 형태의 기구(transnational state apparatus)로 변모하고 있는 것이다. 국가는 교육과 관련된 권력 지형을 변화시키고 동시에 지구화의 요청에 합당한 모습으로 국가교육의 틀을 새롭게 한다. 일종의 국가기구의 종합적 재편 과정인 셈이다. 국제적 정부 기구뿐만 아니라 국제적 비정부 기구(INGO)도 국가교육에 상당한 영향을 미친다. 이들 기구를 중심으로 조직된 세계시민은 개인적 혹은 집단적 차원에서 개별 국가의 교육활동에 의견을 표시하는 등 개입행위를 할 가능성이 크다.

전 지구적 시민사회를 표방하는 이들 기구들은 환경, 부채 경감, 여성, 인권, 지구적 정의 등과 같이 초국가적 교육요구와 담론을 지속적으로 생산하고, 이를 적극 홍보함으로써 개별 국가의 경계를 넘어선 새로운 교육 논의 공간을 형성한다(Mundy & Murphy, 2006). 이들 조직을 구성하고 있는 세계시민은 주요 국가의 시민일 가능성이 크며, 교육발전이 더딘 국가들은 이들의 영향력으로부터 자유로울 가능성이 보다 적다. 때문에 개별국가의 교육행위와 국제적 비정부 기구의 교육개입이 국가교육의 목적과 방향을 둘러싸고 갈등을 보일 가능성이 있다.

한편, 아래로부터의 초국가주의도 동시에 진행되고 있다. 이는 국가 간 인구 이동의 증대에 기인한다. 지구화와 이주의 시대에 다양한 문화적 배경을 가지고 있는 사람들의 유입은 국가교육의 중대한 변화 요인으로 간주된다. 대부분 국가에서 일자리를 찾아 움직이는 인구 이동은 자유롭지 않으며 강력한 통제의 대상이다. 그러나 지구화로 인한 초국가성의 증대는 '국민을 나가게 하지 못할 수도 없으며, 그렇다고 모두 나가라고 할 수도 없는 딜레마 상황'을 초래하고 있다. 국가가 인구 이동을 통제한다는 것은 국경이나 물리적 및 심리적 영토를 유지하고 보존한다는 것을 의미한다.

반대로 인구 이동이 증가한다는 것은 이중 국적이나 단일 민족에 기초한 전통적 국민국가의 개념에 변화를 줌으로써 국민 개념의 외연을 확장하는 결과를 초래한다(Mitchell, 2003). 따라서 국가의 영토에 대한 합법적 지배를 위협하는 국제적 인구 이동은 국가로 하여금 무상으로 의무교육을 실시해야 하는 주요 대상은 누구인가를 고민하도록 하고 있으며, 이는 국민 중심의 전통적 교육주권(educational sovereignty)과 공공성 개념의 재고를 요청하고 있다.

(2) 국가교육의 공적 신뢰와 의무감 약화

근대국가 존립의 중요한 한 측면은 공적 신뢰다(Dale, 2007). 국가교육에 대한 위기 담론은 국가의 교육적 신뢰가 저평가되었거나 국가의 교육행위에 대한 불신이 제기되었을 때 나타나는 경향이 있다. 국가의 공적 신뢰는 국가 그 자체로부터 발생하는 것이 아니라 사회로부터 정당성을 부여받음으로써 생겨난다. 국가의 교육권이나 교육개입도 그 자체로 정당한 것이 아니라 국민으로부터 파생되는 것이다(Foessel, 2006). 따라서 국가는 공적 신뢰를 유지하기 위하여 공적 권력이 자의적으로 행사되는 것을 막고 공적 서비스의 불편부당함을 지탱하는 것이 필수적이다. 국민이 교육과 관련하여 국가 정책을 준수하는 까닭은 국가가 상대적으로 완전하고 완벽하게 합리적인 의사결정을 한다는 기대와 믿음, 그리고 그러한 이유 때문에 국가가 교육과 관련하여 가치 및 규범에 대한 배타적인 강제력과 통제권을 가지는 것이 정당하다는 믿음 때문이다. 따라서 국가의 교육적 역할의 정당성 여부를 가늠할 수 있는 중요한 판단 근거는 국민이 국가의 '폭력 없는 강요'에도 강한 의무감을 가지는가의 여부다.

그러나 만일 국민이 국가의 규범 통제에 대해 불신하거나 따르고자 하는 의무감을 상실하게 되면, 국가의 교육적 권위는 위기에 직면하게 된다. 국가의 교육적 권위 약화는 자연스럽게 국민의 교육적 의무감 약화 혹은 교육정책의 타당성에 대한 회의를 수반한다. 국민이 국가의 교육적 권위에 대해 '가치 절하(devalorization)'하는 것은 국가가 사회의 요구에 제대로 기여하고 있지 못하다는 일종의 국가의 사회에 대한 부채 의식의 표현이다(Foessel, 2006). 국민은 국가 권위의 근거에 대해 회의적이 되면서, 도대체 '국가가 누구를 위하여 왜 존재하는가?'라는 근본적인 물음을 제기하게 된다. 이러한 갈등이 커지면 국민의 의도와 국가행위 사이의 간격이 커지게 되고, 그 결과 국가는 교육적 권위를 상실하게 된다.

예를 들어, 공교육만으로는 부족하다는 생각, 사교육에 대한 필요성의 증가와 급증하는 사교육비, 계층 간 교육격차의 확대 그리고 비국가 영역의 교육에 대한 영향력 확대는 국가교육을 회의적인 눈으로 바라보게 하였다. 이러한 상황에서 국가의 '교육적' 보호가 필요 없는 사람은 국가교육으로부터 자유를 적극적으로 주장하기 시작한다. 이처럼 국가교육에 대한 공적 신뢰의 약화는 국가교육이 공정성과 정의로운 절차에 의해 지배되고, 보편적 공익을 대변해야 한다는 의식의 약화로 이어지고, 국가교육을 공익보다는 사적 이익을 극대화하기 위한 지대 추구의 수단으로 인식하는 결과를 낳게 된다 (Bowles & Gintis, 1998; Evans, 1997).

국가교육의 공적 신뢰의 약화는 국가가 공인하는 교육자격의 상징적 가치 저하를 초래하게 된다. 후발 국가의 경우 급속한 교육성장은 영토에 대한 국가 통치를 정당화하는 배경이었다. 국가교육이 급속하게 팽창하게 된 것, 그리고 국가교육 정당성의 근간은 교육이 경제적 부와 권력의 원천이라는 생각이었다. 그러나 교육이 사회적 출세의 통로로 작용하기보다는 오히려 사회적 불평등의 통로라는 비판이 제기되면서, 국가교육의 정당성은 위협받게 되었다. 국가교육의 팽창으로 교육받은 국민의 규모가 크게 증가하였으나 사회적 성공의 불균등은 국가교육이 누구에게 유리하고 불리한가에 대한 궁금증을 갖게 하였다.

더구나 성장이 한계에 이른 자본주의는 만성적 실업 때문에 교육받은 인구를 흡수하는 역할을 상실하였고, 국가자격을 갖춘 교육받은 사람들도 마땅한 일자리를 찾는 것이 어려워졌다. 교육자격의 상징적 가치를 독점적으로 공인하는 국가 역할은 공인된 교육자격의 상징적 가치가 비국가 영역의 교육에 비하여 상대적 우위를 보일 때 정당성을 갖게 되며, 그렇지 못할 경우 국가의 교육자본 생산 기능은 위축되게 된다.

그런데 국가가 공인한 교육자본이 더 이상 국민을 안정적으로 보호하기 어렵게 된 것이다. 국가는 비국가와 경쟁할 뿐만 아니라 국경을 넘어 다른 나라와도 경쟁해야 했다. 실제로 일부 상위 단계의 국가교육은 외국에서 획득한 교육자격에 비하여 상대적으로 우월한 상징적 가치를 부여받지 못하였다. 국가가 증명하는 학력의 상징적 가치는 외국의 그것에 비해 높은 사회적 지위와 좋은 직장을 얻는 데 긍정적이지 못하였다. 국가는 여전히 '상징적 신용의 중앙은행'으로서의 역할을 수행하고 있지만, 국가의 교육자격에 회의적인 사람들은 국가교육의 '과잉'을 지적하면서 새로운 교육자본을 찾아 물리적 영토를 넘고 있는 것이다.

이와 같이 지구화로 인하여 국가교육은 '영토성에 대한 지배와 배타적 통제의 위기 → 국가교육의 권위와 신뢰 약화 및 가치 절하 → 국가교육에 대한 의무감 약화 → 시장과 시민사회의 교육적 영향력 확대'라는 위기의 순환 구조에 빠질 가능성이 있다.

3. 지구화 시대 국가교육의 쟁점

1) 국가교육의 유효성 문제: 국가와 '비' 국가 영역의 교육 역할

지구화는 물리적 영토에 근거한 국가교육의 정당성에 회의적이다. 국가교육의 무기력에 대한 '비아냥거림'은 널려 있다. 일반적으로 국가교육에 대한 '조롱'은 국제적 자본과 시장의 영향 때문에 국가가 교육을 통제하기 어려워졌다는 점, 국가교육은 원래 유연하지 못하여 다양한 교육요구를 충족하기 어렵다는 점 그리고 민주적 시민사회의 성장과 어울리기 어렵다는 점 등을 그 주된 내용으로 한다(Friedman, 1994).

이러한 국가교육의 정당성에 대한 비판은 시장과 시민사회와 같이 비국가 영역으로부터 제기되는 경향이 있다. 시장은 국가교육이 교육을 생산적이고 효율적인 방향으로 나아가지 못하도록 한다고 비판하는 반면에, 시민사회는 국가가 '비시장의 요구'에 대해 적절히 대처할 능력을 갖고 있지 못하다고 비판한다. 이들은 근대국가의 유효성이 상실되었기 때문에, 단지 교육정책의 변화를 통하여 국가교육의 정당성 위기를 극복하려는 것은 근본적인 처방책이라 볼 수 없다고 주장한다.

국가교육의 유효성에 대한 가장 적극적 비판자들은 교육과 관련하여 시장의 역할이 확대되어야 한다고 주장하는 이들이다(Tooley, 2004). 이들은 국가를 교육적 자유의 침해자로 간주하고, 교육, 경제 그리고 사회에 대한 국가개입을 병리 현상으로 규정한다. 국가는 직접적으로 교육에 개입하는 것이 아니라 교육적 자유를 위해서 존재하여야 하며, 그러한 교육적 자유가 침해되는 것을 막아 주는 자유방임적 야경국가여야 한다고 생각한다. 나아가 국가교육의 위기는 교육제도와 정책 등의 운용의 문제가 아니라 국가 그 자체에서 기인하는 것이기 때문에 유능한 공무원을 채용하거나 좋은 정책을 수립한다고 하더라도 궁극적인 처방이 되지 못한다고 주장한다. 대신에 병리 현상으로서 국가의 교육개입을 치유할 수 있는 유일하고 합리적인 대안은 교육을 국가의 손으로부터 회수하여 '시장화'하는 것이라는 입장이다.

시장론자들은 유효성이 다한 국가교육에 대신하여 시장의 우선성(primacy of market)에 따른 새로운 교육 거버넌스(governance)가 필요하다고 주장한다. 그들은 국가가 공공성을 구실로 교육에 직접 개입하는 것이 아니라 개인의 자유로운 권리를 보호하는 최소한의 역할에 머물러야 한다는 노직(Nozick)류의 자유방임주의를 옹호한다. 국가의 교육적 권한과 역할을 비국가 영역, 특별히 시장으로 대폭 위임함으로써 무기력의 덫에 걸린 국가교육의 과잉 상태를 해소할 필요가 있다는 것이다(Friedman, 1994).

그러나 주의할 점은 시장주의자들이 국가의 모든 것에 전적으로 반대하지 않는다는 점이다. 시장은 언뜻 보기에 '반'국가를 표방하고 있는 것처럼 보인다. 그러나 현실적으로 자본주의 사회에서 국가는 '규칙의 생산(production of rule)'을 독점함으로써 시장을 포함한 비국가 영역에 대하여 상대적으로 우위를 점하고 있다(Evans, 1997). 국가는 영토 안에서 유일하게 게임 규칙을 만들고, 그것을 지키도록 강제하는 물리적 폭력을 독점하고 있는 것이다. 따라서 시장은 국가를 전적으로 배제하거나 무시하기 어렵기 때문에, 국가를 시장에 친화적인 형태로 변화시키고자 한다. 경우에 따라서는 역설적으로 시장의 이익을 적극적으로 대변할 강한 국가를 요청하기도 한다. 전통적인 강한 국가는 시장을 통제하고 지도함으로써 시장의 교육개입을 어렵게 하였다. 그러나 지구화 시대에는 오히려 약한 국가가 비국가 영역을 지도하고 통제하기 어렵기 때문에 시장의 요구를 최대한 관철시키는 것이 어렵다고 생각한다.

결국 시장의 교육적 영향력을 확대하기 위해서는 시장에 친화적인 정책을 강력하게 추진할 수 있는 강한 국가가 필요하다는 입장이다. 이러한 시장의 요구에 국가도 정책 집행을 위해 필수적인 경제적 자원의 동원을 위하여 시장과 친화적인 관계를 유지하고자 하는 경향이 있다(Ha-Joon, 2006). 이렇게 볼 때 강한 국가일수록 지구화에 따라 국가교육을 조정하는 능력이 더욱 강하며, 지구화를 국가 통치의 또 다른 근거로 삼을 가능성이 있다. 국가는 지구화와 경쟁 담론을 동원하여 국가에 대한 강한 충성을 요구하는 등 지구화를 전략적으로 동원할 가능성이 있다. 이런 점에서 지구화 시대의 교육은 또 다른 국가 동원의 대상이 되고 있다고 할 수 있다.

이와 같이 지구화는 국가와 시장의 관계를 더욱 복잡하게 만든다. 시장의 역할 확대는 국가 밖의 다양한 초국가적 행위자들의 교육적 영향력에 주목하게 만들고, 대신에 국가의 교육행위에 대해서는 냉소적 시각을 갖게 한다(Green, 1997). 지구화로 인하여 개별 국민국가의 자율성과 국가자본의 상징적 가치가 약화되는 현상을 목도한 개인들은 국가와 국가교육에 대한 전통적인 충성(loyalty)을 재고하기 시작하였다. 국민은 국가가 물리적 · 상징적 폭력으로부터 개인을 보호하는 한편, 개인의 경제적 이익을 증대하는 역할을 담당할 것으로 기대한다. 그러나 국가가 이와 같은 역할을 적절히 수행하지 않거나 혹은 기능하지 못한다면 국민은 국가의 역할에 대해 회의하고 새로운 충성 대상을 찾게 된다. "빈곤뿐만 아니라 자비심까지도 지구화된다."라는 벡(2000)의 지적처럼 지구화는 국민으로 하여금 국가교육에 대한 충성심을 다른 무엇에 앞서 복종해야 하는 지상 명령으로 받아들이는 것을 재고하게 된다. 국민은 국가교육에 대한 충성과 신뢰를 거두어들이는 대신에 전 지구적 교육행위에 동참하게 된다.

한편, 시민사회도 국가와 시장에 대한 대안적 행위자로 주목받는다. 시민사회는 국가와 시장의 실패를 교정하고 그것을 합리적으로 대신할 대안으로 간주되는 경향이 있다. 그런데 시민사회는 사안에 따라 국가 혹은 시장과 친화적이기도 하지만, 시장과 마찬가지로 국가도 생산적이고 효율적인 사회건설에 긍정적이지 않다고 생각한다. 그러나 시민사회는 국가가 시장의 요구를 반영하지 못한다는 점에서 국가 역할을 부정하는 것이 아니라 국가가 시장 '밖'의 요구를 해결할 능력을 갖고 있지 못하다는 점을 비판한다. 따라서 교육과 관련하여 국가의 위기와 시장 개입의 증대는 시민사회의 입장에서 볼 때 모두 부정적이다(Evans, 1997). 물론 초국가적 시민사회는 국경을 넘나드는 초국가적 자본가들의 성장에 비하면 여전히 미진하고 그 영향력 또한 크지 않지만 앞으로 그 역할이 더욱 증대될 것으로 보인다(Sklair, 2002).

이처럼 비국가 영역인 시장과 시민사회는 서로가 국가교육의 합리적 대안이라고 경쟁적으로 주장한다. 보울스와 긴티스(Bowles & Gintis, 1998)는 사회적 평등과 삶의 질을 개선하기 위해서는 국가, 시장, 시민사회가 함께 재편되어야 한다고 주장한다. 시장의 실패보다는 국가의 약점에 주목하면서 신자유주의를 등에 업고 교육의 분권화와 권력의 분산, 유연화, 민영화 등이 국가교육의 대안임을 강조하는 시장은 타당하지 않으며, 시민사회가 국가와 같은 공적 기구를 대체할 수 있을 것이라는 주장 또한 비현실적인 낙관주의라고 비판한다. 국가와 비국가 영역의 장점에 주목하면서 그 실패를 최소화할 수 있는 전략을 모색하는 것이 타당하다는 것이다.

현실적으로도 지구화는 국가로 하여금 비국가 영역의 자원을 적극적으로 동원하는 전략을 채택하도록 재촉한다. 물리적 영토의 무력화로 인하여 국가능력만으로는 경제적 위기와 나라 밖의 다양한 압력에 효율적으로 대처하는 것이 어려워졌으며, 예전과 달리 국가가 비국가 영역의 자원을 강제적 · 임의적으로 동원하는 것이 어려워졌다는 것이 그 이유다. 따라서 국가는 나라 안팎의 시장이나 시민사회 등과의 관계를 친화적으로 설정하는 경향이 있다.

국가교육은 단일 국가 내의 행정 조직과 배타적으로 관계를 맺는 것이 아니라 국경을 넘어서 기업이나 시민사회와 협력하며, 나아가 다양한 국제적 기구와 연대하게 된다. 전통적인 국가교육이 영토성에 기초한 지배를 의미한다면, 새로운 국가교육은 공과 사, 정부와 비정부, 나라 안과 나라 밖의 다양한 행위주체와 함께할 필요가 있다. 이는 근대국가 이후 자리 잡은 국가교육(공교육)과 비국가 교육(사교육)의 이분법적 분업구조가 부분적으로 유효성을 상실하였으며, 새로운 대안이 적극적으로 모색될 필요가 있음을 의미한다.

2) 국가교육의 목적: 국가주의적 정체성과 보편적 시민의식

전통적으로 국가교육은 국민국가를 위한 배타적 '국민' 정체성 형성을 목적으로 하고 있다. 국가교육은 학생들을 대한민국의 국민으로 형성하는 일련의 과정이며, 이런 점에서 국가교육은 폐쇄적인 국민국가의 영향을 받고 있다고 할 수 있다. 국가에 대한 소속감과 정체성은 근대국가 존립의 중요한 전제였으며, 국가교육은 학생들에게 역사적 기억의 공유를 가능하게 함으로써 국가 정체성을 형성하는 역할을 담당하였다. 전통적으로 국가교육은 국가적 또는 민족적 속성에 근거한 권리를 우선하였으며, 보편적 지위와 가치에 따른 권리의 보장에는 소극적이었다. 예컨대, 한국의 국가교육은 보편적 인권이나 세계시민의 덕목에 일차적 관심을 기울이기보다는 '국민 만들기'에 치중하였다. 시장과 시민사회에 비해 상대적으로 비대하였던 국가는 사회 모든 영역에 대하여 강한 통제와 지배를 행사하였으며, 이렇게 비대한 국가 역할은 개인의 자유와 권리 그리고 보편적 권리에 대해 상대적으로 관심을 소홀히 하게 된 하나의 원인이었다. 미등록 이주아동의 교육권을 둘러싼 갈등은 이와 같은 국민의 교육권과 보편적 권리 사이의 문제를 잘 드러내고 있다.

지구화와 국가 간 인구 이동으로 다문화와 다인종 사회로 진행하면서 다양한 배경과 정체성을 지닌 사람들이 국민이라는 이름으로 모이게 되었으며, 이들은 국가교육이 강조하는 국가주의적 정체성과의 사이에서 갈등을 경험하고 있다(Fass, 2008). 일반적으로 국가교육은 보편적인 시민의식과 인류애(personhood)보다 국가적 정체성과 국가애(nationhood)를 강조하는 경향이 있었다. 국민국가의 정체성과 국가애의 강조는 국가주권의 주된 원천이며, 따라서 국가교육을 통하여 전달되는 규범과 행동 그리고 가치는 국가에 대한 충성과 소속감 그리고 국민들의 연대의식을 중시하게 된다. 로티(Rorty, 1994)는 '국가적 정체성에 대한 기억과 정서의 공유'는 중요하며, 차이의 정치학이라는 이름으로 좌파 학자들이 국가에 대한 자부심이나 정체성을 국가주의와 애국주의로 부정적으로 매도하는 것은 타당하지 않다고 주장한다. 이와 반대로 너스바움(Nassbaum, 2003)은 이러한 교육행위는 국경 밖의 가치와 문화를 특수한 것으로 규정하고 배제할 가능성이 크기 때문에 지구화 시대에는 한 나라의 국민이라는 국가적 정체성보다는 세계의 시민이라는 보편적 시민의식을 우선하여 교육하는 것이 더욱 가치 있고 타당하다고 주장한다. 그러나 이제까지 근대국가의 국가교육은 보편적 인권이나 보편적 시민의식의 형성에 그 정당성의 근거를 두고 있지 않았다.

국가주권은 특정한 영토 내에서 정치적 선택을 위한 권위와 책임을 의미한다. 국가의 영토성은 국가교육의 물리적 한계를 규정하는 것이며, 영토성에 대한 지배 권한의 정도는 국가주권의 영향력을 의미한다고 볼 수 있다. 그런데 교육과 관련하여 국가주권의 한계와 범위를 규정하고 있는 것은 교육 관련 법규들이며, 국가주권을 대표하는 교육 실천행위는 의무교육이다. 국가에 의한 의무교육은 납세의 의무를 다하는 '국민'에게 교육기회를 제공하는 동시에 국민적 일체감과 국가적 정체성을 길러 주는 역할을 한다. 국민은 일정한 영토 안에서 국가에 의해 실시되는 의무교육에 대한 배타적 권리를 갖는다. 이런 점에서 국가주권의 우선성은 보편적 권리와 범주상 배타적인 것이다(Strange, 2001). 국가는 납세자로서 국민의 교육에 대한 책임과 의무를 지는 반면에, 국적을 취득하지 않은 사람들의 교육에 대해서는 강한 책임감을 느끼지 않는다.

국가가 국가주의적 정체성 형성과 관련하여 국가교육을 강조하는 반면에, 다양한 초국가적 비정부 기구는 이러한 국가의 교육적 행위가 정당하지 못하다고 비판한다. 미등록 이주아동의 교육권을 보장하지 않는 것은 국가가 보편적 인권으로서 교육받을 권리를 침해한다는 것을 의미한다. 비정부적 국제기구에 의하여 주도적으로 전파되는 보편적 권리(universal right)는 국가주권의 한계와 약화를 드러내는 기능을 한다(Levy & Sznaider, 2006). 유네스코, 경제개발협력기구 그리고 세계은행 등과 같은 초국가적 기구들은 다양한 국제법 등을 동원하여 국가교육의 탈국가화된(de-nationalized) 이해를 강조함으로써 국가주권의 경계를 재고하도록 요청한다. 그 결과 국가교육은 개별 국가의 법과 주권에 따라 전적으로 이루어지는 것이 아니라 전 지구적 법체계의 영향을 부분적으로 받게 됨으로써 전통적인 국가교육의 틀을 벗어나도록 요청받는다. 더구나 이러한 요청을 개별 국가로서는 쉽게 거부하기 어렵다. 국제적 기준에 따라 법체계를 정비하고 그에 합당한 실행 기준을 마련하는 것은 국가 간 의존이 심화되는 지구화 시대를 살아가는 개별 국가의 생존을 위해 불가피한 전략으로 간주된다.

이와 같이 지구화는 국가의 물리적 영토성을 약화시키고 그 의미를 희석시킴으로써 국가주의 혹은 국가 정체성 형성과 관련된 국가교육의 정당성 담론을 약화시키고 대신에 보편적 시민의식과 전 지구적 생활과 가치를 강조한다. 초국가적 기구들이 주장하는 보편적 시민의식이 결과적으로 중심부 국가의 전 지구적 약탈(global pillage)을 강화한다는 비판도 있지만, 초국가적 기구들의 유연한 시민(flexible citizenship)과 보편적 시민의식에 대한 강한 요구와 개별 국가의 국가적 정체성 형성에 대한 요구는 예전과 다른 갈등의 장면을 연출할 것이 분명해 보인다.

4. 지구화 시대 국가교육의 전망

근대교육의 중요한 토대는 물리적 영토성이다. 국가가 실효적으로 지배하는 물리적 공간에 거주하는 사람들을 대상으로 국가교육은 제공된다. 국민이 물리적 영토를 떠나면 직접적으로 국가교육의 대상으로부터 배제된다. 지구화로 인한 물리적 영토를 넘나드는 합법적인 수단과 방법의 다양화는 결과적으로 교육적 삶을 확장하는 계기가 되고 있다. '초국가적'이란 교육을 포함하여 일상적 삶이나 행위가 '거리의 초월', 특히 국경의 의미를 무력화하는 현상을 의미한다(Beck, 2000: 144).

국경을 넘나드는 사회적 삶의 확장은 다른 문화와 가치 그리고 도덕들 사이의 차이에 대한 관용을 중요하게 받아들이도록 함으로써 결과적으로 도덕과 지식 그리고 가치의 '개인화'를 초래한다(Beck, 2000). 문제는 이러한 개인화가 국가적 정체성이라는 집합적 기억의 형성을 중시하는 국가교육과 어긋난다는 점이다. 이미 초국가적 삶을 사는 사람들에게 국민으로서의 삶을 전제로 하는 국가교육은 그 유효성과 정당성이 제한적이며, 오히려 국가교육이 국민을 대상으로 하는 근대적 틀에서 벗어나 초국가적 삶을 지향하는 새로운 논리적 전거를 마련하는 것이 필요하다는 주장도 세를 얻고 있다. 이와 같은 교육활동의 초국가성은 국가적 정체성 형성이나 공공성과 같은 교육적 가치를 새로운 눈으로 바라보도록 한다. 현실적으로 이미 많은 학습자는 국가에 의해 국민을 대상으로 제공되는 한정된 교육활동에만 노출되어 있는 것이 아니라, 인터넷 · 방송 · 유학 등을 통하여 국가의 통제를 벗어난 다양한 교육활동을 영위하고 있다. 이 과정에서 개별 국가의 교육주권은 약화될 가능성이 크고, 국가교육도 배타적으로 국가의 자기이익을 추구하기 어렵게 되었다.

더구나 오늘날 군사동맹과 같은 방식으로 복잡하게 연결된 개별 국가는 각자의 운명을 서로에게 내맡기고 있기 때문에 강력한 일부 국가를 제외하고 대부분의 경우 국가의 자율성은 현저히 줄어들게 되었다. 이에 더하여 경제적 지구화에 주목하게 되면, 국가의 자율성은 더욱 자리가 좁아지는 특징이 있다. 국가는 권력과 주권의 일부를 초국가적인 기구 등에 위임하고 초국가적 상호의존이라는 관점에서 국가교육과 관련된 위치를 새롭게 규정하고자 한다. 중앙집권적인 강한 국가는 초국가적 기구에 교육주권의 일부를 넘기는 한편, 중앙에서 지역으로 권한을 이양해야 하는 이중고를 경험하고 있는 것이다. 따라서 강한 국가에 의해 주도되었던 국가교육은 일정한 변화를 경험할 것으로 예상된다.

그러나 지구화 시대에도 국가는 여전히 국가교육에서 서로 어울리기 어려운 두 기능을 기대할 가능성이 크다. 그 하나는 국가주의 전통의 연장선상에서 국가교육이 공공성과 국가적 정체성을 담당해야 한다는 기능에 대한 변함없는 기대이고, 다른 하나는 자본의 이해에 봉사하도록 국가를 재편하도록 하는 자본 축적 기능이 그것이다. 전자의 기능에 주목하는 사람들은 교육에 대한 국가개입이 공공성과 평등을 위한 당연한 선택이라는 입장인 반면에, 후자에 주목하는 사람들은 국가개입이란 자본 축적의 지속적인 진행을 위해 단지 필요한 조건이라는 입장이다(Dale, 1989; Sarup, 1982).

전자와 관련하여 국가는 지구화 시대에도 여전히 교육에 대한 개입 역할을 합법화하는 전략을 구사할 것으로 예상된다. 국가가 교육개입을 정당화하기 위하여 공익과 공공성을 전면에 내세우며, 교육에 대한 독점적 통제권한을 유지하기 위하여 다양한 방안을 모색하게 된다. 이를 위하여 국가는 문제로 지적된 일부 교육개입을 개선하는 노력을 기울이는 한편, 이 과정에서 교육적 영향력의 확대를 도모하는 비국가 영역과 갈등을 경험하게 된다. 경우에 따라 국가는 교육적 권한의 유지를 위하여 푀셀(Foessel, 2006)이 '합법적 공포(official fear)'로 지칭한 상징적 폭력을 동원하게 된다. 합법적 공포란 국가가 일련의 규정을 내세우면서 제도적 가치나 의무를 형식적 · 관례적으로 강요하고 부과하는 것을 말한다. 예를 들어, 대학이 교육정책에 부정적 혹은 소극적 태도를 가지고 있거나 국가가 정한 표준을 거부하는 경우에 국가는 공공성을 구실로 예산 지원을 삭감하거나 정원을 축소하는 등의 제재를 가하는데, 이러한 것들이 합법적 공포의 전형이다. 국가가 공익을 전면에 내세우며 평가국가(evaluative state)나 규율국가(regulative state)의 기능을 담당하는 것도 유사한 경우다.

후자와 관련된 기능은 국가와 비국가적 행위자 사이의 관계 변화를 통하여 발견할 수 있다. 국가는 비국가 영역과의 관계를 새롭게 규정함으로써 지구화 시대에 합당한 국가의 교육적 개입 역할을 수립하고자 한다(Dale, 2007). 예컨대, 국가는 기업가형 국가를 표방하면서 교육 또한 기업가적 행태를 전략적 모델로 내세우는 경향이 있다(Ha-Joon, 2006). 방과 후 학교에 사설 학원의 진입을 고려하는 정책이나 대학을 학문자본주의(academic capitalism)의 전진 기지로 재편하려는 움직임 등은 그 대표적인 경우다. 심지어 국가는 교육에 직접 개입하고 통제하는 역할에서 시장이나 시민사회 등을 통한 간접적 통제 방식으로 모양새를 변화시키고 있다.

그러나 시장을 통하여 교육에 개입하는 것은 국가가 초국가적 시장의 이윤을 유지하고 확대하는 도구적 역할을 담당하게 될 것이라는 비판을 받는다. 즉, 시장에 '포획된 국가(beleaguered state)'는 교육과 같이 공공재적 성격이 강한 영역과 일반 복지를 위한 국가의 모든 노력을 비효율적인 것으로 비난하고, 나아가 국가교육의 잠재적 기여와 역할 전부를 바람직스럽지 않은 것으로 가치 절하할 가능성이 크다(Evans, 1997; Ha-Joon, 2006). 따라서 국가교육의 공적 기능을 약화시키려는 다양한 시장의 영향력을 견제하고 저항하는 것이 필요해지며, 국가는 시장이나 초국가적 기업과 같은 비국가 영역의 폭력에 대항하여 국민을 보호하는 기능을 여전히 강하게 요청받게 된다.

이와 같이 국가는 지구화에 걸맞은 새로운 형태의 국가교육을 전략적으로 도모할 가능성이 있다. 국가는 지구화에 주도적으로 참여하기 위해 영어몰입교육을 강조하는 한편, 국가의식의 함양을 위한 국가 정체성 함양교육을 여전히 중시하고 있다. 국가교육은 전 지구적 자본 축적과 국가적 정당성의 확보라는 두 가지 서로 '모순'된 요구에 마주하고 있는 것이다. 그런데 이 둘은 서로 배타적이 아니라 친화적이다. 영어몰입교육을 통해 교육의 질을 국제적 수준으로 높인다는 지구화 전략은 그것이 곧 지구화의 영향력에 대처하는 국가주의 전략의 일환인 것이다. 국가경쟁력 제고라는 국가적 목적을 우위에 두고 지구화를 전략적으로 활용하는 것이다.

따라서 지구화가 전통적인 국가교육의 모든 것을 무력화시킬 것이라고 예단하는 것은 타당하지 않다. 국가가 예전 수준의 상대적 자율성을 행사할 것으로 보기 어렵다는 주장(Dale, 2007)이나 국민국가는 적어도 소멸되지는 않겠지만 지금보다는 약화될 것이라는 주장(Green, 2007)에도 불구하고, 국가는 유일한 정치체로서 존재하며, 사회에 대한 상대적 영향력은 여전히 강력하다. 현실적으로 국민국가를 효과적으로 대신할 것이 아무것도 없다. 지구화로 인하여 국가의 물리적 영토에 대한 전통적 권한이 축소되기는 하였지만, 국가교육은 계속해서 물리적 영토에 기반을 둔 국가에 의존할 수밖에 없으며, 이에 따라 국가교육 또한 새로운 역할과 기능을 지속적으로 모색하고 있다. "개별 국가는 전 지구적 범죄와 환경 문제처럼 큰 문제를 다루기에는 너무나 작고, 지역 수준의 계획이나 서비스 제공 등과 같이 보다 작은 문제들을 다루기에는 지나치게 크다."(Green, 2007: 28)라는 그린의 지적은 오늘날 국가와 국가교육이 당면한 복잡한 현실을 잘 드러내고 있다.

5. 결론

'지구화'는 이미 익숙하고 식상한 용어다. 지구화에 대한 이러한 익숙함은 지구화의 영향력을 과대 포장하거나 과소화하며, 결과적으로 교육과 관련된 영향력을 체계적으로 바라보는 것을 가로막는 장애가 되기도 한다. 이 장에서는 지구화에 대한 익숙함을 넘어, 지구화가 국가교육에 미치는 영향을 살펴보고자 하였다. 특히 물리적 영토와 국민을 중심으로 하는 국민국가의 시대에서 '탈'영토화와 초국가 시대로의 전환과 관련하여 국가교육의 의미를 분석하였다.

근대 국민국가에 의한 국가교육은 일정한 물리적 영토 안에 거주하는 국민을 대상으로 하며 그들에게 운명 공동체 혹은 상상 공동체로서 국가에 대한 일체감을 길러 주는 것이 주된 목적이었다. 국가교육은 국가적 정체성과 공동의 기억 그리고 역사적 경험의 공유를 가능하게 함으로써 사회적 통합과 국가적 응집을 가능하게 하는 가장 중요하고 효율적인 국가기구로 간주되었다. 국민국가는 교육을 통하여 국가적 정체성을 내면화한 국민을 중심으로 사회통합을 추구하고, 동시에 이들로부터 정치적 정당성을 부여받음으로써 존재하게 된다. 대신에 국가는 다양한 유형의 국가교육을 이수한 국민에게 사회적 자원의 획득을 가능하게 하는 상징적 자격과 가치를 부여함으로써 교육에 대한 국가의 배타적 지위를 유지할 수 있었다.

지구화는 국민국가의 주요한 기반인 물리적 영토를 무력화함으로써 국경 안의 국민을 대상으로 국가 정체성의 함양을 주된 기능으로 삼던 국가교육에 상당한 영향을 미치고 있다. 지구화로 인한 국가의 영토성 약화는 교육행위의 탈영토화를 촉진하였으며, 이러한 '탈'국가교육은 자연스럽게 국가교육의 상징적 가치 약화 그리고 공적 신뢰와 의무감의 약화로 이어졌다. 이뿐만 아니라 국가교육의 유효성에 대한 비판은 시장과 시민사회와 같은 비국가 영역의 교육적 영향력 확대를 재촉하고 있으며, 특히 시장론자들은 지구화 시대에는 국가의 교육개입이 더 이상 유효하지 않다고 주장하고 있다. 국가가 주도하였던 '교육복음(the Education Gospel)' 시대가 종언을 고하고 있는 것이다.

하지만 지구화의 영향에도 불구하고 국민국가는 교육과 관련하여 여전히 중요한 행위자이며, 실제로 개인들의 교육적 경험에 가장 강력한 영향을 미치고 있다. 물론 지구화로 인하여 국가의 경계와 자율성이 예전에 비해 약화된 것은 사실이지만, 국가를 전면적으로 대체할 정치 공동체가 부재한 상황에서 국가교육에 대한 기대는 줄어들지 않고 있다. 교육적으로도 국가교육 이외의 마땅한 대안을 발견하지 못하고 있는 다수의 국민은 여전히 교육을 국가에 의존하고 있는 실정이다. 국가 또한 지구화의 공세에 단순히 수세적으로 대처하는 것이 아니라 적극적으로 새로운 역할을 모색하고 있기도 하다.

지구화로 인한 초국가적 현상은 국가교육의 대상과 목적은 누구인가, 교육개입의 정당성은 어디서 발견할 수 있는가, 비국가 영역과의 관계는 어떻게 설정될 수 있는가 등의 문제를 제기하고 있다. 그러나 우리는 지구화로 인한 국가교육의 한계를 구체화하고 새로운 국가교육의 공공성과 운영 원리 등을 정립하는 일에 그다지 적극적이지 않다. 이는 오랫동안 국가의 교육행위가 바람직스럽고 당연한 것으로 간주되었으며, 이 때문에 국가교육을 체계적으로 분석하는 일을 게을리한 전통에 기인한다. 일부 국가교육의 성격에 주목한 연구들도 물리적 영토라는 제한된 사회적 공간에서의 국가 역할에 치중함으로써 지구화와 같이 국가적 경계를 넘나드는 현상이 국가교육에 미치는 영향을 구체화하지 못하였다.

지구화 시대에 국가 안팎으로부터 자유로운 교육은 가정하기 어렵다. 그러나 사회적으로 국가교육에 대한 다양한 비판과 그로 인한 국가교육 위기담론의 팽배는 교육과 관련하여 국가의 전적인 퇴각이 아니라 새로운 교육적 역할을 모색할 필요가 있다는 반증이기도 하다. 개발의 시대에는 국가가 모든 것을 이룰 수 있을 것이라는 과도한 낙관주의가 지배했다면, 지구화 시대에는 역설적으로 국가가 과도한 비관주의에 의해 공격받고 있다고 할 수 있다. 국가교육도 마찬가지다. 국가교육은 그 긍정적인 역할에도 불구하고 해결해야 할 적지 않은 문제를 가지고 있는 것 또한 사실이다.

따라서 시장이 국가의 실패에 주목하고 국가교육에 대하여 과도한 비관주의를 견지하는 것이나, 국가가 국가의 성공에 주목하고 국가교육에 대하여 과도한 낙관주의를 견지하는 것은 두 가지 모두 지구화 시대에 걸맞은 새로운 국가교육을 모색하는 데 도움이 되지 않는다. 오히려 국가를 중심으로 국가의 실패를 개선하는 동시에 시장의 성공에 긍정적 의미를 부여하는 '보다 업그레이드된 국가 교육개입'(Ha-Joon, 2006: 68-69)의 새로운 형태를 터 잡기 위한 치밀한 연구가 절실히 요망된다. 그중에서도 특히 초국가적인 물리적 이동과 초국가적 기구 및 행위자들의 영향력 증대가 국가교육에 미치는 영향을 보다 구체화하고, 이를 바탕으로 지구화 시대에 적합한 새로운 국가교육의 패러다임 모색을 위한 심화된 논의가 우선적으로 전개될 필요가 있다.

제13장

교육적 삶의 '의료화'

ADHD가 갖고 있는 긍정적인 측면에 대해 조점을 두어
'장애' 라는 단어를 언급하지 않고, '차이' 를 강조합니다.
ADHD가 얼마나 좋은 것인지도 많이 이야기합니다.
대체로 그들은 머리가 잘 돌아가며, 에너지가 풍부하고, 창의적입니다.
– 교육과학기술부(2010b)

교사들은 학교에서 다루기 힘든 다양한 특성을 지닌 학생들 때문에 고생하고 있다. 교실에서의 행동을 관리하고 통제하는 것이 쉽지 않거나, 매사에 의욕이 부족하여 공부는 물론이고 동료 학생들과의 사회적 관계 형성에 어려움을 보이거나, 그리고 물리적 폭력 때문에 학교에서 갈등을 일으키거나 하는 학생들이 그들이다. 교사들은 다양한 교육적 노력을 다하여 이러한 학생들을 교육하고 있으며, 때로는 부득이 법에 호소하기도 하고, 물리적 체벌을 사용하기도 한다. 학교에서 흥분을 잘 참지 못하고 과잉행동을 하며 주의집중이 부족한 것으로 진단되어 주의력결핍 과잉행동장애(Attention Deficit-Hyperactivity Disorder: ADHD)로 분류된 학생들도 그중 하나다.

최근 들어 이처럼 다루기 힘든 학생들에 대해 교육적 차원에서 개입하여 관리 · 통제하기를 시도하기보다는 약 처방이나 정신치료와 같이 의료적으로 개입하려는 경우가 늘어나고 있다. 어떤 학생들은 교육적 노력을 통해 변화될 수 있는 대상이 아니라 의료 지식과 실천을 통한 치료가 필요한 대상으로 간주되고 있다. 이와 같이 오랫동안 의료로 다루어지지 않았던 것들이 의료의 대상으로 새롭게 정의되고 처리되는 과정을 의료화(medicalization)라고 부른다(Conrad, 2007). 예를 들어, 1990년대 이후, ADHD와 같이 예전에는 존재하지 않았던 새로운 개념의 학생이 출현하면서 기존의 교육적 해결에만 의

존하는 것이 아니라 의료의 도움을 적극적으로 요청하기 시작하였다. 학생들이 보이는 일련의 문제행동이나 태도를 교육적으로 '나쁜 것'으로 규정하는 것이 아니라, 정확한 의료적 진단에 따라 구분하고 치료가 필요한 병이나 장애로 바라보았다. 그 결과, 병을 치료하고 장애를 극복하여 '사회적으로 바람직한 상태나 결과'에 도달하도록 하기 위해 의학적 진단과 처방이 필요하다는 것이다.

이러한 점에서 의료화란 학생들의 몸과 마음의 정상 여부를 정해진 기준에 따라 조사하고 판단하며, 그 결과에 따라 학생들을 서로 다르게 정의하고 관리하며 치료하는 일련의 과정을 말한다. 그런데 점점 더 많은 학생들이 의학적으로 다룰 필요가 있는 '치료받아야 하는 병'을 앓고 있는 것으로 진단받고 있으며, 그러한 문제들을 해결하는 방법으로 약물이나 정신치료와 같은 의료 개입이 주목받고 있다.

개인의 몸과 정신에 대한 의료적 개입은 서구에서 18세기부터 시작되었다. 푸코(Foucault)에 따르면 18세기에 들어 근대의학의 발달과 함께 개인을 검사하고 진단하며 치료하는 임상의학이 출현하였고, 모든 개인은 임상의학적 시선의 대상이 되었다. 임상의학의 시선은 인간이 개별적으로 관리되고 통제되는 '개별화된 의료' 시대를 열었다. 이뿐만 아니라 의학은 정상과 비정상은 물론이고 인간의 삶과 죽음을 정의하고 판단하는 기준이 되었다. 교육적으로 임상의학의 시선은 학교에서의 신체검사나 건강진단 등으로 제도화되었고, 교육적 삶의 의료화를 촉진하였다. 이 장에서는 교육적 삶의 의료화 과정의 특징과 그 성격을 살펴보고자 한다.

1. 의료화의 등장과 전개

생로병사(生老病死)는 인간 삶의 자연스러운 모습이다. 사람들은 병들어 아프기보다는 건강하게 오래 살기를 원한다. 인간은 '병든 삶'이 아니라 '건강한 삶'을 위해 부단히 노력하였으며, 의학의 발달도 그러한 노력의 일종이다. 의학은 점점 사회와 개인에 대한 영향력을 더욱 증대하고 있으며, 그 범위도 확대하고 있다. 예를 들어, 약을 이용하여 병을 치료하고, 장기이식 등을 통해 생명을 연장하며, 성형을 통해 몸을 더욱 아름답게 꾸미기도 한다. 이와 같이 의학은 삶과 점점 더 가까워지고 있으며, 인간 삶의 거의 모든 부분이 의학의 관심 대상이 되고 있다. 이러한 일련의 과정을 의료화라고 한다.

의료화(medicalization)라는 용어는 1968년에 피츠(Pitts)에 의해 처음으로 사용되었고,

1970년대에 들어서면서 의료화에 대한 사회학적 연구가 다수 출현하기 시작하였다. 특히 졸라(Zola, 1972)는 '일상적 삶이 점점 더 의료의 지배와 영향 그리고 감독 아래 놓이게 되는 의료화 과정'에 있다고 주장하고, 의료를 '사회통제를 위한 제도'로 정의함으로써 의료화가 사회학의 연구대상이 되도록 하는 데 중요한 계기를 제공하였다. 의료화 연구를 주도하고 있는 콘래드(Conrad, 2013: 196)는 의료화를 '의료적으로 만들기(to make things medical)', 즉 '예전에는 의료 문제가 아니었던 것을 의료 문제로 정의하고 다루게 된 것'으로 이해한다. 의료적 설명은 '과학적 근거'를 바탕으로 오래된 교육과 사회 문제를 의료 문제로 포섭하고 있다. 그 결과, 교육 문제와 사회 문제 그리고 의료 문제의 경계가 흐려지고, '교육 문제'는 '병'으로 그 성격이 변화하고 있다. 이런 점에서 의료화란 의료 문제의 원인을 밝히는 것에 목적이 있는 것이 아니라, 무엇이 '새롭게' 의료 문제로 규정되느냐 하는 의료화의 '과정'에 관심을 둔다(Conrad, 2010).

과학적 지식으로 무장한 의료화가 확대되기 이전에 사회적으로 문제가 있는 사람을 다루는 효과적인 방법은 그들을 분리하는 것이었다. 누군가를 사회적 공간으로부터 배제하는 것은 집단의 질서와 생존 그리고 결속을 위한 것이었다. 이러한 일은 주로 주술사나 권력자에 의해 행해지는 것이 보통이었다. 중세를 거치면서 교회와 사제들이 그 일을 대신하였으며, 근대사회로 들어오면서 학교와 국가가 체계적으로 사회통제 기능을 담당하게 되었다. '분리'와 '감금'을 통한 사회질서의 유지는 신체에 대한 물리적 폭력의 사용이 어렵게 되면서 새롭게 등장한 사회통제 방법이었다(Foucault, 2010). 분리와 감금 그리고 교육을 통해 '야만적인 몸'을 '문명화된 몸'으로 변화시키고자 하였고, 학교는 병원이나 교도소와 함께 그러한 일을 담당하는 대표적인 제도였다. '문명화된 몸'이란 자연적인 것 또는 생물학적인 몸과 대조되는 것으로 간주되었고, 교육을 통해 몸을 자연으로부터 분리시키고자 하였다(Schilling, 2003: 225-226). 이와 같은 사회통제에서 분리와 감금의 기준이 되는 것은 교사와 사제 그리고 권력의 위치에 있는 사람들의 판단이었는데, 그러한 판단은 도덕적이고 주관적이며 자의적 성격이 강했다.

그러나 '과학적' 인간측정기법의 발달은 인간을 표준화된 기준에 따라 측정하고, 그 결과에 따라 분류하는 것을 가능하게 하였다. 인간은 측정 결과에 따라 숫자로 양화되고, 그것을 기준으로 다양한 범주로 구분되었다. 지능검사나 성격검사 등은 그 대표적인 예다. 인간은 측정이 가능한 부분으로 잘게 쪼개지고 각 부분에 대한 측정 결과는 서열이 가능한 숫자로 표현되었다. 교사에 의한 주관적 관찰과 판단보다 측정과 숫자는 더욱 객관적인 것으로 간주되었다. 학교나 가정에서의 행동에 대한 판단에서 교사와 부모에 의한 주관적 판단보다 측정을 통한 객관적인 판단, 즉 문제 여부를 판단하는 통계적 진단이 더욱 타당한 것으로 받아들여졌다. '도덕적 판단'에서 '통계적 측정'으로 행동을 통제하는 기준의 변화가 일어난 것이다(Ballard & Elston, 2005).

통계학의 발달과 숫자의 범람 그리고 측정기법의 발달은 의료의 대상이 되는 '병'을 새롭게 정의하고 그 범위를 확대하는 결과를 초래하였다. 부스(Boorse, 1976)는 의료의 대상이 되는 인간의 '건강하지 않은 상태'를 크게 질환(disease), 질병(illness) 그리고 병(sickness) 등의 세 가지 유형으로 구분했다.

먼저, 질환은 '생물학적 규범으로부터 벗어난 것'을 말하며, 질병은 '개인적 차원에서 경험하는 건강하지 못한 상태'를, 병은 '공적 차원에서 건강하지 못함을 나타내는 일종의 사회적 역할'을 말한다. 따라서 우리가 건강하지 못하다는 것은 생물학적 문제, 개인적 체험 그리고 사회적 역할의 다층적 의미를 갖는다. 파슨스(Parsons, 1951)는 이 중에서 병 또는 아픈 사람의 '사회적 역할'을 분석하였다. 그는 병을 '사회적 균형에 부정적 영향을 미치는 것'으로 정의하고, 사회적으로 질서와 균형을 유지하기 위해 통제되거나 관리되어야 하는 사람의 상태를 구체화하였다. 이들에게 의료화한 사회질서와 균형에 부정적 영향을 미치는 병을 다스리기 위한 규범적 실천의 일종이었다.

인간은 아프지 않고 건강하게 생활할 수 없다. 그러나 '건강하지 않은 상태'에 대한 정의는 사회에 따라 상당한 차이가 있다. 콘래드(1992)는 서구에서 '건강하지 못한 상태'에 대한 정의가 '죄에서 범죄로 그리고 병(from sin to crime to sickness)'으로 변화했다고 주장한다. 근대 이전에 사회적 일탈과 문제 행동은 종교적 의미의 죄(罪)로 간주되었다. 건강하지 못하다는 것은 종교적으로 문제가 있다는 것을 말하였으며, 그것을 판단하는 것은 교회와 사제였다. 일탈은 신의 섭리를 어기는 죄 많은 인간이 저지르는 행위로 여겨졌다. 이와 같은 '신-사제-죄'의 연결고리는 근대 이전 서구에서 사회문제와 일탈을 설명하는 방법이었다. 건강하지 못한 상태를 '죄'로 설명하는 방식은 비록 종교적 의미가 약화되기는 하였지만, 오늘날에도 여러 지역에서 여전히 상당한 영향력을 행사하고 있다.

근대에 들어서면서 '죄'로 간주되던 일탈은 법에 의해 다루어져야 하는 '범죄'로 그 성격이 변화하였다. 근대 국가의 출현으로 인해 사회통제가 종교를 매개로 한 방식에서 경찰과 법 그리고 도덕에 의한 방식으로 그 성격이 변화하였다. 교회와 사제의 역할을 대신할 도덕적 판단자로서 정치가, 경찰, 법률가 그리고 교사 등이 등장하였다. 특히 경찰은 이들 중에서도 가장 중요한 역할을 담당하였다. 경찰은 일상적 삶의 과정에 깊이 연루되어 있었는데, 사회치안을 담당하는 이들은 사회적으로 허용이 가능한 행위와 그렇지 못한 행위를 구별하는 역할을 담당하였다. 물론 이들이 모든 행동을 자의적으로 판단하는 것은 아니었으며, 법과 도덕을 적용하고 그 적절성 여부에 따라서 행동의 문제 여부를 판단하였다. 경찰에 의해 법이나 도덕에 어긋난 행동을 한 것으로 판단된 개인은 그에 합당한 처벌을 받아야 했다. 이처럼 일탈 행동은 법과 도덕을 어긴 범죄로 간주되었으며, 법과 도덕을 준수하도록 규범화하는 것이 사회통제의 주된 방법이었다.

그러나 국가와 경찰의 도덕적 판단은 명확한 한계가 있었다. 무엇보다 사람들의 건강하지 못한 상태를 모두 '범죄'라는 범주로 설명할 수 없었으며, 특히 신체적 건강과 관련된 이들의 역할은 그 적합성을 의심받았다. 정신병과 같이 건강하지 못한 상태를 '범죄'로 간주하고 사법적 판단의 대상으로 삼는 것은 사회적으로 동의를 얻기 어려웠다. 근대의 의학적 지식을 갖춘 의료전문직의 등장은 규범화를 위한 도덕적 개입을 통해 문제를 통제하고자 하였던 기존의 사회통제 방식에 의문을 제기하였다. 대신에 의사의 진단과 처방이 특정 행동을 사회적으로 문제가 있는 행동을 규정하는 방법으로 등장하였다.

그동안 도덕적 · 법적 문제로 다루어졌던 알코올 중독이나 마약 중독 등이 의료 문제로 새롭게 규정되었다. 즉, 종교적 또는 도덕적 판단에 대신하여 의료전문가의 의학적 판단이 사회적으로 바람직스럽지 못한 행위를 규정하게 되었다(Conrad, 2007). 인간이 의학적 처치와 진단 그리고 처방의 대상이 되면서, 의료가 사회통제의 주요한 방법으로 등장하였다. 특히 제2차 세계대전 이후 인간의 생명과 관련된 새로운 영역들을 의료 문제로 새롭게 정의하고 구성함으로써 의료의 영향을 합법적으로 확장하기 시작하였다.

의료화는 의학의 발달에 영향을 받았으며, 1990년대 후반부터는 의학뿐만 아니라 분자생물학, 유전학, 생명공학 등의 과학기술의 영향을 받았다. 클라크 등(Clarke, Shim, Fosket, & Fishman, 2003)은 이러한 변화를 '의료화에서 생명의료화(bio-medicalization)'로의 이행으로 설명하고 있다. 그들은 기존의 의료화와 구분하기 위하여 새로운 의료화를 생명의료화로 부르고 있다. 생명의료화는 의료가 생명과학을 비롯한 다양한 분야의 과학기술의 영향을 받아 인간의 건강, 질병, 위험 등에 대한 새로운 가능성에 주목하는 현상을 말한다. 생명공학은 의료화의 내용과 형태 그리고 개입에 상당한 영향을 미치고 있다. 기존의 의료화가 몸과 정신을 진단하고 판단하며 분류하는 '임상의학적 시선'에 주목하였다면, 생명의료화는 '삶 그 자체를 개조(改造)'하는 '분자적 시선(molecular gaze)'으로 변화하였다. 분자구조의 발견과 함께 생물학은 생명공학으로 재탄생하였으며, 생명공학은 매우 빠른 속도로 발달하면서 인간의 삶에 상당한 영향을 미치고 있다. 어떤 점에서 우리는 생명공학과 유전자의 시대에 살고 있는 셈이다(Keller, 2000). 이처럼 생명과학기술의 발달은 '인간의 몸과 정신' '삶과 죽음' '정상과 병리'의 전통적 이해를 해체하고 새롭게 정의하고 있다. 의료화는 질병의 상태를 진단하고 그것을 의료 개입을 통해 건강한 상태로 바꾸는 수준에 그치는 것이 아니라, 개인의 수행성을 극대화할 수 있도록 생명 그 자체를 새롭게 개조하기도 한다(Clarke et al., 2003; Pierce, 2013).

생명의료화는 서로 분리되지 않고 중첩되어 있는 다음의 다섯 가지 과정으로 일어난다(Clarke et al., 2003: 166-183).

첫째, 주요한 정치경제적 변화다. 이러한 변화는 의료-산업 복합체(medical industrial complex)의 등장을 통해 이해할 수 있다. 전통적으로 국가의 지원 아래 이루어지던 의료 관련 연구가 사적 이익을 목적으로 기업화되고 있으며, 연구 결과 또한 상업화되고 있다. 생명의료화는 인간의 삶을 급속히 상품화함으로써 생명자본주의의 출현을 재촉하고 있다.

둘째, 건강, 위험, 감시 생명의료에 대한 새로운 강조다. 삶이 상품화되고 있는 풍토에서 건강은 그 자체로 또 다른 상품이 되었고, 사람들은 생명의료를 통해 새롭게 재구성되고 조직된 몸을 소유하고자 하였다. 건강을 위협하는 질병은 조직이나 세포 수준이 아니라 유전자, 분자, 단백질과 같은 차원에서 정의되었다. 질병이 아니라 건강 그 자체가 문제를 정의하고 지배하였다.

셋째, 생명의료의 과학기술화다. 생명의료의 실천과 혁신을 주도하는 과학기술의 발달은 생명의료화의 주요 내용이다. 의료 관련 과학기술의 발달은 생명의료와 관련된 지식과 실천을 컴퓨터화하고 데이터뱅크화하며, 생명의료와 약품설계의 분자화(molecularization)와 유전화(geneticization)를 촉진하고, 의료기술의 설계, 개발 그리고 유통을 가능하게 한다.

넷째, 지식의 생산과 분배 그리고 정보의 변형이다. 건강이나 질병과 관련된 정보는 다양한 매체를 통해 확산되며, 소비자에게 직접 처방하거나 광고를 통해 전파되기도 한다. 다양한 방법을 통해 건강과 질병에 대한 지식과 정보를 확산하고 그것이 대중문화의 중심이 되도록 하는 것은 생명의료화에서 매우 중요하다. 이뿐만 아니라 대안의료나 환자 중심 사회운동과 같이 다른 지식체계와 경쟁하면서 생명의료 관련 지식과 실천을 정당화하는 기법을 바꾸기도 한다.

다섯째, 몸의 변형과 새로운 개인적·집합적 정체성의 생산이다. 생명의료화는 의료화 기법을 활용하여 몸을 '통제'하는 것에서 바람직한 새로운 속성과 정체성을 지닌 몸으로 변형을 가능하게 한다. 생명의료화에서는 몸이 더 이상 정적이고 고정되어 있으며 변형이 불가한 것이 아니라 유연하고 개조와 변형이 가능한 것으로 간주된다.

2. 의료화의 사회적 동인

의료화의 출현과 확산은 사회적 영향과 분리하여 논의하기 어렵다. 콘래드(2005: 5-10)는 미국을 중심으로 의료화를 추동하고 있는 사회적 동인을 생명공학(biotechnology), 소비자, 관리의료(managed care) 등의 세 가지로 정리하고 있다.

먼저, 생명공학이다. 제약 산업과 생명의학 산업은 의료화를 이끄는 주된 행위자다. 또한 이들이 생산한 약품은 의료화를 촉진하는 요인으로 작용한다. 생명공학의 발달에 근거한 새로운 진단기술의 출현은 '새로운' 질병을 발견할 가능성이 높아졌다는 것을 의미하며, 이는 의료적 개입이 필요한 문제가 생겨났다는 것을 의미한다. 제약회사는 이를 근거로 새로운 약품을 개발하고, 의사에 의한 처방이나 광고를 통해 새로운 질병과 관련된 지식과 정보를 확산시킨다. 바로 이러한 과정을 통해 의료화가 진행되는 것이다.

다음은 소비자다. 건강과 질병이 상품화되고 시장의 압력을 더욱 강하게 받게 되면서 소비자들은 시장에서 자신들에게 적합한 보험상품과 의료기관을 선택하게 되었다. 소비자들은 원하는 의료서비스를 더 적극적으로 요구하고 있다. 개인들은 환자가 아니라 소비자로서 더욱 적극적인 역할을 수행하고 있으며, 이들은 의료 개입의 여부를 판단하고 그 정도를 결정하기도 한다.

마지막은 관리의료다. 관리의료조직(Managed Care Organization: MCO)은 미국 의료보험제도의 근간을 이루고 있다. '관리의료'란 의료서비스의 제공과 이에 필요한 재원을 통합하는 것을 말한다. 의사들이 의료서비스 공급자가 되어 보험료 징수를 통해 재원을 마련하고 보험가입자들에게 의료서비스를 제공하는 방식이다. 또 다른 방식은 의사들이 네트워크를 조직하고 보험회사와 계약을 통해 보험가입자들에게 자신들의 네트워크를 이용하도록 함으로써 저렴한 보험료를 보장하기도 한다. 관리의료는 처음에 증가하는 의료비 부담을 줄이기 위한 방안으로 도입되었지만, 의료의 상업화라는 또 다른 결과를 초래하였다. 콘래드(2005: 10)는 관리의료가 의료 문제의 성격에 따라 의료화를 촉진하기도 하고 제약 요인으로 작용하기도 한다고 주장한다. 예를 들어, 보험회사는 정신과 정서장애를 지닌 환자들이 이용할 수 있는 정신치료의 보험수가를 심하게 낮추었다. 그러나 이와 반대로 정신치료를 위한 보험료는 자율화하였다. 따라서 의사들은 보험수가를 고려하여 환자들에게 신경안정제와 같은 약 처방을 늘렸다. 이러한 관리의료는 결과적으로 향정신성 약 처방을 급속히 증가시킨 의료화 현상의 원인이 되었다.

이러한 의료화에 대해서는 다양한 입장이 서로 경쟁하고 있다. 첫째, 의학적으로 잘 알지 못하는 일반 대중을 대상으로 의학이 제국주의적 지배를 하고 있으며, 이러한 지배는 이윤을 추구하는 제약회사들과 밀접하게 연관되어 있다는 다소 비판적인 주장이다. 둘째, 다양한 정보와 지식을 갖춘 환자에 의해 자발적으로 의료화가 이루어지고 있다는 주장이다. 셋째, 의료전문가들이 자신들의 전문적 영역을 확장하고 지배하고자 하는 일련의 노력의 결과로 나타난 현상이라는 주장이다. 의료전문가들은 자신의 역할을 새로운 질병을 발견하고, 그 치료방법을 찾아 환자들을 질병으로부터 자유롭게 하는 것이라고 생각한다. 바람직스럽지 않으며 문제가 있고 나쁜 질병을 제거하는 것이 그들이 부여받은 사회적 책무라고 생각하며, 자신들을 도덕적 행위자로 생각하기도 한다. 이러한 생각은 의료전문가들만이 아니라 일반인들도 가지고 있다. 따라서 의료전문가들에 의해 생산된 질병은 자연스럽게 일반인들에게 전파되며, 이러한 과정을 통해 일반인들 스스로 자신의 몸을 의료화의 대상으로 간주하고, 의료 영역을 확장하는 일에 참여한다.

3. 교육과 의료화

개인의 몸과 정신은 늘 정치적으로 통치의 대상이었다. 개인은 전쟁과 생산을 위해 동원되었으며, 학교는 학생의 '건강한' 몸과 '건전한' 정신을 대상으로 한다는 점에서 정치권력의 주요 관심의 대상이었다. 건강한 몸과 정신을 지닌 학생을 길러 낸다는 것은 국가적으로 중요하기 때문에 건강한 몸과 정신을 지닌 학생을 골라내고 그들의 상태에 따라 분류하여 범주화하는 것은 교육적 실천의 핵심이었다(손준종, 2010b). 학교에서 행해지는 신체검사를 비롯한 각종 검사와 테스트 등은 이와 같은 학생의 몸과 정신의 의료화를 의미하는 것이었으며, 용의검사, 신체검사, 건강검진, 예방접종 등은 모두 학생이 의료화의 대상으로 간주되었음을 의미하는 것이었다. 더구나 학령기 아동은 발달 과정에 있기 때문에 의료의 개입이 상대적으로 용이한 존재로 간주되었다. 그러나 초기의 의료화는 교사의 관찰에 의한 주관적 판단을 여전히 중시하였으며, 학생의 몸과 정신도 교육적 개입을 통해 정상적인 상태로 변화시킬 수 있다고 생각하였다.

지금까지 학교에서 문제 행동을 보이는 학생들은 다른 학생들로부터 분리되어 격리되는 것이 보통이었다. 그들의 행동은 '나쁜 것'으로 간주되었기 때문에 일정 기간 격리하여 교정하는 것이 필요하다고 생각하였다. 이러한 교육적 배제는 한편으로는 문제 행동이 다른 학생들에게 미치는 영향을 예방하고, 다른 한편으로는 체벌과 같은 훈육을 통해 효과적으로 정상적인 상태로 변화시키려는 의도를 가지고 있었다. 이런 점에서 학교는 부랑인, 실업자, 게으름뱅이 등을 사회로부터 분리하여 감금하였던 교화소와 같은 감금 시설과 유사한 기능을 하였다고 볼 수 있다.

그러나 '교육적 삶의 의료화'는 학생들의 몸과 정신 상태에 대한 교사의 주관적 판단이 주변화되고, 대신에 의학적 판단이 중요해졌음을 의미한다. 앞서 살펴본 바와 같이 생명공학의 발달은 교육적 삶의 의료화에 상당한 영향을 미치고 있다. 생명공학의 진단을 통해 ADHD와 같이 새로운 정체성을 지닌 학생이 생겨나고 있으며, 뇌 과학은 학습 부진으로 어려움을 겪고 있는 학생들에게 희망으로 간주되기도 한다. 선천적 요인을 강조하는 생물학적 결정론보다 후천적 노력을 중시하는 교육학적 환원론에 친화적인 교사들은 발달한 생명공학 지식의 교육적 영향과 그 활용을 부담스러워한다.

교사들의 생명과학에 대한 불편함에도 불구하고 생명과학은 이미 다양한 모습으로 교육이론과 실천에 영향을 미치고 있으며, 생명공학은 새로운 형태의 통치 테크놀로지로 기능할 가능성이 있다. 실제로 ADHD로 진단된 학생들을 관리하고 통치하는 방식에서 발견되는 것처럼 약물 처방과 같이 전통적인 교육적 통치와 다른 변화가 일어나고 있다. 따라서 생명공학의 교육적 영향은 애써 무시하거나 유령처럼 대하기 어렵다. 이처럼 생명공학이 다루는 경계의 확장과 그 영향력의 심화는 생명공학의 교육적 함의에 대한 비판적 성찰을 요청하고 있다. 교육적 삶의 의료화는, 첫째, 의료화가 필요한 학생은 어떤 특징을 가지고 있는가, 둘째, 그러한 특징을 가지고 있는 학생을 어떻게 관리하고 다루는가, 셋째, 학생에 관한 정보는 어떻게 공유되는가의 문제와 관련이 있다.

1) 교육적 삶의 의료화와 ADHD: 약 권하는 학교

학교는 시험이나 측정과 같은 방법을 통해 학생들을 다양한 기준에 따라 분류한다. 학생들을 서로 다른 유형으로 구분하고 분류하며 범주화하는 것은 학교에서 일상적으로 발견되는 의례화된 교육적 실천이다. 그러나 의료화는 교육적 실천이 아니라 의학적 진단에 따라 새로운 범주의 학생을 생산하고 있다. 해킹(Hacking)의 표현처럼 의료화를 통해 '만들어진 학생(making up student)'이 출현한 것이다. 불과 얼마 전까지만 해도 존재하지 않았던 ADHD가 지금은 상당한 학생들을 지칭하는 용어가 되었다. 이는 어떤 아동을 ADHD로 판단하는 '의학적 진단 기법'의 출현과 관련이 있으며, 지금은 아동에서 성인까지 그 개념이 확장되고 있다. 교육적 삶의 의료화를 대표하는 한 현상인 ADHD는 의료적으로 문제로 정의된 어떤 구체적인 특징을 가지고 있는 학생을 지칭하는 표현인데, 이때 쟁점은 그러한 특성의 속성을 어떻게 볼 것인가 하는 점이다. 그것은 주로 본질주의와 구성주의 사이의 갈등이다.

먼저, 본질주의는 적어도 ADHD와 관련된 증상이란 '실제로' 존재하고, 그러한 특성을 가지고 있지 않는 학생들과의 '실제' 차이를 반영한다고 가정한다. 이들은 인간에게는 '보편적으로' 실재하는 어떤 특징이 있다고 주장한다. 특히 ADHD를 생물학적 문제로 인식하는 경향이 있다. 이런 경향성은 교육당국의 지침서의 내용과 같이 정서 · 행동장애를 뇌나 유전자 등의 생물학적인 것에서 찾고 생물학적 방법으로 설명하고자 한다. 이 과정에서 사회학적 설명이나 관심은 부차적인 것으로 취급된다(Bowden, 2014: 432).

> 청소년의 정서 · 행동문제의 발생요인은 여러 가지가 있을 수 있겠으나, 요즘의 추세로는 병리적인 검사에 의한 뇌의 변형에 의한 것으로 이야기되고 있으며, 뇌 변형이 진행될수록 정상 생활로의 복귀가 어려워지는 것으로 조기 진단과 치료가 중요하다고 볼 수 있습니다(교육과학기술부, 2010b: 6).

교육당국은 ADHD를 '학령전기 및 학령기 아동들에게서 가장 일반적으로 나타나는 정신과적 장애'로 지속적인 주의력 결핍(inattention)과 과잉행동(hyperactivity), 충동성(impulsive) 등의 증상으로 만성적 경과를 초래하며, 가정, 학교, 사회 등에서의 활동에 지장을 초래하는 매우 중요한 질병이라고 정의하고 있다(교육과학기술부, 2010b: 120). 생물학적으로 장애라는 것은 일관되게 부정적 혹은 해로운 결과를 초래하는 어떤 상태를 말하는 것으로 객관적으로 측정될 수 있다고 주장한다. 따라서 학습에 장애를 보이거나 친구들 사이에서 거부되는 등과 같은 모습을 보이는 ADHD도 부정적 결과를 초래하는 병리적인 것이다. 이때 중요한 점은 개인에게 해로운 상태가 규범적인 것과는 관계가 없다는 점이다. ADHD는 신체적으로 객관적인 '기능장애(dysfunction)'[1]다. 이처럼 본질주의

[1] 기능장애를 본질적 속성이라고 주장하는 사람에 대해 반대하는 사람들은 '기능장애'가 곧 평가적 개념이라고 주장한다.

자들은 명확하게 다른 사람들과 구별되는 행동을 하는 아동이 존재한다고 주장하고, 그러한 학생들을 진단하고 분류하는 활동이 중립적이라고 주장한다.

이에 비해 구성주의자는 어떤 장애도 실제로 존재하지 않으며, 그것들은 단지 구성물에 불과하다고 주장한다. 또한 학습자들 사이의 '실제' 차이를 반영하는 학생 범주라는 것은 존재하지 않는다고 본다. 다른 행동으로부터 그 행동을 구별할 수 있는 특이한 활동이 중심 신경 체제에 존재하지 않는다는 것이다. 대신에 관찰 가능한 행동이라는 것이 자의적이라고 주장한다. 따라서 ADHD도 그것을 진단하는 기법이나 기술 그리고 기준에 따라 영향을 받는다는 것이다. 누구나 공감하고 동의하는 그러한 기준이란 존재하는 것이 어렵다는 주장이다. 이들은 장애라는 것이 필연적으로 어떤 것을 바람직하지 못한 것으로 정의해야 하는 가치 판단이 개입된 것이라고 생각한다.

그들은 학생을 진단하고 분류하는 행위가 사회의 규범적 맥락에 따라 영향을 받는다고 주장한다. 물론 몸과 정신 그 자체가 사회적 힘들에 의해 생산되는 것은 아니지만 몸과 정신에 의미를 부여하는 것은 사회적으로 결정된다. '몸과 정신이 사회적으로 구성된다.'는 것은 사회적으로 몸과 정신에 특정한 '의미'가 부여되고, 그것이 '정상적인 것'과 '비정상적인 것'을 경계 지음을 의미한다. 이런 경계가 개인이나 집단 그리고 제도적으로 특정한 것의 가치를 절하하고, ADHD를 장애로서 정의 내린다. 구성주의자들은 하나의 '본질적 특성을 갖는' 질병은 존재하지 않는다고 생각한다. 존재하는 것은 오직 통제할 필요가 있다고 생각되는 개인을 분류하는 방식뿐이다.

"실재(the real)란 사회적 구성물이다."라고 주장하는 해킹에 따르면 ADHD와 같이 새로운 인간유형은 전형적인 사회적 산물이다. 특정 행동이 교육적으로 부적절한 행동으로 규정됨으로써 특정 학생들이 ADHD로 정의되고 관리되기 시작했다는 것이다. 학생이 보이는 특정 행동이나 성향은 '정상적' 교육활동이 어려운 병리적인 것으로 간주된다. 따라서 특정한 행동을 하거나 할 가능성이 있는 학생들은 관리 대상이 되며, 그들은 의료 개입을 통해 관리를 필요로 하는 새로운 정체성을 부여받게 된다. 파렌스와 존스톤(Parens & Johnston, 2011)은 "일련의 손상된 증상들을 ADHD라 부르는 것을 받아들인다 하더라도 그것이 곧 '진정한' 것들을 실제로 보고 있다는 것을 받아들이는 것은 아니다."라고 주장한다. 그레이엄(Graham, 2006a)은 ADHD가 존재하기 위해서는 그들을 대상화하는 상대적 타자에 의존해야 한다고 주장하고, 그것을 의학적 지식과 심리학적 지식을 근거로 한 사회적 구성물로 정의한다. 그녀는 의학과 심리학의 조합이 ADHD와 같은 개념이 확산될 '가능성의 조건'을 제공했다고 본다(Graham, 2006b: 2).

2) '교육적 삶의 의료화' 의 쟁점

(1) '생물학적인 것' 과 '교육적인 것' 의 경계

교육적 삶의 의료화로 인해 학교에서 생물학 중심의 설명이 중심을 차지하고 이들 문제를 생물학적으로 환원하여 설명하고 이해하는 것은 곧 '사회적인 것'의 의미가 축소되고 심지어 부정되는 경우도 초래하게 된다. 이는 한편으로 '교육적' 차원에서 생물학적 결정론에 대한 비판과 저항을 불러일으키기도 한다.

인간의 가소성(可塑性)은 교육의 정당성과 교육적 행위의 실천 가능성을 제공하는 표현이었다. 인간은 자연(nature)의 산물이 아니라 교육과 환경에 의해 형성되는 양육(nurture)의 결과라는 주장은 오랫동안 가르치는 일의 바탕이었다. 그러나 일상적 삶을 돌아보면 이러한 신념에 반하는 현상들이나 담론이 넘치는 것을 발견하게 된다. 예를 들어, "될 성싶은 나무는 떡잎부터 다르다." "그 아비에 그 자식." "세 살 버릇 여든까지 간다." 등의 속담은 환경보다는 유전의 중요성을 강조하는 것들이다. 인간의 본성에 대한 오래된 유전과 환경의 영향은 마치 접점이 없는 기찻길처럼 평행선을 달리는 것으로 간주되었다. 따라서 다윈의 적자생존이나 유전학 그리고 생물학은 환경이나 사회적 세계의 영향을 중시하는 교육학의 입장에서 매우 부담스러운 것들이다. 그러나 생물학에 기반을 둔 생명정치(biopolitics)는 점점 그 교육적 영향력을 확대하고 있다. 로즈(Rose, 2014)의 다음과 같은 지적은 그러한 불편함을 잘 지적하고 있다.

> 생물학적 설명이 사회생활에 들어오는 방식을 다룬 대부분의 사회학 연구는 그러한 생물학적 설명에 대해 대단히 비판적이다. 그들은 생물학이 들어와 우리 사회에서 역할을 할 때 생물학은 곧 운명이라는 관념과 연결된다고 주장해 왔다. 인간은 생물학에 의해 특정한 성격, 특정한 지적 수준, 작업이나 위계 체계 속에서 특정한 지위로 운명 지어진다는 관념이 그것이다. 생물학은 덜 적격인 사람들을 배제하는 것과 연관돼 있고, 여기에는 일종의 개인주의와 본질주의, 결정론 등이 개입한다고 한다(Rose, 2014: 16).

그러나 로즈(2014: 33)는 '생물학적인 것'이 곧 운명적인 것 또는 본질적인 것을 의미하지 않고, 대신에 '기회'이고 '희망'이며 우리가 영향을 미칠 수 있는 어떤 것이라고 말한다. 노바스(Novas, 2006)는 우리의 삶이 생물학적으로 이미 결정되어 있는 것이 아니라, 우리가 그것을 더 많이 알면 알수록 더 많이 행동할 수 있도록 하며, 다양한 질병으로 고통을 받는 사람들에게 희망을 주는 '희망의 정치경제학'이라고 주장한다. 유전학은 체념을 희망으로 바꾸어 주고 있다. 인간게놈프로젝트와 줄기세포 연구는 질병치료뿐만 아니라 학습부진이나 사회적 적응에 어려움을 겪는 사람들에게 희망을 가져다주고 있다. 생명공학은 기존의 이해와 설명논리를 부정하거나 교정하는 기능도 한다. 자폐의 경우 부모의 부적절한 양육이 주요 원인이라는 연구가 있었다. 그러나 유전학은 유전자적 결함이 그와 같은 현상을 초래하는 주된 원인이라는 새로운 결과를 제시하였다. 이러한 변화는 전통적인 유전과 환경, 자연과 교육, 인문학과 자연과학, 운명과 노력의 이분법을 극복하고, 나아가 교육적인 것의 의미를 재고하도록 요청하고 있다.

(2) 학생통제 테크놀로지로서의 의료화

의료화를 통한 사회통제의 주요한 기제는 약물이다. 푸코의 분류와 감금에 더하여 약물을 통한 통제의 양식이 추가되었다고 할 수 있다. 이와 같은 약물을 통한 사회통제는 어떤 의미를 가지고 있는가를 살피는 것은 중요하다. 학교에서 교사는 ADHD 경향을 보이는 학생들을 관찰하고 판단하는 중요한 역할을 담당한다. 전문가들에게 진단을 권유하기도 하고, 처방된 약물이 행동에 미치는 효과 여부를 관찰하기도 한다. 따라서 교사가 ADHD를 어떻게 이해하고 있는가 하는 점이 중요하다. 교사들은 향정신성 약물이 학업성취도에 미치는 영향뿐만 아니라 학급에서의 정상적 활동에 미치는 영향에도 관심이 많다. 이런 점에서 교사들은 학생들의 장애를 공동으로 생산하는 역할을 담당하는 셈이다. 대체로 교사의 관찰과 판단은 '자연스럽고' 타당한 것으로 받아들여지는 경향이 있다. 교사들은 학급에서 학생들이 보이는 행동 등에 대한 관찰을 정상과 비정상으로 분류하고 특정한 행동을 보이는 학생을 교실로부터 배제하기도 한다. 교사는 '준(準)' 임상전문가의 역할을 담당하기도 한다. 교사들은 생화학적 방법을 포함하여 다양한 통제 테크놀로지를 활용하여 학생들의 몸을 통치할 권한을 행사하기도 한다. 그러나 이러한 통제 권한은 가시적으로 잘 드러나지 않는다.

학생의 행동이 학교에서 정상적으로 간주되는가의 여부는 교사에 의해 가장 먼저 판단되는 경우가 많다. 교사들은 교실에서 받아들여질 수 있는 또는 기대되는 행동을 정상적인 것으로 규정하고, 그러한 모습을 보이지 않는 학생들을 '비정상'으로 분류할 가능성이 있다. 이런 점에서 교사는 단순히 생화학적 통치에 수동적으로 반응하는 것이 아니라 새로운 지식과 실천을 생산하는 적극적 통치 주체로 존재한다. 교육적 몸을 규율하고 측정하는 것은 일상적인 교실 관리의 한 부분이다. 학교에서 교사들은 통제가 어려운 학생들을 주의력결핍과 과잉행동장애를 가지고 있는 것으로 범주화한다. 부모들은 학업성적이 낮거나 친구가 없는 이유를 이러한 행동 장애로 설명하고자 한다.

따라서 ADHD의 특징을 가지고 있는 학생들은 '위험한 타자들'로 규정되어 '비정상적인 것'으로 범주화되는 것이다. ADHD의 타자성은 매우 다양한 의미를 갖는다. 예를 들어, 수업을 방해하는 방해자, 학습에 어려움을 겪는 장애자, 때로는 창의적인 학생 등과 같이 서로 다른 타자성이 중첩되어 있다. 학교는 이러한 타자성과 친화적이지 않다. 학교와 교실은 강력한 규범에 지배되는 공간이다. 교실에서 허용되는 생각, 태도, 행동 그리고 지식이 미리 정해져 있으며, 학생들은 그것들을 내면화하여야 한다. ADHD로 범주화되는 행동들은 학업이나 생산성과 같이 제도가 공식적으로 제시한 기준에 반하는 행동을 지칭하는 경우가 많다. 이러한 행동은 사회적으로 문제가 있는 것으로 간주되며, 따라서 제재의 대상이 된다. 결국 교육적 삶의 의료화는 학교에서 성공하기 위해 요구되는 '학교화된 심성(the schooled mentality)'을 갖추도록 하는 것이라고 할 수 있다.

(3) 학생의 몸과 정신에 대한 생명통치의 확장

모든 사람은 예외 없이 건강한 삶을 누리기를 희망하고, 그러한 희망이 생물학적 조건과 밀접히 관련되어 있다고 생각한다. 더구나 생명공학의 발달은 사람들로 하여금 삶의 과정에 개입하고 통제하는 것을 가능하게 하였고, 따라서 산다는 것의 의미에도 변화가 생겼다. 로즈는 유전자와 생물학적 속성에 따라 삶의 모습이 달라진다는 점에 주목한다. 생물학적 상태는 불안과 두려움의 원인이지만, 생명공학의 발달은 불안과 두려움을 제거하는 희망이기도 하다. 인간의 몸이란 단순한 생물학적 유기체에 불과한 것이 아니라 읽어 낼 수 있고 새롭게 고쳐 쓸 수 있는 분자 소프트웨어로 간주되고 있다(Lemke, 2011: 93; Nadesen, 2008). 푸코의 생명정치가 주로 권력과 정치의 변형에 관심을 기울였다면, 로즈는 생물학적 몸과 자연의 재창조에 주목하였다.

한편, 듀폴과 스토너(DuPaul & Stoner, 2003: 157)는 생화학적 통치, 즉 과잉행동에 대한 약물 투여가 학업성취도를 높이는 데 정적인 상관관계를 보인다고 주장한다. 이러한 입장은 ADHD를 몸의 중립적인 신경회로에 결함이 있는 것으로 이해한다. 따라서 약물 투여는 그것이 학업성취에 어떤 영향을 미치느냐 하는 것과 함께 장애의 유전적 이유 그 자체에 대한 영향을 발견하고자 한다. 특정 약물이 ADHD 아동의 학업성취에 긍정적 효과를 미친다는 것은, ADHD를 생화학적 수단을 통해 효과적으로 다룰 수 있는 생물학적 또는 유전적 문제로 간주하게 되었다는 것을 말한다.

그렇다면 생화학적 통치술이 주목받은 이유는 무엇인가? 정부는 학교폭력 근절 대책의 일환으로 초 · 중 · 고등학생을 대상으로 학생정서 · 행동발달 선별검사를 실시하였다. 교육당국은 대한신경정신의학회와 상호협력양해각서를 체결하고 학회의 도움을 받아 학생들의 정신건강검사를 실시하고 있다. 학교폭력과 같은 사회문제에 대한 대응책으로 생화학적 통치를 채용한 것이다. 교육당국은 2012년부터 모든 학생을 대상으로 '정서 · 행동발달 선별검사'를 실시하고, 선별(選別)된 학생에 대하여는 학교가 학교 밖 전문기관과 연계하여 심층평가 후 필요한 경우 상담과 치유를 지원하는 등 학생들이 '건강한 청소년기를 보낼 수 있도록 지원'하고 있다. 이뿐만 아니라 정부는 정서 · 행동발달 장애학생을 위한 체계적 지원체제를 구축하는 정책을 추진하였으며, 학습부진 종합 클리닉을 개설하여 정서장애 학생들의 학습을 지원하고 있다.

> 기초학력 미달의 주요 요인임에도 그동안 사각지대에 있었던 ADHD, 우울, 난독증 등 '정신건강' 장애학생의 기초학력 향상을 위한 체계적 지원이 본격화된다(교육과학기술부, 2011. 10. 11.).

학생을 특정한 증상을 보이는 의학적 관찰과 시선으로 바라보는 것은 전통적 교육활동의 타당성과 갈등하게 된다. 수업 분위기를 해친다거나 학습부진을 보인다는 등의 교육적 판단은 ADHD의 교육적 번역이라고 할 수 있다. ADHD의 진단과 일치하는 행동 특성들이 일부 교육기관에서는 학습부진이나 학습장애로 인식되지 않는 반면, 공공의료기관에서는 'ADHD'로 인식된다(Graham, 2006b). 이는 ADHD가 교육적 문제이기보다는 '정상성'의 회복이라는 관점에서 사회적 안전의 문제로 인식되고 있음을 알 수 있다. '문제행동을 어떻게 다룰 것이냐'를 둘러싸고 입장 차이가 있다. 먼저, 학생들의 행동을 학교, 가정, 의료기관 등이 협력하여 관찰하고 상담이나 행동수정 등과 같은 적절한 해결방안을 장기적 관점에서 모색하는 것이 바람직하다는 입장이 있다. 그러나 이러한 방안은 경제적 합리성 차원에서 볼 때 많은 비용이 소요된다는 점에서 부담스러운 선택이다. 따라서 이와 같은 장기적 관리 방법에 대신하여 저렴한 비용으로 보다 신속하게 문제에 대처하는 방법이 바로 약물 투여다.

(4) 교육적 삶의 과잉의료화

사실 의료화는 절대적 기준이 존재하지 않는다. 의료화는 병의 원인을 밝히고 그것을 해결하기 위해 개입하는 것보다 '증상'을 제거하고 완화하는 데 집중한다. 약물은 비용이 저렴하고 효과가 빠르게 나타나며 비교적 표준화되어 부작용이 적다는 점에서 가장 편리하게 사용되는 방법이다. 그러나 의료화는 매우 민감한 윤리적 판단을 수반한다. 의료화를 통해 증상을 완화하고 해소함으로써 행복을 증진하는 것은 분명 희망의 조건이지만, 잘못된 의학적 판단이나 목적합리성을 위반한 의료화는 사회적으로 논란의 대상이다. '증상'을 대상으로 의학적 지식을 동원하여 진단하는 것이 늘 정확한 것은 아니다.

영재와 ADHD는 유사한 행동 특징을 가지고 있으며, 실제로 진단 방법과 기준의 모호함 때문에 그릇되게 진단할 위험이 크다는 지적이 있다. 더구나 ADHD를 진단하는 기준이 세분화되면서 "ADHD와 다른 충동성, 과잉행동 및 지속적인 주의력결핍을 보이는 '정상적인 아동'도 지나치게 촘촘하고 넓은 ADHD의 그물망에 걸릴 수 있으며, 이로 인해 더 많은 판별 오류와 과잉진단이 초래될 가능성이 있다."(김경은, 이신동, 2014: 121)라는 지적은 시사하는 바가 크다. 교육당국도 ADHD가 다르게 정의될 수도 있다는 점을 다음과 같이 설명하고 있다.

> ADHD가 무엇인가를 설명해 줄 때는, ADHD가 갖고 있는 긍정적인 측면에 대해 초점을 두어 '장애'라는 단어를 언급하지 않고, '차이'를 강조합니다. 그리고 ADHD가 얼마나 좋은 것인지도 많이 이야기합니다. 대체로 그들은 머리가 잘 돌아가며, 에너지가 풍부하고, 창의적입니다. 이 초능력을 긍정적이고 생산적인 방향으로 사용하도록 가르치는 것이 중요합니다(교육과학기술부, 2010b: 123).

ADHD의 진단은 측정을 실시한 다음에 범주를 영역에 따라 체계적으로 분류하고 판단하는 것이 아니라 매뉴얼을 활용하여 범주화를 하는 것이다. 따라서 매뉴얼에 따라 진단이 달라지기도 한다. 또한 문제는 몸이 늘 의식의 통제 아래 있는 것은 아니며, 그런 측면에서 몸의 '증상'만으로 '의식'의 문제를 모두 측정할 수는 없다는 것이다. 때로 몸은 의식과 관계없이 또는 반하는 모습을 보이기도 한다. 몸은 언제나 순종적으로 의식적인 의지나 활동에 따라 움직이는 수동적인 것이 아니라 나름의 비교적 안정된 방식대로 움직인다. 때로는 '외계인의 손 증상(alien hand syndrome)'처럼 의지의 통제를 전혀 받지 않기도 한다.[2] 사실 이와 같은 이상 행동의 구체적인 원인과 내용은 잘 알지 못한다. 몸

[2] '외계인 손 증상'은 지적 능력을 관장하는 왼쪽 뇌와 운동 능력을 담당하는 오른쪽 뇌를 연결해 주는 신경섬유의 다발에 손상이 발생하면 양쪽 뇌의 협력과 조절 능력이 상실되어 한쪽 손과 발을 통제할 수 없는 경우를 말한다.

은 의식 밖에서 의식과 무관하게 몸을 일정하게 유지하고자 활동한다. 따라서 때로 몸은 나의 의지와는 다른 방향으로 나아가고자 한다.

ADHD는 특정한 뇌의 상태를 지칭하는 개념이다. 우리는 구체적인 뇌의 작동을 직접적으로 인지하거나 의식하지 않는다. 특정한 뇌의 상태를 병리적으로 판단하는 것은 몸의 입장에서 보는 것이 아니라 인간 의식에 따른 규정이자 분류다. 몸은 병이나 노화로 인하여 문제를 보이기도 하는데, 이러한 몸의 문제 상황은 약물이나 수술 등을 통해 치료가 가능한 질병과 예전의 상태로 되돌리기 어려운 상태가 있다. 물론 구체적으로 몸에서 어떤 일이 일어나고 왜 그러한 일들이 생겨나는가에 대한 명확한 내용은 여전히 알 수 없다. 뇌는 뇌의 주인이라고 할 수 있는 개인이 생각하는 것과 늘 일치하는 방향으로 작동하지 않는다. 이는 '증상'이라는 것이 대단히 표피적인 것이고, 인간 몸과 정신의 심연을 그대로 나타내지 못한다는 것을 의미한다. 오영림(2010)은 '증상'으로 판단하고 '증상'의 완화를 목적으로 하는 ADHD의 부정적 측면을 잘 설명하고 있다.

> ADHD 청소년들의 행동을 '증상'으로 보고 주의력결핍 과잉행동이라고 명명하는 관점은 그들의 행동을 '몸 따로 마음 따로'에서 기인한다고 인식하는 관점과 큰 차이가 있다. 증상으로 못 박힌 주의력결핍 과잉행동장애는 ADHD 청소년들에게 아무런 선택권을 주지 않는다. 그들은 주의력결핍의 문제를 가지고 있으며, 과잉행동을 하게 되고, 자극에 반응하여 충동적으로 행동할 뿐이다. ADHD 청소년들은 끊임없이 밀려오는 정보의 자극 속에 살아남고 적응하기 위해 노력하는 사람들이다(오영림, 2010: 196).

교육적 삶의 과잉의료화는 '정상적인 학생'을 문제로 판단하여 의료적으로 개입하는 것을 말한다. 심지어 '영재성을 치료'하기도 한다(김경은, 이신동, 2014: 129). 과잉의료화의 대상이 된 학생들은 불필요한 약물치료나 사회적으로 부정적 범주화로 인하여 자존감의 상실은 물론이고 일생 동안 ADHD라는 멍에를 짊어질 가능성이 있다. 의학적 진단에 의해 병리적으로 판단된 '만들어진 학생'은 쉽게 그러한 비정상적 상태를 벗어나기 어렵다.

(5) 교육적 삶의 상품화

교육적 삶의 의료화는 학생 몸과 정신의 상품화를 초래할 가능성이 크다. 일리치(Illich)를 비롯한 비판론자들은 의료화라는 의료제국주의(medical imperialism)의 팽창 전략을 경계하고 있다. 1990년대 이후 미국에서 주로 논의되던 ADHD가 전 세계로 확산되기 시작하였는데, 이는 성장 한계에 다다른 미국 제약회사의 시장전략의 일환이었다는 지적도 있다(Conrad & Bergey, 2014). 그동안 ADHD 치료를 위해 사용되던 약품 생산량의 90% 이상을 미국에서 소비하였으나, 시장의 성장이 한계에 이르게 되자, ADHD 관련 지식과 정보를 확산하여 새로운 시장을 개척했다는 것이다. 학생들의 몸과 정신은 이윤을 목적으로 하는 전 지구적 제약회사의 상품화 대상이 되었다. ADHD 치료제를 개발하여 판매하는 한 제약회사는 광고에서 "나는 아이가 성공할 수 있는 모든 것을 하기를 원한다."라는 문안을 사용함으로써 부모들로 하여금 자녀의 교육적 성공을 위하여 과잉행동을 통제하는 데 도움이 되는 약물 치료를 적극적으로 선택하도록 자극하고 있다. 브라질을 비롯한 일부 국가에서는 조직적으로 미국 제약회사에서 개발된 ADHD 치료제 복용을 반대하는 움직임이 나타나기도 하였다(Conrad & Bergey, 2014).

최근에는 ADHD 관련 약품이 원래 의도하지 않았던 용도로 사용되기도 한다. 뇌의 활동을 억제하는 ADHD 치료약이 공부에 도움이 된다는 이유로 일부 부모들이 자녀에게 투약하는 현상이 그것이다. 이러한 현상은 의료화가 단순히 질병의 치료만 목적으로 하는 것이 아니라 능력의 극대화와 최적화를 위해 활용될 수도 있음을 의미한다. 이처럼 자연적 또는 인위적 수단을 동원하여 인간 몸의 한계를 일시적 혹은 영구적으로 극복하고자 하는 일련의 시도를 인간강화(human enhancement)라고 한다. 인간강화는 기술공학적 방법을 통해 인간의 특성이나 능력을 선택하고 변화시키는 것 그리고 인간의 성취도를 향상시키는 것을 말한다. 사회적으로 경쟁이 심한 한국 사회에서 교육적 삶의 의료화는 또 다른 경쟁의 보조 수단으로 그릇되게 사용될 가능성이 농후하다.

4. 결론

병을 치료하거나 예방하기 위해 또는 몸과 정신의 상태를 최적화하기 위해 우리는 일상적으로 약을 먹고 혈압을 체크하며 병원에 가는 등 의료와 관련된 행동을 한다. 삶의 더욱 많은 부분이 의료화되고 있으며, 삶에 대한 의료 개입의 형태와 내용도 점점 다양해지고 있다. 생명공학기술의 발달은 삶과 의료와의 관계를 더욱 긴밀하게 하고 있으며, 학생들의 교육적 삶도 예외가 아니다. 예전에는 교육적 개입을 통해 다루던 것들이 약이나 정신치료 등 의료 개입에 의존하는 경우가 늘어나고 있다. 학습이나 행동의 어려움을

'치료하기' 위해서뿐만 아니라 기억을 강화하여 공부를 더 잘하기 위해서도 의료의 도움을 받는다. '의학적으로 문제'가 있는 환자를 대상으로 병원에서 의사가 행하던 것들의 경계와 내용이 계속 확대되고 있으며, 교육적인 것들의 의료화도 상당 정도 진행되고 있다.

교육사회학연구에서 의료화는 낯선 주제다. 교육은 '자연적인 것'을 강조하는 유전이나 생물학적 환원론과 상당한 거리를 두고 있었다. 교육이 후천적인 인간의 노력과 의지 그리고 사회적 영향을 중시한다는 점을 고려할 때, '교육적 삶의 의료화'는 '교육적인 것'과 '생물학적인 것'의 경계가 새롭게 정의되는 과정이라고 할 수 있다. 교육적 삶의 의료화는 의료 지식을 기반으로 학생들을 '진단-분류-처방'하는 일련의 절차를 거친다. 진단 결과에 따라 새롭게 만들어진 학생들이 출현하게 되며, ADHD도 그렇게 '만들어진 학생(making up student)'의 한 유형이다. 이는 학생들의 정체성을 새롭게 구성하고 정의하는 계기가 되었다. 학교에서 교육적으로 다루기 어려운 학생들은 그들이 보이는 몇 가지 증상만으로 의료 개입이 필요한 ADHD로 진단되고 분류될 가능성이 농후하다. 많은 교사는 ADHD에 대한 정확한 지식과 정보를 가지고 있지 않으면서도 교실에서의 수업을 힘들게 한다는 '관찰만'으로 일부 학생을 의료 개입이 필요한 정상적이지 못한 상태로 규정한다.

이러한 교육적 삶의 의료화는 학생을 교육적 노력보다는 약물에 의존하도록 하는 결과를 낳고 있다. 실제로 ADHD로 판별되는 학생들은 계속 증가하고 있으며, 처방에 사용된 금액도 늘어나고 있다. 정부는 이들 학생들의 행동 특성이 학교폭력이나 낮은 학업 성취도의 원인이라 간주하고, 전수 조사를 통해 ADHD 증상을 보이는 학생들을 선별하고자 한다. 이와 같이 교육적 삶의 의료화는 상당 정도 진행되었음에도 불구하고 교육적 삶의 의료화가 갖는 교육적 영향에 대한 논의는 소홀한 편이다. ADHD 논쟁은 사회통제와 인간 형성의 역사적 구성에 관한 연구에 시사점을 제공하고 있으며, 아울러 뇌 과학의 발달이 교육연구와 교육논의에 미치는 다양한 영향에 대해서도 치밀한 분석이 필요할 것으로 보인다. 교육적이든 의학적이든 학생 범주화는 이데올로기적 성격을 지니며, 그것은 사회적으로 다양한 학생 범주를 생산하였다. ADHD도 의학적 지식과 실천을 바탕으로 학생을 범주화하는 교육적 삶의 의료화다.

인간과 교육을 둘러싼 생명과학의 영향에 대한 의도적 혹은 비의도덕 무관심은 교육사회학 논의를 게으르고 시대에 뒤떨어지게 하며 비슷한 논의의 되풀이에 머물게 한다. 우리는 생명과학의 시대에 살고 있다. 생물학과 사회학이 '귀머거리 대화'를 하는 것이 아니라 서로 협력적 관계를 유지하는 것이 필요하다. 이를 위해 교육과 학생에 대한 교육학적 시선과 생물학적 시선을 통합하는 관점의 모색이 매우 시급하다. 또한 교육적 개입과 생물학적 개입의 가능성과 한계를 구체적으로 밝히는 작업이 진행될 필요가 있다.

제14장

신자유주의와 한국의 대학

대학은 세일 중(College for Sale)
– 슈마르(Shumar, 1997)

한국에서는 오랫동안 어떻게 하면 교육받을 기회는 물론이고 교육과정과 교육결과에 있어서 평등을 달성할 것인가 하는 점이 교육 논의의 주된 내용이었다. 그러던 것이 1980년대에 들어서면서 다소간 변화를 보이는데, 평등보다는 자율, 경쟁, 선택, 직업교육, 효과성 그리고 교육의 질 등이 더욱 중요하게 다루어지게 되었다. 이러한 관심의 변화는 교육 내적 논리 못지않게 교육 밖의 논리를 반영하는 경우가 많다. 다시 말해, 교육은 사회적 · 정치적 · 경제적 환경 변화에 따라 영향을 받는데 기존의 기능이 부적절하게 되었으며, 대신에 변화에 적합한 '기능'을 수행하도록 압력을 받고 있음을 암시하는 것이다. 그러한 압력 중의 하나가 교육을 재편하는 논리로 새롭게 등장한 신자유주의다.

교육적으로 신자유주의가 무엇이냐에 대해서는 다소간 의견의 차이가 있지만, 대체로 1980년대 이후 영국과 미국 등 선진 자본주의 국가에서 시작된 경제주의(economism)에 입각한 교육 이데올로기를 지칭하는 것이라고 보는 것이 타당하다. 신자유주의 교육 이데올로기는 크게 두 가지 가정을 하고 있다. 그 하나는 국가가 교육에 개입하는 것이 효율성이나 생산성의 측면에서 적절하지 않다는 것이고, 다른 하나는 국가를 대신하여 시장이 그 역할을 담당하는 것이 보다 적절하다는 가정이다. 이러한 가정은 다음의 세 가지 교육정책으로 구체화된다. 첫째, 각종 규제를 철폐하고 단위 학교에 재정이나 관리 등의 권한을 대폭 이양할 것, 둘째, 학생이나 학부모들에게 교육 선택 권한을 부여할 것, 셋째, 공교육을 민영화할 것 등이다. 결국 신자유주의란 경제적 합리성에 따라 교육을 재편하는 것이다. 경제적 가치가 높은 지식의 생산이나 유능한 인력의 공급 등과 같이 보다 실용적인 역할을 효율적으로 수행할 수 있도록 교육을 변화시켜야 하며, 그렇기 위해서 교육이 시장 논리와 교육 소비자인 학습자들의 요구에 따라 운영 · 관리되도록 바꾸려는 움직임을 말한다.

이와 같은 교육 재편 논리로서 신자유주의에 대해서는 상반된 세 가지 평가가 존재한다. 그 하나는 지구화와 정보화라는 사회변화의 흐름과 함께 출현한 위로부터 혹은 외부로부터의 강제 때문에, 신자유주의는 거부할 수 없는 불가피한 선택이라는 입장이다. 다른 하나는 불가피하다고 하더라도 신자유주의는 선진국의 팽창 논리이며, 국내적으로나 국제적으로 교육적 불평등을 확대하는 등의 폭력성이 크기 때문에 거부되어야 한다는 입장이다. 마지막으로는 신자유주의의 위험성에도 불구하고 교육의 질 향상에 긍정적이며, 대중의 관심을 잡기에 충분한 속성을 내재하고 있다는 점에 주목하는 입장이다. 이처럼 상반되는 평가에도 불구하고 신자유주의는 교육에 대한 지배를 점점 확고히 하고 있다.

이 장에서는 한국교육과 관련하여 신자유주의가 어떤 의미를 가지는가를 살펴보고자 한다. 이를 위하여 먼저, 신자유주의에 입각한 교육개혁이 대두된 이유와 배경을 살펴보고, 신자유주의가 추구하는 교육의 모습을 개관한 다음, 그것이 한국교육에 미칠 문제를 차례로 살펴보고자 한다.

1. 신자유주의와 교육개혁의 배경

1) 전 지구적 헤게모니 재생산 전략으로서 교육

1980년대에 들어서면서 영국과 미국 등의 선진 자본주의 국가를 중심으로 종래의 교육이 재편될 필요성이 있다는 주장이 본격적으로 제기되기 시작하였다. 그런데 흥미로운 사실은 이 국가들이 교육개혁을 추진하면서 제시한 이유나 정책들이 매우 유사했다는 점인데, 그 대표적인 것들이 바로 교육에 대한 공적 지원의 감축, 학습자 선택권의 강화, 교육 평가 강화, 각종 규제 철폐, 공교육의 민영화 등이었다. 이 국가들은 교육을 경제정책이라는 거시적 틀 속에서 경제적 역할을 효율적으로 수행할 수 있도록 재편하고자 하였으며, 이러한 교육개혁의 이면에는 신자유주의가 자리하고 있었다. 그렇다면 이 국가들에서는 무엇 때문에 신자유주의에 입각하여 교육개혁을 시도하고자 하였는가?

당시 선진 자본주의 국가들은 심각한 재정 적자와 경기 침체를 경험하고 있었다. 이 국가들에서는 자국 경제 침체의 원인을 일본의 경제 대국화와 한국, 대만, 싱가포르를 비롯한 동아시아 신흥 공업 국가의 출현이라는 외부적 요인, 그리고 사회복지를 비롯하여 공적 지출의 과도한 증가라는 내부적 요인으로 파악하였다. 즉, 경제적 경쟁 국가의 출현으로 인해 국내외 시장이 잠식됨으로써 국내 경기가 침체되었으며, 이에 더하여 관료화된 정부에 의한 비효율적인 국가 운영이 문제의 원인으로 지목되었다(Castells, 1994). 따라서 경제적 경쟁 국가와 과대 정부의 비효율에 대한 대응 전략을 필요로 하였으며, 그 방안으로 선택된 것이 바로 국가를 위해 봉사할 유능하고 경쟁력이 있는 인간자본의 육성이었고, 이를 위해 교육개혁 수술을 단행한 것이다.

미국의 경우 레이건(Reagan) 행정부의 출범과 함께 교육개혁을 위한 보고서들이 속속 발표되었는데, 이 보고서들은 공통적으로 국가 경쟁력 향상을 위한 교육제도의 개혁과 질 향상에 초점을 맞추고 있었다. 미국은 경제적 경쟁 국가의 출현으로 인하여 세계 주도권이 위협받는 것을 매우 염려하였고, 지속적으로 세계 지배권을 유지하기 위한 전략이라는 거시적 틀 속에서 교육개혁을 추진하였다. 한 예로, 레이건 시대의 대표적인 교육 관련 보고서인 「위기에 선 국가」(1983)의 다음 구절은 매우 의미심장하다.

> 우리나라는 위기에 처해 있다. 지금까지 상업, 산업, 과학 그리고 기술 혁신에 있어서 아무도 넘볼 수 없었던 우리의 위상이 전 세계의 경쟁자들에 의하여 위협받고 있다(The National Commission on Excellence in Education, 1983).

이처럼 미국은 세계 주도권을 지속적으로 유지하는 데 필요한 국가적 경쟁력을 키우기 위해 인적 자원의 육성에 힘을 쏟게 되었고, 이 과정에서 교육을 '동원'한 것이다. 이러한 교육 변화를 주도한 집단은 자본가들과 의회였으며, 이들이 추진한 개혁의 방향은 대학의 상업화(commercialization)였다. 자본가들은 상업적 가치가 높은 아이디어에 연구비를 집중 투자함으로써 세계 시장에서 경쟁적 위치를 확보하고자 하였고, 의회는 일련의 법률안 제정을 통하여 이러한 기업의 의도를 적극 후원하였다. 이러한 분위기에서 전통적 지식과 가치를 추구하던 대학도 변화의 무풍지대로 남을 수 없었다.

미 의회는 다양한 형태의 산 · 학 · 연 협동을 장려하는 바이-돌 법안(Bayh-Dole Act)을 1980년에 제정함으로써 비영리 기관인 대학이 영리를 추구하는 역할을 적극적으로 수행하도록 뒷받침하였다. 대학이 이윤을 창출하는 연구 및 개발 활동에 적극적으로 참여할 수 있게 되었다는 것은 대학이 대학 이외의 다양한 연구 조직과 협력적 경쟁 관계가 되었다는 것과 전통적인 대학의 경계가 무너지게 되었음을 의미하는 것이었다. 의회는 기술 이전 법안, 지적 재산권 법안, 산학 협동 촉진 법안 등의 일련의 법안을 제정함으로써 상품화가 가능한 지식의 생산을 대학에 요청하였다. 상당한 학자들도 학문적 호기심보다는 돈을 끌어모을 수 있는 것에 더욱 많은 관심을 기울였다. 더구나 공적 재정 지원의 감소로 인하여 재정 위기에 직면해 있던 대학의 입장에서 이러한 이윤 활동에의 대학 참여는 생존을 위해 필요한 재원을 확보할 수 있는 방안이기도 하였다.

미국이 의회와 자본가가 중심이 되어 신자유주의 교육개혁을 추진한 반면에, 영국의 경우는 미국에 비해 정부가 주도적인 역할을 담당하였다. 1979년에 대처(M. Thatcher) 수상의 보수당 정권이 출현하면서 영국은 교육정책을 결정하는 최우선 조건이 경제와 고용 문제임을 선언하였다. 적어도 영국에서 대학은 대처 정부가 등장하기 전까지는 경쟁으로부터 자유로운 황금기를 구가하였다. 그러나 대처 정부가 들어서던 해인 1979년에는 대학 재정에서 약 100만 파운드가 삭감되었으며, 1980년에서 1984년 기간에는 전체 예산의 17%가 감축되었다. 대처 정부는 경제적 가치를 파생시키지 않는 활동에 대한 재정 지원을 삭감하기 시작했다.

1980년대 중반에는 기업인들을 중심으로 대학에 보다 효과적인 경영 및 관리 기법의 도입을 요청하는 자렛 위원회(The Jarrett Committee)가 설치되었는데, 이 위원회에서는 대학을 기업의 가치와 문화를 중심으로 재구조화하고자 하였다. 이러한 일련의 노력들이 결집된 것이 바로 1988년의 「교육개혁법(Education Reform Act)」이었다. 이 법에서는 대학이 보다 효과적으로 경제에 봉사할 수 있도록 대학의 목적과 구조를 개편하는 것을 목표로 하고 있었으며, 이어 1992년에 제정된 「계속 및 고등교육법(The Further and Higher Education Act)」에서 그러한 의도가 더욱 구체화되었다. 새로운 교육 관련 법들이 제정된 가장 주된 이유는 전통적인 지식과 인문 중심의 교육을 탈피하고 대신에 철저하게 경제적 합리성에 따라 운영되고 관리되는 새로운 교육 시스템을 구축하기 위한 것이었다. 이를 위하여 교육부도 고용부와 통합되어 '교육과 고용부(Department for Education and Employment: DfEE)'로 재편되기도 하였다. 이러한 변화들은 순수한 지식 탐구와 인문학적 전통에 기초한 대학교육을 경제적 가치가 있는 응용 연구와 직업 기술 교육을 중시하는 대학으로 변화시키려는 대처리즘(Thatcherism)의 결과였다.

대처 이후에도 신자유주의 교육개혁의 기조는 변화하지 않고 유지되었다. 영국의 대학교육 방향을 종합적으로 제시하였던 「디어링 보고서(Dearling Report)」(1996)에서는 대학이 학습자와 고객의 요구 중시, 국가적 수준의 교육 표준화, 기업체와의 파트너십 등을 추구하여야 한다고 주장하고 있으며, 블레어(T. Blair) 수상은 "최선의 경제정책은 교육이다."라는 말로 그것을 대변하였다. 영국은 대영 제국의 옛 영화를 회복하기 위하여 강력한 교육정책을 입안하고 추진하였는데, 그것이 신자유주의와 경제주의에 기초한 교육정책이었다.

한편, 선진 자본주의 국가들이 중심인 각종 국제적 정부기구(IGO)와 비정부 기구(NGO)들 또한 신자유주의 질서를 적극적으로 대변하고 있다고 생각된다. 세계은행, 경제개발협력기구, 국제통화기금, 세계무역기구 등은 경제적 가치에 따른 교육 변화를 주도하는 국제기구들이다. 이들 기구들은 재정 지원을 조건으로 제3세계 국가들에 교육제도의 변화를 요청한다. 그런데 그러한 구조 조정 프로그램은 대체로 자율, 경쟁, 민영화 등을 중시하는 신자유주의 기조와 유사한 모양새를 보인다. 이들 기구는 개별 국가의 교육적 배경이나 문화적 특성 그리고 학문 수준 등을 고려하기보다는 그렇게 해야 좋다는 식의 계몽적 냄새까지 풍기면서 변화를 요청하기도 한다.

그 결과, 신자유주의에 입각한 교육개혁이 선진 자본주의 국가들은 물론이고 세계적으로 보편적 현상으로 나타나고 있다. 경쟁이 가속화된 경제의 세계화 과정에서 많은 나라들은 새로운 국제 경제 질서에서 우위를 점하기 위해 치열하게 경쟁하고 있으며, 국가 지도자들은 새로운 사회에 걸맞은 인력 양성이 가능한 방향으로 교육을 재편하는 것이 필요하다고 생각하였고, 그 전략으로 신자유주의를 선택한 것이다. 그러나 선진 자본주의 국가들이 신자유주의를 세계 지배권 유지와 새로운 이윤 창출의 차원에서 '자발적'으로 선택하고 추진하는 것에 비하여, 후발 국가들은 그러한 선진국 자본의 공세에 대처하여 살아남기 위한 '방어적'이고 '수동적' 입장에서 신자유주의를 선택하고 있다.

2) 교육의 국가도구화

사회적 관계를 시장 논리와 자본의 경쟁 논리에 종속시키려는 신자유주의는 후기 산업 사회로의 이행 과정에서 나타난 전 지구적 경쟁의 심화 등을 등에 업고 대학을 국가 경쟁력을 위한 전진 기지로 변화시키고 있다. 전통적으로 대학이란 "국가가 필요로 하는 경우와 필요로 하는 대로 존립한다. 그래서 국가는 대학의 존립의 조건이며 동시에 대학을 보호한다."라는 야스퍼스(Jaspers)의 지적처럼 늘 중요한 국가적 사업이었다. 대학이 국가사업인 관계로 국가 간 경쟁이 심화되면 될수록 대학은 더욱더 국가를 위해 존재하도록 요구받는다. 국제 경쟁에서 이겨 내야 한다는 절박한 국가적 요구를 대변해야 되기 때문에 더욱 '국가화(nationalization)' 되는 상황이 연출되는 것이다(Kerr, 1994). 지금이 바로 그러한 상황이라고 할 수 있다.

이러한 특징은 신자유주의가 전 지구적 자본주의의 팽창 과정과 함께하고 있다는 점을 고려하면 시사하는 바가 크다. 신자유주의는 세계가 하나의 시장이 되고, 그 속에서 살아남는 것이 중요하기 때문에 개별 대학이 경쟁력을 갖추어 세계 교육 시장에서 살아남아야 한다고 주장한다. 교육도 일반 상품과 마찬가지로 비교 우위를 점하는 부분으로 특성화될 필요가 있다고 주장한다. 이처럼 신자유주의는 대학으로 하여금 '지구화' 전략에 따른 개별 경쟁력 확보를 위하여 분투하게 하면서도 한편으로는 더욱 적극적으로 국가를 위한 '경제적 행위자'로서 활동하도록 압력을 가하고 있다.

대학에 대한 이러한 요구는 비단 오늘만의 현상이 아니다. 대학을 포함한 교육기관은 경제적 질서를 재생산하고 확장하는 과정에서 늘 주목받은 곳이었다. 특히 대학은 노동력의 생산과 계급 구조의 재생산 그리고 사회 질서의 지배적 가치를 영속화하는 데 있어서 중요한 역할을 담당하였다. 실제로 근대 대학의 성장 과정을 살펴볼 때 대학이 경제 변화를 떼어 놓고 논의될 성질의 것이 아님을 알 수 있다. 근대 자본주의 제도화 과정에서 대학은 중추적 역할을 담당했으며, 그러한 역할은 한시도 포기된 적이 없었다. 실제로 대학의 성장과 분화는 자본주의 팽창 과정과 대단히 흡사하다. 보울스와 긴티스(Bowles & Gintis, 1986)는 대학의 양적 팽창이 자본주의 임금 노동 체계와 관련이 깊다고 주장한다. 그들은 대학이 사회의 요구나 필요보다는 문화적 사치의 성격을 강하게 보이던 시기에는 대학이 경제 질서를 재생산하는 일에 직접적인 관련이 적었으나, 자본주의의 발달과 함께 점점 자본주의 질서에 맞추어 변화하게 되었으며, 그 시기는 대략 1800년대 말과 1900년대 초반이라고 주장한다.

『누가 대학을 지배하는가?』에서 스미스(Smith, 1987)도 오늘날 대학은 기본적으로 자본가들의 지배 전략에 따라 변화된다고 주장한다. 그에 따르면 다양한 모양새를 가지고 있었던 미국 대학이 표준화된 모습으로 변모하게 된 주된 이유는 대학 내부의 자율적 동인보다는 자본가들로부터 재정 지원을 받기 위한 대학의 자발적 선택이었다는 것이다. 대학이 자본가들의 통제에 '자발적'으로 순응하기 시작한 것은 대체로 1900년대 초반의 일이며, 이 시기에 전통적인 대학과 달리 서비스와 유용성을 중시하는 대학이 상당수 출현했다.

바로우(Barrow, 1990)도 미국 대학의 이사회 구성을 분석한 결과 처음부터 기업 자본가들의 진출이 두드러져 이들이 대학을 지배하고 통제해 왔다고 주장한다. 1960년대에 발표된 「카네기 보고서」에서는 대학을 자본주의의 변화에 따라 계층화할 것을 주장하고 있다. 이처럼 미국의 대학 정책은 기본적으로 자본주의의 팽창 과정에 따라 대학을 변화하는 자본주의적 생산 관계에 적합한 모습으로 만드는 것이었다. 새로운 기술이나 관리 기법 그리고 생산 수단의 발달은 언제나 교육제도가 부적절하고 생산적이기보다는 소비라는 점을 강조하는 경향이 있다. 새로운 경제 질서에 기존의 교육제도는 적합하지 않으며, 이는 개인적으로나 사회적으로 불행한 일이라는 주장을 계속한다. 결국 이들의 속내는 대학이 보다 철저하게 직업과 관련된 기업의 요구에 적합한 교육을 수행하기를 원하는 것이다.

따라서 많은 경우 대학의 구조 변화는 기존의 제도나 관행을 자본주의 체제가 요구하는 기능과 불일치하는 부적절한 것으로 간주하며, 이를 대체할 새로운 것에 대한 요구의 결과로 진행된 것이라 볼 수 있다. 이렇게 볼 때 자본주의적 효율성과 경쟁 논리에 따라 교육을 재편하려는 신자유주의는 교육을 경제 성장이라는 '목적'을 위한 '수단'으로 바라본다는 점에서 자본주의의 팽창 논리나 발전교육론과 일맥상통하며, 그것의 최신 버전이라고 할 수 있다.

2. 신자유주의는 대학을 어떻게 변화시키고 있는가

1) 상품 생산 기지로서 대학

슈마르(Shumar, 1997)에 따르면 대학 개혁의 배경이 되고 있는 신자유주의는 교육을 하나의 상품으로 바라보고, 대학을 상품화가 가능한 지식 생산 기관으로 간주한다. 이처럼 신자유주의는 대학을 경제적 가치에 따라 존재의 정당성을 판단하고 평가하는 '시장에 의한 정당화(legitimacy of markets)'를 중시한다.

실제로 대학에 대한 국가의 영향력이 감소하고 시장의 영향력이 증대되면서 기업과 소비자들의 요구에 적합하지 않은 교육은 존립의 정당성을 확보하기 어려워졌다. 교육은 소비자의 구미에 맞게 생산되고 포장되어 유통되고 구매되는 상품으로 변화하였으며, 교육 목적의 타당성이나 효과도 경제적 기준에 따라 결정되게 되었다. 지식의 정당성이 그것이 참이냐 거짓이냐의 여부가 아니라 상품화의 가능성과 같은 경제적 가치에 따라 결정되기 때문에 얼마나 가치가 있는 새로운 지식을 개발하느냐뿐만 아니라 그 지식이 얼마나 신속하게 경제적으로 이윤을 증대할 수 있는 생산 과정에 투입될 수 있는가 하는 수행성(performativity)이 학문 생산성을 좌우하게 되었다(Lyotrad, 1992).

따라서 대학은 진리 탐구나 학문적 자율성보다는 시장의 상품화 가능성에 더욱 주목하게 되었으며, 공익보다는 수행성과 효율성이 기준이 되는 사적 투자의 대상으로 변모하였다. 더군다나 대학이 재정적으로 위협받는 시기에 대학은 자본으로부터 투자와 지원을 얻어 내기 위해 신뢰를 구축하는 것이 필요하며, 이를 위해 자발적으로 자본과 전략적 제휴 관계를 맺기도 한다. 이 때문에 자본이 대학을 사적인 이익 추구의 수단으로 활용하는 경우나 대학 간 사회적 격차를 넓히는 경우에도, 그것의 폭력성이 드러나는 것이 아니라, 오히려 사회적으로는 긍정적인 공적 기능으로 받아들여지기도 한다.

이에 더하여 새롭게 지식 생산을 목적으로 하는 대학 밖의 기관들, 예컨대 각종 공립 · 사립 연구소, 기업체 부설 연구 기관 등이 출현함으로써 전통적으로 지식 생산을 독점해 왔던 대학은 그 독점적 지위가 위협받고 있으며, 이는 신자유주의 대학 개혁에 더욱 힘을 실어 주고 있다. 대학 밖에 위치한 지식 생산 기관들은 주로 자본가들로부터 재정 지원을 받는 경우가 많으며, 따라서 경제계의 요구에 적합한 그리고 실용적 가치가 높은 지식 생산에 일차적 관심을 기울인다. 그렇게 하는 것이 바로 조직의 생존의 이유이기 때문이다. 더구나 이들 기관은 대학에 비해 효율적으로 관리하고 통제하는 것이 용이할 뿐만 아니라 변화하는 경제 상황이나 다양한 기업의 요구에 유연하게 대처할 수 있다는 점에서 전통적인 대학보다 경쟁력을 갖추고 있다.

결국 대학은 재원을 둘러싸고 이들 기관들과 경쟁 관계를 형성하게 되었으며, 학자의 학문적 관심에 따른 기초 연구에 대신하여 재정을 지원하는 측의 의도를 헤아린 상품화 가능한 현실 문제를 다룬 응용 연구를 중시하게 되었다. 이러한 경향은 자연스럽게 대학 내의 학문 영역의 재편을 초래하게 된다. 대학은 응용 연구가 가능한 공학과 관련된 분야나 상품화된 형태로 서비스가 가능한 법학이나 경영학 등의 학문 영역을 확대하는 대신에 인문학, 사회과학, 교육 등의 이윤 추구와 다소 거리가 있는 분야들을 구조 조정의 최우선 대상으로 삼는다.

2) 취업을 위한 학습 공장으로서 대학

신자유주의는 대학이 시장으로부터 떨어져 있는 '학자들의 공동체(community of scholar)'가 아니라 하나의 시장의 한복판에 서 있는 '학습 공장'이 되어야 한다고 주장한다. 대학이 입직 자격으로서 학력을 부여하는 곳이 아니라 실제로 사용할 수 있는 실력을 기르는 곳이어야 한다는 것이다.

대량 생산을 위한 자본주의의 확장과 함께한 대학의 급속한 양적 팽창은 다양한 진학 동기를 가진 학생 집단의 다양화를 가져왔다. 이러한 대학의 대중화는 대학 진학의 일차적인 목적이 학문 탐구가 아니라 직업 관련 지식과 기술 습득에 있는 많은 학생을 받아들이게 되었다. 심지어 어떤 학생은 대학을 단지 학위 공장(degree mill) 정도로 생각한다. 이러한 학생 집단의 변화와 진학 동기의 변화는 자연스럽게 기존 대학의 기능과 역할에 대한 불신을 낳았고 변화를 요청하였으며, 그 방향은 학습자의 요구에 따라 직업교육을 강화하는 것이었다(Shils, 1992).

그러나 학령인구가 감소하면서, 과잉 팽창된 대학에게 생존에 필요한 신입생을 모집하는 일은 중요한 과제가 되었다. "'학생과 가까이하고, 학생을 위주로 하는 대학, 학생을 모실 줄 아는 대학'이 되어야 한다고 주장하고, 모든 교수가 좋은 학생을 모셔 오는 노력을 해야 한다."라는 한 총장의 발언은 상황 변화를 극명하게 보여 주고 있다. 대학이 학생을 '선발'하던 시대에서 '모집'하는 시대로 변화함에 따라 적극적인 판매 전략이 필요하게 된 것이다. 이제 대학은 교육 전략 못지않게 판매 전략이 중요하게 되었다.

대학은 많은 학생이 관심을 갖는 취업률과 같은 경제적 가치에 더욱 집중하고 있다. 대학이 오로지 생존을 목표로 노골적인 상업주의를 채택할 경우, 교육 소비자들에게 선택되기 위해 값싸고 질 낮은 교육 프로그램을 양산하여 함량이 미달된 학위를 쏟아 내게 될 것이라는 리스만(Riesman, 1980)의 경고에도 불구하고, 취업률은 대학이 추구하는 중요한 목적이 되었다. 따라서 대학은 '학생들에게 필요한 것을 가르치라.'라는 주장을 '소비자들이 원하는 것을 주라.'로 변질시킨다. 가르치고 배우는 '교육 행위'를 사고파는 '경제 행위'로 탈바꿈시킨 것이다. 대학은 점점 더 소비자 중심으로 변화하고 있으며, 학생과 학부모들은 기술적 지식, 유용한 지식, 직업과 관련된 지식, 포장된 지식을 선호하는 동시에 노동시장의 유연화에 대처하고 고용 가능성을 높일 수 있는 교육을 요청하고 있다. 결국 이는 신자유주의가 추구하는 대학의 인력 개발과 인간 자원 관리의 전초기지화를 강화하는 셈이다.

학습자들의 대학에 대한 이러한 기대 변화는 정부와 기업가들에게는 대학을 개혁하는 좋은 구실이 되었다. 이들은 일과 관련하여 대학의 무능과 낮은 생산성을 집중적으로 공격하였다. 대학이 사회적 · 경제적 변화와 밀접하게 관련을 맺으면서 발전해 온 기능적 기관이기 때문에, 19세기와 20세기에 걸쳐 산업혁명과 경제 개발의 전위로서 기능한 대학은 21세기의 변화된 환경에서는 그 기능적 적합성을 상실하게 되었다.

신자유주의는 학습자 중심이라는 은유를 구실로 대학을 지속적으로 노동력 공급을 위한 수단으로 활용하고자 한다. 국가적으로는 국가 경쟁력을 강화하기 위해 인간 자본의 지속적인 개발이 필수적이며, 개인적으로도 취업에 성공하기 위해 노동시장과 산업계의 요구에 합당한 기술이나 지식을 발달시키는 것이 필요하게 되었다. 이들은 대학을 교환가치가 높은 기술 수준을 습득하고 경제적 활동에의 참여를 용이하게 하는 것들을 습득하게 하는 도구적 개념으로 파악한다. 따라서 이들에게 대학교육의 목적은 한 개인이 직업인으로 살아가느냐 아니면 실업자라는 오명을 뒤집어 쓴 채 살아가느냐 하는 '고용가능성'을 결정하는 것이며, 제대로 '학습된 상태'란 직업인으로 생존하는 데 필요한 지식과 기술을 습득한 고용 가능성이라고 할 수 있다.

이와 같이 신자유주의가 추구하는 대학은 고용 가능성이 높은 경쟁력이 있는 노동력을 기르는 '학습 공장'이다. 신자유주의에서 대학은 직업생활을 영위하기 위하여, 직업세계의 변화에 대응하기 위하여 그리고 계속해서 고용되기 위하여 필요한 교육을 제공해야 한다. 대학 제도의 '유연화'라는 것도 따지고 보면 이와 같은 직업 세계의 유연화를 대학이 적극적으로 담아내도록 요청하는 것이다. 이처럼 신자유주의는 대학교육을 통해 좋은 인간보다는 유연한 능력을 갖춘 좋은 노동자를 만들어 내는 데 일차적인 관심을 기울인다.

3) 전 지구적 학문 분업 체제의 강화

교육의 상품화는 대학교육의 표준화를 통하여 구체화된다. 실제로 대학교육의 질을 산업체에서 사용하는 ISO9000을 적용하여 표준화하려는 움직임이 구체화되고 있다. ISO9000은 교수요목, 평가, 교재, 교육 결과 등 교육과 관련된 모든 것을 표준화하고자 하는 것이다. 이러한 대학교육의 표준화는 국가 간, 지역 간 교육 불평등 구조를 확대 재생산할 위험성이 있다. 교육 내용과 교육 평가 양식의 세계적 표준화(global standard)가 진행되면서 불평등이 더욱 확대될 가능성이 있다. 대학의 국제화는 수학, 과학, 공학 등과 같이 지식의 내용이 세계적으로 표준화되어 있는 분야가 먼저 진행되고, 다음으로는 고전문학, 역사 등과 같이 지식이 문화적으로 유사성을 보이는 분야로, 그리고 가족법, 교육, 공공 행정 등과 같이 국가적 특수성을 띠는 분야로 점차 확대된다.[1] 더구나 과학기술 분야 등과 같은 지식 및 이론 체계의 국제적 표준화가 상당히 진행된 학문 분야의 경우는 특정한 지역을 중심으로 교육 활동이 수렴되고 집중되는 현상이 더욱 가속화될 것으로 예상된다. 이렇게 볼 때, 신자유주의는 자본의 지구화에 편승하여 서구 중심의 지식과 사유 체계의 외연적 확장을 도모하는 결과를 낳고 있다. 그 결과, 대학교육은 일종의 국제적 분업 체제를 파생시킬 가능성이 농후해졌다.

실제로 선진국과 후진국 사이에 보이는 연구 능력의 차이는 학문의 국제적 분업을 초래한다. 이러한 노동 분업에 가장 많은 영향을 받는 분야가 다름 아닌 과학 분야다. 과학기술의 발달이나 연구 등과 관련된 실질적 활동은 세계적으로 불균등하게 전개될 수밖에 없다. 다시 말해, 기초 분야에서의 연구 능력은 국제 경쟁력을 담보하고 세계 시장에서 우위를 점하기 위해서 필수적인 것들이다. 지식이나 기술은 그 성격상 국제적이지만, 그러한 지식과 기술을 만들어 내는 데 필요한 연구 기금은 상당 부분이 국가적 성격을 가지고 있다. 비교 우위를 점하는 분야를 중심으로 대학 학문 영역을 재편하는 것이다. 시장 논리라고 말하지만 그것의 실상은 경제 성장 논리와 다름이 없다. 그런데 이와 같은 분업 체제는 선진 자본주의를 제외한 국가의 대학을 하향 평준화함으로써 선진국의 기술과 지식에 지속적으로 의존하도록 만든다. 즉, 가르치는 일과 연구하는 일의 '하청'과 '하도급' 상태를 극복하기 어렵게 만든다.

4) 학문자본주의 강화

신자유주의는 기본적으로 대학과 대학 구성원들로 하여금 재원을 쫓아 시장 친화적인 행동을 하도록 압력을 가한다. 슬라터와 레슬리(Slaughter & Leslie, 1997)는 이러한 경향을 '학문자본주의(academic capitalism)'라고 부른다. 대학이나 교수들이 외부의 돈을 확보하기 위하여 시장 논리에 따라 움직인다. 신자유주의 담론에서는 정의나 공동체 등과 같은 것은 중요하게 다루어지지 않으며, 단지 대학과 대학 구성원의 개체화를 촉진할 따름이

[1] 커(Kerr, 1994)에 따르면 학문의 국제적 분업화는 학자, 학생, 새로운 지식, 교육과정의 내용 등의 흐름을 결정함으로써 국가의 학문 수준에 따라 후진국의 선진국에 대한 학문적 예속이 심화될 가능성이 짙다.

다. 대학 변화의 문제를 개별 대학이나 구성원 차원에서의 생존의 문제로 희석시키며, 더 이상 공동의 이념을 추출하고 연대하는 것은 가능하지 않다. 이러한 개체화가 가장 잘 발견되는 부분이 교수 사회다.

교수들의 전문성과 일에 대한 통제 권한은 특정한 분야에 대한 전문적 지식에서 나온다. 문화적 자본으로서 특정 분야에 대한 풍부한 경험과 지식은 교수들의 생존을 가능하게 하는 요인이다. 그런데 시장은 집합적 행위자보다는 개별 행위자들의 소비 행위를 중시한다. 따라서 개인의 선택, 개인의 생존, 개인의 경쟁력이 중요한 덕목이다. 개인은 경제적 효용성을 극대화할 수 있는 경제적으로 합리적 선택을 하게 되고, 그 결과 개인의 생존이 결정된다는 입장이다. 이러한 과정에서 정치적 이념이나 도덕적 입장은 중요한 문제가 아니다.

오랫동안 교수 사회는 학문의 자유를 위하여 집단적으로 국가에 저항하였으며, 그러한 활동이 대학의 건전한 생명력을 확인하는 길이었다. 그러나 이제 대학 교수는 경제적 이익을 창출해 내는 교수와 그렇지 못하는 교수로 구분되고 있으며, 그것에 따라 교수의 서열화와 계층화가 발생한다. 미국의 경우 시장과 거리가 멀수록, 국가의 사회복지 기능과 가까운 분야에 종사하는 교수일수록 급여가 낮았으며, 반면에 경쟁력 있는 상품 지식을 생산하는 컴퓨터, 생명 과학, 경영학, 정보 과학 등의 분야에 종사하는 교수일수록 급여 수준이 높았다.

이러한 교수 사회의 변화는 대학의 팽창으로 인하여 배출된 많은 수의 예비 교수 요원들이 풍부하게 존재하는 현실과도 밀접하게 관련되어 있다. 과잉 배출된 연구 인력은 대학과 경쟁 관계에 있는 다른 기관으로 진출하였고, 대학 밖에서 대학 교수들과 연구비, 지식 생산 등을 둘러싸고 경쟁하게 되었다. 신자유주의가 중시하는 교육에서의 경쟁과 선택은 교수 노동시장의 유연화를 촉진하여 종신제 교수보다는 계약제와 시간제 교수의 활용도를 높이는 요인으로 작용하였다. 따라서 교수들은 생존을 위하여 더욱 자발적으로 대학의 상품화 과정에 동참하게 되었다. 이처럼 신자유주의는 대학 사회의 연대를 파괴하고 불안과 파괴적인 내적 경쟁으로 내모는 지배와 통제의 수단이라는 권력의 속성으로 다가오고 있는 것이다(Shore & Roberts, 1995). 실제로 대학은 다양한 평가 시스템을 마련하여 교수의 연구 능력 및 연구비 수혜 등을 평가하고, 이를 임용에 반영하고 있다. 이제 교수의 학문 연구의 자율성은 이름뿐이며, 점점 의례적인 역할 수행자로 전락하고 있다.

더군다나 교수들은 세분화된 전문 분야에 대한 지식을 담보로 전통적으로 막강한 권력을 행사하고 안정적인 지위를 구가해 왔으나, 실용적 가치를 중시하는 공동 연구가 중시되면서 가르치고 연구하는 교수의 '자율성'이 흔들리고 있다.

> 교수 시대의 조종(弔鐘)을 울리고 있다는 사실이다. 한 명의 교수는 확립된 지식을 전수함에 있어 메모리 뱅크 네트워크보다 뛰어나지 못하며 새로운 수나 새로운 게임을 상상하는 데 있어서도 학제 간 팀들보다 뛰어나지 못하다(Lyotard, 1992: 136).

기초 연구보다는 응용 연구가 중시되면서, 그리고 여러 학문 영역 간의 공동 연구가 활성화되면서 연구에 대한 개개인 교수의 통제력이 약화되고 있다. 또한 교육이 유통이 가능한 형태로 표준화되고 포장되기 때문에 교수는 가르치고 연구하는 일에서 자율적 통제력을 상실하게 된다. 이러한 교수의 주변화는 교수 활동을 개체화하므로, 교수들은 학문 공동체에 소속되어 권리와 역할을 보장받기보다는 가르치는 행위의 상품화를 대행하는 개별적인 지식 노동자나 브로커로 전락할 수 있다. 결국 교수의 노동 강도는 더욱 증대될 수밖에 없게 되었다.

3. 한국의 대학과 신자유주의

1) 대학 위기의 본질과 딜레마

사람들은 대학이 정상화되어야 한다고 주장한다. 그런데 대학의 정상화에 대해서는 상반되는 입장이 있다. 먼저, 대학 정상화를 교육의 효율성과 생산성에서 찾는 입장이 있다. 이들은 대학 졸업생의 실업, 경제 침체 등의 문제를 제기하면서 도구성의 확대에서 대학교육 정상화의 의미를 찾는다. 반면에 다른 입장에 선 사람들은 대학 자율성의 침해, 비민주성, 사학 재단의 비리, 대학에 대한 과도한 정치와 경제의 지배 등을 문제 삼는다. 이처럼 확연히 구별되는 입장은 결과적으로 문제의 원인 진단은 물론이고 해결 방안에 대해서도 서로 다른 입장을 보인다.

그런데 실제로 대학 변화는 대학의 자율성을 키우고, 도구적 합리성으로부터 벗어나려는 '아래로부터의 근본적 개혁'이 아니라, 대학을 새로운 사용 가치에 따라 재편하려는 '위로부터의 보수적 도구화'의 모양새를 띠는 경우가 많다. 신자유주의 교육정책도 자율과 자유, 선택 등을 내세우면서도 실상은 국가에 의한 '위로부터의 타율적 도구화'와 가깝다. 간혹 이러한 압력은 생존을 위해서는 다른 선택이 없다는 절박함으로 또는 그렇게 하는 것이 합당하다는 식으로 대학에서 자발적으로 수용되곤 한다. 그런데 한국 대학은 여러 가지 점에서 신자유주의가 적용되기에 어려운 조건을 가지고 있다. 무엇보다도 신자유주의가 가정하고 있는 경제적 합리성에 따라 움직이는 자유 시장도 취약할 뿐만 아니라 시장의 폭력을 견제할 수 있는 민주적 절차도 미비하다.

한국 대학은 학문의 자유와 대학의 자율적 운영을 경험한 적이 많지 않다. 지금까지 대학은 정치와 경제적 예속을 벗어난 적이 거의 없었으며, 국가는 교육에 대한 보호주의를 강조하였다. 학문 연구의 자유는 전통적 대학의 이념이 자유와 자율에 있다는 것을 교과서 밖에서 발견하지 못하였다. 특히 근대화 과정에서 국가는 다양한 방법으로 대학의 자율적 운영과 성장을 규제하였으며, 국가 발전이라는 정치와 경제적 의도에 따라 학문의 자유와 학원의 자율을 유보하였다.

이처럼 한국에서 정치 구조와 정치 집단의 의도는 대학과 관련하여 중요한 의미를 가진다. 적어도 해방 이후 대학은 정치적 영향력으로부터 독립적이지 못하였다. 교육 내용, 교육제도의 운용, 졸업생의 수준과 질 등 대학과 관련된 모든 것은 철저한 국가의 지도와 감독 아래 있었다. 교육적으로 국가를 제외하고 적극적인 영향력을 행사한 집단이 없었고, 있었다고 하여도 그 행위자 또한 국가의 정치적 권력의 우산 아래 있었으므로, 많은 교육문제의 주된 원인 제공자는 다름 아닌 국가라고 할 수 있다.

그러나 국가는 오랫동안 문제의 원인 제공자로서보다는 오히려 긍정적으로 평가받는 편이었다. 동아시아 신흥 산업 국가의 경제적 압축 성장을 연구한 일부 연구자들은 그러한 성과의 주된 원인으로 국가의 강력한 지도력을 드는 데 주저하지 않았으며, 특히 인간 자본의 형성과 관련된 국가 역할을 중요하게 생각하였다. 이러한 국가의 역할에 대한 긍정적 평가는 교육에 대한 통제를 안정적으로 유지하는 논리적 기반을 제공하였다.

한편, 대학들은 이러한 국가의 지도와 감독에 자발적으로 순응하는 모습을 보여 왔다. 더욱이 전후 베이비붐과 높은 교육열에 편승하여 안정적으로 성장할 수 있는 환경은 대학으로 하여금 현실에 안주하게 하도록 하였다. 대학교육에 대한 높은 사회적 요구는 자연스럽게 대학 기관의 설립을 촉진하는 등 일종의 자기 증식(self-generating) 논리에 따라 대학의 양적 성장을 주도하였다. 대학의 팽창은 고등교육에 대한 대중의 교육 욕구를 해소한다는 점 이외에도 부수적인 다양한 효과를 지니고 있었다. 예를 들면, 경제 개발의 추진과 함께 그 수요가 급증한 대량 생산 체제에 적합한 교육받은 노동력을 공급하는 경제적 효과, 베이비붐 세대의 많은 젊은이들을 학교라는 공간에 수용함으로써 예상되는 사회 문제를 최소화한 사회적 효과 그리고 고등교육 기회의 확대를 토대로 정권의 정당성을 확보하고자 하는 정치적 효과 등이 그것이었다.

그러나 국가와 대학의 이러한 관계는 대학이 더 이상 안정적으로 성장하는 것이 가능하지 않게 되면서 새로운 문제의 원인으로 작용하게 되었다. 우선 베이비붐 세대들이 대학을 졸업하기 시작하면서 실업 문제, 과잉 학력 등의 문제가 나타났으며, 이러한 문제는 경제 위기와 만나면서 증폭되었다. 학령인구의 자연 감소는 과다 팽창된 대학 기관으로 하여금 더욱 위기감을 갖도록 하기에 충분하였다. 따라서 많은 대학이 생존을 위한 경쟁에 돌입하였으며, 경쟁은 대학으로 하여금 신자유주의 교육개혁에 자발적으로 참여하도록 하고 있다. 이런 점에서 신자유주의가 주장하는 교육에서 시장의 역할은 매우 호소력이 있음이 틀림없다. 대학 입장에서 보면 신자유주의에 따른 개혁은 다양한 선택지 중에서 하나가 아니라 불가피한 선택처럼 보인다. 특히 대학 팽창이 정점에 달하여 대학이 도태의 위기에 직면하면서, 그러한 성장의 한계를 극복하기 위한 전략으로서 간주되기도 한다.

대학은 생존을 위해 한편으로는 '학생에 대한 구애(求愛)'를 계속하고, 다른 한편으로는 '정부와 자본에 대한 비위 맞추기'에 열중이다. 신자유주의는 대학이 이러한 생존 전략을 수립하는 배경을 제공한다. 그러나 시장과 '좋은' 교육 사이의 관계는 검증되지 않은 가정이다. 우리는 교육을 시장에 맡기면 좋은 결과를 가져올 것이라고 생각한다. 실제로 신자유주의는 시장 논리에 따라 대학을 운영하면 또는 소비자들의 의견을 중시하면 '값싸고 질 좋은 대학교육'을 제공할 수 있다는 점을 강조한다. 시장 원리는 낮은 경쟁에 따른 질적 저하를 방지하고, 상품의 다양화와 소비자의 욕구에 대한 적절한 반응을 기할 수 있다는 점에서 매우 훌륭한 기능을 수행한다는 것이다. 그러나 시장 논리에 지배되는 교육의 상품화는 심각한 불평등의 원인이 될 수 있으며, 대학교육을 왜곡할 수 있다. 왜냐하면 시장 논리라는 것은 개인이 소유하고 있는 자본의 양에 비례하여 구매력이 결정되기 때문에, 모두에게 원하는 교육을 적절하게 제공해 줄 수 없다는 문제를 안고 있다. 정부의 예산배분과 관련된 각종 대학평가를 둘러싼 갈등이나 평가 지표가 갖는 문제는 그것이 대학의 특성이나 성격, 배경 등과 같이 경쟁의 전제 조건들을 고려하지 않는다는 데 있다.

더구나 한국의 대학은 시장 논리와는 한참 거리가 먼 일종의 약탈적 먹이사슬 구조를 보이고 있다. 획일적 기준에 따라 위계화된 대학 구조는 학생들을 둘러싸고 약육강식 법칙이 철저하게 적용된다. 해마다 입시철이 되면 어김없이 나타나는 다양한 형태의 학생 이동 현상은 그것의 반증이다. 학생들은 먹이사슬의 위를 향하여 이동한다. '탈(脫)지방'과 '향(向)서울'은 그것에 대한 표현이다. 이러한 불공정한 여건의 개선이 전제되지 않은 상태에서 경쟁과 시장 논리는 공정과 합리로 치장된 폭력에 불과하다. 이처럼 자본의 영향력으로부터 자유롭지 못한 신자유주의 교육개혁은 현 대학의 모순을 극복하는 대안이 아니라 오히려 교육적 불평등과 제도적 폭력성을 강화할 수 있다.

그럼에도 불구하고 교육을 시장 논리에 따라 재편하려는 신자유주의의 위세는 사그라질 줄 모르고 있으며, 더욱 확대될 조짐마저 보이고 있다. 문제는 신자유주의의 폭력성에 대한 비판이 대학의 자율이나 자유를 부정하는 것으로 이어진다면, 대학은 또다시 국가 발전이라는 이름을 등에 업은 국가 폭력을 견뎌야 하는 결과를 초래할 수도 있다. 교육을 전적으로 승자 독식의 시장 논리에 맡길 수도, 그렇다고 정부에 의한 일방적인 관리에 의존할 수도 없는 것이다. 이것이 우리의 딜레마다.

2) 정치적 선택으로서 신자유주의

대학의 위기는 국가가 신자유주의를 교육개혁의 이데올로기로 채택하면서 더욱 증폭되었다. 대처리즘이나 레이거노믹스(Reaganomics)가 그러하였듯이 한국에서도 신자유주의는 하나의 '정치적 선택'이었다. 실제로 경제적 가치에 따라 재편되는 제반 대학 개혁은 철저한 국가 권력의 지원 아래 강력하게 추진되고 있다. 대학 정책은 그러한 정치적 선택을 정당화하고 추진하기 위한 것들이었다. 그 결과 국가에 의한 교육통제가 강화되었으며, 국가는 교육에 대한 강한 통제 권한을 바탕으로 시장의 자유를 확장하는 일에 관심을 기울였다. 신자유주의의 가치와 개혁 의제를 국가 기구가 적극적으로 동원하고 활용하는 국면을 보이고 있다. 일종의 국가와 시장의 견제와 대립적 관계를 뒤엎는 패러독스인 것이다. 한국교육의 통치 모델은 다음과 같이 구분하여 제시할 수 있다.

한국의 대학은 해방 이후 국가의 철저한 규제와 통제 상황을 벗어나 본 적이 매우 드물다. 대학은 국가의 인력 수급이라는 경제적 이유에 따라 국가에 의해 관리되었다. 이러한 경제적 동인의 실상은 정치적인 것이었다. 여러 차례의 정권은 취약한 정권의 정당성을 담보할 수 있는 관건으로 경제 개발을 선택하고, 경제 개발을 위하여 사회의 모든 부분을 동원하였다. 따라서 경제적 이유와 정치적 이유는 매우 친화적이었으며, 그중에서도 정치적 이유는 대학에 대한 정책 결정의 주된 판단 기준이었다. 혹자는 국민의 높은 교육열

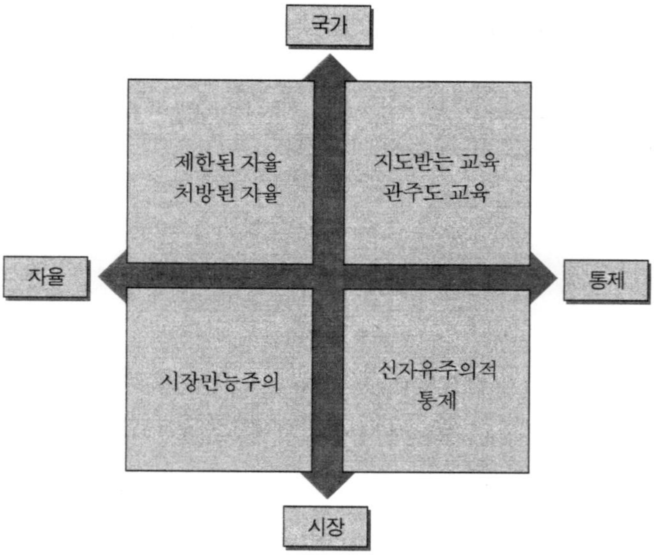

[그림 14-1] 한국교육의 통치 모델

을 들어 사회적 수요가 대학 정책의 중요한 배경이었다고 설명하기도 하지만, 그러한 외적 압력이 직접적으로 대학의 확장과 정책에 영향을 미쳤다고 보기는 어려우며, 대중의 교육요구를 고려할 것이냐에 대한 여부 또한 정치적 판단에 따라 적절히 취사선택된 것이다. 그런데 신자유주의는 이러한 국가 주도 대학 정책에 많은 변화를 초래하였다. 국가 주도의 통제 정책에서 벗어나 필요에 따라 다양한 통치 모델을 선택하고 있다.

앞서 살펴본 것처럼 신자유주의는 교육에서 시장 역할의 강조, 소비자 주권의 중시 등을 그 배경으로 한다. 그러나 이러한 일반의 생각과 달리 우리 경우는 시장을 구실로 국가의 교육에 대한 통제가 강화되는 모습을 보이고 있다. 정책이란 정부가 공식적으로 달성하고자 하는 수단이나 목표에 대한 공적인 진술을 의미하는데, 1990년대 초 · 중반 신자유주의 대학 정책의 주요 담론이 '경쟁'이나 '시장 논리'에 중점을 두었다면, 최근에는 교육의 질, 표준, 평가 등의 담론을 강조하고 있는 것으로 보인다. 실제로 국가의 대학에 대한 통제의 심화와 확대를 반증하는 정책으로는 '국가'에 의한 대학 평가 시스템의 도입과 강화를 들 수 있다. 국가는 재정 지원을 담보로 하는 평가를 통해서 대학에 대한 실질적인 통제자의 위치와 권한을 계속 유지하고 있으며, 자연스럽게 대학의 도태와 분업 그리고 계층화를 강화하고자 한다.

4. 전망

신자유주의 대학 개혁은 종래의 국가에 의한 정치 주도형에서 시장에 의한 경제 주도형으로 변화하는 것을 의미한다. 이것은 교육에서 국가 역할이 감소되고 시장의 역할이 증대되며 교육에 대한 자본주의 원리가 보다 적극적으로 적용됨을 의미한다.

신자유주의는 위기에 처한 대학을 구해 낼 '생존' 전략으로 받아들여지기도 한다. 대학은 교육 이념 및 제도의 재편을 통해 대학을 특성화하고 다양화하고 있으며, 그 결과 전통적인 대학과 비대학 부문 사이의 구분이나 차별이 엷어지고 오히려 통합되는 경향이 있다. 대학의 기업화를 촉진하는 동인으로 작용하고 있으며, 대학은 새로운 이윤을 창출하는 방향으로 개혁을 추진한다. 대학이 직업주의, 학습자와 노동시장의 요구 등과 같은 경제적 요인에 보다 적극적으로 반응하도록 압력을 가한다. 따라서 이러한 경제 논리가 우세한 상황에서는 대학 내부의 자율적 권한보다는 국가나 기업 등과 같은 대학 외부 세력이 개혁의 방향과 내용 등과 같은 학문적 의사 결정에서 우위를 점할 가능성이 많아졌다.

그러나 시장 중심 논리로 이행했다는 것이 곧 교육에 대한 국가의 개입 역할을 포기했다는 것을 의미하지 않는다. 여전히 교육개혁 논의의 핵심은 국가의 정치적 주도성에 의하여 결정된다는 특징이 있다. 시장이라는 정책도 사실은 정치권력이 자신의 정치적 목적을 달성하기 위하여 채택한 주요한 정책 도구의 일종인 것이다. 국가는 교육에서의 기능적 효율성을 높이기 위한다는 구실 아래 시장 원리와 경쟁 원리를 도입하여 경쟁력이 약한 교육 부문을 도태시키는 전략을 구사함으로써 지난 수년 동안 국가의 잘못된 교육 운영으로 인해 초래된 왜곡된 교육 구조의 책임을 회피하기도 한다. 이렇게 볼 때 종래의 교육개혁은 주로 국가가 정책 등을 통해 직접적으로 개입하는 형태의 '보이는 손'과 '드러난 얼굴'의 성격이 강했다면, 신자유주의 교육개혁은 국가의 역할이 시장이라는 기제를 통한 '보이지 않는 손'과 '드러나지 않는 얼굴'의 존재로 변화하였을 뿐 교육에 대한 핵심적인 기능은 여전하다고 할 수 있다.

우리는 교육 영역에 신자유주의가 확산됨으로 해서 예상되는 '위기'에 대하여 치밀한 논의를 전개하는 데 여전히 게으르다. 1960년대 이후 발전교육론이 강성 국가에 의하여 경제 개발을 위하여 불가피하게 채택된 것처럼 신자유주의 또한 경제 위기 극복과 국가 및 개인의 생존을 위한 불가피한 선택으로 간주되는 경향이 있다. 그러나 '더 부유한 자,

더 능력 있는 자가 더 가난한 자, 덜 능력이 있는 자의 희생 위에서 그들의 발전을 이루게 되더라도 개인의 성장을 중요하게 생각'하는 신자유주의는 새로운 문제의 원인으로 작용할 것임에 틀림없다. 따라서 시장의 편파성과 폭력성에 주목하는 동시에 시장의 부정적 기능을 견제하고 조정하는 국가의 '새로운' 교육적 역할을 모색할 필요가 있다. 시장의 견제 장치로서 국가 역할이 부정되고, 왜곡되거나 전적으로 배제된다면 시장의 폭력성은 더욱 심각한 지경에 이르게 될 것이며, 또한 시장 원리를 구실로 국가가 원칙 없이 선택적으로 교육에 개입함으로써 한국교육을 더욱 열악하게 만들 것이다.

에필로그

교육사회학의 과제

오늘날 인문사회과학은 해당 교육을 필요로 하는 수요를 창출하는 데 어려움을 겪으면서 대학교육으로부터 배제되는 심각한 생존 위기에 직면해 있다. 정부 정책도 인문사회과학에 우호적이지 않다. 따라서 이들 학문 분과들은 생존 위기를 타개할 수 있는 묘책을 찾기 위한 다양한 노력을 기울이고 있다. 그렇다면 교육사회학의 학문적 위상은 어떠하고, 향후 교육사회학의 과제는 무엇인가?

한국에서 교육사회학은 교사교육을 위한 교직과목으로 제도화되었다. 교사양성이 대학을 기반으로 이루어지면서 교육학은 예비교사를 위한 교직이론으로 제도화되었으며, 이는 교육사회학이 양적 및 질적으로 성장하게 하는 계기가 되었다. 교육사회학의 이론과 지식을 필요로 하는 사회의 강력한 요청보다는 '제도에 기대어 성장'하였다고 할 수 있다. 다행히도 지금까지 교육사회학은 교직이론의 안정적 제도화에 기대어 지속적으로 교육 수요를 창출하였다. 교육사회학은 교육학의 우산 아래서 제도의 보호를 받고 있다. 그러나 오랜 역사를 지닌 전통의 학문들이 손쉽게 '탈'제도화되는 것처럼 교육사회학의 미래가 보랏빛만은 아니다. 단지 위기가 제도의 보호막 아래 잠복되어 있을 뿐이다. 교육사회학은 교직과목의 변화와 더불어 그 정당성과 유용성이 영향을 받는 '을(乙)'의 상태에 있다.

실제로 교육사회학은 학계의 내부와 외부로부터 학문으로서의 존립을 위협할 수도 있는 다양한 도전을 받고 있다. 예를 들어, 교사양성제도에 기대어 성장한 교육사회학은 외부적으로는 교직이론으로서의 정당성과 효용성을 경험적으로 증명할 것을 요구받고 있으며, 내부적으로는 교직이론의 틀을 넘어서 다른 학문과 견주어도 손색이 없도록 교육사회학의 낮은 사회적 인지도와 영향력을 개선할 것을 요구받고 있다. 교육사회학이 마주하고 있는 위기는 교육사회학 지식의 유용성과 설명력 부족, 대중과의 대화와 소통 부족 그리고 정체성의 혼돈으로 정리할 수 있다. 교육사회학의 과제를 모색하는 것도 바로 이러한 위기와 밀접한 관련이 있다.

여기에서는 이러한 위기들을 중심으로 교육사회학의 학문적 위상과 전망 그리고 과제를 살펴보고자 한다. 이를 위해 통섭의 시대에 교육사회학은 "'누구를' 위하여 '무엇을' 탐구해야 하는가?" '일상적인 삶에서의 교육사회학 연구와 대학이나 연구소에서 행해지는 연구는 무엇이 같고 또 다른가?' '대학의 전문 연구자들에 의해 수행되는 교육사회학 연구는 어떠한 이유로 정당화되는가?' 등의 물음에 대답하고자 한다. 이러한 물음에 대한 답을 찾는 일은 교육사회학의 정당성을 확인하고, 앞으로의 전망을 모색하는 지침이 될 것이다. 특히 '교육사회학'을 가르치고 연구하는 강단 학자로서 스스로에 대한 성찰적 질문과 그에 대한 잠정적 대답이다. '내가 하는 일'을 냉정하고 엄격한 시선으로 바라보고 평가하는 것은 중요한 의미를 갖는다. 이 과정에서 뿌듯함과 부끄러움 그리고 희망과 좌절을 경험하겠지만, 그것이 바로 우리 수준을 가감 없이 드러내는 일이며, 그렇게 드러난 가능성과 한계를 통해 교육사회학의 전망과 과제를 찾고자 한다.

1. 교육사회학의 세 가지 위기

1) 지식 생산의 폐쇄성

지금과 같은 사회과학의 학문 분업 체계는 19세기 근대의 산물이다. 사회과학이 추구하는 과제와 물음은 오랜 역사성을 갖지만, 그것이 안정적인 형태로 제도화된 것은 대학이 제도화되고 팽창하였던 19세기 말이었다. 교육사회학에 배경적 지식을 제공하는 사회학도 이즈음에 출현하였으며, 서구에서 교육사회학은 이보다 훨씬 뒤인 1900년대 초반에 출현하였고 제도화되었다. 이후 사회과학은 사회변화와 더불어 더욱 전문적인 영역으로 세분화되었으며, 지식을 통합하기보다는 구분하고 분화하는 모습을 보였다. 그 결과 학문들 사이의 중첩성은 늘어났지만, 학문들 간의 골이 깊어져 대화와 소통이 어려워지는 역설적 상황을 초래하였다. 또한 학문들 사이의 명확한 경계와 차이를 찾는 것이 복잡해졌으며, 동일한 학문 내부에서도 이질성이 점점 확대되었다.

월러스틴 등(Wallerstein et al., 1996)은 학문이 지나치게 세분화되는 것이 바람직스럽지 않다고 생각하였다. 현재와 같은 사회과학의 세분화된 학문 구조를 공략하기 힘든 '요새(要塞)'로 비유한다. 그는 '요새'에 갇혀서 도대체 무엇을 할 수 있는가를 묻고, 교수들이 유용한 학문 분업이 무엇인지를 검토하고, 그것을 재구성하려는 노력을 기울이도록 독려한다. 이러한 사회과학의 딜레마를 극복하지 않고서는 학문의 미래를 기약할 수 없으며, 이러한 일을 게을리할 경우 학문의 재구성은 행정가들에 의해 타율적으로 추진될 것이라고 경고한다. 정부 정책과 일부 대학에서 추진하는 학과 통폐합은 행정가들에 의한 학문의 재구성이 경고가 아니라 현실이 되었음을 확인시켜 준다.

구체적으로 월러스틴 등은 사회과학이 분과 학문의 테두리 안에서 문을 걸어 잠그고 폐쇄적으로 안주하는 것이 아니라, 각자의 활동을 '개방'하는 것이 필요하다고 주장한다. 사회과학을 하나의 단일한 학문 분야로 통합한다거나, 기존 분과 학문의 틀을 탈피하여 다학문성(multi-disciplinarity)을 가진 새로운 분과 학문을 만드는 것이 아니라, 우리의 삶을 총체적으로 이해하기 위해 학문의 경계를 고려하지 말고 지적 활동을 새롭게 조직하고 확장하는 노력이 중요하다고 본다(Wallerstein et al., 1996: 131). 이런 점에서 그들은 사회과학으로부터의 '탈피(unthinking)'보다는 사회과학의 '개방(open)'을 주장한다.

사회생물학자 윌슨(Wilson)이 주장한 학문의 통섭(統攝, Consilience)이나 융합(融合, convergence)도 학문 영역 간의 개방과 '지식의 통합'을 요청한다는 점에서 비슷하다. 윌슨은 인간을 이해하기 위해 서로 다른 학문 분과들을 넘나들면서 지식을 통일하는 것이 중요하며, 바로 그러한 움직임을 통섭으로 정의한다. 그는 "인간 종의 고유한 특성인 문화가 자연과학과 인과적인 설명으로 연결될 때에만 온전한 의미를 가질 수 있다." (Wilson, 2005: 460)라고 주장하고, 극단적으로 파편화된 사회과학의 지식을 자연과학적 인과적 설명틀을 중심으로 하나로 통합하는 것이 필요하다고 말한다.

윌슨은 특히 사회과학에 비판적이었다. 그는 경제학과 심리학을 제외한 대부분의 사회과학은 이론이라는 것이 이야기 수준에 불과하고, 그마저도 정치적 이데올로기의 영향을 강하게 받는 풍토병에 걸려 있으며, 다른 분야와의 소통보다는 자신의 분야에 대한 충성심에 속박되어 있다고 생각했다(Wilson, 2005: 319-329). 나아가 사회과학은 개념적 통일성을 갖추지 못하여 과학적으로 엄격하지 못하며, 자연과학과 달리 다른 분야와의 통합을 위해 노력하지 않는다고 비판한다. 자연과학에 비해 사회과학의 발달이 더딘 이유도 따지고 보면 사회과학 분과 학문의 과도한 폐쇄성에 있다는 것이다. 따라서 상식 수준을 크게 벗어나지 못하고, 진부한 이야기가 지배하는 사회과학을 자연과학을 중심으로 재편하고 재구성할 것을 주장한다.

이들의 주장은 학문들 간의 개방, 통섭, 융합은 그 의미에서 약간의 차이가 있지만, 대체로 학문 영역의 통합과 재구성 그리고 지식의 통합을 강조한다는 점에서 공통적이다. 학문의 탐구 대상인 세상에서 단일 학문으로는 이해하기 어려운 비정상성이 빠른 속도로 증가하고 있어서 학문 영역들 간의 통합이 불가피하다는 것이다. 세상이 예전에 비해 더욱 복잡해져서 개별 학문의 지식 체계로는 설명하고 이해하는 것이 불가능하게 되었고, 따라서 여러 학문이 지혜를 모아 통합된 관점을 갖는 것이 중요하다고 말한다. 세상이 합리적으로 분석될 수 있는 질서정연한 모습이 아니라, 혼돈, 우연성, 비선형성, 질서와 무질서의 혼재 그리고 비예측성을 특징으로 한다는 것이다. 학문이 삶의 복잡성에 관심을 기울이게 되면서 학문들 사이의 통합이 강조되고 있다(Urry, 2005). 이제 학문들이 서로 개방하지 않고서는 교육현상에 대한 유용한 설명과 타당한 지식을 생산하는 것이 어려워진 것이다.

물론 '지식의 통합' 움직임을 비판하는 입장도 있다. 비판론자들은 '지식의 통합'이 기존 학문의 역할은 과소평가하고 통합의 가능성은 과잉 기대하고 있다고 주장한다. 지식의 통합에 대한 반응이 매우 더디고 원론적이며 때로는 자신들의 '경계'를 지키기 위해 저항하는 개별 학문의 상황을 고려할 때, 지식의 통합은 현실을 고려하지 못한 지나치게 낙관적 주장이라는 것이다. 이뿐만 아니라 '지식의 통합'이 '누구'에 의해 주도되고 있으며, '무엇을' 위한 것인지 명확하지 않다고 비판하기도 한다. 심지어 '지식의 통합'에 대한 사회적 요청이 지구화 시대에 합당한 인간자본의 형성을 위한 수단이나 '블루오션'과 같은 향후 주목받을 연구 주제의 선점을 위한 도구적 이유 때문이라는 주장도 있다.

학문의 미래에 대한 성찰에 근거하지 않고, 단지 실용적 의도에 따라 이루어지는 '지식의 통합'은 학문의 발전보다는 기형적 학문 구조를 만들어 낼 위험성이 있다는 것이다. 나아가 근대 학문 체계가 제국주의적 팽창과 서구 계몽주의의 유산인 것처럼 '지식의 통합' 또한 새로운 얼굴을 한 서구의 요청이라는 비판도 있다. 그러나 이러한 비판에도 불구하고 학문 내 분파의 확대와 분과 학문의 고립은 지식의 유용성을 제한하고 지식

공동체 형성의 가능성을 약화시킬 수 있다.

한국의 교육학은 월러스틴이나 윌슨 등이 비판한 사회과학의 상황과 매우 비슷하다. 교육학 또한 교육적 실천에 관한 지식을 생산하는 학술활동을 통합하고 통일시키는 방향이 아니라 반대로 서로 구분하고 분리하며 세분화하는 방향으로 진행해 왔다. 교육학의 분과 학문들 사이의 구분에 대한 일정한 수준의 유효하고 합리적인 동의가 존재하는지 의심스러우며, 특정 주장이나 지식에 과잉 사회화된 소수만을 위한 제한된 영토에 갇혀 있다는 생각도 든다. 개별 분과 학문들은 개방하기보다는 자신들의 경계를 더욱 뚜렷하게 구분하고, 자신들의 영토를 더욱 필사적으로 지키고자 애쓴다. 학문 영역들 간의 대화와 소통은 여전히 지난(至難)한 일이다. 교육학은 다른 학문 영역에 비해 내부 분화가 심한 편이다. 때로는 '교육학'이라는 공통 분모가 과연 있기나 하는지에 대한 의심과 회의마저 들기도 한다. 내가 게으른 탓도 있겠지만, 교육학의 분과 학문들 사이의 의사소통은 교육학과 다른 학문들과의 의사소통 못지않게 어려운 것이 현실이다. 교육학이라는 같은 우산을 쓰고 있지만 딴 살림을 차리고 있다는 생각이 들며, 심지어 분과 학문이 하는 일을 정확히 이해하기 어려운 경우도 많다. 교육학의 '과잉' 분화는 교육사회학이 다른 학문들과 소통하고 지식이 통합되는 것을 어렵게 한다.

교육사회학은 사회과학적 관점에서 교육 실천에 관한 지식 생산을 담당한다. 교육사회학자들은 교육사회학이 교육과 사회의 발전을 위해 필요하고 타당한 지식을 생산하고 있다고 믿는다. 나아가 이러한 자신들의 주관적 판단을 대중이 신뢰할 것이라고 '암묵적으로' 기대한다. 그러나 현실은 상당히 다르다. 교육사회학은 학문의 중심보다는 주변에 위치하는 경향이 있다. 학문의 주변화는 연구를 통해 생산된 지식이 어느 정도 실천적 함의를 가지고 있느냐 그리고 그러한 지식의 생산에 정부와 학계 그리고 사회가 어느 정도 관심을 기울이는가 하는 것과 관련이 있다. 그런데 교육사회학은 정책결정권자와 대학 그리고 대중에게서 크게 주목받지 못하고 소외되어 있다(Lauder, Brown, Dillabough, & Halsey, 2006). 정책당국은 교육사회학의 해석과 처방을 긴요하게 보지 않고 있으며, 대학 내의 제도적 위치 및 교육학 분과 학문들 사이에서의 사회적 인지도와 영향력 또한 그렇게 높지 않다. 교육사회학은 교육의 모든 것을 설명하거나 다룰 수 있는 것은 아니며, 연구들도 사회적으로 큰 주목을 받지 못하는 경우가 많다.

한국의 교육사회학은 내적인 학문적 기반이 그렇게 튼튼하지 못하다. 연구자들의 규모가 작고, 이데올로기의 영향을 과도하게 받으며, 개념적 통일성 수준도 낮은 편이다. 윌슨의 지적처럼 백가쟁명식의 전(前)과학적 논의가 지배하고 있으며, 때로는 과학적 판단과 도덕적 판단이 혼용되기도 한다. 소칼과 브리크몽(Sokal & Bricmont, 1998)은 사회과학이 의미 없는 것들을 유행시키는 일종의 지적 사기를 벌이고 있다고 극단적으로 비판한다. 그들의 눈에 사회과학은 오개념의 범벅이요, 명확하지 않은 것들의 나열이다. 이러한 비과학성의 과잉은 학문의 위기를 초래할 가능성이 크다. 따라서 자연과학적 모델을 채용하여 학문의 과학성을 높이는 것이 필요하다는 윌슨의 주장이 다소 과하기는 하지만, 지식의 통합을 매개로 교육사회학의 전문성과 엄밀성을 강화할 필요가 있다는 주장은 곱씹어 볼 만하다. 왜냐하면 학문 공동체의 내부 준거에 따라 연구가 평가되는 폐쇄적 지식 생산으로는 지식의 유용성과 설명력을 확장하는 데 명확한 한계가 있기 때문이다. 자신들의 공동체에 대한 충성에 기반을 둔 이와 같은 지식 생산 방식은 관련 학문의 발달한 연구 성과에 둔감할 뿐만 아니라 연구 결과를 확산하는 데에도 어려움이 있다.

2) 상아탑에 갇힌 학문

모든 학문이 그렇듯 교육사회학도 청중을 필요로 한다. 전통적으로 학자들은 대중보다는 동료 연구자들을 주된 청중으로 생각하였다. 연구의 가치는 학문 공동체의 내부 기준에 따라 판단되는 것이 보통이었다. 연구자들이 사회적인 것에 관심을 두는 것은 못마땅한 일로 간주되기도 하였다. 따라서 연구는 대중이 이해하기 어렵게 현학적이고 비의적인 모습을 보였으며, 주로 자신이 속한 학문 공동체에서 소비되었다. 연구자들은 대중과의 거리를 좁히기보다는 멀리하고자 함으로써 학문적 권위를 유지하고자 하였다.

이러한 학문 행태는 의도하지 않았지만 대중을 학술적 논의로부터 배제하는 결과를 초래하였으며, 동시에 연구자들의 공적 역할에 대한 회의를 낳았다. 대중은 아카데미즘(academism)이라는 틀에 갇힌 연구자들을 현실을 모르는 시대에 뒤처진 사람들이라고 냉소하였다. 더구나 예전과 달리 대중은 무지몽매한 무리가 아니라 교육받은 사람들로 스스로 교육문제와 관련하여 전문 연구자들과 견줄 수 있을 정도의 식견(識見)을 갖추고 있다고 생각하였다. 또한 대중은 반드시 전문 연구자들에 의존하지 않고도 다양한 곳으로부터 필요한 전문적 지식과 정보를 얻는 것이 가능해졌다. 고차의 수리적 기호를 동원하는 경제학이나 심리학에 비해 주로 담론의 형태를 띠는 교육사회학의 지식은 전문성의 수준이 그렇게 높지 않은 유약한 것으로 인식되기도 한다. 연구자들은 대중의 태도가 문제라고 생각하였지만, 마땅히 그들을 압도할 수준 높은 이론과 설명을 제시하지 못하였다. 교육문제에 관한 한 전문가와 비전문가의 경계가 약화된 것이다.

미국에서 사회학도 비슷한 상황이었다. 부라보이(Burawoy, 2005)는 2000년대 중반 이후 심화된 사회학의 위기를 타개하기 위해 사회학이 다양한 역할을 담당하는 여러 유형으로 분화될 필요가 있음을 주장하였다. 그는 기존 사회학이 학자들 공동체에서만 통용되는 제한된 지식 생산에 많은 관심을 기울였다면, 이제는 대중의 삶에 기여할 수 있도록 대중과 소통하면서 사회문제의 해결을 위해 힘쓰는 '공공 사회학(public sociology)'으로의 변화가 필요하다고 보았다. 사회학이 정부와 대중에게서 주목받지 못하고 멀어지게 된 중요한 이유가 실제적 효용성의 부족에 있다고 보이며, 공공 사회학을 통해 그 문제를 해결하고자 하였다. 무엇보다도 전문 연구자들이 연구의 유일한 또는 주요 청중이며, 나아가 그들이 연구의 가치를 평가하고 판단하는 주된 권한을 갖는 것은 바람직하지 않다고 생각하였다.

학문이 상아탑에 갇혀 있지 않고 저잣거리로 나와 대중과 함께 호흡한다는 것은, 학문이 소수의 연구자들을 위한 활동이 아니라 공적 기능을 담당해야 한다는 점을 고려할 때 중요하다. 학문이 대중과 호흡한다는 것은 학자들에 의해 자율적으로 생산된 지식의 공적 활용만을 의미하는 것이 아니라, 연구자의 문제의식과 주제도 대중의 요구에 민감해야 된다는 것을 의미한다. 이런 점에서 교육사회학이 교육문제의 해결과 관련되어 대중적 쓰임과 활용이 크다는 것은 바람직스러운 일이다.

학문의 폐쇄성을 극복하는 일은 교육사회학 연구에서 사용되는 언어를 대중이 알기 쉬운 형태로 사용하는 노력을 기울여 대중과의 거리를 줄이는 것이다. 대중과 대화하고 소통하는 것은 교육사회학에 대한 인지도와 영향력을 높이는 데 있어서 중요한 요인이다. 상아탑에 유폐되어 있는 학문을 저잣거리에서 대중과 만나야 교육사회학의 존립 이유가 있다는 것이다. 이러한 주장은 연구자와 대중, 대학과 사회와의 거리를 줄인다는 점에서 중요하다.

그러나 이러한 주장에 대한 반론 또한 적지 않다. 학문이 대중과의 거리를 좁히면 좁힐수록 '실용성'이 학문 활동을 판단하는 주된 기준으로 작용하게 되며, 연구자의 학문적 관심과 노력은 쓸모없는 것으로 외면당할 위험성이 커질 수 있다는 비판이다. 예를 들어, 전 지구화와 신자유주적 질서는 교육사회학으로 하여금 시대적 상황에 걸맞은 '쓰임새', 즉 유용성을 증명하도록 요구하면서, 특정 관점에서 특정 주제에 집중하도록 압력을 가하기도 한다. 이러한 압력은 연구자의 관점과 주제를 오염시킬 수 있다. 이뿐만 아니라 대중과의 소통은 자칫 대중과 분파적 갈등을 초래할 가능성이 있다. 경쟁하는 다양한 생각들을 아우를 수 있는 타당한 지식의 생산이 어려울 경우, 결과적으로 전문가들의 영향력만 약화시킬 수 있다는 것이다. 이와 같은 비판에도 불구하고, 교육사회학의 정당성은 내부 연구자들에 의해서만 담보될 수 없고, 대중의 인정과 분리하여 논의될 수 없다.

교육사회학이 제도적으로 존재한다고 해서 저절로 교육사회학의 정당성이 보장되는 것은 아니다. 이제는 교육사회학이 제도의 보호막에 기대는 것이 아니라, 학계와 대중을 대상으로 사회적 인지도와 영향력을 확대하는 등 존재 이유를 지속적으로 증명하고 설득하기 위한 부단한 노력이 필요하다. 학문의 정당성은 선험적으로 당연한 어떤 것이 아니라 영향력 있는 지식의 생산을 위한 학술적 노력과 그렇게 생산된 지식을 대중이 유용하게 사용할 수 있도록 대화와 소통을 통해 자신의 노력을 알리고 그러한 노력의 타당한 가치를 인정받는 일련의 과정을 통해 얻어진다. 번스타인(Bernstein)은 교육사회학자들이 학문 영역을 유지하는 일이나 자신의 연구 관점의 중요성에만 집착하였고 대신에 다른 학문이나 대중과 소통하는 일에는 무관심했다고 비판한다. 그는 많은 연구가 교육사회학에 대한 '헌정의 언어'로 채워져 있다고 비판한다(Apple, Ball, & Gandin, 2010). 이제 대학 연구실에 갇혀 있는 교육사회학 지식을 대학 밖으로 확장하고 나아가 그것이 대중의 삶에 실질적으로 도움이 되는 성찰적 지식을 제공해야 한다.

3) 지역적 편파성

지금과 같은 학문 분업 체계에서 학문의 정체성을 둘러싼 논쟁은 끝이 없다. 학문의 정체성은 그 학문이 존재해야 하는 정당성을 의미한다. 그런데 학문의 정체성을 규정하는 일은 명확하게 규정하기 어렵고, 애매하며 심지어 거추장스러운 작업이다. 그 이유는 학문의 정체성이라는 것이 학자들 공동체에 의해 합의된 모습으로 변함없이 고정된 모습으로 존재하는 것이 아니라, 사회적 조건에 따라 학자들 공동체의 밖에서 새롭게 정의되고 재구성되기 때문이다.

학문이 학문으로서의 정체성을 인정받기 위해서는 다른 학문과 구별되는 고유한 탐구 대상과 객관적인 연구 방법을 갖추고 있어야 하며, 무엇보다도 대학에서 그것을 가르칠 수 있도록 제도화되어야 한다. 특정한 분야의 지식을 생산하기 위해 공유되고 안정적으로 신뢰할 만한 수단과 제도를 갖추어야 하는 것이다. 이러한 점에서 다양한 이유로 대학에서 통폐합되는 학문 영역들은 심각한 정체성 위기를 마주하고 있다고 할 수 있다.

그렇다면 우리는 어떻게 교육사회학의 학문적 정체성을 갖게 되었는가? 교육사회학 관련 활동을 수행하는 사람들은 교육사회학 관련 교재와 교육사회학 관련 학술지에 실린 논문들을 통해 교육사회학의 정체성과 탐구 주제들을 학습한다. 대학에서 행해지는 교육사회학 관련 강의를 통해 교육사회학을 접하고, 학문으로서 교육사회학의 성격과 역할 그리고 관심 주제 등을 배운다. 교육사회학의 정체성에 대한 인식도 이렇게 '학습된 기억들'의 일부다. 물론 누구에게서 배웠느냐에 따라 학습된 기억에 다소 변이를 보이기도 하지만, 변이의 폭은 그렇게 넓지 않다. 학문은 사회적 진공 속에 존재하지 않으며, 교육사회학 또한 다양한 이해로부터 자유롭지 못하다. 연구자와 연구 주제와의 관계는 서로 분리되어 있는 것이 아니라 의미를 공유하고 있으며, 그렇기 때문에 상호 구성된다. 학문의 정체성을 드러내는 연구 주제가 연구자와 관계없이 객관적으로 존재하는 것이 아니라, 연구자의 내면적 삶과 긴밀하게 연결되어 있는 것이다. '지식의 통합'이란 이와 같이 학습된 기억의 형태로 존재하는 교육사회학의 정체성으로부터 덜 구속된 사고와 행동을 가능하게 한다.

그런데 교육사회학의 정체성과 관련된 '학습된 기억'은 자생적이기보다는 밖으로부터 유입된 성격이 강하다. 근대학문이 서구 제국주의의 시선(imperial gaze)에 기초하고 있으며, 서구 중심의 헤게모니적 질서로서의 편입을 목적으로 한다고 주장(Connell, 1997: 1527)에서 교육사회학도 예외는 아니다. 강정인(2004)은 학문적 심성의 식민성(coloniality)을 학문적 문제의식의 서구화, 서구 이론에 따른 한국 현실의 동화주의적 해석, 서구 중심주의에 의한 한국(비서구) 현실의 주변화, 학문의 대외(서구) 종속성으로 정리하고 있는데, 교육사회학의 경우도 크게 벗어나 있지 못하다.

한국과 같은 제3세계 교육사회학자들은 그람시(Gramsci)의 지적처럼 식민주의의 담론과 권력구조 그리고 사회계급구조에 참여하는 동시에 탈식민주의의 전위로서의 역할을 담당한다. 이 과정에서 연구자는 식민주의와 탈식민주의의 담론에 참여하고 있다는 '이중 의식(double consciousness)'을 경험하기도 한다. 이처럼 교육사회학은 상당 부분 서구 지식 체계에 인식론적으로 종속되어 있었다.

물론 서구에서 생산된 교육사회학이론에 천착하는 것이 무의미하다는 것을 말하고자 하는 것이 아니다. 국경을 넘어서 새로운 배움의 길을 찾는 행위의 역사는 오래되었다. 여러 곳을 주유(周遊)하며 행하는 배움 활동은 경험과 인식의 지평을 넓혀 주기에 충분하였다. 이러한 활동은 수평적인 지식과 경험의 확대를 의미하기도 하였지만, 동시에 수직적 지식에로의 입문을 의미하기도 하였다. 선진 문물을 습득하거나 선진 지식과 이론을 배우고자 하는 것 그리고 전혀 경험하지 못하였던 새로운 수단을 익히고자 하는 것은 중요하다. 문제가 되는 것은 '서구 중심주의의 무의식적 내면화'다(강정인, 2004: 417).

그런데 '학문의 식민화'는 자본주의와 서구식 지식 및 전통의 팽창주의와 관련되어 있다. 서구 문명 중심의 학문 세계는 필연적으로 대학 등의 교육기관에서 일어나는 의미의 축적과 재생산 과정을 통하여 점점 더 주변부 국가를 중심부 국가의 논리와 의미체계로 편입시키는 역할을 담당하였다. 지구화를 통해 확산되고 강화되고 있는 서구 중심의 지식과 가치 그리고 논리의 팽창은 교육사회학의 지적 분업 상태를 더욱 강화할 가능성을 내재하고 있다. 한국의 대학은 지식과 의미의 제도적 축적과 관련하여 여전히 변방이며, 지식의 생산보다는 지식의 소비를 위한 기지로 이용되는 경향이 강하다. 교육사회학의 이론과 실제에서 다루어지는 많은 지식은 서구의 언어와 아이디어, 방법론 그리고 설명틀로 수렴되는 '단일 문화의 논리(mono-cultural logics)'를 따르고 있다. 이러한 점에서 교육사회학의 이론적 논의가 부재하다는 것은 곧 지배와 폭력을 정당화하고, 나아가 그러한 불합리와 부조리에 방관적이라는 것을 의미한다. 따라서 교육사회학의 임무는 사회적 현실을 엄격하고 복합적으로 분석하여 한국교육을 가장 잘 이해하고 설명할 지식을 생산하는 것이다. 교육사회학의 정체성 위기를 극복하는 길은 식민화된 '연구 방법' '연구 관심과 의식' 그리고 '연구의 의도'로부터 벗어나는 것을 의미한다.

2. 교육사회학은 어떤 교육풍경을 그려야 하는가

교육사회학이 탐구대상으로 하는 세상은 늘 변화한다. 지구화는 교육을 국제적으로 표준화하고 있으며, 국민국가의 교육적 권위를 위협하고 있다. 정보통신기술의 발달은 교육과 연구의 탈전문화를 재촉하고 있으며, 교사의 역할을 교육 전문가보다는 조력자로 변모시키고 있다. 학교교육을 중심으로 전개된 근대교육도 정당성의 위기를 마주하고 있다. 학교는 성장의 한계에 이르러 제도적으로 정체되어 있으며, 학교교육이 모두에게 보다 나은 삶을 가져다줄 것이라는 낙관주의는 의심받는다.

교육사회학은 교육과 사회진보, 사회개혁 그리고 사회평등의 긍정적 관계를 가정하고, 교육의 사회적 효과를 밝히고자 하였다. 그러나 1990년대 이후 교육을 통한 평등과 진보에 대한 기대는 퇴각하고 대신에 불평등이나 교육위기 등이 그 자리를 대신하고 있다. 교육사회학 연구자들과 대중은 이러한 현실을 통해 심각한 인식론적 단절을 경험하고 있다. 교육사회학이 관심을 기울일 필요가 있는 몇 가지를 제시하면 다음과 같다.

1) 연구 주제의 재구성

'무엇을 연구의 중심에 둘 것인가?'라는 물음은 연구가 누구를 위하여 그리고 무엇 때문에 필요한가라는 물음이다. 교육사회학은 학교와 교사 중심의 연구에서 벗어날 필요가 있다. 물론 교육사회학은 학교와 교사들의 직업적 실천에 도움을 주는 연구와 이론적 지식의 생산을 위한 연구를 다룰 필요가 있다. 교직이론을 통해 교육사회학의 지식을 갖춘 교사를 교육하는 역할을 담당해야 한다. 그러나 학교와 교사뿐만 아니라 학교 안과 밖의 모든 교육적 실천에 주목해야 한다. 교육사회학은 '교육'에 방점을 두고 교육과 사회적인 것들의 관계를 탐색해야 한다. 교육사회학은 "교육'의(of)' 연구와 교육을 '위한(for)' 연구"를 지속적으로 추진해야 한다(Apple et al., 2010; Moore, 2010). 전자가 학술적 · 이론적 지평을 넓히는 것과 관련이 있다면, 후자는 교사들의 교육적 실천을 위한 연구와 관련이 있다. 이 두 주제는 서로 지속적인 긴장과 논박 그리고 상호 보완의 관계를 유지할 필요가 있다.

새로운 연구 주제를 찾는다는 이유로 교육사회학의 핵심 주제를 소홀히 할 가능성을 경계해야 한다. 로더 등(Lauder et al., 2006)은 빈곤, 불평등, 기회균등, 사회적 박탈 등과 같은 교육사회학의 핵심 주제들이 시류에 밀려 간과되어서는 안 된다고 주장한다. 유행하는 주제 때문에 교육사회학의 핵심 주제가 매몰되는 경우가 적지 않다. 그러나 교육적 지식의 문제, 교육과 불평등, 학교교육의 미래, 학교 중심 교육적 실천의 향방 등에 관한 주제는 교육사회학 연구의 중심이어야 한다. 예를 들어, 교육사회학은 공적인 학교교육 연구에 집중하였으며, 대신에 학교 밖의 사적 공간에서 이루어지는 교육에 대해서는 상대적으로 무관심했다. 그러나 오늘날 학교는 사적 이익을 위한 도구적 기능을 강조하면서 공적 공간이 사유화되는 부정적 결과를 낳고 있다. 이와 반대로 학문적 관심을 받지 못하였던 사적 공간에서 행해지는 교육이 오히려 공공성을 더욱 실현하는 경우도 발견할 수 있다. 이러한 현상은 학교화된 사회와 교육의 미래와 관련하여 새로운 논의거리를 제공한다.

연구 주제는 연구자 개인의 내적 동기에 의해서만 결정되는 것은 아니다. 외부적으로 교육사회학의 연구 주제에 영향을 미칠 가능성이 있는 다양한 요인들이 존재한다. 특히 한국에서의 교육사회학 연구는 주제 설정과 관련하여 이념의 영향을 강하게 받는다. 따라서 어떤 주제들은 처음부터 무시되거나 아예 관심을 받지 못하는 경우도 있다. 강력한 자기 검열과 외부 검열이 동시에 작동하는 것이다. 따라서 특정 주제는 그 필요성에도 불구하고 연구 관심으로부터 멀어지며, 기껏해야 제한적으로만 연구가 진행된다.

한국 사회는 좌우 정치적 이념대립이 심각한 수준에 이르고 있다. 좌파, 종북, 친북 등으로 구분된다는 것은 사회적으로 회복이 불가능한 주홍글씨다. 연구자들은 자신이 좌파로 분류되는 것을 경계하며, 연구물이 북한에 이로운 것으로 평가받을 수 있는 빌미를 주지 않도록 주의한다. 이뿐만 아니라 북한과 관련된 연구 주제들은 의도적으로 기피하게 된다. 다루어 보았자 실익이 없는 것이다. 이와 같은 좌우 이데올로기 대립은 교육사회학을 이론의 탐구보다는 경험적 기술주의에 집중하도록 한다. 더불어 사회의 보수화와 신자유주의적 사고의 지배는 연구 주제는 물론이고 연구자들의 문제의식마저도 보수적으로 만드는 요인으로 작용하고 있다. 연구자와 연구물을 좌와 우로 구분하는 현실을 고려할 때 연구 주제의 선정과 실행에 있어 이데올로기의 영향은 피하기 어려운 문제라고 할 수 있다.

더구나 교육학의 다른 분과 학문과 달리 교육사회학은 비판적 성격 때문에 학문적 유용성과 정당성에 대한 비판을 받아 왔다. 지나치게 급진적이라거나 비판만 일삼고 대안의 모색에는 둔감하다는 비판을 받기도 하였다. 교육사회학은 정치적, 사회적, 교육적으로 서로 다른 이데올로기들이 각축하는 전장(戰場)과 같다. 1980년대 중반 이후 한국의 교육사회학은 사회에 비판적인 진보적 진영에게 유용한 지식을 제공함으로써 이데올로기적 기능을 담당하기도 하였다. 교육사회학은 '정치화'되었으며, 이와 같은 정치화는 교육사회학을 국가의 교육정책을 비판하고 적대하는 학문이라는 생각을 갖도록 하였다. 문제는 이와 같은 교육사회학의 학문적 정체성이 타당한 지식의 생산을 가로막음으로써 학문의 정체(停滯)를 초래하였다는 것이다. 교육사회학 연구자들은 이러한 비판에 부분적으로 동의하기도 하지만, 그러한 비판이 이데올로기적 성격을 갖는다고 무시하기도 한다. 지식의 통합이 이러한 이념의 영향을 약화시킬 효과적 방법인지는 여전히 의문이다.

2) 지식의 통합과 소통을 위한 번역

교육사회학을 개방하고 다른 학문 영역과 의사소통하기 위해서는 서로의 관점과 연구를 확장하고 소통이 가능하도록 번역(飜譯, translation)하는 것이 필수적이다. 번역은 다른 분야에서 이룬 성과를 빌려 오기 위해 절대적으로 필요하다. 번역은 서로 다른 개념과 분석틀 그리고 연구방법 때문에 의사소통이 단절된 학문들 간의 상호 고립과 적대를 극복할 수 있도록 하는 중요한 수단이다. 이뿐만 아니라 연구자와 대중과의 의사소통을 매개하는 것이기도 하다. 사람들은 동일한 언어와 용어 그리고 연구 결과를 다르게 이해하고 해석하는 경우가 많다. 특히 일상적 삶에서 사용되는 많은 용어는 학술적으로도 사용된다. 그런데 그중 적지 않은 용어들은 다른 의미로 사용되며, 같은 뜻으로 사용되는 경우에도 '그릇된 개념'으로 이해되는 경우가 많다. 따라서 번역은 오역(誤譯)의 위험을 피하고, 상대방을 설득하고, 이해하고, 마음을 바꾸도록 하는 기능을 한다. 또한 이질성과 다양성에 대한 인식과 이해를 가능하게 하고, 나아가 다양한 분야에서 기울이고 있는 다양한 교육 관련 연구를 접함으로써 교육문제의 해결을 위한 생각을 공유할 수 있는 계기가 되기도 한다. 나아가 연구 결과로부터 배제되는 사람들을 줄이고, 그들에게 교육적 판단에 필요한 유용한 지식과 정보를 제공하는 것이다.

이러한 번역은 일방적이지 않고 쌍방적 활동이어야 한다. 자칫 번역은 특정한 생각이나 가치 그리고 대안을 강요하고, 그것에 동화되도록 하는 결과를 초래할 수도 있다. 번역이 자신들의 생각을 정당화하고 확장하는 정치적 수단으로 전락되어서는 안 되는 것이다. 이런 점에서 번역은 다양한 원석(原石)과 같은 연구 결과를 유통시키고, 학문 영역들 사이의 골을 메우며, 현상에 대한 인식을 성숙시키는 매우 고차원의 활동이다. 그것은 원문을 그대로 가감 없이 옮기는 번역 기계의 작업이 아니라, 연구와 관련된 행위자들과 연구 상황 그리고 연구 결과를 서로 보완하고 화해시키며 조화를 이루게 하는 일이다.

특히 학문은 대중과의 소통을 위해 다양한 번역의 기술을 동원할 필요가 있다. 교육사회학 연구는 종이 저널에서 인터넷 미디어에 이르기까지 다양한 매체를 다루는 기술, 다양한 수준의 청중에게 효과적으로 설명할 수 있는 능력이 중요하다. 통계적 방법도 그러한 기술 중의 하나다. 일부 비판적 연구자들은 통계를 실증주의적이라고 거부하여 왔으나, 현실적으로 통계학은 널리 사용되고 있다. 따라서 우리는 쓸모 있는 '기술적 기법'을 익히고 그것을 활용하여 유용한 교육사회학 지식이 소통될 수 있도록 할 필요가 있으며, 그것이 쉽게 주변화되는 것을 경계해야 한다(Apple et al., 2010). 번역은 또 다른 의미의 학술적 생산 기능이라고 할 수 있다.

국가적 차원의 대규모 데이터를 분석하는 것도 번역의 일종이라고 할 수 있다. 그러나 이와 같은 번역은 신중하게 접근할 필요가 있다. 근래 들어 교육사회학은 자료의 생산보다는 패널 데이터와 같이 생산된 자료의 소비에 집중하는 경향이 있다. 연구자들은 자료의 생산으로부터 소외되어 있으며, 이미 생산된 자료를 분석하는 기술자로 그 위치가 변화되기도 한다. 이와 같은 위치와 역할의 변화는 연구 주제에 대한 통제 권한이 줄어들기 때문에 연구자의 자율성을 위축시키는 역설적 결과를 낳게 된다. 연구자는 생산된 데이터에 맞추어 문제의식과 연구 주제를 변형한다. 이뿐만 아니라 문제 상황을 설정하고 그것을 구체화하는 문제의식을 약화시키는 결과를 낳게 된다.

왜냐하면 연구 문제는 자동적으로 정의되고, 연구자는 정의된 문제를 기계적인 방법을 동원하여 분석하는 역할에 집중하기 때문이다. 따라서 과도한 실용주의와 실증주의는 교육사회학 연구의 생명력을 저해하고, 나아가 표준화된 연구와 연구 결과를 반복적으로 생산하는 결과를 낳게 된다. 또한 연구자의 개인적 경험과 안목이 개입될 여지가 축소된다. 더구나 학문자본주의, 책무성, 평가의 강조 등은 이러한 현상을 더욱 부추긴다. 연구자들이 연구 문제를 '만들기보다는' 연구비 등을 지원받으며 이와 함께 제시된 연구 문제를 '받아 수행하는 일'이 더욱 빈번하게 발생한다. 일종의 '학문 길들이기'인 셈이다. 경우에 따라 지식의 통합은 이와 같은 학문의 길들이기를 촉진할 가능성도 있다고 본다.

3) 의례적 연구 활동의 탈피

교육사회학의 이론 생산을 위한 논쟁의 부재는 또 다른 문제다. 학문 공동체는 관점과 방법의 차이에도 불구하고 예의를 중시하는 '예치(禮治) 시스템'의 지배를 받는 경우가 많다. 예의가 지배하는 학문 공동체는 다른 주장이 쉽게 개진되기 어려운 일사불란하게 질서 잡힌 곳으로 인식된다. 그러나 학문 공동체는 구성원들의 서로 다른 배경과 품성 그리고 세계관 등에 영향을 받는 해석 공동체다. 해석 공동체로서 학문 공동체에서 다양한 해석 방법은 매우 중요하다. 이런 점에서 교육사회학의 기존 관행과 의례적 행위를 비판적으로 바라볼 필요가 있다. 학문 공동체에 대한 친밀함과 온정적 태도로부터 벗어나 열린 사고와 객관성 그리고 냉정함을 견지하는 것이 교육사회학과 다른 분야와의 소통을 가능하게 관건이라고 할 수 있다.

교육사회학 관련 연구에서는 어떤 자료를 참고하는 행위가 공동체로부터 구성원으로 인정받는 하나의 상징적 의미를 갖기도 한다. 무엇을 참고하고 또는 참고하지 않을 것인가 하는 점은 무미건조한 객관적 행위가 아니라 매우 정치적 행위다. 스틴치콤(Stinchcombe, 1982)은 같은 학문 영역의 구성원이라는 연대감을 갖기 위해서는 일종의 의례(rituals of solidarity)가 필요하다고 주장한다. 학회에 참석하여 연구물을 발표하는 행위나 학회지에 투고하는 것 등은 모두 이러한 의례적 기능을 나타내는 상징들이다. 이뿐만 아니라 공유된 가치와 방법론 그리고 연구 프레임을 갖는 것도 중요한 상징들이다. 이처럼 학문은 다양한 의례적 신화가 존재하는데, 그것이 늘 긍정적이지 않으며 때로는 파괴적인 결과를 초래하기도 한다. 이런 점에서 학문 영역의 개방은 이와 같은 의례적 행위의 부정적 영향으로부터 단절과 해방을 의미한다고 할 수 있다.

4) 경계를 넘어선 협력

생명공학과 교육사회학은 어떤 관계를 맺어야 하는가? 오랫동안 교육사회학은 생물학적 환원론과 거리를 두어 왔다. 생물학적 결정론과 후천적 노력을 의미하는 교육학적 환원론은 서로 조화되기 어려운 것으로 간주되었다. 교육사회학은 일차적으로 계급, 직업, 문화 등과 같은 '사회적인 것'에 주목한다. 따라서 다윈(Darwin)의 적자생존이나 유전학 그리고 생물학은 교육의 사회적 측면에 주목하는 교육사회학 입장에서는 매우 부담스러운 것들이다. 생물학적 결정론은 다양한 모습을 하고 있다. 뇌 과학과 생명과학의 발달은 인간을 뇌의 구조나 유전자에 따라 움직이는 수동적 존재로 간주한다. 진화생물학은 유전자의 1차적 목적은 자신의 보존과 대물림이며, 인간의 행동이나 삶이란 이러한 이기적 유전자의 명령에 불과하다는 입장이다. 도킨스(Dawkins), 핑커(Pinker), 윌슨(Wilson) 등은 인간은 유전자의 명령에 따르는 수동적 존재라고 주장한다.

많은 교육학자는 생물학적 설명 방식에 비판적이거나 적극적인 관심을 기울이지 않는다. 로즈(Rose, 2014)는 이러한 불편함이 생물학을 운명과 동일한 것으로 간주하는 태도, 즉 인간의 성격과 지적 수준 그리고 사회적 지위가 '생물학적으로' 미리 결정된다고 이해하기 때문이라고 주장한다. 모든 것들이 예외 없이 생물학적으로 결정된다고 보는 것은 극단적인 운명론이다.

오히려 우리의 삶은 단일 요인에 따라 결정되는 것이 아니라, 여러 요인의 우연한 중첩에 영향을 받으며, 생물학의 발달에 주목함으로써 여지없는 생물학적 결정론으로부터 자유로워질 가능성을 키울 수 있다. 예를 들어, 고혈압 환자에게 과도한 소금 섭취가 건강에 이롭지 않다는 이론은 사람들로 하여금 소금 섭취를 통제하도록 함으로써 생물학적 요인의 영향을 줄일 수 있게 되는 것이다. 뇌 과학이 학습부진과 같은 교육문제를 해결할 열쇠로 간주되기도 하며, 인간게놈프로젝트와 줄기세포 연구는 질병치료뿐만 아니라 사회적 적응에 어려움을 겪는 사람들에게 체념을 희망으로 바꾸어 주기도 한다. 또한 기존 교육사회학적 이해와 설명 논리를 교정하는 기능을 담당하기도 한다.

이와 같이 생물학은 이미 다양한 모습으로 교육이론과 실천에 영향을 미치고 있으며, 애써 무시하거나 유령처럼 대하기 어렵게 되었다. 더구나 생물학은 점점 그 사회적 영향력을 확대하고 있다. 생물학이 다루는 경계의 확장과 그 영향력의 심화는 생물학의 교육학적 함의에 대한 성찰을 요청하고 있다. 따라서 '생물학적인 것'과 '교육적인 것'은 서로 배제의 관계가 아니라 통합과 보완의 관계로 접근할 필요가 있다. 이를 위해서는 교육사회학을 지배하고 있는 유전과 환경, 자연과 교육, 인문학과 자연과학, 운명과 노력의 이분법을 극복하는 것이 필요하다.

3. 마침말

근대 학문은 서구 계몽주의의 산물이다. 학문은 나름의 고유한 영토를 중심으로 진리, 진보, 합리성 등의 추구를 목적으로 삼고 있다. 그러나 지구화와 과학기술의 변화는 전통적인 학문 분업 체계를 흔들고 있다. 지구적 맥락에서 새로운 지식의 창출과 획득을 위한 조건으로서 경계 가로지르기가 일상적으로 나타나고 있다. 더 이상 학문 경계를 주어진 것으로 받아들이지 않으며, 동시에 지식의 통합을 매개로 새로운 경계를 생산하기도 한다. 대학에서 제도적 기반과 학문 연구 사이의 상호 의존은 안정적이지 않고 유연하다. 오래된 학문이 대학으로부터 그 제도적 기반을 상실하기도 하고, 새로운 교육 수요를 만들어 내는 것을 버거워하기도 한다. 학문이 담당했던 전문화 개념도 유동적이 되고 있다.

학문의 통섭과 융합 그리고 개방 등은 모두 이러한 변화에 대한 학문 세계의 반응이라고 할 수 있다. 통섭이니 융합이니 하는 담론들은 기존 학문의 영역과 경계를 넘나들면서 바이러스처럼 퍼지고 있다. 교육사회학도 이러한 흐름으로부터 자유롭지 못하다. 전통적인 학문 영역의 경계가 점점 모호해지고 있으며, 아마도 머지않아 누가 교육사회학자이고 또는 아닌지, 교육사회학의 연구대상이 무엇이고 또는 아닌지를 말하는 것이 어렵게 될 수도 있을 것이다. 오늘날 교육사회학이라고 부를 수 있는 것이 있는가? 있다면, 학문으로서 구별되는 그 속성은 무엇인가?

사실 교육사회학의 연구대상인 교육현실은 늘 안정적이지 않으며, 뒤틀림의 연속이고, 그것마저도 우연적인 경우가 많다. 더구나 개별 국가의 영토 안에서 일어나는 교육 문제가 전 지구적으로 확장되기도 한다. 전통적인 교육사회학으로는 이해하기 어려운 현상들이 일상적으로 일어나고 있다. 교육사회학은 기존의 의례화된 규범이나 관행에 안주할 것이 아니라 지속적으로 다양한 소통을 요구받고 있다. 이제 교육사회학이라는 학문의 영토에 갇혀 있는 것은 바림직하지 못하다. 대중은 상아탑에 갇혀서 제한된 학자들을 대상으로 학문 활동을 수행하는 교수들을 향해, "당신들이 대학에서나 교수지, 다른 사람들보다 학문적으로나 인간적으로 구별되는 점이 무엇이냐고 묻는다." (Wallerstein et al., 1996: 131)

교육사회학이 다른 학문과 구별되는 독특한 학문적 위상은 자신들의 영토에 대한 내적 충성에서 나오는 것이 아니라, 학문의 사회적 인지도와 영향력에 근거한다. 그러한 사회적 인지도와 영향력은 교육사회학의 공적 신뢰성을 의미한다. 이러한 점에서 학문들 간의 통섭과 융합 그리고 개방은 교육사회학에게 위협보다는 기회로 작용할 가능성이 크다.

참고문헌

감사원(2011). 감사결과보고서: 대학 등록금 책정 및 재정운용 실태.

강영혜, 박소영(2008). 특성화 고등학교의 실태와 개선방안 연구. 서울: 한국교육개발원.

강영혜, 박소영, 정현철, 박진아(2007). 특수목적 고등학교 정책의 적합성 연구. 서울: 한국교육개발원.

강정인(2004). 서구중심주의를 넘어서. 서울: 아카넷.

강창동(2002). 한국의 교육문화사. 서울: 문음사.

강태중, 김재춘, 고영남(2008). 고등학교 유형 체계의 정립. 고교체제 개편 및 고교교육 혁신 종합대책 세미나 발표집(2008년 4월 26일 강원대학교), 3-15.

강현아(2002). 간호전문직 노동의 변화: 감정노동의 강화. 경제와 사회, 55, 142-168.

견지동인(1925). 夏休中의 學生諸君을 爲하야. 개벽, 제62호, 57-63.

계봉우(1908). 학교의 폐해. 태극학보, 제26집, 1908년 11월.

古川宣子(1996). 日帝時代 普通學校體制의 形成. 서울대학교 대학원 교육학과 박사학위논문.

光州西公立中學校 編(1938). (改正教育令に基ける本校)教育の運營. 光州: 光州西公立中學校.

교육과학기술부(2008. 12. 29.). 자율형 사립고등학교! 학생의 선택이 다양해집니다. 보도자료.

교육과학기술부(2009). 학교에 대한 궁금증 학교정보공시제도가 해결해드립니다.

교육과학기술부(2009. 6. 11.). 학교현장 중심 자율화로 다양하고 더 좋은 학교 만든다. 보도자료.

교육과학기술부(2009. 10. 27.). 학교교육 내실화를 위한 교사 수업전문성 제고 방안. 보도자료.

교육과학기술부(2009. 12. 10.). 고등학교 선진화를 위한 입학제도 및 체제 개편 방향. 보도자료.

교육과학기술부(2009. 12. 22.). 2010년 업무보고 교육과학기술 선진화로 세계일류국가 도약. 보도자료.

교육과학기술부(2010. 12. 17.). 2011년 업무보고: 창의인재와 선진과학기술로 여는 미래 대한민국.

보도자료.
교육과학기술부(2010a). 교육평가제 관련 16개 시도별 여론조사 결과 발표. 보도자료.
교육과학기술부(2010b). 학생 정서 · 행동 선별검사 및 추구관리 매뉴얼.
교육과학기술부(2011. 6. 5.). 대학 등록금 부담 줄이기 정책에 대한 교과부의 입장. 보도자료.
교육과학기술부(2011. 6. 22.). 시 · 도 교육청 평가 결과. 보도자료.
교육과학기술부(2011. 9. 23.). 대학구조개혁위원회 회의 결과 발표. e-브리핑 자료.
교육과학기술부(2011. 10. 11.). 기초학력 · 정신건강 사각지대 해소 위한 지원 본격화. 보도자료.
교육부 · 국가평생교육진흥원(2014). 2013 평생교육백서.
교육인적자원부(2005. 5. 25.). 새로운 대학입학제도에 대한 올바른 이해. 보도자료.
교육출판기획실(1986). 교육노동운동. 서울: 도서출판 석탑.
구수경(2007). 근대적 시간규율의 도입과정과 그 의미. 교육사회학연구, 17(3), 1-26.
구자억, 남궁지영, 김순남, 정수현, 정규열(2009). 3주기 교원양성기관평가 강화방안 연구. 서울: 한국교육개발원.
구해근(2008). 세계화 시대 한국 계급 연구를 위한 이론적 모색. 경제와 사회, 76, 255-327.
국사편찬위원회 편(1999). 한국독립운동사 5.
국회사무처(1988. 7. 21.). 제143회 국회문교공보위원회 회의록. 제3호.
국회사무처(1988. 11. 7.). 제144회 국회문교공보위원회 회의록. 제4호.
국회사무처(1989. 7. 8.). 제142회 국회 본회의 회의록.
국회사무처(1989. 10. 18.). 제147회 국회 본회의 회의록.
국회사무처(2010. 6. 18.). 국회 교육과학기술위원회 회의록.
김경근, 장희진(2005). 자녀교육을 위해 거주지 이동을 선택한 가족의 특성. 한국교육학연구, 11(2), 65-87.
김경동(1988). 감정의 사회학: 서설적 고찰. 한국 사회학, 22, 1-21.
김경은, 이신동(2014). ADHD인가? 영재인가? 판별 오류 가능성. 특수아동교육, 16(3), 119-137.
김경일(2001). 식민지 여성 교육과 지식의 식민지성: 식민 권력과 근대성. 사회와 역사, 제59집, 83-109.
김경희(2006). 대인 서비스 노동의 특징에 관한 연구: 감정노동과 서비스노동의 물질성을 중심으로. 경제와 사회, 72, 206-229.
김경희, 강은애(2007). 돌봄노동의 상품화를 통해 본 모성과 노동. 담론201, 10(4), 71-106.
김광기(2008). 정상과 비정상, 그리고 이방인. 사회이론, 33, 282-333.
김기전(1921). 우리의 社會的 性格의 一部를 考察하야써 同胞兄弟의 自由處斷을 促함. 개벽, 제16호, 2-17.
김남근(2011). 대학교육의 기회균등을 위한 참여연대의 반값등록금 정책. 복지동향, 2011년 8월호, 8-13.
김대영, 이효구(1976). 우리나라 인구이동의 특징, 1965-70. 서울: 한국개발연구원.
김두환(2008). 부모와 자녀의 사회적 관계와 대학진학 포부 및 학업성취. 교육사회학연구, 18(4), 29-53.
김병도(1940). 개정된 시험제도 비판. 朝光, 6(5), 219-221.
김성열 외(2009). 국가 경쟁력 제고를 위한 국가수준 학업성취도 평가의 발전 방향. KICE Position Paper, 1(1), 1-24.

김성학(2006). 군대식 학교규율의 등장과정과 사회적 기능: 1880~1910. 교육사회학연구, 16(4), 51-91.
김수정(2009). '고학력화'는 빈곤을 감소시켰는가? 1985년~2006년 도시가계조사 분석. 한국 사회정책, 15(2), 251-287.
김안나(2012). 고등교육사회학. 서울: 학지사.
김영식, 김병주, 김홍식, 나민주, 이석열, 강병운, 백정하, 강낙원(2006). 대학등록금 실태조사 및 책정모델 개발 연구. 서울: 한국대학교육협의회.
김영철(2012). 대학 진학 격차의 확대와 기회형평성 제고방안. KDI Focus, 제23호.
김종철(1989). 한국교육정책연구. 서울: 교육과학사.
김진균, 정근식, 강이수(1997). 보통학교체제와 학교 규율. 김진균, 정근식 편, 근대주체와 식민지 규율권력. 서울: 문화과학사.
김진목(1923. 12. 31.). 조선교육계와 덕육의 효과. 동아일보.
김창제(1931). 학교선택문제 특집: 學校選擇에 관하야- 學父兄에게 訴함. 동광, 제18호, 1931년 2월, 46-49.
김천기, 조인근(2005). 특수교사의 감정규칙에 관한 문화기술연구. 교육논총(전북대학교 교육대학원), 25, 83-113.
김행수(2008. 4. 18.). 자사고-특목고 설립 약속, '제2의 뉴타운 공약'. 오마이뉴스.
김형준(1932). 조선현실과 인테리겐차. 제1선, 7월호, 52-55.
김홍중(2009). 육화된 신자유주의의 윤리적 해체. 사회와 이론, 14, 173-212.
남수경(2012). 대학 등록금 및 장학금 지원의 방향과 과제. 교육재정경제연구, 21(1), 57-90.
노국향(1997). 대학지원양상에 기초한 한국 고등교육인구의 편포분석. 고등교육연구, 9(1), 63-84.
대통령자문교육개혁위원회(1995a). 세계화 · 정보화 시대를 주도하는 신교육체제 수립을 위한 교육개혁방안.
대통령자문교육개혁위원회(1995b). 세계화 · 정보화 시대를 주도하는 신교육체제 수립을 위한 교육개혁방안(자료).
대한민국정부(2008). 이명박 정부 100대 국정과제. 서울: 국무총리실 문화체육관광부.
문화교육부(1988). 문교 40년사.
박광주(1992). 한국권위주의 국가론: 지도자본주의 체제하의 집정관적 신중상주의 국가. 서울: 인간사랑.
박달성(1923). 조선교육계와 교원자격문제. 개벽, 제33호, 22-26.
박부권(1994). 국가, 사회계급, 그리고 교육정책. 김기석 편, 교육사회학 탐구II: 역사, 사회 그리고 교육현실(pp. 1-29). 서울: 교육과학사.
박부권(2003). 고등학교 평준화정책, 이제 바뀌어야 하는가?. 아산사회복지재단 편, 교육환경의 변화와 교육정책의 과제(pp. 137-164). 서울: 아산사회복지재단.
박부권(2010). 개혁역주의 전환점에서: 고교 체제 개편, 특목고 제도, 고교 선택제, 일반고 개혁. 한국교육의 이슈와 현 정부의 리더십. 2010 한국교육학회 춘계학술대회 발표논문집(2010. 4. 24.), 111-116.
박세훈, 김홍주, 백순근(2008). 고교 다양화 300프로젝트 추진 방안. 한국교육학회 편, 고교체제 개편 및 고교교육 혁신 종합대책 세미나 발표집(2008. 4. 26.), 93-123.
박영춘(1933). 문화예비군의 고민. 제1선, 1933년 1월호, 11-13.

박철희(2003). 일제강점기 중등학교의 학생 규율. 교육비평, 12: 308-328.

박춘파(1921). 일본 동경에 유학하는 우리 형제의 현황을 들어써. 개벽, 제9호, 81-85.

방하남, 김기헌(2003). 한국 사회의 교육계층화: 연령코호트간 변화와 학력단계별 차이. 한국 사회학, 37(4), 31-65.

변정숙(1908. 7. 29.). 智力의 競爭. 공립신보.

보건복지부(2014). 2014년 정신건강사업안내.

새누리당(2012. 9. 27.). 총선공약 예산반영 주요사업(93개 사업 반영). 보도자료.

서경혜, 유신영(2004). 좋은 수업에 대한 교사와 학생 및 학부모의 관점. 교육학연구, 42(4), 285-315.

서울특별시(2012. 8. 19.). 서울시립대 재학생 328명 0원 등록금 고지서 받아. 보도자료.

서정우(2009). 감정노동자의 '상호적으로 체현된 노동' : 프랜차이즈 기업 소속 미용사의 노동과정을 중심으로. 현대사회과학연구(전남대학교 사회과학연구소), 13, 125-152.

성기선(1998). 학교효과 연구의 이론과 방법론. 서울: 원미사.

손준종(1996). 90년대 교육개혁의 사회적 성격에 대한 논의. 교육학연구, 34(1), 149-167.

손준종(2000). 신자유주의와 한국 대학개혁의 의미. 강치원 편, 세계화와 한국 사회의 미래(pp. 367-394). 서울: 백의.

손준종(2001). 평생교육 담론의 세계적 수렴 현상에 대한 비판적 논의. 평생교육학연구, 7(2), 177-199.

손준종(2003). 일제 식민지 시기 학력 담론의 출현과 분화. 한국교육학연구, 9(1), 93-115.

손준종(2004a). 교육공간으로서 강남(江南) 읽기: 교육정책에 주는 함의. 교육사회학연구, 14(3), 107-131.

손준종(2004b). 교육논리로서 '능력주의' 재고. 한국교육학연구, 10(2), 135-153.

손준종(2004c). 근대일본에서 학생 몸에 대한 국가 관리와 통제. 비교교육연구, 14(3), 195-220.

손준종(2004d). 미국 고등교육의 기업화 과정 분석: 그 가능성과 한계. 교육사회학연구, 14(2), 101-128.

손준종(2005). 누가 교육을 위해 한국을 떠나려고 하는가?: 교육 관련 '탈' 한국 현상의 사회적 성격 분석. 교육사회학연구, 15(2), 65-90.

손준종(2006). 내신제 도입의 사회적 성격에 대한 연구: 1930년대를 중심으로. 교육사회학연구, 16(3), 131-161.

손준종(2008a). 교육적 공간전략으로서 탈한국: 특징과 영향. 한국교육학연구, 14(2), 107-130.

손준종(2008b). 지구화와 국가교육의 재고. 교육사회학연구, 18(3), 87-110.

손준종(2010a). 교사 전문성 담론의 성격 분석: 이명박 정부의 교원정책을 중심으로. 교육정치학연구, 17(4), 91-119.

손준종(2010b). 근대교육에서 국가의 몸 관리와 통제 양식 연구. 한국교육학연구, 16(1), 25-59.

신경아(2009). 감정노동의 구조적 원인과 결과의 개인화: 콜센터 여성노동자의 사례 연구. 산업노동연구, 15(2), 223-256.

신광영(2008). 세계화 시대 계급론과 계급 분석. 경제와 사회, 77, 238-287.

신주백(2005). 일제 말기 체육 정책과 조선인에게 강제된 건강: 체육 교육의 군사화 경향과 실종을 중심으로. 사회와 역사, 제68집, 252-280.

신중섭(2005). 전교조의 이념과 운동 비판. 서울: 자유기업원.

신필희(1924). 입학시험. 개벽, 제50호, 12-31.

신형철(1932). 졸업기 · 입학기 압두고 學海에 警報. 별건곤, 제49호, 10-12.

심경생(1933). 조선인 도지사 인물관. 삼천리, 5(9), 62-65.

심세광(2005). 미셸 푸코에 있어서 주체화와 실존의 미학. 프랑스학연구, 32, 177-211.

엄묘섭(2009). 감정의 시대: 문화와 집합행동. 문화와 사회, 6, 7-51.

오성철(2000). 식민지 초등교육의 형성. 서울: 교육과학사.

오영림(2010). 주의력결핍과잉행동장애를 가지고 있는 청소년들이 경험하는 ADHD의 본질과 의미에 관한 현상학적 연구. 정신보건과 사회사업, 36, 164-202.

오욱환(2005). 교사 전문성: 교육전문가로서 교사에 대한 논의. 서울: 교육과학사.

오욱환(2008). 교육격차의 원인에 대한 직시: 학교를 넘어서 가족과 사회로. 교육사회학연구, 18(3), 111-133.

유영신(2008). 신자유주의 국가관리방식과 평생학습도시. 숙명여자대학교 박사학위논문.

유팔무, 김원동, 박경숙(2005). 중산층의 몰락과 계급양극화. 서울: 소화.

유현숙, 임후남, 양수영, 김기호, 여승수, 엄준용, 정하나, 이선호, 최미영, 이은혜, 장민혜, 김근영, 신선미(2010). 2009 대학 공시정보 분석자료집. 서울: 한국교육개발원.

윤혜선(2011). 학력신장 교육개혁과 교사 감정노동의 관계 연구. 한국교원대학교 교육학과 석사학위논문.

이광수(1922). 민족개조론. 개벽, 제23호, 19-23.

이규호(1973). 평생교육의 이념. 유네스코 한국위원회 편, 평생교육발전세미나 보고서(pp. 17-31).

이기홍(2010). 양적 방법의 사회학. 사회와 이론, 17, 191-227.

이명박(2008. 2. 25.). 제17대 대통령 취임사.

이상렬(1933). 입학시험 낙제생 넉두리. 별건곤, 제62호, 26-27.

이숙종(1936). 京城 各 女學校 校服評, 實用과 美觀을 主로: 경성 각 녀학교 교복평, 실용과 미관을 주로. 삼천리, 8(8), 178-180.

이연호(1999). 김대중 정부의 경제개혁과 신자유주의적 국가등장의 한계: 동아시아의 개발도상국의 한 사례. 한국정치학회보, 33(4), 287-307.

이연호, 임유진, 정석규(2002). 한국에서 규제국가의 등장과 정부-기업관계. 한국정치학회보, 36(3), 199-222.

이은우(1993). 한국의 농촌 · 도시 간 인구이동함수. 경제학연구, 41(2), 213-232.

이재혁(2003). 성(聖)스러움의 합리성? 'Newcomb의 문제'를 다시 제기하며. 한국 사회학, 37(2), 149-177.

이정미, 나민주, 오범호(2009). 대학 등록금 및 학생1인당 교육비 산정 근거 공시 방안 연구. 서울: 한국교육개발원.

이종각(2003). 교육열 올바로 보기: 그 정체는 무엇이며 어떻게 다루어야 하나? 서울: 원미사.

이청우(1926). 過渡期에 잇는 靑年의 社會的 價値 -鬪爭過程에 잇는 靑年의 任務. 개벽, 제66호, 9-18.

이학래(1985). 한국 개화기의 체육사상. 한국학연구, 8, 343-370.

이혜영, 윤종혁, 류방란(1997). 한국 근대 학교교육 100년사 연구(II): 일제시기의 학교교육. 서울: 한국교육개발원.

이홍균(2004). 소외의 사회학. 서울: 한울 아카데미.

임동근(2012). '인간' 과 장치: 푸코 통치성의 문제설정. 문화/과학, 71, 285-299.

임혁백(1994). 시장 · 국가 · 민주주의: 한국민주화와 정치경제이론. 서울: 나남출판.

작자미상(1930a). 나의 항의. 별건곤, 제31호, 76-82.

작자미상(1930b). 모-던 복덕방. 별건곤, 제27호, 46-47.

작자미상(1932). 五大學府 出의 人材 언.파렛드. 삼천리, 4(2), 13-24.

장응진(1923). 졸업생을 보내는 감상과 희망. 개벽, 제33호, 27-30.

전국교직원노동조합(1989. 5. 1.) 전국교직원노동조합 발기취지문.

전국교직원노동조합(1989. 5. 18.). 전교조 창립 선언문.

전국교직원노동조합(2009. 5. 18.). 전교조 창립 20주년 제2참교육선언.

全南教育會(1943). 國民學校經營便覽. 光州: 光州全南教育會.

전제상(2002). 교육의 발전과제와 교원단체의 역할. 한국교원교육연구, 19(2), 81-107.

정수복(2007). 한국인의 문화적 문법: 당연의 세계 낯설게 보기. 서울: 생각의 나무.

정은영, 김명화, 상경아, 김지아(2008). 국가수준 학업성취도 평가 체제 개선 연구(Ⅰ). 서울: 한국교육과정평가원.

鄭在貞(2005). 日帝下朝鮮における國家總力戰體制と朝鮮人の生活－[皇國臣民の鍊成]を中心に－, 日韓歷史共同硏究委員會(2005). 報告書(第1期 2002-2005年): 第3分科 近現代. 東京: 財團法人 日韓文化交流基金.

정진상(2006). 교사의 사회의식과 전교조. 서울: 한울아카데미.

제은숙(1993). 일제하 조선인의 중등학교 진흥운동. 1919-1925. 서울대학교 대학원 교육학과 석사학위논문.

조재호(1925). 조선교육계에 촉망하노라. 學之光, 제27집, 40-43.

조재호(1932). 中等學校 試驗廢止 可否 및 그 實施에 對한 一 考察. 별건곤, 제34호, 32-35.

조형근(1997). 식민지체제와 의료적 규율화. 김진균, 정근식 편, 근대 주체와 식민지 규율 권력. 서울: 문화과학사.

주요섭(1931). 학교선택문제 특집: 學校選擇에 대한 社會的考察과 個人的考察. 동광, 제18호, 1931년 2월, 51-54.

지은림(2001). 대학입학전형의 다양화를 위한 전형자료들의 예측타당도 평가. 교육평가연구, 14(2), 155-172.

차상철(2006). 교육공공성 실현을 위한 교육운동과 교육노동운동의 전망. 5 · 10 교육민주화선언 20주념 기념 심포지움 발표 논문집(2006. 5. 10. 여성플라자), 54-71.

차성환(1999). 세기적 전환과 한국 사회: 새 천년과 한국 시민종교의 과제. 담론201, 12(3), 85-120.

채만식(2003). 탁류. 서울: 송정.

최은영(2004). 거주 집단의 사회 · 경제적 지위와 공교육 환경의 차별화: 강남구와 광진구를 사례. 도시연구, 9, 66-86.

통계청(2005). 유학국가별 유학생 수(초 · 중 · 고). KOSIS국가통계포털. http://kosis.nso.go.kr에서 2007년 10월 20일 인출.

팔봉산인(1924). 지배계급 교화 피지배계급 교화. 개벽, 제43호, 13-27.

한국교육개발원(2002). 한국교육의 현실과 조기유학(유학이민)의 명암.
한국교육개발원(2003). 특수목적형 고등학교 운영 실태 및 진단에 관한 세미나 자료집. 연구자료 RM 2003-9.
한국교육개발원(2010). 교육통계연보. http://kess.kedi.re. kr/index
한국교육개발원(2011). 고등교육 재정 확충 및 효율적 운영방안 연구.
한국대학교육협의회(2010. 1. 8.). 등록금 상한제와 취업 후 학자금 상환제도 연계 처리 반대. 보도자료.
한국대학교육협의회(2010. 1. 16.). 등록금상한제도 도입에 유감을 표명한다. 보도자료.
한국대학교육협의회(2011. 5. 30.). 정치권 중심의 등록금 부담 완화 논의에 우려: 대학재정 확대 방안 마련과 함께 추진되어야. 보도자료.
한영진(1939). 중등학교 입학난과 그 대책. 조광, 5(6), 130-131.
한우희(1991). 보통학교에 대한 저항과 교육열. 교육이론, 6(1), 53-76.
허명회, 전성연(1996). 입학선발지표와 대학 학업성취도의 관련성. 교육학연구, 34(5), 299-309.
현남숙(2007). 여성주의 문화에서 감정의 중요성. 한국여성철학, 7, 189-212.
현대경제연구원(2012). 국내 가구의 교육비 지출 구조 분석: 40대 중산층의 교육비 부담 크다. 지속가능 성장을 위한 경제주평, 502, 1-11.
홍윤기(2001). 지구화 조건 안에서 본 문화 정체성과 주체성 - 문화혼합 시대의 공共주체적 혼성 자아의 구성. 사회와 철학, 1, 33-75.
황기우(1997). 교직의 전문직업성에 대한 사회학적 고찰. 교육문제연구, 9, 79-100.

加藤弘之(1882). 人權新說. 東京: 谷山樓.
岡 久雄(1941). 朝鮮教育行政. 京城: 帝國地方行政學會朝鮮本部.
高橋 敏(1999). 近代史のなかの教育. 東京: 岩波書店.
高田邦彦(1927). 體操教授書改定に就いて思ふこと. 文教の朝鮮, 20, 9-22.
古川 昭(2002). 舊韓末近代教育の形成. 岡山: ふるかわ海事事務所.
宮村正興(1942). 中等學校의 入學試驗方法 改正과 그 意義. 春秋, 3(3), 99-102.
今岡賢一郎(1941). 運動會に對する考察. 文教の朝鮮, 193, 28-31.
吉見俊哉(1994). 運動會の思想: 明治日本と祝祭文化. 思想, 844, 137-162.
大雄廣明(2001). わが國學校體育の成立と再編における兵式體操・教錬採用の意味-明治・大正期を中心として. 筑波大學體育科學系紀要, 24, 57-70.
大坪 兆(1940). 學校身體檢查法に就いて. 文教の朝鮮, 177, 60-66.
麻生 誠(1970). 大學と人材養成: 近代化にはたす役割. 東京: 中央公論社.
梅澤慶三郎(1938). 體操科教授要旨と學校體操教授要目の改正. 文教の朝鮮, 154, 28-33.
木村 元(2000). 1930-40年代初頭日本義務制初等學校の動向と再編の課題: 初等教育の變容と中等學校入試改革の動向に注目して. 社會學研究(一橋大學), 38, 211-255.
武田誓藏(1942). 武士道精神と皇國女性. 文教の朝鮮, 207, 24-29.
文部省(1941). 改正入學考査法の本旨. 東京: 文部省.
山本信良・今野敏彦(1977). 學校行事の軍事的・擬似自治的性格: 大正・昭和教育の天皇制イデオロギー.

東京: 新泉社.
山本信良・今野敏彦(1987). 近代教育の天皇制イデオロゴー: 明治期學校行事の考察. 東京: 新泉社.
山本拓司(1999). 國民化と學校身體檢查. 大原社會問題硏究所雜誌, 488, 30-43.
三島通良(1897). 學生生徒身體檢查心得. 東京: 國文社.
森 有禮(1874a). 學政要領, 山住正己(2000). 教育の體系:日本近代思想大系 6 (pp. 130-132). 東京: 岩波書店.
森 有禮(1874b). 兵式體操に關する建言案, 山住正己(2000). 教育の體系:日本近代思想大系 6 (pp. 139-141). 東京: 岩波書店.
上彬敏夫(1927). 最近體育思潮. 文教の朝鮮, 20, 2-5.
松延信義(1938). 皇國臣民體操實施について: 體育の深化と劍道. 文教の朝鮮, 154, 34-38.
守田保(1940). 中等學校 入學新選拔法要義. 東京: 東洋圖書株式合資會社.
嶽小原天眞(1927). 普通學校兒童と體育. 文教の朝鮮, 20, 82-87.
櫻井役(1942). 中學教育史稿. 大阪: 受驗硏究社.
鹽原時三郎(1939). 中等學校入學者選拔方法の改定, 朝鮮教育會(1940). 中等學校 改正入學考查の手引. 京城: 朝鮮教育會.
永井道明(1913). 學校體操要義. 東京: 大日本圖書.
玉城 肇(1956). 日本教育發達史: 教育に見る日本の100年. 東京: 三一書房.
楢崎淺太郎(1924). 選拔法概論. 東京: 中文館藏版.
依田德藏(1941). 柔道教育. 文教の朝鮮, 193, 2-7.
伊倉健治(1942). 改訂 國民學校教育精說. 春川: 春川師範學校.
日本教育社會學會 編(1986). 新教育社會學辭典. 東京: 東洋館出版社.
入江克己(1976). 大正期における自由主義体育思想の研究(1). 教育科學(鳥取大學教育學部), 18(1), 123-144.
田原宏人(1983). 小學校授業料問題. 東京大學教育學部紀要, 23, 397-405.
田中寬一(1931). 選拔考查法. 東京: 培風館.
井上一男(1970). 學校體育制度史, 增補版. 東京: 大修館書店.
堤政助(1923). 中學校入學試驗問題に關する硏究. 朝鮮教育, 7(6), 150-155.
朝鮮教育會(1940). 中等學校 改正入學考查の手引. 京城: 朝鮮教育會.
朝鮮總督府 編(1928). 中等學校長會議事項:昭和3年. 京城: 朝鮮總督府.
朝鮮總督府 編(1938). 朝鮮總督府時局對策調查會諮問案參考書. 京城: 朝鮮總督府.
朝鮮總督府 學務局 社會教育科・朝鮮教育會(1938). 皇國臣民體操の精神と實施上の注意. 文教の朝鮮, 151, 55-58.
朝鮮總督府學務局 編(1931). (學校卒業生指導に關する)講習會竝協議會集錄. 京城: 朝鮮總督府 學務局.
朝日新聞社 編(1939). 中等學校入試新考查の解說. 大阪: 朝日新聞社.
佐々木尙毅(1993).「良民則良兵」理念の登場と青年の組織化, 寺崎昌男, 編輯委員會 共編(1993). 近代日本における知の配分と國民統合 (pp. 272-291). 東京: 第一法規.
竹內一(1932). 學校體育の重要性. 文教の朝鮮, 82, 51-61.
竹內一(1933). 體育に對する觀念の變遷. 文教の朝鮮, 90, 43-46.

竹之下 休藏, 岸野雄三(1957). **近代日本學校體育史**. 東京: 東洋館出版社.

中谷千藏(1943). **國民學校 學籍簿情義**. 東京: 東洋圖書柱式合資會社.

中山 務(1978). **帝國大學の誕生: 國際比較の中での東大**. 東京: 中央公論社.

中村祐司(1992). 戰時下の「國民體育」行政: 厚生省國力局による體育行政施策を中心に. **人間科學研究(早稻田大學)**, 5(1), 123-139.

中村祐司(2002). スポーツ行政をめぐる政策ネットワークの研究. 早稻田大學 政治學 博士學位論文.

天野郁夫(1992). **學歷の社會史: 敎育と日本の近代**. 東京: 新潮社.

村岡哲夫(1927). 輓近體育の倫理的考察. **文敎の朝鮮**, 20, 30-36.

村岡哲夫(1941). 高等女學校における體操科敎授綱領. **文敎の朝鮮**, 193, 18-22.

幣原 坦(1905). 韓國敎育改良案. **植民地朝鮮敎育政策史料集成**, 第63卷. 東京: 大學書院.

平壤師範學校(1931). **平壤師範學校要覽**. 平壤: 三谷活版所.

平田勝政(2002). 大日本優生會の研究. **長崎大學敎育學部紀要(敎育科學)**, 第63號, 15-29.

平井三男(1926). 體育如是我觀. **文敎の朝鮮**, 5, 49-53.

豊卷英吉(1941). 入學兒童選拔試驗 綴方選後雜感. **文敎の朝鮮**, 7月號, 25-27.

學部(1910). **普通敎育學**. 京城: 韓國政府印刷局.

學部(1911). 韓國敎育ノ現狀.

向井虎吉(1927). 學校體操敎授要目改正に就て. **文敎の朝鮮**, 20, 71-81.

厚生省(1940). 厚生省体力局の第1回體力章檢定の實施. **人口問題硏究**, 1(5), 70-74.

厚生省(1943). 體力章檢定合格者に授與する體力章の圖式改正の件公布. **人口問題硏究**, 4(6), 29.

Agamben, G. (2010). **장치란 무엇인가: 장치학을 위한 서론**(양창렬 역). 서울: 난장.

Althusser, L. (1971). Ideology and ideological state apparatuses. In B. R. Cosin (Ed.), *Education: Structure and society* (pp. 242-280). London: Open University Press.

Apple, M. W., Ball, S. J., & Gandin, L. A. (2010). *The Routledge international handbook of the sociology of education*. London: Routledge.

Archer, M. (1984). *Social origin of educational systems*. London: Sage Publications.

Arendt, H. (1996). **인간의 조건**(이진우, 태정호 공역). 서울: 한길사.

Ball, S. J. (2003a). *Class strategies and the education market: The middle classes and social advantage*. London: Routledge Falmer.

Ball, S. J. (2003b). The teacher's soul and the terrors of performativity. *Journal of Education Policy, 18*(2), 215-228.

Ball, S. J. (2008). *The Education Debate*. London: The Polity Press.

Ball, S. J., & Vincent, C. (2001). New class relations in education: the strategies of the 'fearful' middle classes. In J. Demaine (Ed.), *Sociology of education today*. New York: Palgrave.

Ball, S. J., Bowe, R., & Gewirtz, S. (1995). Circuits of schooling: A sociological exploration of parental choice of school in social class contexts. *The Sociological Review, 43*(1), 52-78.

Ball, S. J., Bowe, R., & Gewirtz, S. (1996). School choice, social class and distinction: The realisation of social advantage in education. *Journal of Education Policy, 11*(3), 89–113.

Ballard, K., & Elston, M. (2005). Medicalization: A multi-dimensional concept. *Social Theory & Health, ical Review, 3*, 228–241.

Barbalet, J. M. (2007). 감정의 거시사회학: 감정은 사회를 어떻게 움직이는가?(박형신, 정수남 공역). 서울: 일신사.

Barbalet, J. M. (2010). 감정과 사회학(박형신 역). 서울: 이학사.

Barrow, C. W. (1990). *Universities and the capitalist state: Corporate liberalism and the reconstruction of American higher education, 1894–1928*. Madison: The University of Wisconsin Press.

Barry, A., Osborne, T., & Rose, N. (eds).(1996). *Foucault and political reason: Iberalism, neo-liberalism and rationalities of government*. Chicago: The University of Chicago Press.

Bauman, Z. (2003). 지구화, 야누스의 두 얼굴(김동택 역). 서울: 한길사.

Beauchamp, C., & Thomas, L. (2009). Understanding teacher identity: An overview of issues in the literature and implications for teacher education. *Cambridge Journal of Education, 39*(2), 175–189.

Beck, U. (2000). 지구화의 길(조만영 역). 서울: 거름.

Berezin, M. (2002). Secure states: Towards a political sociology of emotion. In J. M. Barbalet (Ed.), *Emotions and Sociology*. London: Blackwell.

Best, J. (2001). *Damned lies and statistics: Untangling numbers from the media, politicians and activists*. Berkeley: University of California Press.

Bieber, T., & Martens, K. (2011). The OECD PISA study as a soft power in education? Lessons from Switzerland and the US. *European Journal of Education, 46*(1), 101–116.

Boorse, C. (1976). What a Theory of Mental Health should be. *Journal for the Theory of Social Behaviour, 6*(1), 61–84.

Bourdieu, P. (1984). *Distinction: A social critique of the judgement of taste*. Cambridge: Harvard University Press.

Bourdieu, P. (1986). The forms of capital. In J. Richardson (Ed.), *Handbook of theory and research for the sociology of education* (pp. 241–258). New York: Greenwood.

Bourdieu, P. (1988). *Homo academicus*. Stanford: Stanford University Press.

Bourdieu, P. (1995). 구별짓기: 문화와 취향의 사회학, 상(최종철 역). 서울: 새물결.

Bourdieu, P. (2000). *Pascalian meditations*. Stanford: Stanford University Press.

Bourdieu, P. (2004). 사회학의 문제들(신미경 역). 서울: 동문선.

Bowden, G. (2014). The merit of sociological accounts of disorder: The Attention-Deficit Hyperactivity Disorder case. *Health, 18*(4), 422–438.

Bowles, S., & Gintis, H. (1986). 자본주의와 학교교육(이규환 역). 서울: 사계절.

Bowles, S., & Gintis, H. (1998). *Recasting egalitarianism: New rules for communities, states and markets*. London: Verso.

Breen, R., & Goldthorpe, J. H. (1997). Explaining educational differentials: Towards a formal rational action theory. *Rationality and Society, 9*, 275-305.

Brookfield, S. D. (2009). 성인학습을 위한 비판이론: 성인의 삶과 학습에 대한 희망의 담론(기영화, 김선주, 조윤정 공역). 서울: 학지사.

Brown, P. (2003). The opportunity trap: Education and employment in a global economy. *European Educational Research Journal, 2*(1), 142-180.

Brubaker, R., & Cooper, F. (2000). Beyond 'identity'. *Theory and Society, 29*, 1-47.

Burawoy, M. (2005). For public sociology. *American Sociological Review, 70*(1), 4-28.

Burchell, G. (1996). Liberal government and techniques of the self. In A. Barry, T. Osborne, & N. Rose (Eds.), *Foucault and political reason: Liberalism, neo-liberalism and rationalities of government*. Chicago: The University of Chicago Press.

Callender, C., & Jackson, J. (2005). Does the fear of debt: Deter students from higher education. *Journal of Social Policy, 34*, 509-540.

Callender, C., & Jackson, J. (2008). Does the fear of debt: Constrain choice of university and subject of study?. *Studies in Higher Education, 33*(4), 405-429.

Callinicos, A. (1999). *Social theory*. London: Polity.

Campbell, D. T. (1976). Assessing the impact of planning social change. *Occasional Paper Series, #8*. Western Michigan University.

Carroll, L. (2002). 거울나라의 엘리스(손영미 역). 서울: 시공주니어.

Castells, M. (1994). The University system: Engine of development in the new world economy. In J. Sami & A. M. Verspoor (Eds). *Revitalizing higher education* (pp. 14-40). New York: Pergamon.

Castells, M. (2008). 정체성 권력: 정보시대 경제, 사회, 문화2(정병순 역). 서울: 한울.

Castlles, S., & Miller, M. J. (1998). *The age of migration: International population movements in the modern world*. London: Macmillan.

Cerulo, K. A. (1997). Identity construction: New issues, new directions. *Annual Review of Sociology, 23*, 385-409.

Clarke, A. E., Shim, J. K., Fosket, J. R., & Fishman, J. R. (2003). Biomedicalization: Technoscientific transformations of health, illness, and U.S. biomedicine. *American Sociological Review, 68*(2), 161-194.

Compton, M., & Weiner, L. (2008). *The global assault on teaching, teachers, and their unions*. New York: Palgrave.

Connell, R. W. (1997). Why is classical theory classical? *American Journal of Sociology, 102*(6), 1511-1557.

Conrad, P. (1992). Medicalization and social control. *Annual Review of Sociology, 18*, 209-232.

Conrad, P. (2005). The shifting engines of medicalization. *Journal of Health and Social Behavior, 46*(1), 3-14.

Conrad, P. (2007). *The medicalization of society: On the transformation of human conditions into treatable disorders*. Baltimore: Johns Hopkins University Press.

Conrad, P. (2013). Medicalization: Changing contours, characteristics, and contexts. In W. C. Cockerham (Ed.), *Medical sociology on the move* (pp. 195–214). Dordrecht: Springer.

Conrad, P., & Bergey, M. R. (2014). The impending globalization of ADHD: Notes on the expansion and growth of a medicalized disorder. *Social Science & Medicine, 122*, 31–43.

Coser, L. (1980). 갈등의 사회적 기능(박재환 역). 서울: 한길사.

Cox, R. W. (1987). *Production, power and world order: Social forces in the making of history*. New York: Columbia University Press.

Crompton, R. (1998). *Class and stratification: An introduction to current debates* (2nd ed.). London: Polity.

Dale, R. (1989). *The state and education policy*. London: Open University Press.

Dale, R. (2007). Globalization and the rescaling of educational governance. In C. A. Torres & A. Teddoro (Eds.), *Critique and utopia: New developments in the sociology of education in the twenty-first century*. Lanham: Rowman & Littlefield.

Dale, R., & Robertson, S. (2009). Capitalism, modernity and the future of education in the new social contract. *Yearbook of the National Society for the Study of Education, 108*(2), 111–129.

Day, C., & Leitch, R. (2001). Teachers' and teacher educators' lives: The role of emotion. *Teaching and Teacher Education, 17*, 403–415.

Deacon, R. (2006). From confinement to attachment: Michel Foucault on the rise of the school. *The European Legacy, 11*(2), 121–138.

Deacon, R., & Parker, B. (1995). Education as subjection and refusal: An elaboration on Foucault. *Curriculum Studies, 3*(2), 109–122.

Dean, M. (2010). *Governmentality: Power and rule in modern society* (2nd ed.). London: Sage.

Deleuze, G., & Guattari, F. (1994). 앙띠 오이디푸스: 자본주의와 정신분열증(최명관 역). 서울: 민음사.

Denzin, N. (1984). *On understanding emotion*. San Francisco: Jossey-Bass.

Derby, A. (2008). Teacher's emotions in the reconstruction of professional self-understanding. *Teaching and Teacher Education, 24*, 1160–1172.

Douglass, J., & Keeling, R. (2008). The big curve: Trends in university fees and financing in the EU and US. Research & occasional paper series, center for studies in higher education. (http://cshe. berkeley.edu).

Dreyfus, H. L., & Rabinow, P. (1982). *Michel Foucault: Beyond structuralism and hermeneutics*. Sussex: Harvester Press.

DuPaul, G. J., & Stoner, G. (2003). *ADHD in the schools*. New York: Guilford.

Durkheim, E. (1978). 교육과 사회학(이종각 역). 서울: 배영사.

Dwyer, R., McCloud, L., & Hodson, R. (2012). Debt and graduation from American universities. *Social Forces, 90*(4), 1133–1155.

Elias, N. (1996). 문명화과정 I(박미애 역). 서울: 한길사.

Elliott, A. (2007). 자아란 무엇인가(김정훈 역). 서울: 삼인.

Elster, J. (2007). *Explaining social behavior: More nuts and bolts for the social sciences*. New York: Cambridge University Press.

Emigh, R. J. (2002). Numeracy or enumeration? The uses of numbers by states and societies. *Social Science History, 26*(4), 653–698.

Espeland, W. N., & Stevens, M. L. (1998). Commensuration as a social process. *Annual Review of Sociology, 24*, 313–343.

Evans, P. (1997). The eclipse of the state: Reflections on stateness in an era of globalization. *World Politics, 50*, 62–87.

Evetts, J. A. (2011). New professionalism? Challenges and opportunities. *Current Sociology, 59*, 406–422.

Fass, D. (2008). Constructing identities: The ethno-national and nationalistic identities of white and turkies student in two english secondary schools. *British Journal of Sociology of Education, 29*(1), 37–48.

Fineman, S. (2008). Emotion and organizing. In S. Clegg, C. Hardy, & W. Nord (Eds.), *Handbook of organization studies* (pp. 543–564). London: Sage.

Flacher, D., & Hatati-Kermadec, H. (2011). Tuition fees, self-esteem and social heterogeneity. *Education Economics, 21*(2), 191–210.

Foessel, M. (2006). Legitimations of the state: The weakening of authority and the restoration of power. *Constellations, 13*(3), 308–319.

Foucault, M. (1982). The subject and power. *Critical Inquiry, 8*(4), 777–795.

Foucault, M. (1988a). Power, moral values and the intellectual. *History of the Present, 4*, 1–2, 11–13.

Foucault, M. (1988b). On problematization. *History of the Present, 4*, 16–17.

Foucault, M. (1989). **성과 권력**(박정자 역). 서울: 인간사.

Foucault, M. (1991). **권력과 지식: 미셸 푸코와의 대담**(홍성민 역). 서울: 나남.

Foucault, M. (1994). **미셸 푸코의 권력이론**(정일준 편역). 서울: 새물결.

Foucault, M. (2005). **성의 역사 1: 앎의 의지**(이규현 역). 서울: 나남출판.

Foucault, M. (2007). **주체의 해석학**(심세광 역). 서울: 동문선.

Foucault, M. (2010). **감시와 처벌: 감옥의 탄생**(오생근 역). 서울: 나남.

Foucault, M. (2011). **안전, 영토, 인구**(오트르망 역). 서울: 난장.

Foucault, M. (2012). **생명관리정치의 탄생: 콜레주드프랑스 강의 1978~79년**(오트르망 역). 서울: 난장.

Foucault, M. (2015). **사회를 보호해야 한다**(김상운 역). 서울: 난장.

France, A., & Wiles, P. (1997). Dangerous futures: Social exclusion and youth work in late modernity. *Social Policy and Administration, 31*(5), 59–78.

Fraser, N. (2003). From discipline to flexibilization? Re-reading Foucault in the shadow of globalization. *Constellation, 10*(2), 160–171.

Friedman, M. (1994). **자유시장과 작은정부**(안재욱 외 공역). 서울: 나남.

Gaonkar, P. D. (2002). Toward new imaginaries: An introduction. *Public Culture, 14*(1), 1–19.

Garfinkel, H. (1956). Conditions of successful degradation ceremonies. *American Journal of*

Sociology, 61(5), 420-424.

Geiger, R. (2004). *Knowledge & money: Research universities and the paradox of the marketplace*. Stanford: Stanford University Press.

Gerber, T. P., & Cheung, S. Y. (2008). Horizontal stratification in post-secondary education: Forms, explanations, and implications. *Annual Review of Sociology, 34*, 299-318.

Gerber, T. P., & Schaefer, D. R. (2004). Horizontal stratification of higher education in Russia: Trends, gender differences, and labor market outcomes. *Sociology of Education, 77*, 32-59.

Gewirtz, S. (1996). Market discipline versus comprehensive education: A case study of a London comprehensive school struggling to survive in the education market place. In J. Ahier, B. Cosin, & M. Hales (Eds.), *Diversity and change: Education, policy and selection*. London: Open University Press.

Giddens, A. (1991). 사적유물론의 현대적 비판(최병두 역). 서울: 나남.

Giddens, A. (1995). 현대성과 자아정체성: 후기현대의 자아와 사회(권기돈 역). 서울: 새물결.

Giddens, A. (2008). 자본주의와 현대사회이론(박노영, 임영일 공역). 서울: 한길사.

Goldrick-Rab, S., Harris, D., & Trostel, P. (2009). Why financial aid matters(or does not) for college success: Toward a new interdisciplinary perspective. In C. Smart (Ed.), *Higher education: Handbook of theory and research*, (Vol. 24, pp. 1-45). London: Springer.

Graham, L. (2006a). Caught in the net: A Foucaultian interrogation of the incidental effects of limited notions of "inclusion". *International Journal of Inclusive Education, 10*(1), 3-24.

Graham, L. (2006b). The politics of ADHD. In Proceedings paper at Australian Association for Research in Education(AARE) Annual Conference Adelaide, 26-30, November, 2006. http://eprints.qut.edu.au/4806/ 1/4806.pdf에서 2014년 10월 15일 인출.

Gramsci, A. (2007). 그람시의 옥중수고 2: 철학 · 역사 · 문화편(이상훈 역). 서울: 거름.

Green, A. (1990). *Education and state formation: The rise of education systems in England, France and the USA*. London: Macmillan Press.

Green, A. (1997). *Education, globalization and the nation state*. London: Macmillan Press.

Green, A. (2007). Globalisation and the changing nature of the state in East Asia, Globalisation. *Societies and Education, 5*(1), 23-38.

Grek, S. (2008). From symbols to numbers: The shifting technologies of education governance in Europe. *European Educational Research Journal, 7*(2), 208-218.

Grodsky, E., & Jackson, E. (2009). Social stratification in higher education. *Teachers College Record, 111*(10), 2347-2384.

Grodsky, E., & Jones, M. (2007). Real and imagined barriers to college entry: Perceptions of cost. *Social Science Research, 36*, 745-766.

Guillen, M. (2001). Is globalization civilizing, destructive or feeble? A critique of five key debates in the social science literature. *Annual Review of Sociology, 27*, 235-260.

Ha-Joon, C. (2006). 국가의 역할(이종태, 황해선 공역). 서울: 부키.

Halsey, A. H. (1992). *The decline of donnish dominion: The British academic professions in the twentieth century*. Oxford: Oxford University Press.

Hardt, M., & Negri, A. (2001). 제국(윤수종 역). 서울: 이학사.

Hargreaves, A. (1998). The emotional practice of teaching. *Teaching and Teacher Education, 14*, 835-854.

Hargreaves, A. (2001). The emotional geographies of teaching. *Teachers College Record, 103*(6), 1056-1108.

Hart, C. (2008). Critical discourse analysis and metaphor: toward a theoretical framework. *Critical Discourse Studies, 5*(2), 91-106.

Harvey, D .(1989). *The conditions of postmodernity*. Oxford: Blackwell.

Held, D., McGrew, A., Goldblatt, D., & Perraton, J. (2002). 전 지구적 변환(조효제 역) 서울: 창작과 비평사.

Heller, K. J. (1996). Subjectification and resistance in Foucault. *SubStance, 25*(1), 78-110.

Hirschman, A. O. (2005). 떠날 것인가 남을 것인가: 기업, 조직 및 국가의 퇴보에 대한 반응(강명구 역). 서울: 나남출판.

Hobbes, T. (2008). 리바이어던: 국가라는 이름의 괴물(김용환 역). 서울: 살림.

Hobsbawm, E. (2001). 혁명의 시대: 시민혁명과 산업혁명(차명수, 정도영 공역). 서울: 한길사.

Hochschild, A. R. (2009). 감정노동: 노동은 우리의 감정을 어떻게 상품으로 만드는가(이가람 역). 서울: 이매진.

Hodgson, N. (2009). Educational research, governmentality and the construction of the cosmopolitan citizen. *Ethics and Education, 4*(2), 177-187.

Hunter, I. (1996). Assembling the school. In A. Barry, T. Osborne, & N. Rose (Eds.), *Foucault and political reason: Liberalism, neo-liberalism and rationalities of government*. Chicago: The University of Chicago Press.

Illich, I. (2005). 그림자 노동(박홍규 역). 서울: 미토.

Illouz, E. (2010). 감정 자본주의: 자본은 감정을 어떻게 활용하는가(김정아 역). 서울: 돌베개.

Isenbarger, L., & Zembylas, M. (2006). The emotional labor of caring in teaching. *Teaching and Teacher Education, 22*, 120-134.

Jackson, P. (1990). 아동의 교실생활(차경수 역). 서울: 배영사.

Jaspers, K. (1997). 대학의 이념(이수동 역). 서울: 학지사.

Jeffrey, B., & Woods, P. (1996). Feeling deprofessionalized: The social construction of emotions during an OFSTED inspection. *Cambridge Journal of Education, 26*, 325-343 .

Jenkins, R. (2005). *Social identity*. London: Routledge.

Johnson, B. L. (1933). The permanent record form in the secondary school. *The School Review, 41*(2), 114-122.

Johnstone, D. B., & Marcucci, P. (2010). *Financing higher education in international perspective: Who pays? Who should pay?* Baltimore: The Johns Hopkins University Press.

Katz, M. (1987). *Reconstructing American education*. Cambridge: Harvard University Press.

Keller, E. F. (2000). *The century of the gene*. Cambridge: Harvard University Press.

Kemper, T. D. (1995). 감정사회학에 있어서 사회구성주의와 실증주의 접근. 감정사회학(이성식, 전신현 편역). 서울: 한울 아카데미.

Kemper, T. D. (2010). 집단 감정 예측: 9 · 11에서 얻은 몇 가지 교훈. Barbalet, J. (Ed.)(2010). 감정과 사회학(박형신 역) (pp. 101-128). 서울: 이학사.

Kerckhoff, A. C. (2001). Education and social stratification processes in comparative perspective. *Sociology of Education, 74*(Extra Issue), 3-18.

Kerr, C. (1994). *Higher education cannot escape history: Issues for the twenty-first century.* New York: State University of New York Press.

Kirk, D. (2001). Schooling bodies through physical education: Insights from social epistemology and curriculum history. *Studies in Philosophy and Education, 20*, 475-487.

Kövecses, Z. (2009). 은유와 감정(김동환, 최영호 공역). 서울: 문예출판.

Lakoff, G., & Johnson, N. (1980). *Metaphors we live.* Chicago: University of Chicago Press.

Lauder, H., Brown, P., & Halsey, A. H. (2004). Sociology and political arithmetic: Some principles of a new policy science. *The British Journal of Sociology, 55*(1), 3-22.

Lauder, H., Brown, P., Dillabough, J-A., & Halsey, A. H. (2006). *Education, globalization, and social change.* Oxford: Oxford University Press.

Lazarsfeld, P. F. (1961). Notes on the history of quantification in sociology: Trends, sources and problems. *Isis, 52*(2), 277-333.

Lemke, T. (2001). 'The birth of bio-politics' : Michael Foucault' s lecture at the collège de France on neo-liberal governmentality. *Economy and Society, 30*(2), 190-207.

Lemke, T. (2011). *Bio-politics: An advanced introduction.* New York: New York University Press.

Levy, D., & Sznaider, N. (2006). Sovereignty transformed: A sociology of human rights. *The British Journal of Sociology, 57*(4), 657-676.

Link, B. G., & Phelan, J. C. (2001). Conceptualizing stigma. *Annual Review of Sociology, 27*, 363-385.

Lortie, D. C. (1993). 교직사회: 교직과 교사의 삶(진동섭 역). 서울: 양서원.

Lucas, S. R. (2001). Effectively maintained inequality: Education transitions, track mobility, and social background effects. *American Journal of Sociology, 106*, 1642-1690.

Lukács, G. (1999). 역사와 계급의식: 마르크스주의 변증법연구(박정호 역). 서울: 거름.

Lunt, I. (2008). Beyond tuition fees: The legacy of Blair's government to higher education. *Oxford Review of Education, 34*(6), 741-752.

Lyotard, J. F. (1992). 포스트모던의 조건(유정완, 이삼출, 민승기 공역). 서울: 민음사.

Martin, A., & Lynch, M. (2009). Counting things and people: The practices and politics of counting. *Social Problems, 56*(2), 243-266.

Mason, J. (1999). 질적 연구방법론(김두섭 역). 서울: 나남출판.

Massey, D. S. (1996). The age of extremes: Concentrated affluence and poverty in the twenty-first century. *Demography, 33*(4), 395-412.

McGinn, N. F. (1997). The impact of globalization on national education systems. *Prospects, 17*(1), 41-54.

Meyer, J. (1977). The Effects of Education as an Institution. *American Journal of Sociology, 83*(1), 55-77.

Mijs, J. J. B., & Van de Werfhorst, H. G. (2008). Educational differentiation and inequality: the Netherlands in comparative perspective. http://www.equalsoc. org/uploaded_files/publications/Mjis.pdf에서 2010년 5월 10일 인출.

Miller, D. (2006). The politics of metaphor. *Theory, Culture & Society, 23*(2-3), 63-65.

Millot, B. (1982). Educational potlatch as a mode of social regulation in France. In M. S. Archer (Ed.), *The sociology of educational expansion: Take-off, growth and inflation in educational systems.* Beverly Hills: Sage.

Mitchell, K. (2003). Educating the national citizen in neoliberal times: From the multicultural self to the strategic cosmopolitan. *Trans Inst Br Geogr, 28*, 387-403.

Moore, A. (2010). **교육과 사회: 교육사회학의 쟁점**(손준종 역). 서울: 학지사.

Moore, D. R., & Davenport, S. (1990). School choice: The new improved sorting machine. In W. L. Boyd & H. J. Walberg (Eds.), *Choice in education.* Berkeley: McCutchan.

Mouffe, C. (2006). **민주주의의 역설**(이행 역). 서울: 인간사랑.

Mundy, K., & Murphy, L. (2006). Transnational advocacy, global civil society? Emerging evidence from the field of education. In H. Lauder, P. Brown, J-A. Dillabough, & A. H. Halsey (Eds.). *Education, globalization & social change* (pp. 991-1015). New York: Oxford University Press.

Munt, V. (2004). The awful truth: A microhistory of teacher stress at Westwood High. *British Journal of Sociology of Education, 25*(5), 577-591.

Nadesen, M. H. (2008). *Governmentality, biopower, and everyday life.* New York: Routledge.

Nassbaum, M. (2003). 애국주의와 세계시민주의. Nassbaum, M. & Cohen, J. (Eds.). **나라를 사랑한다는 것: 애국주의와 세계시민주의의 한계 논쟁**(오인영 역, pp. 23-43). 서울: 삼인.

Neave, G. (1998). The evaluative state reconsidered. *European Journal of Education, 33*(3), 265-284.

Nettleton, S. (1997). Governing the risky self: How to become healthy, wealthy and wise. In A. Peterson & R. Bunton (Eds.), *Foucault, health and medicine.* London: Routledge.

Nias, J. (1996). Thinking about feeling: The emotions in teaching. *Cambridge Journal of Education, 26*, 293-306.

Noddings, N. (2008). **행복과 교육**(이지헌 외 공역). 서울: 학이당.

Novas, C. (2006). The political economy of hope: Patients' organizations, science and biovalue. *BioSocieties, 1*, 289-305.

O'Connor, K. E. (2008). "You choose to care": Teachers, emotions and professional identity. *Teaching and Teacher Education, 24*, 117-126.

O'Donnell, G. (2006). Thoughts on the state and democracy. In Kellogg Institute for International

Studies Regional Workshops on Politics and Society in Latin America. University of Notre Dame. (2006, May 16). http://www.nd.edu/~kellogg/events/pdfs/ odonnell.pdf에서 2008년 6월 10일 인출.

OECD (2005). School factors related to quality and equity: Results from Pisa 2000. Organization for Economic Co-Operation and Development.

Ohmae, K. (1990). *The borderless world*. London: Collins.

Ong, A. (1999). *Flexible citizenship: The cultural logics of transnationality*. Durham: Duke University Press.

Papadopoulos, D. (2008). In the ruins of representation: Identity, individuality, subjectification. *British Journal of Social Psychology, 47*(1), 139–165.

Parens, E. & Johnston, J. (2011). Troubled children: Diagnosing, treating, and attending to context. *Special Report Hastings Center Report, 41*(2), 1–32.

Parsons, T. (1951). *The social system*. New York: Routledge & Kegan Paul.

Peim, N. (2001). The history of the present: Towards a contemporary phenomenology of the school. *History of Education, 30*(2), 177–190.

Perryman, J. (2007). Inspection and emotion. *Cambridge Journal of Education, 37*(2), 173–190.

Peters, M. (2001). Education, enterprise culture and the entrepreneurial self: A Foucauldian perspective. *Journal of Educational Enquiry, 2*(2), 58–71.

Pierce, C. (2013). *Education in the age of biocapitalism: Optimizing educational life for a flat world*. Palgrave Macmillan.

Porter, T. M. (1995). *Trust in numbers: The pursuit of objectivity in science and public life*. New Jersey: Princeton University Press.

Postman, N. (2001). 테크노폴리: 기술에 정복당한 오늘의 문화(김균 역). 서울: 민음사.

Potter, J., & Wetherell, M. (1987). *Discourse and social psychology: Beyond attitudes and behaviour*. London: Sage.

Power, M. (2004). Counting, control and calculation: Reflections on measuring and management. *Human Relations, 57*(6), 765–783.

Przeworski, A. (2001). 지속가능한 민주주의(김태일, 지은주 공역). 서울: 한울 아카데미.

Raftery, A. E., & Hout, M. (1993). Maximally maintained inequality: Expansion, reform and opportunity in Irish education, 1921–75. *Sociology of Education, 66*, 41–62.

Raulet, G. (1983). Structuralism and post-structuralism: An interview with Michel Foucault. *Telos, 55*, 195–211.

Reay, D. (1998). *Class work: Mothers' involvement in their children's primary schooling*. London: Routledge.

Riesman, D. (1980). *On higher education: The academic enterprise in an era of rising student consumerism*. San Francisco: Jossey-Bass Publishers.

Rifkin, J. (2010). 공감의 시대(이경남 역). 서울: 민음사.

Rorty, R. (1994). The unpatriotic academy. New York Times. (1994, February 13).

Rose, N., & Miller, P. (1992). Political power beyond the state: Problematics of government. *The British Journal of Sociology, 43*(2), 173–205.

Rose, N. (1991). Governing by numbers: Figuring out democracy. *Accounting, Organizations and Society, 16*(7), 673–692.

Rose, N. (1996). The death of the social? Re-figuring the territory of government. *Economy and Society, 25*(3), 327–356.

Rose, N. (1999). *Power of freedom: Reframing political thought*. Cambridge: Cambridge University Press.

Rose, N. (2014). 생명 자체의 정치를 위하여: 21세기의 생명정치. 생명정치의 사회과학: 경계넘기의 사회과학을 위한 탐색과 제언(김환석 편, pp. 15–41). 서울: 알렙.

Rose, N., O' Malley, P., & Valverde, M. (2006). Governmentality. *Annual Review of Law and Social Science, 2*, 83–104.

Rosenbaum, J. (1975). The stratification of socialization processes. *American Sociological Review, 40*, 48–54.

Rosenbaum, J. (1998). College-for-all: Do students understand what college demands? *Social Psychology of Education, 2*(1), 55–80.

Rubinson, R. (1986). Class formation, politics and institutions: Schooling in the United States. *The American Journal of Sociology, 92*(3), 519–548.

Saar, E. (1997). Transitions to tertiary education in Belarus and the Baltic countries. *European Sociological Review, 13*, 139–158.

Saldaña, J. (2009). *The coding manual for qualitative researchers*. London: sage.

Sarup, M. (1982). *Education, state, and crisis: A marxist perspective*. London: RKP.

Satina, B., & Hultgren, F. (Eds.) (2001). The absent body of girls made visible: Embodiment as the focus in education. *Studies in Philosophy and Education, 20*, 521–534.

Schutz, P., & Pekrun, R. (2007). *Emotion in education*. New York: Elsevier

Shilling, C. (2003). 몸의 사회학(임인숙 역). 서울: 나남.

Shils, E. (1992). 대학의 이념과 학문의 윤리(안계춘 역). 서울: 나남.

Shimahara, N. K. (1983). Polarized socialization in an urban high school. *Anthropology & Education Quarterly, 14*(2), 109–130.

Shore, C., & Roberts, S. (1995). Higher education and the panopticon paradigm: Quality assessment as 'disciplinary technology'. *Higher Education Review, 27*(3), 8–17.

Shumar, W. (1997). *College for sale: A critique of the commoditification of higher education*. London: The Falmer Press.

Simmel, G. (2005). 짐멜의 모더니티 읽기(김덕영 역). 서울: 새물결.

Simons, M., & Masschelein, J. (2008). The governmentalization of learning and the assemblage of a learning apparatus. *Educational Theory, 58*(4), 391–415.

Sklair, L. (2002). The transnational capitalist class and global politics: Deconstructing the corporate-state connection. *International Political Science Review. 23*, 159–174.

Slaughter, S., & Leslie, L. (1997). *Academic capitalism: Politics, policies, and the entrepreneurial university*. Baltimore: The Johns Hopkins University Press.

Smith, A. (1993). 국부론(김수행 역). 서울: 동아출판사.

Smith, D. N. (1987). 미국의 대학과 노동계급(김종철, 강순원 편역). 서울: 창작사.

Sokal, A., & Bricmont, J. (1998). *Fashionable nonsense: postmodern intellectuals' abuse of science*. New York: Picador.

Spring, J. (2004). *How educational ideologies are shaping global society*. New York: LEA.

Stinchcombe, A. L. (1982). Should sociologists forget their mothers and fathers. *The American Sociologist, 17*(1), 2-11.

Strange, S. (2001). 국가의 퇴각: 세계 경제 내 권력의 분산(양오석 역). 서울: 푸른길.

Sullivan, A. (2006). Students as rational decision-makers: The question of beliefs and attitudes. *London Review of Education, 4*(3), 271-290.

Taylor, C. (2010). 근대의 사회적 상상(이상길 역). 서울: 이음.

The National Commission on Excellence in Education (1983). A nation at risk: The imperative for educational reform.

Tooley, J. (2004). 국가가 필요없는 교육(손준종 역). 서울: 문음사.

Torrance, H. (2006). Globalising empiricism: What if anything can be learned from international comparisons of educational achievement. In H. Lauder, P. Brown, J. Dillabough, & A. H. Halsey (Eds.), *Education, globalization & social change* (pp. 824-834). New York: Oxford University Press.

Traxler, A. E. (1939). A cumulative record form for the elementary school. *The Elementary School Journal, 40*(1), 45-54.

Tucker, K. H. (2005). From the imaginary to subjectivation: Castodiadis and touraine on the performative public sphere. *Thesis Eleven, 83*, 42-60.

Turner, B. (2004). 막스 베버 근대성과 탈근대성의 역사사회학(최우영 역). 서울: 백산서당.

Turner, J. H. (2009). The Sociology of Emotions: Basic theoretical arguments. *Emotion review, 1*(4), 340-354.

Turner, J. H. (2010). The stratification of emotions: Some preliminary generalizations. *Sociological Inquiry, 80*(2), 168-199.

UNESCO (2006). Global Education Digest 2006. Paris: UNESCO.

Urry, J. (2005). The complexity turn. *Theory, Culture & Society, 22*(5), 1-14.

Van de Werfhorst, & Luijkx, R. (2006). Inequality maintained through horizontal educational choices: a cohort comparison for the Netherlands. http://www. equalsoc.org/uploaded_files/regular/vandewerfhorst_luijkx2005.pdf에서 2010년 5월 10일 인출.

Wagner, P. (2012). *Modernity*. London: Polity.

Walby, S. (1999). The new regulatory state: The social powers of the European Union. *British Journal of Sociology, 50*, 118-140.

Wallerstein, I. et al. (1996). 사회과학의 개방(이수훈 역). 서울: 당대.

Wallerstein, I. (2000). 자유주의 이후(강문구 역). 서울: 당대.

Walzer, M. (1983). *Spheres of justice: A defense of pluralism and equality*. New York: Basic Books.

Waters, J. L. (2005). Transnational family strategies and education in the contemporary Chinese diaspora. *Global Networks, 5*(4), 359-377.

Weber, M. (1997). 직업으로서의 학문: 직업으로서의 정치(이상률 역). 서울: 문예출판사.

Wells, P. (2004). New labour and evidence based policy making. Paper presented to the PERC Research Seminar, 16th May 2004.

Whitty, G. (2002). *Making sense of education policy*. London: Sage.

Williams, R. (2007). 기나긴 혁명(성은애 역). 서울: 문학동네.

Wilson, E. O. (2005). 통섭(최재천, 장대익 공역). 서울: 사이언스북스.

Winograd, K. (2003). The function of teacher emotions: The good, the bad, and the ugly. *Teachers College Record, 105*(9), 1641-1673.

Wodak, R., & Meyer, M. (2009). *Methods for critical discourse analysis*. London: Sage.

Wolf, M. (2001). Will the nation-state survive globalization? *Foreign Affairs, 80*(1), 178-190.

Woodside, A. (2012). 잃어버린 근대성들: 중국, 베트남, 한국 그리고 세계사의 위험성(민병희 역). 서울: 너머북스.

Wouters, C. (1989). The sociology of emotions and flight attendants: Hochschild's managed heart. *Theory, Culture & Society, 6*, 95-123.

Wouters, C. (1991). On status competition and emotion management. *Journal of Social History, 24*(4), 699-717.

Wright, J. (2004). Post-structural methodologies: the body, schooling and health. In J. Evans, B. Davies, & J. Wright (Eds.). *Body knowledge and control: Studies in the sociology of physical education and health*. London: Routledge.

Zembylas, M. (2002). Constructing genealogies of teachers' emotions in science teaching. *Journal of Research in Science Teaching, 39*, 79-103.

Zembylas, M. (2003). Caring for teacher emotion: Reflections on teacher self-development. *Studies in Philosophy and Education, 22*, 103-125.

Zembylas, M. (2004). The emotional characteristics of teaching: An ethnographic study of one teacher. *Teaching and Teacher Education, 20*, 185-201 .

Zembylas, M. (2005). Discursive practices, genealogies, and emotional rules: A poststructuralist view on emotion and identity in teaching. *Teaching and Teacher Education, 21*, 935-948.

Zola, I. (1972). Medicine as an institution of social control. *Sociological Review, 20*(4), 487-504.

京城日報(1938. 11. 13.). 社說: 厚生省と企劃部.

경향신문

공립신보(1908. 11. 11.). 기문이담-먹는 것도 경쟁이 있어야.

大阪朝日新聞(1936. 10. 27.). 人織工業の確立 當局の方針決定.

동아일보(1920. 6. 26.). 평등의 원리-실력양성.
동아일보(1922. 1. 5.). 교육에 철저하라.
동아일보(1922. 10. 6.). 보통교육의 탄핵.
동아일보(1924. 10. 1.). 졸업증매 매교 폐교하기로 결정.
동아일보(1924. 11. 3.). 졸업증서의 위조.
동아일보(1925. 3. 28.). 제대 졸업증서 일매에 일천오백원.
동아일보(1927. 9. 12.). 일본 전국 중등교에는 입학시험을 철폐.
동아일보(1928. 11. 1.). 보교장소견표참작 학자풍부로 입학결정.
동아일보(1931. 1. 29.). 시험철폐후 성적고사방침.
동아일보(1934. 2. 4.). 금춘의 전문이상입시엔 사상과 체육을 중시.
동아일보(1934. 4. 25.). 학부형대회열고 교장을 배척.
동아일보(1934. 9. 7.). 전학불능비관 자살한 학생.
동아일보(1936. 4. 7.). 수용력 이백칠십에 지원자 팔백명.
동아일보(1937. 11. 14.). 여교원에게도 제복 강건색을 장려.
동아일보(1938. 11. 29.). 평양농고 삼학년생 일제동맹휴학.
동아일보(1939. 3. 23.). 신입중학생에게 국방색의 교복.
동아일보(1939. 6. 14.). 허약자 양호시설등 학교아동체력증강 집단적 체육운동보급을 장려.
동아일보(1939. 7. 16.). 청년의 체력검사 경성부 명일부터 실시 청년단원 칠백명에게.
동아일보(1939. 12. 15.). 중학입학시험 체력기준작성 전력증강 체육책.
동아일보(1939. 12. 21.). 문부성 학생복 통일에 진출(동경).
매일신보(1926. 1. 10.). 중등학교입학 준비교육에 대하야- 평정학무과장담.
매일신보(1937. 6. 24.). 교학쇄신일책으로 교원복장을 제정.
매일신보(1939. 9. 2.). 영예의 체구장.
매일신보(1939. 11. 11.). 중등학교입학소견표 심사위원회 설치.
매일신보(1941. 6. 22.). 교련, 국방에 중점두고 총후의 전사로 연성.
매일신보(1941. 10. 3.). 명년에는 국어와 산술.
매일신보(1942. 1. 28.). 청년체력검사 실시.
매일신보(1942. 4. 18.). 국방력확립을 목표 선수중심주의를.
문화일보(2012. 1. 30.). 국립대 총장들 반값등록금 포퓰리즘에 편승말라.
文教の朝鮮
조선일보(1926. 3. 19.). 사설: 괴상한 입학허가 조건.
조선일보(1926. 5. 8.). 시평: 대학의 학생/금벌과 학벌.
조선일보(1931. 11. 5.). 일개월 수입 삼원 내지 육원.
조선일보(1933. 2. 9.). 시평: 입학시험폐지문제.
조선일보(1936. 12. 9.). 전도 학무과장 회의 결정안. 학술, 구두, 신체검사 동치(同値)로 종합 고사 소견표도 종래보다는 중시.
조선일보(1937. 3. 27.). 다시 불합격자를 위하여.
조선일보(1939. 10. 24.). 입시제도문제좌담회.

조선일보(1939. 10. 28.). 우리학교의 의견 (3)경복중학교편.
조선일보(1939. 11. 2.). 제동공립심상소학교 교장 박승두의 좌담.
조선일보(1966. 1. 6.). 몸부림치는 대학가…수업료 · 입학금 꼭 올려야 하나. 문교부 허점 찌른 사학의 횡포.
조선일보(1968. 5. 19.). 도시로, 서울로, 국민교 전학 붐.
조선일보(1968. 9. 21.). 「수용력」 넘은 「교육열」 전입학 소동.
조선일보(1980. 4. 23.). 경기도 국민 학생들 서울로 불법 전학.
조선일보(2004. 12. 13.). 전교조는 방향을 새로 잡아야 한다.
조선일보(2006. 6. 15.). 전교조 창립투사들도 꾸짖는 오늘의 전교조.
조선중앙일보(1935. 3. 30.). 체조 못하는 사람은 대학에 불허, 독일의 신교육 정책.
조선중앙일보(1936. 2. 1.). 입시지옥에서 자녀들의 고통을 덜어주자!
조선중앙일보(1936. 4. 4.). 입학난: 시험과 소견표.
조선중앙일보(1936. 8. 27.). 전학자에게 요구하는 백육십원의 기부.
조선총독부 관보(1930. 9. 18.). 조선총독부 훈령 제43호.
조선총독부 관보(1943. 4. 7.). 도지사 훈시.
중외일보(1927. 11. 19.). 준비교육 폐지 엄명, 경북도에서.
중외일보(1928. 5. 5.). 학교벌과 종교벌의 폐지.
한국경제신문(2009. 7. 16.). 집값 올리는 高敎 vs 떨어뜨리는 高敎?
한국일보(2005. 5. 7.). 전국 고1 촛불시위 우려.
황성신문(1905. 5. 31.). 학원모집광고.
황성신문(1906. 9. 21.). 구재야학.
황성신문(1908. 5. 2.). 사립측량학교 교원모집.

DAUM 한국어사전 http://dic.daum.net/word/view.do? wordid=kkw000220122&supid=kku000277565

찾아보기

[인 명]

[내 용]

저자 소개

손준종(Son, JoonJong / jjson@knue.ac.kr)

현 한국교원대학교 교육학과 교수

대표 저서 및 역서

교육사회학(문음사, 2001)

우리가 원하는 학교(공역, 학지사, 1998)

교육과 사회: 교육사회학의 쟁점(역, 학지사, 2010)

한국교육의 사회적 풍경
-교육사회학의 주요 쟁점-

Social Landscapes of Korean Education
-Issues in the Sociology of Education-

2017년 3월 20일 1판 1쇄 발행
2022년 10월 25일 1판 3쇄 발행

지은이 • 손 준 종
펴낸이 • 김 진 환
펴낸곳 • (주)**학지사**
04031 서울특별시 마포구 양화로 15길 20 마인드월드빌딩 5층
대표전화 • 02) 330-5114 팩스 • 02) 324-2345
등록번호 • 제313-2006-000265호
홈페이지 • http://www.hakjisa.co.kr
페이스북 • https://www.facebook.com/hakjisabook

ISBN 978-89-997-1203-6 93370

정가 20,000원